KB161778

니체(1844~1900)

니체 하우스 니체가 살던 집으로 그의 삶과 작품의 흔적을 음미할 수 있는 기념관이다.

니체 하우스 내부 서재

▲루 살로메(1861~1937) 니체는 루 살로메를 만나자 마자 그
녀에게 깊이 빠져들었다.

▶니체와 그의 어머니 프란치스카

니체는 피아노 연주를 즐겼다. 특히 쇼팽의 곡들을 좋아했다.

▲악보의 일부

◀리하르트 슈트라우스의 교향시 〈차라투스트라는 이렇게 말했다〉 음반 재킷

▼리하르트 슈트라우스(1864~1949)

칼 구스타프 융(1875~1961) 현대 분석심리학의 창시자 융은 분석가들과 함께 6년 동안이나 세미나를 열며 《차라투스트라는 이렇게 말했다》를 읽어 나갔다.

헤라클레이토스(B.C. 540?~B.C. 480?) 니체는 헤라클레이토스에 대해 이런 말을 남겼다. "히브리스(hybris)라는 위험한 단어는 모든 헤라클레이토스주의자의 시금석이다."

러셀(1872~1970) 니체 이후 가장 확고한 무신론자로 이름을 날린 러셀은 니체 철학을 하나의 낭만주의적 흐름으로 보았다.

야스퍼스(1883~1969) 실존 철학을 대표하는 철학자로 정신병리학의 연구에도 업적을 남겼다. 《차라투스트라는 이렇게 말했다》를 문학서이자 철학서라고 표현했다.

남프랑스 에즈빌리지 니체는 이곳에서 영감(靈感)을 얻어 《차라투스트라는 이렇게 말했다》를 완성한 것으로 전해지고 있다.

니체는 에즈빌리지에서 쓴 작품을 통해 '신은 죽었다'고 말하는 자신의 분신 '차라투스트라'를 그려 냈다.

세계사상전집033
Friedrich Wilhelm Nietzsche
ALSO SPRACH ZARATHUSTRA

차라투스트라는 이렇게 말했다

프리드리히 니체/곽복록 옮김

동서문화사

디자인 : 동서랑 미술팀

차라투스트라는 이렇게 말했다
차례

차라투스트라의 머리말

차라투스트라의 머리말

1

차라투스트라는 서른 살이 되었을 때, 고향과 고향 호수를 떠나 산으로 들어갔다. 10년 동안 산에서 지내면서 그는 자신의 정신세계와 고독을 즐기느라 전혀 지루한 줄 몰랐다. 그런데 갑자기 마음에 변화가 왔다.

붉게 물든 동녘 하늘을 보며 일어난 어느 날 아침, 그는 태양을 향해 말했다.

"위대한 태양이여, 당신은 빛을 비춰 줄 대상이 없었더라도 행복했겠는가? 당신은 10년 동안이나 이 산에 올라와 내 동굴을 비춰 주었다. 나와 내 독수리와 내 뱀이 없었더라면, 당신은 틀림없이 당신의 빛과 여행에 싫증을 느껴 지쳐버렸을 것이다.

우리는 아침마다 당신을 기다렸고, 당신에게서 넘쳐흐르는 것을 받았으며, 또한 당신에게 감사와 축복을 보냈다.

보라, 나는 나의 넘치는 지혜에 싫증이 났다. 너무 많은 꿀을 모은 꿀벌처럼. 이젠 도움을 달라는 손길이 필요하다. 나의 모든 지혜를 나누고 싶다.

지혜로운 사람들이 다시 자신의 어리석음을, 또 가난한 사람들이 다시 자신의 넉넉함에 대해 즐거워할 때까지.

그래서 나는 저 아래로 내려가야만 한다. 저녁 무렵, 당신이 바다 저편에 잠겨 저 아래 암흑세계로 빛을 가져가는 것처럼.

아, 풍요로운 태양이여, 나도 당신처럼 사람들을 만나기 위해 내려가야 한다. 이제, 내가 찾아가려는 사람들이 몰락*¹이라 부르는 것, 그것을 행해야만 한다.

자, 평화롭고 고요한 눈이여, 나를 축복하라! 아무리 큰 행복이라도 질투하

---

*1 높은 곳에서 낮은 곳으로 내려가는 몰락(또는 하강)은 보통 마이너스의 의미이다. 그렇지만 차라투스트라에게 있어서는 인간의 세계로 내려가서 자아를 돌보지 않고 아낌없이 자신을 주어버린다는 선구자적 희생의 의미이다.

지 않고 바라볼 수 있는 당신이여!

이제 넘쳐흐르려는 이 잔을 축복해 다오. 황금빛 물이 잔에서 흘러넘쳐 이르는 곳마다 당신의 환희를 다시 비출 것이다.

보라! 이 잔은 다시 비워지기를, 차라투스트라는 다시 인간이 되기를 바란다."

이렇게 하여 차라투스트라의 몰락은 시작되었다.

2

차라투스트라는 홀로 산을 내려가면서 아무도 만나지 않았다. 그러나 숲속으로 들어섰을 때 갑자기 한 노인이 나타났다. 그 노인은 성스러운 자신의 오두막에서 풀뿌리를 캐러 나온 것이다. 노인은 차라투스트라에게 이렇게 말했다.

"이 나그네는 낯설지 않구나. 몇 년 전 이곳을 지나간 적이 있지. 차라투스트라라는 이름을 가진 사람이었지. 그런데 그대는 전과는 많이 달라졌군.

그때 그대는 타고 남은 재를 산 위로 옮겼는데, 오늘은 자신의 불을 골짜기 아래로 옮기려 하는가? 불을 지르고 다니는 자들에 대한 형벌이 두렵지도 않은가?

그래, 틀림없이 차라투스트라로군. 그의 눈은 참으로 맑고, 그의 입가에는 역겨움이 어려 있지 않지. 지금 그는 춤추는 사람마냥 가볍게 걷고 있지 않은가!

차라투스트라는 이제 어린아이가 되었구나. 차라투스트라는 이제 눈을 떴구나. 차라투스트라여, 그대는 잠든 사람들이 있는 곳으로 가서 이제 무엇을 하려고 하는가? 바닷속에서처럼 그대는 고독 속에서 살아왔다. 바다는 그대를 잘 떠받쳐 주었구나.

아, 지금 그대는 육지로 오르려고 하는가? 아, 그대는 다시 그대의 몸을 이끌고 다니려는 것인가?"

차라투스트라가 대답했다.

"나는 인간을 사랑한다."

성자가 말했다.

"그런가? 내가 왜 숲 속에, 그리고 황무지에 들어갔겠는가? 인간을 너무 사랭했기 때문임을 모르는가? 그렇지만 지금 나는 인간이 아니라 신을 사랑하지. 인간은 너무나 불완전한 존재. 인간에 대한 사랑은 나를 파멸시킬 뿐이네."

차라투스트라가 대답했다.

"내가 사랑 때문이라 말했는가? 나는 그저 인간에게 선물을 주려고 한다."

성자가 말했다.

"인간에게는 아무것도 주지 마라. 차라리 인간들이 지고 있는 무거운 짐이나 벗게 하라. 그들의 짐을 나누어 지는 것이 더 나으리라. 그 일만이 그들을 기쁘게 할 것이다. 물론 그 일이 또한 그대의 기쁨이 되기도 한다면!

그대가 사람들에게 선물을 한다면 적선하는 데 그쳐라. 이 경우에도 그들이 그 적선을 구걸하게 한 다음에 주는 것이 낫다."

차라투스트라는 대답했다.

"싫다. 나는 그런 식으로 선물을 주지는 않겠다. 고작 적선을 할 만큼 내가 가난한 것도 아니다."

성자는 차라투스트라를 비웃으며 말했다.

"그렇다면 그대의 가장 소중한 보물을 그들에게 주어보라. 그들이 그것을 받는지 시험해 보라. 인간들은 은둔자에 대해 의심을 품지. 우리가 선물을 하려고 해도 그들은 믿지 않는다네.

그들의 귀에는 우리 발소리가 너무나 쓸쓸하게 들리지. 마치 한밤중에 잠자리에 든 채 문 밖에서 나는 발소리에 귀를 기울이며 속삭이듯, 우리 발소리를 들은 그들은 얼굴을 마주 보며 속삭일 것이다. '저 도둑은 지금 어디로 가는 걸까?'

그러니 인간이 살고 있는 곳으로 가지 말고, 숲 속에 그대로 있어라. 정 가고 싶거든 차라리 짐승이 사는 곳으로 가라. 왜 그대는 나처럼 여러 곰 가운데 한 마리 곰, 여러 새들 가운데 한 마리 새가 되려고 하지 않는가?"

"성자여, 그러면 그대는 대체 숲 속에서 무엇을 하고 있는가?"

차라투스트라가 물었다.

성자가 대답했다.

"나는 노래를 만들어서 부르지. 그리고 노래를 만들 때 웃고 울고 으르렁거리고 흥얼거린다네. 그러면서 나는 신을 찬미하지. 노래하고 웃고 울고 으르렁거리고 흥얼대면서 나의 신을 찬미하지. 그런데 그대는 우리에게 어떤 선물을 주려고 하는가?"

이 말을 듣자 차라투스트라는 성자에게 작별을 고하며 말했다.

"대체 내가 그대들에게 무슨 선물을 하겠는가? 제발 나를 이곳에서 빨리 떠나게 해다오. 내가 그대의 것을 빼앗기 전에."

이렇게 해서 그 노인과 차라투스트라는 마치 두 소년처럼 마주 보고 웃으며 헤어졌다.

이윽고 차라투스트라는 홀로 있게 되자 마음속으로 이렇게 말했다.

"이럴 수가! 저 늙은 성자는 숲 속에 있으면서도 '신이 죽었다'는 소식을 아직 듣지 못했단 말인가!"

3

차라투스트라는 숲을 나와 어느 도시로 들어섰다. 그 도시의 시장에는 많은 사람들이 모여 있었다. 가까이 가보니 줄타기 곡예사에 대한 광고문이 붙어 있었다. 차라투스트라는 모여 있는 사람들을 향해 말했다.

"그대들에게 초인에 대해 가르쳐 주겠다. 인간이란 극복되어야 하는 어떤 것이다. 그대들은 자신을 극복하기 위해 무엇을 했는가? 무릇 살아 있는 모든 것은 이제까지 자기 이상의 어떤 것을 만들어 왔다. 그런데 그대들은 이 커다란 흐름의 썰물이 되겠단 말인가? 자신을 극복하지 않고 오히려 짐승으로 돌아가겠다는 말인가?

인간에게 원숭이는 어떤 것인가? 하나의 웃음거리이자 고통으로 가득 찬 치욕일 뿐. 초인에게 인간이 바로 그렇게 보이는 것이다. 하나의 웃음거리, 고통으로 가득 찬 치욕인 것이다.

그대들은 모두 벌레에서 인간이 되었다. 그렇지만 아직도 그대들 속에는 수많은 벌레들이 꿈틀거리고 있다.[2]

또한 그대들은 원숭이였다. 지금도 인간은 어떤 원숭이보다 더한 원숭이다.

그대들 가운데 아무리 현명한 자도 식물과 유령의 잡종에 불과하다. 그렇지만 나는 그대들에게 식물이나 유령이 되라고 말하지는 않겠다.

이제 내가 초인에 대해 가르쳐 주겠다.

───────────
[2] 니체의 사상이 진화론과 유사하다고 일컬어지는 것은 이런 데서 나온 말이다. 그러나 니체 사상의 중심은 초인으로의 향상 의지일 뿐 적자생존은 아니다.

초인은 대지의 뜻이다. 그대들은 자신의 의지로 이렇게 말해야 한다. 초인이란 대지의 뜻이어야 한다고.

형제들이여, 나는 그대들이 대지에 충실하기를 간절히 바란다. 그대들은 하늘나라의 희망에 대해 설교하는 자들을 믿어서는 안 된다. 그런 자들이야말로 자신이 알든 모르든 독을 섞어 화를 입히는 사람들이다.

그런 자들이야말로 생명을 경멸하는 자요 스스로 독을 머금고 죽어가는 자이다. 대지는 이런 자들에게 지쳐버렸다. 그러니 그들은 저 하늘나라로 떠나도록 내버려 두어라.

예전에는 신에 대한 모독이 가장 큰 죄악이었다. 그러나 이제 신은 죽었다. 그리고 신과 함께 그들 모독자도 죽었다. 이제는 대지를 모독하는 것이, 또한 저 알 길 없는 배 속을 대지의 뜻보다 받드는 것이 가장 끔찍한 죄이다.

영혼은 일찍이 육체를 경멸했다. 그리고 그때는 그것이 가장 가치 있는 일이었다. 영혼은 육체가 쇠약해져서 굶주린 상태에 있기를 바랐다. 영혼은 이렇게 해야만 육체와 대지의 지배에서 벗어날 수 있다고 믿었던 것이다.

아, 그렇지만 그때는 영혼도 몹시 쇠약해져 굶주림에 빠져 있었다. 그 잔혹함, 바로 이것이 영혼이 누린 기쁨이었다.

나의 형제들이여, 나에게 말해 보라. 그대들의 육체는 그대들 영혼에 대해서 어떻게 생각하는지를. 그대들의 영혼도 가난하고 불결하며 비참하도록 안일한 것은 아닌가?

인간이란 진실로 더러운 강물과 같다. 우리는 바다가 되어야 한다. 더럽혀지지 않고 더러운 강물을 삼켜버리려면.

이제 나는 그대들에게 초인이 무엇인지 가르쳐 주겠다. 초인이란 바로 이런 바다다. 그대들의 커다란 경멸이 흘러들어 가라앉을 수 있는.

그대들이 체험할 수 있는 가장 위대한 것이 무엇이겠는가? 바로 커다란 경멸에 마주하는 시간이다. 행복이 구역질 나는 것이 되고 그대들의 이성이나 덕성도 역겹게 느껴지는 시간이다.

또 그것은 그대들이 이렇게 말할 때다. '나의 행복, 그것이 무슨 소용이 있는가? 그것은 가난이고 더러움이며, 비참한 자기만족에 불과할 뿐이다. 나의 행복이란 나의 생존 자체를 정당화시키는 것이어야 한다.'

그것은 또한 그대들이 이렇게 말할 때다. '나의 이성, 그것이 무슨 소용이 있는가? 이성은 마치 사자가 으르렁거리며 먹이를 향해 곧장 달려들 듯이 지식을 열망하고 있는가? 내 이성은 가난하고 더러우며 비참한 자기만족일 뿐이다.'

그것은 또한 그대들이 이렇게 말할 때다. '나의 덕, 그것이 무슨 소용이 있는가? 일찍이 덕이 나를 열광시킨 적은 한 번도 없었다. 나는 나의 선과 악에 대해 얼마나 지쳐 있는가! 그것들은 모두 가난이고 더러움이며, 비참한 자기만족일 뿐 그 밖에 아무것도 아니다.'

그것은 또한 그대들이 이렇게 말할 때다. '나의 정의, 그것이 무슨 소용이 있는가? 나는 불꽃이었던 적도, 석탄이었던 적도 없다. 정의의 인물이란 불꽃과 석탄이 아닌가.'

그것은 또한 그대들이 이렇게 말할 때다. '나의 동정심, 그것이 무슨 소용이 있는가? 동정이란 바로 인간을 사랑하는 자가 못박히는 십자가가 아닐까? 하지만 나의 동정은 그런 십자가가 아니다.'

그대들은 지금까지 그렇게 말해 본 적이 있는가? 그렇게 외쳐본 적이 있는가? 아, 그대들이 그렇게 외쳐본 적이 있다면 얼마나 좋을까!

하늘을 향해 외쳤다고 해도 그대들의 죄가 아니다. 그건 그대들의 만족이며, 죄짓는 일에 대한 인색함이다. 그대들을 혀로 핥을 번개는 어디에 있는가? 그대들에게 접종되어야 할 광기는 어디에 있는가?

이제 나는 그대들에게 초인에 대해 가르쳐 주겠다. 초인이란 바로 그 번개이며 그 광기이다."

차라투스트라가 이렇게 말하고 나자 모여 있던 사람들 가운데 하나가 소리쳤다.

"자, 이제야말로 줄타기 곡예사의 설명이 끝났나 보다. 이제는 그만 재주를 보여주었으면 좋겠는데!"

그 말을 들은 사람들은 모두 차라투스트라를 비웃었다. 그러나 줄타기 곡예사는 자신에게 한 말이라 생각하고 곡예를 시작했다.

4

하지만 차라투스트라는 이상한 듯한 눈길로 군중을 보았다. 그러고 나서 이렇게 말했다.

"인간이란, 동물과 초인 사이에 매어진 하나의 줄이다. 심연 위에 쳐진 줄이다. 그 줄을 타고 가는 것도 위험하고, 가운데에 멈춰 있는 것도 위험하며, 뒤돌아보는 것도 위험하고, 두려워 떨면서 머물러 있는 것도 위험하다.

인간이 위대한 이유는 인간이 목적이 아니라 다리이기 때문이다. 인간이 사랑받을 만한 점이 있다면 그것은 인간이 하나의 '과정'이고 '몰락'이기 때문이다.

나는 몰락하는 자로서 사는 것 말고는 달리 사는 방법을 모르는 자들을 사랑한다. 그는 피안(彼岸)을 향해 건너가는 자이기 때문이다.

나는 위대한 경멸자를 사랑한다. 그는 위대한 숭배자이며, 저쪽 기슭을 동경하는 화살이기 때문이다.

나는 사랑한다. 왜 몰락하고 희생해야 하는지, 그 까닭을 별이 빛나는 하늘 저편에서 구하려 하지 않고, 언젠가 대지가 초인의 것이 되도록 대지에 몸을 바치는 사람들을.

나는 사랑한다. 인식하려고 노력하며 사는 사람, 언젠가는 초인으로 태어나기 위해서 인식하려고 하는 사람들을. 그런 사람은 자신의 몰락을 바라기 때문이다.

나는 사랑한다. 일하고 공부하며, 초인을 위해 집을 짓고, 초인을 맞이하기 위해 대지와 식물과 동물을 준비하는 사람을. 그런 사람은 자신의 몰락을 바라기 때문이다.

나는 사랑한다. 자신의 덕을 사랑하는 사람을. 덕이란 바로 몰락을 향한 의지이며 동경의 화살이기 때문이다.

나는 사랑한다. 한 방울의 정신까지도 자신을 위해 지니려 하지 않고 오직 자기 덕의 정신이 되려고 하는 사람을. 그런 사람만이 정신으로서 저 다리를 건널 수 있기 때문이다.

나는 사랑한다. 자신의 덕을 성향이나 숙명으로 여기는 사람을. 그런 사람은 자신의 덕을 위해서 살고 또 죽기 때문이다.

나는 사랑한다. 많은 덕을 가지려고 하지 않는 사람을. 하나의 덕은 두 가지 덕보다 더 많다. 왜냐하면 하나의 덕이야말로 숙명을 매어놓을 수 있는 더 많은 매듭이기 때문이다.

나는 사랑한다. 자신의 영혼을 아낌없이 내주는 데 인색하지 않은 사람을.

고마워하기를 바라지 않고 그 고마움에 보답하지 않는 사람을.*³ 그런 사람은 늘 주기만 하면서도 자기 것을 생각하지 않기 때문이다.

나는 사랑한다. 주사위 숫자 놀음으로 우연히 행운을 얻었을 때 부끄러워하며, '내가 사기 도박꾼이 아닐까?' 하고 스스로에게 묻는 사람을. 그런 사람은 자신이 몰락하기를 바라기 때문이다.

나는 사랑한다. 행동에 앞서 황금 같은 말을 던지고, 언제나 자기가 약속한 것보다 더 많이 행하는 사람을. 그런 사람은 자신의 몰락을 바라기 때문이다.

나는 사랑한다. 미래의 사람들을 인정하고, 과거의 사람들을 구하는 사람을. 그런 사람은 현존하는 사람을 상대로 몰락하려는 사람이기 때문이다.

나는 사랑한다. 신을 사랑하기 때문에 그 신을 채찍질하는 사람을. 그런 사람은 그 신의 노여움을 사서 몰락하기 때문이다.

나는 사랑한다. 상처 입었을 때도 계속 영혼의 깊이를 잊어버리지 않는 사람을. 그리고 아주 작은 체험으로도 몰락할 수 있는 사람을. 그런 사람은 이렇게 하여 기꺼이 저 다리를 건너는 자이기 때문이다.

나는 사랑한다. 영혼이 풍부해서 자신의 일을 잊어버리고, 모든 사물을 자신 속에 간직하는 사람을. 그런 사람에게는 만물이 몰락의 기회가 되기 때문이다.

나는 사랑한다. 자유로운 정신과 가슴을 가진 사람을. 그런 사람에게 머리란 다만 가슴의 부속물에 지나지 않으며, 그 가슴이 바로 그를 몰락의 길로 밀고 나가기 때문이다.

나는 사랑한다. 인류의 머리 위를 덮는 어두운 구름에서 한 방울씩 떨어지는 무거운 빗방울 같은 사람을. 그런 사람은 번개가 가까이 오는 것을 알리며 예언자로서 몰락하기 때문이다.

보라! 나는 번개가 내려칠 것을 알려주는 사람이다. 먹구름에서 떨어지는 무거운 빗방울이다. 그리고 그 번개야말로 바로 초인이다."

5

이렇게 말하고 난 다음 차라투스트라는 다시 군중을 바라보았다. 그리고 입

---

*3 공짜로 주는 의지에 가득 차 있기 때문에 자신도 보답(반환)한다는 생각을 갖지 않는다.

을 다물었다. '저들은 그저 서 있을 뿐이구나' 하고 그는 마음속으로 말했다.

"저들이 웃고 있다. 저들은 나를 이해하지 못한다. 나는 저들의 귀를 위한 입이 아니구나.

그렇다면 저들이 눈으로라도 볼 수 있도록 먼저 내 말을 이해하지 못하는 저들의 귀라도 짓이겨야 하는 것일까? 북처럼, 참회를 권유하는 설교자처럼 떠들어야 한단 말인가? 아니면 저들은 말더듬이의 말만 믿는단 말인가? 저들은 자기들만의 자랑거리를 가지고 있다. 그 자랑거리를 저들은 무엇이라고 부르는가? 교양이라 부른다. 그것이 저들을 염소지기보다 뛰어난 자로 만드는 것이다.

그래서 저들은 '경멸'이라는 말을 좋아하지 않는다. 그렇다면 나는 저들의 긍지를 향해 말하겠다. 그리고 가장 경멸해야 할 사람에 대해서 말하겠다. 바로 '종말의 인간'이다."

그래서 차라투스트라는 모여 있는 사람들을 향해서 이렇게 말했다.

"지금이야말로 인간이 자신의 목표를 세워야 할 때다. 가장 높은 희망의 씨앗을 스스로 심어야 할 때다.

인간의 땅은 씨앗을 심을 수 있을 만큼 풍요하다. 그러나 그 땅은 곧 메마르고 척박해져서 큰 나무는 더 이상 자라지 못하게 될 것이다.

슬프다. 그런 때가 오고야 말 것이다. 그때가 되면 인간은 동경의 화살을 쏘지 않을 뿐더러 자신의 활시위를 울리는 법조차 잊어버리고 말 것이다.

나는 그대들에게 말하노니, 춤추는 별을 탄생시킬 수 있으려면 인간은 자신 속에 혼돈을 지니고 있어야 한다. 탄생시킬 그대들에게 말하노니, 그대들은 아직 자신 속에 혼돈을 지니고 있다.

아, 슬프다. 정말 그때가 올 것이다. 그때가 되면 인간은 어떠한 별도 탄생시킬 수 없을 것이다. 슬프다. 비천하기 짝이 없는 인간의 시기가 올 것이다. 자기 자신조차 경멸할 수 없는 그런 인간의 시대가 올 것이다.

보라. 나는 그대들에게 그런 '종말의 인간'을 보여주리라.

'사랑이란 무엇인가? 창조란 무엇인가? 동경이란 무엇인가? 별이란 무엇인가?' 종말의 인간은 이렇게 물으면서 눈을 껌벅거릴 것이다.

그때 이미 대지는 작아져 버리고, 그 위에 모든 것을 작게 만드는 종말의 인간이 날뛰고 있을 것이다. 그 종족은 마치 벼룩 같아서 없애기 힘들다. 종말인이 누구보다 오래 산다.

'우리는 행복을 만들어 냈다.' 종말인은 이렇게 말하고 또 눈을 껌벅거린다.

그들은 살기 힘든 고장을 떠났다. 따뜻한 곳이 살기 편하기 때문이다. 더욱이 이웃을 사랑하고, 또 이웃과 몸을 비벼대기도 한다. 따뜻한 기운이 필요하기 때문이다.

그들에게 있어서 병든다는 것과 의심한다는 것은 죄악이다. 그들은 걸을 때도 조심한다. 돌이나 사람에게 걸려 넘어지는 자는 바보이기 때문이다.

그들은 가끔 적은 양의 독을 사용한다. 그렇게 하면 기분 좋은 꿈을 꾸기 때문이다. 결국 그들은 많은 양의 독을 사용해 기분 좋게 죽음에 이른다.

그들도 일한다. 왜냐하면 일하는 것은 즐겁기 때문이다. 그러나 그 즐거움이 몸을 상하게 하지 않도록 조심한다.

그들은 가난해지지도 않고 부자가 되지도 않는다. 양쪽 모두 번거롭기 때문이다. 아무도 지배하려 하지 않고 또 복종하려고도 하지 않는다. 둘 다 번거롭기 때문이다.

양치기는 없고 한 무리의 가축 떼만 있다! 모든 사람이 같은 것을 바라며 또 모두가 똑같다. 다르게 느끼는 자는 스스로 정신병원으로 들어간다.

'옛날에는 온 세계가 미쳐 있었다.'

총명한 사람은 이렇게 말하고 의미 있는 눈짓을 한다. 그들은 영리하며, 무슨 일이 일어났는지 다 알고 있다. 그래서 그들의 조롱에는 끝이 없다. 그들도 다투기는 하지만 곧 화해한다. 그렇게 하지 않으면 소화불량에 걸리기 때문이다.

그들은 낮에도 약간의 쾌락을 즐기고, 밤에도 약간의 쾌락을 즐긴다. 그러나 그들은 건강을 가장 소중히 여긴다.

'우리는 행복을 만들어 냈다.' 종말의 인간은 그렇게 말하고는 눈을 껌벅거린다."

여기에서 뒷날 차라투스트라의 '머리말'이라고 불리는 그의 첫 번째 연설이 끝났다. 군중의 환희에 찬 외침이 그의 말을 가로막았기 때문이다.

"우리에게 그 종말인을 데려오라, 차라투스트라여. 우리를 그 종말인으로 만들어 달라! 그러면 그대가 초인이 되는 것을 허락하겠다."

군중이 이렇게 비웃으며 고함쳤다. 그러자 차라투스트라는 슬퍼하면서 마음속으로 말했다.

'저들이 나를 이해하지 못하는구나. 나는 저들의 귀를 위한 입이 아니다.

아마도 내가 너무 오랫동안 산속에서 살았나 보다. 나는 너무 오래 골짜기의 시냇물과 나무들이 하는 이야기를 들어왔다. 지금 나는 염소지기에게 말하듯이 저들에게 이야기하고 있구나.

내 영혼은 흔들림이 없고, 아침의 산처럼 밝고 영롱하다. 그렇지만 저들은 나를 냉정하고 무서운 농담을 하는 조롱꾼이라고 생각한다.

그래서 지금 저들은 나를 보면서 웃고 있다. 웃으면서 나를 미워하고 있다. 저들의 웃음은 얼음처럼 차갑구나.'

6

그런데 그때 모든 사람의 입을 다물게 하고 눈길을 사로잡는 일이 일어났다. 곡예사가 드디어 줄을 타기 시작한 것이다. 그는 탑의 작은 문에서 나와 줄 위를 걸었다. 그 줄은 두 탑 사이, 즉 시장 거리와 군중의 머리 위를 지나고 있었다.

그가 줄 한가운데 이르렀을 때 탑의 작은 문이 다시 열리더니 알록달록한 옷차림의 어릿광대가 튀어나와 빠른 걸음으로 앞사람을 쫓아가기 시작했다.

그는 무서운 목소리로 고함쳤다. "앞으로! 이 절름발이 녀석! 앞으로! 이 게으름뱅이 병신아! 내 발뒤꿈치에 채이지 않도록 조심해라. 지금 여기에서 무엇을 하는 거냐? 너는 저 탑 속에 처박혀 있는 것이 분수에 맞아. 너를 그대로 가두어 뒀어야 했는데. 너는 지금 너보다 뛰어난 자들의 자유로운 앞길을 막고 있어!"

그는 한마디씩 할 때마다 앞사람 가까이 다가갔다. 그러다 마침내 두 사람 사이가 한 걸음 차이로 가까워졌을 때, 모든 사람들의 입을 다물게 하고 눈을 얼어붙게 한 놀라운 일이 벌어졌다. 그 순간 어릿광대는 악마처럼 소리를 지르면서 자기 앞길을 막고 있는 자를 뛰어넘었던 것이다. 그러자 서 있던 곡예사는 그가 자기를 앞지르는 것을 보고 그만 냉정을 잃고 발을 헛디뎠다. 손에 들고 있던 장대도 놓치고, 팔다리를 허우적거리며 장대보다도 빨리 땅에 떨어지기 시작했다. 시장과 군중은 폭풍이 몰아치는 바다처럼 변했다. 모두 뿔뿔이 흩어져 달아나고, 달아나다가 걸려 넘어졌다. 줄타기 곡예사가 떨어지려는 곳은 더욱 심했다.

그러나 차라투스트라는 움직이지 않았다.

차라투스트라 바로 옆에 줄타기 곡예사가 떨어졌다. 크게 다쳤고 비참한 몰골이었지만 숨은 아직 붙어 있었다.

잠시 뒤 온몸이 으스러진 사나이는 의식을 회복하고서 자기 옆에 무릎을 꿇고 있는 차라투스트라를 바라보았다.

그가 입을 열었다. "여기서 뭘 하고 있는 거요? 나는 진작 알고 있었소. 악마가 내 발을 헛디디게 하리라는 것을 말이오. 이제 그는 나를 지옥으로 데리고 갈 것이오. 그대가 그것을 막아줄 수 있소?"

차라투스트라가 대답했다.

"맹세코 말하지만 그대가 말하는 것은 존재하지 않네. 악마도 지옥도 없어. 그대의 영혼은 육체보다 더 빨리 죽음에 이를 것이다.*4 그러니 그대는 두려워할 게 아무것도 없소."

사나이는 의심스러운 듯한 눈길로 그를 쳐다보았다.

"그 말이 사실이라면 내가 생명을 잃어버린다 해도 아무것도 잃어버리는 것이 없는 셈이오. 나는 채찍과 약간의 먹이로 줄 위에서 춤추는 재주를 습득한 한 마리 동물에 지나지 않으니까."*5

"그렇지 않네. 그대는 스스로 위험한 일을 직업으로 택했을 뿐이지. 그것은 비난받아야 할 일도 천한 일도 아니네. 지금 그대는 그 직업 때문에 몰락해 가고 있는 것이야. 내 손으로 그대를 묻어주겠네."

차라투스트라의 말이 끝났을 때 곡예사는 아무 대답이 없었다. 대신 손을 조금 움직였을 뿐이다. 마치 감사의 표시로 차라투스트라의 손을 붙잡기라도 하려는 듯이.

---

*4 차라투스트라는 줄타기 곡예사를 천국의 꿈, 지옥이나 악마에 대한 두려움 같은 환상으로 속이려 하지 않고, 다만 삶과 죽음의 참모습을 설명해 준다. 이것이 그가 생각하는 사랑, 또 상대에 대한 존경이다. 영혼 불멸이라는 것은 꿈에 불과하기 때문에 죽은 뒤 세계에 대한 공포도 있을 수 없다.

*5 줄타기 곡예사는 위험을 직업으로 삼고는 있었지만, 결국 자신이 관습에 사로잡혀 진정한 독립인이 아니었다는 것을 깨닫고 고백한다. 그러나 위험을 무릅쓴 그 삶의 방법에 대한 차라투스트라의 동정이 보인다.

7

그러는 동안 해가 지고 시장은 어두워지기 시작했다. 사람들은 하나둘 흩어졌다. 호기심과 공포도 지치는 법이다. 그렇지만 차라투스트라는 여전히 죽은 사람 옆에 앉아 깊은 생각에 잠겼다. 그는 시간 가는 줄 몰랐다.

이윽고 밤이 되어 찬바람이 이 고독한 사람을 스쳐 지나갔다. 그러자 차라투스트라는 조용히 몸을 일으키며 마음속으로 말했다.

'나는 오늘 좋은 고기를 낚았구나! 인간을 낚지는 못했으나 시체 하나를 낚았으니.

인간으로서 생존한다는 것은 끔찍한 일이고, 그것은 결국 어떤 의미도 없다. 한낱 광대일 뿐인 자가 인간의 생명을 빼앗아 갈 수도 있으니.*6 나는 인간에게 그들이 존재하는 의미를 알려주어야겠다. 인간 존재의 의미는 초인이다. 초인이란 인간이라는 어두운 구름을 헤치고 번쩍이는 번개다.

그러나 나와 인간들과의 거리는 아직도 멀다. 그리고 나의 말은 그들의 가슴까지 이르지 못했다. 인간에게는 내가 곡예사와 송장 사이의 얼치기에 불과할 것이다.*7

밤은 어둡고, 차라투스트라의 길도 어둡다. 자, 오라. 차갑게 굳어버린 동반자여! 내가 그대를 묻을 곳으로 짊어지고 가리라.'

8

차라투스트라는 마음속으로 이렇게 말하고 나서 시체를 어깨에 메고 걷기 시작했다. 그런데 백 걸음도 채 못 가, 한 사나이가 그에게 조용히 다가와서 속삭였다. 그는 바로 탑에서 뒤따라 나온 어릿광대였다.

그는 말했다. "이곳을 떠나는 게 좋을 것이다, 차라투스트라. 여기에서는 아직도 많은 사람들이 그대를 미워하고 있다. 착하고 올바른 사람도 그대를 미워하며, 자기들의 적이자 경멸자라 부르고 있다. 신앙을 가진 사람도 그대를 미워하고 그대를 민중에게 위험한 인물로 여기고 있어.

사람들이 그대를 웃음거리로 여긴 것은 그대에게 정말 다행한 일이야. 사실

---

*6 요컨대 인생이란 헤아리기 어렵고 기분 나쁜 것이다. 한 사람의 곡예사가, 바꿔 말해 히틀러가 나타나도 세계의 역사는 변하고 무수한 사람들이 비운에 울게 된다.
*7 민중이 자신의 참된 모습을 이해하지 못하는 것을 한탄한다.

그대는 광대처럼 말했으니까. 그리고 그대가 저 죽은 개를 벗삼은 것 역시 퍽 다행한 일이었네. 그대가 자신을 낮추었기 때문에 목숨을 건질 수 있었으니까. 그러나 이 거리에서 떠나! 그렇지 않으면 내가 내일은 그대를 뛰어넘으리라. 그래서 나는 살고, 그대는 떨어져 죽은 자가 되리라."

그렇게 말하고 나서 그 사나이는 모습을 감추었다. 차라투스트라는 어두운 거리를 계속 걸었다.

차라투스트라는 마을 어귀에서 무덤 파는 사람들을 만났다. 햇불로 차라투스트라의 얼굴을 비추어 보더니 그들은 조롱하기 시작했다.

"차라투스트라가 죽은 개를 업고 가네. 차라투스트라가 무덤 파는 인부가 되다니 정말 훌륭하군. 우리 손은 그 따위 썩은 고기를 다루기에는 너무 깨끗하지. 차라투스트라는 악마에게서 먹을 것을 훔칠 생각인가? 그것도 좋지. 실컷 처먹어라! 다만 악마가 차라투스트라보다 더 지독한 도둑놈이 아니라면 말이야! 악마는 살아 있는 인간도 죽은 개도 모두 다 잡아먹거든."

그들은 그렇게 말하면서 소리 내어 웃더니 머리를 맞대고 수군거렸다.

차라투스트라는 한마디 대답도 하지 않고 계속 걸어갔다. 산기슭을 따라 숲과 늪을 지나 두 시간쯤 걸어갔을 때, 그는 굶주린 이리 떼가 울부짖는 소리를 들었다. 이윽고 그도 허기를 느꼈다. 그래서 불이 켜져 있는 외딴집 앞에서 걸음을 멈추었다.

'배고픔이 나를 공격하는군. 마치 강도처럼. 숲과 늪 가운데서 굶주림으로부터 습격을 받는구나. 이렇듯 깊은 밤중에. 나는 이상한 버릇을 가지고 있어 때로는 식사 바로 후에도 허기를 느끼는데 오늘은 하루 종일 느끼지 않았다. 왜 못 느꼈을까?'

차라투스트라는 그 집 문을 두드렸다. 손에 등불을 든 노인이 나타나 이렇게 물었다.

"누구요? 놀라 내 잠을 깨게 한 사람이?"

차라투스트라는 말했다.

"산 사람 하나와 죽은 사람 하나요. 먹을 것과 마실 것을 좀 주면 좋겠소. 하루 종일 먹는 걸 잊고 있었소. 굶주린 자에게 먹을 것을 주면 영혼이 새로워진다고 현자는 말했지요."

노인은 안으로 들어갔다가 곧 다시 나와서 차라투스트라에게 빵과 포도주를 주었다.

"여기는 굶주린 자에게는 좋지 않은 땅이오. 그래서 나는 여기에 살고 있지. 동물도 인간도 은자인 나를 찾아오지. 그대의 길동무에게도 먹을 것과 마실 것을 주게나. 자네보다 더 지쳐 있는 것 같으니."

차라투스트라는 대답했다.

"나의 길동무는 죽었소. 그러니 그에게 먹고 마시라고 할 수가 없소."

"그건 내 알 바가 아니지" 하고 노인은 기분이 나빠진 듯이 말했다. "내 집 문을 두드린 자는 내가 주는 것을 받아야만 하네. 잘 먹고 편안하게 가게나."

차라투스트라는 다시 길을 떠나 별빛 아래서 두 시간을 더 걸어갔다. 그는 밤길을 걷는 데 익숙했고, 모든 것이 잠든 모습을 바라보는 것을 즐기고 있었다.

동쪽 하늘이 밝아지기 시작할 무렵, 차라투스트라는 너무 깊은 숲 속에 들어와 있다는 것을 알았다. 길은 어디에도 없었다. 거기서 그는 시체를 큰 나무 밑동의 비어 있는 구멍 속에 내려놓았다. 늑대가 시체를 물어가지 못하도록 하기 위해서였다. 그리고 차라투스트라는 그 나무 아래 머리를 두고 흙과 이끼 위에 누웠다. 그는 곧 잠들었다. 몸은 지쳐 있었지만 영혼은 고요했다.

9

차라투스트라는 오랫동안 잤다. 새벽빛이 스러지고 정오의 밝은 햇빛이 그의 얼굴을 스치고 지나갔다. 드디어 그는 눈을 떴다. 그는 놀라서 숲과 함께 정적을 바라보았다.

그는 재빨리 몸을 일으키고, 오랜만에 육지를 발견한 뱃사람처럼 뛰어오르며 환성을 질렀다. 그는 새로운 진리를 보았던 것이다. 그래서 그는 마음속으로 이렇게 말했다.

'내가 한 줄기 빛이 일어났다. 나는 길동무가 필요해. 그것도 살아 있는 길동무가. 내가 가고자 하는 곳으로 나 자신이 메고 가야 하는 죽은 길동무가 아닌 살아 있는 길동무가 필요하다.

그 길동무는 스스로 나를 따르고 내가 가고자 하는 곳으로 함께 가는 자다.

내게 한 줄기 빛이 일어났다. 차라투스트라는 민중에게 말하는 것이 아니라 길동무에게 말해야 한다. 차라투스트라는 짐승 무리를 이끄는 양치기나 양치기 개가 되지는 않겠다.

나는 짐승 무리 속에서 많은 자들을 끌어내려고 왔다. 나는 군중과 짐승들을 화나게 만들리라. 차라투스트라는 목동들에 의해 강도로 불리게 되리라.

방금 나는 목동들이라고 말했다. 그러나 그들은 스스로를 좋은 사람, 올바른 사람이라 여기고 있다. 방금 나는 목동들이라고 말했다. 하지만 그들은 자신을 바른 신앙을 가진 신자라 부르고 있다.

이 착하고 올바른 자들을 보라! 그들은 누구를 가장 미워하는가? 그건 그들의 가치관을 깨뜨리는 자, 파괴자며 범죄자다. 그러나 그런 사람이야말로 창조하는 자다.

온갖 신앙을 가진 자들을 보라! 그들은 누구를 가장 미워하는가? 그들의 가치관을 깨뜨리는 자, 파괴자며 범죄자다. 그러나 그 사람이야말로 창조하는 자다.

창조하는 자가 바라는 것은 길동무다. 시체도 아니고 짐승의 무리나 신자도 아니다. 창조자가 찾는 것은 새로운 가치를 새로운 목록에 기록할 동반자다.

창조하는 자가 찾는 것은 길동무다. 함께 거둬들이는 자다. 창조하는 자 앞에서는 모든 것이 무르익어 수확의 때를 기다리고 있다. 하지만 그에게는 백 개의 낫이 없으니, 그는 이삭을 떼내며 화내는 것이다.

창조하는 자가 찾는 것은 길동무다. 자신의 낫을 예리하게 갈아야 하는 사실을 아는 자다. 그들은 파괴자, 선과 악의 경멸자라고 불린다. 그러나 실제로 그들은 거둬들이는 자, 찬미하는 자다.

차라투스트라는 함께 창조할 사람을 찾는다. 거둬들이는 자, 함께 찬미할 자를 찾고 있다. 짐승의 무리, 양치기, 시체가 그와 무슨 관계가 있단 말인가?

그대, 나의 첫 번째 길동무여, 잘 있어라. 나는 조심해서 그대를 나무 밑동의 구멍 속에 잘 묻어두었다. 늑대 무리들이 덤벼들지 못하도록 말이다.

이제 나는 그대와 헤어지려 한다. 때가 왔기 때문이다. 새벽빛과 새벽빛 사이에 새로운 진리가 나를 찾아왔기 때문이다.

나는 양치기도 아니고, 무덤 파는 일꾼도 아니다. 나는 이제 군중을 상대로 결코 두 번 다시 말하지 않으리라. 죽은 자에게 말하는 것도 이것이 마지막이다.

나는 창조하는 자, 수확하는 자, 찬미하는 자와 함께하겠다. 나는 그들에게 무지개를, 그리고 초인에 이르는 계단을 모두 보여주리라.

혼자서 혹은 단둘이서 숨어 살고 있는 은자들에게 내 노래를 들려주리라.*8 그리고 이제껏 들어본 적이 없는 것에 대해 귀를 기울이는 자의 마음을 나의 행복으로 가득 채워 주겠다.

나는 목표를 향해 내 길을 가겠다. 나는 망설이는 자, 게으른 자를 뛰어넘어 내가 가는 길이 그들의 몰락이 되게 하리라.'

10

차라투스트라가 마음속으로 이렇게 말하고 났을 때, 정오의 태양이 이미 그의 머리 위에 있었다. 그때 그는 무엇인가를 묻는 듯한 시선으로 하늘을 보았다. 높은 곳에서 날카로운 새 울음소리를 들었기 때문이다. 그런데 독수리 한 마리가 커다란 원을 그리며 공중을 날고 있지 않은가! 그것도 뱀 한 마리가 엉겨붙어 있는 독수리가! 뱀은 독수리의 먹이라기보다는 친구처럼 보였다. 뱀은 독수리의 목에 의지하듯 감겨 있었던 것이다.

차라투스트라는 기뻐했다. '저들은 내 짐승들이다. 태양 아래서 가장 자랑스러운 산짐승이며, 태양 아래에서 가장 지혜로운 살아 있는 짐승들이다. 그들은 지금 무언가를 알아내기 위해 하늘에 떠 있다.

그들은 차라투스트라가 아직 살아 있는지를 알고자 하는 것이다. 정말로 나는 아직 살아 있는 것일까?

나는 알았다. 사람과 같이 있는 것은 동물과 같이 있는 것보다 훨씬 위험하다는 것을. 차라투스트라는 위험한 길을 걷고 있다. 나의 짐승들이여, 나를 인도하라!'

이때 차라투스트라는 숲 속에서 만났던 성자의 말이 생각났다. 그래서 그는 탄식을 하고 말했다.

"보다 현명해지고 싶다! 내 친구인 뱀처럼 현명해지고 싶다! 그러나 그것은 불가능한 바람이다. 그래서 나는 내 긍지가 언제나 내 지혜와 사이좋게 지내기

---

*8 은둔자(숨어 사는 자, Einsiedler)의 Ein을 하나의 의미로 잡아서 Zweisiedler(둘이서 숨어 사는 자)로 조어한 것이다. 은둔자라는 말에 의미가 있을 뿐 숫자에는 특별한 의미가 없다. 그렇다고 둘이서 함께 사는 은둔자가 없는 것은 아니다.

를 바란다.*9

　그리고 언젠가 나의 지혜가 나를 버릴 때가 온다면…… 아, 지혜는 언제나 여자처럼 달아나기를 좋아하지! 그때는 나의 자랑이 나의 어리석음과 함께 날아가 버리면 좋으련만!"

　이렇게 해서 차라투스트라의 몰락은 시작되었다.

---

*9 자신이 그렇게까지 현명하지 못하더라도, 또 어리석은 자가 되는 일이 있더라도 자신의 운명이라고 생각하며 그것을 짊어지고 적극적으로 살아가는 긍지를 잃지 않겠다는 뜻이다.

제1부

세 가지 변화

그대들에게 정신의 세 가지 변화에 대해 말하겠다. 즉 어떻게 해서 정신이 낙타가 되고, 낙타가 사자가 되며, 사자가 어린아이가 되는가에 관한 이야기다.

경외심을 품은 채 무거운 짐을 견뎌내는 정신은 수많은 무거운 것에 맞닥뜨린다.

그리고 강인한 정신은 무거운 것 중에서도 가장 무거운 것을 요구한다.

이 무거운 짐을 견뎌내는 정신은 "무엇이 무거워서 이렇게 힘이 드는가?" 묻는다. 그러고는 낙타처럼 무릎 꿇은 다음 더 무거운 짐을 실어주기를 바란다.

"영웅들이여, 가장 무거운 것은 무엇인가?" 이 무거운 짐을 견뎌내는 정신은 이렇게 묻는다. 그것을 자신의 몸에 지니고 자기가 강하다는 것을 기뻐하고 싶은 것이다.

그런데 가장 무거운 것이라면 자아의 교만에 상처 주기 위해 자신을 낮추는 일이 아니겠는가? 자신의 지혜를 비웃기 위해 자신의 어리석음을 밖으로 나타내는 일이 아니겠는가?

그것은 또 이런 것인지도 모른다. 자신의 뜻이 성취되어 자축할 때 그 뜻으로부터 이탈하거나, 유혹하는 자를 유혹하기 위해 높은 산으로 올라가는 것이 아닌가?

그것은 또 이런 것인지도 모른다. 이슬이 주는 목숨을 인식의 풀과 열매로 잇고, 진리를 위해 영혼의 굶주림을 참고 견디는 것이 아니겠는가?

그것은 또 이런 것인지도 모른다. 앓고 있으면서도 병문안 오는 자를 돌려 보내고, 자기가 바라는 것을 결코 듣지 못하는 귀머거리를 사귀는 것이 아닌가?

그것은 또 이런 것인지도 모른다. 아무리 더러운 물이라도 그것이 진리의 물이라면 그 속에 들어가서 차가운 개구리든 뜨거운 두꺼비든 쫓아버리지 않는 것이 아닌가?

그것은 또 이런 것인지도 모른다. 우리를 경멸하는 자를 오히려 사랑하고, 우리를 두렵게 하는 유령을 향해 손을 내미는 것이 아닌가?

이처럼 가장 무겁게 보이는 모든 것을 견디는 정신은 스스로 그 짐을 떠맡는다. 그리고 무거운 짐을 지고 사막으로 들어가는 낙타처럼, 그는 자신의 짐을 진 채 자신의 사막으로 달려간다.

그러나 어느 곳보다 고독한 사막에서 두 번째 변화가 일어난다. 그때 정신은 사자가 되어 자유를 얻으려 하고, 자신이 선택한 사막의 주인이 되려고 한다.

그 사막에서 그는 자신을 마지막으로 지배한 자를 불러낸다. 그는 그 최후의 지배자인 자신의 신과 적이 되려 한다. 그는 승리하기 위해 이 커다란 용과 싸운다. 정신이 이미 주인임을 인정하지도, 신이라 부르려고도 하지 않는 이 커다란 용은 도대체 무엇일까?

'너는 해야 한다.' 그것이 그 커다란 용의 이름이다.

하지만 사자의 정신은 말한다. "나는 하고자 한다."

'너는 해야 한다'가 그 정신의 길을 막고 있다. 황금빛으로 번쩍이는 비늘 달린 동물로서, 그 비늘 한 장 한 장마다 '너는 해야 한다'가 황금빛으로 찬란하게 새겨져 있다.

천 년 동안 전해져 내려온 온갖 가치가 그 비늘에서 번쩍이고 있다. 그래서 모든 용 가운데서 가장 힘센 이 용은 "모든 사물의 온갖 가치가 내 몸에서 번쩍이고 있다"고 말한다.

"모든 가치는 이미 창조되었다. 그리고 창조된 모든 가치, 그것은 바로 나다. 진실로 '나는 하고자 한다'는 더 이상 없을 것이다." 용은 이렇게 말한다.

나의 형제들이여, 무엇 때문에 정신의 사자가 필요한가? 무엇 때문에 무거운 짐을 지는, 체념과 공경으로 가득 찬 낙타로는 불충분하단 말인가?

새로운 가치들을 창조하는 일은 사자로서도 불가능하다. 그러나 새로운 창조를 위한 자유를 쟁취하는 것은 사자의 힘만으로도 가능한 일이다.

스스로 자유를 창조하고, 의무에 대해서조차 성스럽게 '아니다'라고 말할 수 있기 위해서는 사자가 필요하다.

새로운 가치를 세우는 권리를 갖는다는 것, 그것은 무거운 짐을 견디는 경건한 정신에게는 가장 무서운 쟁취이다. 그에게 그것은 진실로 강탈이며, 강탈은 맹수들이나 하는 행동이다.

정신은 일찍이 '너는 해야 한다'를 가장 성스러운 것으로서 사랑했다. 그는 이제 이 가장 신성한 것들 속에서 착각과 독단을 찾아내어 자신이 사랑하고 있던 것에서 자유를 강탈해야 한다. 이 강탈을 위해서 사자가 필요한 것이다.

그렇지만 형제들이여, 생각해 보라. 사자가 행할 수 없었지만 어린아이가 행할 수 있는 것을! 그것은 무엇이겠는가? 왜 강탈하는 사자가 다시 어린아이가 되어야 하는 것인가?

어린아이는 천진무구이며 망각이다. 어린아이는 새로운 시작, 놀이, 스스로 돌아가는 수레바퀴, 최초의 운동, 그리고 '그렇다'라는 성스러운 긍정이다.

그렇다, 나의 형제들이여. 창조라는 놀이를 위해서는 '그렇다'라는 성스러운 말이 꼭 필요하다. 바로 그때 정신은 자신의 의지를 바라며, 세계에서 길 잃은 자는 자신의 세계를 정복한다.

나는 정신의 세 가지 변화에 대해 그대들에게 말했다. 어떻게 해서 정신이 낙타가 되며, 낙타가 사자가 되고, 사자가 어린아이가 되는가에 대해 말했다.

차라투스트라는 이렇게 말했다. 그리고 그때 그는 '얼룩소'라는 도시에 머물고 있었다.

덕의 강단

차라투스트라는 한 현자의 이름을 들었다. 그 현자는 잠과 덕에 대해 잘 설명하기 때문에 존경받고 있으며 많은 젊은이들이 그가 강의하는 곳에 모인다고 한다. 차라투스트라도 그 현자의 강단에 가서 다른 젊은이들과 함께 강의를 들었다. 현자는 이렇게 말했다.

"잠에 대해서 경의와 함께 수치스러운 마음을 지녀라! 이것이 근본이다. 그리고 잘 자지 않는 자, 밤에 깨어 있는 자를 피하라.

도둑도 잠 앞에서는 부끄러움을 느껴 밤에는 언제나 발소리를 죽이고 조용히 다닌다. 그러나 야경꾼은 부끄러움도 없이 호루라기를 가지고 다닌다.

잔다는 것은 결코 쉬운 일이 아니다. 잠자기 위해서는 종일 눈을 뜨고 있어야 하기 때문이다.

그대는 낮 동안에 자신을 열 번이나 이겨내야 한다. 그것은 기분 좋은 피로를 가져오며 영혼을 마취시킨다.

그대는 자신과 열 번 화해를 해야 한다. 자신을 이기면 불만이 남기 때문에 화해하지 않은 자는 잠을 잘 잘 수가 없는 법이다.

그대는 낮 동안에 열 가지 진리를 알아야 한다. 그렇지 않으면 그대는 밤에도 진리를 찾아 헤매야 하기 때문이다. 그리고 그대의 영혼은 여전히 굶주려 있을 것이다.

그대는 낮에 열 번 웃어서 쾌활해져야 한다. 그렇게 하지 않은 날 밤에는 위장, 그 고통과 우울의 아버지가 그대를 괴롭힐 것이다.

다음과 같은 것을 아는 사람은 그리 많지 않다. 잠을 잘 자기 위해서는 모든 덕을 쌓지 않으면 안 된다.

거짓 증거를 댈 것인가, 간음을 할 것인가? 이웃집 여자를 보고 욕망을 일으킬 것인가? 그런 것들은 모두 편안한 잠을 방해한다.

그리고 우리가 모든 덕을 가지고 있다 해도 한 가지 더 필요한 게 있다. 그것은 덕조차도 제때에 잠들게 하는 것이다. 그것은 정숙한 여자들과 같은 덕이 서로 싸우지 않게 하기 위해서다. 그대를 두고 서로 다툰다면 그때야말로 그대의 불행이 시작된다.

신과 이웃과도 평화롭게 지내라. 편안한 잠은 그것을 바란다. 그리고 이웃 속에 숨어 있는 악마와도 평화를 유지하라. 그렇지 않으면 그 악마는 밤마다 그대 주위를 맴돌며 그대를 괴롭힐 것이다.

관리를 공경하고 복종하는 것 또한 잊지 마라. 좋지 않은 관리라 할지라도 그래야 깊은 잠을 잘 수 있다. 권력이 스스로 구부러진 다리로 걷겠다는데 내가 어떻게 한단 말인가?

자신이 돌보고 있는 양의 무리를 푸른 풀이 가장 많은 들판으로 인도해 가는 자를 나는 가장 훌륭한 양치기라고 칭찬하리라. 그런 태도는 편안한 잠과 잘 어울린다.

나는 많은 명예를 바라지 않는다. 많은 재산도 바라지 않는다. 그런 것은 비장에 염증을 일으킬 뿐이다. 그러나 좋은 평판과 약간의 재산이 없으면 편안한 잠을 이룰 수 없다.

작은 사교 모임이 나쁜 사교 모임보다 바람직하다. 하지만 그 모임도 알맞은 시간에 오가야 한다. 그래야 편안한 잠과 조화를 이룬다.

마음이 가난한 자들도 내 뜻에 잘 들어맞는다. 그들은 잠을 잘 이루도록 도와준다. 그들은 매우 행복하다. 특히 그들이 언제나 주위로부터 옳다고 인정받고 있는 경우에는 더욱 그렇다.

덕을 가진 자는 낮 동안 이렇게 지낸다.

밤이 되면 나는 억지로 잠을 청하지 않는데, 그건 덕의 주인인 잠은 청해지는 것을 싫어하기 때문이다.

그 대신 나는 낮 동안에 내가 한 일과 생각한 일을 떠올리고 황소처럼 참을성 있게 되새김질하면서 자신에게 물어본다. 나는 무엇을 열 가지 극복했는가?

또한 열 가지 화해, 열 가지 진리, 내 마음을 뒤엎어 놓은 열 가지 웃음은 무엇인가?

이런 것들에 대해 두루 헤아리고, 마흔 가지 생각으로 뒤흔들리고 있자면 어느새 청하지 않은 모든 덕의 주인인 잠이 나를 엄습해 온다.

잠이 내 눈꺼풀을 두드리면 내 눈꺼풀이 무거워진다. 잠이 내 입을 어루만지면 나는 마음 놓고 입을 연다.

잠은 아무 소리도 내지 않고 살며시 내게로 다가온다. 도둑 중에서 가장 사랑스러운 도둑이 이 잠이다. 그 도둑은 내 상념을 훔쳐간다. 그러면 나는 꼼짝도 안 하고 서 있다. 마치 이 강단의 책상처럼 말이다.

그렇다고 오래 서 있지는 못한다. 나는 금방 누워버린다.”

이러한 현자의 말을 들었을 때 차라투스트라는 속으로 웃었다. 그는 거기서 새로운 진실을 깨달았기 때문이다. 그래서 그는 마음속으로 말했다.

‘내가 보기에 마흔 가지 생각으로 뒤흔들리고 있는 이 현자는 바보다. 그러나 나는 믿는다. 그가 잠자는 방법에 대해서는 잘 알고 있다는 것을.

이 현자 가까이에 살고 있는 사람은 그것만으로도 행복하다. 이런 잠은 아무리 두꺼운 벽이라도 뚫고 전염된다. 어떤 마력이 그의 의지 속에까지 숨어 있다. 젊은이들이 이 덕의 설교자가 강의하는 것을 듣는 것은 시간 낭비가 아니다.

그의 지혜는 단잠을 자려면 깨어 있으라 말한다. 그리고 정말 삶에 아무 의미도 없고, 내가 무의미를 선택해야만 한다면, 이 지혜는 나에게 가장 선택할 만한 가치가 있는 무의미가 될 것이다.

나는 지금 확실히 깨달았다. 일찍이 덕의 교사를 찾아간 사람들이 맨 처음 찾았던 것이 무엇이었던가를. 사람들은 깊은 잠을 그리고 아편 같은 덕을 바랐다.

명성 높은 현자에게 지혜란 꿈도 없는 잠을 의미한다. 그들은 보다 훌륭한 삶의 의미를 모르고 있다.

오늘날도 역시 이 덕의 설교자와 비슷한 사람이 더러 있다. 다만 그들은 이렇게 정직하게 이야기하지 않을 뿐이다. 이제 그들의 시대는 지나갔다. 그리고 그들은 더 이상 서 있을 수 없다. 그들은 이미 누워 있다.

졸음에 취해 있는 그들은 행복하다. 곧 그들의 머리는 끄덕거리기 시작할 것이니.'

차라투스트라는 이렇게 말했다.

내세론자

차라투스트라도 일찍이 다른 내세론자처럼 이 세계 저편에 있는 또 다른 세계에 대해 환상을 품었다. 그때 세계란 고통스러워하고 괴로워하는 신의 작품이라고 생각되었다.[1]

세계는 신의 꿈이며 소설이었다. 그리고 불만 가득한 신적인 존재자의 눈앞에 피어오르는 다채로운 연기였다.

선과 악, 즐거움과 괴로움, 그리고 나와 그대, 이 모두가 창조자의 눈앞에 피어오르는 다채로운 연기였다. 창조자는 눈을 다른 곳으로 돌리고 싶어했다. 그래서 그는 이 세상을 창조했다.

괴로워하는 자에게는 괴로움을 벗어나 자신을 잊는 것이 도취적 쾌락이다. 나는 일찍부터 이 세상은 도취적 쾌락과 자신을 잊는 것이라고 생각했다.

영원히 불완전한 세계, 영원히 모순된 모조품, 이것이 불완전한 그 창조자에게는 도취적 쾌락이라고 일찍이 나는 생각했다.

그래서 나도 저편의 세계를 믿는 모든 내세론자처럼 환상에 사로잡혔다. 그

---

[1] 현실 세계는 불완전하므로 그것을 만든 신도 고뇌하고 불만을 느낀다고 생각지 않을 수 없다. 이 '하나의 신'을 형이상학적인 의지로 풀이하는 것이 쇼펜하우어 철학이다. 니체는 일찍이 쇼펜하우어 철학에 몰두했다.

러나 진실로 그것은 이 세계 저편이었을까?

아! 나의 형제들이여, 내가 만든 이 신은 다른 신들처럼 인간의 작품이고 인간이 만든 헛된 생각의 결과였다.

그 신은 인간이었다. 더욱이 인간과 그 '자아'의 불쌍한 한 조각에 지나지 않았다. 나 자신이 타고 남은 잿더미와 숯불 속에서 온 유령일 뿐, 진실로 이 세계 저편에서 온 것은 아니었다.

그러면 이제 무슨 일이 일어날 것인가? 나의 형제들이여, 나는 괴로워하는 나 자신을 이겨냈다. 나는 내 잿더미를 산 위로 옮겼다. 나는 보다 강한 빛을 발하는 불꽃을 피워 올렸다. 그러자 그 유령은 나에게서 달아나 버렸다!

나는 회복했다. 그런 내가 지금 이런 유령을 믿으려 한다면 그것은 고통이고 번민이다. 이제 그것은 내게 괴로움이고 굴욕이다. 나는 내세론자를 향해 이렇게 말한다.

괴로움과 무능이야말로 내세를 창조한 것들이다. 그리고 가장 깊이 괴로워하는 자만 경험하는 저 순간적인 행복의 환상이 내세를 만들어 냈다.

한 번의 도약으로, 목숨을 건 도약으로 궁극적인 것에 이르려는 데서 오는 피로감, 그 어떤 것도 더 이상 바라지 못하는 피로감과 같은 이 모든 것이 신과 내세를 창조한 것이다.

형제들이여, 내 말을 믿으라. 대지에 절망한 것은 바로 육체였다. 육체는 혼미한 정신을 지닌 채 가냘픈 손가락으로 마지막 벽을 더듬었다.

형제들이여, 내 말을 믿으라. 대지가 절망한 것은 바로 육체였다. 육체는 존재의 배 속 깊은 곳에서 속삭이는 말을 들었다.

그러자 육체는 머리로─머리로만은 아니었다─마지막 벽을 들이받아 깨뜨려,[2] '세계 저편'으로 넘어가려고 했다.

그러나 '세계 저편', 인간 세계와 멀리 떨어져 있는 그 비인간적인 세계는 하늘나라의 무(無)로서 인간이 찾을 수 없도록 감추어져 있다. 그리고 그 존재의 배 속은 인간적인 방식으로만 인간에게 말을 걸 뿐이다.[3]

---

[2] '머리로'는 '정신으로'의 뜻. 정신을 가지고(아니 사실은 연약한 감정도 함께) 천상의 세계에 의지하기에 이르렀다.

[3] 존재의 본질은 영적으로 인간에게 말을 걸어오는 일은 없고, 육체적으로 말을 걸어오는 일이 있다면 오직 인간의 감각으로 파악할 수 있도록 인간적인 출현 방식에 의해서만이 가능하다.

사실 모든 존재는 증명하기도 설명하기도 힘들다. 하지만 형제들이여, 가장 알 수 없는 것이야말로 그 존재를 가장 잘 증명하고 있지 않은가?

그렇다. 자아와, 자아의 모순과 혼란이 가장 솔직하게 자신의 존재를 말한다. 창조하고 의욕하고 평가하는 자아가 모든 사물의 척도이자 가치다.

그리고 가장 솔직한 이 존재, 이 자아는 언제나 육체에 대해서 이야기한다. 자아는 시를 짓고, 몽상에 빠지고, 찢긴 날개를 퍼덕거리며 날아다닐 때도 육체를 원하고 있다.

이 자아는 더욱 정직하게 이야기하는 법을 배우게 된다. 그리고 이야기하는 법을 배울수록 육체와 대지를 더욱더 찬미하고 공경하게 된다.

나의 자아는 새로운 긍지를 내게 가르쳤다. 그리고 그것을 나는 사람들에게 가르친다. 머리를 저편 세계의 모래 속에 파묻지 말고 모든 속박에서 벗어나 자랑스럽고 당당하게 들라고 말이다. 이 세상에 의미를 부여하는 현세의 머리를 쳐드는 방법을 가르치는 것이다.

나는 자아의 새로운 의지를 사람들에게 가르친다. 인간이 맹목적으로 걸어온 이 지상의 길을 받아들이라. 그리고 병자나 죽어가는 사람들처럼 그 길에서 벗어나려고 하지 말라.

병자와 죽어가는 사람들이야말로 육체와 대지를 경멸하고 하늘나라와 구원의 핏방울을 발명한 자들이다. 더욱이 이들 달콤하고 음울한 독은 그들이 육체와 대지에서 빌렸다.

그들은 비참한 상태에서 벗어나려고 하지만 별은 너무나 멀리 있다. 그래서 그들은 탄식한다.

"아! 지금과 다른 존재와 행복으로 들어갈 수 있는 하늘나라의 길이 있다면 얼마나 좋을까!"

그래서 그들은 그들이 빠져나갈 수 있는 길과 피비린내 나는 음료를 발명한 것이다!

그 배은망덕한 자들은 자신의 육체와 대지에서 벗어났다고 착각했다. 그러나 그들이 기뻐하며 행한 이 탈출은 무엇 덕분인가? 그들의 육체와 대지 덕분이다.

차라투스트라는 병자에게 너그럽다. 나는 병자들이 자신의 방식으로 위로하고 은혜를 잊어버리는 것에 대해서 화내지 않는다. 내가 바라는 것은 병자들이 회복하고 극복하여 건강해지는 일이다.

또 차라투스트라는 회복되고 있는 자가 망상에 빠져서 한밤중에 자기 신의 무덤 언저리를 살그머니 서성거린다 해도 노여워하지 않는다. 하지만 그런 자의 눈물도 내게는 역시 병이고 병든 육체다.

이야기를 지어내고 신을 갈망하는 자들 가운데는 병적인 자들이 많다. 그들은 지식인과, 여러 덕 중에서 '정직'이라 불리는 가장 젊은 덕을 몹시 미워한다.

그들은 늘 어두웠던 과거를 회상한다. 물론 그 시대의 환상과 신앙은 지금과는 달랐다. 이성의 광기는 신성이었고, 의심은 죄악이었다.[*4]

나는 신성하다는 자들을 잘 알고 있다. 그들은 자기가 사람들로부터 신임받기를 바라고, 자기를 의심하는 것이 죄가 되기를 바라고 있다. 또한 나는 그들이 무엇을 가장 믿고 있는가를 잘 알고 있다.

사실 그들은 내세와 구원의 핏방울을 믿지 않는다. 그들이 가장 믿는 것은 육체다. 그리고 그들의 육체는 바로 그들의 본질이다.[*5]

그러나 그들의 육체는 병들어 있다. 그래서 그들은 자신의 육체로부터 탈출하려고 한다. 그 때문에 그들은 죽음에 대해 설교하는 자의 말에 귀를 기울이고 자신도 내세에 대해 설교하는 것이다.

형제들이여, 차라리 건강한 육체의 소리에 귀 기울여라! 그것이야말로 성실하고 순결한 소리다.

건강한 육체, 완전하고 튼튼한 육체는 보다 성실하고 보다 순결하다. 대지의 의미에 대해서 이야기해 주는 것도 다름 아닌 육체다.

차라투스트라는 이렇게 말했다.

육체를 경멸하는 자

나는 육체를 경멸하는 사람에게 말하겠다. 나는 그들에게 새로운 가르침을

[*4] 고대 그리스의 디오니소스 제전처럼 '신과의 유사'다. '이성의 광기'는 강한 활력에 차 있고, 애매한 지적 회의를 죄악으로 규정했다. 현대의 미지근한 종교적 태도와는 다르다.

[*5] 물자체라고 한다. 알 수 없는 궁극적인 것을 가리키는 칸트의 용어다. 종교적인 '그들'이 여러 가지로 궁극적인 것을 말하지만, 그들 종교의 근본적인 동기, 또는 본디의 존귀성은 그들 자신의 육체.

주려는 게 아니다. 나는 그들이 그저 육체에 이별을 고하고 침묵해 주기를 바란다.

"나는 육체며 영혼이다."

어린아이는 이렇게 말한다. 그런데 어째서 어른들은 그렇게 말하면 안 되는 것일까?

하지만 깨달음을 얻은 자, 지혜로운 자는 이렇게 말한다.

"나는 육체일 뿐이다. 그리고 영혼이란 육체에 속한 어떤 것을 나타내는 말에 불과하다."

육체란 하나의 위대한 이성이며, 하나의 의미를 가진 다양한 실체다. 전쟁이며 평화이고, 가축 떼인 동시에 양치기이기도 하다.

형제들이여, 그대가 '정신'이라고 부르는 그 작은 이성도 육체의 도구에 지나지 않는다. 그대의 위대한 이성의 작은 도구이며 장난감일 뿐이다.

그대는 나를 '자아'라고 부르며, 이 말을 자랑으로 여긴다. 그러나 더 위대한 것은 그대가 믿으려 하지 않는 것, 즉 그대의 육체와 함께 그 육체가 지닌 위대한 이성이다. 그것은 '자아'를 주장하지 않으면서 '자아'를 행한다.

감각이 느끼고 정신이 인식하는 것은 결코 그 자체가 목적이 될 수 없다. 하지만 감각과 정신이야말로 모든 것의 목적인 것처럼 그대를 설득하려고 한다. 그만큼 감각과 정신은 허영심에 가득 차 있다.

감각과 정신은 도구이며 장난감일 뿐이다. 그들 뒤에는 본디의 자아*6가 있다. 이 본디의 자아는 감각의 눈으로도 찾을 수 있고, 정신의 귀로도 들을 수 있다.

이 본디의 자아는 늘 듣고 찾는다. 그것은 비교하고, 극복하고, 점령하고, 파괴한다. 이 자아는 또 지배하는 존재이며 자아의 지배자이기도 하다.

형제들이여, 그대의 사상과 감정 뒤에는 강력한 지배자, 알려져 있지 않은 현자가 있는데, 그 이름이 '본디의 자아'다. 그는 그대의 육체 속에 살고 있다. 그가 바로 그대의 육체인 것이다.

---

*6 자각적인 주체인 '나'에 대해 육체와 정신, 본능과 지성이 하나가 되어 모든 종류의 활동을 하는 무의식적이고 총합적인 살아 있는 자아를 말한다. 니체는 이것을 삶의 의지와 근원으로 보고, 그 현실성·지상성을 강조한다. 추상성이나 관념성을 피한 개념이지만, 이것을 제1의적인 것으로 설명하는 데서 어떤 관념성까지 느껴진다.

그대의 육체에는 가장 훌륭한 지혜보다 더 많은 이성이 있다. 그런데 무엇 때문에 그대의 육체는 그 훌륭한 지혜를 필요로 하는가?

'본디의 자아'는 그대의 '자아'를, 그 자아의 자랑스런 도약을 비웃는다. "사상의 이런 도약과 비상이 나에게 무엇이란 말인가?" '본디의 자아'는 스스로에게 말한다. "그것은 내 목적지에 이르기 위한 우회로다. 나야말로 '자아'를 이끄는 줄이요, '자아'의 모든 개념을 제시하는 사람이다."

'본디의 자아'가 자아에게 "자, 고통을 느껴라"라고 말한다. 그러면 자아는 고통을 느끼고 어떻게 하면 괴로움에서 벗어날 수 있는지 곰곰이 생각해 본다. 자아가 생각하는 이유는 바로 그 때문이다.

'본디의 자아'가 자아에게 "자, 쾌락을 느껴라"라고 말한다. 그러면 자아는 쾌락을 느끼고 어떻게 하면 더욱더 즐거워질 수 있는지 곰곰이 생각해 본다. 자아가 생각하는 이유는 바로 그 때문이다.

나는 육체를 경멸하는 사람에게 한마디 더 하려고 한다. 그들의 경멸도 존경에서 비롯된 것이라고. 그러면 존경과 경멸, 가치와 의지를 창조한 것은 무엇인가?

창조적인 '본디의 자아'가 자기 자신을 위해 존경과 경멸을 창조했다. 그리고 쾌락과 고통을 만들었다. 창조적인 육체가 자아 의지의 도구로써 정신을 창조한 것이다.

육체의 경멸자들이여! 그대들의 어리석음과 경멸 때문에 그대들은 자신의 '본디의 자아'에게 봉사하고 있다. 나는 그대들에게 말한다. 그대들이 육체를 경멸하는 이유는 '본디의 자아'가 죽기를 바라며 삶을 외면하고 있기 때문이라고.

그대들 '본디의 자아'는 자신이 가장 원하는 것, 바로 자신을 초월하여 창조하는 능력을 잃어버렸다. 그것이야말로 '본디의 자아'가 가장 바라던 것이자 모든 정열의 원천이었건만.

그러기에는 이미 늦었다. 그래서 그대들 '본디의 자아'는 몰락을 원한다. 그대 육체를 경멸하는 자들이여.

그대들 '본디의 자아'는 몰락하기를 바라고, 그래서 그대들은 육체의 경멸자가 되었다. 왜냐하면 그대들은 이제 자신을 초월하여 창조할 능력이 없기 때문이다.

그런 이유로 그대들은 삶과 대지를 향해 화를 내고 있다. 그대들의 경멸하는 곁눈질 속에는 무의식적인 질투가 깃들어 있다.

나는 그대들과 같은 길을 걷지 않으리라. 육체의 경멸자여, 그대들은 나에게 있어 초인을 향해 건너가는 다리가 아니다.

차라투스트라는 이렇게 말했다.

기쁨과 열정

형제여, 그대가 덕을 지니고 있는데 그것이 그대 것이라면, 그대는 그것을 어느 누구와도 함께 갖지 않을 것이다.

그리고 그대는 분명 이름을 붙여 그 덕을 부르고, 어루만져 주고 싶어하리라. 그 귀를 잡고 만지작거리고 싶어하리라.

그러나 보라! 그대는 그 덕에 어떤 이름을 붙임과 동시에 그것을 군중과 공유하게 되고, 그대는 군중이 되며 짐승의 무리가 되어버린다.

차라리 그대는 이렇게 말하는 게 나을 것이다.

"내 영혼의 고통이자 달콤함이며, 또한 배 속의 굶주림이기도 한 그것은 말로 표현하기 힘들고 이름 붙이기도 어렵다."

그대의 덕은 이름을 불러 친숙해지기에는 너무도 높은 것이 되도록 하라. 그리고 그대가 덕에 대해 말해야 할 때에 더듬거리면서 말하는 것을 부끄러워하지 말라. 그때는 오히려 더듬거리면서 이렇게 말하는 게 좋다.

"이것이 나의 선이다. 나는 이것을 사랑한다. 이런 것들이 내 마음에 들며, 이런 선을 원한다.

나는 그것을 신의 법칙으로 바라는 것이 아니며, 또 인간들의 규약이나 필수품으로서 바라는 것도 아니다. 또한 그것이 나를 세계 저편이나 하늘나라의 낙원으로 인도하는 것을 거절한다.

내가 사랑하는 것은 이 땅에서의 덕이다. 그 속에는 세상의 지혜가 거의 포함되지 않고, 모든 사람의 이성이 포함되는 일은 더더욱 적다.

그러나 이 새는 내 곁에 둥지를 틀었다. 그러므로 나는 그것을 사랑하고 소중히 아낀다. 지금 그것은 내 곁에서 황금알을 품고 있다."

그대는 이런 식으로 더듬거리며 그대의 덕을 찬미해야 한다.

일찍부터 그대는 여러 가지 열정을 가지고 있었으나 그것을 악이라 불렀다.

그렇지만 지금 그대는 그것을 덕이라고 말해도 된다. 그대의 덕은 열정에서 생겨난 것이기 때문이다.

그대는 이 열정에 최고 목적을 두었다. 그래서 그 열정이 그대의 덕과 기쁨이 되었다.

그대가 거칠고 난폭한 종족 출신이거나 음탕한 자, 광신자, 또는 복수심 강한 종족 출신이라고 하더라도 마찬가지다.

결국 그대의 열정은 모두 덕이 되고, 그대의 악마들은 다 천사가 되었다.

일찍이 그대는 그대의 움막 속에 사나운 개들을 키우고 있었다. 그렇지만 결국 그 개들은 작은 새와 사랑스럽게 노래하는 여자로 변했다.

그대는 그대의 독에서 향유를 만들어 냈다. 그대는 애수라는 그대 암소의 달콤한 젖을 빨고 있다.

이제 그대로부터는 아무런 악도 생기지 않는다. 생기는 것이 있다면 그대의 덕과 덕의 갈등에서 생기는 악뿐이리라.

형제여, 그대가 행운아라면 그대는 단지 하나의 덕을 지닐 뿐 그 이상의 덕은 지니지 않으리라. 그리고 그대는 보다 가볍게 다리를 건너가리라.

많은 덕을 갖는 것은 훌륭한 일이지만 그것은 가혹한 운명이다. 많은 덕 때문에 사막으로 가서 스스로의 목숨을 버린 자가 적지 않다. 그들이 여러 가지 덕의 투쟁과 싸움터가 되는 것에 지쳐버렸기 때문이다.

형제여, 그대들은 전쟁이나 투쟁을 악이라고 생각하는가? 그러나 이 악은 필연적이다. 그대가 갖고 있는 덕과 덕 사이의 질투, 불신, 그리고 비방도 필연적인 것이다.

보라, 그대가 지니고 있는 덕 하나하나가 얼마나 높은 곳을 목표로 삼고 있는가를! 덕 하나하나가 그대의 온 정신을 요구하고 그것을 전령으로 삼으려고 한다. 덕 하나하나는 노여움이나 증오, 사랑에 있어서도 그대의 모든 힘을 요구한다.

모든 덕은 다른 덕을 질투한다. 질투란 참으로 무서운 것이다. 덕도 질투에 의해 파멸되는 수가 있다.

질투의 불길에 싸인 자는 결국 전갈처럼 자신에게 독침을 겨냥하게 되리라.*⁷

---

*7 이를테면 중세의 기사가 무용이라는 희생에 집착하면 지나친 경쟁심이나 타인에의 증오가 일어나 그 결과 무용 그 자체는 독기 있는 덕성이 되어 결국 자멸하기에 이른다.

형제들이여, 그대는 자신에게 반항하여 자신을 죽인 그런 덕을 아직 보지 못했는가?

인간은 극복해야 할 존재다. 그 때문에 그대는 그대의 덕을 사랑해야 하리라. 그 덕이 그대를 파멸시킬 수 있기 때문이다.[8]

차라투스트라는 이렇게 말했다

창백한 범죄자

법관들이여, 짐승을 제물로 바치는 사제들이여! 그대들은 제물인 짐승이 고개를 끄덕일 때까지는 그것을 죽이려 하지 않는가? 그렇다면 보라! 저 창백한 범죄자는 이미 자신의 고개를 끄덕였다. 그의 눈에는 경멸의 빛이 스며 있다.

"나의 자아는 극복해야 할 어떤 것이다. 나에게 있어 내 자아는 인간에 대한 커다란 경멸이다."

그의 눈은 이렇게 말하고 있다.

그가 자신을 심판한 것은 그의 최고의 순간이었다. 이 숭고한 인간을 본디의 그 저열했던 곳으로 되돌려 보내지 말라.

이처럼 자기 존재로 인해 괴로워하는 자를 구제하는 유일한 방법은 죽음이다.

법관들이여, 그대들은 범죄자를 동정 때문에 죽여야지 복수 때문에 죽여서는 안 된다. 그리고 죽이는 것으로 그대들 삶을 정당화시키도록 노력하라.

그대들이 죽이는 자와 사형으로 화해하는 것만으로는 충분하지 않다. 그때 느끼는 그대들의 슬픔은 초인에 대한 사랑이어야 한다. 그렇게 함으로써 그대들이 아직 살아 있음을 정당화하라!

그대들은 범죄자를 '적'이라고 해야 하며, '악인'이라고 해서는 안 되리라. 또한 '병자'라고 해야 하며 '비열한 자'라고 해서는 안 된다. '어리석은 자'라고 말해야 하며 '죄인'이라고 해서는 안 된다.

붉은 법복을 입은 법관들이여, 만일 그대가 생각 속에서 저지른 모든 일을 큰 소리로 고백한다면 모든 사람이 이렇게 외칠 것이다.

---

[8] 진정한 덕은 미지근하고 세속적인 덕이 아니고 정열에서 우러나오고 파멸의 근원이 되기도 한다. 그러므로 그대는 그것을 사랑하고 높이며 강하게 만들어야 한다.

"이 불순한 자를, 이 독충을 없애버려라!"

그러나 생각과 행위, 그 행위의 표상은 서로 다르다. 이들 셋 사이에는 인과 관계의 바퀴가 돌고 있지 않다.

이 창백한 범죄자를 하나의 표상이 더 창백하게 한다. 그가 범죄행위를 저질렀을 때 그와 그 행위는 한 몸이었다. 더욱이 그 행위를 저지르고 난 뒤, 그는 그 행위의 표상에 견딜 수가 없었다.

이제 그는 자신을 그 범죄행위의 행위자로 보게 되었다. 나는 이것을 광기라고 부른다. 그는 예외적인 행위를 본질이라 잘못 인식하게 된 것이다.

암탉은 주위에 분필로 선을 그어놓기만 해도 움직이지 못한다. 이처럼 범죄자의 행위는 그의 불쌍한 이성을 감금시킨다. 나는 이것을 행위 '뒤의' 광기라고 부른다.

들어라, 법관들이여! 그 밖에도 광기는 더 있다. 바로 행위 '이전의' 광기다. 아, 그대들은 이러한 영혼 속으로 깊이 파고들지 않았다!

붉은 법복을 입은 법관들은 이렇게 말한다.

"도대체 이 범죄자의 살인 동기는 무엇인가? 약탈이 목적이다."

그러나 나는 그대들에게 말한다. 그의 영혼은 피를 원했을 뿐이지 약탈을 원한 것은 아니었다. 그는 칼의 행복에 굶주려 있었다!

하지만 그의 불쌍한 이성은 자아의 광기를 이해하지 못했다. 그러고는 오히려 그를 설득하려 했다.

"피가 문제가 아니다. 이 기회에 약탈이라도 하지 않겠단 말인가? 복수는 어떤가?"

결국 광기는 자신의 불쌍한 이성의 소리에 따랐다. 이성이 하는 말은 그를 납처럼 무겁게 내리누르며 떠나지 않았다. 그래서 그는 살인과 동시에 약탈까지 했다. 그는 자아의 광기를 수치스러워하고 싶지 않았던 것이다.*9

이제 그의 가슴은 죄책감의 납덩어리가 짓누르고 있다. 또 그의 불쌍한 이성은 경직되고, 마비되고, 무거워지고 있다.

그가 머리만 한 번 흔들 수 있어도 그의 무거운 짐은 굴러떨어지고 말리라.

---

*9 자신의 범죄가 파괴를 위한 파괴욕일 뿐 달리 동기가 없었다고 고백하는 것은 너무나 광기에 어려 있어서 창피를 당하게 된다. 그것을 두려워한 범죄자 자신이 강도와 복수 등 특수한 동기를 붙일 수 있는 행위를 함으로써 상식적인 상황에 놓인다.

그런데 어느 누가 그의 머리를 한 번 흔들게 할 수 있을 것인가?

이 인간은 무엇인가? 병의 퇴적물이다. 그 병이 정신을 통해 온 세계에 손길을 뻗으려고 한다. 그 병이 세계에서 먹이를 얻으려고 한다.*10

이 인간은 무엇인가? 서로 평화롭게 지내지 못하는 사나운 뱀들의 무리이다. 그 뱀들이 무리 밖으로 빠져나와서 세계에서 먹이를 얻으려 한다.

그의 가녀린 육체를 보라. 그의 빈약한 영혼은 그 괴로움과 욕구를 제멋대로 살인의 쾌락과 칼의 행복이라고 해석한다.*11

지금 병든 자는 지금의 악마의 습격을 받는다. 그는 자신을 괴롭히는 것으로 다른 사람들도 괴롭히려고 한다. 그러나 지금과는 다른 시대가 있었고 또 다른 악과 선이 있었다.

한때는 의심이 악이었고, 자신에 대한 의지도 악이었다. 그 시대에 병든 자는 이단자가 되거나 마녀가 되었다. 그래서 스스로 괴로워했으며 다른 사람들도 괴롭혔다.

하지만 그대들의 귀에는 이런 말이 들리지 않는다. 그대들은 그것이 선량한 사람들에게 해가 될 것이라고 말하리라. 그러나 그대들의 선량한 사람들이 나와 무슨 상관이 있는가?

그대들 선량한 사람들이 갖고 있는 대부분의 것은 나에게 구역질을 일으키게 한다. 그들의 악이 구역질의 원인이 아니다. 차라리 나는 그들이 저 창백한 범죄자처럼 자아 파멸의 근원이 될 듯한 광기라도 가지고 있었으면 좋았으리라 생각한다.

참으로 나는 진실, 성실, 정의라고 불리는 것들이 그들의 광기였으면 좋았으리라 생각한다. 하지만 그들은 다만 오래 살기 위해서, 비참한 안일 속에서 살기 위해서 덕을 지니고 있을 뿐이다.

나는 격류 위에 서 있는 난간이다. 나를 붙들 수 있는 자는 붙들어라! 그러

---

*10 범죄자는 본디 삶에 대한 의지에서 행위를 하고 있다. 그러나 그는 초인적인 강자가 아니며, 지금까지 본문에서 말하고 있는 것처럼 약자이고 병자이다. 그 병자가 외적 세계와 교섭하려다 범죄를 저지른 것인데, 그것은 '괴로움'이나 '고통'의 극복이라는 것으로, 좋든 싫든 정신적 문제라는 형식을 취해 행해진다. 그것이 인간의 범죄다.

*11 육체로부터의 괴로움, 즉 삶의 의욕과 관계되는 불만을 '그' 나름대로 파괴 의식으로 전환했다. 초인이라면 이 괴로움과 불만을 인류 향상에 대한 노력으로 바꿀 것이다. 여기에서 초인과 비교한 것은 좀더 깊이 분석하기 위해서다.

나 나는 그대들의 지팡이가 아니다.

차라투스트라는 이렇게 말했다.

독서와 저술

모든 글 가운데서 나는 피로 쓴 것만 사랑한다. 피로 써라! 그러면 그대는 피가 바로 정신이라는 것을 알게 되리라.

다른 사람의 피를 이해하는 것은 그리 쉬운 일이 아니다. 나는 책 읽는 게으름뱅이를 미워한다.

독자를 알고 있는 자는 독자를 위해서 아무것도 하지 않는다. 이러한 독자들이 다른 한 세기에도 계속 존재한다면 정신 그 자체는 심한 악취를 풍기게 될 것이다.

누구나 글 읽는 법을 배우게 되면 쓰는 것뿐만 아니라 생각하는 것까지도 타락할 것이다.

한때 정신은 신이었다. 그러다 정신은 인간이 되었다. 그런데 지금 정신은 천민이 되고 있다.

피와 잠언으로 글을 쓰는 자는 읽히는 걸 바라지 않고 암송되기를 바란다.

산과 산 사이의 가장 가까운 길은 산꼭대기에서 산꼭대기로 바로 이어지는 길이다. 그러나 그런 길을 가려면 그대는 다리가 길어야 한다. 잠언이라는 것은 산꼭대기다. 그리고 잠언을 듣는 사람은 튼튼하고 키가 커야 한다.

거기에는 희박하지만 맑은 공기, 신변의 위험, 그리고 쾌활한 악의에 찬 정신, 이런 것들이 잘 어우러져 있다.

나는 용감하기 때문에 내 주변에 마귀가 있기를 바란다. 망령을 겁주고 물리칠 수 있는 용기는 나를 위해서 마귀를 창조해 낼 것이다. 용기는 자신에 찬 웃음을 바란다.

나는 더 이상 그대들처럼 느끼지 않는다. 내가 내려다보는 이 구름, 내가 비웃는 이 검고 무거운 구름이 그대들에게는 천둥이다.

그대들은 높이 오르고 싶을 때 위를 본다. 그러나 나는 이미 높은 곳에 있기 때문에 아래를 내려다본다.

그대들 가운데 누가 크게 웃을 수 있을 것이며, 높은 곳에 있다고 할 수 있겠는가?

가장 높은 산에 올라가 있는 자는 모든 비극과 비극적 현실을 비웃는다.*12

지혜는 우리가 용감하고, 태연하며, 비웃고, 난폭해지기를 바란다. 지혜는 여인이어서 늘 전사만을 사랑한다.

그대들은 나에게 말한다. "인생은 괴로운 짐이다."

그러나 이렇게 말하는 그대들도 아침에는 자신에 차 있지만 저녁에는 체념하고 만다. 도대체 무엇 때문인가?

인생은 괴롭다. 하지만 그렇게 연약한 꼴을 보이지는 마라. 우리는 그 짐을 질 정도로 힘이 센 수탕나귀이고 암탕나귀이다.

한 방울의 이슬로도 떨리는 장미 꽃봉오리와 우리 사이에는 어떤 공통점이 있을까?

우리는 삶에 익숙해 있기 때문이 아니라 사랑하는 것에 익숙해 있기 때문에 삶을 사랑하는 것이라는 말은 사실이다.

사랑 속에는 언제나 약간의 광기가 깃들어 있지만, 광기 속에는 언제나 약간의 이성이 들어 있다.

인생을 사랑하는 나에게도 나비와 비눗방울, 그리고 인간 중에서 그것과 닮은 자들이 행복에 대해 가장 잘 알고 있는 듯 보인다.

이처럼 가볍고, 어리석고, 사랑스러운 데다 발랄한 작은 영혼들이 펄펄 날고 있는 것을 보면, 나 차라투스트라는 눈물을 흘리며 저절로 노래 부르게 된다.

내가 신을 믿는다면 아마 춤출 줄 아는 신만을 믿으리라.

내가 악마를 보았을 때 그 악마는 진지하고 헤아리기 어려울 정도로 깊고 엄숙하기까지 했다. 그것은 무거운 영혼이었다. 모든 사물은 이 영혼의 지배를 받아 나락으로 떨어진다.

이것을 물리치는 것은 노여움이 아니라 웃음이다. 자, 무거운 영혼을 물리치자.

나는 걷는 법을 배우고 익혔다. 그 뒤 나는 발걸음 나아가는 대로 달렸다.

나는 날아다니는 법도 배우고 익혔다. 그 뒤 나는 떠밀리지 않아도 움직

---

*12 흔히 이 세상 높은 자의 눈으로 보면 비극이란 아이들 장난이나 놀이에 지나지 않는다는 뜻이다. '비극적 현실'이라고 번역한 Trauer-Ernste-Spiele는 아이들 장난 같은 비극도 당사자들에게는 아주 심각한 것이라고 비꼰다.

인다.

지금 나는 가볍다. 지금 나는 날고 있다. 지금 나는 자신을 내려다본다. 지금 한 신이 나를 통해서 춤추고 있다.

차라투스트라는 이렇게 말했다.

산 위에 서 있는 나무

차라투스트라는 한 젊은이가 자신을 피해 달아나는 것을 보았다. '얼룩소'라고 불리는 마을을 둘러싼 산속을 혼자 걷고 있던 어느 날 저녁, 그는 우연히 그 젊은이를 보았다. 젊은이는 어느 나무 밑동에 기대 앉아서 피로한 눈으로 골짜기를 바라보고 있었다. 차라투스트라는 그 나무에 손을 대며 이렇게 말했다.

"내가 아무리 두 손으로 이 나무를 흔들려고 해도 할 수 없을 것이다. 그러나 우리 눈에 보이지 않는 바람은 이 나무를 괴롭히고 마음대로 흔든다. 우리를 가장 심하게 흔들고 괴롭히는 것은 바로 눈에 보이지 않는 손이다."

그 말에 젊은이는 놀라 일어나며 말했다.

"그대는 차라투스트라군요. 마침 그대를 생각하고 있었어요."

차라투스트라가 대답했다.

"그런데 그대는 왜 그렇게 놀라는가? 인간도 나무와 마찬가지다. 높은 곳이나 밝은 곳으로 뻗어가려 할수록 그 뿌리는 더욱더 강한 힘으로 뻗어 내려가지. 땅으로, 아래로, 암흑 속으로, 깊은 곳으로, 악 속으로."

"그렇소. 악 속으로! 어떻게 그대는 내 영혼까지 꿰뚫어 볼 수 있지요?"

젊은이가 외쳤다.

차라투스트라는 미소 지으며 말했다.

"영혼이란 그렇게 쉽게 꿰뚫어 볼 수 있는 것은 아니네. 우리가 먼저 그 영혼을 만들어 내지 않는다면 말이지."

"그래요. 악 속으로!" 젊은이는 다시 외쳤다.

"그대는 진실을 말하고 있어요, 차라투스트라. 나는 높은 곳으로 몸을 뻗으려 한 뒤부터 나 자신을 믿을 수 없게 되었어요. 그리고 아무도 이제는 나를 믿으려 하지 않아요. 도대체 왜 그렇게 된 것이지요?"

나는 너무도 빨리 변했어요. 나의 오늘은 나의 어제를 부정하지요. 나는 올라갈 때 계단을 건너뛰지요. 그러나 어떤 계단도 나의 그런 행동을 용서하지 않아요.

높은 데 올라가 보면 언제나 나는 혼자고, 아무도 나와 이야기하지 않아요. 고독이라는 매서운 추위가 나를 떨게 하지요. 도대체 나는 높은 데서 무엇을 하려는 걸까요?

경멸하는 마음과 동경하는 마음이 함께 자라나요. 높이 오를수록, 나는 올라가는 자를 경멸하지요. 도대체 높은 데 올라가 내가 무엇을 할 수 있을까요?

비틀거리며 오르는 내가 얼마나 부끄러운지 모르겠습니다. 숨이 차서 헐떡거리는 나 자신을 얼마나 비웃는지! 하늘을 날아다니는 자를 얼마나 미워하는지! 높은 데 오르고 나면 나는 얼마나 지쳐 있는지 모릅니다!"

여기서 젊은이는 입을 다물었다. 차라투스트라는 옆에 서 있는 나무를 보면서 이렇게 말했다.

"이 나무는 여기 산 위에 고독하게 서 있네. 이 나무는 인간과 동물을 뛰어넘어 우뚝 서 있지.

이 나무가 무엇인가 말하려 해도 그것을 이해할 만한 상대는 한 사람도 없네. 이 나무는 그만큼 높이 자랐기 때문이야.

지금도 이 나무는 기다리고 또 기다리는데, 도대체 무엇을 기다리고 있을까? 이 나무는 구름이 있는 곳에 너무 가까이 서 있지. 이 나무는 첫 번째 번개를 기다리고 있는 것은 아닐까?"

차라투스트라가 이렇게 말하자 젊은이는 심하게 몸부림치며 외쳤다.

"그래요, 차라투스트라. 그대는 진실을 말했어요. 높은 데 오르려고 했을 때 나는 몰락을 바라고 있었어요.*13 그리고 그대는 바로 내가 기다리던 번개입니다. 그대가 내 앞에 나타난 뒤 내가 무엇이 됐겠습니까? 그대에 대한 내 '질투'가 나를 파멸시켰어요."

젊은이는 이렇게 말하고 나서 비통하게 울었다. 차라투스트라는 젊은이를

---

*13 젊은이가 높은 데 오르려고 결심한 것은 위험한 일이고, 따라서 무의식적으로 몰락을 바라고 있었던 셈이다. 즉 냉정한 승부 세계에 들어간 것이기 때문에 자기보다 강한 자에게 패하는 것은 필연적이며, 또 그것이 바로 그가 원하는 바이다.

부축해서 함께 그 자리를 떠났다.

둘이 한참 걷고 나서 차라투스트라가 이렇게 말하기 시작했다.

"내 가슴이 찢어질 것 같군. 그대의 말보다도 그 눈빛이 그대가 처한 모든 위험에 대해 말하고 있어.

그대는 아직 자유롭지 못하고, 여전히 자유를 '찾아 헤매고' 있어. 그 탐구가 바로 그대를 잠 못 들게 하고 계속 눈뜨게 하는 것이네.

그대는 자유로운 높은 곳에 오르려 하고 있으며, 그대의 영혼은 별의 세계를 갈망하고 있네.

그대 내부의 사나운 개들이 자유의 몸이 되고 싶어하는 게지. 그대의 정신이 온갖 감옥을 부숴 버리려고 노력할 때, 그 개들은 지하실에서 해방에 대한 기대와 욕망으로 몹시 짖어댄다네.

내가 보기에 그대는 아직도 포로여서 자유를 생각하며 그 자유를 머리에 그리고 있을 뿐이네. 이런 포로의 영혼은 현명하고 재빠르지만, 동시에 교활해지거나 천해지기도 하지.

정신의 자유를 얻은 사람 역시 자아를 정화시켜야만 해. 그의 속에는 보다 많은 감옥과 곰팡이가 여전히 남아 있기 때문이지. 그의 눈 또한 깨끗해져야만 하지.

그렇다네. 나는 그대의 위험을 알고 있네. 하지만 나의 사랑과 희망을 걸고 그대에게 명령하노니, 그대의 희망과 사랑을 버리지 말라!

그대는 여전히 자신이 고귀하다 느끼고 있으며, 그대에게 원한을 품고 악의에 찬 시선을 던지는 다른 사람들도 그대가 고귀하다고 생각하네. 그러나 고귀한 한 사람은 다른 모든 사람에게 방해물이라는 것을 알아야 하네.

착하다는 사람에게조차 고귀한 자는 방해물이지. 그리고 그들은 이 고귀한 자를 착하다고 하면서, 사실은 그를 제거하려고 하는 것이네.

고귀한 자는 새로운 것, 새로운 덕을 창조하려고 하지. 착한 사람은 오래된 것을 사랑하고, 오래된 것이 계속 유지되기를 바란다네.

하지만 고귀한 자에게는 그가 착한 사람이 될 수 있다는 것보다 철면피한 자, 조롱하는 자, 피괴자가 될 수도 있다는 사실이 위험하지.

아, 나는 가장 큰 희망을 잃은 고귀한 자들을 알고 있네. 그들은 희망을 잃고 온갖 높은 희망을 비방하게 되었지.

그러고는 그들은 뻔뻔스럽게도 덧없는 쾌락에 빠져 살며, 불과 하루 앞의 미래에도 목표를 두지 않게 되었다네.

'정신도 쾌락이다'라고 그들은 말했지. 그때 그들 정신의 날개는 부러졌고, 지금 그 정신은 엉금엉금 기어다니면서 모든 것을 물어뜯고 그것을 더럽히고 있네.

일찍이 그들은 영웅이 되려고 했네. 하지만 탕아가 되었지. 이제 그들에게 영웅은 원한과 공포의 대상일 뿐이야.

그러나 나는 나의 사랑과 희망을 걸고 그대에게 간절히 바라네. 그대 영혼 속의 영웅을 던져버리지 말라! 그대에게 가장 큰 희망을 성스럽게 간직하라!"

차라투스트라는 이렇게 말했다.

죽음을 설교하는 자

죽음에 대해 설교하는 자들이 있다. 그리고 이 대지에는 삶에서 떠나라는 설교를 들어야 할 자들로 가득 차 있다.

대지는 쓸모없는 자들로 가득 차 있다. 삶은 '지나치게 많고 많은 사람들'에 의해서 곪아가고 있다. 그들은 그 '영원한 삶'이란 것을 좇아 삶에서 사라지는 편이 낫다.

죽음을 설교하는 자들은 '노란 사람들' 또는 '검은 사람들'이라고 불린다. 그러나 나는 그들을 다른 색깔로 보여주겠다.

그들 중에는 자아 속에 사나운 짐승을 품고 쾌락을 즐기거나 스스로를 물어뜯는 것 말고는 아무런 선택도 하지 않는 끔찍한 자들이 있다. 그들에게 쾌락은 스스로를 물어뜯는 일이다.

이 끔찍한 자들은 아직도 사람이 되지 못했다. 그래서 자신은 물론 다른 사람에게까지 삶에서 벗어나라고 설교한다.

또 죽음을 설교하는 자들 가운데는 영혼이 결핵에 걸린 환자가 있다. 그들은 태어나자마자 죽음에 한 발을 들여놓은 채 권태와 체념의 가르침을 동경한다.

그들은 기꺼이 죽고자 한다. 그들의 바람을 인정해 주자. 그리고 죽은 자들의 잠을 방해하지 말고, 이들이 살아 있는 관을 훼손하지 않도록 조심하자.

그들은 병자나 노인이나 시체를 만나면 바로 이렇게 말한다. "삶은 부정되었다."

그러나 부정된 것은 그들 자신이다. 생존의 한쪽 면밖에 보지 못하는 그들의 눈이 부정되었을 뿐이다.

두터운 우울을 덮어쓴 채 그들은 죽음을 불러오는 작은 우연을 기다리고 있다. 이를 악물고 초조하게 기다리고 있다.

또는 그들은 사탕에 손을 댄다. 그러면서 어린아이 같은 자신의 행동을 비웃는다. 그들은 지푸라기 같은 삶에 매달려 있으면서 그러는 자신들을 비웃는다.

그들의 지혜는 이렇게 말한다.

"계속 살아가는 자는 어리석다. 이렇게 계속 살고 있는 우리도 어리석다. 그리고 그것을 알면서도 계속 살고 있다는 것이야말로 가장 어리석은 짓이다."

다른 어떤 자들은 "삶은 괴로움에 불과하다" 말한다. 그것은 거짓말이 아니다. 그렇다면 그렇게 말하는 '그대들이야말로' 삶을 끝내도록 하면 어떻겠는가?

그대들의 덕에 대한 가르침은 이래야 한다.

"그대는 스스로 목숨을 끊어야 한다. 이 세상에서 조용히 떠나야 한다."

죽음의 설교자들 중 일부는 이렇게 말하기도 한다.

"육욕은 죄악이다. 육욕을 피하기 위해 자식을 낳지 말자."

"아이를 낳는 것은 고난이다. 그걸 알면서 무엇 때문에 낳는가? 단지 불행한 자를 낳을 뿐인데." 이런 말을 하는 자도 죽음의 설교자들이다.

또 다른 자들은 이렇게 말한다.

"동정은 꼭 필요하다. 내가 갖고 있는 것을 가지고 가라. 그대들이 그렇게 할수록 나는 삶의 구속으로부터 벗어날 수 있다."

만일 그들이 정말 연민을 가진 자라면 이웃 사람들이 삶을 더욱 혐오하게 만들어야 할 것이다. 사악해지는 것이 그들에게는 진정한 선일 것이다.

그들은 삶에서 벗어나기를 바란다. 그런데도 그들이 다른 사람들을 쇠사슬과 선물로 한층 더 강하게 삶에 붙들어 놓으려 하는 이유는 무엇인가?

그리고 삶을 고된 노동과 불안이라고 생각하는 그대들도 사실은 삶에 몹시 지쳐 있지 않은가? 그대들도 죽음의 설교를 들을 때가 된 것은 아닌가?

그대들은 힘든 노동을 사랑하며 빠르고 새롭고 낯선 것을 좋아하지만 스스로를 견디지 못하고 있다. 그대들이 성실하게 일하는 것은 도피이고, 자신을 잊으려는 의지일 뿐이다.

만일 그대들이 좀더 삶을 믿는다면 그처럼 순간에 몸을 맡기지는 않을 것이다. 그러나 그대들 속에는 조용하게 기다릴 여력도 없고, 게으름을 피울 여력조차 없다.

곳곳에서 죽음에 대해 설교하는 자들의 소리가 울려 퍼지고 있다. 그리고 이 대지는 죽음의 설교를 들어야 할 자들로 가득 차 있다.

또는 '영원한 삶'에 대한 설교를 들어야 할 자들이 대지를 가득 메우고 있다 하더라도 나는 상관없다. 그들이 빨리 저편의 세계로 사라져 주기만 한다면.

차라투스트라는 이렇게 말했다.

전쟁과 전사

우리는 가장 강력한 적으로부터 보호받기를 바라지 않는다. 진심으로 사랑하는 자들로부터 보호받는 것 또한 바라지 않는다. 그러니 내가 그대들에게 진실을 말하게 하라!

싸움터에 있는 내 형제들이여! 나는 진심으로 그대들을 사랑한다. 나는 그대들과 같은 사람이다. 그리고 그대들의 가장 강력한 적이기도 하다. 그러니 내가 그대들에게 진실을 말하게 하라!

나는 그대들의 마음속 증오와 질투에 대해 알고 있다. 그대들은 증오와 질투에 무관심할 만큼 위대하지는 않다. 그러므로 그것을 부끄러워하지 않도록 위대해져라!

사물의 이치를 터득해 성자가 되지 못한다면 적어도 그런 전사가 되도록 하라. 전사는 성자들의 길동무이자 선구자이다.

병사는 많지만, 내가 보고 싶은 것은 많은 전사들이다. 그들이 입고 있는 옷은 '군복'이라고 불린다. 그대들이 군복에 싸여 있을지라도 군복처럼 획일적이지 않기를!

그대들의 눈은 언제나 '그대들에게 걸맞은' 적을 찾고 있어야 한다. 그렇게 함으로써 그대들 가운데 몇 사람은 첫눈에 증오를 느낀다.

그대들은 자신의 적을 찾아내야 한다. 그대들의 사상을 위해서 싸워야만

한다. 만일 그대들의 사상이 패배한다 해도 성실성은 승리의 소리를 외쳐야
한다.

그대들은 오직 새로운 싸움의 수단으로서 평화를 사랑해야 한다. 그리고 오
랜 평화보다도 짧은 평화를 사랑해야 한다.

나는 그대들에게 노동이 아닌 전투를 권한다. 평화를 권하지 않고 승리를
권한다. 그대들의 노동은 전투여야 하고, 그대들의 평화는 오직 승리여야 한다.

인간은 활과 화살을 지니고 있을 때만 침묵하고 조용히 앉아 있을 수 있다.
그렇지 않을 때는 쓸데없는 말을 지껄이며 서로 싸운다. 그대들의 평화는 승
리여야 한다!

그대들은 정당한 이유가 전쟁을 신성한 것으로 만든다고 말하는가? 나는
그대들에게 선의의 전쟁이 모든 이유를 신성하게 만든다고 말한다.

전쟁과 용기는 이웃에 대한 사랑의 결과보다도 더 많은 위대한 일을 해왔다.
지금까지 위험과 어려움에 빠져 있던 자를 구출한 것은 그대들의 연민이 아니
라 바로 용기였다.

그대들은 "선이란 무엇인가?" 묻는다. 용감한 것이 '선'이다. "선한 것은 아름
답고 동시에 감동적인 것이다"라고 소녀들이 말하게 하라!

사람들은 그대들을 보고 정이 없다고 한다. 그러나 그대들의 마음은 순수
하다. 그리고 나는 애정을 겉으로 드러내기를 부끄러워하는 그대들을 사랑한
다. 그대들은 마음의 밀물을 부끄러워하지만, 다른 자들은 마음의 썰물을 부
끄러워한다.

그대들은 추한가? 그렇다면 나의 형제들이여, 숭고함을 몸에 지녀라. 숭고함
이란 바로 추한 자들이 입어야 할 외투다.

그대들의 영혼이 위대해지면 그 영혼은 거만해진다. 그리고 그대들의 숭고
함에 악의가 생기게 된다. 나는 그대들을 잘 알고 있다.

악의 속에서 거만한 자는 약한 자와 같다. 하지만 그것은 양쪽이 서로를 오
해한 결과이다.*14 나는 그대들을 잘 알고 있다.

그대들은 다만 미워해야 할 적을 만들어야 한다. 경멸해야 할 적은 만들지

---

*14 자기가 높다고 해서 낮은 자를 비웃는 교만한 악의와, 약자가 경쟁심이나 질투에서 어떤
것에 대해 악의를 갖는 경우가 있다. 두 악의의 대상이 같기 때문에 양쪽이 서로 한패라고
잘못 생각하는 경우가 있더라도, 악의의 동기나 성질은 전혀 다르다.

말아야 한다. 그대들은 적을 자랑할 수 있어야 한다. 그렇게 하면 적의 성공이 그대들의 성공이 되기도 한다.

반항, 그것은 노예에게는 미덕이다. 그대들의 미덕이 복종인 것처럼! 그대들이 명령하는 것까지도 복종이 되게 하라!

훌륭한 전사의 귀에는 '너는 해야 한다'가 '나는 하고자 한다'보다 더 좋게 들린다. 그러므로 그대들은 좋아하는 것들을 먼저 자신에게 명령해야 한다.[*15]

삶에 대한 그대들의 사랑은 가장 큰 희망에 대한 사랑이어야 한다. 그리고 가장 큰 희망이라는 것은 그대들의 삶에 있어서 최고의 사상이어야 한다.

그러나 그대들은 내가 그대들에게 가장 중요한 사상을 명령하도록 해야 한다. 즉 인간이란 극복되어야 할 어떤 존재라는 것을.

이처럼 그대들은 복종하고 싸우는 삶을 살아가라. '오래 산다는 것'에 무슨 의의가 있는가? 남에게 보호받기를 바라는 전사가 있을까?

나는 그대들을 보호하지 않겠다. 나는 그대들을 진심으로 사랑한다. 나와 함께 전쟁하는 형제여!

차라투스트라는 이렇게 말했다.

새로운 우상

아직도 어딘가에는 민족과 민중이 있을 것이다. 하지만 우리에겐 없다. 나의 형제들이여, 여기에는 국가가 있을 뿐이다.

국가? 국가란 무엇인가? 자, 지금이야말로 귀 기울여 잘 들어라. 이제 나는 그대들에게 민족의 죽음에 대해서 말할 것이다.

국가란 차디찬 괴물 가운데서도 가장 냉혹한 괴물이다. 국가는 싸늘한 거짓말을 거침없이 한다. 그 입에서 나오는 거짓말은 이런 것이다.

"나, 국가는 곧 민족이다."

그것은 거짓말이다! 일찍이 민족을 창조하고 그 머리 위에 하나의 신앙과 사랑을 걸어놓은 것은 창조자들이었다. 그렇게 함으로써 그들은 삶에 봉사

[*15] '세 가지 변화'의 표현을 빌린다면 전사란 낙타로서, 사자의 자유에는 이르지 못한다. 따라서 '너는 해야 한다'라는 도덕관이나 의무감에 따라서 행동하는 게 마음 편하다. 여기에서의 '명령'은 그런 도덕관과 의무감에서 비롯된 명령이라는 의미를 담고 있다.

했다.

많은 사람을 빠뜨리기 위해 파놓은 함정을 국가라 부르는 자들이 있는데, 그들은 파괴자들이다. 그 파괴자들은 그 함정 위에 한 자루의 칼과 백 가지 욕망의 먹이를 달아놓았다.

민족이 존재하고 있는 곳에서, 민족은 국가라는 것을 이해하지 못한다. 그리고 국가는 사악한 눈이고, 또 풍습과 규율에 대한 죄라며 증오한다.

민족이란 이런 것이다. 민족이란 모든 선과 악에 대해 자신의 언어로 이야기한다. 그리고 다른 나라에서는 그 말을 이해하지 못한다. 민족은 저마다의 언어를 풍습이나 법칙 속에서 생각해 낸다.

그러나 국가는 선과 악에 대해 모든 언어를 동원해 거짓말을 한다. 국가가 어떤 말을 하든 그것은 모두 거짓말이다. 국가가 어떤 물건을 소유하고 있든 그것은 모두 훔쳐 온 것이다.

국가가 지닌 것은 모두 가짜다. 그들은 훔친 이빨로 모든 것을 물어뜯는다. 내장까지도 가짜다.

선과 악에 대한 언어의 혼란이야말로 국가가 목표로 하는 것이다. 진정 그것은 죽음에 대한 의지를 나타낸다. 그것은 죽음을 설교하는 자들을 향해 손짓한다.*16

너무나 많은 사람이 태어난다. 국가는 이렇게 쓸데없이 태어난 자를 위해 생긴 것이다.

보라, 국가가 얼마나 많은 자들을 끌어들이는가를! 국가가 어떻게 그들을 집어삼켜 씹고 다시 씹고 있는가를!

"이 땅 위에 나보다 위대한 것은 없다. 나는 질서를 부여하는 신의 손을 가졌으니."

그 괴물은 이렇게 소리친다. 그때 무릎을 꿇고 고개를 숙이는 것은 귀가 얇은 자나 눈이 나쁜 자들만이 아니다.*17

---

*16 이해관계로 엮인 집합체이기 때문에 악의 기준도 때와 장소에 따른 편의주의로 많은 모순과 혼란을 포함하고 있다. 따라서 생명이나 창조를 좋아하지 않고, 오히려 적대시하며 모든 것을 기계화하려 한다. 이것이 죽음에 대한 의지이며, 그 때문에 저 '죽음의 설교자'들을 이용하려고 한다.

*17 어리석은 자뿐만 아니라 총명한 자, 위대한 영혼의 소유자도 국가에 대해서는 고개를 숙인다.

아, 위대한 영혼의 소유자여. 국가는 그대들에게도 음험한 거짓말로 속삭인다. 국가는 스스로를 낭비하고 몸을 내맡기려는 자들의 마음을 꿰뚫어 보고 있다.

그렇다. 그대, 낡은 신들을 정복한 자들이여! 국가는 그대들의 마음까지 꿰뚫어 본다. 그대들은 그 싸움으로 지쳤다. 그래서 그대들은 새로운 우상을 섬기게 된 것이다!

국가라고 하는 새로운 우상은 영웅이나 명예를 좋아하는 자들을 주위에 세우고 싶어한다. 그는 '선량한 양심의' 햇빛을 받고 싶은 것이다. 이 냉혈한 괴물이 말이다!

그대들이 이 새로운 우상인 국가를 숭배한다면, 국가는 모든 것을 그대들에게 줄 것이다. 그렇게 함으로써 그는 그대들의 빛나는 덕과 위엄 있는 시선을 사들일 것이다.

그는 그대들을 미끼 삼아 많은 사람들을 유혹하려고 한다. 그렇게 해서 지옥의 계략이 생긴 것이다. 빛나는 영예의 장식으로 꾸며진 채, 그 장식이 서로 부딪쳐 댕그랑 소리를 내고 있는 죽음의 말(馬)이 만들어진 것이다.

그렇다. 많은 사람들을 불러들이는 죽음이 발명된 것이다. 그리고 그 죽음은 자신이 '삶'이라고 찬미한다. 그것은 참으로 죽음을 설교하는 자들에게 가장 만족할 만한 봉사인 것이다!

착한 자들이나 나쁜 자들이나 모두가 독을 마시는 곳을 나는 국가라고 부른다. 착한 자와 나쁜 자 모두가 자아를 잊어버리는 곳, 모든 사람들이 서서히 자살하면서 '삶'이라고 불리는 곳도 국가이다.

이 쓸모없는 자들을 보라! 그들은 창조자들의 작품과 현자들의 보물을 훔쳐서 그것을 자기 것으로 만든 다음 '교양'이라고 부른다. 그래서 모든 것이 그들에게는 병과 골칫거리가 되어버리는 것이다.

이 쓸모없는 자들을 보라! 그들은 언제나 병들어 있다. 그들은 담즙을 토해내 그것을 신문이라고 부른다. 그들은 서로를 게걸스럽게 먹지만 소화시키지 못한다.

이 쓸모없는 자들을 보라! 그들은 부를 갖지만, 그 때문에 더욱 가난해진다. 그들은 권력을 탐한다. 그리고 권력의 지렛대인 많은 돈을 탐한다. 이 무능력자들은!

기어오르는 날랜 원숭이를 보라! 그들은 서로의 머리를 뛰어넘어 실랑이를 벌이며 기어오르면서 결국 진흙탕과 깊은 구렁에 굴러떨어진다.

그들은 모두 왕좌에 오르고자 한다. 그들은 마치 왕좌에 행복이라도 앉아 있는 것처럼 생각하고 있다. 때때로 왕좌에는 쓰레기가 있을 뿐이다. 또 그 왕좌가 쓰레기 더미 위에 놓여 있기도 하다.

내가 보기에 그들은 모두 미치광이이며 나무에 기어오르는 원숭이고, 열에 들뜬 자들이다. 그들의 우상인 이 냉혈한 괴물은 악취를 풍긴다. 이들 우상 숭배자도 모두 심한 악취를 풍긴다.

나의 형제들이여, 그대들은 그들의 주둥이와 욕망의 악취 속에서 질식하고 싶은가? 차라리 창문을 부수고 공기 속으로 뛰어나가라!

악취에서 벗어나라! 쓸모없는 자들의 우상숭배에서 벗어나라!

악취에서 벗어나라! 인간을 제물로 바치는 수증기 속에서 벗어나라!

위대한 영혼들에게는 아직도 대지가 열려 있다. 한 사람이나 두 사람의 고독자를 위해서 아직도 많은 자리가 남아 있다. 그 주위는 조용한 바다 내음이 피어오르고 있다.

위대한 영혼들에게는 아직도 자유로운 생활이 열려 있다. 적게 소유하는 자는 남에게 그만큼 적게 소유당한다. 적당한 가난, 그것을 찬미하라!

국가가 종말을 고할 때 비로소 쓸모없는 인간이 아닌 쓸모 있는 인간의 삶이 시작된다. 그때 비로소 없어서는 안 될 인간의 유일한 노래가 시작된다.

국가가 '종말을 고할 때' 저쪽을 보라, 형제들이여! 그대들은 보이지 않는가, 저 무지개가? 초인이 건너가는 다리가?

차라투스트라는 이렇게 말했다.

시장의 파리떼

벗이여, 그대의 고독 속으로 달아나라! 나는 그대가 세상의 위인들이 일으킨 소란 때문에 귀머거리가 되고, 세상의 소인배들이 가진 바늘에 찔려 괴로워하는 것을 본다.

숲과 바위는 그대와 함께 품위 있게 침묵하는 법을 안다. 그대는 다시 그대가 사랑하는 나무, 저 큰 가지를 뻗고 있는 나무와 같아져야 한다. 그 나무는 입을 다문 채 바다 기슭에 서서 귀 기울이고 있다.

고독이 끝나는 곳에 시장이 열린다. 시장이 열리는 곳에 유명 배우들의 소란과 독파리들의 윙윙대는 소리가 시작된다.

세상에서 가장 훌륭한 것도 그것을 연출하는 자가 없다면 아무 소용이 없다. 민중은 이 연출자를 위대한 인물이라 부른다.

민중은 참으로 위대한 것, 창조하는 힘에 대해서는 전혀 이해하지 못한다. 그러나 민중에게는 위대한 연출가와 배우들을 받아들이는 감각이 있다.

비록 눈에는 보이지 않을지라도 새로운 가치를 창조하는 사람을 중심으로 세상은 돈다. 배우들을 중심으로 도는 것은 민중과 명성이다. 그것이 '세상의 모습'이다.

배우에게는 정신 활동이 있지만 정신에 뒤따르는 양심은 거의 없다. 배우는 언제나 사람들이 가장 강하게 믿는 것, 그 자신에게 믿음을 주는 것만을 믿을 뿐이다.

내일이면 그 배우는 새로운 신앙을 가질 것이며, 모레가 되면 한층 더 새로운 신앙을 가질 것이다. 그는 민중처럼 재빠른 감각을 가지고 있다. 그리고 민중처럼 변덕스러운 날씨 같은 기질을 가지고 있다.

뒤집어엎는다는 것, 그것은 그에게 증명을 뜻한다. 열광시키는 것, 설득을 뜻한다. 그리고 피야말로 모든 논거 가운데 최상의 것이다.

예민한 귀에만 들리는 진리를 그는 거짓말이자 무의미라고 부른다. 그가 진실로 믿는 것은 세상에 커다란 소란을 불러일으킬 뿐인 신들이다.

시장은 짐짓 위엄을 부리는 어릿광대들로 가득 차 있고, 민중은 그런 인물들을 자랑으로 여긴다. 그들은 민중에게 '그 시간'의 주인이다.

그러나 '시간'은 그들을 가만히 두지 않는다. 그리고 그들도 그대를 가만히 있게 하지 않는다. 그들은 그대에게 '그렇다', '아니다'를 말하도록 요구한다. 아, 그대는 '그렇다', '아니다'의 갈림길에 그대의 의자를 놓으려 하는가?

그대, 진리를 사랑하는 자여. 이런 압제자들, 절대적 요구자들을 질투하지 말라. 왜냐하면 일찍이 진리가 압제자의 팔에 매달린 적은 한 번도 없었으니까.

그대는 이들 성급한 자들을 피해서 안전한 장소로 돌아가라. 사람들은 시장에서만 '그렇다', '아니다'의 질문을 받게 된다.

깊은 샘의 체험은 서서히 성숙하게 마련이다. 깊은 샘에서는 밑바닥으로 무엇이 떨어지는가를 알 때까지 오랫동안 기다려야 한다.

온갖 위대한 것은 시장과 명성을 떠난 곳에서 태어나는 법이다. 일찍이 새로운 가치의 창조자들은 시장과 명성을 떠난 곳에서 살았다.

벗이여, 그대의 고독 속으로 달아나라! 나는 그대가 독파리떼에게 찔리고 있는 것을 본다. 도망쳐라, 거센 바람이 부는 곳으로.

그대의 고독 속으로 달아나라. 그대는 조그마한 것들, 하찮은 것들 속에 살고 있다. 눈에 보이지 않는 그들의 복수로부터 몸을 피하라. 그대에게 그들은 복수일 뿐, 그 밖에 아무것도 아니다.

그들을 향해 손을 들지 말라. 그들은 너무 많아 한이 없다. 파리채가 되는 것이 그대의 운명은 아니다.

이런 조그마한 것, 하찮은 것들은 너무 많다. 아무리 장엄한 건물이라도 빗방울과 잡초에 의해 무너진 예는 드물지 않다.

그대는 돌은 아니지만 이미 수많은 빗방울로 구멍이 뚫려 있다. 계속 빗방울을 맞으면 그대는 파괴되고 말 것이다.

그대는 독파리에 지쳐 있다. 수없이 물어뜯겨 피에 물들어 있다. 그러나 그대의 긍지는 화를 내지도 않는다.

파리들은 악의도 생각도 없이 그대의 피를 빨아먹으려 한다. 그들의 영혼은 피가 모자라 그대의 피를 원한다. 그래서 그들은 악의도 생각도 없이 그대를 쏘고 있는 것이다.

깊은 마음을 가진 그대여, 그대는 작은 상처에도 몹시 괴로워한다. 게다가 그 상처가 낫기도 전에 같은 독충이 그대의 손등을 기어다니고 있다.

그대는 탐욕스러운 자들을 죽이기에는 너무나 자존심이 강하다. 그러나 독기 서린 그들의 부정을 견디는 것이 그대의 숙명, 그대의 비운이 되지 않도록 조심하라.

그들은 칭찬이라도 하듯 윙윙거리며 그대 주위에 몰려들 것이다. 귀찮게 달려드는 것이 그들로서는 칭찬의 표시다. 그들은 그대의 피부와 피를 향해 가까이 다가들려고 한다.

그들은 신이나 악마에게 아첨하듯 그대에게도 교태를 부린다. 신이나 악마 앞에서처럼 그대 앞에서 훌쩍훌쩍 울기도 한다. 그대는 그들이 어떤지 아는가? 그들은 아첨하는 자, 그리고 울보일 뿐 그 이상 아무것도 아니다.

그들은 그대에게 상냥한 얼굴을 보일 때도 있다. 하지만 그것은 겁쟁이의 교활함일 뿐이다. 겁쟁이는 언제나 교활한 법이다.

그들은 그대가 어떤 인간인지를 알기 위해 자신들의 좁은 영혼으로 이것저것 추측해 본다. 그들에게 있어 그대는 언제나 의심스러운 존재이다. 어떤 인간인지를 알기 위해 여러 가지로 추측하다 보면 의혹이 생기는 법이다. 그러니 그대는 늘 그들에게 의심받고 있는 셈이다.

그들은 그대의 모든 덕을 탓하고 벌한다. 그들이 정말로 용서하는 것은 다만 그대의 실수뿐이다.

그대는 온순하고 올바른 마음을 가지고 있기 때문에 "저 소인배들은 죄를 짓지 않는다"고 한다. 그러나 그들 속좁은 영혼은 말한다. "모든 위대한 존재는 죄가 많다"고.

그대가 아무리 그들을 온순하게 대해도 그들은 경멸받고 있다고 느낀다. 그리고 그대의 은혜에 대해 은밀히 해를 끼침으로써 갚아준다.

그대의 고요한 자존심은 언제나 그들을 불쾌하게 만든다. 그대가 일부러 경박한 체하고 겸손해지면 그들은 깡충깡충 뛰면서 좋아한다.

우리가 어떤 사람을 인정하는 것은 결국 상대를 자극하는 하나의 방법이다. 그러기에 소인배들에게 접근할 때는 조심해야 한다.

그들은 그대 앞에서 스스로를 하찮은 존재라 느낀다. 그리고 그들의 열등감은 그대의 눈에는 보이지 않는 복수심으로 불타오른다.

그대는 그것을 눈치채지 못했는가? 그대가 그들 앞에 모습을 나타내면 그들이 때때로 입을 다무는 것을 보지 못했는가? 그리고 스러져 가는 불에서 사라지는 연기처럼 그들에게서 힘이 빠져버리는 것을 보지 못했는가?

나의 벗이여, 그대는 이웃에게 있어 양심의 채찍이다. 그들은 그대에게 가치가 없는 존재이다. 그래서 그들은 그대를 미워하고 그대로부터 피를 빨아먹으려 한다.

그대의 이웃들은 독파리임에 틀림없다. 그대의 위대함이 그들을 더욱 독 오르게 하고, 파리처럼 그대에게 착 달라붙게 하는 것이다.

달아나라, 나의 벗이여! 그대의 고독 속으로, 거센 바람이 부는 곳으로! 파리채가 되는 것은 그대가 할 일이 아니다.

차라투스트라는 이렇게 말했다.

순결

나는 숲을 사랑한다. 도시에는 음탕한 자가 너무 많아 살기가 어렵다.

음탕한 여자의 꿈속에 빠지기보다는 살인자의 손에 떨어지는 편이 낫지 않 겠는가?

저 사내들을 보라! 그들의 눈은 이 세상에서 여자와 자는 것보다 더 좋은 것은 없다고 말한다.

그들의 영혼 밑바닥에는 오물이 두텁게 쌓여 있다. 더욱이 그 오물에 정신 이 있다는 것은 정말 슬픈 일이다!

인간이라기보다 차라리 완전한 짐승이었으면! 그러나 짐승이 되려면 순진함 이 필요하다.

나는 그대들에게 관능을 죽이라고 말하지는 않겠다. 내가 권하는 것은 관능 의 순진성이다.

나는 그대들에게 순결하라고 말하지 않겠다. 순결이란 어떤 사람들에게는 덕이 되지만 많은 사람들에게는 오히려 악덕이 되기 때문이다.

그런데 그런 많은 자들은 자신의 욕망을 억제한다. 하지만 그들의 행동에는 육욕에 가득 찬 관능이라는 암캐의 질투 섞인 눈빛이 번득인다.

그들이 이르게 될 덕의 경지나 늘 지니고 있는 차가운 정신의 밑바닥에도 이 암캐의 불만은 늘 붙어 다닌다.

그리고 이 암캐에게 한 조각의 고깃덩이라도 주지 않으면, 이 관능이라는 암캐는 한 조각의 정신을 구걸한다.

그대들은 비극을, 모든 비통한 것을 사랑하는가? 그러나 나는 그대들 속에 살아 있는 암캐를 믿을 수가 없다.

내가 보기에 그대들은 너무나 잔인한 눈초리를 하고 있다. 괴로워하고 있는 자까지도 음탕한 눈으로 바라본다. 음란한 욕망을 거짓으로 꾸며 동정이라고 부르는 게 아닌가?

그대들에게 이런 비유를 보여주고 싶다. 세상에는 자기 속의 악마를 내쫓으 려다가 오히려 돼지 무리 속으로 뛰어드는 인간도 많다는 것을.

순결을 지키기가 어려운 자에게는 순결을 단념하도록 권하는 것이 좋다. 그것은 순결이 지옥, 즉 영혼의 진창과 음탕에 이르는 길이 되지 않게 하기 위해서다.

내가 더러운 것에 대해 말하고 있다고 생각하는가? 하지만 이것이 내가 말하는 가장 나쁜 것은 아니다.

사물의 이치를 터득한 자가 진리의 물속에 들어가기를 꺼리는 것은 그 물이 더러운 경우가 아니라 그 물이 얕을 경우이다.

참으로 근본부터 순결한 사람이 있다. 그들은 마음으로부터 온순하여 그대들보다 더 자주 웃고 더 활짝 웃는다.

그들은 순결까지 비웃으며 이렇게 말한다. 순결이란 어리석음일 뿐이다. 그러나 그 어리석음이 우리에게 온 것이지 우리가 그 어리석음 쪽으로 간 것은 아니다.

우리는 이 손님에게 우리의 마음을 숙소로 제공했다. 그래서 그는 지금 우리의 마음속에 있다. 그가 있고 싶으면 얼마든지 있어도 좋다."*18

차라투스트라는 이렇게 말했다.

벗

'내 주위에는 언제나 한 사람이 있다.' 은자는 이렇게 생각한다. '하나에 하나를 곱하면 하나가 되지만, 오랜 시간이 흐르면 둘이 된다!'

나는 언제나 나 자신과의 대화에 너무 열중한다. 만일 나에게 한 사람의 벗도 없다면 이것을 어떻게 견딜 수 있겠는가?

은자에게 벗은 언제나 제삼자다. 제삼자는 둘 사이의 대화가 너무 깊은 곳으로 가라앉는 것을 막는 코르크와 같다.

아, 은자에게는 깊은 심연이 너무나 많다. 그러기에 은자는 한 사람의 벗을, 더 높은 곳을 간절히 그리워한다.

다른 사람에 대한 우리의 믿음은 우리가 우리 안에 있는 어떤 것을 믿고자

---

*18 도덕적인 요청으로서가 아니라 본디 순결하기 때문에 그것을 자랑하지 않고, 오히려 약간 부족한 어리석음이라든가 우연의 결과라고 생각하는 사람이 있다. 따라서 그 마음은 온순하고 사람을 탓하지 않을 뿐만 아니라 자기가 끝내 순결을 지킬 수 있다고 공언하지도 않는다.

하는지 보여준다. 벗에 대한 우리의 그리움은 우리가 누구인지를 드러내는 밀고자인 셈이다.

사람은 때때로 벗에 대한 사랑으로써 벗에 대한 질투를 극복하고자 한다. 또 때때로 공격받기 쉬운 자신의 약점을 감추기 위해서 먼저 남을 공격하고 적을 만든다.[19]

"나의 적이라도 되어달라!" 감히 우정을 애원할 수 없는, 진정 공경하는 마음은 바로 이렇게 말한다.

벗을 원한다면, 그 벗을 위해 전쟁까지도 벌일 수 있어야 한다. 그리고 전쟁을 하기 위해서는 남의 적이 될 수도 있어야 한다.

사람은 벗 안에 도사린 적까지도 공경할 수 있어야 한다. 그대는 그대의 벗에게 가까이 다가간 경우에도 그에게 예속되지 않을 수 있겠는가?[20]

그대는 벗 안에서 최선의 적을 찾아야 한다. 그대가 그에게 대항할 때야말로 그대의 마음이 그에게 가장 가까이 다가가 있을 때이다.

그대는 벗 앞에서 어떤 옷을 입고 싶은가? 벗에게 있는 그대로의 모습을 보이는 것이 벗에 대한 예의라고 생각하는가? 아니다! 그는 그러한 그대를 보면 악마가 데려갔으면 좋겠다고 생각할 것이다!

자기를 조금도 감추지 않는 것은 오히려 상대를 불쾌하게 한다. 이것이 그대들이 벌거숭이를 두려워해야 하는 이유다. 그렇다. 그대들이 만약 신이라면 옷 입는 것을 부끄러워할 테지만.

그대는 벗을 위해서라면 자신을 최대한으로 아름답게 꾸미는 것이 좋다. 벗에게 있어 그대는 초인을 목표로 날아가는 하나의 화살이자 동경이 되어야 하기 때문이다.

그대는 벗의 얼굴을 알고 싶어서 그가 자고 있는 모습을 본 일이 있는가? 잠들어 있는 벗의 얼굴은 도대체 어떤 모습일까? 그것은 이지러진 거울에 비친 그대 자신의 얼굴이다.

---

*19 다른 사람에 대한 질투 때문에 괴로워하고, 다른 사람을 벗으로 사랑함으로써 질투하지 않는다. 공격 등등의 말은 해석하기 쉽지만, 적을 만든다고 하면서 벗의 문제가 '적'으로 비약한 것은 벗과 적이 불가분의 관계이기 때문이다.

*20 '벗 안에 도사린 적까지도'는 앞 구절의 '남의 적이 될 수도 있어야 한다'와 함께 그 사상을 발전시켰다. 벗을 적과 같이 생각하고 공경한다는 것으로, 벗과 적이 하나가 된다. 그때 자신에게는 그 벗에 상당하는 고귀한 인격이 요구된다. 벗에게 아첨하면 안 된다는 뜻이다.

그대는 자고 있는 벗의 모습을 본 일이 있는가? 벗의 얼굴을 보고 놀라지는 않았는가? 아, 나의 친구여, 인간이란 극복해야 할 존재인 것이다.

벗이라면 추측과 침묵에 익숙한 사람이어야 한다. 또 그대는 모든 것을 다 보려고 해서는 안 된다. 그대의 꿈이 벗이 깨어 있을 때 무엇을 하는지를 알려주어야 한다.

그대의 연민은 미루어 짐작하는 일에 익숙해야 한다. 먼저 벗이 그대의 연민을 바라는지 아닌지를 알기 위해서. 그가 사랑하고 있는 것은 그대의 확고한 눈과 영원을 바라보는 시선일지도 모른다.

벗에 대한 연민은 단단한 껍질 속에 숨겨라. 그것은 씹으면 이가 부러질 정도로 단단해야 한다. 그래야만 그대의 연민은 섬세하고 감미로우리라.

그대는 벗에게 맑은 공기고, 고독이고, 빵이며, 약일 수 있겠는가? 자신의 쇠사슬을 풀지는 못해도 벗을 해방시킨 사람은 적지 않다.

그대는 노예인가? 그렇다면 그대는 벗이 될 수 없다. 그대는 독재자인가? 그렇다면 그대는 벗을 가질 수 없다.

아주 오랫동안 여성의 속에는 노예와 독재자가 살고 있었다. 그래서 여성에게는 우정을 맺을 능력이 없다. 여성은 사랑을 알고 있을 뿐이다.

여성의 사랑에는 그녀가 사랑하고 있지 않은 것에 대한 불공평하고 맹목적인 것이 들어 있다. 또 여성의 지적인 사랑에도 빛과 함께 발작과 번개와 어둠이 깃들어 있다.

여성에게는 아직 우정을 맺을 능력이 없다. 여성은 고양이이며 새다. 아니면 기껏해야 암소일 뿐이다.

여성에게는 아직 우정을 맺을 능력이 없다. 그러나 그대 남성들이여, 그대들 가운데 도대체 누가 우정을 맺을 능력을 갖고 있는가?

아, 남성들이여! 그대들의 가난한 영혼과 탐욕스러운 영혼을 보라! 그대들이 벗에게 주는 것만큼 나는 적에게 주리라. 그렇게 했다고 해서 더 가난해지지는 않으리라.

세상에는 동료애라는 것이 있다. 부디 진정한 우정이 있기를!

차라투스트라는 이렇게 말했다.

천 개의 목표와 하나의 목표

차라투스트라는 많은 나라와 민족을 보았다. 그리고 각각의 민족에서 선과 악을 발견했다. 차라투스트라는 지상에서 선과 악보다 더 큰 힘을 가진 것을 찾지 못했다.

어떠한 민족이든 평가를 받아야만 생존할 수 있다. 그리고 그 민족이 존속하기를 바란다면 이웃 민족이 평가하는 것처럼 평가해서는 안 된다.

이 민족에서는 선이라고 인정되는 많은 것들이 다른 민족이 보면 웃음거리가 되는 경우를 보았다. 이곳에서의 악이 다른 곳에서는 찬란한 영광으로 장식되는 것도 보았다.

이웃 민족끼리는 서로 이해하려 하지 않는다. 그들의 영혼은 언제나 이웃 민족의 망상과 악의를 의심하고 있다.

각 민족의 머리 위에는 선에 대한 목록이 하나씩 걸려 있다. 보라! 그것은 그 민족이 극복해야 할 목록이며, 그 민족의 권력에의 의지가 내는 소리이다.

어떤 민족에게든 곤란하게 느껴지는 것이 찬미되고, 없어서는 안 되지만 얻기 어려운 것이 선이라 불린다. 가장 나쁜 상태에서도 그들을 구출해 주는 희귀한 것, 더 이상의 곤란이 없는 것을 그들은 성스러운 것으로 받들어 모신다.

그들을 지배와 승리와 영예로 인도하는 것, 이웃 민족의 두려움과 질투의 대상으로 만드는 것이 그들에게는 높은 것, 최우선의 것이 되고 모든 것의 척도가 되고 의의가 된다.

진실로 나의 형제여, 그대가 먼저 어떤 민족이 처한 어려움과 풍토와 그 이웃에 대해서 알았다면 아마도 그 민족의 극복의 법칙까지 짐작할 수 있으리라. 어떻게 그들이 이 사다리를 타고 희망을 향해 올라갔는가 알 수 있으리라.

"언제나 그대는 제일인자이고 다른 사람보다 뛰어나야 한다. 질투심에 불타는 그대의 영혼은 벗 이외의 어느 누구도 사랑해서는 안 된다." 바로 이 가르침이 그리스인의 영혼을 전율케 하여 그들을 위대한 길로 가게 했다.

"진실을 말하고 활과 화살로 몸을 단련하라." 내 이름이 유래한 민족에게는 사랑할 만한 말인 동시에 어려운 말이기도 하다. 또한 차라투스트라는 나에게도 사랑할 만한 이름인 동시에 어려운 이름이다.

"아버지와 어머니를 공경하고 진심으로 부모의 뜻에 따르라." 또 다른 민족은 어려움을 견디기 위한 이런 목록을 자신들 머리 위에 걸어놓고, 그것으로 위대해졌으며 불멸의 존재가 되었다.

"충성을 다하자. 그 충성을 위해서라면 악하고 위험한 것에도 명예와 피를 걸어라." 다른 민족은 이런 식으로 스스로를 가르치고 극복하고 노력했다. 그러한 극복과 노력을 거듭하면서 그 민족은 위대한 희망을 품고 그것을 키웠다.

이렇듯 인간은 스스로에게 자신의 모든 선과 악을 부여했다. 그것은 다른 사람으로부터 받은 것도 아니고 어디선가 주워 온 것도 아니다. 그렇다고 하늘에서 떨어져 내려온 것도 아니다.

모든 가치의 근원은 인간이다. 인간이 자아를 유지하기 위해서 그것들의 가치를 여러 사물에 부여한 것이다. 인간이 여러 사물의 뜻을, 즉 인간적인 뜻을 만들었다. 그러기에 인간은 스스로를 '인간', 즉 '평가하는 자'라고 부르는 것이다.

평가하는 것은 창조하는 것이다. 그대, 창조하는 자들이여! 들어라. 평가 그 자체가 평가받는 사물의 보물이고 보석이다.

오직 평가에 의해서만 비로소 가치가 존재한다. 평가가 없다면 생존은 텅 빈 호두에 불과하다. 이것을 잘 들어라, 그대, 창조하는 자여!

가치의 변화, 그것은 창조하는 자들의 변화이다. 창조자가 될 사람은 언제나 낡은 것을 무너뜨린다.

처음에는 모든 민족이 창조자였다. 그 뒤 개인이 창조자가 되었다. 개인이야말로 최근의 산물이다.

일찍이 민족은 선의 목록을 스스로 자기 머리 위에 걸어놓았다. 모든 것을 지배하려는 사랑과 복종하려는 사랑이 결합해 이런 목록을 만들어 낸 것이다.

군중 속에서의 기쁨은 자아 속에서의 기쁨보다 뿌리 깊다. 그리고 '양심에 거리낌이 없다'는 것과 군중이라는 말이 같은 뜻인 한, '꺼림칙한 양심'만이 '자아'라는 것을 주장했다.

내가 보기에는 이렇다. 자아의 이익을 위한다는 동기에서 많은 이들이 이익을 꾀한다. 교활하고 사랑이 없는 '자아'는 집단의 근원이 아니라 그 몰락이다.

선과 악을 창조한 자는 늘 사랑하는 자이며 창조하는 자였다. 덕이라는 이름 속에는 사랑의 불꽃과 함께 분노의 불꽃이 타오르고 있지 않은가.

차라투스트라는 많은 나라와 민족을 보았다. 나는 이 세상에서 사랑하는 자들이 행하는 사업보다 더 위대한 힘을 보지 못했다. '선'과 '악'이 바로 그 사업의 이름이다.

이 찬미와 비난의 힘은 괴물처럼 가공할 만하다. 말하라, 나의 형제들이여. 이 괴물을 극복할 수 있는 자가 누구인가? 이 괴물의 천 개나 되는 목에 멍에를 씌울 수 있는 자는 누구인가?

지금까지 천 개의 목표가 존재했다. 천 개의 민족이 있었기 때문이다. 다만 그 천 개의 목을 하나로 채울 수 있는 멍에가 아직까지 없다. 즉 '하나의' 목표가 부족하다. 그래서 인류는 아직도 목표를 가지고 있지 못하다.

하지만 대답하라, 형제들이여! 인류에게 목표가 아직도 없다면 인류 자체도 아직 없는 것이 아닐까?

차라투스트라는 이렇게 말했다.

이웃 사랑

그대들은 이웃에게 떼지어 몰려가서 온갖 아름다운 말을 내뱉는다. 그러나 나는 그대들의 이웃 사랑은 그대 자신에 대한 그릇된 사랑이라고 말하겠다.

그대들은 자신에게서 도피하기 위해 이웃에게 달려간다. 그리고 그것을 하나의 덕으로 여기고 싶어한다. 하지만 나는 그대들의 '자기를 잊고 있는 상태'의 본질이 무엇인지 알고 있다.

'너'는 '나'보다도 먼저 존재했다. '너'는 이미 신성시되고 있지만 '나'는 아직 그렇지 않다. 그래서 인간은 이웃에게 달려가는 것이다.

나는 그대들에게 이웃 사랑을 권하지 않는다. 차라리 이웃을 피하라고 멀리 떨어져 있는 사람을 사랑하라고 권하고 싶다.

이웃 사랑보다는 가장 멀리 떨어져 있는 자, 미래에 나타날 자에 대한 사랑이 더 가치 있다. 인간에 대한 사랑보다 사물과 눈에 보이지 않는 환영에 대한 사랑이 한층 더 높은 것이다.

나의 형제여, 그대를 앞서가는 이 환영이 그대보다 더 아름답다. 그런데 어째서 그대는 이 환영에게 피와 살을 주지 않는가? 오히려 그대는 두려움에 빠진 나머지 이웃에게로 도망치고 있다.

그대들은 그대 자신을 견디지 못한다. 또한 자신을 충분히 사랑하고 있지도 않다. 그러면서도 이웃을 유혹해서 사랑하도록 하고, 그 이웃의 잘못으로써 자신을 미화하려고 한다.

나는 그대들이 이웃들과 가까이 있는 자들을 견디지 못하게 되기를 바란다. 그렇게 되면 그대들은 그대 안에서 벗을, 그리고 그 벗의 넘치는 심장을 창조해 내야만 할 것이다.

그대들은 자신을 칭찬하려 할 때 증인을 부른다. 그리고 그 증인이 그대를 좋게 생각하도록 속인 다음, 그대 자신까지도 스스로를 칭찬할 가치가 있는 존재로 생각한다.

자신의 지식에 어긋나게 말하는 자만이 거짓말쟁이가 아니라 자기가 모르는 지식에 상반되게 말하는 자야말로 더 심한 거짓말쟁이이다. 그대들은 이웃과 교제하면서 자신에 대해 그렇게 말함으로써 자신은 물론 이웃까지 속이는 것이다.

그래서 어리석은 자들까지도 이렇게 말한다.

"인간들과의 교제는 성격을 어그러뜨린다. 특히 성격이 정립되지 않은 사람을."

어떤 사람은 자신을 찾기 위해서 이웃에게로 가고, 또 어떤 사람은 자신을 잃어버리기 위해서 이웃에게로 간다. 자신에 대한 좋지 못한 사랑으로 인해 고독이 그대들의 감옥이 되고 마는 것이다.

이웃에 대한 사랑 때문에 손해를 보는 것은 그 자리에 없는 자들이다. 그대들 다섯이 모이면 언제나 여섯 번째 사람이 희생의 제단에 오른다.

나는 그대들의 축제도 좋아하지 않는다. 그대들의 축제에는 너무나 많은 배우들이 등장한다. 그리고 손님들도 가끔 배우를 흉내내려고 한다.

나는 그대들에게 이웃에 대해 가르쳐 주지 않겠다. 대신 나는 그대들에게 벗에 대해 가르쳐 주리라. 벗이야말로 그대들에게 있어 지상의 축제이고 초인을 예감케 하는 자라는 것을.

나는 그대들에게 벗과 벗의 흘러넘치는 마음을 가르쳐 주겠다. 흘러넘치는 마음으로 사랑받고 싶다면, 그대는 사랑을 빨아들일 해면이 되는 법을 알아야 한다.

나는 그대들에게 벗을 가르친다. 이미 자아 속에 완성된 세계를 가지고 있는 벗, 선의 그릇인 벗, 언제나 완성된 세계를 선물할 준비가 되어 있는 창조하는 벗을.

이와 같은 벗의 손에서라면 일찍이 펼쳐진 세계가 또다시 아름답게 접혀 간직된다. 악을 통해 선이 자라나듯이, 무의미를 통해 목적이 자라나듯이.

미래, 그리고 가장 먼 것을 그대들이 오늘 존재하는 존재 이유로 삼아라! 그대 벗 안에 있는 초인을 그대의 존재 이유로서 사랑하라.

형제들이여! 나는 그대들에게 이웃 사랑을 권하지 않는다. 나는 그대들에게 먼 곳에 있는 사람을 사랑하도록 권한다.

차라투스트라는 이렇게 말했다.

창조자의 길

형제들이여, 그대는 고독으로 들어서려 하는가? 자신의 길을 찾아가려는 것인가? 그렇다면 가던 길을 멈추고 내 말에 조금만 더 귀를 기울여라.

"찾아다니는 자는 길을 잃기 쉽다. 모든 고독은 죄악이다." 군중은 이렇게 말한다. 그리고 그대는 지금까지 오랫동안 그런 군중에 속해 있었다.

지금도 그대 안에서 그런 군중의 소리가 들려오고 있을 것이다. 그리고 그대가 군중을 향해서 "우리는 이미 너희와는 다른 양심을 지니고 있다" 말해도 그 또한 탄식이자 고통의 소리일 뿐이리라.

보라! 이 고통은 '일찍이 군중과 같이하던 그 양심'으로 인해 생긴 것이다. 그리고 그 마지막 양심의 흐릿한 빛이 지금도 그대의 고뇌 위에서 빛나고 있다.

그런데도 그대는 고뇌의 길을 걸으려는 것인가? 그렇다면 그 길을 걸어야 할 그대의 권리와 힘을 내게 보여달라!

그대는 새로운 힘이며, 새로운 권리인가? 최초의 운동인가? 자신의 힘으로 돌아가는 수레바퀴인가? 그대는 별들에게까지 지배력을 미쳐서 그대 주위를 돌게 할 수 있는가?

아, 세상에는 높은 것을 향한 열망이 얼마나 많은가! 야심가들의 경련이 얼마나 많은가! 그대가 그런 열망에 사로잡힌 자가 아니라는 것을, 야심가가 아니라는 것을 나에게 보여달라!

아, 세상에는 풀무 구실밖에 못하는 위대한 생각들이 얼마나 많은가! 그런 것들은 바람을 불어서 부풀게 하여 그 속을 더욱 텅 비게 할 뿐이다.

그대는 그대가 자유롭다고 생각하는가? 나는 그대를 지배하는 사상에 귀 기울이고 싶을 뿐, 그대가 어떤 멍에서 벗어났다는 것을 듣고 싶어서 이러는 것이 아니다.

그대가 멍에를 벗어날 만한 자격이 있는 자란 말인가? 세상에는 다른 사람에 대한 복종의 의무를 집어던지자마자 자신이 가진 마지막 가치까지 내버린 자가 적지 않다.

'무엇으로부터의 자유인가?' 차라투스트라는 그런 것에는 아무런 관심도 없다. 내가 그대 눈빛을 통해 분명히 알고 싶은 것은 '무엇을 위한 자유인가' 이다.

그대는 자신이 세운 선과 악을 스스로에게 줄 수 있는가? 그대의 의지를 법칙으로서 머리 위에 걸어놓을 수 있는가? 그대는 자신에 대한 재판관이나 복수자가 될 수 있는가?

고독 속에 누운 그대가 자기 법칙의 복수자, 재판관과 함께 있다면 그건 끔찍한 일이다. 그것은 황량한 공간과 얼음같이 고립된 입김 속에 내던져진 하나의 별과 같은 것이다.

홀로 된 자여, 오늘도 그대는 여전히 많은 이들 때문에 괴로워하고 있다. 하지만 아직 용기와 희망을 잃지 않았다.

그러나 언젠가는 고독이 그대를 지치게 할 것이다. 언젠가 그대의 긍지는 무릎을 꿇고, 용기는 꺾이고 말 것이다. 언젠가는 그대도 외칠 것이다. "나는 외롭다!"고.

언젠가 그대는 그대 안에서 자라난 고귀함을 모른 채 그대의 저속한 부분만을 아주 가까이에서 보게 될 것이다. 그대의 숭고함까지도 유령처럼 그대를 두렵게 만들 것이다. 언젠가 그대는 외칠 것이다. "모든 것은 거짓이다!"라고.

고독한 인간을 죽음에 이르게 하는 여러 감정이 있다. 만약 그대를 죽이는 데 실패한다면 그 감정이 죽어야만 한다. 그러나 그대는 과연 그 감정들을 없앨 수 있겠는가?

형제여, 그대는 '경멸'이라는 말에 대해 알고 있는가? 그리고 그대를 경멸하는 자를 정의롭게 대할 때의 괴로움을 알고 있는가?

그대는 많은 사람들에게 그대에 대한 판단과 인식을 억지로 고치도록 요구한다. 그들은 그런 그대에게 거세게 반발한다. 그대는 그들 옆에 이르렀는데도 그곳을 지나쳐 높은 곳으로 가버리고 만다. 그들은 절대로 그런 그대를 용서하지 않는다.

그대는 그들을 뛰어넘는다. 하지만 그대가 높은 곳으로 올라가면 올라갈수록 질투 때문에 그대가 작은 사람으로 보이게 된다. 그리고 더 높이 날아가는 자는 누구보다 미움을 많이 받는다.

"너희들이 나에게 공정할 수 있겠는가?" 그대는 이렇게 말해야만 할 것이다. "나는 차라리 너희들의 불의를 내 몫으로 선택한다"고.

그들은 고독한 이들에게 불의로 대하고 오물을 던진다. 그러나 별이 되고자 하는 나의 형제여, 그들이 그렇게 한다고 해서 그대가 그들을 희미하게 비쳐 주어서는 안 된다.

그리고 선하다는 자들, 의롭다는 자들을 경계하라! 그들은 자신의 덕을 만들어 내는 자를 즐겨 십자가에 매단다. 그들은 고독한 자를 미워한다.

또 신성한 단순함을 경계하라! 그들에게 있어 단순하지 않은 것들은 모두 신성하지 않은 것이다. 그런 단순함은 불장난을 즐긴다. 그건 화형의 불길이다.

그리고 그대의 사랑이 일으키는 발작을 경계하라! 고독한 이들은 길에서 만난 사람에게 너무 급하게 손을 내민다.

그대가 손을 내밀면 안 되는 사람이 너무나 많다. 그들에게는 단지 앞발만을 내밀어라. 그때 그 앞발에 맹수의 발톱이 감추어져 있기를 바란다.

그대가 만나게 되는 가장 나쁜 적은 언제나 그대 자신이다. 그대 자신은 동굴과 숲 속에서 그대를 기다리고 있다.

고독한 자여, 그대는 자신의 길을 가고 있다. 그런데 그 길을 가고 있는 그대는 그대 자신과 그대의 일곱 악마를 지나쳐 버린다.

그대는 자신에게 이단자가 되고, 마녀·예언자·어릿광대·회의자·부정한 인간·악한이 되라!

그대는 자신의 불길로 자신을 불사르지 않을 수 없으리라. 재가 되지 않은 채 어떻게 거듭나기를 바라겠는가?

고독한 자여, 그대는 창조자의 길을 간다. 그대는 일곱 악마로부터 스스로를 위해 신을 창조해 내기를 바란다.

고독한 자여, 그대는 사랑하는 자의 길을 간다. 그대는 자신을 사랑하기 때문에 자신을 경멸하지 않으면 안 된다. 깊은 사랑을 가진 자만이 할 수 있는 경멸의 방식으로.

사랑을 가진 자는 경멸함으로써 창조하려 한다. 사랑하는 것을 경멸한 경험이 없는 자가 사랑에 대해 무엇을 알겠는가?

그대는 사랑과 창조의 힘을 지닌 채 고독 속으로 들어가라. 형제여, 이윽고 시간이 흐르면 정의는 다리를 절면서 그대를 따라가리라.

형제여, 나의 눈물을 지닌 채 그대의 고독 속으로 들어가라. 자신을 극복하여 창조하기를 바라고, 그래서 멸망하는 자를 나는 사랑한다.

차라투스트라는 이렇게 말했다.

늙은 여인과 젊은 여인

"차라투스트라여, 어째서 그대는 발소리를 죽인 채 어둠 속을 걷고 있는가? 그리고 무엇을 그토록 소중히 여겨 외투 속에 감추고 있는가?

그것은 그대에게 주어진 보물인가, 아니면 그대의 자식인가? 그게 아니면 악인들의 벗인 그대가 이제는 스스로 도둑의 길을 걷고 있는 것인가?"

차라투스트라는 대답했다.

"그렇다! 형제여, 그것은 내게 주어진 보물이다. 내가 안고 있는 것은 작은 진리이다.

하지만 그것은 어린아이처럼 버릇이 없다. 그리고 내가 그 입을 막고 있지 않으면 엄청나게 큰 소리를 지를 것이다.

나는 오늘 해 질 무렵 홀로 길을 걷다가 어떤 늙은 여자를 만났다. 그 여자는 내 영혼에 이렇게 말했다.

'차라투스트라는 우리 여자들에게도 많은 것을 이야기했는데, 정작 여자에 대해서 우리에게 이야기한 적은 한 번도 없군.'

나는 그 말에 대답했다. '여자에 대해서라면 남자에게만 말하면 된다.'

'나에게도 여자에 대해 이야기해 주면 좋겠다. 나는 늙었기 때문에 들어도 곧 잊어버리고 말 테니까.' 늙은 여자는 말했다.

그래서 나는 그 노파가 원하는 대로 다음과 같이 말해 주었다.

여자에 대한 것은 모두 수수께끼다. 그러나 여자에 대한 문제는 모두 단 하나의 답으로 풀린다. 바로 임신이다.

여자에게 있어 남자란 하나의 수단에 불과할 뿐 목적은 언제나 어린아이다. 하지만 남자에게 있어 여자란 무엇인가?

남자는 두 가지 욕구, 위험과 유희를 가지고 있다. 그래서 남자는 여자가 가장 위험한 장난감이 될 것을 바란다.

남자는 전투를 위한 교육을 받아야 하고, 여자는 그 전사의 몸과 마음에 용기를 북돋우는 교육을 받아야 한다. 그 밖에는 모두 쓸데없는 것이다.

전사는 달콤한 과일을 좋아하지 않는다. 그 때문에 전사는 여자를 좋아하는 것이다. 아무리 달콤한 여자도 쓴맛을 지니고 있기 때문이다.

여자는 남자보다 어린아이를 더 잘 이해한다. 남자는 여자보다 어린아이에 가깝다.

남자 속에는 어린아이가 숨어 있다. 그 어린아이가 장난을 하고 싶어하는 것이다. 그러니 여자들이여, 남자 속에 숨어 있는 어린아이를 발견하라!

여자들이여, 장난감이 되어라. 청순하고 아름다운 장난감이 되어라. 또 아직 나타난 적 없는 세계를 장식할 만큼 찬란하게 빛나는 보석과 같은 존재가 되어라.

여자들이여, 그대들의 사랑 속에서 별이 빛나게 하라! 그대들은 '초인을 낳고 싶다'고 희망해야 한다.

그대들의 사랑을 용기 있는 것으로 만들어라! 그대들은 그대들을 사랑함으로써 두려움을 느끼는 남성을 향해 나아가야만 한다.

그대들의 사랑이 명예가 되도록 하라. 사랑을 빼놓고 여자가 명예를 가질 수 있는 경우는 거의 없다. 언제나 사랑받는 것보다 더 많이 사랑하는 것, 사랑함에 있어서 늘 첫째가 되는 것이 그대들의 명예가 되어야 한다.

남자는 사랑에 빠진 여자를 두려워해야 한다. 여자는 사랑할 때 모든 것을 희생하며 바친다. 그 밖의 어떤 것에도 가치를 두지 않는다.

남자는 증오를 품은 여자를 두려워해야 한다. 왜냐하면 영혼의 밑바닥에서 남자는 '악의를 지닌 사람'이지만 여자는 비열하기 때문이다.

여자는 어떤 남자를 가장 미워하는가? 쇠가 자석에게 말했다.

'내가 너를 가장 미워하는 이유는 네가 나를 끌어당기면서도 놓치지 않을 정도로 강하게 끌어들이지 않기 때문이다.'

남자는 '나는 하고자 한다'는 데서 행복을 찾지만 여자는 '그는 하고자 한다'

에서 행복해한다.

'보라, 지금이야말로 세계가 완전해졌다.' 여자는 온 힘을 바쳐서 사랑하고 순종할 때 이렇게 생각한다.

여자는 순종을 통해 자신의 겉모습에서 어떤 깊이를 찾아야 한다. 겉모습은 여자의 영혼이고, 움직이며, 얕은 물처럼 쉽게 흔들리기 때문이다.

그러나 남자의 영혼은 깊다. 그 흐름은 지하 동굴에서 쏟아져 나온다. 여자는 그 힘을 느끼기는 하지만 이해하지는 못한다.

내가 이렇게 말을 마치자 그 늙은 여자가 말했다. '차라투스트라는 좋은 이야기를 많이 하는군. 그것은 특히 젊은 여자들이 들으면 좋은 이야기야.

그런데 이상한 일이다. 차라투스트라는 여자에 대해 잘 알지 못할 텐데 그렇게 정확하게 이야기하다니! 여자에게는 어떤 일이든 불가능한 게 없기 때문인가!

자, 그럼 내 감사의 표시로 작은 진리를 전해 주지. 나는 그걸 알 만큼 나이를 먹었으니까.

그러나 그 입을 잘 막고 있는 것이 좋으리라. 그렇지 않으면 그 작은 진리라는 것이 제멋대로 큰소리로 떠들어댈 테니까.'

'여자여, 그 작은 진리라는 것을 나에게 말해 주오.' 나는 말했다.

그러자 늙은 여자는 이렇게 말했다.

'여자에게 갈 때면 잊지 말고 채찍을 가지고 가라!'"

차라투스트라는 이렇게 말했다.

독사에게 물린 상처

어느 뜨거운 여름날 차라투스트라는 무화과나무 아래서 두 팔로 얼굴을 감싼 채 졸고 있었다. 그때 독사 한 마리가 가까이 다가와서 그의 목을 물었다. 차라투스트라는 몹시 아파 소리를 질렀다. 그가 팔을 얼굴에서 내리고 독사를 쏘아보자 독사는 차라투스트라의 눈동자임을 알고 서둘러 몸을 돌려 달아나려 했다. 차라투스트라가 말했다.

"달아나지 말라! 너는 아직 내게서 감사의 인사를 받지 않았다. 너는 나를 적당한 때에 깨워 주었다. 내가 가야 할 길은 아직 멀기 때문이다."

"그대가 갈 길은 그다지 멀지 않다. 내 독이 그대의 목숨을 빼앗을 테니까."

독사는 슬프게 말했다.

차라투스트라는 웃으며 말했다.

"지금까지 용이 뱀의 독으로 죽은 일이 있었던가? 그러니 너의 독을 다시 가져가라. 너는 독을 나에게 나눠 줄 정도로 부자는 아니다."

그러자 독사는 다시 한 번 차라투스트라의 목에 긴 몸을 감더니 그 독을 핥았다.

언젠가 차라투스트라가 제자들에게 이 이야기를 하자 제자들이 물었다.

"오, 차라투스트라여. 도대체 그대는 그 이야기에서 어떤 교훈을 주시려는 것입니까?"

차라투스트라가 대답했다.

"선하고 의롭다는 사람들은 나를 도덕의 파괴자라고 한다. 내 이야기가 부도덕하다는 말이다.

그러나 내가 말하고 싶은 것은, 그대들에게 적이 있다면 그 적의 악에 대해 선으로 보답하지 말라는 것이다. 그렇게 하면 그대들의 적이 부끄러워하기 때문이다. 그보다는 적이 그대들에게 선한 일을 해줄 수 있음을 입증해 주는 것이 좋으리라.

상대를 부끄럽게 만들기보다는 차라리 화를 내게 하라. 적이 그대들을 향해 저주의 말을 했을 때, 그대들이 축복의 말을 보내는 것이 나로서는 못마땅하다. 차라리 저주의 말을 내뱉도록 하라.

그리고 그대들을 향해 커다란 부정이 행해진다면 재빨리 다섯 가지의 작은 부정으로 보복하는 것이 좋으리라. 부정의 압력을 홀로 감당하는 자는 보기만 해도 끔찍하다.

그대들은 이런 것을 알고 있었는가? 공유된 부정은 절반의 정의라는 것을. 그러므로 부정을 짊어질 수 있는 자는 그 부정을 떠맡아라!

작게라도 복수를 하는 것이 아예 복수하지 않는 것보다 인간적이다. 형벌이 법의 위반자에 대해서 정의나 명예가 되지 않는다면, 나는 그대들이 행하는 징벌에 동의할 수가 없다.*21

---

*21 벌한다는 것은 법을 어긴 자를 인격자로서 다루는 것이어야 한다. 처벌됨으로써 그자는 법과 정의의 세계 일원이라는 명예를 얻는 것이다.

언제나 자신이 정당하다고 주장하는 것보다는 자신이 부정한 자로 보이는 것을 마음에 두지 않는 자가 더 고귀하다. 자신이 옳을 경우에는 더욱 그렇다. 다만 그렇게 하려면 사람은 풍요로워야 한다.

나는 그대들의 냉혹한 정의를 싫어한다. 그대들 재판관의 눈에서는 사형집행인과 그 차가운 칼날이 느껴진다.

말해 보라! 눈멀지 않은 사랑과 같은 정의가 도대체 이 세상 어디에 있는가?

모든 형벌뿐만 아니라, 모든 죄까지도 참고 견딜 수 있는 사랑을 만들어 내도록 하라!

재판관들을 제외한 모든 자를 무죄라고 선고할 수 있는 정의를 그대들은 만들어 내도록 하라!

그대들은 또 이런 말도 듣고 싶은가? 진심으로 정의롭고자 하는 자에게는 속임수까지도 우애가 된다는 것을.

그러나 어떻게 내가 진심으로 정의롭기를 바랄 수가 있겠는가? 어떻게 내가 모든 사람들에게 저마다의 것을 줄 수가 있겠는가? 그래서 나는 모두에게 나의 것을 주어야겠다고 생각한다.

마지막으로 형제들이여, 모든 은자에 대해서 불의를 행하지 않도록 조심하라. 은자는 잊어버리지 않을 뿐만 아니라 보복하지도 않는다.

은자는 깊은 샘과 같다. 돌을 던지는 것은 쉽지만 돌이 밑바닥에 가라앉았을 때, 누가 그것을 다시 꺼낼 수 있겠는가?

그러니 은자에게 모욕을 주지 않도록 조심하라. 만일 그에게 모욕을 주었다면 차라리 그를 죽여라!"

차라투스트라는 이렇게 말했다.

아이와 결혼

형제여, 그대에게만 묻고 싶은 것이 하나 있다. 다림추처럼 그 질문을 그대의 영혼 속으로 던져 넣겠다. 그대 영혼의 깊이를 알기 위해서.

그대는 젊다. 그리고 결혼하여 아이를 가지기를 바란다. 그러나 나는 그대에게 묻는다. 그대는 아이를 바랄 수 있는 인간인가?

그대는 승리자이며, 자기 자신을 극복한 자인가? 관능을 다스릴 수 있는 자인가? 그대가 지닌 온갖 덕을 지배할 수 있는가? 이렇게 나는 그대에게 묻노라.

아니면 그대가 결혼과 아이를 바라는 것은 짐승의 욕망 때문인가, 고독 때문인가? 그게 아니면 자신에 대한 불만 때문인가?

나는 그대가 승리자이며 자신으로부터의 해방자이기 때문에 아이를 갈망하기를 바란다. 그대는 그대가 이룩한 승리와 해방을 위해서 살아 있는 기념비를 세워야 한다.

그대는 그대 자신을 넘어서 그 기념비를 세워야만 하는 것이다. 그러나 그러기 위해서는 먼저 그대 자신의 육체나 영혼을 바르게 세워야 한다.

그대는 자신의 분신을 번식하는 것뿐 아니라 자아를 더욱 드높여야 한다. 그것을 위해서 결혼의 꽃밭이 그대를 도와주기를!

그대는 보다 높은 육체를 창조해야 하며 최초의 운동, 자아의 힘으로 돌아가는 수레바퀴를 만들어야 한다. 그대는 창조하는 자를 창조해야 하는 것이다.

나는 결혼을, 창조한 것보다 더욱 많은 것을 창조해 내려는 두 의지의 결합이라고 부른다. 그들은 그런 의지의 의욕자로서 서로를 존경하는 것이다.

이것이 그대들 결혼의 의미이고 진실이어야 한다. 하지만 많은, 너무나 많은 쓸모없는 자들이 흔히 결혼이라 부르고 있는 것을 나는 무엇이라 불러야 하는가?

아, 두 사람의 영혼은 얼마나 가난한가! 아, 두 사람의 영혼은 얼마나 더러운가! 아, 저 보잘것없는 두 사람의 자기만족이여!

그들은 이 모든 것을 결혼이라고 부른다. 그리고 그들은 말한다. 자신들의 결혼은 하늘에 의해 맺어진 것이라고.

그러나 나는 쓸모없는 자들이 말하는 그런 하늘을 싫어한다. 아니, 나는 그들도 싫어한다. 하늘의 그물에 걸린 이 짐승들을.

그 신이 나에게 가까이 오지 않았으면 좋겠다. 자기가 맺어준 것도 아닌 두 사람을 축복해 주려고 다리를 절면서 서둘러 달려오는 신.

이제 이런 결혼을 비웃지 말자. 자기 부모의 불행을 보고 울지 않을 수 있는 아이가 어디 있겠는가?

내가 본 어떤 남자는 품위도 있고, 대지의 뜻을 실현할 수 있을 정도로 성숙한 것 같았다. 하지만 그의 아내를 보았을 때 대지가 저능아의 살림집이 된 것이 아닌가 하고 생각되었다.

그렇다. 나는 성자가 한 마리의 거위와 맺어질 때, 대지가 경련을 일으켜 진동이라도 했으면 좋겠다고 생각한다.

어떤 남자는 진리를 찾기 위해 영웅처럼 여행을 떠났는데, 이윽고 화려하게 꾸며진 작은 허위를 손에 넣고 돌아왔다. 그는 그것을 결혼이라고 부른다.

또 어떤 남자는 쉽게 교제하지 않고 고르고 또 골랐다. 그러나 그는 갑자기 교우 관계를 여지없이 끊고 말았다. 그는 그것을 결혼이라고 부른다.

또 다른 사나이는 천사의 덕을 지닌 한 시녀를 찾았다. 하지만 갑자기 그는 한 여자의 시녀가 되었다. 이제 그는 천사가 되지 않으면 안 된다.

나는 이제 모든 구매자가 신중하다는 걸 알았다. 그들 모두 예리한 눈빛을 하고 있음을 알았다. 그러나 아무리 예리한 눈빛의 남자라도 자기 아내를 사게 되는 경우에는 조사해 보지도 않은 채 자루에 들어 있는 그대로를 산다.

짧은 기간 동안의 그 많은 어리석음을 그대들은 연애라고 부른다. 그리고 결혼으로 짧은 기간의 그 많은 어리석음에 작별을 고하며, 오랜 기간의 어리석음을 시작한다.

여자를 향한 그대들의 사랑, 남자를 향한 여자의 사랑, 아, 최소한 그것이 괴로워하고 있는 숨어버린 신들에 대한 동정이라면 좋겠다. 하지만 그것은 흔히 두 마리의 짐승이 느끼는 관능에 불과하다.

그대들의 최고의 사랑까지도 환희에 찬 하나의 비유, 불타는 고통에 지나지 않는다. 사랑은 그대들을 비춰서 보다 높은 길로 인도하려는 횃불이다.

언젠가 그대들은 자신을 초월해서, 또한 상대를 초월해서 사랑해야만 한다. 먼저 연습이 필요하다. 그러기 위해서 그대들은 사랑의 쓴잔을 마시는 것이 좋으리라.

최고의 사랑의 잔에도 쓴맛은 있는 법이다. 그런 사랑은 그대에게 초인에 대한 동경을 불러일으켜 그대를 창조자를 갈망하는 사람으로 만든다.

창조자로서의 갈망, 초인을 목표로 한 화살과 동경. 형제여, 그것이 과연 결혼에 대한 그대의 의지인가?

나는 이러한 의지, 그리고 이러한 결혼을 신성이라고 부른다.

차라투스트라는 이렇게 말했다.

자유로운 죽음

많은 사람들의 죽음은 너무 늦고, 어떤 사람의 죽음은 너무 빠르다. "적당한 때 죽어라." 이 가르침은 당장은 이상하게 들릴지도 모른다.

"적당한 때 죽어라." 차라투스트라는 이렇게 가르친다.

물론 적당한 때에 살아보지 않은 자가 어떻게 적당한 때에 죽을 수가 있겠는가? 그런 자는 차라리 태어나지 않는 게 더 좋았을 것이다. 나는 쓸모없는 인간들에게 그렇게 말한다.

그러나 그 쓸모없는 자들도 죽음에는 그럴듯한 의미를 붙이고 싶어한다. 속 빈 호두도 깨뜨려 주었으면 하고 바라는 것과 같다.

모든 사람이 죽음을 대단한 것으로 생각한다. 하지만 죽음은 아직 축제가 되지 못했다. 사람들은 아직 가장 아름다운 축제를 어떻게 치러야 할지 배우지 못했다.

나는 살아 있는 사람들에게 자극이 되고 서약이 되는 그런 완성을 가져다 주는 죽음에 대해 알려주고자 한다. 삶을 완성시킨 자는 희망에 차 서약하는 자들에게 둘러싸인 채 찬란한 승리 속에서 자신의 죽음을 맞이한다.

사람은 이처럼 죽는 것을 배울 것이다. 그리고 죽어가는 자가 살아 있는 사람들의 맹세를 더럽힌다면 그 어떤 축제도 열어서는 안 된다.

이렇게 죽는 것이 최선이다. 그리고 두 번째는 전사로서 위대한 영혼을 아낌없이 바치는 죽음이다.

그대들처럼 웃음을 띤 죽음은 전사에게나 승리자에게나 매우 혐오스럽다. 죽음은 도둑처럼 발소리를 죽이고 다가오지만, 실제로는 지배자로서 오는 것이다.

나는 그대들에게 나의 죽음을 자랑하겠다. 나의 죽음은 내가 원함으로써 나에게 오는 자유로운 죽음이다.

그렇다면 나는 언제 그 죽음을 원할 것인가? 목적과 함께 상속자가 있는 자는 그 목적과 상속자에게 필요할 때 죽기를 바란다.

그리고 목적과 상속자에 대한 존경심 때문에 그는 삶의 성전에 다 시들어 버린 꽃다발을 걸려 하지는 않으리라.

진실로 나는 새끼줄 꼬는 사람처럼 되고 싶지는 않다.*22 그는 새끼를 길게 엮어 나가면서 자꾸만 뒤로 물러난다.

또 진리와 승리를 추구하기에는 이미 너무 늙어버린 사람도 많다. 이가 빠진 입은 어떤 진리도 맛볼 권리가 없다.

그리고 영예를 얻으려는 자는 모두 적당한 때에 명예를 버리고 떠나는 어려운 기술을 습득해야만 한다.

사람들은 가장 훌륭한 것을 맛보았을 때 더 이상 먹지 말아야 한다. 오랫동안 사랑받기를 바라는 자는 이런 사실을 잘 알고 있다.

물론 몹시 신 사과도 있다. 그런 사과는 그것이 타고난 운명이라 생각하고 가을까지 기다리려고 한다. 가을이 되면 그 사과는 익어 달콤해지기는 하지만 이미 시들고 만다.

어떤 자는 마음이 먼저 늙고, 어떤 자는 정신이 먼저 늙는다. 또 어떤 자는 청춘에 이미 늙어버린다. 그러나 청춘을 늦게 맞는 자는 오랫동안 그 청춘을 간직한다.

실패한 삶을 살고 있는 자도 많다. 독충이 그의 심장을 갉아먹고 있기 때문이다. 그런 자는 성공적인 죽음을 맞도록 주의하지 않으면 안 된다.

끝내 달콤해지지 않는 자도 수두룩하다. 그들은 여름에 이미 썩기 시작한다. 그들을 그대로 가지에 달라붙어 있게 하는 것은 비열함이다.

너무나 많은 사람들이 너무 오랫동안 가지에 붙어 있다. 이런 썩은 열매, 벌레 먹은 열매를 깨끗이 가지에서 쳐내버릴 폭풍이라도 불어왔으면 좋겠다.

'신속한' 죽음의 설교자라도 와주었으면 좋겠다. 그는 내가 말하는 폭풍으로 삶의 나무를 흔들어댈 것이다. 하지만 내가 들을 수 있는 것은 느린 죽음과 '현실적인' 모든 것에 대해 인내하기를 부르짖는 설교뿐이다.

아, 그대들은 지상의 것에 대해 인내하기를 설교하는가? 그대, 모독자들이여. 현실적인 것은 그대들에 대해 너무나 많이 인내하고 있다.

정말 느린 죽음의 설교자들이 공경하는 저 히브리인은 너무 빨리 죽었다. 그리고 그 사실은 많은 사람들에게 재앙의 불씨가 되었다.

히브리인 예수는 히브리 사람들의 눈물과 우수를 정의로운 사람들의 미움

---

*22 '새끼줄'은 생명을 가리키는 것으로, 쓸데없이 오래 살려고 애쓰는 자가 되고 싶지 않다는 말이다.

과 함께 알고 있을 뿐이었다. 그래서 그는 죽음에 대한 동경에 사로잡혔던 것이다.

그는 황야에서 계속 저 정의로운 자들로부터 떨어져 있었으면 좋았을 것이다. 그렇게 했으면 아마도 삶을 배웠을 것이며, 대지를 사랑하는 법이나 웃는 법까지 배웠으리라.

형제들이여, 내 말을 믿으라. 그는 너무 일찍 죽은 것이다. 만일 그가 계속 살아서 내 나이에 이르렀다면, 그는 그의 가르침을 취소했을 것이다. 그럴 수 있을 만큼 그는 고귀한 사람이었다.

그러나 그는 미숙했다. 젊은이는 사랑에 미숙하고, 인간과 대지를 미워하는 것에까지도 미숙한 법이다. 그 마음과 정신의 날개는 아직 속박되어 있어서 불편하기만 하다.

하지만 어른은 젊은이에 비해 그 속에 더 많은 아이와 더 적은 우수를 지니고 있다. 또 어른은 젊은이에 비해 삶과 죽음을 더 잘 이해한다.

그리고 죽음에 대해서 자유롭고 죽음이 가까워져도 자유롭다. '그렇다'고 말할 때가 아니면 '아니다'라고 말할 수 있는 자가 된다.*23 어른은 이런 식으로 삶과 죽음에 대해 잘 알고 있다.

그대들의 죽음이 인간과 대지에 대한 모독이 되지 않게 하라. 친구여, 나는 이런 것을 그대들 영혼의 꿀에서 얻고자 한다.

그대들이 죽을 때, 거기에는 여전히 그대들의 정신과 덕이 대지를 감싸는 저녁노을처럼 불타고 있어야 한다. 그렇지 않으면 그대들의 죽음은 만족스럽지 못할 것이다.

나는 그대들이 나의 죽음으로 대지에 대한 사랑을 더 깊게 할 수 있을 때 죽고 싶다. 그리고 나는 다시 대지의 한 부분이 되어 나를 낳은 어머니 품에서 편히 쉬고 싶다.

진실로 차라투스트라는 하나의 목적을 가지고 있다. 그는 공을 던졌다. 자, 친구여 내 목적의 상속자가 되어라. 나는 그대들을 향해 황금공을 던지리라.

친구들이여, 내가 가장 보고 싶은 것은 그대들이 그 황금공을 던지는 일이다. 그래서 나는 얼마간 대지에 머무르겠다. 내가 그렇게 할 수 있도록 허락

---

*23 '그렇다'는 대지와 삶에 대한 긍정과 태도가 일치하지만 때가 오면 태연하게 죽음을 맞이할 수가 있다. 자아의 삶의 정점에 이르면 그때가 온 것이라고 해석된다.

하라!

차라투스트라는 이렇게 말했다.

베푸는 덕

1

차라투스트라가 그동안 마음에 들어했던 '얼룩소'라는 도시를 떠날 때, 그의 제자라고 자칭하는 많은 사람들이 그의 뒤를 따랐다. 그들이 어느 사거리에 왔을 때, 차라투스트라는 여기서부터 혼자 가고 싶다고 말했다. 그는 혼자 가는 것을 좋아했기 때문이다. 제자들은 이별의 선물로 그에게 지팡이를 하나 주었다. 금으로 된 손잡이에는 한 마리의 뱀이 태양을 감고 있는 모습이 조각되어 있었다. 차라투스트라는 매우 기뻐하며 이 지팡이로 땅을 짚었다. 그러고 나서 그는 제자들에게 말했다.

"나에게 말해 보라. 어떻게 금이 최고의 가치를 지니게 되었는가? 그것은 금이 흔하지 않고, 특정한 용도로 사용되지는 않지만 반짝이는 부드러운 빛을 내기 때문이다. 금은 언제나 자신을 남에게 나누어 주고 있기 때문이다.

금은 가장 고귀한 덕의 상징이기 때문에 최고의 가치를 지니게 되었다. 베푸는 자의 눈빛은 금처럼 반짝거린다. 금빛은 달과 해 사이에 평화를 맺어준다.

최고의 덕은 이처럼 흔하지 않고, 특정한 곳에 사용되지는 않지만 빛을 가지고 있으며, 그 빛은 부드럽다. 최고의 덕은 베푸는 덕이다.

진실로 나는 알고 있다. 제자들이여, 그대들이 나처럼 남에게 베푸는 덕을 얻으려 노력하고 있다는 것을. 어찌 그대들이 고양이나 늑대와 같을 수 있겠는가!

그대들은 자진해서 희생양이 되고 선물이 되기를 바란다. 그래서 그대들은 온갖 부를 자신의 영혼 속에 모아들이는 것이다.

그대들의 영혼은 보물과 보석을 얻는 데 싫증을 느끼지 않는다. 그것은 그대들의 영혼이 그렇게 하고 싶은 의욕으로 가득 차 있기 때문이다.

그대들은 모든 것을 그대들 곁이나 그대들 속으로 세차게 불러들이는데, 그것은 그대들의 것을 사랑의 선물로 또다시 밖으로 흘려보내기 위해서다.

이렇게 나누어 주는 사랑은 모든 가치를 빼앗는 자가 되어야 한다. 그러나 나는 이런 이기심을 건전하고 신성한 것이라고 부른다.

이것과는 다른 종류의 이기심도 있다. 너무 가난하고 굶주려서 늘 훔치려고만 하는 이기심이다. 그리고 병자의 이기심이나 병든 이기심도 있다.

그런 이기심은 빛나는 모든 것을 도둑의 눈으로 본다. 굶주렸기 때문에 탐욕스런 눈으로 먹을 것이 풍부한 자를 곁눈질한다. 그리고 베푸는 자의 식탁 주위를 늘 어슬렁거린다.

그런 욕망 속에는 병과 함께 눈에 띄지 않는 타락이 숨어 있다. 좀도둑 같은 이런 탐욕은 육체가 쇠약해져 있다는 증거이다.

말해 보라, 형제들이여. 우리에게 나쁜 것, 그중에서도 가장 나쁜 것이 무엇인가? 그것은 바로 타락이 아닐까? 우리는 베푸는 영혼이 없는 곳에는 언제나 타락이 있거나 생긴다는 것을 짐작할 수 있다.

우리는 저 위를 향해 올라가게 되어 있다. 종(種)에서 보다 높은 종으로 올라간다. 그러나 '모든 것은 나를 위하여'라고 말하는 타락한 마음은 우리를 공포로 전율케 한다.

우리의 마음은 저 위를 향해서 날아오른다. 이 마음은 우리의 살아 있는 육체에 대한 비유이며 상승에 대한 비유이다. 모든 덕의 이름은 이러한 상승의 비유적 표현이다.

육체는 성장하고 싸우면서 역사를 헤치고 나아간다. 정신이란 육체에 대해서 무엇인가? 정신은 육체의 전투와 승리를 알리는 전령사이고 동지이며 메아리이다.

선과 악에 대한 이름은 모두 비유이다. 그 이름은 모든 내용을 말해 주는 것이 아니라 암시해 주고 있을 뿐이다. 그 이름에서 지식을 얻으려는 자는 어리석다.

형제들이여, 그대들 정신이 비유로 말하고자 할 때는 언제나 귀를 기울여라. 그때 바로 그대들 덕의 근원이 싹트는 것이다. 그때 그대들의 육체는 고양되고 다시 살아난다. 그대들의 육체는 기쁨으로 정신을 사로잡으며, 정신은 창조자, 평가자, 사랑에 빠진 자, 그리고 모든 것에 대한 은인이 될 것이다.

그대들의 마음이 큰 강물처럼 넘쳐흘러 주위에 사는 자들에게 축복과 동시에 위험이 될 때 덕의 근원이 싹튼다.

그대들이 칭찬이나 비난을 넘어서서 높아지고, 그대들 의지가 사랑에 전념하는 자의 의지로서 모든 것에게 명령하고자 할 때 덕의 근원이 싹튼다.

그대들이 쾌적한 집이나 푹신한 침대를 경멸하고, 마음 약한 자들에게서 멀어져 잠들고자 할 때 덕의 근원이 싹트기 시작한다.

그대들이 하나의 의지를 지향하여 모든 어려움과 고통을 극복하는 것을 필연으로 받아들일 때 덕의 근원이 생겨난다.

진실로 그대들의 덕은 새로운 선과 악이다. 새롭고 깊은 물의 출렁거림, 새로운 샘의 소리이다.

이 새로운 덕은 힘이다. 그것은 높고 강한 사상이며, 지배하는 힘을 지녔다. 그리고 총명한 영혼이 그것 주위를 에워싸고 있다. 그것은 바로 황금빛 태양이고, 그 주위를 인식의 뱀이 휘감고 있는 것이다."

2

이때 차라투스트라는 한동안 입을 다물더니 이윽고 제자들을 사랑의 눈길로 바라보며 계속해서 말했다. 그의 목소리는 달라져 있었다.

"형제들이여, 그대들 덕의 힘으로 대지에 충실하라. 그대들이 베푸는 사랑과 지식이 대지의 뜻에 따르기를 바란다. 나는 그대들에게 간절히 부탁한다.

그대들의 사랑과 지식이 이 세상을 향해 날아가며 그 날개를 영원의 벽에 부딪치는 일이 없기를. 이제까지 하늘로 날아올라가 사라져 버린 덕이 얼마나 많았던가!

나처럼 날아가 버린 덕을 이 대지로 다시 찾아오라. 육체와 삶 속으로 다시 데리고 오라. 그리고 그대들의 덕이 대지에 인간적인 뜻을 부여하게 하라.

지금까지는 덕이든 정신이든 모두 수없이 잘못을 저지르고 자취를 감추었다. 우리 육체 속에는 여전히 이들 헛된 환상과 실수가 살고 있다. 이 헛된 환상과 실수가 우리의 육체가 되고 의지가 되어버릴 정도로.

지금까지는 정신이든 덕이든 모두 수없이 시도를 했음에도 길을 잘못 들었다. 그렇다, 인간은 하나의 시도였다. 아, 많은 무지와 잘못이 우리의 육체가 되었다.

몇천 년에 걸친 이성뿐 아니라 몇천 년에 걸친 헛된 환상까지 우리 안에서 생긴다. 그 상속자가 되는 것은 위험하다.

지금도 우리는 '우연'이라는 거인과 밀고 당기는 싸움을 하고 있다. 바로 오

늘에 이르기까지 어리석음과 무의미가 온 인류를 지배해 왔다.*24

그대들의 정신과 덕이 대지의 의지에 따르게 하라! 형제들이여, 만물의 가치가 그대들에 의해 새롭게 정립되도록 하라! 그러기 위해 그대들은 투쟁하는 자가 되어야 한다. 창조하는 자가 되어야 한다.

육체는 지식을 얻으면서 스스로를 정화하고, 지식으로써 스스로를 드높인다. 인식하는 자에게 모든 충동은 성스러워지며, 고양된 자에게 영혼은 즐거움이 된다.

의사여,*25 그대 자신의 병부터 치료하라. 그런 뒤에야 환자를 치료할 수 있을 것이다. 자신을 고치는 사람을 눈앞에서 보는 것이야말로 환자에게 줄 수 있는 가장 큰 도움이다. 그것을 잊지 말라!

사람 발길이 닿지 않은 오솔길이 아직 수천 개나 있다. 수천 가지의 건강법과 수천 가지 숨겨진 생명의 섬이 있다. 인간과 인간이 살고 있는 대지는 아직도 다 개척되지 않았고 발견되지 않았다.

고독한 자들이여, 잠에서 깨어나 귀 기울여라! 미래로부터 회오리바람이 조심스럽게 불어오고 있다. 그리고 예민한 귀에는 좋은 소식이 들려올 것이다.

그대, 오늘의 고독자여, 물러나 있는 자들이여. 그대들은 미래에 한 민족이 되어야 한다. 스스로 선택한 그대들 속에서 선택된 민족이 태어나 성장해 가야 한다. 그리고 그 민족 속에서 초인이 탄생해야 한다.

진실로 대지는 이제부터 치유의 장소가 되어야 한다. 벌써 축복을 가져다주는 새로운 향기가, 그리고 새로운 희망이 대지를 감싸고 있다!"

3

여기까지 말한 차라투스트라는 입을 다물었다. 아직 마지막 말을 못 한 사람처럼 한동안 여러 가지 생각으로 망설이듯 지팡이만 매만지고 있었다. 마침내 그는 말하기 시작했다. 그의 목소리는 달라져 있었다.

"제자들이여, 나는 이제부터 혼자 간다. 그대들도 나를 떠나 혼자가 되라. 나

---

*24 빛과 어둠이 뒤섞인 이른바 혼돈이라는 상태가 '우연'이라는 거인이다. 그 거인 덕분에 어리석음과 무의미가 온 인류를 지배하고 있었다. 그러므로 인간의 의지는 지배자가 되어야 한다.

*25 종교적 구원에 대하여 설교한 자, 즉 그리스도를 말한다.

는 그러기를 바란다.

나는 진실로 그대들에게 권한다. 내게서 떠나도록 하라. 그리고 차라투스트라를 거부하라! 차라투스트라를 창피하게 생각한다면 그건 더욱 좋은 일이다. 그는 그대들을 속였을지도 모른다.

인식하는 사람은 자신의 적을 사랑할 뿐 아니라, 자신의 벗을 미워할 수 있어야 한다.

계속 제자로 머물러 있는 것은 스승에게 보답하는 길이 아니다. 그대들은 어찌 내 월계관을 빼앗으려 하지 않는가?

그대들은 나를 공경한다. 그러나 그대들의 공경의 대상이 몰락하는 날이 없다고 누가 장담할 수 있겠는가? 그때 그대들은 넘어지는 나의 동상에 깔리지 않도록 조심하라!

그대들은 차라투스트라를 믿는다고 말할지 모른다. 하지만 차라투스트라에게 무슨 의미가 있단 말인가? 그대들은 나를 믿고 따르는 이들이다. 그러나 그것에 무슨 의미가 있단 말인가?

그대들이 아직 자신을 찾지 못하고 있는 동안 나를 발견했다. 무언가를 믿고 따르는 이들은 언제나 그렇다. 그러니 신앙이란 참으로 쓸데없는 것이다.

나는 지금 그대들에게 나를 버리고 그대들 자신을 발견하라고 명령한다. 그리고 그대들 모두가 나를 부정할 수 있을 때, 비로소 나는 그대들에게 돌아오리라.

진실로 나의 형제들이여, 그때 나는 지금과 다른 눈으로 내게서 떨어져 나간 자들을 찾을 것이다. 또 지금과는 다른 사랑으로 그대들을 사랑할 것이다.

나는 그대들이 언젠가 나의 친구가 되기를, 하나의 희망을 품은 자녀가 되기를 기대한다. 그때 나는 세 번째로 그대들을 방문하겠다. 그대들과 함께 위대한 정오를 축하하기 위해서!

위대한 정오란 인간이 짐승과 초인의 중간에 서서 저녁을 향하는 자신[26]의 길을, 자신의 최고 희망으로 축하할 때이다. 그 길이 새로운 아침으로 향하는 길이기 때문에 최고의 희망이 될 수 있는 것이다.

그때 몰락해 가는 자는 내가 저쪽으로 건너가고 있는 자라는 것을 깨닫

---

[26] 해는 정오라는 정점에서 저녁, 이른바 몰락으로 향한다. 그러나 그 미래에는 아침이 있다. 즉 '자아'의 몰락은 초인의 출현을 위해서 필수적인 것이다.

고 나를 축복하리라. 그리고 그가 인식하는 태양은 정오에 머물러 있게 될 것
이다.

'모든 신은 죽었다. 이제 우리는 초인이 살기를 바란다.' 이것이 그 위대한 정
오에 우리가 품는 궁극의 의지가 되게 하라!"

차라투스트라는 이렇게 말했다.

제2부

……그리고 그대들 모두가 나를 부정할 수 있을 때, 비로소 나는 그대들에게 돌아오리라. 진실로 나의 형제들이여, 그때 나는 지금과 다른 눈으로 내게서 떨어져 나간 자들을 찾을 것이다. 또 지금과는 다른 사랑으로 그대들을 사랑할 것이다.

제1부 〈베푸는 덕〉에서

거울을 가진 아이

차라투스트라는 다시 산에 있는 동굴의 고독 속으로 돌아감으로써 인간들로부터 멀리 벗어났다. 그는 씨를 뿌린 사람처럼 기다렸다. 그러나 그의 영혼은 사랑하는 인간들을 향한 열망과 초조함으로 가득 차 있었다. 그에게는 아직도 그들에게 나누어 줄 것이 많았기 때문이다. 진실로 사랑하기 때문에 내민 손을 거두고, 베푸는 자로서 계속 수치스러워한다는 것은 가장 어려운 일이다.

이렇게 고독한 가운데서도 세월은 흘렀다. 그러는 사이 그의 지혜는 끊임없이 자라났고 그 풍요로움은 그에게 고통을 주었다.

어느 날 아침, 그는 날이 밝기 전에 잠에서 깨어 오랫동안 생각한 끝에 마음속으로 말했다.

"왜 나는 꿈속에서 그처럼 놀라 눈을 뜬 것일까? 그렇다. 거울을 가진 아이가 나에게 다가왔다.

그 아이는 '오, 차라투스트라여. 거울 속의 그대를 보라' 말했다.

나는 거울을 들여다보고 소리를 질렀다. 무서웠다. 나는 거기서 내 모습이 아닌 악마의 찌푸린 얼굴과 비웃음을 보았기 때문이다.

진실로 나는 이 꿈의 의미와 경고를 확실하게 이해한다. 이제 나의 가르침은 위험한 상태에 빠져 잡초*[1]가 밀 행세를 하려 하고 있다.

나의 적은 자라서 강해졌고 내 가르침의 참뜻을 왜곡시키고 있다. 그래서 내가 가장 사랑하는 자들까지도 나에게서 받은 선물들을 부끄럽게 생각한다.

나는 벗들을 잃고 있다. 이제 내가 잃어버린 자들을 찾으러 갈 때가 되었다!"

차라투스트라는 자리에서 벌떡 일어났다. 그의 모습은 신선한 공기를 찾아 헐떡거리는 자가 아니라 영감을 받은 예언자이며 노래하는 자 같았다. 그의 독수리와 뱀이 그를 바라보았다. 그의 얼굴이 아침 햇살처럼 붉게 빛나고 있었기 때문이다.

"나의 짐승들이여, 나에게 무슨 일이 일어났는가? 나는 변하지 않았는가? 가장 큰 행복이 폭풍처럼 내게 밀어닥친 것은 아닌가!

나의 이 행복은 어리석다. 그리고 이 행복은 어리석은 말을 할 것이다.*² 나의 행복은 아직 너무나 젊다. 그러니 행복에 대해 관대해져라!

행복은 나에게 상처를 입혔다. 괴로워하는 모든 자들이여, 나를 치료하는 의사가 되어라.

나는 벗들 곁으로 다시 내려갈 수 있다. 또 적이 있는 곳에도 갈 수 있다. 차라투스트라는 다시 이야기하고, 베풀며, 사랑하는 자들에게 가장 큰 사랑을 보일 수 있다.

억제하기 힘든 나의 사랑은 흘러넘쳐 시냇물이 되고, 동쪽으로 혹은 서쪽으로 흘러간다. 침묵의 산 위에서, 고통의 폭풍우 속에서 나의 영혼은 골짜기마다 소리를 내며 쏟아진다.

나는 너무나 오랫동안 동경의 눈으로 먼 곳을 보고 있었다. 너무나 오랫동안 고독을 벗했기 때문에 끝내 침묵을 잊어버렸다.

나의 정신은 입이 되었고, 절벽 위에서 떨어지는 폭포의 물소리가 되었다. 나는 나의 말을 모든 골짜기 아래로 떨어뜨리고 싶다.

내 사랑의 물줄기가 길이 없는 곳으로 떨어진다 해도 개의치 않으리라. 물줄기가 바다로 흘러들어 갈 길을 찾지 못할 리는 없을 테니까.

내 안에는 하나의 호수*³가 있다. 그 호수는 조용히 숨어 있지만 물이 풍부

하다. 내 사랑의 물줄기는 그 호수를 하류로, 바다로 이끌고 가리라.

나는 새로운 길을 가고 나에게는 새로운 이야기들이 생겨났다. 나는 창조하는 모든 자의 흔하고 낡은 설명법에 싫증을 느꼈다. 나의 정신은 이미 닳아버린 구두를 신으려 하지 않는다.

내게는 모든 언어의 흐름이 너무 늦다. 폭풍이여, 그대의 마차에 올라타리라. 그리고 나는 악의와 함께 그대까지도 채찍질하리라.

절규와도 같은 환호처럼 나는 바다를 건너가리라. 나의 벗들이 살고 있는 더없이 행복한 섬을 발견할 때까지.

나는 그 벗들 사이에서 적을 발견하게 되리라. 그러나 나는 내게 말을 걸어오는 모든 사람을 사랑하겠다. 내 적들 또한 행복의 일부이다.

내가 사나운 말*4에 올라타려고 할 때 나를 도와 말 위에 태워주는 것은 창이다. 이 창은 내 발을 위해 언제나 모든 준비를 하고 있는 하인이다.

드디어 적을 향해서 이 창을 던져도 좋을 때가 온 것에 대해 나는 적들에게 무척 감사하고 있다.

내 구름은 너무나 팽팽해져 있다. 번개와 커다란 웃음 사이에서 우박을 아래로 퍼부으리라.

그때 내 가슴은 힘차게 고동칠 것이다. 강력한 폭풍을 일으켜 산들을 뒤흔들 것이다. 그러면 내 가슴은 가벼워지리라.

참으로 나의 행복과 자유는 폭풍처럼 다가온다. 그러나 적들은 사악한 것이 머리 위에서 울부짖는다고 생각하리라.

그렇다. 벗들이여, 그대들도 나의 사나운 지혜에 놀랄 것이다. 그리고 아마도 나의 적들과 함께 달아나 버리리라.

아, 그때 내가 양치기의 피리 소리로 그대들을 불러들일 수 있다면 얼마나 좋을까! 아, 내 지혜의 암사자가 부드럽게 부르짖음으로써 그대들을 불러들인다면 얼마나 좋을까! 우리는 그동안 많은 것을 함께 배우지 않았던가.

나의 사나운 지혜는 쓸쓸한 산 위에서 아이를 뱄다. 그리고 거친 바위 위에서 그녀의 자식, 미래의 자식을 낳았다.

이제 내 지혜의 암사자는 부드러운 잔디를 찾으려고 막막한 사막을 미친 듯

---

*4 지혜를 상징한다.

이 달려 나간다. 나의 오래된, 사나운 지혜는!

벗들이여! 나의 사나운 지혜는 그대들 마음의 부드러운 잔디, 그대들의 사랑 위에 자신이 가장 사랑하는 자식을 잠재우고 싶어한다.”

차라투스트라는 이렇게 말했다.

행복의 섬

무화과가 나뭇가지에서 떨어진다. 그 과일은 맛있고 달콤하다. 떨어질 때 그 빨간 껍질이 벗겨진다. 나는 다 익은 무화과를 떨어뜨리는 북풍이다.

나의 가르침도 무화과처럼 그대들을 향해 떨어지리라. 자, 그 과일즙과 달콤한 열매살을 먹도록 하라. 때는 가을이다. 맑은 하늘, 그리고 오후다.

보라, 우리 주위가 얼마나 풍요로운지를! 이 풍요로움 가운데서 저 멀리 아득한 바다를 바라보는 것은 즐거운 일이다.

사람들은 일찍이 저 아득한 바다를 바라보며 신이라고 말했다. 그러나 나는 그대들에게 그것이 초인임을 가르쳐 주겠다.

신은 추측일 뿐이다. 나는 그대들의 추측이 그대들이 창조하는 의지를 뛰어넘어 앞서 달리는 일이 없기를 바란다.

그대들은 신을 창조할 수 있다고 생각하는가? 창조할 수 없다면 신에 대해 말하지 말도록 하라. 하지만 그대들은 초인을 창조할 수는 있을 것이다.

형제들이여, 어쩌면 그대들은 초인을 창조할 수 없을지도 모른다. 그러나 적어도 초인의 아버지나 조상은 될 수 있으리라. 그것이 그대들이 할 수 있는 가장 훌륭한 창조일 것이다.

신은 추측이다. 하지만 나는 추측이 그대들 사유의 범위 안에 한정되기를 바란다.[*5]

그대들은 신이란 것을 생각할 수 있겠는가? 그러나 진리에 대한 그대들의 의지는 모든 것을 인간이 사고할 수 있도록, 그리고 인간이 볼 수 있고 느낄 수 있도록 변화시키려는 의지이다. 그대들은 감지한 것을 끝까지 추구해야 한다.

[*5] 인간의 인식능력 범위에서 철저하게 사고하고 그것을 초월한 알 수 없는 것은 문제로 하지 않는 것을 말한다.

그대들이 세계라고 이름 지은 것, 그것은 먼저 그대들에 의해 창조되어야 한다. 그대들의 이성, 그대들의 마음, 그대들의 의지, 그대들의 사랑이 그대들의 세계가 되어야 한다. 그리고 그대 인식하는 자들이여, 그런 것들이 그대들의 더없는 행복이 되어야 한다.

그대, 인식하는 자들이여. 이러한 희망도 없다면 그대들이 삶을 어떻게 견딜 수 있겠는가? 그대들은 인식할 수 없는 것, 이성이 없는 것 속에서 태어날 수는 없다.

벗들이여, 그대들에게 내 마음을 모두 털어놓겠다. 만일 신이 있다면 내가 신이 아님을 어떻게 견딜 수 있겠는가? 그러므로 신은 존재하지 않는다.

그렇다. 이 결론은 분명히 내가 이끌어 낸 것이다. 그러나 이제는 이 결론이 나를 이끌어 가고 있다.

신은 추측이다. 하지만 이 추측의 괴로운 술잔을 마시고서 어느 누가 살 수 있겠는가? 창조자에게서 그의 신념을 빼앗고, 아득한 곳을 향해 날아가는 독수리에게서 그의 날아오름을 빼앗을 수 있을까?

신이란 모든 것을 뒤틀리게 하고, 서 있는 것을 비틀거리게 하는 사상이다. 대체 어떤 사상인가? 시간이 사라져 버린 것일까? 그리고 흘러가 버린 시간은 모두 거짓이었던가!

이러한 사상은 인간 육체에 있어서는 소용돌이고 현기증이며 구역질이다. 이런 것을 추측하는 것을 나는 현기증(비틀거리는 병)이라고 부른다.

나는 그것을 사악한 것, 염세적인 것이라고 부른다. 유일한 것, 완전한 것, 움직임이 없는 것, 충족된 것, 영원인 것을.

변하지 않는 모든 것은 모두 하나의 비유에 불과하다. 시인들은 너무나 많은 거짓말을 한다.

그러나 시간과 생성에 대해서는 가장 훌륭한 비유로써 말해야 한다. 그것은 모든 무상한 것을 대변하고 찬미하는 것이어야 한다.

창조, 그것은 우리를 괴로움에서 해방시킬 위대한 구원이고, 삶의 무게를 가볍게 하는 것이다. 하지만 창조자가 탄생하기 위해서는 괴로움과 많은 변화가 필요하다.

참으로 그대들의 삶 속에는 고통스러운 죽음이 많아야 한다. 창조자여, 그러고 나서야 그대들은 이 세상 모든 무상한 것의 변호인이자 대변자가 된다.

창조자 자신이 아이로 다시 태어나기 위해서는 산모가 되어야 하며, 출산의 고통을 견뎌야 한다.

참으로 나는 백 개의 영혼을 거쳐 내 길을 가며, 백 개의 요람과 진통을 겪으며 내 길을 걸어왔다.

나는 이미 수많은 이별을 경험해, 가슴이 터지는 듯한 이별의 마지막 순간이 어떤 것인지도 잘 알고 있다.

그러나 나의 창조적 의지와 운명이 그것을 원한다. 더 솔직하게 말하면 내 의지가 그런 운명을 바란다.

나의 감수성은 언제나 괴로워하며 감옥에 갇혀 있다. 하지만 내 의지는 늘 나를 해방시키고 나를 위로해 준다.

의지는 자유를 가져다준다. 이것이야말로 의지와 자유에 관한 진정한 가르침이다. 차라투스트라는 그대들에게 그것을 가르친다.

더 이상 의욕을 느끼지 않고, 평가하지 않으며, 창조하지 않는 그러한 엄청난 권태가 끝까지 나에게 가까이 오지 못하도록!

그리하여 내가 인식 활동에서 느낄 수 있는 것은 의지의 생식욕과 생성욕뿐이다. 내 인식에 순수함이 있다면, 그것은 그 인식 속에 생식에 대한 의지가 있기 때문이다.

이 의지가 나를 꾀어 신과 신들로부터 떼어 놓았다. 만일 신들이 존재한다면 창조할 무엇이 남을 수 있겠는가!

그러나 열렬한 창조에 대한 의지는 언제나 나를 새로운 인간으로 몰아세우고 있다. 그건 마치 예술가가 쇠망치로 돌을 치는 것과 같다.

아, 인간들이여. 돌 속에 하나의 상이 잠들어 있다. 그것은 내가 상상으로 그리는 수많은 상 가운데 하나다. 아, 그것이 가장 강한, 가장 보기 흉한 돌 속에 잠자고 있어야 하다니.*6

이제 나의 쇠망치는 이 감옥을 부수려고 미친 듯이 무섭게 날뛴다. 돌에서 파편이 튄다. 하지만 그것이 나와 무슨 관계가 있단 말인가!

나는 이 상을 완성하리라. 하나의 그림자가 나를 찾아왔기 때문이다. 모든 사물 중에서 가장 조용하고 아름다운 것이 나를 찾아온 것이다!

---

*6 가장 보기 흉한 돌이란 현실의 인간을 말한다.

초인의 아름다움이 그림자처럼 나를 찾아온 것이다. 아, 형제들이여! 지금 저 신들이 나와 무슨 관계가 있단 말인가!

차라투스트라는 이렇게 말했다.

동정하는 자들

벗들이여, 그대들의 벗인 나는 이렇게 비웃는 소리를 들었다.

"차라투스트라를 보라! 그는 우리 주위를 짐승처럼 어슬렁거리고 있지 않은가?"

그러나 이렇게 말하는 것이 나았다.

"사물의 이치를 터득하는 자는 인간들을 '짐승처럼 생각하고' 그들 주위를 어슬렁거린다."

사물의 이치를 터득하는 자에게 인간은 빨간 뺨을 가진 짐승이다.

왜 인간은 얼굴이 빨개졌을까? 너무나 자주 수치심을 느꼈기 때문이 아닐까?

오, 나의 벗이여! 사물의 이치를 터득한 자가 말한다.

"수치, 수치, 수치야말로 인간의 역사다."

그러므로 고귀한 자는 수치심을 느끼지 않도록 스스로를 자제한다. 모든 괴로운 자들 앞에서 그는 자신의 수치심을 억제하고 있다.[7]

진실로 나는 인간을 동정함으로써 행복을 느끼는, 동정심 많은 자들을 좋아하지 않는다. 그들은 수치심을 너무 모르기 때문이다.

나는 동정해야 할 때라도 동정심 많은 자라고 불리기를 바라지 않는다. 또 동정할 때는 내 몸을 동정의 대상으로부터 멀리 떨어져 있게 하고 싶다.

나는 또 내 존재가 드러나기 전에 얼굴을 가리고 달아나고 싶다. 나의 벗이여, 나는 그대들에게도 그렇게 하기를 명한다.

내 운명이 내가 가는 곳마다 늘 그대들처럼 괴로워하지 않는 자와 만나게 해주었으면. 또 희망과 식사와 꿀을 함께 나눌 수 있는 자와 만나게 해주었으면.

---

[7] 수치는 동정과 밀접하게 연관된다. 남을 동정하는 것은 수치심 없는 뻔뻔스러운 행동이다. 남을 약자로 여기고 남에게 부끄러움을 느끼게 하기 때문이다.

참으로 나는 괴로워하는 자들을 위해 많은 일을 했다. 그러나 늘 내가 보다 큰 즐거움이 무엇인가 깨닫게 되었을 때 보다 더 좋은 일을 했다고 생각했다.

인간이 존재한 뒤로 지금까지 인간에게는 즐거움이 너무 적었다. 형제들이여, 그것만이 우리의 원죄이다.[8]

그리고 우리가 보다 큰 즐거움이 무엇인가를 배우게 된다면, 우리는 남을 괴롭히려는 마음을 깨끗이 버릴 것이다. 또 고통받는 원인에 대해서는 생각하지도 않을 것이다.

그러므로 나는 괴로워하는 자를 구해 준 손을 씻음으로써 영혼까지 씻는다.

괴로워하는 자의 모습을 보게 되면 그의 부끄러움 때문에 나 또한 부끄러워지기 때문이다. 또 그를 구원함으로써 나는 그의 긍지를 가혹하게 손상시켰기 때문이다.

참으로 위대한 은혜는 그것을 베푼 자에게 감사하는 마음을 갖게 하지 않는다. 오히려 복수심을 불러일으킨다. 만일 작은 친절이 잊히지 않으면, 거기에서 마음을 갉아먹는 벌레가 생긴다.

"받는 것을 부끄러워하라! 받는 것을 거절하라!"

이렇게 나는 남에게 줄 게 아무것도 없는 사람들에게 충고한다.

그러나 나는 주는 사람이다. 나는 벗에게 기꺼이 준다. 나를 모르는 사람이나 가난한 자들은 내 나무에서 직접 과일을 따먹어라! 그렇게 하면 그대들은 수치심을 덜 느낄 것이다.

하지만 거지들은 모두 쫓아버려라. 우리는 그들에게 주어도 화가 나며 주지 않아도 화가 나기 때문이다.

또 죄인과 옳지 못한 양심을 지닌 사람들도 가까이하지 말라. 내 말을 믿어라. 벗들이여, 양심의 가책이란 것에 계속 물어뜯기는 자는 언젠가 다른 사람을 물어뜯게 된다.

그러나 무엇보다 나쁜 것은 여러 가지 쓸모없는 생각들이다. 그런 생각에 빠지기보다는 차라리 악을 행하는 편이 낫다.

그런 탓인지 그대들은 이렇게 말하리라.

---

[8] 일부러 그리스도교 교리상의 어휘를 써서 그리스도교가 현세의 기쁨에 부정적인 태도를 취한 것과 대조시킨다.

"사사로운 악행을 저질러 즐거움을 느낌으로써 우리는 큰 악행을 저지르지 않게 된다. 보호받을 수 있다."

하지만 이 경우 악행은 마치 종기와 같다. 가렵다가 통증이 오고, 드디어는 터진다. 악행은 솔직하다.

"보라, 나는 질병이다." 악행은 이렇게 말한다. 그것이 악행의 정직성이다.

쓸모없는 생각은 마치 전염병과 같다. 그것은 숨어서 기어다니며 계속 자신의 모습을 감춘다. 전염병이 온몸에 퍼져서 죽어버릴 때까지.

하지만 나는 악마에 사로잡힌 자에게 이런 말을 들려주리라.

"차라리 그대는 악마를 키우는 것이 더 좋겠다. 그대에게도 위대함을 향한 길이 아직 남아 있다."

아, 형제들이여. 우리는 다른 사람들에 대해서는 너무나 잘 알고 있다. 그래서 많은 사람들을 꿰뚫어 보지만 그렇다고 그들을 하나부터 열까지 다 꿰뚫을 수 있는 것은 결코 아니다.

사람들과 함께 사는 것은 힘들다. 왜냐하면 침묵을 지키기가 너무 어렵기 때문이다.

우리가 가장 부당하게 대하는 것은 우리가 싫어하는 사람이 아니라 우리와 아무 관계도 없는 사람들이다.*⁹

그러나 만일 괴로워하는 친구가 있다면 그대는 그를 위해 안식처가 되도록 하라. 딱딱한 침대, 야전침대가 되도록 하라. 그래야만 그대는 그에게 가장 필요한 사람이 될 것이다.

만일 친구가 그대에게 나쁜 짓을 한다면 이렇게 말하라.

"나는 네가 한 짓을 용서한다. 그러나 네가 자신에게 저지른 악행에 대해서는 내가 무슨 자격으로 용서할 수 있겠는가!"

그러므로 모든 위대한 사랑은 말한다. "이 사랑은 용서와 동정을 뛰어넘는다."

우리는 감정을 자제할 줄 알아야 한다. 감정이 흐르는 대로 놓아두면 당장 두뇌와 함께 이상한 방향으로 달아나 버리고 말리라.

아, 동정하는 자들보다도 더 어리석은 짓을 저지르는 자는 이 세상에 없다.

---

*9 동정은 배제하지만, 무관심해도 좋다는 것은 아니다. 마땅치 않게 생각하는 것은 아직 상대방의 존재를 인정하고 있지 않기 때문이다.

또 그들이 저지르는 어리석음보다 더 큰 고통을 불러일으키는 것도 이 세상에는 없다.

아, 동정을 뛰어넘지 못한 사랑을 하고 있는 사람은 모두 불쌍하다.

악마가 일찍이 나에게 이렇게 말한 적 있다.

"신에게도 지옥이 있는데, 그것은 인간에 대한 그의 사랑이다."

얼마 전에 나는 악마가 이렇게 말하는 것을 들었다.

"신은 죽었다. 인간에 대한 동정 때문에 죽었다."[10]

그러니 그대들이여, 동정을 경계하라! 그곳으로부터 먹구름이 몰려올 것이다. 나는 날씨의 징조를 알고 있다.

이 말 또한 명심하는 것이 좋으리라. 모든 위대한 사랑은 동정의 단계를 넘어서 있다. 위대한 사랑은 대상을 사랑할 뿐만 아니라, 사랑하는 대상을 창조하기까지 한다.

"나는 나 자신을 나의 사랑에 바친다. 그리고 나와 같은 이웃 사람들에게도 바친다." 모든 창조자는 이렇게 말한다.

그들은 모두 엄격하다.

차라투스트라는 이렇게 말했다.

성직자들

어느 날 차라투스트라는 제자들을 손짓해 불러 다음과 같이 말했다.

"여기 성직자들이 있다. 그들이 적이기는 하지만 그들 옆을 조용히 지나가는 것이 좋다. 그대들의 칼도 잠재워 두는 편이 좋다.

그들 가운데도 영웅은 있다. 그들 대부분은 너무나 괴로운 나머지 다른 사람들에게도 고통을 주려고 한다.

그들은 나쁜 적이다. 그들은 겸손보다 더 큰 복수심을 숨기고 있다. 그러므로 그들을 공격하는 자는 오히려 자신을 더럽힌다.

그러나 나의 피와 그들의 피는 통하고 있다. 나는 내 피가 그들의 핏속에서도 존경받기를 바란다."

---

[10] 동정에 정신을 빼앗겨서 자유로운 창조 행위를 잊어버렸기 때문에 신이 신일 수 있는 근거가 없어졌다.

그들이 지나가자 차라투스트라는 갑자기 고통을 느꼈다. 한참 뒤 그는 다음과 같이 말하기 시작했다.

나는 저 성직자들을 가엾게 생각한다. 그들은 내 취향에 맞지 않는 자들이다. 하지만 그것은 내가 인간들 사이에 있게 된 뒤에 겪은 아주 사소한 일일 뿐이다.

나와 그들은 일찍이 함께 괴로워했고 지금도 그렇다. 나에게 있어 그들은 죄인이며 낙인 찍힌 자들이다. 그들이 구세주라 부르고 있는 자가 그들에게 멍에를 씌웠다.

그릇된 가치와 허망한 말의 멍에를. 아, 그들을 그 구세주로부터 구해 줄 자가 어서 나타났으면!

바다가 그들을 떠밀었을 때 그들은 어떤 섬에 닿았다고 믿었다. 그러나 그것은 섬이 아니라 잠들어 있는 괴물이었던 것이다!

그릇된 가치와 허망한 말, 그것은 죽을 운명을 타고난 인간들에게는 가장 나쁜 괴물이다. 이 괴물 속에서 그 운명이 잠든 채 오랫동안 기다리고 있었다.

하지만 드디어 파멸이 오고 있다. 눈을 뜬 괴물은 자기 위에 오두막집을 짓고 살던 자들을 향해 입을 크게 벌리고는 집어삼킨다.

오, 이들 성직자들이 세운 오두막집을 보라! 달콤한 향기를 풍기는 그 동굴을 그들은 교회라고 부른다.

오, 잘못된 길로 이끄는 빛이여! 이 곰팡내 나는 공기여! 영혼이 마음껏 날아오를 수 없는 곳이여!

더욱이 그들의 신앙은 이렇게 명한다.

"무릎을 꿇은 채 계단을 오르라, 죄인들이여!"

수치와 기도로 잘못된 그들의 눈보다는 차라리 뻔뻔스러워 수치가 무엇인지도 모르는 자의 얼굴을 보는 게 낫겠다.

이런 동굴과 속죄의 계단을 만든 자는 누구인가? 자신의 모습을 감추고자 하는, 맑게 갠 하늘을 부끄러워하는 자가 아닐까?

맑게 갠 하늘이 허물어진 지붕 사이로 다시 드러나고, 무너진 담 위의 풀과 빨간 양귀비꽃에 그 빛을 던지게 되어야만 비로소 나는 내 마음을 이런 신의 성지로 향하게 할 수 있으리라.

그들은 자신들과 뜻이 다른 자, 자신들을 아프게 하는 자를 신이라고 이름

지었다. 실제로 그들의 숭배 속에는 많은 영웅주의가 섞여 있다.

그리고 신에 대한 그들의 사랑 표현은 인간을 십자가에 못 박아 죽이는 것뿐이다!

그들은 그저 시체처럼 살려고 했다. 그래서 자신의 시체를 검은 옷으로 감쌌다. 그들의 말만 들어도 시체실의 불쾌한 냄새가 흘러나오는 듯하다.

그들 곁에 산다는 것은 두꺼비의 달콤하고 우울한 노랫소리가 들려오는 시커먼 늪 가까이 살고 있는 것과 같다.

내게 그들의 구세주를 믿게 하려고 그들은 더 좋은 노래를 부르고 싶었으리라. 나에게 그의 제자들이 더 많이 구원받은 것처럼 보이고 싶었으리라.

나는 그들의 벌거벗은 모습을 보고 싶다. 왜냐하면 오직 이 아름다움만이 나를 바꿀 힘이 있기 때문이다. 얼굴을 감싸고 제 모습을 숨긴 이 비참한 꼴로 누구를 설득할 수 있을 것인가?

사실 그들의 구세주는 자유의 세계, 자유의 제7천국에서 온 것은 아니다. 그들의 구세주는 인식의 양탄자 위를 걸어본 적조차 없다.

이들 구세주의 정신은 결함이 가득하다. 그리고 그 모든 결함의 틈바구니는 그들의 '헛된 생각'으로 가득 채워져 있다. 이것은 그들이 신이라고 부르는 임기응변이다.

그들의 정신은 동정심에 빠져 죽었다. 그리고 그 동정심이 둑을 넘쳐흐를 정도로 불어났을 때 언제나 수면에 떠오르는 것은 커다란 어리석음뿐이다.

그들은 목이 터져라 소리치며 그들 짐승 무리를 외나무다리로 내몰았다. 마치 그것이 미래로 향하는 단 하나의 다리인 것처럼. 이 목동들도 양떼 중 한 마리에 불과하다.

이 양치기들은 왜소한 정신과 광대한 영혼*11을 지니고 있다. 그러나 형제들이여, 그들이 가지고 있는 가장 넓은 영혼이라는 것도 얼마나 작은 땅조각일 뿐인가!

그들은 자기들이 걸어온 길에 피로 표적을 새겼다. 그리고 어리석게도 피가 진리를 증명한다고 가르쳤다.

하지만 피는 진리에 대한 가장 나쁜 증인일 뿐이다. 피는 가장 순수한 가르

---

*11 사람을 감싸주는 마음은 넓지만, 인간이라는 것을 자각하는 지성이나 의지력은 좁다.

침에까지 독을 부어, 헛된 망상과 증오로 만들어 버리고 만다.*12

그들의 가르침을 위해 불 속에 뛰어드는 자가 있다고 하더라도, 그것으로 무엇을 증명할 수 있겠는가! 차라리 맹렬하게 타오르는 불길 속에서 자신의 가르침이 생겨나는 것이 더 의미 있으리라.

뜨거운 심장과 차디찬 두뇌가 결합했을 때 '구세주'라는 광풍이 나타난다.

참으로 민중이 구세주라고 부르는, 저 사람을 미치게 하는 광풍보다 더 위대하고 고귀한 자들이 존재해 왔다.

그리하여 형제들이여, 그대들이 진정한 자유에 이르는 길을 찾고자 한다면, 모두 구세주보다 더 위대한 자들의 지배로부터 구제되어야 한다.

이제까지 초인이 존재했던 적은 없다. 나는 가장 위대한 인간과 가장 비참한 인간의 벌거벗은 모습을 보았다.

그들 두 인간의 모습은 너무나 닮았다. 가장 위대한 인간도 내가 보기에는 너무나 인간적이다.

차라투스트라는 이렇게 말했다.

덕이 있는 자들

게으르며 잠들어 있는 마음에게는 번개와 벼락처럼 말해야 한다.

그러나 아름다운 소리는 조용하게 속삭인다. 그 소리는 가장 잘 깨어 있는 영혼 속으로만 조용히 스며든다.

오늘 나의 방패는 나를 향해 조용히 떨며 미소 지었다. 그것은 아름다움의 성스러운 미소이며 떨림이었다.

덕이 있는 자들이여, 오늘 나의 아름다움은 그대들을 향해 웃었다. 그 소리는 내게 이렇게 말했다. "이들은 아직도 대가를 바라고 있다."

그대들은 아직 대가를 바라고 있는가? 덕이 있는 자들이여, 덕에 대한 보답을, 이 세상 삶에 대한 대가로 천국을, 오늘에 대한 대가로 영원을 바라고 있는가?

이제 내가 그대들에게 보수를 줄 자도, 대가를 줄 자도 존재하지 않는다고

---

*12 순교와 같은 피의 요소가 들어가면 그것에 사로잡혀서 진리가 진리로서가 아닌 맹신이나 박해자에 대한 증오 같은 것을 동기로 신봉하게 된다.

가르치면, 그대들은 화를 낼 것인가? 나는 덕이 보답이라고 가르치지는 않겠다.

아, 이것이 나의 슬픔이다. 사람들은 사물의 밑바탕에 보답과 형벌이라는 암시를 깔아놓았다. 더욱이 그대들의 영혼 깊은 곳에까지도. 덕이 있는 자들이여!

하지만 내 말은 멧돼지의 코처럼 그대들의 영혼 깊은 곳까지 파헤칠 것이다. 나는 그대들의 땅을 파헤치는 쟁기라고 불러야 할 것이다.

그대들 마음속 깊은 곳에 깔린 모든 비밀은 밝은 곳으로 이끌어 내질 것이다. 그리고 그대들이 파헤쳐지고 부서져서 드러날 때, 그대들 안의 진실도 거짓에서 벗어날 수 있을 것이다.

이것이야말로 그대들의 진실이다. 복수와 형벌과 보답과 보상 따위의 말로 더럽혀지기에 그대들은 너무 순수하다.

그대들이 덕을 사랑하는 것은 마치 어머니가 자식을 사랑하는 것과 같다. 그러나 어머니가 자식을 사랑하는 것에 보답을 받으려 하던가?

그대들이 가장 사랑하는 본디의 자아가 그대들 덕의 목표이다. 그대들 속에는 순환하려는 갈망이 있다. 모든 순환은 자신에게 이르기 위해서 존재한다.

그대들의 모든 덕행은 사라져 가는 별과 비슷하다. 그 별은 늘 떠돌아다니며 멈추는 법이 없다. 여행을 멈추는 일이 도대체 있을 수 있겠는가?

그리하여 그대들 덕의 빛은 덕행이 끝난 뒤에도 계속 여행한다. 그 행위가 완전히 잊히는 경우가 있더라도 그 빛은 여전히 살아서 움직이고 있다.

그대들 덕의 목표는 본디의 자아이지, 밖에 있는 어떤 것도, 피부나 옷도 아니다. 이것이 그대들 영혼 깊은 곳에 있는 진실이다. 그대, 덕 있는 자들이여!

하지만 채찍*13으로 인한 몸부림을 덕이라고 생각하는 자도 있을 것이다. 그대들은 그런 자의 비명을 너무나 오랫동안 들어왔다.

자신이 악덕에 둔한 것이 덕이라고 말하는 자도 있다. 그런데 그런 인간들의 증오나 질투가 무기력해지면 '정의'가 눈을 뜨고 기지개를 켜기 시작한다.*14

또 아래로 끌려가는 자들도 있다. 아래로 내려갈수록 그들의 눈은 열기를

---

*13 스스로의 의지가 아닌 강요에 의한 선행을 말한다.

*14 악덕을 행할 만한 에너지가 없어진 상태를 덕이라고 부른다. 그러나 그런 인간도 뛰어난 인간을 보면 증오심이나 질투심이 고개를 쳐들어 활동을 시작한다.

띠며 신에 대한 욕망으로 불타오른다.

아, 덕이 있는 자들이여. 그대들도 이런 자들의 외침을 들었을 것이다. "내가 아닌 것, 그것이 나에게는 신이고 덕이다!"라는 외침을.

또 어떤 자들은 무거운 듯 덜거덕거리며 가까이 다가온다. 그들은 돌덩이를 싣고 기슭을 내려가는 수레와 비슷하다. 그들은 위엄이나 덕에 대해 끊임없이 이야기한다. 그들은 무엇을 하려고 할 때 제동을 거는 것을 덕이라고 한다.

또 태엽 감은 괘종시계 같은 자들도 있다. 그들은 똑딱똑딱 하는 소리를 되풀이하면서, 그 소리가 덕이라 불리기를 바라고 있다.

참으로 나는 그런 부류의 인간들을 재미있게 생각한다. 어디서나 이런 시계를 보면 나는 비웃으면서 태엽을 감을 것이다. 그러면 그 시계는 또 윙윙 소리를 내기 시작할 것이다!

또 어떤 자들은 자신이 가진 한 줌의 정의를 자랑하며 그 정의를 위해 온갖 사물을 부정한다. 세상이 그들의 부정에 잠겨 버릴 정도다.

아, 그들의 입에서 '덕'이라는 말이 흘러나올 때, 그 소리가 얼마나 불쾌하게 들리는지 모른다. 그리고 그들이 "나는 정당하다"고 말할 때, 그것은 언제나 마치 "나는 복수를 했다"는 말로 들린다.

그들은 그들의 덕으로 적의 눈알을 도려내려 한다. 그들은 단지 남을 낮추기 위해서 자기를 높일 뿐이다.

또한 자아의 늪 속에 버티고 앉아 골풀들 사이에서 이렇게 말하는 자들도 있다. "덕, 그것은 늪 속에 아무 말 없이 앉아 있다.

우리는 아무도 물지 않고, 물려는 자도 피한다. 그리고 무슨 일에든 남의 의견을 존중한다."[*15]

또 태도(몸가짐)를 좋아해서 덕이 어떤 태도라고 생각하는 자들도 있다.

그들의 무릎은 숭배 때문에 늘 구부러져 있고, 그 손짓은 덕을 한없이 추켜올린다. 그러나 그 마음은 덕과는 아무 관계가 없다.

"덕은 꼭 필요한 것이다" 말하는 것을 덕이라고 생각하는 자들도 있다. 하지만 그들은 사실 경찰이야말로 꼭 필요하다고 믿고 있을 뿐이다.

인간에게서 고귀한 것을 보지 못하는 자들도 적지 않다. 그들은 눈앞의 하

[*15] 더러운 곳에 안주하고 모든 일에 무사안일주의로 행동한다.

찮은 것을 덕이라고 한다. 그들에게는 나쁜 눈이 덕인 것이다.

고상한 것으로 이끌리고 높아지고자 하며 그것을 덕이라고 부르는 자들도 있다. 또 어떤 자는 충격적인 감동을 받기를 열망하며 그것을 덕이라 일컫기도 한다.[*16]

이처럼 거의 모든 인간이 덕을 지니고 있다 믿고, 자신은 '선'과 '악'에 대해 잘 알고 있다고 주장한다.

그러나 차라투스트라는 이들 거짓말쟁이와 바보들을 향해 "그대들은 덕에 대해서 알고 있는 게 무엇인가! 무엇을 알 능력이 있기는 하단 말인가!" 말하기 위해 온 것이 아니다.

벗들이여, 차라투스트라는 그대들이 이들 바보나 거짓말쟁이로부터 배운 낡은 언어에 싫증내기를 바란다.

보상, 보복, 형벌, 정의에 의한 복수 따위의 언어에 싫증내기를.

"이기적이지 않은 행위가 선이다"라는 말에 그대들이 싫증내기를 나는 바란다.

아, 그대 나의 벗이여, 아이의 마음속에 어머니가 있는 것처럼 그대들 행위 속에 본디의 자아가 있다는 것, 이것이 덕에 대한 그대들의 언어이기를 바란다.

진실로 나는 그대들에게서 백 가지 언어와 그대들의 덕이 가장 좋아하는 장난감을 빼앗았다. 그리고 지금 그대들은 아이처럼 나에게 화를 내고 있다.

아이들이 바닷가에서 놀고 있었다. 그런데 파도가 아이들의 장난감을 빼앗아가 버렸다. 그래서 아이들은 울고 있다.

하지만 아이들을 울린 그 물결이 그들에게 새로운 장난감을 가져다줄 것이다. 형형색색의 조개껍데기를 그들의 눈앞에 펼쳐놓으리라.

그러면 아이들은 위로받으리라. 그리고 벗들이여, 그대들도 마찬가지로 위로받으리라. 또 형형색색의 새로운 조개껍데기도 얻을 것이다.

차라투스트라는 이렇게 말했다.

---

*16 둘 다 남의 힘만 믿고 정작 자신에게는 뿌리가 없다. 후자는 신문의 덕행 기사 같은 것만 알고 감격하는 사람을 말한다.

천한 자들

삶은 기쁨의 샘물이다. 그러나 천한 자들과 함께 마시는 샘물은 독으로 더럽혀져 있다.

나는 깨끗한 것을 좋아하지만, 불결한 자들의 이를 드러내는 웃음과 갈증을 보는 것은 좋아하지 않는다.

그들이 샘물을 쳐다보기만 해도 그 끔찍한 미소가 샘물 밖 내 눈에까지 되비쳐 들어온다.

그들은 성스러운 물을 욕정이라는 독으로 더럽힌다. 그리고 그들이 더러운 꿈을 환희라고 부르는 순간, 그들은 그 말까지도 독으로 더럽히는 것이다.

그들의 축축한 심장을 불에 가까이 대면 불길은 타오르지 않는다. 천한 자들이 불 옆으로 다가오면 불꽃조차 불만스러워 소리를 내며 연기를 내뿜는다.

그들이 과일을 잡으면, 그 과일은 금방 물러져서 썩는다. 그들이 쳐다보는 과일나무는 바람에 대한 저항력을 잃어버리고 열매를 떨어뜨리며, 가지나 잎은 시들어 버린다.

삶을 등진 자들 대부분은 사실 천한 자들에게 등을 돌린 것이다. 그들은 샘과 불길과 과일을 천한 자와 함께 나누고 싶지 않았기 때문이다.

사막으로 가서 사나운 짐승들 틈에서 갈증으로 괴로워한 대부분의 사람들은, 더러운 낙타 몰이꾼과 함께 물통 옆에 앉아 있기 싫어서 그런 것이다.

파괴자나 추수기에 들판을 내리치는 우박처럼 세상을 놀라게 한 자도 많지만, 그들은 오직 천한 자들의 입을 발로 틀어막아 그 숨을 끊으려 했을 뿐이다.

삶 자체가 적의와 죽음과 십자가의 괴로움을 필요로 한다는 사실을 아는 것이 내가 가장 힘들게 먹은 음식은 아니다.

"무엇 때문에 삶은 이 천한 자들까지도 필요로 한단 말인가?"

그러나 나는 일찍이 이와 같이 묻고 이 물음에 거의 질식할 뻔한 적이 있었다.

독으로 더럽혀진 샘물이 생명의 빵이란 말인가? 악취를 내뿜는 불이나 더러운 꿈, 우글거리는 구더기가 생명의 빵이란 말인가?

나의 생명력을 게걸스럽게 갉아먹은 것은 그들을 향한 증오가 아니라 구역질이었다. 아, 천한 자들 중에도 재치 있는 정신을 지닌 자가 있다는 사실을 알았을 때, 나는 정신 그 자체에 혐오감을 느꼈다.

오늘날 지배자들이 무엇을 지배라고 부르는지 알고 난 뒤에 나는 그들에게 등을 돌렸다. 그것은 권력이 천한 자들을 상대로 벌이는 어떤 거래이자 흥정이었다.

군중 사이에서 나는 말이 통하지 않는 자로서 귀를 막고 살았다. 권력과 천한 자들이 벌이는 흥정과 거래의 언어가 언제까지나 다른 나라 말이기를 바랐다.

나는 코를 틀어막은 채 어제도 오늘도 침울한 기분으로 걸어 나왔다. 참으로 어제와 오늘은 천한 자들이 만든 악취로 가득 차 있다.*17

나의 이런 모습은 마치 귀머거리, 장님, 벙어리와 같은 불구자처럼 보였을 것이다. 이렇게 함으로써 나는 권력을 추구하는 천한 자들, 문필을 추구하는 천한 자들, 쾌락을 추구하는 천한 자들과 섞이지 않도록 노력하면서 살아왔다.

나의 정신은 조심스레 계단을 올라갔다. 이따금 맛보는 참된 쾌락이 주는 적선이 위안일 뿐이었다. 지팡이에 의지한 삶은 장님과 함께 발소리를 죽인 채 지나갔다.

도대체 내게 무슨 일이 일어났는가? 어떻게 나를 그 구역질에서 구원해 냈는가? 누가 내 눈을 다시 뜨게 하였는가? 어떻게 나는 천한 자들도 앉지 못하는 가장 높은 곳까지 날아 올라왔는가?

나의 혐오가 바로 내 몸에 날개를 달아주고 샘물을 찾을 수 있는 힘을 주었을까? 참으로 나는 기쁨의 샘물을 발견하기 위해 가장 높은 곳으로 날아야 했다.

아, 형제들이여. 나는 그것을 찾아냈다. 그 기쁨의 샘은 가장 높은 곳까지 솟아오르고 있다. 거기에는 천한 자들의 더러운 입을 댈 수 없도록 삶이 솟아오르고 있다.

기쁨의 샘이여, 그대는 거세게 흘러넘친다. 그리고 그대는 잔을 채우기 위해 가끔 잔을 비운다.

그러나 나는 더욱 겸손하게 그대에게 다가가는 방법*18을 배워야 한다. 왜

---

*17 날마다 일어나는 일은 모두 언론에 기생하는 문필, 천한 자들의 펜에 달려 있기 때문이다.
*18 자기 혼자서 삶의 샘을 발견한 것을 자랑으로 여기고, 맹렬하게 그것에 다가가는 것이 아니라 조용히 그 샘이 주는 고상한 기쁨을 맛본다.

냐하면 나의 마음은 그대를 향해 너무나도 힘차게 흘러가기 때문이다.

나의 마음이여, 여름이 그대 위에서 타오르고 있다. 짧고 무더우며, 우울하고 행복한 여름. 샘물이여, 이 여름의 마음은 그대의 청량함을 얼마나 갈망하고 있는가!*19

아쉬운 듯 머뭇거리는 봄의 괴로움이여! 6월의 악의에 찬 눈발도 사라졌다. 이제 한여름의 정오가 되었다.

차가운 샘물과 더없이 행복한 고요함이 넘치는, 가장 높은 곳에 있는 여름. 아, 벗들이여, 오라. 이 고요함이 한층 더 청결해지도록!

여기야말로 우리의 높은 곳이자 우리의 고향이다. 모든 더러운 것들이 올라와 갈증을 풀기에는 너무 높고 험준한 바로 이곳이 우리가 살고 있는 곳이다.

벗들이여, 깨끗한 그대들 눈길을 내 기쁨의 샘에 던져다오! 그래도 그 샘물은 흐려지지 않는다. 샘물은 깨끗한 눈길로 그대들에게 미소를 보내리라.

우리는 미래라는 나무 위에 둥지를 틀자. 독수리가 고독한 우리에게 주둥이로 먹을 것을 물어다 줄 것이다.

진실로 그 음식은 더러운 자들이 우리와 함께 맛볼 수 있는 것이 아니다. 만일 더러운 자들이 그것을 먹는다면 그들의 입은 데고 말리라. 마치 불이라도 삼킨 것처럼!

참으로 우리가 여기에 더러운 자들을 위해 집을 준비하는 것은 아니다. 그들의 육체와 정신은 우리의 행복을 얼음의 동굴이라고 부르리라!

우리는 세찬 바람처럼 그들을 뛰어넘어 살고 싶다. 강풍은 독수리와 이웃하고, 눈(雪)과 이웃하고, 태양과 이웃하며 살아간다.

언젠가 우리는 바람처럼 그들의 한가운데로 휩쓸려 들어가 나의 정신으로써 그들 정신의 연약한 호흡을 멈추게 하리라. 내 미래는 그것을 원한다.

참으로 차라투스트라는 모든 낮은 곳을 향해 몰아치는 강풍이다. 나는 적들과 침을 뱉을 만한 모든 자에게 이렇게 충고한다.

"바람에 맞서 침을 뱉지 말라!"

차라투스트라는 이렇게 말했다.

---

*19 지혜의 성숙은 여름에 비유된다. 여름에는 행복감과 함께 지나가 버리기 쉬운 것을 생각나게 하는 쓸쓸함과 번성의 절정기에 뒤따르는 우울이 있다.

독거미

보라, 독거미가 사는 동굴이다. 그대는 직접 독거미를 보고 싶은가? 여기에 그 거미줄이 쳐져 있다. 줄을 흔들어 보라.

자, 거미가 기어나왔다. 잘 왔다, 독거미여! 네 등에는 검은 삼각형 문장이 찍혀 있다.

나는 네 영혼 속에 무엇이 숨어 있는지 알고 있다. 네 영혼 속에는 복수가 자리잡고 있다. 네가 물어뜯는 곳마다 검은 자국이 생긴다. 그 복수심으로 네 독은 사람의 영혼을 어지럽힌다.

나는 지금 그대들에게 비유를 들어 말하고 있다. 많은 사람들의 영혼을 어지럽히는 그대, 평등의 설교자들이여! 그대들은 독거미이고 복수심을 숨기고 있는 자들이다.

하지만 나는 지금 그대들이 숨어 있는 집을 온 세상에 폭로하리라. 그리하여 나는 이 높은 곳에서 그대들의 얼굴을 향해 큰 소리로 웃으리라.

나는 그대들을 화나게 해 그 거짓 동굴 밖으로 이끌어 내기 위해, 또 그대들이 즐겨 쓰는 '정의'라는 말의 배후에 숨어 있는 복수심을 드러내기 위해 거미줄을 걷어버리겠다.

왜냐하면 인간이 복수심에서 구원된다는 것이야말로 나에게는 최고의 희망에 이르는 다리이며, 오랜 폭풍우 뒤에 오는 무지개이기 때문이다.

그러나 독거미는 생각이 다르리라.

"온 세계가 우리 복수심의 폭풍우로 가득 차는 것이야말로 우리가 정의라고 부르는 것이다." 그들은 이렇게 말하리라.

"우리와 같지 않은 모든 자에게 복수와 비방을 하자." 독거미들은 이렇게 맹세를 하고 있다.

"평등에 대한 의지, 이 자체가 덕의 이름이 된다. 권력을 가진 모든 것에 반대하는 우리의 주장을 펴자."

그대들, 평등의 설교자들이여! 이처럼 무력한 폭군의 광기가 '평등'을 찾아서 외쳐대고 있다. 그대들의 가슴속에 숨어 있는 폭군 욕망이 이처럼 덕이라는 언어의 가면을 쓰고 있다.

상처받은 자부심, 억압당한 질투심, 아마도 조상 대대로 물려받았을 자부심과 질투심이 그대들 속에서 복수의 불길과 광란이 되어 뿜어져 나오리라.

아버지의 비밀이 아들에 의해 들통난다. 나는 때때로 그 아들에게서 아버지의 폭로된 비밀을 발견하곤 했다.

그들은 잘 감격하는 사람과 비슷하다. 하지만 그들을 흥분시키는 것은 마음이 아니라 복수심이다. 그리고 질투심으로 치밀하고 냉정해진다.

그들의 질투심은 그들로 하여금 사상가의 길을 가게 할 수도 있다. 그런데 그 질투심은 언제나 너무 멀리까지 끌고 가버린다. 그래서 그들은 피로한 나머지 차가운 눈 위에 드러눕게 된다.

그들의 불평에는 복수심이 깃들어 있다. 그들의 칭찬에는 사람을 다치게 하려는 악의가 숨겨져 있다. 그들에게 가장 큰 행복은 재판관이 되는 것이다.

벗들이여, 나는 그대들에게 이렇게 충고한다. 남을 벌하고 싶어하는 인간을 믿지 말라.

그들은 불순한 피를 이어받은 종족이다. 그들의 얼굴에서 찾아볼 수 있는 것이라고는 사형집행인과 사냥개의 눈빛뿐이다.

자신의 정의에 대해 곧잘 떠벌리는 인간도 믿지 말라. 그들의 영혼에 부족한 것은 단지 꿀만이 아니다.

그들이 스스로 '선하고 의로운 자'라고 하더라도, 그들이 바리새인이 되는 데 부족한 것은 오직 권력 한 가지라는 것을 잊지 말라!

벗들이여, 나는 다른 사람들과 섞이거나 혼동되고 싶지 않다.

세상에는 삶에 대한 나의 가르침을 말하면서 동시에 평등을 설교하는 독거미들이 있다.

이 독거미들이 자기는 삶에 등을 돌린 채 동굴 속에 앉아 있으면서 삶의 의지를 그럴듯하게 말한다. 그렇게 함으로써 다른 사람에게 해를 끼칠 수 있다고 믿기 때문이다.

그들은 현재의 권력자들에게 해를 끼치려 하고 있다. 왜냐하면 권력자들은 죽음의 설교에 익숙해 있기 때문이다.

만일 그렇지 않다면, 이 독거미들은 다른 것을 가르쳤을 것이다. 사실 그들이야말로 가장 악랄한 비방자이며 이단자를 화형시킨 자들이다.

나는 이들 평등론자와 섞이거나 혼동되고 싶지는 않다. 왜냐하면 정의는 나에게 "인간은 평등하지 않다" 말하고 있기 때문이다.

또 인간은 평등해질 수 있는 것도 아니다. 내가 그렇게 말하지 않으면 초인에 대한 나의 사랑은 대체 어떻게 되는 것인가?

인간들은 수천이나 되는 큰 다리와 작은 다리를 건너서 미래로 나아가야 한다. 그리고 그들 앞에는 더 많은 싸움과 불평등이 일어나게 되리라. 나의 위대한 사랑은 내게 그렇게 말하도록 한다.

인간들은 서로 적대하면서 여러 가지 형상과 환영의 창조자가 되어야 한다. 그리고 그 형상과 환영을 가지고 서로 최고의 싸움을 치러야 한다.

선과 악, 가난함과 부유함, 위와 아래, 그 밖의 여러 가치의 이름들. 그것들은 계속 무기가 되어야 하며, 삶은 스스로를 끊임없이 극복해야 한다는 것을 일깨워 주는 표지여야 한다.

삶은 스스로 기둥을 세우고 계단을 만듦으로써 높은 곳을 향해 자아를 세워 나가고자 한다. 삶은 아득히 먼 곳에 목표를 두고, 더없는 행복이라는 아름다움을 바라보려고 한다. 삶이 높이를 필요로 하는 것은 그 때문이다.

그렇기 때문에 삶은 계단이 필요하고, 또한 계단을 오르는 사람과의 싸움이 필요하다. 삶은 올라가기를 원하며, 오르면서 자신을 극복하고자 한다.

벗들이여, 보라! 독거미의 동굴이 있는 이곳에, 오래되어 폐허가 된 사원이 있다. 눈을 크게 뜨고 이것을 똑똑히 보라!

일찍이 여기에 자신의 사상을 돌로 높이 쌓아올린 그는 최고의 현자처럼 삶의 비밀에 대하여 알고 있었다.

아름다움 속에도 투쟁과 불평등, 그리고 권력과 더 높은 자리를 차지하기 위한 싸움이 있다는 것, 이것을 그는 여기서 가장 명료한 비유로 가르치고 있다.

여기 보이는 전당과 아치가 얼마나 엄숙하게 싸우면서 서로를 극복하고 있는가! 이들 신성하게 투쟁하는 자들이 빛과 그림자를 발산하면서 얼마나 서로 대결하고 있는가!

나의 벗들이여, 우리도 이처럼 꿋꿋하고 아름다운 적이 되자! 우리도 서로 엄숙하게 맞서 싸워 더 나아지도록 하자!

아! 내 옛날 적이었던 이 독거미가 지금 나를 물었다. 거룩할 정도로 아름답고 당당하게 내 손가락을 물었다.

'형벌이 있어야 한다. 그리고 정의도. 이 사나이가 여기서 적에게 경의를 표하는 노래를 부르게 해서는 안 된다.' 독거미는 이렇게 생각한다.

그렇다. 독거미는 복수를 한 것이다. 그리고 아, 또한 독거미는 복수로써 내 영혼까지 혼란에 빠뜨리고, 그것도 모자라서 미친 듯이 춤까지 추게 할 것이다.

그러나 벗들이여, 내가 미쳐서 춤추지 않도록 나를 이 기둥에 꼭 붙들어 매어다오! 나는 복수의 광풍이 되기보다는 차라리 기둥에 묶인 성자가 되리라!

차라투스트라는 태풍도 회오리바람도 아니다. 설령 내가 춤추는 사람이라 해도 결코 독거미처럼 춤추는 자는 아니다!

차라투스트라는 이렇게 말했다.

유명한 현자들

그대, 모든 유명한 현자들이여! 그대들은 민중과 함께 민중의 미신을 섬겨왔다. 진리를 따른 것은 아니다. 그리고 그 때문에 사람들은 그대들을 두려워하고 공경했다.

또 그 때문에 사람들은 그대들이 신앙을 가지고 있지 않아도 묵인해 주었다. 신앙을 가지고 있지 않다는 것은 민중에 이르기 위한 재치 있는 지름길이었기 때문이다.[20] 이것은 마치 노예들이 제멋대로 하게 내버려 둔 다음 주인은 그것을 보고 즐거움을 느끼는 것과 비슷하다.

이와 반대로 개들이 늑대를 무서워하고 증오하는 것처럼, 민중이 두려워하고 증오하는 것은 자유로운 정신과 쇠사슬에 묶인 적, 유순하지 않은 자, 숲속에 살고 있는 자들이다.

그들을 은신처에서 쫓아내 버리는 것이 민중에게는 언제나 '정의감'이었다. 민중은 지금도 여전히 앞니 날카로운 개들을 풀어 그들에게 덤벼들게 한다.

"민중이 있는 곳에 진리가 있다! 탐구하는 자에게 재앙이 있으라!"는 소리가 옛날부터 들려오고 있다.[21]

유명한 현자들이여, 그대들은 민중을 숭배하고, 민중이 믿는 정의를 인정하고 변호하려 한다. 그것을 그대들은 '진리를 향한 의지'라고 불렀다.

─────────

[20] 그리스도교에서 이탈하는 듯한 말을 하고 있지만 인기 전술에 불과할 뿐, 진정으로 인습에 반항하는 것은 아니다.
[21] 민족 공동체가 절대적인 지배력을 가지고 있을 때부터의 사고방식.

"나는 민중으로부터 왔다. 신의 소리도 민중을 통해서 들려왔다."

그대들의 마음은 늘 자신에게 이렇게 말했다.

그대들은 민중의 대변자로서 늘 당나귀처럼 완고하고 교활했다.

그래서 민중과 함께 잘 달리고자 했던 많은 권력자들 가운데 어떤 자는 말 앞에 또 한 마리의 당나귀를 매어두었다. 바로 유명한 현자 한 사람을 매어둔 것이다.

유명한 현자들이여, 이제 그대들이 쓰고 있는 사자 가죽을 완전히 벗어버려라.

아름다운 얼룩무늬로 장식된 맹수의 털가죽, 탐구하고 추구하는 자, 정복하는 자로서의 화려한 치장을 벗어던져라!

아, 내가 그대들의 '진실함'을 믿을 수 있으려면 그대들이 먼저 우러러 공경하려는 의지를 부숴 버려야 한다.

'진실한 자', 신들이 살지 않는 사막으로 달려가 자신이 가진 공경하려는 의지를 부숴 버린 자를 나는 이렇게 부르고 싶다.

모래 위에 사는 그는 뜨거운 햇볕 때문에 갈증을 견디지 못하고 짙은 나무 그늘 아래 생물이 쉬고 있는, 물이 풍부하게 솟아나는 섬 쪽으로 탐욕스런 눈길을 던진다.

그러나 그의 갈증은 이 같은 안락한 생물처럼 되라고 스스로를 설득하지는 않는다. 오아시스가 있는 곳에는 우상도 있기 때문이다.

굶주리고, 사납고, 고독하며, 신을 믿지 않게 되기를, 사자의 의지는 스스로 그렇게 되기를 바란다.

노예의 행복에서 벗어나고, 신들과 예배에서 해방되고, 두려워하지 않으면서 두려움을 불러일으키며, 위대하고 고독하게 되는 것이야말로 진실한 자의 의지이다.

아득한 옛날부터 사막에는 진실한 자들, 자유로운 정신의 소유자들이 주인이 되어 살고 있었다. 반면에 도시에는 잘 사육된 유명한 현자들이 살고 있는데, 그들은 그저 짐수레를 끄는 동물일 뿐이다.

그들은 언제나 수레를 끄는 당나귀이다. 민중의 짐수레를!

그렇다고 해서 나는 그들에게 화를 내지는 않는다. 나에게 그들은 기껏 남을 섬기는 무리로서, 굴레를 쓴 짐승으로 보일 뿐이다. 설사 그들이 번쩍거리는 황금 마구를 달고 있더라도.

때로 그들은 우수하고 칭찬할 만한 하인이 되기도 한다. 왜냐하면 덕이 이렇게 가르치기 때문이다. "네가 하인이 되어야 한다면, 너의 봉사가 가장 큰 도움이 될 수 있는 사람을 찾아내라!

그리하여 그대가 하인이 되어 주인의 정신과 덕을 향상시켜라. 그러면 주인의 정신과 덕과 함께 그대 자신의 것도 풍요로워지리라!"

진실로 유명한 현자들이여, 민중의 하인들이여! 그대들은 민중의 정신이나 덕과 함께 성장했다. 그리고 민중도 그대들 덕분에 성장했다. 그대들에 대한 경의에서 이렇게 말하는 것이다.

그러나 내가 볼 때 그대들도 덕에 있어서는 민중과 다르지 않다. 눈이 밝지 않은 민중, 정신이 무엇인지도 모르는 민중이다.

정신이란 스스로 삶 속으로 파고드는 삶이다. 정신은 고통을 통하여 자신의 지식을 증대시킨다. 그대들은 일찍이 그러한 것을 알고 있었는가?

정신의 행복이란 헌신적인 희생의 제물로서 성유가 뿌려지고 눈물로 깨끗이 씻겨 신에게 바쳐지는 것이다.*22 그대들은 그것을 알고 있었는가?

그리고 장님의 맹목적 탐색은 그가 본 태양의 힘에 의해서 증명해야 한다.*23 그대들은 일찍이 그것을 알고 있었는가?

그리하여 인식하는 자는 산으로 집을 짓는 법을 배울 필요가 있다! 정신이 산을 움직인다는 것만으로는 부족하다. 그대들은 일찍이 그것을 알고 있었는가?

그대들은 다만 정신의 불꽃을 알고 있을 뿐이다. 그대들은 정신의 본체인 모루를 보지 못하고 있다. 또 정신의 쇠망치가 얼마나 잔혹한지 모르고 있다!

진실로 그대들은 정신의 긍지를 모르고 있다. 그러나 정신이 겸손하게 말하고자 할 때면 그대들은 그 태도를 더욱 못 견뎌 했으리라!

또 그대들은 아직 한 번도 정신을 눈구덩이 속에 던진 적이 없다. 그럴 정도

---

*22 삶의 인식을 위해서 정신이 힘을 내어 노력하고, 그 때문에 쓰러져도 그것은 삶의 인식, 즉 삶의 진전을 위해 의미 있는 희생이다.

*23 장님의 예에 따라서 진실을 인식하기 위해 없는 힘을 다하는 정신의 모습을 말한다. 그 장님은 비록 보이지는 않지만 전에 본 태양의 이미지는 생생하게 지니고 있어서 그 존재는 알고 있다. 그와 같이 정신은 삶의 위대한 진리를 예감하고 있어야 한다.

로 불타오르지 않은 것이다. 그대들은 아직도 눈의 싸늘한 황홀감조차 모르고 있다.

모든 점에 있어서 그대들은 정신을 너무 맹신한다. 그리고 그대들은 이따금 자신의 지혜로 엉터리 시인들을 위해 구호소나 병원을 만들곤 했다.

그대들은 결코 독수리*24가 아니다. 따라서 그대들은 공포 속에서 느낄 수 있는 정신의 기쁨도 알 수가 없다. 독수리가 아닌 자는 낭떠러지 위에 둥지를 만들면 안 된다.

그대들은 차갑지도 뜨겁지도 않는 미지근한 존재다. 하지만 깊은 인식은 모두 차갑게 솟아난다. 정신의 깊은 곳에 있는 샘은 얼음처럼 차갑다. 그리고 그것은 뜨거운 손을 지닌 행동가에게는 상쾌하게 느껴진다.

유명한 현자들이여, 그대들은 근엄한 모습으로 서 있다. 아무리 거센 바람이나 의지도 그대들을 그 자리에서 움직이게 할 수 없다.

그대들은 바람을 가득히 안은 돛이 강풍에 흔들리며 바다를 건너가고 있는 것을 본 일이 있는가?

나의 지혜는 그 돛처럼 정신의 강풍에 떨면서 바다를 건너간다. 나의 거친 지혜가!

그러나 그대, 민중의 하인이여, 유명한 현자들이여. 어찌 그대들이 나와 함께 갈 수 있겠는가!

차라투스트라는 이렇게 말했다.

밤의 노래

밤이다. 지금 용솟음치는 샘은 더욱 소리 높여 말한다. 나의 영혼도 용솟음치는 샘이다.

밤이다. 사랑하는 모든 자들의 노래가 이제 잠에서 깨어난다. 그리고 나의 영혼 또한 마음으로부터 사랑하는 자의 노래가 된다.

진정되지 않은, 진정할 수 없는 것이 내 안에 있다. 그것이 외치려 한다. 사랑에 대한 열망이 내 안에 있다. 그 열망이 사랑의 말을 속삭인다.

---

*24 초인을 지향하는 의지.

나는 빛이다. 아, 나는 밤이고 싶다. 하지만 내가 빛에 둘러싸여 있다는 것, 그것이 나의 고독이다.

아, 나는 어둡고 싶다. 나는 밤이고 싶다. 그렇게 되면 나는 빛이라는 유방에 매달려 빨려고 하리라!

그대, 작은 천상의 불꽃이여. 반짝이는 반딧불이여! 그대들도 나를 축복하고, 그대들로부터 빛의 선물을 받으면 행복해지련만!

그러나 나는 내 빛 속에서 살고 있다. 나는 내게서 발산된 불꽃을 나의 내부로 되삼킨다.

나는 받는 자의 행복을 모른다. 만일 내가 훔칠 수 있다면 받을 때보다도 한층 더 행복할 것이라고 꿈꾸곤 했다.

내 손은 계속 주기만 할 뿐 멈출 줄을 모른다. 그것이 나의 가난이다. 내 눈에 비치는 것은 기대에 찬 눈과 불 밝힌 동경의 밤뿐이다. 그것이 나의 질투이다.

오, 주는 자의 불행이여! 내 태양빛을 빼앗아 가는 일식이여! 오, 갈망에 대한 욕망이여! 포만 속에 숨어 있는 심한 굶주림이여!

그들은 나에게서 받는다. 하지만 나는 그들의 영혼에 다다를 수가 있을까? 주는 것과 받는 것 사이에는 틈새가 있다. 아무리 작은 틈새라도 그것을 건너기 위해서는 다리를 놓아야 한다.

나의 아름다움에서 굶주림이 생긴다. 내가 빛을 주고 있는 자들에게 나는 아픔도 주고 싶다. 내가 준 자들에게서 다시 빼앗고 싶다. 이처럼 나는 악의에 굶주려 있다.

떨어지는 도중에 머뭇거리는 폭포수처럼, 누군가 손을 내밀 때 나는 내 손을 거두고 만다. 이처럼 나는 악의에 굶주려 있다.

나의 풍요로움은 그러한 복수를 생각해 낸다. 내 고독 속에서 이런 흉계가 솟아오른다.

주는 것 속에 있던 나의 행복은 그 속에서 죽어버렸다. 나의 덕은 충만함으로 인해 자신에게 싫증을 냈다.

계속 주는 자는 수치를 잃어버릴지도 모르기 때문에 위험하다. 계속 나누어 주고 있는 자의 손과 마음은 이윽고 굳어버린다.

나의 눈은 구걸하는 자의 수치를 보아도 눈물을 흘리지 않는다. 나의 손은 적선받는 사람들의 떨리는 손을 느끼기에는 너무 굳어버렸다.

내 눈의 눈물은 어디에 갔는가? 내 마음의 솜털은 어디로 갔는가? 오, 주는 자의 고독이여! 오, 빛나는 자의 침묵이여!

많은 태양이 황량한 공간을 돌고 있다. 그들은 빛으로 어두운 것에게 말을 건넨다. 그러나 나에게는 말을 걸어오지 않는다.

오, 이것이 빛나는 것에 대한 적대감이다. 냉혹한 빛은 자신의 궤도를 달리고 있다.

빛나는 것에 대해 마음 깊은 곳에서부터 못마땅해하며, 태양에 대해 냉소를 보내며, 이렇게 모든 태양은 그 궤도를 달리고 있다.

태양은 폭풍처럼 자신의 궤도를 달린다. 이것이 그들의 운명이다. 그들은 저마다 꺾이지 않는 의지에 따를 뿐이다. 그것이 그들의 냉혹성이다.

오, 그대, 어두운 자들이여. 밤에 머물러 있는 것들이여! 그대들이야말로 빛나는 것에서 빛을 받아들여 온기를 만들어 낸다. 오, 그대들이야말로 빛의 유방에서 젖을 빨아 활력을 취하고 있다.

아, 얼음이 나를 둘러싸고 있다. 나의 손은 얼음 때문에 달아오른다. 아, 내 속에는 갈망이 있다. 그 갈망은 그대들의 갈망을 애타게 그리워하고 있다!

밤이다. 아, 지금 내 속에서는 열망이 샘물처럼 쏟아져 나온다. 이야기하고 싶은 열망이.

밤이다. 쏟아져 나오는 샘물은 이제야 모두 소리 높여 말한다. 그리고 나의 영혼도 쏟아져 나오는 샘물이다.

밤이다. 모든 사랑하는 자의 노래가 이제야 겨우 잠에서 깨어난다. 그리고 나의 영혼은 사랑하는 자의 노래이다.

차라투스트라는 이렇게 말했다.

춤의 노래

어느 날 저녁, 차라투스트라는 제자들과 함께 숲 속을 거닐고 있었다. 그들은 샘물을 찾아 헤매다가 우연히 푸른 초원으로 나왔다. 그곳은 숲으로 둘러싸인 조용한 곳이었다. 그곳에서는 소녀들이 춤을 추고 있었다. 소녀들은 차라투스트라를 보자 춤을 멈추었다. 차라투스트라가 그들에게 다가가서 다정한 얼굴로 말했다.

"사랑스러운 소녀들이여, 계속 춤을 추어라! 나는 짓궂은 방해자가 아니다. 그대들의 적이 아니다.

나는 악마에 대해서는 신의 대변자이다. 그 악마란 바로 무거운 영혼이다. 그대, 경쾌한 소녀들이여. 내가 그대들의 성스러운 춤에 적대감을 가질 리가 있겠는가? 아름다운 발목을 가진 소녀들의 발에 적대감을 품을 리가 있겠는가?

나는 울창한 나무 사이의 숲이며 어둠이다. 내 어둠을 두려워하지 않는 자는 나의 삼나무 밑에 장미가 피어 있는 언덕을 발견할 것이다.

또 거기에서 그대들이 가장 좋아하는 어린 신도 찾을 수 있을 것이다. 그 어린 신은 샘물 주위에 조용히 눈을 감은 채 누워 있을 것이다.

참으로 밝은 대낮에도 어린 신은 잠들어 있다. 아마도 나비를 쫓아다니다가 지쳤을 것이다.

아름다운 소녀들이여, 내가 이 어린 신을 조금 야단치더라도*²⁵ 나를 나무라지 말라. 만일 내가 야단을 치면 그는 큰 소리로 울 것이다. 그러나 그는 울면서도 그대들을 웃기리라.

그러고는 눈물을 흘리면서 그대들에게 같이 춤을 추자고 부탁할 것이다. 그 때는 내가 그의 춤에 맞추어 노래를 부를 것이다.

그것은 무겁고 괴로운 영혼에게 보내는 춤의 노래, 그 영혼에 대한 비웃음의 노래이다. 사람들은 그 영혼을 '세계의 주인'이라 부르고 있다. 그것은 나의 더없이 강력한 악마이다."

어린 신이 소녀들과 함께 춤추기 시작하자, 차라투스트라는 다음과 같이 노래했다.

"오, 삶이여, 나는 그대의 눈을 조금 전에 들여다보았다. 나는 끝없는 심연으로 빠져들어 가는 것 같았다.

하지만 그대는 황금 낚싯바늘로 나를 끌어올렸다. 내가 그대를 가리켜 헤아릴 수 없다고 말하자 그대는 나를 비웃었다.

그대는 말했다. '그것은 물고기들이나 하는 말이다. 물고기들은 가늠할 수

---

*25 그렇게 지나치게 나비를 쫓아다녀서는 안 되지 않겠느냐고 야단을 친다.

없는 것은 모두 헤아릴 수 없다고 말한다.

그러나 나는 변덕스럽고 길들여지지 않은, 유덕하지도 않은 여자일 뿐이다.

그런데도 나는 그대 남자들로부터 '깊은 사람', '절개 있는 자', '영원한 자', '신비로운 자'라고 불리고 있다.

하지만 그대, 남자들은 언제나 자신들이 추구하고 있는 덕을 우리에게 부여하고 있다. 아, 그대, 유덕한 자들이여!'

이렇게 말하더니 이 미덥지 못한 여자는 웃었다. 그러나 나는 그녀가 자기 일에 대해 나쁘게 말할 때 절대로 그녀와 그 웃음을 믿지 않는다.

그런데 내가 난폭한 나의 지혜와 마주 앉아 은밀히 이야기했을 때, 지혜는 나에게 화를 내면서 말했다.

'그대는 삶을 바라고 있다. 열망하고 사랑한다. 그러므로 그대는 삶을 찬미하는 것이다.'

나는 자칫 화를 내고 있는 그녀에게 진실을 말할 뻔했다. 자신의 지혜에 대해서 진실을 말할 때만큼 분개할 때는 없다.

왜냐하면 우리 셋 사이는 이렇기 때문이다. 내가 진심으로 사랑하는 것은 삶뿐이다. 그리고 내가 진심으로 삶을 증오할 때야말로 삶을 가장 강하게 사랑하는 때이다.

그러나 내가 지혜를 좋아하며, 때때로 너무 지나치게 호의를 갖게 되는 것은 지혜가 내게 삶을 강하게 상기시켜 주기 때문이다.

지혜는 눈과 웃음, 그리고 황금 낚싯대까지 가지고 있다. 삶과 지혜, 이 두 여자가 이렇게 많이 닮은 것은 내 탓이 아니다.

언젠가 삶이 나에게 이렇게 물어본 적이 있다. '지혜란 도대체 누구인가?'

나는 힘주어 이렇게 말했다. '아, 그렇다, 저 지혜!

사람들은 저 지혜를 애타게 사랑하여 아무리 가까이 가도 갈증을 해소할 길이 없다. 베일을 통해 지혜를 바라보며 그물로 그녀를 잡으려 하고 있다.

지혜는 아름다운지 그대는 묻는다. 나는 대답을 할 수 없다. 그러나 아무리 늙은 잉어라도 지혜라는 미끼에는 걸려들게 마련이다.

그녀는 변덕스럽고 제멋대로다. 나는 이따금 그녀가 입술을 악물고 거칠게 머리를 빗고 있는 모습을 보았다.

그녀는 어쩌면 짓궂고, 사악한 여자일지도 모른다. 하지만 그녀가 자신을 나

쁘게 말할 때야말로 그녀가 가장 강하게 유혹할 때이다.'

내가 삶을 향해 이렇게 대답했더니 삶은 짓궂게 웃고 나서 눈을 감았다.

그녀가 물었다.

'대체 그대는 지금 누구에 대해 말하고 있는가? 아마도 나에 대해서겠지? 그리고 그대의 말이 옳다고 하더라도 그렇게 경솔하게 내게 말할 수 있는가! 이번에는 그대의 지혜에 대해서 말해 다오.'

아, 그렇게 말하고 삶은 다시 눈을 떴다.

오, 사랑하는 삶이여. 나는 다시 끝없는 심연으로 빠져들어 가는 듯했다."

차라투스트라는 이렇게 노래했다. 그러나 춤이 끝나고 소녀들이 사라지자 그는 슬픔에 잠겨 조용히 중얼거렸다.

"해가 진 지 오래다. 풀밭은 이슬에 젖고 숲으로부터 냉기가 흘러나온다.

알 수 없는 존재가 나를 둘러싼 채 걱정스러운 듯이 바라보고 있다. 아니, 그대는 아직도 살아 있는가? 차라투스트라여.

왜? 무엇 때문에? 무엇에 의해? 어디로? 어디서? 어째서? 아직까지 살아 있다는 것은 어리석은 일이 아닌가?

아, 벗들이여, 내 안에서 이렇게 묻는 것은 황혼이다.[26] 나의 슬픔을 용서하라.

황혼이 되었다. 황혼이 된 것을 용서하라."

차라투스트라는 이렇게 말했다.

무덤의 노래

'저기 무덤의 섬, 침묵의 섬이 있다. 저곳에는 또 내 청춘의 무덤도 있다. 나는 그곳에 삶의 푸른 꽃다발을 바치리라.'

이렇게 결심한 나는 배를 저어 바다를 건넜다.

오, 그대, 내 청춘의 온갖 모습과 현상이여. 오, 그대들 사랑의 눈길이여. 성스러운 순간의 빛이여! 왜 그대들은 그렇게 앞다투어 빨리 죽어갔는가? 오늘

---

[26] 이런 슬픔을 느끼는 것은 삶의 황혼이 그에게 가까이 왔기 때문이다. 삶의 강자인 차라투스트라가 이런 슬픔을 고백하는 것은 어울리지 않는다. 그래서 그는 "용서하라"고 말하는 것이다.

나는 죽은 나의 친구들을 생각하듯 그대들을 그리워한다.

나의 가장 사랑하는 죽은 자들이여. 그대들에게서는 달콤한 향기가 풍겨온다. 마음을 녹이고 눈물을 자아내는 향기! 진실로 그것은 고독한 항해자의 마음을 흔들어 풀어주는구나.

아직도 나는 가장 고독한 몸이면서 가장 풍족하고, 가장 선망받는 자이다. 왜냐하면 내가 일찍이 그대들을 지니고 있었기 때문이다. 그리고 그대들이 아직도 나를 지니고 있기 때문이다. 말해 다오, 이처럼 아름다운 장밋빛 사과가 자기에게로 떨어진 것과 같은 경험을 한 사람이 나 말고 또 누가 있는가?

지금도 나는 여전히 들에서 자란 형형색색의 덕인 야생화를 꽃피우는 그대들 사랑의 상속인이며 유산이다. 오, 사랑하는 그대들이여.

아, 상냥하지만 지금은 나에게서 멀리 떠나가 버린 기적들이여, 우리는 본디 서로 가까이 지내도록 만들어졌다. 그리고 그대들은 나와 나의 갈망에 다가올 때 수줍어하는 새와 같았다. 아니, 그대들은 믿는 자로서 믿는 자에게 왔다.

그렇다. 그대들은 나처럼 진실을 위해, 다정한 영원을 위해 만들어졌다. 그러나 지금 나는 그대들의 불성실을 탓하지 않을 수 없구나. 성스러운 눈길, 순간의 빛이여. 다른 이름을 나는 아직 모른다.

참으로 그대들은 내가 보기에 너무 일찍 죽었다. 그대, 도망자들이여. 그렇지만 그대들은 나를 피해 달아난 것은 아니다. 또 내가 그대들을 피해 달아난 것도 아니다. 우리는 진실하지 못했다. 하지만 그것은 어느 누구의 잘못도 아니다.

나를 죽이기 위해 사람들은 그대들의 목을 졸랐다. 나의 희망을 노래 부르던 새들이여. 그렇다, 그대, 사랑하는 자들이여, 언제나 악의가 그대들을 향해 화살을 쏘았다. 나의 심장을 맞히려고!

그리고 드디어 과녁을 명중시켰다! 그대들은 언제나 내가 가장 사랑하는 자들이었고, 내 소유물이었으며, 나를 사로잡은 자들이었기 때문에 젊어서 죽어야 했다. 그것도 너무나 일찍!

그들은 내가 가장 쉽게 상처받는 곳에 화살을 쏘았다. 피부가 새의 솜털 같아 눈짓 하나만으로도 죽는, 미소와 같은 그대들을 향해.

그러나 나는 적들에게 이렇게 소리치고 싶다.

"모든 살인조차도 그대들이 내게 한 일에 비하면 아무것도 아니다.

적들이여. 그대들은 어떤 살인보다도 더 나쁜 짓을 나에게 했다. 그대들은 나에게서 돌이킬 수 없는 것을 빼앗아 갔다."

나는 그대들에게 이렇게 말한다, 나의 적들이여!

그대들은 내 청춘의 모습과 가장 사랑스런 기적을 죽였다. 그대들은 나에게서 가까운 친구, 더없이 행복한 정령들을 빼앗아 갔다. 나는 그들을 추모하기 위해 푸른 꽃다발과 함께 이 저주를 여기에 바치노라.

나의 적들이여, 이것은 그대들에 대한 저주다! 그대들은 영원한 것들을 차가운 밤에 스러지는 소리처럼 짧게 만들지 않았던가! 영원은 신성한 눈동자의 반짝임보다도 짧게, 한순간 내게 왔다.

일찍이 행복한 시절에 나의 순결은 이렇게 말했다.

"나에게 이 세상 모든 것은 성스러운 것이어야 한다."

그때 나의 적들은 더러운 유령들을 이끌고 와서 나를 공격했다. 아, 그 행복했던 시절은 어디로 가버렸단 말인가!

"내게는 모든 날이 성스러운 것이어야 한다."

일찍이 내 청춘의 지혜는 이렇게 말했다. 진실로 즐거운 지혜의 말이었다.

그때 그대, 나의 적들이여. 그대는 나의 밤을 모조리 훔쳐서 불면의 밤에게 팔아버렸다. 그리고 내게 고통만을 남겨주었다. 아, 그 즐거운 지혜는 어디로 달아났는가!

일찍이 나는 행복을 가져다줄 하늘의 새를 열망했다. 그런데 그대들은 흉조인 올빼미를 끌고 왔다. 아, 그때 내가 그렇게도 바라던 사랑스런 열망은 어디로 사라지고 없는가!

일찍이 나는 모든 혐오스러운 것들을 뿌리치기로 맹세했다. 그런데 그대들은 내 곁에 있는 자들과 나와 가장 가까운 자들을 고름이 흐르는 부스럼으로 변하게 했다. 아, 그때 나의 가장 고귀한 맹세는 어디로 달아났는가!

일찍이 나는 장님으로서 행복한 길을 걸어왔다. 그런데 그대들은 그 장님의 앞길에 오물을 뿌려놓았다. 그래서 나는 이제까지 걸어왔던 정든 길에 혐오감을 느끼고 말았다.

그리고 내가 가장 어려운 일을 끝내고 극복의 승리를 축하하고자 했을 때, 그대들은 내가 사랑하는 사람들을 부추겨 내가 그들에게 가혹한 고통을 주었다고 외치게 했다.

진실로 그대들이 하는 짓은 언제나 이랬다. 그대들은 나의 가장 달콤한 꿀과, 나의 가장 훌륭한 꿀벌들의 부지런함을 쓰디쓰게 망쳐놓았다.

그대들은 언제나 나에게 가장 뻔뻔스러운 거지를 보내 내가 자선을 베풀어주길 바랐다. 내 동정심 주위에 구제 불능의 몰염치한 무리들이 모이게 했다. 그렇게 내 덕이 믿음으로 행했던 것에 상처를 입었다.

그리고 내가 가장 신성한 것을 제단에 바치려고 할 때, 그대들의 '신앙심'은 서둘러 기름투성이 제물을 내 제물 옆에 놓았다. 그 기름에서 나는 냄새로 내 신성한 제물이 숨 막혀 죽고 말았다.

또 일찍이 나는 춰본 적 없는 춤을 추려고 했다. 아득한 하늘 너머까지 춤추며 다니려고 했다. 그때 그대들은 내가 가장 사랑하는 가수를 설득했다.

그러자 그 가수는 무시무시한 노래를 부르기 시작했다. 아, 마치 음산한 피리 소리처럼 그 노래는 내 귀를 괴롭혔다!

잔인한 가수여, 악의 도구가 되어버린 자여, 가장 순수한 악기여. 나는 가장 멋진 춤을 추려고 기다리고 있었다. 그런데 그때 그대는 나의 황홀경을 망쳐버렸다!

나는 춤을 추고 있을 때만 가장 훌륭한 비유를 말할 수 있다. 내가 하고 싶은 가장 훌륭한 비유는 아직도 말로 표현되지 못한 채 내 몸속에 머물러 있다.

나의 가장 큰 희망은 말로 표현되지도, 실현되지도 못하고 사라져 버렸다. 내 청춘의 모습과 위로의 모든 것은 그렇게 죽고 말았다!

어떻게 내가 그것을 견뎌냈는가? 어떻게 내가 그 상처를 이겨내고 살아남았는가? 어떻게 나의 영혼이 이들 무덤 속에서 다시 살아날 수 있었는가?

그렇다. 내게는 상처입힐 수 없는 것, 영원히 묻어둘 수 없는 것, 바위까지도 부숴 버릴 수 있는 것이 있다. 바로 '나의 의지'이다. 그것은 묵묵히 굴복하지 않고 세월 속을 걸어간다.

내 오랜 반려자인 나의 의지는 자신의 발로 길을 가려고 한다. 그의 생각은 견고해 꺾이는 법이 없다.

내 발뒤꿈치*27에서만 결코 상처 입지 않는다. 인내심 강한 나의 의지여, 지

---

*27 니체의 불굴의 의지가 담겨 있는 것으로서, 그리스 영웅 아킬레우스의 발뒤꿈치에 비유해서 쓴 말이다.

금도 그대는 삶을 계속하고 있으면서 변하지 않는구나! 그대는 어떠한 무덤이든 뚫고 나왔다!

그대 안에는 아직 이루지 못한 내 청춘의 조각들이 살고 있다. 그리고 그대는 삶이나 청춘으로서 이 누런 묘석의 폐허 위에 희망을 그리며 살아왔다.

그렇다, 지금도 그대는 나에게 모든 무덤의 파괴자다. 나의 의지여! 건강하라. 부활은 무덤이 있는 곳에만 존재한다.

차라투스트라는 이렇게 말했다.

자기 극복

그대, 최고의 현자들이여. 그대들 열정을 부추기고 자극하는 것이 '진리에 대한 의지'라고 생각하는가?

'존재하는 모든 것을 사유할 수 있게 만드는 의지', 나는 그대들의 의지를 이렇게 부른다.

그대들은 존재하는 모든 것을 먼저 사유할 수 있는 대상으로 만들려고 한다. 왜냐하면 그대들은 저마다 존재하는 모든 것이 사유할 수 있는 것인지 의심하고 있기 때문이다.

그러나 그대들의 의지가 원하는 것은 존재하는 모든 것이 그대들에게 순응하고 따르는 일이다. 존재하는 모든 것은 정신의 거울과 반영으로서 매끄러워져야 하며 정신에 복종해야 한다.

최고의 현자들이여, 그것이야말로 그대들 의지의 모든 것이다. 그것은 힘에 대한 의지이다. 그대들이 선과 악에 대해 말할 때나 다른 여러 가치에 대해 평가할 때도 마찬가지이다.

그대들은 무릎 꿇을 만한 가치 있는 세계를 그대들의 정신으로 창조하려고 한다. 그것이 그대들의 궁극적 희망이자 그대들이 몰두하고 있는 것이다.

현명하지 못한 자들, 즉 민중은 작은 배 하나가 떠가는 강물과 같다. 그 작은 배 위에는 가면을 쓴 가치 평가라고 하는 것이 엄숙하게 앉아 있다.

그대들은 그대들의 의지와 가치를 생성이라는 강물 위에 띄워 놓았다. 민중이 선과 악이라고 믿는 것들 속에 오랜 권력에 대한 의지가 분명하게 엿보인다.

최고의 현자들이여, 이런 여러 가치 판단이라는 손님을 배에 태우고 그들에게 장엄함과 자랑스러운 이름을 준 것이 바로 그대들이다. 그대들과 그대들의 지배하려는 의지이다.

강물은 그대들의 작은 배를 멀리까지 싣고 간다. 강물은 배를 운반해 가야 할 의무가 있다. 파도가 부서져서 거품이 일더라도, 그 용골(龍骨)에 아무리 거세게 부딪칠지라도.

최고의 현자들이여, 그대들의 위험, 다시 말해 그대들의 선과 악의 종말은 강물에서 오는 것이 아니다. 그 위험은 그대들의 의지 속에 숨어 있는 것이다. 끊임없이 생겨나는 삶의 의지 속에.

하지만 그대들이 내가 말하는 선과 악을 이해할 수 있도록 나는 삶에 대해서, 또 모든 존재들이 갖고 있는 삶의 본성에 대해서 이야기하겠다.

나는 생명체의 본성을 알고자 노력해 왔다. 그래서 가장 넓은 길이든 가장 좁은 길이든 가리지 않고 따라다녔다.

생명이 그 입을 다물고 있으면 나는 그 눈에 백 개의 거울을 비춰서 그 눈에게 이야기를 시키려 했다. 그 눈이 나에게 말했다.

"살아 있는 자들이 발견되는 곳마다 복종이라는 말이 들렸다. 살아 있는 모든 것은 복종하는 자들이다."

그리고 내가 다음에 들은 말은 "자신에게 복종할 수 없는 자는 남에게 명령을 받게 된다"는 것이다. 이것이 생명체의 본질이다.

그러나 내가 들은 세 번째 말은 "명령은 복종보다 힘들다"였다. 그것은 명령자가 복종자 모두를 책임져야 하기 때문만도 아니고, 그 책임의 무게로 짓눌려 버리기 때문만도 아니다.

나는 모든 명령 속에 새로운 시도와 모험이 포함되어 있다고 생각한다. 살아 있는 존재는 모두 명령할 때 언제나 자신을 거는 것이다.

그렇다! 그는 자신에게 명령할 때조차 자신의 명령에 책임을 져야만 한다. 그는 자신의 율법에 대한 재판관, 복수자, 또는 희생자가 되어야 한다.

나는 나 자신에게 대체 왜 이런 일이 일어났는지 물어본다. 무엇에 설득당해서 살아 있는 자가 복종하고 명령하고 또 명령하면서도 복종하고 있는 것인가?

최고의 현자들이여, 내 말을 들으라. 그리고 심각하게 음미해 보라! 내가 삶의 심장, 또는 그 심장 가장 깊숙이까지 파고들어 갔는지를.

나는 살아 있는 자를 발견할 때마다 권력에 대한 의지도 함께 발견한다. 그리고 복종하고 봉사하는 자의 의지 속에서 주인이 되려는 의지를 발견한다.

약자에게는 자신보다 약한 자의 주인이 되려고 하는 약자로서의 의지가 있기 때문에 강자에게 봉사한다. 살아 있는 자는 누구나 주인이 되고자 하는 기쁨만은 버릴 수가 없다.

보다 작은 것이 큰 것에 복종함으로써 가장 작은 것에 대한 지배의 기쁨과 힘을 얻으려고 하는 것처럼, 가장 큰 것 또한 지배의 기쁨을 위해 복종한다. 힘을 얻기 위해 생명을 거는 것이다.

모험, 위험, 그리고 생명을 건 도박, 이것이 가장 큰 것에 대한 헌신이다.

그리고 희생과 봉사, 사랑의 눈길이 발견되는 곳에서는 여지없이 주인이 되려는 의지가 함께 발견된다. 그때 약자는 샛길을 통해 강자의 성곽과 심장으로 몰래 들어가 힘을 훔쳐내려 한다.

그리고 삶은 나에게 직접 이 비밀을 말해 주었다.

"보라. 나는 언제나 나 자신을 극복하고 뛰어넘어야 한다.

그대들은 분명 그것을 생산에 대한 의지, 목적에 대한 충동이라 부르고, 보다 높은 곳, 보다 먼 곳, 보다 다양한 것에 대한 충동이라고도 부른다. 그리고 이것들은 모두 똑같은 하나의 비밀이다.

이 하나를 단념해야 한다면 차라리 몰락을 택하리라. 그리고 몰락이 일어나 잎이 떨어질 때면 삶은 스스로를 희생물로 바친다. 권력을 위해서!

내가 투쟁, 생성, 목표이고 모든 목적의 모순과 갈등이 되어야 한다는 것, 이러한 나의 의지를 알아낼 수 있는 자는 그 의지가 얼마나 구불구불한 길을 걸어야 하는가도 알 수 있으리라.

내가 무엇을 만들든, 그리고 나의 창조물을 어떻게 사랑하든 나는 그것에 대해서, 또 그것에 대한 나의 사랑에 대해서 적대자가 되어야만 한다. 내 의지가 그렇게 하기를 바란다.

그리고 그대, 인식하는 자여, 그대 또한 내 의지가 걸어가는 길이며 발자국에 지나지 않는다. 힘에 대한 내 의지는 진리를 향한 의지의 발로 걷는다.

진실로 '살아남기 위한 의지'라는 말의 화살을 쏜 자[28]는 결코 진리를 명중

---

*28 쇼펜하우어를 가리킨다.

시킬 수 없다. 그런 의지는 존재하지 않는다.

왜냐하면 존재하지 않는 것을 바랄 수는 없기 때문이다. 하지만 이미 존재하고 있는 것이 어떻게 다시 존재하기를 바랄 수가 있겠는가?

삶이 있는 곳에만 의지가 있는 법이다. 그러나 그것은 삶에 대한 의지가 아니라, 내가 그대에게 가르치노니, 권력에 대한 의지이다!

살아 있는 자에게 있어 많은 사람들은 삶 그 자체보다 더 높게 평가된다. 하지만 그런 평가를 통해 '힘에 대한 의지'를 분명히 발견할 수 있다!"

일찍이 삶은 나에게 이렇게 가르쳤다. 그리고 이 가르침을 통해 나는 가장 위대한 현자들의 마음속 수수께끼까지도 풀어주리라.

진실로 나는 그대들에게 말하노라. 변하지 않는 영원한 선과 악은 존재하지 않는다. 선과 악은 언제나 자신을 거듭 극복해야 하는 것이다.

그대, 가치를 평가하는 자들이여, 그대들은 선과 악에 대해 자기들의 평가와 말로 권력을 휘두르고 있다. 그것은 그대들의 감추어진 사랑이며, 그대들이 내뿜는 영혼의 불꽃이자 전율이고 정열이다.

그러나 한층 강한 폭력과 새로운 극복이 그대들이 세운 모든 가치 속에서 자라난다. 그래서 알과 껍질은 깨어진다.

선과 악에 있어서 창조자가 되어야 하는 자는 먼저 파괴자가 되어 모든 가치를 부숴 버려야 한다.

이처럼 최고의 악은 최고의 선에 속한다. 그리고 그 최고의 선이란 창조적인 것이다.

최고의 현자들이여, 이렇게 말하는 것이 언짢은 일이라 하더라도 우리는 말하리라. 침묵은 더욱 나쁘다. 모든 것을 말하지 않은 채 감추고 있는 진리는 해롭다.

우리의 진리를 견뎌낼 수 없는 것은 모두 파괴해 버려라! 아직 많은 집을 세워야 한다.

차라투스트라는 이렇게 말했다.

숭고한 사람들
나의 바다 밑은 고요하다. 그러나 그 속에 심술궂은 괴물이 숨어 있다는 것을 그 누가 알겠는가?

나의 깊은 곳은 흔들리는 일이 없다. 하지만 그곳은 헤엄쳐 다니는 온갖 수수께끼와 웃음소리로 빛나고 있다.

나는 오늘 한 숭고한 사람,[*29] 정중한 사람, 정신적 참회자를 보았다. 오, 나의 영혼은 그의 추한 꼴을 보고 얼마나 웃었는지 모른다!

그 숭고한 사람은 가슴을 떡 벌리고 숨을 한껏 들이마신 자세로 아무 말 없이 서 있기만 했다.

그는 자신이 사냥한 보기 흉한 진리를 몸에 늘어뜨리고, 다 해어진 옷을 여러 겹 껴입고 있었다. 몸에는 가시가 잔뜩 달라붙어 있었는데, 장미는 한 송이도 없었다.

그는 아직 웃는 법과 아름다움을 배우지 못했다. 이 사냥꾼은 인식의 숲에서 어두운 표정으로 돌아왔다.

그는 들짐승과 싸우다가 집으로 돌아온 것이다. 그러나 그의 엄숙함 속에는 아직 한 마리의 들짐승이 숨어 있었다. 극복되지 않은 들짐승이!

그는 여전히 덤벼들려는 호랑이처럼 서 있었다. 하지만 나는 이처럼 긴장한 영혼을 좋아하지 않는다. 이렇게 내부에 도사리고 있는 것은 내 취향에 맞지 않는다.

벗들이여, 그대들은 취향과 미각에 대해서는 논쟁할 필요가 없다고 말할 것이다. 그러나 모든 삶은 취향과 미각을 둘러싼 싸움이다!

취향, 그것은 저울이자 저울추이며 동시에 저울질하는 사람이다. 저울, 저울추, 저울질하는 사람들과의 싸움 없이 살고자 하는 자는 구원받을 수 없다!

이 숭고한 자가 자신의 숭고함에 싫증을 낼 때 비로소 그의 아름다움이 솟아날 것이다. 그때서야 나는 그를 맛보고 그 좋은 맛을 즐기리라.

그리고 그가 자신에게 몰두하기를 그만둘 때에야 비로소 그는 자신의 그림자를 뛰어넘어 태양 속으로 들어가리라.

그는 너무 오랫동안 그림자들 속에 앉아 있었다. 정신에 봉사하는 이 속죄자의 볼은 창백해져 있다. 그는 너무 오래 기다려서 거의 굶어 죽을 것 같았다.

[*29] 기독교도를 말한다.

그의 눈가에는 아직도 경멸의 빛이 서려 있고, 입가에는 혐오가 깃들어 있다. 비록 지금 그는 휴식을 취하고 있지만 아직까지 햇볕을 쬐며 쉬어본 적이 없다.

그는 황소처럼 행동해야 한다. 그의 행복은 대지의 향기를 풍겨야 하며 대지를 경멸하는 냄새를 풍겨서는 안 된다.

나는 그가 하얀 황소처럼 세차게 콧김을 내뿜으면서 힘차게 쟁기를 끌고 있는 모습을 보고 싶다. 그 거친 숨소리가 이 땅의 모든 것을 찬미하고 있는 노래라면 얼마나 좋겠는가!

그의 표정은 아직도 어둡다. 손의 그림자가 그의 얼굴을 바쁘게 오르내리고 있기 때문이다. 그의 눈빛도 여전히 우울하다.

그의 행위조차 여전히 그를 덮고 있는 그림자일 뿐이다. 손은 행동하는 사람을 어둡게 만든다. 그는 아직도 자기 행위를 극복하지 못한 것이다.

나는 그의 황소 같은 목덜미를 사랑한다. 그러나 나는 그에게서 천사의 눈도 보기를 바란다.

그는 영웅적인 의지도 잊어버려야 하고, 높이 날아오르는 사람이 되어야 한다. 단순히 숭고한 사람으로 머물러 있어서는 안 된다. 하늘의 대기가 그를 의지로부터 벗어난 자로 드높여야만 한다.

그는 괴물을 정복했고 수수께끼를 풀었다. 하지만 그는 자신의 괴물과 수수께끼도 구출해야 한다. 그리고 그것들을 하늘나라의 어린아이들로 변화시킬 수 있어야 한다.

그의 인식은 아직도 미소 짓는 법과 질투의 긴장을 버리는 법을 배우지 못했다. 또 그의 넘치는 정열은 아름다움으로써 억제되지 않고 있다.

진실로 그의 갈망은 충만함 속에서가 아니라 아름다움 속에서 멈추고 사라져야 한다. 우아함이란 관대함 속에서 충족되어야 한다.

영웅은 팔을 머리 위에 올려놓은 채 휴식을 취해야 한다. 그렇게 하여 휴식마저도 극복해야 한다.

그러나 영웅에게는 아름다움이 가장 어려운 일이다. 아름다움은 거센 의지를 가지고는 잡을 수 없기 때문이다.

아름다움에 있어서는 약간의 넘침과 약간의 부족함이 가장 중요하다.

숭고한 자들이여, 힘을 뺀 근육, 굴레를 벗은 의지가 그대들에게 가장 어려운 일이 될 것이다.

힘이 관대해져서 눈에 보이는 세계로 내려올 때, 나는 그런 겸손을 아름다움이라고 부른다.

그대, 힘을 가진 자들이여. 나는 누구보다도 그대에게 아름다움을 기대한다. 선을 얻는 것이 그대의 마지막 자기 극복이 되게 하라!

나는 그대들이 모든 악을 행하리라는 것을 알고 있다. 그래서 그대에게 선을 기대하는 것이다.

때때로 나는 허약한 이들을 비웃곤 했다. 그들은 다리를 절름거린다는 이유로 자신을 선량하다고 생각하기 때문이다.

그대는 기둥의 덕을 이루려고 노력해야 한다. 기둥은 높으면 높을수록 더 아름다워지고 우아해지며 그 안은 더 견고해져서 무거운 것을 버티는 힘이 커진다.

그렇다. 숭고한 자여, 그대도 언젠가 아름다워지지 않으면 안 된다. 그리고 자신의 아름다움을 거울에 비쳐 바라보아야 한다.

그때 그대의 영혼은 성스러운 욕망으로 전율하리라. 그리고 그대의 자만심 속에도 존경이 가득 차리라!

이것이 영혼의 비밀이다. 영웅은 영혼을 버릴 때에야 비로소 꿈속에서 영웅을 뛰어넘는 영웅이 된다.

차라투스트라는 이렇게 말했다.

교양의 나라

나는 너무도 먼 미래의 공간으로 날아올라 갔다. 그러자 공포에 사로잡혔다. 주위를 둘러보니, 아, 나와 동시대인은 시간뿐이었다.

나는 고향으로 방향을 돌렸다. 서둘러 날았다. 그래서 나는 그대들의 나라, 교양의 나라로 왔다.

나는 처음으로 그대들을 보려는 순수한 눈과 욕망을 가지고 돌아왔다. 진실로 나는 마음속에 그리움을 품고 그대들에게 왔다.

그러나 나에게 무슨 일이 일어났는가? 나는 몹시 놀랐지만 웃지 않을 수 없었다. 지금까지 나는 이렇듯 알록달록하게 뒤섞인 것을 본 적이 없었다.

나는 웃고 또 웃었다. 내 다리와 심장이 떨리고 있는데도.

"이곳은 정말 그림물감의 본고장이군." 나는 이렇게 말했다.

그대, 현대인들이여, 그대들은 얼굴과 손발에 쉰 개의 얼룩을 칠한 채 앉아 있다. 그대들은 나를 놀라게 하고 어이없게 만든다.

그리고 그대들 주위에는 쉰 개의 거울이 놓여 있다. 그것이 그대들의 색깔 변화에 아첨하며 그 일을 반복하고 있다.

진실로 현대인들이여! 그대들의 얼굴이야말로 가장 훌륭한 가면이다! 그러니 누가 알아낼 수 있겠는가, 그대들이 누구인가를?

그대들은 과거의 기호로 몸 전체를 칠하고는 그 위에 새로운 기호로 덧칠하고 있다. 그대들은 어떤 기호 해독자도 알아볼 수 없을 만큼 자신을 교묘하게 감추고 있는 것이다.

신장(콩팥)*30을 검사하는 아무리 훌륭한 탐지자라도 그대들에게 신장이 있다는 것을 어떻게 알아낼 수 있겠는가! 그대들은 그림물감으로 칠하고 갖풀로 붙인 종잇조각을 구워 만든 것처럼 보인다.

그대들의 베일 저쪽에서 모든 시대와 민중이 가지각색으로 눈에 들어오는구나. 그대들의 몸짓을 통해 온갖 풍습과 신앙이 다채롭게 드러나고 있는 것이다.

그대들에게서 베일과 물감과 겉옷과 몸짓을 벗겨버린다면, 그들에게는 겨우 새를 놀라게 할 정도의 것만 남으리라.

진실로 나는 그림물감을 칠하지 않은 벌거벗은 그대들을 보고 놀란 새이다. 그리고 그 해골이 내게 추파를 던졌을 때 나는 깜짝 놀라서 날아가 버렸다.

차라리 땅 아래로 내려가서 망령들의 노예가 되리라. 오히려 저승의 망령들이 그대들보다 볼품이 있으리라.

그대들이 벌거벗었건, 온갖 색깔의 옷을 걸쳤건 나는 그대들을 견딜 수 없다. 그렇다! 바로 이것이 나의 내장에 사무치는 쓰라림이다.

그대 현대인들이여! 미래의 온갖 기분 나쁜 것, 또 과거에 새들을 놀라게 했던 모든 것도 그대들의 '현실'에 비하면 오히려 정답고 친근하다.

왜냐하면 그대들은 "우리는 온전히 현실주의자이다. 그러므로 신앙이나 미

---

*30 인간의 정수, 즉 본질을 의미한다.

신에는 사로잡히지 않는다" 말하기 때문이다. 그러면서 그대들은 우쭐거린다. 아, 우쭐댈 만한 것은 아무것도 없으면서!

그렇다! 그대들이 어찌 신앙을 가질 수 있겠는가? 온갖 색깔로 뒤덮인 자들이여! 과거에 신앙의 대상이 되었던 것들을 그대로 흉내낸 그림에 불과한 자들이여!

그대들은 신앙 그 자체에 대한, 걸어다니는 반증이다. 모든 사상의 어긋난 뼈마디일 뿐이다. 나는 그대들을 믿을 만한 가치가 없는 자라고 부르겠다. 이 현실적인 자들이여!

그대들의 머릿속에서는 온갖 시대가 뒤섞여 서로 모순된 말로 지껄인다. 더군다나 어떤 시대의 꿈과 논란도 그대들의 깨달음 상태에 비하면 훨씬 현실적이다.

그대들은 생산을 할 수 없다. 그래서 그대들에게 신앙이 결여되어 있는 것이다. 그러나 창조해야만 했던 사람들은 예언적인 꿈과 별들의 징조를 가지고 있으며 신앙을 갖고 있었다.

그대들은 무덤 파는 자들이 기다리는 반쯤 열린 문이다.*³¹ 그리고 그대들의 현실은 바로 이것이다. "모든 것은 멸망하는 데 가치가 있다"

아, 그대들은 왜 내 앞에 서 있는가? 그대, 생산할 수 없는 자들이여. 갈비뼈가 앙상하게 드러난 그 꼴을 좀 보라. 얼마나 비참한가! 하긴 그대들 가운데 대부분은 그것을 인식하고 있을 것이다.

그들은 말했다.

"내가 잠들어 있는 동안 신이 몰래 나에게서 무엇인가 훔쳐 간 것은 아닐까? 그렇지 않다면 작은 소녀 하나쯤 만들 재료는 가지고 있었을 텐데. 내 갈비뼈가 이렇게 빈약하다는 것은 이상한 일이다." 대부분의 현대인들은 이렇게 말했다.

그대들은 우스꽝스러운 존재다, 현대인들이여. 더욱이 그대들이 자신을 의심할 때는 더욱 그렇다!

내가 만일 그대들의 놀라움을 비웃지 못한 채 그대들에게 있는 구역질 나는 것을 모두 마셔야 한다면, 나는 정말 비참해지리라.

─────────

*31 산송장과 같은 현대인들을 풍자한 것이다.

하지만 나는 짊어져야 할 무거운 짐*³²이 있기 때문에 그대들의 일을 가볍게 여긴다. 짐 위에 딱정벌레나 풍뎅이가 앉는다고 해도 무엇이 달라지겠는가!

진실로 그것들이 앉았다고 해서 내 짐이 더 무거워지지는 않는다. 그러니 그대들로 인하여 큰 피로가 나에게 올 리도 없다. 그대, 현대인들이여.

아, 그러면 나는 나의 동경을 등에 지고 어디로 올라가야 하는가? 나는 모든 산봉우리 위에서 아버지의 나라, 어머니의 나라를 바라본다.

그러나 고향은 아무 데도 보이지 않는다. 나는 어떤 도시에도 정착하지 못하고 성문을 떠나는 영원한 출발자이다.

그동안 내가 관심을 가졌던 현대인은 이제 내게 있어 이방인이고 웃음거리일 뿐이다. 나는 아버지의 나라, 어머니의 나라로부터도 쫓겨났다.

그리하여 아직까지 내가 유일하게 사랑하는 것은 어린아이의 나라*³³뿐이다. 이곳은 먼바다의 저 끝에 있는 아직 발견되지 않은 나라이다. 나는 배를 타고 그것을 찾기 위해 항해하리라.

나는 내가 내 조상의 아이라는 것에 대해서, 나의 아이들에게 보상할 것이다. 그리고 모든 미래에게 이 현재에 대해 보상할 것이다.

차라투스트라는 이렇게 말했다.

순수한 인식

어젯밤 떠오르는 달을 보며 나는 달이 해를 낳으려 한다고 생각했다. 달은 만삭이 된 둥그런 배를 하고 지평선 위에 떠 있었다.

그러나 달이 잉태한 것처럼 보인 것은 거짓이었다. 나는 달이 여성이 아니라 오히려 남성이라고 믿고 싶다.*³⁴

그렇기는 해도 이 조심스러운 밤의 친구는 그다지 남자답지 못하다. 그는 떳떳하지 못한 양심을 가지고 지붕 위를 살금살금 걸어다닌다.

이 달 속의 성직자는 호색가에 질투가 많다. 대지에 대해서, 또 연인들의 모든 기쁨에 대해서 몹시 부러워한다.

---

*32 영원회귀 사상을 말한다.
*33 초인의 나라.
*34 독일에서는 해가 여성명사이고, 달이 남성명사이다.

아니다. 나는 지붕 위를 어슬렁거리는 이 수고양이를 싫어한다. 반쯤 닫힌 창가를 발소리를 죽인 채 살금살금 기어다니는 자들을 나는 좋아하지 않는다.

경건하고 과묵한 그는 별들이 반짝거리는 양탄자 위를 걸어간다. 하지만 나는 소리도 내지 않고 가볍게 걸어다니는 그 걸음걸이를 좋아하지 않는다.

정직한 자의 발걸음은 소리가 난다. 그러나 고양이는 마루를 슬그머니 지나간다. 보라, 달은 고양이처럼 다가오며 정직하지 못하다.

나는 그대들 신경질적인 위선자들에게 이 비유를 들려주겠다. 그대 '순수한 인식자들'을 나는 음탕한 자라고 부른다.

그대들도 대지를 사랑하고, 세속적인 것을 사랑한다. 나는 그대들에 대해 충분히 알고 있다. 그러나 그대들의 사랑 속에는 수치심과 떳떳하지 못한 양심이 있다. 그대들은 마치 달과 같다.

그대들의 정신은 세속적인 것을 경멸하도록 교육받았다. 하지만 그대들의 배 속 오장육부는 그렇지 않다. 오장육부야말로 그대들이 지닌 것 중에서 가장 강하다.

이제 그대들의 정신은 그대들이 오장육부의 뜻에 따라야 함을 부끄러워한다. 그리고 그 수치심을 감추기 위해 샛길과 허위의 길을 걷는다.

그런데 허위의 정신은 그대들에게 이렇게 말한다.

"그것이 나에게는 최고의 것이다. 혀를 늘어뜨린 개와 달리 어떤 욕망도 없이 인생을 바라본다.

모든 이기심의 지배와 갈망에서 벗어나 아주 차갑고 창백한 죽음의 의지로써, 그러나 술 취한 달의 눈으로써 즐겁게 바라보는 것이야말로 나에게 있어 가장 바람직한 것이다."

이렇게 해서 유혹당한 자는 자신을 더욱 유혹한다.

"달이 대지를 사랑하듯 대지를 사랑하자. 오직 눈으로만 대지의 아름다움을 어루만지자.

그래서 오직 백 개의 눈을 가진 거울처럼 그들 앞에 드러눕는 것이 허락되는 것, 나는 그것을 순수한 인식이라 부른다."

오, 그대, 감상적인 위선자여! 그대, 음탕한 자들이여! 그대들의 욕망에는 순수성이 빠져 있다. 그래서 나는 그대들의 욕망을 비난한다.

진실로 그대들은 창조자로서, 생식자로서, 생성을 기쁨으로 여기는 자로서 대지를 사랑하는 게 아니다.

순수성은 어디 있는가? 그것은 생식에 대한 의지가 있는 곳에 있다. 내가 보기에 자신을 극복하여 창조하려는 자가 가장 순수한 의지를 지녔다.

아름다움은 어디 있는가? 내가 모든 의지로 의욕해야 하는 곳에 있다. 하나의 형상이 단지 형상으로 끝나지 않도록 사랑하고 몰락하는 곳에 아름다움이 있다.

사랑하는 것과 몰락하는 것은 아주 옛날부터 서로 조화를 이뤄 왔었다. 사랑에 대한 의지, 그것은 기꺼이 죽음까지도 각오하는 것이다. 나는 그대 비겁자들에게 이렇게 말한다.

그러나 이제 그대들의 무력해진 추파는 '명상'이라 자처한다. 그리고 비겁한 눈에 비친 것을 '아름다움'이라고 이름 지으려 한다. 오, 고상한 이름을 가진 모독자들이여.

순수한 자들이여, 순결한 인식자들이여! 그대들이 이제 두 번 다시 분만하지 못하리라는 것은 그대들에게는 저주이다. 설령 그대들이 잉태한 모습으로 지평선에 누워 있을지라도!

진실로 그대들의 입은 고상한 말로 가득 차 있다. 우리는 그대들의 마음이 넘쳐흐르고 있다고 믿어야 한단 말인가, 그대 사기꾼들이여!

하지만 나의 말은 보잘것없고 비천하며 왜곡되어 있다. 나는 그대들이 밥을 먹을 때 식탁 위에 떨어뜨린 말들을 기꺼이 주워 모은다.

그러나 이런 말들로 나는 위선자들에게 진리를 이야기할 수 있다. 그렇다. 내가 주워 모은 생선 뼈며 조개껍데기, 또는 가시 돋친 잎들을 가지고 그대들의 콧속을 간질일 수 있다.

그대들과 그대들의 식탁 주위에는 언제나 탁한 공기가 맴돌고 있다. 그대들의 탐욕스러운 사상, 거짓말, 그리고 비밀이 그 공기 속에 들어 있다.

그대들 자신과 내장을 믿어라. 자신을 믿지 않는 자는 늘 거짓말을 한다.

그대, 순수한 자들이여, 그대들은 신이라는 가면을 쓰고 있다. 그 가면 속에는 그대들이 싫어하는 뱀이 기어다니고 있다.

그대, 관조하는 자들이여. 실로 그대들은 사람들을 속이고 있다. 차라투스트라도 일찍이 그대들의 신성한 겉모습에 심취한 적이 있었다. 그 속에 숨어 꿈틀거리는 커다란 뱀을 알아채지 못했던 것이다.

그대, 순수하게 인식하는 자들이여. 나는 일찍이 그대들의 놀이 속에 신의 영혼이 작용하고 있다고 믿었다. 일찍이 그대들의 예술보다 더 훌륭한 예술은 없는 것 같았다.

다만 멀리 떨어져 있었기 때문에 뱀의 오물과 악취를 느끼지 못했던 것이다. 그래서 간사한 지혜를 지닌 도마뱀이 욕정을 품은 채 그곳을 기어다니고 있는 것도 알아차리지 못했다.

하지만 나는 그대들 바로 가까이까지 다가갔다. 그러자 깨달음의 아침이 밝아오기 시작했다. 이제 그대들에게도 그 아침이 밝아오고 있다. 달의 정사는 끝났다.

저쪽을 보라! 정체가 드러난 달은 새파랗게 질려 있다. 아침놀 앞에서!

이미 불타는 태양이 솟아오르고 있다. 대지에 대한 태양의 사랑이 다가오고 있다. 순수성과 창조의 욕망이 바로 태양의 사랑이다.

보라! 태양이 얼마나 급하게 바다*35를 건너오고 있는가? 그대들은 태양의 사랑에 대한 갈망과 뜨거운 숨결을 느끼지 못하는가?

태양은 바다를 들이마시고, 그 깊이를 자신의 높이로 빨아올리려 한다. 이제 바다의 욕망은 천 개의 가슴과 더불어 부풀어 오른다.

바다는 태양의 갈망으로 입맞춤을 받고 흡수되기를 바란다. 바다는 대기가 되려 한다. 높은 곳으로, 햇빛을 내리쬐는 곳으로, 아니 햇빛 그 자체가 되려고 한다.

진실로 나는 태양처럼 삶과 깊은 바다를 사랑한다.

그리고 이것이 나에게는 인식이라는 것이다. 깊고 오묘한 것은 모두 나의 높이까지 올라오라!

차라투스트라는 이렇게 말했다.

학자

내가 잠자고 있을 때 한 마리 양이 담쟁이덩굴로 만든, 내 머리의 관을 뜯어

---

*35 무한한 가능성을 가진 삶.

먹고 나서 말했다. "차라투스트라는 이제 학자가 아니다."

양은 이렇게 말하고 어색하지만 자랑스러운 걸음걸이로 사라졌다. 한 아이가 나에게 들려준 이야기이다.

나는 아이들이 놀고 있는 이곳에 즐겁게 눕는다. 무너져 가는 돌담 옆 엉겅퀴와 빨간 양귀비꽃이 피어 있는 이곳에.

아이들, 엉겅퀴들, 빨간 양귀비꽃들에게 나는 아직도 학자이다. 이들은 악의를 지니고 있을 때조차도 순수하다.

그러나 양들에게 나는 이미 학자가 아니다. 나의 운명이 그렇게 되기를 바란다. 나의 운명이여, 축복받으라!

진실을 말하면 이렇다. 나는 학자들의 집에서 뒷발로 문을 세차게 닫고*36 뛰쳐나왔다.

내 영혼은 오랫동안 그들의 식탁에 같이 앉아 있었지만 배고픔에 시달렸다. 나는 그들처럼 호두 깨는 요령을 익히듯이 인식하는 훈련을 받은 것은 아니다.

나는 자유를 사랑한다. 그리고 생기 있는 대지를 감싸고 있는 공기를 사랑한다. 학자들의 지위와 위엄 위에서 자느니 차라리 황소 가죽으로 된 자리 위에서 잠들고 싶다.

나는 내 사상으로 인해 불타오르고 있다. 그 때문에 때로는 숨 쉬기도 곤란해진다. 그래서 나는 먼지투성이 방을 떠나 대기 속으로 나가야만 한다.

그러나 학자들은 서늘한 그림자 속에 냉정하게 앉아 있다. 그들은 무슨 일에든 방관자로 남고 싶어한다. 그리고 햇빛이 타는 듯이 내리쬐는 계단에 내려서지 않으려 한다. 거리에 서서 오가는 사람들을 바라보고 있는 사람처럼 그들은 꼼짝 않고 앉아 입을 벌린 채 멍하니 바라보고만 있다.

만일 누군가가 그들을 손으로 잡으면 그들은 밀가루 부대처럼 먼지를 일으킬 것이다. 그러나 그 먼지가 본디 곡물로부터, 또는 여름날 황금색 환희*37로부터 온 것임을 그 누가 알겠는가?

그들이 현자인 척할 때면 나는 그들의 초라한 잠언이나 진리에 오한을 느낀다. 나는 때때로 그들의 지혜에서 늪에서나 피어오를 듯한 썩은 냄새를 맡는다. 그 썩은 냄새에 섞여서 개구리의 울음소리마저 들려오는 듯하다.

---

*36 니체의 건강이 악화되어서 바젤 대학 교수직을 사임한 것을 의미한다.
*37 위대한 사상가의 원숙한 사상.

그들은 노련하다. 그들은 예리한 손가락을 가지고 있다. 그들의 다양성에 비해 나의 단순성은 무엇을 할 수 있겠는가? 그들의 손가락은 실을 다루는 법, 맺는 법, 짜는 법에 대해 완벽하게 알고 있다. 그래서 그들은 정신의 양말*³⁸을 짜낸다.

그들은 고급 시계이다. 다만 태엽을 적당히 감아줘야 한다는 것을 잊어서는 안 된다. 그렇게만 해주면 그들은 충실하게 시간을 가리키며 조용히 째깍거리리라.

그들은 맷돌이나 절구처럼 일한다! 그들 속에다 곡식을 집어넣기만 하면 된다. 그들은 그 곡식을 빻아 흰 가루로 만들 수 있다.

그들은 서로 감시하고 있다. 그리고 상대를 믿지 않는다. 그들은 잔꾀를 잘 부리는 절름발이 지식의 소유자를 잡으려고 기다린다. 마치 거미들처럼.

나는 그들이 언제나 신중한 태도로 독을 만드는 것을 보았다. 그때 그들은 투명한 유리 장갑을 끼고 있었다.

그들은 부정한 주사위 놀이를 하는 방법도 알고 있다. 나는 그들이 땀을 흘리면서 승부에 열중하는 꼴을 보았다.

그들에게 나는 이방인이다. 그들의 덕은 그들의 허위와 부정한 주사위 놀이보다 더 내 취향에 맞지 않는다.

그래서 나와 그들이 함께 살고 있을 때는 내가 그들 위에서 살고 있었다. 그래서 그들은 나를 싫어한다.

그들은 자신들의 머리 위에서 사람이 걸어다니며 발소리를 내는 것을 참을 수 없어했다. 그래서 그들은 나와 자신들 머리 사이에 나무와 진흙과 오물을 끼워 넣었다.

그렇게 해서 그들은 내 발소리를 막았다. 그리고 지금까지 가장 훌륭한 학자들조차 나의 말에 귀 기울이지 못하고 있다.

그들은 자신과 나 사이에 인간의 모든 잘못과 약점을 끼워 놓았으며, 그것을 집 안의 '방음판'이라고 불렀다.

그럼에도 나는 지금도 사상을 간직한 채 그들의 머리 위를 걸어다니고 있다. 내가 내 잘못을 다리 삼아 걸어다닌다 하더라도 변함없이 나는 그들의 머리

─────────
*38 무가치한 학문적 세공품.

위에 있을 것이다.

왜냐하면 인간은 평등하지 않다고 정의는 말하기 때문이다. 따라서 내가 바라는 것을 그들은 바랄 자격이 없다!

차라투스트라는 이렇게 말했다.

시인

차라투스트라는 어느 제자에게 말했다.

"내가 육체에 대해 보다 잘 알게 되었을 때, 정신은 그저 상징적인 것에 불과하다는 것을 알았다. 그리고 '불멸하는 것'도 모두 나에게는 그저 하나의 비유에 지나지 않는다는 것을 알았다."

그 제자가 대답했다.

"그대는 전에도 그렇게 말한 적이 있습니다. 그리고 그때 그대는 '그러나 시인은 거짓말을 지나치게 많이 한다'고 덧붙였습니다. 어째서 그렇게 말했습니까?"

"어째서냐고?" 차라투스트라는 말했다.

"그대는 왜냐고 묻는가? 나는 그대들이 왜라는 질문을 하면 안 되는 인간 가운데 한 사람이다.

나의 체험은 어제오늘의 것이 아니다. 나는 내 의견의 근거를 오래전에 체험했다.

만일 그런 여러 근거를 기억하고자 했다면 나는 기억을 담는 통이 되어야 하지 않겠는가?

내 의견을 간직하는 일조차 나에게는 벅차다. 그래서 멀리 도망가 버린 새도 적지 않다.

이따금 나는 내 비둘기장 속에서 다른 곳에서 날아온 낯선 새를 볼 때가 있다. 내가 손을 대면 그 새는 무서워서 몸을 떤다.*39

그러나 일찍이 차라투스트라가 그대에게 뭐라고 말했는가? 시인은 거짓말을 지나치게 많이 한다고 말했는가? 하지만 차라투스트라도 시인이다.

---

*39 다른 사람의 사상이나 의견이 섞여 들어가는 수가 있지만, 그것은 주인에게 충분히 길들여지지 않은 비둘기와 같은 것이다.

그런데도 그대는 차라투스트라가 거기에 대해서 진실을 말했다고 생각하는가? 왜 그렇게 생각하는가?"

제자가 대답했다. "저는 차라투스트라를 믿습니다."

그러자 차라투스트라는 미소를 지으며 고개를 저었다.

"믿음은 나에게 기쁨을 주지 않는다. 특히 나에 대한 믿음은 더욱 그렇다. 누군가가 매우 진지하게 '시인은 거짓말을 지나치게 많이 한다'고 말했다면 그 말은 사실이다. 우리는 거짓말을 너무 많이 한다.

우리는 아는 것이 너무 적고 배우는 데도 재주가 없다. 그래서 거짓말을 할 수밖에 없다.

우리 시인들 가운데 포도주에 물을 타지 않는 자가 있는가? 우리 양조장에서는 때때로 독하고 해로운 혼합주가 만들어지고 이루 말할 수 없는 일들이 행해진다.

또 우리는 아는 것이 적기 때문에 정신이 가난한 자를 특히 마음에 들어한다. 특히 젊은 여자인 경우에는 더욱 그렇다.

그리고 늙은 여자들이 밤이면 모여 서로 주고받는 이야기까지도 우리는 매우 좋아한다. 우리는 그것을 우리 속에 있는 영원히 여성적인 것이라고 부른다.

또 무언가를 배운 자에게는 닫혀 있는, 지식으로 통하는 특별한 비밀 통로가 있기라도 하듯 우리는 민중과 민중의 '지혜'를 믿는다.

그러나 시인들은 풀밭이나 호젓한 산기슭에 뒹굴면서 귀 기울이고 있으면 하늘과 땅 사이에 있는 모든 것에 대해 얼마쯤은 알 수 있게 된다고 믿는다.

그래서 시인들에게 그럴듯한 감동이 찾아오면 언제나 자기만족에 빠진다. 바로 자연이 그들에게 반해 버렸다는 것이다.

그리고 자연이 그들의 귓가에 다가와 비밀과 연모의 말을 속삭인다고 생각한다. 그들은 모든 사람들 앞에서 떠벌린다.

아, 하늘과 땅 사이에는 시인만이 꿈꿀 수 있다고 자랑하는 사물이 아주 많다.

특히 하늘 위에 많다. 모든 신은 시인들이 짜낸 비유이며 궤변이기 때문이다.

참으로 우리는 언제나 높은 곳에 마음이 끌리게 마련이다. 그래서 우리는 그 구름 위에 화려한 색으로 꾸민 꼭두각시 인형을 얹어놓고는 그것에 신이나 초인이라는 이름을 붙인다.

신들이나 초인들은 모두 구름 위에 실을 수 있을 정도로 가볍다.

아, 사실처럼 보이려는 터무니없는 것에 나는 얼마나 싫증을 느꼈는지! 아, 나는 얼마나 시인에게 진절머리를 내고 있는지!"

차라투스트라가 이렇게 말했을 때 제자는 그에게 화가 났지만 가만히 있었다. 차라투스트라도 입을 다물고 있었다. 그는 먼 곳을 바라보는 것 같았지만 사실은 자기 안을 들여다보고 있었다. 마침내 그는 탄식하며 한숨을 쉬었다. 이윽고 그가 말했다.

"나는 '현재'이며 '과거'이다. 그러나 내 안에는 '내일'과 '모레', 그리고 '미래'에 속하는 그 무언가가 있다.

나는 옛 시인에게도, 새로운 시인*40에게도 싫증을 느꼈다. 나에게는 그들 모두가 껍데기이고 얕은 바다이다.

그들의 생각은 깊은 곳까지 이른 적이 없다. 그 때문에 그들의 감정도 밑바닥에까지 미치지는 못했다.

기껏해야 약간의 쾌락과 지루함이 그들이 하는 최고의 사색이었다.

나에게는 그들이 내는 하프 소리가 유령의 숨소리나 옷자락 끄는 소리처럼 들린다. 그들은 지금까지 음의 열정에 대해 무엇을 알고 있었단 말인가!

내가 보기에 그들은 충분히 깨끗하지도 않다. 그들은 자신의 연못이 깊어 보이도록 일부러 물을 흐려놓는다.

그렇게 함으로써 스스로 조정자로 보이기를 원한다. 그러나 내가 보기에 그들은 언제나 중개자이자 혼합자일 뿐이며 잡종인 데다 불결한 존재이다.

아, 나는 좋은 물고기를 잡으려고 그들의 바다에 그물을 던졌다. 하지만 늘 늙은 신의 머리만을 건져 올렸다.

이처럼 바다는 굶주린 자에게 돌덩어리 하나를 던져줄 뿐이다. 시인도 어쩌면 바다에서 나왔을지 모른다.

확실히 시인 속에서는 진주를 발견할 수 있다. 시인은 그만큼 딱딱한 조개류와 비슷하다. 나는 그들 속에서 영혼 대신 소금에 절어 짜디짠 점액을 발견

---

*40 무한한 가능성을 지닌 삶을 상징한다.

하곤 했다.

그들은 또 바다로부터 허영심도 배웠다. 바다는 공작새 가운데 공작새가 아니겠는가?

바다는 가장 추한 물소에게도 그 꼬리를 펴 보인다. 바다는 은과 비단으로 수놓은 자신의 레이스 부채에 싫증을 느끼는 법이 없다.

물소는 거만하게 바다를 바라본다. 그의 영혼은 모래에 가깝고, 수풀에 더욱 가깝다. 그러나 늪에 가장 가깝다.

물소에게 아름다움이 무슨 소용이겠는가? 바다나 공작새의 꼬리가 무슨 소용이겠는가? 나는 시인에게 이 비유를 들려주고 싶다.

진실로 그대들 정신은 공작새 가운데 공작새이며 허영의 바다이다!

시인의 정신은 관중을 찾는다. 설령 그것이 물소라 할지라도!

그러나 나는 이런 정신에 싫증이 났다. 그리고 그 정신이 자신에 대해 싫증을 느낄 때가 다가오고 있음을 알고 있다.

그렇다, 나는 시인들이 이미 변해서 그들의 눈을 자신에게로 돌리고 있는 것을 보았다.

나는 다가오는 정신의 참회자[41]들을 보았다. 그들은 시인 속에서 성장한 자이다."

차라투스트라는 이렇게 말했다.

중대한 사건

차라투스트라의 행복의 섬에서 얼마 떨어져 있지 않은 바다 한가운데에 섬이 하나 있다. 그 섬에는 계속 연기를 뿜어내는 화산이 있다. 사람들, 그중에서도 특히 늙은 여인들의 말에 따르면 이 섬은 마치 저승문 앞의 바위 같고, 화산 속에 있는 좁은 길을 따라 내려가면 바로 저승문에 이른다.

차라투스트라가 행복한 섬에 머무르고 있던 어느 날의 일이다. 그날 배 한 척이 그 화산섬에 닻을 내리고, 선원들이 토끼 사냥을 하기 위해서 뭍에 올랐다. 점심때쯤에 선장과 선원이 모두 모였을 때, 그들은 하늘을 날아 그들 쪽으

---

[41] 보다 높은 경지로 향하려는 시인들.

로 다가오는 사람을 보았다. 그리고 그 사람의 또렷한 목소리를 들었다. "때는 왔다! 지금이 바로 그때다!"

그 사람의 모습은 아주 가까워진 듯했지만 그림자처럼 날아가 화산섬 쪽으로 사라졌다. 선원들은 그 사람이 차라투스트라임을 깨닫고 깜짝 놀랐다.[*42] 선장을 뺀 모두가 차라투스트라를 알고 있었던 것이다. 그리고 민중이 차라투스트라를 사랑하듯 그들도 차라투스트라를 사랑하고 있었다.

키잡이는 사랑과 경외감이 반반 섞인 목소리로 외쳤다.

"보라! 차라투스트라는 지옥으로 가고 있다!"

이 선원들이 화산섬에 상륙했을 무렵에 차라투스트라가 없어졌다는 소문이 퍼졌다. 사람들이 그의 벗들에게서 알아본 바에 의하면, 그는 어디로 간다는 말도 없이 밤에 배를 타고 여행을 떠났다는 것이다.

그러자 사람들이 불안해하기 시작했다. 사흘 뒤에는 그 선원들의 이야기가 전해져서 사람들의 불안은 한층 더 심해졌다. 민중은 차라투스트라가 악마에게 잡혀간 것이라고 했다. 그의 제자들은 그 소문을 비웃었고, 그 가운데 한 사람은 "오히려 악마가 차라투스트라에게 잡혀갔다고 생각한다" 말하기까지 했다. 그러나 제자들 또한 마음속으로는 모두들 그를 걱정하고 그리워했다. 그래서 차라투스트라가 닷새 만에 그들 앞에 나타났을 때 제자들의 기쁨은 말할 수 없이 컸다.

차라투스트라는 불개(火犬)들과 주고받은 대화에 대해 말했다. 그것은 다음과 같다.

"대지는 피부[*43]를 갖고 있다. 그런데 이 피부는 여러 가지 병을 앓고 있다. 예를 들어 이 병들 가운데 하나는 '인간'이라고 불린다.

그 병들 가운데 다른 하나는 '불개'로 불리며 그 불개에 대해서 사람들은 서로 속이고 속아왔다.

나는 이 비밀을 밝히기 위해서 바다를 건넜다. 그리고 있는 그대로의 진실을 보았다. 그것은 머리 꼭대기부터 발끝까지 적나라한 진실이다.

[*42] 이 사건이 이 장의 테두리를 이루고 있는데, 이상한 기분을 불러일으키면서도 충분히 전개되어 있지 않다.

[*43] 니체에게 대지는 삶, 또는 근원적 존재 방식을 의미한다. 대지의 '피부'란 그런 대지의 표면적 현상, 즉 유기체를 말한다.

나는 이 불개라는 것이 무엇인지 알았다. 뿐만 아니라 뿜어져 나오고 뒤집어엎는 악마에 대해서도 알았다. 이런 악마를 두려워하고 있는 사람은 노파들만이 아니다.

나는 외쳤다.

'나오라, 불개여. 그대의 은신처에서. 그리고 그곳이 얼마나 깊은지 말하라! 그대가 내뿜는 콧김은 어디서 나오는 것인가?

그대는 바닷물을 지나치게 마시고 있다. 그대의 고통에 찬 호소로 알 수 있다. 깊은 곳에 살고 있는 그대는 영양분을 표면에서 너무 많이 섭취했다!

나는 그대를 기껏해야 대지의 복화술사로 보고 있다. 그리고 나는 뒤집어엎고 뿜어내는 악마들의 말을 들을 때마다 그들이 그대처럼 짜디짜고 기만적이며 천박하다는 것을 발견한다.

그대들은 울부짖음과 재로써 주위를 어둡게 하는 방법을 잘 알고 있다. 그대들은 최고의 거짓말쟁이로 진흙탕*44을 끓어오르게 하는 법도 알고 있다.

그대들 주위에는 늘 진흙탕이 있다. 또 해면 같은 것, 속이 빈 것, 짓눌린 것들도 많다. 그런 도구들은 그대 주위에 마땅히 있어야 할 것들이다. 그것들은 자유로워지기를 바란다.

그대들은 언제나 '자유'라고 부르짖는다. 그러나 중대한 사건 주위에 많은 외침과 연기가 흐를 때마다 때때로 나는 중대한 사건에 대한 신뢰를 잃어버렸다.

내 말을 믿으라. 나의 벗, 지옥의 소란이여. 가장 중대한 사건이란 우리에게 있어 가장 소란스러운 시간이 아니라 가장 조용한 시간이다.

새로운 소란을 발견한 자들이 아니라 새로운 가치를 발견한 자들을 중심으로 세계는 돈다. 소리 없이 돌고 있다.

그것을 솔직히 인정하는 것이 좋으리라. 그대의 소란과 연기가 사라지고 나면 언제나 사소한 일밖에 일어나지 않는다. 하나의 도시가 미라로 변하고, 하나의 입상이 쓰러져서 진흙탕이 되었다고 한들 무슨 의미가 있겠는가!

나는 입상을 쓰러뜨린 자들에게 다시 이렇게 말하고 싶다. 바다속에 소금을 던져 넣고, 입상을 진흙탕에 던져 넣는 것은 아마도 가장 어리석은 짓일 거

---

*44 민중을 의미한다.

라고.

입상은 그대들 경멸의 진흙탕에 엉망이 된 채 누워 있다. 그러나 그런 경멸 속에서 생명과 함께 살아 있는 아름다움이 다시 시작되는 것이야말로 입상의 법칙이다.

이제 입상은 전보다 훨씬 성스러운 모습으로, 고뇌에 찬 매력적인 모습으로 다시 일어나리라. 아마도 입상은 그대들에게 쓰러뜨려 주어 감사하다는 인사도 할 것이다. 그대, 전복자들이여!

나는 국왕이나 교회, 그리고 나이 들어 덕이 현저하게 줄어든 모든 자에게 충고하리라. 그대들이 새로운 삶을 시작할 수 있으려면 자신들을 전복시켜라! 그래서 덕이 다시 그대들을 찾아올 수 있도록 하라!'

이렇게 나는 불개 앞에서 말했다. 그러자 그 개는 불쾌한 듯이 내 말을 가로막고 '교회? 그것이 대체 무엇인가?' 물었다.

나는 대답했다.

'교회에 대해서 묻는 것인가? 교회는 하나의 국가이다. 그것도 거짓이 가장 많이 들끓는 국가이다. 위선의 개여, 조용히 하라. 그대는 그대의 종족을 누구보다 잘 알고 있지 않은가!

국가도 그대처럼 위선의 개이다. 국가도 그대처럼 연기와 아우성으로 말하기를 즐긴다. 그대와 마찬가지로 사물의 핵심을 말하고 있다 믿게 하기 위해서.

왜냐하면 국가는 대지의 가장 중요한 생명체이기를 바라기 때문이다. 그리고 사람들도 국가가 그런 것이라 믿고 있다.'

내가 이렇게 말하자마자 불개는 질투심으로 미칠 듯이 몸부림쳤다. 그가 소리쳤다.

'뭐라고? 대지의 가장 중요한 생물이라고? 사람들도 국가가 그렇다고 믿는다고?'

불개의 목구멍에서 많은 독기와 함께 무시무시한 소리가 튀어나왔다. 그래서 나는 불개가 분노와 질투로 질식하는 것이 아닌가 싶었다.

이윽고 불개가 조금 조용해지고 분노를 가라앉혔다. 나는 웃으며 말했다.

'화가 났군, 불개여. 그렇다면 내가 그대에게 한 말이 옳은 셈이다! 옳다는 것을 확실히 해두기 위해 다른 불개에 대한 내 말을 들으라.

그의 입김은 황금과 황금의 비를 뿜어낸다. 그의 심장이 그것을 원하기 때문이다. 재, 연기, 뜨거운 점액 따위가 그에게 무슨 소용이 있겠는가!

웃음이 그의 입에서 찬란한 무지갯빛 구름처럼 쏟아져 나온다. 그는 그대의 목구멍에서 나오는 잡음이나 내장의 쓰라림 같은 것은 외면한다.

하지만 그는 황금과 웃음을 대지의 심장에서 캐낸다. 왜냐하면 대지의 심장은 황금으로 되어 있기 때문이다. 그래도 잘 알아두어라.'

불개는 이 말을 듣더니 더 이상 내 말에 귀 기울일 기력조차 잃고 말았다. 그는 부끄러워 꼬리를 말고 한두 번 나직하게 울부짖더니 동굴로 들어가 버렸다.'

차라투스트라는 이렇게 말했다. 그러나 제자들은 그의 말을 거의 듣고 있지 않았다. 그들은 그 선원들과 토끼, 그리고 하늘을 날아간 인물에 대해 묻고 싶었기 때문이다.

차라투스트라가 말했다.

"내가 그 일을 어떻게 생각해야 할까? 그럼 나는 유령이란 말인가? 그것은 나의 그림자였을 것이다. 그대들은 분명히 방랑자와 그 그림자에 대해 들은 얘기가 있을 것이다.

하지만 이것만은 분명하다. 내가 그 그림자를 단단히 붙잡아 두어야 한다는 사실. 그렇지 않으면 그것이 계속 내 이름을 더럽힐 테니까."

차라투스트라는 다시 한 번 고개를 젓더니 의아한 표정을 지었다.

"그 일을 어떻게 생각해야 할까?"그는 거듭 말했다.

"어째서 그 유령은 '때가 왔다! 지금이 바로 그때다!'하고 소리쳤을까? 대체 무엇을 하기 위한 때란 말인가?"

차라투스트라는 이렇게 말했다.

예언자

"그러고 나서 나는 커다란 슬픔이 인류에게 다가오는 것을 보았다. 가장 훌륭한 자들도 자기 일에 지쳐버린 것이다.

하나의 학설이 나타나 신앙과 함께 퍼져 나갔다. '모든 것은 허무하다. 모든 것은 매한가지다. 모든 것은 지나가 버렸다!'

그러자 모든 언덕에서 메아리가 울려 퍼졌다. '모든 것은 허무하다. 모든 것은 매한가지다. 모든 것은 지나가 버렸다!'

정말 우리는 많은 것을 수확했다. 그런데 왜 모든 곡식이 썩어서 시꺼멓게 되었는가? 어젯밤 사악한 달에서 내린 것이 무엇이란 말인가?

우리는 쓸데없는 노력을 했다. 우리의 술은 독약이 되었다. 달의 사악한 눈길이 우리의 들판과 마음을 누렇게 태워버렸다.

우리는 모두가 메말랐다. 그래서 우리 머리 위에 불덩이가 떨어져 내리자 재처럼 흩어져 버렸다. 그렇다, 우리는 불까지도 지치게 했다.

우리의 샘물은 모두 말라버렸고 바닷물까지도 움츠러들었다. 모든 것은 바닥이 드러났지만 심연은 우리를 삼키려 하지 않는다.

'아, 우리가 빠져 죽을 바다는 어디 있는가?'우리가 탄식하는 말은 늪을 가로질러 울려 퍼진다.

진실로 우리는 너무 지쳐서 죽을 수도 없다. 이제 우리는 눈을 뜬 채 계속 살아가자. 무덤 속에서!"

차라투스트라는 한 예언자가 이렇게 말하는 것을 들었다. 이 예언은 그의 가슴을 울려 그를 딴사람처럼 만들어 버렸다. 차라투스트라는 슬픔에 잠긴 채 지친 몸으로 돌아다녔다. 그는 예언자가 말한 사람처럼 행동했다.

"참으로 이제 얼마 뒤면 그 예언자의 말처럼 긴 황혼이 온다. 아아, 어떻게 하면 내 빛을 지킬 수 있겠는가!

이 슬픔 속에서 내 빛이 질식해 버리지 않았으면 좋겠는데. 그 빛은 보다 먼 세계를, 그리고 가장 먼 밤까지도 비추어야 한다!"

차라투스트라는 제자들에게 이렇게 말했다.

근심에 싸인 차라투스트라는 여기저기 돌아다녔다. 그리고 사흘 동안 먹지도 마시지도 않았다. 그는 쉬지도 않고 말도 하지 않았다. 그러더니 드디어 깊은 잠에 빠졌다. 제자들은 그를 둘러싼 채 긴 밤을 뜬눈으로 새웠다. 그들은 차라투스트라가 눈을 뜨고 괴로움에서 벗어나 또다시 이야기할 수 있게 되기를 기다렸다.

차라투스트라가 깨어났다. 그는 제자들에게 이렇게 이야기했다. 그런데 그의 목소리는 마치 멀리서 들려오는 것 같았다.

"내 꿈 이야기를 들어라, 벗들이여. 그리고 나와 함께 그 꿈이 무엇을 뜻하는

지 생각해 보자.

그 꿈은 여전히 수수께끼다. 그 의미는 꿈속에 숨어 있거나 갇혀 있어 꿈을 뛰어넘어 자유롭게 날개짓하지 못하고 있다.

나는 모든 삶을 단념했다. 꿈속에서 말이다. 나는 저쪽 쓸쓸한 죽음의 성에서 밤을 지키고 무덤을 지키는 사람이었다.

그곳에서 나는 죽음의 관을 지키고 있었다. 음산한 창고는 죽음의 승리를 알려주는 징표로 가득 차 있었다. 유리관 속에서는 죽음에 정복된 삶이 나를 응시하고 있었다.

나는 먼지투성이가 된 영원한 존재들의 냄새를 들이마셨다. 내 영혼도 무덤 위에 몸부림치면서 먼지투성이가 된 채 누워 있었다. 그 누가 이런 곳에서 자기 영혼을 드러낼 수 있겠는가!

한밤의 환한 빛이 나를 둘러싸고 있었으며, 그 곁에 고독이 웅크리고 앉아 있었다. 또 나의 가장 나쁜 여자 친구인 '죽음의 정적'이 펄떡거리고 있었다.

나는 아주 녹슨 열쇠를 가지고 있었다. 이 열쇠로 나는 가장 삐걱거리는 문을 여는 방법을 알고 있었다.*[45]

그 문이 열리자 사나운 소리가 긴 복도에 울려 퍼졌다. 마치 새의 울음소리처럼. 이 새는 기이한 울음소리를 요란하게 내더니 억지로 눈을 떴다.

하지만 그 소리가 사라지고 주위가 조용해졌다. 적대감을 품은 침묵 속에 혼자 앉아 있던 나는 공포로 가슴이 죄어들었다.

시간은 그처럼 소리 없이 지나갔으며 살금살금 도망쳤다. 거기에 시간이라는 것이 있었다면 말이다. 그것에 대해서 내가 무엇을 알겠는가! 그런데 드디어 나를 깜짝 놀라게 하는 일이 일어났다.

문을 힘차게 두드리는 소리가 세 번 난 것이다. 그것은 마치 천둥소리 같았다. 그 소리는 둥근 천장에 울려 세 번 메아리쳤다. 나는 문을 향해 달렸다.

나는 외쳤다.

'알파! 자신의 재를 산 위로 나르는 자는 누구인가? 알파! 자신의 재를 산 위로 가져가는 자는 누구인가?'

---

*45 차라투스트라 자신도 의미를 모르는 꿈이기 때문에 일일이 의미를 적용시킬 필요가 없다. 절대로 입 밖에 내지 않는 중요한 사상, 바로 쓰지 않아서 녹슬어 버린 열쇠로, 인간의 힘으로는 열 수 없는 삶과 죽음의 비밀 문을 열 수 있으리라 생각했던 것이다.

나는 열쇠를 구멍에 넣고 힘주어 문을 열려고 했다. 그러나 문은 꿈쩍도 하지 않았다.

그때 한 줄기 바람이 미친 듯이 세차게 불어오더니 문을 열어젖혔다. 바람은 요란한 소리와 함께 검은 관 하나를 나에게 던졌다.

그 관은 윙윙거리며 씽하는 날카로운 소리를 내며 바닥에 떨어지더니 깨져 버렸다. 그리고 온갖 비웃음이 그 속에서 쏟아져 나왔다.

아이와 천사와 부엉이와 바보, 그리고 아이처럼 큰 나비 등 수많은 얼굴이 큰 소리로 웃어대며 꾸짖고 외쳤다.

나는 놀라 몸을 떨다가 바닥에 쓰러졌다. 그리고 일찍이 그렇게 소리쳐 본 일이 없을 만큼 크게 공포의 고함을 질렀다.

그러자 내 고함 소리에 놀라 눈을 떴다. 나는 겨우 정신이 들었다."

차라투스트라는 이렇게 이야기하고 입을 다물었다. 아직도 꿈이 무엇을 말하는지 알아내지 못했던 것이다. 그러나 그가 가장 사랑하는 제자는 재빨리 일어나더니 차라투스트라의 손을 쥐고는 말했다.

"그대의 삶 자체가 우리에게 그 꿈이 무엇을 말하는지 가르쳐 줍니다. 오, 차라투스트라여.

그대야말로 날카로운 소리를 내며 죽음의 성문을 열어젖힌 그 바람이 아닙니까?

그대야말로 삶의 다채로운 악의와 천사의 얼굴로 가득 찬 관이 아닙니까?

진실로 차라투스트라는 온갖 모습을 띤 아이의 웃음소리처럼 온갖 죽음의 방으로 들어가는 자입니다. 밤과 무덤을 지키는 자, 그리고 음산한 열쇠를 철거덕거리는 모든 자들을 비웃습니다.

그대는 그대의 웃음소리로 그들을 놀라게 해 쓰러뜨릴 것입니다. 쓰러졌다가 다시 깨닫는 그것이 그들보다 그대가 강하다는 증거입니다.

그대, 삶의 대변자여. 아무리 긴 어스름과 죽음의 권태가 오더라도 그대는 결코 우리의 하늘에서 사라지지 않을 것입니다.

그대는 우리에게 새로운 별들과 밤의 찬란한 아름다움을 보여주었습니다. 진실로 그대는 삶 자체를 다채로운 휘장처럼 우리 머리 위에 펼쳐놓았습니다.

이제부터 아이의 웃음소리가 관 속에서 계속 흘러나올 것입니다. 언제나 거센 바람이 모든 죽음의 권태를 향하여 일어나 승리를 거둘 것입니다. 그대는 이 모든 것에 대한 증인이며 예언자입니다.

참으로 그대는 적에 대한 꿈을 꾼 것입니다. 그래서 그대의 꿈은 그토록 고통스러웠던 것입니다.

그러나 그대가 눈을 뜨고 적의 지배에서 벗어나 그대 자신으로 돌아왔듯이, 적들도 눈을 뜨고 자신의 지배에서 벗어나 그대에게로 달려올 것입니다."

제자는 이렇게 말했다. 다른 제자들도 차라투스트라를 둘러싼 채, 그의 손을 잡고는 그에게 돌아오기를 간청했다. 하지만 차라투스트라는 침대에 앉은 채 낯선 눈빛으로 둘러보면서 아무 말도 하지 않았다. 그는 마치 오랫동안 여행하고 돌아온 사람처럼 제자들의 얼굴을 찬찬히 바라보았다. 그때까지도 그는 그들이 자기 제자임을 알아보지 못했던 것이다. 그러나 제자들이 그를 부축해 일으키자 그의 눈빛이 갑자기 변했다. 순간 그는 이제까지 일어난 모든 일을 이해했다. 그는 수염을 쓰다듬으며 힘찬 목소리로 말했다.

"자, 이제야 이 일은 끝났다. 제자들이여, 즐거운 잔치를 베풀도록 하자. 어서 준비하라. 나는 나쁜 꿈을 정화시키겠다.

나는 저 예언자들을 초대해 내 옆에 앉힌 다음 음식을 대접하도록 하겠다. 그리고 그들이 빠지면 정말 죽을 수도 있는 바다를 보여주리라."

차라투스트라는 이렇게 말했다. 그리고 해몽을 해준 제자의 얼굴을 한참 동안 바라보았다. 몇 번씩 머리를 가로저으면서.*46

구원

어느 날 차라투스트라가 큰 다리를 건너가는데 불구인 거지떼들이 그를 에워쌌다. 꼽추 하나가 그에게 말했다.

"차라투스트라여, 민중은 그대의 가르침을 배워 그것을 믿으려 한다. 그러나 민중이 그대를 완전히 믿게 하기 위해서는 한 가지 필요한 일이 있다. 그대는

---

*46 가장 사랑하는 제자의 꿈 해석은 '죽음을 비웃는 삶'이란 점에서는 바로 맞히고 있다. 그 때문에 기운을 찾은 차라투스트라는 잔치를 준비하라고 했다. 그러나 그것은 그의 속에서 점차 무르익어 가고 있는 영원회귀 사상에 대한 완전한 파악에는 이르지 못하고 있다. 차라투스트라는 아직 그 사상을 충분히 자각하지 못하고 있다. 그래서 꿈의 의미가 달리 있을 것이라 생각해 이해되지 않는 것처럼 머리를 가로젓는 것이다.

먼저 우리 불구자에게 그대를 믿는 마음이 일어나게 해야 한다. 여기 모든 불구자가 모여 있다. 그대가 가질 수 있는 기회는 모두 있는 셈이다. 그대의 능력으로 장님을 눈뜨게 할 수 있고, 앉은뱅이를 일어서게 할 수도 있다. 또 등에 불필요한 짐을 진 자들에게 그 짐을 내려놓게 할 수도 있으리라. 그것이 우리 불구자가 차라투스트라를 믿을 수 있는 가장 좋은 방법이라고 생각한다."

하지만 차라투스트라는 이렇게 말한 자에게 다음과 같이 대답했다.

"꼽추에게서 등의 혹을 뗀다면 그것은 그의 정신을 없애는 것이다. 민중은 나에게 이렇게 가르쳐 주었다. 장님에게 앞을 보게 해주면 그는 지상에 있는 너무나 많은 불쾌한 것을 보게 되어 자신을 고쳐준 사람을 원망할 것이다. 또 앉은뱅이를 달리게 하는 사람은 그에게 가장 큰 해를 입히는 것이다. 그가 뛰기 시작하자마자 그의 악덕도 따라 달릴 테니까. 민중이 차라투스트라에게 배우고 있다면, 차라투스트라는 왜 민중에게 배우면 안 되는가?

인간 세상에서 이런 인간을 본다는 것은 내가 경험하는 많은 일 가운데 아주 사소한 것에 불과하다. 이 사람은 눈이 하나 없다. 저 사람에게는 귀가, 그리고 저 사람은 다리가 없다. 또 혀나 코, 또는 머리를 잃어버린 자도 있다는 것은 문제삼을 만한 일이 못 된다.

나는 지금까지 그보다 나쁜 것, 그리고 혐오할 만한 여러 가지를 보아왔으며 지금도 보고 있다. 그것들은 너무나 혐오스러워서 일일이 말하고 싶지 않지만 그 가운데 어떤 사람들에 대해서는 모르는 체 그냥 넘어갈 수 없다. 바로 한 가지만을 지나치게 많이 가지고 있으며, 그 밖에는 아무것도 가지고 있지 않은 자들이다. 그들은 하나의 큰 눈, 큰 입, 큰 배일 뿐 다른 아무것도 아니다. 나는 이런 인간을 어긋난 불구자[47]라고 부른다.

내가 고독에서 벗어나 처음 이 다리를 건넜을 때 나는 내 눈을 믿을 수가 없었다. 그래서 몇 번씩이나 자세히 본 뒤에 말했다.

'이것은 귀다. 인간만큼 큰 귀다!'

더욱 자세히 보니 정말 그 귀 아래에서 초라하고 작으며, 무척 여윈 무엇인가가 움직이고 있었다. 사실 그 커다란 귀는 작고 가는 손잡이 위에 놓여 있었고, 그 손잡이는 인간이었다. 돋보기를 쓰면 질투어린 얼굴과 부석부석한 작

---

*47 전문화된 인간을 말한다.

은 영혼이 손잡이 끝에 매달려 건들거리고 있는 것도 보였을 것이다. 그러나 민중은 나에게 이 커다란 귀는 인간일 뿐만 아니라 위대한 인간이며 천재라고 말했다. 하지만 나는 위대한 인간에 대한 이야기를 믿은 적이 없다. 그리고 그런 위대한 인간이 어긋난 불구자라는 신념을 버리지 않았다. 그 불구자가 가지는 것은 너무나 적고, 다만 하나만을 너무 많이 가지고 있는 것이다."

차라투스트라는 꼽추와 그 꼽추를 대변자로 내세운 불구자들을 향해 이렇게 말한 다음 불쾌한 표정으로 제자들에게 말했다.

"나의 벗들이여, 나는 인간 사이를 걷고 있지만 마치 인간들의 조각과 손발 사이를 걷고 있는 것 같구나.

그들 사이에서 볼 수 있는 것은 토막 난 인간들뿐이다. 토막 난 것들이 전쟁터나 도살장에서처럼 흩어져 있는 광경을 보고 나는 전율한다.

나의 눈이 현재에서 과거로 피해 보아도, 내가 보게 되는 것은 언제나 그런 것들뿐이다. 토막 난 것들과 손발들, 참혹한 우연. 인간은 어디에도 없다.

대지의 현재와 과거, 아! 나의 벗들이여, 그것이 나로서는 가장 견디기 어려운 일이다. 만일 내가 미래에 대한 예언자가 아니라면 나는 어떻게 살아야 할지 몰랐을 것이다.

예언자, 의욕자, 창조자, 미래, 그리고 미래를 향한 다리, 아, 또 이 다리 위의 불구자. 이 모든 것이 바로 차라투스트라이다.

그대들은 때때로 자신에게 물었을 것이다.

'우리에게 있어 차라투스트라는 어떤 사람인가, 우리는 그를 뭐라고 불러야 할까?'

그리고 나처럼 그대들 또한 자신에게 대답하는 대신에 물었다.

'그는 약속하는 자인가 아니면 약속을 이행하는 자인가? 정복자인가 아니면 계승자인가? 수확물인가 아니면 경작하는 쟁기인가? 의사인가 아니면 회복기 환자인가?

그는 시인인가 아니면 진실한 자인가? 해방자인가 아니면 압제자인가? 선인인가 아니면 악인인가?'

나는 미래의, 내가 주시하는 저 미래의 단편들 사이를 거닐 듯 인간들 사이를 걷고 있는 자이다.

나의 창작, 나의 목적은 단편이자 수수께끼이고 참혹한 우연을 하나로 집약하려는 노력이다.

인간은 시인이며 수수께끼를 푸는 자이고, 우연을 구제하는 자다. 그렇지 않다면 내가 어떻게 인간임을 견딜 수 있겠는가?

과거에 존재했던 것들을 구제하고, '그랬다'를 '나는 그러길 원했다'로 다시 만들어 내는 것이야말로 구원이라는 이름에 합당하리라.

의지, 그것이야말로 해방과 기쁨을 가져다주는 자의 이름이다. 나는 그대들에게 그렇게 가르쳤다. 벗들이여, 이제 이것 또한 배우도록 하라. 의지는 아직 사로잡혀 있는 몸이다.

의지는 해방자이다. 그러나 이 해방자까지도 쇠사슬로 붙들어 매는 것이 있으니, 그것은 무엇일까?

'그랬다.' 이것은 의지에 있어 분노를 일으키는 것이고 고독 가운데 가장 큰 슬픔이다. 의지는 이미 행해진 일에 대해서 저항할 힘이 없고, 과거의 모든 일에 대해서 화만 내는 방관자이다.

의지는 과거로 되돌아가기를 바랄 수 없다. 의지는 시간과 시간의 욕심을 꺾을 수 없다. 이것이 의지의 가장 외로운 시련이다.

의지는 해방자이다. 그렇다면 자아의 시련에서 벗어나 감옥을 조롱하기 위해 어떤 수단을 생각해 낼 것인가?

아, 잡힌 자들은 모두 바보가 된다. 사로잡힌 의지도 어리석은 짓으로 자아를 구출하려고 한다.

시간을 되돌릴 수 없다는 것이 의지의 적대감이다. '그랬던 것', 그것은 의지가 아무리 노력해도 굴릴 수 없는 큰 바위의 이름이다.

그래서 의지는 적대감과 불쾌감을 참지 못해 다른 돌을 굴리고, 그와 함께 분노하고 불쾌해하지 않는 자에게 복수한다.*48

해방자인 의지는 가해자가 된다. 그리고 괴로워하는 모든 자에게 자기가 돌아갈 수 없는 것에 대해 원한의 복수를 한다.

의지가 시간과 시간의 '그랬다'에 대하여 품은 적대감만이 '복수'이다.

참으로 우리의 의지 속에는 커다란 어리석음이 살고 있다. 그리고 이 어리석음이 정신을 경영할 줄 안다는 것이 인간 세계에서는 화근이다.

---

*48 과거는 어떻게 할 수 없기 때문에 현재의 여러 가지 것에 이유를 붙여 적대감을 갖는다.

복수하는 정신! 벗들이여, 이 정신은 인간이 지금까지 해온 생각 가운데 최선의 것이다. 그래서 괴로움이 있는 곳에는 언제나 형벌이 있다.

'형벌'이라는 것은 복수가 붙인 자기 이름이다. 복수는 거짓말로 자기 양심에 거리낌 없는 것처럼 꾸몄다.

그리고 의욕 있는 자들에게는 과거로 되돌아갈 수 없다는 고통이 있기 때문에 의욕 그 자체와 모든 삶에 형벌이라는 이름을 붙였다.

그리하여 정신 위에는 구름이 겹겹이 쌓이고 결국은 광기가 다음과 같은 설교를 하기에 이르렀다.

'모든 것이 사라진다. 그리고 모든 것은 사라질 만한 가치가 있다.

또 자신의 아이들을 잡아먹어야 하는 시간의 법칙은 완전히 정당하다.'

광기는 이렇게 설교했다.

'세상의 모든 것은 정의와 형벌에 의해서 도덕적으로 질서가 잡혀 있다. 오, 사물의 유전과 형벌, 또 생존이라는 형벌로부터의 구원은 아무 데도 없다.'*49

광기는 또 이렇게 설교했다.

'영원한 정의가 있다면 구원이라는 것이 존재할 수 있을까? 아, '그랬다'는 큰 바위를 밀어서 굴릴 수 없는 것이다. 모든 형벌 또한 영원할 수밖에 없다.'

광기는 이렇게도 설교했다.

'어떤 행위도 완전히 없애버릴 수는 없다. 벌을 받았다고 해서 그것에서 완전히 벗어날 수 있을 것인가! 생존은 영원히 행위와 죄를 되풀이해야 한다는 것, 이것이 형벌의 영원성이다.

이 순환을 끊는 길은 단 하나. 바로 의지가 자신을 구원하여 의욕이 무의욕으로 되는 것이다.'

하지만 형제들이여, 광기어린 이런 뱃노래는 그대들도 이미 잘 알고 있을 것이다.

그대들에게 '의지란 창조자이다' 가르쳤을 때 나는 그대들을 이 노래에서 끌어낸 것이다.

모든 '그랬다'는 하나의 단편이고, 수수께끼이며, 참혹한 우연에 불과하다.

---

*49 많은 종교는 이러한 발상에 뿌리를 두고 있다. 도덕적으로 죄를 지으면 신의 벌을 받는다. 죽고 사는 데 관계없이 신의 노여움을 피할 수가 없다. 신의 노여움을 두려워하는 것이 좋으리라.

창조하는 의지가 그것을 향해 '그러나 나는 그러길 원했다'라고 말할 때까지는.

하지만 의지가 그런 말을 한 적이 있는가? 그러면 언제쯤 그런 일이 일어날 것인가? 의지가 자신의 어리석음이라는 멍에에서 벗어난 적이 있는가?

의지가 자신을 구원하는 자, 기쁨을 가져다주는 자가 된 적이 있단 말인가? 의지가 복수의 정신과 모든 분노를 잊어버린 적이 있는가?

누가 의지에게 시간과의 화해, 또는 모든 화해보다도 중요한 것을 가르쳤는가?

권력에 대한 의지는 온갖 화해보다 더 중요한 것을 원해야 한다. 그러나 어떻게 그런 일이 일어나겠는가? 의지에게 누가 과거로 거슬러 올라가 의욕하는 것까지 가르쳐 주었던가?"

하지만 여기까지 말한 차라투스트라는 입을 다물더니 몹시 놀란 눈빛으로 제자들을 둘러보았다. 그 눈은 화살처럼 제자들의 생각과 속마음까지 꿰뚫어 보았다. 그러나 그는 곧 큰 소리로 웃더니 부드러운 목소리로 말했다.

"인간들과 함께 산다는 것은 어려운 일이다. 침묵을 지키는 것이 몹시 힘들기 때문이다. 특히 말 많은 인간에게는 더욱 그렇다."

차라투스트라는 이렇게 말했다. 차라투스트라와 제자들의 대화에 귀 기울이며 얼굴을 감싸고 있던 꼽추가 차라투스트라의 웃음소리를 듣고 호기심에 찬 눈길을 들었다. 그리고 천천히 물었다.

"하지만 왜 차라투스트라는 우리에게 말할 때와 제자들에게 말할 때 말투가 달라지는가?"

차라투스트라는 대답했다.

"그것은 이상한 게 아니다. 꼽추에게는 꼽추처럼 말해야 한다."

꼽추가 말했다.

"좋다. 그럼 제자들에게 말할 때는 마음에 있는 대로 다 이야기해도 된다는 뜻인가? 그렇다면 왜 차라투스트라는 제자들에게 말할 때 자신에게 말하는 것처럼 하지 않는가?"

처세

무서운 것은 산 정상이 아니라 비탈이다! 비탈에서는 시선이 아래쪽으로 향하고, 손은 위를 향해 무엇을 움켜쥔다. 그래서 마음은 이중의 의지 때문에 현기증을 일으킨다.

아, 벗들이여! 그대들은 내 마음이 지닌 이중의 의지를 짐작할 수 있겠는가?

나의 시선은 드높은 곳으로 향하고 나의 손은 심연에 매달린다. 이것이 나의 비탈이며 위험이다!

나의 의지는 인간 세계에 집착하여 쇠사슬로 나를 인간 세계에 붙들어 맨다. 그렇게라도 하지 않으면 내가 초인에게 끌려가기 때문이다. 바로 나의 또다른 의지가 초인을 향해 가려고 하기 때문이다.

내가 인간들 속에서 장님으로 살고, 마치 그들을 알지 못하는 것처럼 지내는 까닭은 나의 손이 확고한 것을 쥐고 있다는 신념을 완전히 잃어버리지 않기 위해서이다.

나는 그대 인간들을 모른다. 이 암흑과 위안이 때때로 내 주위에 퍼져 있다.

나는 모든 악한들이 드나드는 문에 앉아서 묻는다.

"나를 속이고 싶어하는 자가 누구인가?"

속이는 자가 나를 경계하지 않도록 스스로 속아 넘어가는 것, 이것이 나의 첫 번째 처세이다.

아, 만일 내가 인간들을 경계한다면 어떻게 인간이 내 기구의 닻이 되어줄 수 있겠는가! 나는 아주 가볍게 위로 날아가 버리고 말리라.

통찰력 없이 존재해야 한다는 섭리가 나의 운명을 지배하고 있다.

또 나는 인간들 사이에서 지쳐버리지 않으려면 어떤 술잔으로도 마시는 방법을 배워야 한다. 더욱이 인간 세계에 있으면서 몸이 깨끗하기를 바라는 자는 더러운 물로도 몸을 깨끗이 씻는 방법을 배워두어야 한다.

나는 가끔씩 내 마음을 위로하기 위해서 이렇게 말했다.

"용기를 잃지 말라! 힘을 내라! 친애하는 나의 마음이여. 그대는 하나의 불행을 피했다. 그러니 이를 행복이라 생각하고 즐겨라."

그러나 나의 두 번째 처세는 오만한 자보다는 허영심 많은 자에게 더욱 관대해진다.

상처 입은 허영심은 모든 비극의 어머니가 아닌가? 그것과는 반대로 긍지가 손상되었을 경우에는 아마 더 좋은 것이 생기리라.

인생이 재미있는 구경거리가 되기 위해서는 인생의 연극이 잘 연출되어야 한다. 그러기 위해서는 훌륭한 배우가 필요하다.

나는 허영심 많은 자가 모두 훌륭한 배우라는 것을 알았다. 그들은 사람들이 구경해 주기를 바라는 마음에 연기를 한다. 그들의 온 정신은 이 의지 속에 들어 있다.

그들은 무대에 올라가 작품 속 인물을 만들어 낸다. 나는 그들 가까이에서 인생극을 구경하기를 즐긴다. 그것은 우울증 치료에 아주 좋기 때문이다.

그래서 나는 허영심 강한 인간들에게 친절하다. 그들은 나의 우울증을 치료하는 의사이며 나를 연극에 붙들어 매듯 인간이라는 것에 가까이 가게 하기 때문이다.

달리 누가 허영심 강한 인간이 지닌 겸손함의 깊이를 헤아릴 수가 있겠는가? 나는 그 겸손함 때문에 그에게 호의를 가지고 그를 불쌍히 여긴다.

허영심 강한 인간은 자신의 신앙을 그대들에게서 배우고 싶어한다. 그는 그대들의 시선을 먹고 살며, 그대들의 손에서 찬사를 받으며 살아간다.

그대들이 좋은 뜻에서 거짓말을 하면 허영심 강한 인간은 그것이 거짓이라도 믿는다. 그는 언제나 마음속으로 '나는 도대체 무엇인가?' 탄식하고 있기 때문이다.

또 자신에 대해서 알지 못하는 것이 참다운 덕이라 한다면, 허영심 강한 인간은 자신의 겸손에 대해서는 아무것도 모르고 있다.

그러나 나의 세 번째 처세는, 그대들의 비겁함이 악인들을 바라보는 나의 즐거움을 없애도록 내버려 두지 않는다는 점이다.

나는 뜨거운 태양이 만들어 내는 기적, 즉 호랑이나 야자나무나 방울뱀을 보는 것이 매우 즐겁다.

인간들 사이에도 뜨거운 태양에 의해 부화된 아름다운 병아리가 있다. 또 악인들에게는 기적적인 일들이 많이 있다.

그렇다고 하더라도 나는 인간의 사악성이 그 평판에 아직 미치지 못한다는 것을 알고 있다. 그것은 그대들 세계에서 최고의 현자들조차 내게는 그다지 현명해 보이지 않는 것과 마찬가지이다.

나는 때때로 머리를 저으면서 물었다.

"그대 방울뱀들이여, 왜 아직도 딸랑딸랑 방울 소리만 내고 있는가?"

진실로 악에도 미래가 있다. 아직 인간에게는 가장 뜨거운 남쪽 나라가 발견되지 않았다.

겨우 폭 12피트에 생후 3개월 정도밖에 안 되는 것이 오늘날 최대의 악이라 불리는 경우가 얼마나 많은지 모른다. 하지만 어느 날엔가는 보다 큰 용이 이 세상에 나타나리라.

초인이 생겨나기 위해서는 그의 적으로서 부족함이 없는, 모든 평범한 용을 뛰어넘는 용이 나타나야 한다.

먼저 그대들의 살쾡이는 호랑이가 되어야 하며, 독두꺼비는 악어가 되어야 한다. 유능한 사냥꾼이 훌륭한 사냥감을 얻어야 하기 때문이다.

참으로 그대 선량한 자, 올바른 자들이여. 그대들에게는 우스꽝스런 점이 많지만 지금까지 '악마'라 불려오던 자들에 대한 그대들의 공포야말로 가장 우스꽝스러운 것이다.

그대들의 영혼은 위대한 것과는 인연이 없다. 그래서 그대들에게 초인이라는 존재는 상냥함을 나타내고 있을 때조차도 '무서운' 것이리라.

그대, 현자와 지식인들이여! 그대들은 초인을 기꺼이 벌거벗게 만드는, 뜨겁게 내리쪼이는 지혜의 태양열에서 도망쳐 버릴 것이다.

내가 본 중에서 최고의 인간들이여. 그대들에 대한 나의 의심과 비웃음 때문에 그대들은 초인을 악마라고 부를 것이다. 나는 그렇게 짐작한다.

아, 나는 이런 최고의 인간, 최선의 인간들에게는 진절머리가 났다. 나는 그들의 '높은 위치'로부터 위로, 밖으로, 저쪽으로 멀리 떠나 초인에게 가기를 바란다.

가장 훌륭한 자들의 벌거벗은 모습을 보았을 때 나는 몸서리쳤다. 그때 나에게서는 아득히 먼 미래로 날아가게 할 날개가 돋아났다.

지금까지 어떤 예술가가 꿈꾸었던 것보다 더 아득히 먼 미래로, 더 남쪽 나라로, 신들이 옷을 입은 것을 부끄러워할 곳으로!

그러나 이웃들이여, 형제들이여. 그대들은 차라리 선량하고 올바른 자로 꾸민 다음 뽐내고 존경받는 편이 좋으리라.

나도 그렇게 꾸미고 그대들 사이에 앉아 있고 싶다. 그리고 그대들과 나를 혼동한 채 지내고 싶다.

바로 이것이 나의 마지막 처세이다.

차라투스트라는 이렇게 말했다.

가장 고요한 시간

나의 벗들이여. 나에게 무슨 일이 일어났는가? 그대들이 보는 것처럼 나는 마음이 어지럽고, 내쫓기고, 마지못해 그것에 복종해 사라지려 하고 있다. 아, 그대들로부터 떠나버리려고.

그렇다, 다시 한 번 차라투스트라는 자신의 고독 속으로 돌아가야 한다. 그러나 이번에 이 곰은 내키지 않는 듯 무거운 걸음으로 자신의 동굴로 되돌아간다.

나에게 무슨 일이 일어났는가? 누가 나에게 명령을 내리는가? 아, 나의 여주인이 화를 내며 나에게 요구하고 있다. 내가 그대들에게 그녀의 이름을 말한 적이 있었던가?

어제저녁 '나의 가장 고요한 시간'이 나에게 말해 주었다. 이것이 바로 나의 무서운 여주인의 이름이다.

일은 그렇게 된 것이다. 그대들의 마음이 갑자기 사라진 자에 대해 냉혹해지는 일이 없도록 나는 그대들에게 모두 말해 주겠다.

그대들은 막 잠들려는 자에게 갑자기 들이닥치는 공포에 대해 알고 있는가?

대지가 무너져 내리는 것처럼 느껴지면 꿈이 시작되기 때문에 그는 발끝까지 두려움에 사로잡힌다.

이것을 나는 비유로 그대들에게 말하는 것이리라. 어제 가장 고요한 시간에 내가 서 있는 땅이 가라앉는 듯 느껴지면서 꿈이 시작되었다.

시곗바늘이 움직이고, 내 삶의 시계가 숨을 쉬었다. 지금까지 이렇게 깊은 고요 속에 둘러싸인 적은 없었다. 그래서 내 심장은 두려움으로 떨기 시작했다.

그때 나에게 나지막하게 말하는 것이 있었다.

"그대는 그것을 알고 있지 않은가, 차라투스트라?"

이 속삭임을 들었을 때 나는 너무 놀라 비명을 질렀다. 내 얼굴에서 핏기가 가셨다. 그러나 나는 잠자코 있었다.

그때 또 나지막한 소리가 말했다.

"그대는 그것을 알고 있지 않은가, 차라투스트라? 그런데도 그대는 말하지 않는구나."

드디어 나는 반항하듯 대답했다.

"그렇다. 나는 알고 있다. 그러나 말하고 싶지 않다."

그러자 다시 나지막한 목소리가 들려왔다.

"말하고 싶지 않단 말인가? 차라투스트라, 그것도 진실인가? 그대의 반항심 속에 숨지 말라."

이 말을 듣고 나는 아이처럼 울면서 몸을 떨었다. 그리고 말했다.

"아, 나는 정말 그것을 말하려 했다. 그러나 어떻게 그것을 말할 수 있겠는 가? 용서해 다오. 그것은 나의 힘으로는 어쩔 수 없는 일이다."

그러자 또 나에게 속삭이는 것이 있었다.

"그대 한 몸이 문제가 아니다, 차라투스트라. 그대의 가르침을 말하도록 하라. 그리고 부서져라."

나는 대답했다.

"아아, 그것이 나의 가르침이겠는가? 나는 누구인가? 나는 더 귀한 분을 기다리고 있다. 나는 그분 앞에 나아가서 부서질 가치조차 없는 몸이다."

그러자 다시 나지막한 소리가 나에게 말했다.

"그대 몸이야 어떻게 되든 문제가 아니다. 내가 보기에 그대는 아직 충분히 겸손하지 않다. 겸손은 더 단단한 껍질을 가지는 법이다."

나는 대답했다.

"내 겸손의 껍질은 이제까지 모든 것을 참아왔다. 나는 높은 산기슭에 살고 있다. 그 산의 높이가 얼마나 되는지 아무도 나에게 말해주지 않았다. 그러나 나는 골짜기를 잘 알고 있다."

또 나를 향해서 나지막한 소리가 말했다.

"오, 차라투스트라, 산을 움직이려 하는 자는 골짜기와 평지도 움직일 수 있다."

나는 대답했다.

"내 말은 아직 산을 움직여 본 적이 없다. 사실 나는 인간들에게 가까이 다가가긴 했어도 아직 인간들에게 이르지는 못했다."

또다시 나지막한 소리가 나에게 말했다.

"그대가 그것을 어떻게 아는가? 이슬은 밤의 가장 고요한 때에 풀 위에 내려 앉는다."

나는 대답했다.

"인간들은 내가 나의 길을 찾아 걸어가는 모습을 보고 비웃었다. 그리고 사실 그때 내 다리는 몹시 떨렸다.

그러자 그들은 나에게 말했다. '그대는 길을 잃어버렸다. 그런데 지금은 떨려서 걷는 것조차 잊어버린 모양이구나.'"

그때 또다시 그 소리가 나를 향해 말했다.

"그들의 비웃음이 어떻다는 말인가? 그대는 복종하기를 잊어버린 사람 가운데 하나이다. 이제 그대는 명령을 내려야 한다.

그대는 모든 사람에게 필요한 자가 누구인지를 모르는가? 그것은 바로 위대한 것을 명령하는 자이다.

위대한 것을 이루어 내기는 매우 힘들다. 그러나 보다 힘든 것은 위대한 것을 명령하는 일이다.

이것이 바로 그대가 가장 용서받을 수 없는 점이다. 그대는 힘을 가지고 있으면서도 지배하려 하지 않는다."

그래서 나는 대답했다.

"나에게는 명령을 내리기에 적당한 사자의 목소리가 없다."

그러자 또다시 속삭이는 소리가 나에게 말했다.

"폭풍을 일으키는 것은 가장 고요한 언어이다. 비둘기 다리로 걸어오는 사상이 세계를 지배한다.

차라투스트라, 그대는 앞으로 다가오게 될 자의 그림자처럼 걸어야 한다. 따라서 그대는 명령하지 않으면 안 된다. 명령하면서 가장 앞에서 나아가야 한다."

나는 대답했다.

"나는 부끄럽다."

그러자 또다시 그 속삭임이 나를 향해 말했다.

"그대는 이제부터 어린아이가 되어라. 그리고 부끄러움을 버려야 한다. 그대

속에는 아직도 젊은 시절의 긍지가 있다. 그대는 늦게 젊은이가 되었다. 그러나 어린아이가 되려는 자는 젊은 시절까지 극복해야만 한다."

그리하여 나는 오랫동안 생각에 잠겼다. 그리고 몸을 떨었다. 그러다 드디어 말했는데, 그것은 내가 처음에 한 말 그대로였다.

"나는 원하지 않는다."

그러자 나의 주위에서 갑자기 웃음소리가 일었다. 아, 그 웃음소리가 얼마나 내 창자를 끊고 가슴을 찢었는지!

그 나지막한 소리는 마지막으로 나를 향해 말했다.

"차라투스트라, 그대의 열매는 익었다. 하지만 아직 그대는 열매에 어울릴 정도로 익지 못했다.

따라서 그대는 고독 속으로 되돌아가야 한다. 그대는 더 익어 부드러워져야 하기 때문이다."

그리고 한 번 웃음소리가 나더니 멀리 사라져 갔다. 더욱 깊은 고요가 나의 주위를 휩쌌다. 나는 땅에 그대로 누워 있었다. 온몸에서 땀이 흘러내렸다.

벗들이여, 이제 그대들은 모든 것을 들었다. 나는 내가 고독 속으로 되돌아가야 하는 이유에 대해서 숨김 없이 다 말했다.

아울러 그대들은 나에게서 다음과 같은 얘기도 들었다. 모든 인간들 중에서 누가 가장 침묵하는 자이며, 또 누가 가장 침묵을 바라는 자인가를.

벗들이여, 나는 그대들에게 아직도 하고 싶은 말이 있다. 그대들에게 아직도 줘야 할 것이 있다. 그러나 나는 왜 그것을 주지 못하는가? 인색해서 그런 것일까?

차라투스트라가 이 말을 끝냈을 때 심한 고통이 그를 덮쳤다. 그는 친구들과 헤어질 때가 다가왔음을 알고 슬퍼했다. 차라투스트라는 소리 내어 울었다. 아무도 그를 위로할 수가 없었다. 그날 밤, 그는 벗들을 뒤에 남겨놓은 채 혼자 떠나갔다.

제3부

그대들은 높이 오르기를 바랄 때 위를 본다. 그러나 나는 이미 높은 곳에 있기 때문에 아래를 내려다본다. 그대들 가운데 어느 누가 크게 웃을 수 있으며, 높은 곳에 있다고 할 수 있겠는가?

가장 높은 산꼭대기에 올라가 있는 자는 모든 비극과 슬픔, 비극적 현실에 대해 비웃는다.

제1부 〈독서와 저술〉에서

방랑자

차라투스트라는 이튿날 새벽, 저쪽 해변에 이르려고 한밤중에 섬의 산등성이를 넘고 있었다. 거기에서 배를 탈 예정이었다. 그곳에는 훌륭한 항구가 있어 외국 배들도 자주 닻을 내렸다. 그 배들은 이 행복한 섬에서 외국으로 여행하려는 사람들을 실어 나르고 있었다. 차라투스트라는 산을 올라가면서 젊은 시절에 겪은 여러 가지 고독한 방랑 생활과, 자신이 지금까지 수많은 산들과 산꼭대기에 올랐던 일을 생각해 냈다.

그는 마음속으로 말했다.

"나는 방랑자이며 높은 곳을 향해 오르는 자이다. 나는 평지를 좋아하지 않는다. 오랫동안 조용히 앉아 있기 힘들다.

앞으로 내가 어떤 운명을 맞이하든, 어떤 일을 겪든 반드시 방랑과 함께 산을 오르는 일이 따르리라. 우리는 결국 자신만을 체험할 수 있을 뿐이다.

나에게 우연이 일어날 때는 이미 지나갔다. 그러니 이제부터 나에게 일어나는 일이 나 자신의 것이 아니고 무엇이겠는가.

그저 되돌아오는 것에 지나지 않는다. 오랫동안 타향에서 모든 사물과 우연 사이에 흩어져 있던 것이 결국 집으로, 나 자신에게로 되돌아올 뿐이다.

나는 또 하나의 일을 알고 있다. 나는 지금 나의 마지막 봉우리 앞에, 매우 오랫동안 미루어 두던 것 앞에 서 있다. 아, 이제 나는 가장 험한 길을 올라가야만 한다. 가장 고독한 방랑이 시작된 것이다.

그러나 나와 같은 부류의 사람들은 이러한 시간을 피하지 않는다. 이 시간은 그대에게 이렇게 말한다.

'이제 그대는 위대한 것을 향해 길을 가야 한다. 산봉우리와 골짜기, 그것들은 이제 하나가 되었다.'

그대는 위대한 것을 향한 그대의 길을 가고 있다. 지금까지는 그대의 마지막 위험이었던 것이 마지막 은신처가 되었다.

그대는 위대한 것을 향한 그대의 길을 가야 한다. 그대 등 뒤에는 이미 길이 없다는 것이 지금 그대에게 최선의 용기가 되어야 한다.

그대는 위대한 것을 향한 그대의 길을 가야 한다. 여기서는 그대 뒤를 따르는 자가 아무도 없으리라. 그대의 발자취를 그대 발이 지워버리고, 그 위에 '불가능'이라는 문자가 새겨져 있다.

만일 올라갈 사다리가 없다면 그대는 머리 위로 기어오르는 방법을 배워야 한다. 그렇게 하지 않고 어떻게 그대가 위로 오를 수 있겠는가?

그대 머리 위로 올라가 그대의 심장을 넘어서 앞으로 나아가야 한다. 그대에게는 가장 부드러운 것마저도 가장 가혹해져야 하는 것이다.

자신을 지나치게 아끼는 자는 그것 때문에 병들어 버린다. 우리를 가혹하게 대하는 것을 찬미하자. 나는 버터와 꿀이 흐르는 나라를 찬미하지 않으리라.

많은 것을 보기 위해서는 자신에게서 시선을 돌려야 한다. 높이 오르는 자에게 이 가혹함은 필수적이다.

인식자로서 오만한 견해를 지닌 사람은 사물의 표면만 볼 수 있을 뿐이다.

하지만 차라투스트라여, 그대는 모든 사물의 밑바닥과 배경까지도 보기를 원한다. 그러므로 그대는 어떤 방법으로든 스스로를 넘어서 올라가야 한다. 위로, 저쪽 위로. 그대가 별들까지 내려다볼 수 있는 곳까지.

그렇다. 자신과 함께 별들이 내려다보이는 곳이야말로 자신의 산봉우리라 부르리라. 그것이 마지막 산봉우리로 남아 있는 것이다."

차라투스트라는 산을 오르면서 마음속으로 이렇게 말했다. 그의 마음이 이제껏 경험하지 못한 상처로 괴로워하고 있었기 때문에 엄격한 격언으로써 마음을 위로했다.

그런데 산꼭대기에 이르자 그의 눈앞에는 다른 바다가 펼쳐져 있었다. 그는 걸음을 멈추고 오랫동안 묵묵히 서 있었다. 이 높은 곳의 밤은 더 춥고, 맑게 갠 하늘에서는 많은 별들이 찬란하게 반짝였다.

차라투스트라는 이윽고 슬픈 목소리로 말했다.

"나는 내 운명을 알고 있다. 자, 나는 준비가 되어 있다. 드디어 나의 마지막 고독이 시작되는 것이다.

아, 나의 발밑에 펼쳐진 검고 슬픈 바다여. 아, 이 잉태된 어두운 밤의 괴로움이여. 운명이여, 바다여, 나는 그대들이 있는 곳으로 지금 내려가야 하리라.

나는 가장 높은 산 앞에, 가장 긴 방랑의 길 앞에 서 있다. 나는 전보다 훨씬 더 깊이 내려가야 한다.

나의 운명은 내가 일찍이 겪었던 고통보다 더 깊은 고통의 어두운 물속으로 내려가기를 바란다. 자, 나는 각오가 되어 있다.

'가장 높은 산은 어디에서 오는가?' 일찍이 나는 이렇게 물었다. 그때 나는 그것이 바다에서 온 것임을 배웠다.

이 증거는 산기슭의 바위와 산봉우리의 암벽에 기록되어 있다. 가장 높은 곳에 이르기 위해서는 가장 깊은 것에서 비롯된 것이 아니면 안 된다."

차라투스트라는 추운 산봉우리에서 이렇게 말했다. 그러나 바닷가에 이르러 드디어 혼자 낭떠러지 끝에 섰을 때, 그는 긴 여행으로 지쳐버렸다. 그리하여 전보다 더 그리움에 불타기 시작했다.

그는 말했다.

"아직 모든 것이 잠들어 있다. 바다도 잠들어 있다. 바다는 잠에 취해 이상한 눈길로 나를 보고 있다.

그렇지만 바다는 따뜻하게 숨 쉬고 있다. 나는 그것을 느낀다. 나는 또 바다가 꿈꾸고 있음도 느낀다. 바다는 딱딱한 잠자리에서 뒹굴면서 꿈꾸고 있다.

들으라, 들어보라! 나쁜 기억들 때문에 바다가 얼마나 신음하고 있는가를. 아, 그대, 검은 괴물이여.

나도 그대와 더불어 괴롭다. 나는 그대의 슬픔을 동정한 나머지 나 자신의 무력감에 화를 내기까지 했다.

아, 내 손이 힘을 가지고 있지 못하다니, 얼마나 안타까운 일인가! 그대를 악몽에서 구해 낼 수 없다니!"

차라투스트라는 이렇게 말하면서 우수와 괴로움으로 자기 자신을 비웃었다.

"어떻게 된 것이냐, 차라투스트라. 그대는 바다에 대해서까지 위로의 노래를 불러주려 하는가?

아, 애정이 지나친 바보, 차라투스트라. 지나치게 신뢰하는 미치광이여. 그러나 이것이 지금에야 시작된 것은 아니다. 그대는 늘 모든 두려운 것들을 신뢰하여 그것에 다가섰다.

그대는 모든 괴물을 사랑하려 했다. 따뜻한 입김, 앞다리의 보드라운 털, 그것만 가지고도 그대는 그 괴물을 사랑하려 했고 또 친해지고 싶어했다.

더없이 고독한 상태에 있는 자에게 사랑은 위험하다. 살아 있는 것이라면 무엇이든 사랑하려는 그런 사랑은 위험하다. 나의 바보스런 마음은 참으로 비난받아야 한다. 그리고 사랑에 있어서 나의 겸손함은 정말이지 비난받아야 한다."

차라투스트라는 이렇게 말하고 나서 또 한 번 웃었다. 그러나 그때 그는 뒤에 남겨두고 온 친구들을 생각했다. 그리고 친구들에게 죄를 진 것처럼 생각한 자신에 대해 화가 났다. 그래서 방금 웃었던 그는 소리 내어 울었다. 노여움과 그리움으로 차라투스트라는 몹시 서럽게 울었다.

환영과 수수께끼

1

차라투스트라가 이 배에 타고 있다는 소문이 선원들 사이에 퍼졌을 때(왜냐하면 또 한 사나이가 행복한 섬에서 이 배를 타고 왔기 때문이다) 그들에겐 큰 호기심과 기대가 생겼다. 그러나 차라투스트라는 이틀 동안 아무 말도 하지 않았다. 슬픔으로 냉담해진 귀가 잘 들리지 않았고, 사람들이 눈짓을 하거나 물어와도 아무 대답도 하지 않았다. 이튿날 저녁 무렵에도 여전히 침묵을 지키고 있었지만 그의 귀는 다시 열렸다. 그래서 아득히 먼 나라에서 와서 아득히 먼 나라로 가고자 하는 이 배에서 일어난 여러 가지 신기하고 위험한 일들을 들을 수 있었다.

긴 여행을 좋아했던 차라투스트라는 모험을 즐기는 사람들의 친구였다. 보라, 그들의 이야기를 듣고 있는 동안 드디어 그의 입이 열리면서 그의 마음을 채우고 있던 얼음이 녹아내렸다. 그래서 그는 말하기 시작했다.

"그대, 대담한 탐구자, 모험자여. 또 교활하게 돛을 달고 무서운 바다를 항해한 적이 있는 자들이여.

즐겨 수수께끼를 푸는 그대들이여. 어스름을 기뻐하는 자들이여. 피리 소리에 이끌려 위험한 심연으로 들어가는 영혼을 지닌 자들이여.

겁먹은 손으로 한 가닥의 실을 더듬으며 어정쩡하게 걸으려 하지 않는 그대들은 추론하는 것을 싫어하고 짐작하기를 좋아한다.

나는 내가 본 수수께끼를 그대들에게만 말하리라. 그건 가장 고독한 자에게 찾아오는 환영이다.

나는 최근에 시체 같은 빛을 띤 황혼 속을 우울하게 걷고 있었다. 마음은 어둡고 냉정해졌으며 입은 꼭 다물고 있었다. 그때 내 눈에서 사라진 것은 태양만이 아니었다.

돌멩이가 널려 있는 험한 산길, 풀이나 나무조차 자랄 수 없을 만큼 황량한 산길. 그 길이 굳센 나의 발길 아래서 뿌드득뿌드득 소리를 낸다.

나의 발은 마치 비웃기라도 하듯 삐걱삐걱 소리 내는 자갈 위에서 돌들을 짓밟으며 말없이 위를 향해 올라갔다.

위쪽으로. 나의 오랜 적, 중력의 영혼에 맞서서, 저 깊은 아래로 끌어내리는 영혼에 맞서서.

위쪽으로. 반은 난쟁이고 반은 두더지인, 자신도 절름발이이면서 남까지 절름발이로 만들려고, 나의 귀에는 납을 뇌수에는 납과 같은 사상을 집어넣는 무거운 영혼이 나를 깔고 앉아 있음에도.

그 영혼은 비웃음을 띤 말투로 속삭였다.

'오, 차라투스트라여! 그대, 지혜의 돌이여, 그대는 자신을 높이 던져 올렸다. 그러나 위로 던져진 돌은 모두 떨어지고 만다.

오, 차라투스트라여! 그대, 지혜의 돌이여, 투석용 돌이여, 별의 파괴자여! 그대는 자신을 이처럼 높이 던져 올렸다. 하지만 위로 던져진 돌은 모두 떨어지고 만다.

그대는 자신에게 떨어져 내릴 돌을 위로 던질 것이다. 오, 차라투스트라여. 그대는 정말 돌을 멀리 던졌다. 그러나 그 돌은 그대 머리 위에 떨어지리라.'

그렇게 말하고 난쟁이는 입을 다물었다. 오랜 시간이 흘렀다. 그 침묵은 나를 짓눌렀다. 이런 상태로 둘이 함께 있는 것은 혼자 있는 것보다 더 고독하다.

나는 오르고 또 올랐다. 나는 꿈을 꾸었고 생각했다. 하지만 모든 것이 나를 짓눌렀다. 나는 심한 고통에 시달리며 악몽에서 깨어난 병자 같았다.

그러나 내 안에는 용기라고 부르는 그 무엇이 있었다. 이것이 늘 나의 모든 의기소침함을 없애주었다. 이 용기가 마침내 나를 불러 세우더니 이렇게 말하도록 명령했다.

'난쟁이여! 그대인가, 아니면 나인가!'

공격하는 용기야말로 최상의 살해자이다. 이런 공격에는 사방에 울려 퍼지는 승리를 향한 함성이 있기 때문이다.

인간은 가장 용기 있는 동물이다. 인간은 그 용기로써 모든 동물을 이겨냈다. 그는 사방으로 울려 퍼지는 함성으로써 모든 고통을 정복했다. 그러나 인간이 받는 고통이야말로 가장 깊은 고통이다.

용기는 심연에 이르렀을 때의 현기증까지도 살해한다. 인간이 있는 곳 가운데 심연이 아닌 곳이 어디 있으랴! 삶을 들여다본다는 것 자체가 심연을 보는 것이 아닌가?

용기는 가장 훌륭한 살해자이다. 용기는 동정까지도 죽인다. 하지만 동정은 가장 깊은 심연이다. 인간이 인생을 깊이 들여다보는 것만큼 고뇌도 똑같은 깊이로 들여다보는 것이다.

그러나 용기는, 가장 공격적인 용기는 가장 훌륭한 살해자이다. 용기는 죽음까지도 살해한다. 용기는 '이게 인생이었던가? 좋아, 다시 한 번!' 하고 말하게 하기 때문이다.

그렇지만 이런 말 속에는 사방에 울려 퍼지는 수많은 함성이 깃들어 있다. 귀를 가진 자는 들어라!"

2

"멈춰라, 난쟁이여!" 내가 말했다. "내가 아니면 그대다! 그러나 우리 둘 중에서 내가 더 강하다. 그대는 나의 심오한 사상을 모른다. 설사 알 수 있다 하더라도 그대는 견뎌내지 못하리라."

그 순간 내 몸이 가벼워졌다. 호기심 많은 난쟁이가 내 어깨에서 뛰어내린 것이다. 그는 내 앞에 있는 돌 위에 웅크리고 앉았다. 하지만 우리가 멈춰 선 그곳에 출입문 하나가 있었다.

나는 계속 말했다.

"이 문을 보라, 난쟁이여! 이 문은 두 개의 얼굴을 가지고 있다. 두 개의 길이 여기서 만나고 있는데, 그 어느 쪽 길도 아직 누구 한 사람 끝까지 가본 적 없다.

우리 뒤의 기다란 길은 영원으로 이어지고 있다. 그리고 저쪽으로 뻗어 있는 길 또한 다른 영원으로 이어진다.

이 두 갈래 길은 여기서 마주치고 있다. 그래서 정면충돌한다. 그리고 이 문이 있는 곳에서 두 길이 만난다. 이 문의 이름은 그 위에 쓰여 있다. '순간'이라고.

그런데 이 가운데 한 길을 먼저 나아가는 자, 계속 멀리 나아가는 자가 있다고 하자. 그 경우 그대 난쟁이는 믿을 것인가? 이 두 개의 길이 영원히 상반된다고?"

난쟁이는 멸시하듯 중얼거렸다.

"모든 곧은 것은 거짓말을 한다. 모든 진리는 비뚤어져 있다. 시간 자체도 하나의 원을 이루고 있지 않은가."

나는 화를 내며 말했다.

"그대, 무게의 영혼이여! 그토록 가볍게 생각지 말라. 그렇게 나온다면 나는 그대를 웅크린 채 계속 앉아 있게 내버려 두겠다. 이 절름발이여, 그대를 이 높은 곳까지 데려온 것은 바로 나다!

이 순간을 보라. 이 순간이라는 문에서부터 영원한 하나의 길이 뒤로 뻗어 있다. 우리 뒤에는 '영원'이 있는 것이다.

달릴 수 있는 모든 사물은 이미 이 길을 반드시 한 번은 달리지 않았을까? 일어날 수 있는 모든 것은 꼭 한 번 이미 일어나고 행해져서 이 길을 지나치지 않았을까?

난쟁이여, 모든 것이 이미 존재했던 적이 있다면 그대는 이 순간을 어떻게 생각하겠는가? 이 문 또한 존재한 적이 있었던 게 아니겠는가?

그리고 모든 사물은 진실로 굳게 결합되어 있기 때문에 이 순간은 반드시 오게 될 모든 것을 끌고 오는 것이 아니겠는가? 따라서 나 자신까지도 뒤에 끌고 오는 것이 아니겠는가?

왜냐하면 달릴 수 있는 모든 것은 저쪽으로 뻗은 긴 길까지 다시 한 번 더 달리지 않을 수 없기 때문이다.

그리고 달빛 아래 어슬렁어슬렁 기어가는 이 거미, 또 이 달빛 자체와 문에 선 채 속삭이고 있는, 영원한 사물에 대해 속삭이고 있는 나와 그대는 모두 존재한 적이 있었던 게 아닌가?

그래서 다시 저쪽으로 가는, 우리 앞에 있는 또 하나의 길을 달려가야 하는 것이 아닌가? 이 길고도 무시무시한 길을 따라 우리는 다시 영원에 와야만 하는 것이 아닌가?"

이렇게 말하는 나의 목소리는 조금씩 낮아졌다. 왜냐하면 나는 나의 생각과 생각 뒤의 생각이 두려웠기 때문이다. 그런데 그때 갑자기 가까이에서 개 짖는 소리가 들려왔다.

개가 그렇게 짖는 것을 일찍이 내가 들은 적이 있었던가? 내 생각은 옛날을 향해 달려갔다. 그렇다, 그건 내가 어렸을 때, 아득히 먼 어린 시절의 일이다.

그때도 나는 개가 그토록 짖어대는 소리를 들었다.*1 개조차 유령의 존재를 믿을 만큼 아주 조용한 한밤중에 털을 곤두세운 채 머리를 쳐들고 몸을 떨면서 짖는 것을 보았다.

그런 개의 모습에서 나는 연민의 정을 느꼈다. 그때 마침 보름달이 지붕 위로 떠올랐다. 달은 죽음처럼 조용히 평평한 지붕 위에, 마치 다른 사람의 소유지 위에라도 있듯이 멈춰 있었다.

그래서 개는 겁을 먹었다. 개는 도둑이나 유령을 믿기 때문이다. 나는 또다시 개 짖는 소리를 들었을 때 그 개가 불쌍해졌다.

이제 난쟁이는 어디로 갔는가? 그리고 문은? 거미는? 또한 그 속삭이던 모든 소리는? 나는 꿈을 꾸고 있었단 말인가? 아니면 깨어 있었단 말인가? 나는 갑자기 한없이 쓸쓸한 달빛 아래 험준한 절벽 사이에 홀로 서 있는 나 자신을 발견했다.

그런데 거기 한 인간이 가로누워 있었다! 그리고 저쪽에서는 한 마리 개가

---

*1 개가 놀라서 짖는 소리를 들었던 것도 과거로의 회귀이다. 일상생활을 하다 보면 어느 순간의 체험이 과거에도 있었던 일처럼 생각되는 때가 있다. 감각적으로는 이것이 니체의 영원회귀설의 한 근거를 이루고 있다고 할 수 있다.

날뛰며 털을 곤두세운 채 맹렬히 짖고 있었다. 그때 개는 다가가는 나의 모습을 보았는지 다시 울부짖었다. 나는 개가 그토록 도움을 청하며 절규하는 것을 일찍이 들은 적이 있었던가?

정말이지 이런 광경을 일찍이 본 적이 없다. 나는 한 젊은 양치기가 몸부림치며 숨을 헐떡이고, 경련으로 얼굴을 온통 찡그리고 있던 모습을 보았다. 그 입에서는 시꺼먼 큰 뱀이 나와 늘어져 있었다.

한 인간의 얼굴에서 이처럼 심한 혐오와 창백한 공포가 나타나 있는 것을 본 적이 있었던가? 아마 잠들어 있었겠지? 그런데 그에게 뱀이 다가와 그의 목구멍으로 기어들어 그것을 꼭 물고 늘어졌던 것이다.

나의 손은 그 뱀을 힘껏 끌어당겼다. 그러나 아무 소용이 없었다. 나의 손은 그 뱀을 목구멍에서 끌어낼 수 없었다. 그러자 내 속에서 절규가 터져 나왔다. "물어, 물어라! 뱀의 대가리를 물어 끊어라. 물어라!"

나의 공포, 증오, 역겨움, 연민, 모든 선악이 하나의 절규가 되어 내 속으로부터 터져 나왔다.

그대, 내 주위에 있는 대담한 자들이여! 그대, 모험가들, 또 교활하게 돛을 올리고 미지의 바다로 떠나는 자들이여! 그대, 수수께끼를 즐기는 자들이여!

자, 그때 내가 본 수수께끼를 풀어다오! 그것은 환영이며, 예견이었다.

그때 나는 어떤 것의 비유를 본 것인가? 언젠가 꼭 와야만 하는 자는 누구인가?

뱀이 목구멍으로 기어들어 간 양치기는 누구인가? 그토록 무겁고 검은 것이 자신의 목구멍으로 들어가게 된 자는 도대체 누구인가?

그러나 양치기는 나의 절규대로 뱀을 물었다. 확실하게 물었다! 그리고 그는 뱀의 대가리를 멀리 내뱉더니 벌떡 일어났다.

그는 이미 양치기도 아니고, 인간도 아니었다. 변신한 인간이자 빛으로 둘러싸인 자였다. 그는 웃었다. 나는 이제껏 그가 웃은 것처럼 웃는 인간을 이 지상에서 본 적이 없다!

오, 형제들이여. 나는 인간의 것이 아닌 웃음소리를 들었다. 이제 하나의 갈망이 나를 괴롭힌다. 싫증을 느끼지 않는 동경이 나를 괴롭힌다.

이 웃음을 향한 나의 동경이 나를 괴롭힌다. 오, 어떻게 내가 아직 살아 있는 것을 견딜 수 있겠는가? 그리고 어떻게 내가 지금 죽는다는 것을 견딜 수 있겠는가?

차라투스트라는 이렇게 말했다.

바라지 않는 축복

차라투스트라는 이런 수수께끼와 우울한 마음을 품은 채 바다를 건넜다. 그래서 행복한 섬들과 자신의 벗들로부터 떠난 지 나흘째 되는 날에야 그는 온갖 고통을 극복했다. 그는 자랑스럽게 굳건한 두 발로 다시 자신의 운명 위에 우뚝 선 것이다. 차라투스트라는 기뻐하고 있는 양심을 향하여 다음과 같이 말했다.

"나는 다시 내가 바라던 외톨이가 되었다. 맑게 갠 하늘과 탁 트인 바다와 함께 외톨이가 되었다. 그리고 다시 오후가 내 주위에 있다.

내가 전에 친구들을 처음 발견한 것은 오후의 일이고, 두 번째로 친구들을 발견한 것도 오후의 일이다. 모든 빛이 사라지는 그런 때였다.

왜냐하면 하늘과 땅 사이에 있는 행복은 이제 그가 머물 반짝이는 영혼을 찾고 있기 때문이다. 너무나 행복한 나머지 이제 모든 빛이 조용해졌다.

오, 내 삶의 오후여! 일찍이 나의 행복도 머물 곳을 찾아 골짜기로 내려왔다. 거기서 내 행복은 손님을 반갑게 맞이해 줄 열린 영혼들을 발견했다.

오, 내 삶의 오후여! 하나의 일, 내 사상의 살아 있는 숲과 내 최고의 희망인 이 아침 햇살을 위해 내가 던져버리지 않은 것이 하나라도 있었던가!

일찍이 창조자는 길동무와 자기 희망을 이룰 자식들을 찾았다. 그러나 보라! 그는 스스로 자신을 창조해야만 그들을 발견할 수 있다는 것을 알게 되었다.

그래서 나는 내 자식들이 있는 곳으로 갔다가 그들에게서 돌아오는, 내 일을 하고 있는 중이다. 자기 자식들을 위해 차라투스트라는 먼저 자기 스스로를 완성해야 한다.

사람이 진심으로 사랑하는 것은 오직 자기 자식과 자신에게 맡겨진 일뿐이니까. 그리고 자신에 대해 커다란 사랑이 있다면 그것은 잉태의 징후이다. 나는 그것을 깨달았다.

내 자식들은 그 최초의 봄에 싸여서 초록빛으로 물들어 서로 가까이 줄지어 선 채 바람에 나부끼고 있다. 그것들은 가장 기름진 나의 동산에서 자라나는 나무들이다.

그래서 진실로 이러한 나무들이 줄지어 서 있는 곳에 행복한 섬들이 있다.

하지만 나는 언젠가 때가 되면 그 나무들 하나하나가 고독과 반항과 예지를 배울 수 있도록 그것들을 뽑아 따로 심을 것이다.

각각의 나무에는 마디가 생기고 구부러지고, 그렇게 부드러운 강함을 지닌 채 바닷가에 서 있어야 한다. 정복하기 어려운 삶의 산 등대로서.

폭풍이 바다 한가운데로 휘몰아치는 곳, 산줄기 끝이 물을 머금은 곳, 언젠가는 그곳에다 나무들을 밤낮으로, 자신의 시련과 인식을 위한 파수꾼으로 세우지 않으면 안 된다.

그 나무가 과연 나와 같은 종족이며 같은 혈통인지 알기 위해서 인식되고 시련을 겪지 않으면 안 된다. 또한 그것이 과연 불굴의 의지를 지닌 자인지, 말을 할 때 과묵한지, 무엇인가 줄 때 받은 만큼 주는지 알기 위해서.

또한 언젠가 나의 길동무가 될지 어떨지, 차라투스트라와 함께 창조하는 자, 함께 기뻐하는 자인지 아닌지, 모든 사물을 한층 더 완성시키기 위해 나의 의지를 기록판에 써넣을 자가 될지를 조사하기 위해서.

그리고 그를 위해, 그와 같은 자들을 위해 나는 나 자신부터 완성해야 한다. 그 때문에 나는 지금 행복을 멀리하고 온갖 불행에 몸을 바치노라. 내 마지막 시련과 인식을 위해서.

진실로 내가 가야 할 때가 왔다. 저 방랑자의 그림자와 가장 오랜 지루함, 가장 조용한 시간, 이들 모두가 나를 향해 말했다.

'드디어 떠날 때가 왔다!'

열쇠 구멍으로 불어 들어온 바람이 '오라!' 하고 나에게 말했다. 문짝이 교활하게 확 열리면서 '가라!' 하고 말했다.

그러나 나는 자식들의 사랑에 붙들려 누워 있었다. 사랑에 대한 욕망이 함정을 파놓았던 것이다. 내가 내 자식들의 희생물이 되어, 그들로 말미암아 나 자신을 잃고 싶다는 욕망이.

욕망이란 나 자신을 잃는 것을 뜻한다. '나의 자식들이여, 나는 너희들을 소유하고 있다!' 이 소유에는 확실성만 있어야지 욕망은 조금도 있어서는 안 된다.

하지만 내 사랑의 태양은 내 위에서 꼼짝도 하지 않은 채 계속 내리쬐고 있다. 차라투스트라는 그 자신의 체액 속에서 끓어올랐다. 그러자 그림자와 의문이 내 머리 위를 살짝 스치고 날아갔다.

나는 추위와 겨울을 갈망했다.

'추위와 겨울이 또다시 나의 배에서 소리가 나게 하고, 나의 이가 맞부딪치게 했으면 좋으련만!'

나는 이렇게 탄식했다. 그러자 내 몸에서 얼음처럼 찬 안개가 피어올랐다.

내 과거가 나의 무덤을 파헤치자 산 채로 묻혀버린 수많은 고통이 되살아났다. 그것들은 수의에 감추어져 있었을 뿐이었다.

이렇게 모든 것이 나를 향해 상징으로 말을 걸어왔다.

'때가 왔다.'

그러나 나에게 들리지 않았다. 마침내 나의 심연은 흔들리고 나의 사상은 나를 물어뜯게 되었다.

아, 그대, 내 심연의 사상이여! 언제쯤이면 나는 그대의 땅 파는 소리를 듣고도 떨지 않을 만큼 강해질 것인가?

그대가 무덤을 파헤치는 소리를 들으면 나의 심장은 몹시 두근거려 그 고동이 목젖까지 전해진다! 그대, 심연처럼 침묵하는 자여! 그대의 침묵까지도 내 목구멍을 조여온다!

지금껏 나는 굳이 그대를 불러들이지 않았다. 나로서는 그대를 업고 있는 것만도 힘에 겨웠다. 또 나는 감히 죽은 자의 마지막 불손과 방자함을 감당할 만큼 강하지도 않다.

나에게 있어서 그대는 언제나 그 무게만으로도 힘에 겨웠다. 그러나 언젠가는 나도 그대를 위로 불러올릴 만큼 강한 힘과 사자의 소리를 찾아야 할 것이다!

먼저 내가 이 일을 할 수 있게 나 자신을 극복하면, 앞으로는 한층 더 큰일을 할 수 있게끔 나를 극복하게 되리라. 그리고 하나의 승리를 내 완성의 봉인으로 삼게 되리라.

그렇게 될 때까지 나는 불확실한 바다를 계속 항해하리라. 부드러운 혓바닥을 지닌 우연이 나에게 아첨을 떤다. 나는 앞뒤를 바라보지만 끝은 보이지 않는다.

또 나에게는 아직 마지막 투쟁의 시간이 오지 않았다. 아니, 그것이 지금 오고 있는 중일까? 진실로 음모로 가득 찬 아름다움을 지닌 바다와 삶이 나를 바라보고 있다!

오, 내 삶의 오후여! 해지기 전의 행복이여! 바다 한가운데 있는 항구여! 불확실 속의 평화여! 나는 그대 모두를 절대 믿지 않으리라!*2

진실로 나는 그대들의 음모에 가득 찬 아름다움을 의심하고 있다! 나는 벨벳처럼 부드러운 미소를 지니고 불신으로 시기하는 연인과 같다.

질투심 강한 이 연인이 가장 사랑하는 연인을 가혹하면서도 가장 우아하게 뒤에서 밀며 괴롭히듯, 나도 이 행복한 때를 뒤에서 밀어낸다.

떠나라, 그대, 행복한 시간이여! 그대와 함께 있기를 바라지 않는 행복이 나를 찾아온다! 나는 가장 깊은 고통을 각오하고 서 있다. 너는 잘못된 때에 온 것이다.

떠나라, 그대, 행복한 시간이여! 차라리 저쪽 나의 자식들이 있는 그곳에 머물러라. 서둘러라. 그리고 저녁이 되기 전에 나의 행복으로 그들을 축복하라!

벌써 해가 넘어가고 있다. 가버려라, 나의 행복이여!"

차라투스트라는 이렇게 말했다.

그리고 그는 밤새도록 자신의 불행이 찾아오기를 기다렸으나 헛수고였다. 밤은 언제까지나 밝고 조용했다. 그리고 행복이 점점 더 그에게 다가왔다. 새벽녘에 차라투스트라는 마음으로 크게 웃더니 경멸하듯이 이렇게 말했다.

"행복이 나를 뒤쫓아온다. 내가 여자들을 뒤쫓지 않았기 때문이다. 그런데 행복이란 결국 한 여자이다."

해뜨기 전에

오, 내 머리 위의 하늘이여, 밝은 존재여! 심오한 자여! 빛의 심연이여! 그대를 바라보면서 나는 신성한 욕망으로 몸을 떤다.

그대의 높이까지 나를 던지는 것, 이것이 나의 깊이이다! 그대의 밝음 속에 내 몸을 숨기는 것, 이것이 나의 순진함이다.

신은 자신의 아름다움 속에 감춰져 있다. 그처럼 그대는 자신의 별들을 감

---

*2 '의심'은 그림자와 동일물이다. '언제까지나 이런 상태로 지내도 괜찮은가?' 하는 의심을 말하는 것이다.

추고 있다. 그대는 말하지 않는다. 그렇게 함으로써 그대는 그대와 지혜를 나에게 알려준다.

오늘 그대는 파도치는 바다 위로 떠올랐다. 그대의 사랑과 수줍음이 두근거리는 내 영혼을 향해 계시를 내린다.

그대는 그대의 아름다움에 싸인 채 아름다운 모습으로 나를 향해 왔으며, 지혜에 숨어서 소리 없이 나에게 명확하게 말한 것이다.

오, 이 같은 그대 영혼의 수줍음을 어찌 꿰뚫어 보지 않겠는가! 그대는 해 뜨기 전에 내가 있는 곳으로 가장 고독한 자를 찾아왔다.

우리는 처음부터 친구였다. 우리는 슬픔과 공포와 그 근본까지도 함께 나누고 있다. 게다가 우리는 태양 또한 함께 나누고 있다.

우리는 서로 너무 많은 것을 알고 있기 때문에 이야기하지 않는다. 우리는 침묵하고 지혜의 미소로 서로를 대한다.

그대는 나의 불에 이르는 빛이 아닌가? 그대는 나의 통찰에 있어서 자매의 영혼이 아니었던가?

우리는 모든 것을 함께 배웠다. 자신을 넘어서서 밝게 미소짓는 법을 함께 배웠다.

우리 아래에 강제와 목적과 죄악이 빗줄기처럼 내릴 때, 어둠 속을 걷고 빛나는 눈길로 까마득히 먼 데를 내려다보는 법을 배웠다.

내가 홀로 방황할 때 나는 어둠과 미로 속에서 누구를 찾아 헤매었던가? 또한 내가 산에 올랐을 때, 그 산 위에서 찾았던 것이 그대가 아니고 누구였겠는가?

나의 방랑과 등산은 어쩔 수 없는 일이었고 서투른 임시방편에 지나지 않았다. 나의 모든 의지는 오직 나는 것만을, '그대' 속으로 날아드는 것만을 바란다.

떠도는 구름과 그대를 더럽히는 것보다 더 내가 증오한 게 있었던가? 또한 나는 나 자신의 증오까지도 미워했다. 그 증오가 그대를 더럽혔으니까!

나는 떠도는 구름을 미워한다. 발소리를 죽이고 걷는 이 도둑고양이를. 그것은 그대와 내가 공유하고 있는 거대하고 끊임없는 '네'와 '아멘'이란 말을 빼앗아 가기 때문이다.

참견하는 자와 얼치기들, 그리고 떠도는 구름, 축복하는 것은 물론 철저하게 저주하는 것도 배우지 못한 이 어중이떠중이들을 보면 우리는 화가 난다.

빛나는 하늘이 떠도는 구름에 의해 더러워지는 걸 보느니 차라리 닫혀버린 하늘 아래에서 큰 통 속에 앉아 있는 편이 낫겠다. 차라리 하늘이 없는 심연 속에 앉아 있는 게 나으리라.

그리고 나는 자주 톱니 같은 번개의 금빛 쇠바늘로 떠도는 구름을 얽어매 큰 북의 배로 삼아 우렛소리가 나게 두들기고 싶었다.

성난 고수가 되고 싶었다. 떠도는 구름은 나에게서 그대의 '네'와 '아멘'을 앗아갔기 때문이다. 내 머리 위의 하늘, 그대, 밝은 것이여! 빛에 가득 찬 자여! 빛의 심연이여! 떠도는 구름은 그대에게서 나의 '네'와 '아멘'을 앗아갔다.

나는 이 신중하고도 의심 많은 도둑고양이가 주는 휴식보다는 차라리 소란스런 우렛소리와 해질녘의 저주를 원한다. 그리고 나는 인간들 가운데서도 발소리를 죽이고 다니는 자와 어중이떠중이와 의심 많고 자주 망설이며 떠도는 구름 같은 자들을 가장 미워한다.

'축복할 수 없는 자는 저주하는 방법을 배워야 한다!'

이 명석한 가르침은 밝은 하늘이 내게 준 것이다. 이 별은 어두운 밤에도 나의 하늘에서 빛나고 있다.

나는 그대만 주위에 머물러 준다면 축복하는 자요, '네'라고 말하는 자이다. 그대, 청순한 자여! 빛에 가득 찬 자여! 빛의 심연이여! 나는 어떤 심연 속에서도 나의 축복하는 긍정의 말과 함께 가리라.

나는 축복하는 자, '네'라고 말하는 자가 되었다. 그리고 언젠가는 내 두 손으로 자유를 얻기 위해서 오랫동안 싸워왔으며 투사가 되었다.

나의 축복이란 이런 것이다. 축복은 모든 사물 위에 그 자신의 하늘과 그것의 둥근 지붕으로서, 그것의 푸른 종과 영원한 보초로서 있는 것이다. 그래서 이처럼 축복하는 자는 축복받은 자이다!

모든 사물은 선악 너머에 있는 영원의 샘에서 세례를 받았다. 그래서 선악은 다만 중간의 그림자, 축축한 고통, 떠도는 구름에 지나지 않는다.

진실로 내가 "모든 사물 위에는 우연이라는 하늘, 순진무구함이라는 하늘, 예측 불가능이라는 하늘, 분방함이라는 하늘이 걸려 있다"고 가르치는 것은 하나의 축복일 뿐 결코 모독이 아니다.

'예측 불가능이라는 하늘', 이것은 세계에서 가장 오래된 귀족이다. 나는 이것을 모든 사물에게 되돌려 주었다. 나는 모든 사물을 목적이라는 예속에서 구제해 주었다.

모든 사물 위에서, 또 그것들을 수단으로 하는 어떠한 '영원의 의지'도 바라지 않는다고 내가 가르쳤을 때, 나는 모든 사물 위에 이 자유롭고 밝게 갠 하늘을 푸른 종처럼 걸쳐놓았던 것이다.

"모든 사물에게 있을 수 없는 것이 한 가지 있다. 그것은 합리성이다!" 가르쳤을 때, 나는 저 의지 대신에 방자함과 우매함을 올려놓은 것이다.

약간의 이성, 별들 사이에 뿌려져 있는 지혜의 씨앗 한 알, 이런 효모가 온갖 사물에 섞여 있다. 지혜는 어리석음을 위해 모든 사물에 섞여 있는 것이다.

확실히 약간의 지혜는 있을 수 있다. 그러나 내가 모든 사물에서 발견한 행복한 확실성은, 차라리 여러 사물들이 우연이라는 다리로 춤추고 싶어한다는 것이다.

아, 머리 위의 하늘이여, 밝은 것이여! 드높은 것이여! 내게 있어서 그대의 순결함에는 영원한 이성의 거미도, 거미줄도 존재하지 않는다.

또 그대는 나에게 있어 신성한 우연이 춤추는 무도장이며, 신성한 주사위와 신성한 도박자를 위한 신들의 탁자라는 점이 바로 그대의 순결함이다.

그런데 그대는 얼굴을 붉히는가? 내가 해서는 안 될 말을 했단 말인가? 그대를 축복하려다가 도리어 모독이라도 했단 말인가?

아니면 그대는 우리 둘만 있다는 게 부끄럽기 때문에 얼굴을 붉히는 것인가? 이제 낮이 오므로 조용히 사라지라고 명령하는 것인가?

세계는 깊다. 낮이 생각했던 것보다 훨씬 더 깊다. 낮이라고 해서 모든 것을 말해도 좋다는 것은 아니다. 이제 낮이 온다. 그러니 우리는 그만 헤어지자!

오, 머리 위의 하늘이여, 부끄러워하는 자여! 얼굴을 붉히는 자여! 오, 해 뜨기 전의 나의 행복이여! 낮이 온다. 그러니 우리는 그만 헤어지자.

차라투스트라는 이렇게 말했다.

왜소하게 만드는 덕

1

차라투스트라는 다시 뭍에 올라 곧장 자기의 산과 동굴로 가지 않고 방랑하며 여러 가지 질문을 던지고 많은 것을 조사했다. 그러고는 자기 자신에 대해 농담하듯 말했다.

"보라, 여러 번 굽이치며 원천으로 다시 흘러드는 강물을!"

왜냐하면 그는 자신이 없는 동안 인간이 어떻게 되었는지, 즉 인간이 더 커졌는지, 아니면 작아졌는지 알고 싶었기 때문이다. 그런데 그는 한 줄로 나란히 선 새로운 집을 보고 의심스런 얼굴로 말했다.

"이 집들은 무엇을 의미하는가? 진실로 이것들은 위대한 영혼을 지닌 자들이 자신의 위대함을 드러내려 세운 것이 아니다.

아마도 어리석은 아이들이 장난감 상자에서 끄집어 낸 것일까? 그렇다면 다른 아이들이 그것을 다시 장난감 상자 속에 넣어버리면 좋으련만!

그리고 어른들이 이렇게 작은 방을 드나들 수 있을까? 이 방은 마치 비단 인형의 방처럼 보인다. 아니, 자기 몸뚱이까지도 집어먹히기를 좋아하는 듯한 암고양이를 위해 만들어진 집처럼 보인다."

그리고 차라투스트라는 그 자리에 멈춰 선 채 생각에 잠겼다. 한참 뒤에 드디어 그는 슬프게 말했다.

"모든 것이 작아졌다. 어디에서나 전보다 낮아진 문이 보인다. 나 같은 사람도 지나갈 수는 있지만, 그러자면 몸을 굽혀야 한다!

나는 언제쯤 내 고향으로, 이 작은 것들 앞에서 몸을 굽히지 않아도 되는 그곳으로 돌아갈 수 있을까!"

차라투스트라는 이렇게 한숨지으며 먼 곳을 보았다.

그러나 같은 날 그는 왜소하게 하는 덕에 대해 말했던 것이다.

2

나는 이 민중 속을 걸으면서 눈을 크게 뜨고 있다. 그들은 내가 그들이 지닌 모든 덕을 부러워하지 않는다면서 나를 용서하지 않았다.

내가 그들을 향해 소인들에게는 작은 덕이 필요하다고 말했기 때문이다. 또 이 세상에 소인이 필요하다는 것이 나로서는 쉽게 이해가 되지 않는다고 말했기 때문에 그들은 나를 물어뜯었다.

나는 이웃 농장에 들어간 수탉과 비슷하다. 암탉들이 달려들어 쪼아대는 것이다. 그렇다고 해서 나는 결코 암탉들을 나쁘게 생각지 않는다.

나는 그들을 대할 때 모든 사소한 골칫거리를 대하는 것처럼 너그럽다. 사소한 일에 일일이 신경을 곤두세우는 것은 고슴도치에게나 알맞은 지혜라고 생각한다.

사람들은 밤에 난롯가에 둘러앉아 모두 나에 대해 이야기한다. 그들은 나에 대해 이야기하기만 할 뿐, 아무도 나에 대해 생각하지는 않는다!

이것이 내가 새로 배운 침묵이다. 내 주위에서 일어나는 소란은 내 사상 위에 외투를 덮어씌운다.

그들은 소리 높여 서로 부르짖고 있다.

"이 먹구름은 우리에게 무슨 짓을 하려는 것인가? 그것이 우리에게 전염병을 옮기지 않도록 조심해야겠다!"

그래서 지난번에 한 여인은 나에게 오려고 하는 자기 자식을 끌어안고 소리쳤다.

"아이들은 저쪽으로 가라! 저런 눈은 아이들의 영혼을 불태워 죽일 것이다."

내가 이야기하면 그들은 기침한다. 그들은 기침하는 것이 강한 바람에 대한 저항이라고 생각한다. 그들은 나의 행복이 몰아쳐도 조금도 느끼지 못한다!

"우리에게는 차라투스트라를 위해 쓸 시간이 없다." 그들은 그렇게 항의한다. 그러나 차라투스트라를 위한 '시간이 없다'는 따위의 시간에 무슨 의미가 있겠는가?

그러니 그들이 나를 칭찬할 때에도 나는 그들의 칭찬 위에서 편히 잠들 수 없다. 내게 있어 그들의 칭찬은 가시 돋친 허리띠일 뿐이다.[*3] 그것은 풀 때도 나에게 상처를 입힌다.

나는 그들에게서 이런 것도 배웠다. 즉 칭찬하는 자는 무엇인가 돌려주는 것처럼 보이지만 사실은 받기를 원한다는 것을.

그들이 칭찬하는 노래, 유혹하는 노래의 구절이 마음에 들었는지 나의 발에게 물어보라. 진실로 그런 박자나 장단에 맞추어 춤추어야 한다면, 내 발은 춤추려고도, 가만히 서 있으려고도 하지 않는다.

그들은 나를 유혹하여 칭찬함으로써 작은 덕으로 이끌어 붙이고 싶어한다.

---

*3 옛날 그리스도교의 고행자가 자신을 괴롭히기 위해 몸에 지녔던 것을 말한다.

내 발을 설득하여 작은 행복의 장단에 맞춰 춤추게 하고 싶어한다.

　나는 이 민중 사이를 걸으며 눈을 크게 뜨고 있다. 그들은 작아졌고 점점 더 작아진다. 그러나 이렇게 된 것은 행복과 덕에 대한 그들의 가르침 때문이다.

　그들은 덕에 있어서 겸손하다. 그것은 안락함을 바라기 때문이다. 하지만 안락함과 조화를 이루는 것은 겸손한 덕뿐이다.

　그들은 또 그들 나름대로 걷고 앞으로 나아가는 것을 배웠다. 나는 그것을 '절름발이'라고 부른다. 이 때문에 그들은 바삐 가는 자의 방해물이 된다.

　그래서 그들 가운데 많은 자는 앞으로 나가면서도 목을 곧추세운 채 뒤를 돌아다본다. 나는 그런 자를 보면 서슴없이 몸을 부딪친다.

　발과 눈은 거짓말을 해서는 안 되고, 또 서로에게 거짓말을 했다고 탓해서도 안 된다. 그러나 소인들 사이에는 많은 거짓말이 행해지고 있다.

　그들 가운데 몇몇은 의지를 지니고 있으나 대부분은 오로지 남에게 의지하고 있을 뿐이다. 그들 가운데 몇몇은 진실하지만 대부분은 서투른 배우이다.

　그들 중에는 자신도 모르게 배우가 된 자와 어쩔 수 없이 배우가 된 자가 있다. 진짜는 언제나 드문 법이지만, 그중에서도 진짜 배우는 정말 드물다.

　그들 중에는 사나이다운 사나이가 거의 없다. 그래서 그들의 여자들이 남성화된다. 다분히 사나이다운 자만이 '여자 중의 여자를 구원할' 수 있다.

　내가 그들에게서 발견한 가장 악독한 거짓은 명령하는 자들까지도 봉사하는 자의 온갖 덕을 가장한다는 사실이다.

　'나는 봉사한다. 그대는 봉사한다. 우리는 봉사한다.' 여기서는 지배자들 또한 거짓으로 이렇게 기원한다. 그래서 첫 번째 주인이 첫 번째 하인에 지나지 않는 것이다. 한심할 수밖에!

　아, 내 눈의 호기심은 그들의 거짓 속에까지 뛰어들었다. 그래서 나는 햇빛 비치는 창가에서 그들 파리의 행복과 윙윙거리는 날갯짓 소리를 놓치지 않고 꿰뚫어 보고 있었다.

　나는 선의가 있으면 그만큼의 약함이 있고, 정의와 동정이 있으면 그만큼의 약함이 있다는 것을 알고 있다.

　그들은 서로에 대해 모나지 않고 정직하며 친절하다. 모래알이 모래알에 대해 모나지 않고 정직하고 친절한 것처럼.

겸손하게 하나의 작은 행복을 받아들이는 것, 그들은 이것을 '참고 따름'이라고 부른다. 그러면서 그들은 새로운 작은 행복을 겸손하게 곁눈질한다.

흔히 그들은 단 한 가지, 누구도 자기에게 해를 입히지 않기를 바라고 있다. 그러기에 그들은 누구에게나 스스로 나서서 은혜를 베푼다.

이것은 '덕'이라고 불리지만 실은 비겁이다.

그래서 이 소인들이 이따금 거친 말투나 쉰 목소리로 떠들 때에도 나는 단지 들을 뿐이다. 바람만 불어도 그들의 목소리는 쉬어버리는 것이다.

그들은 현명하다. 그들의 온갖 덕은 현명한 손가락을 가지고 있다. 그러나 그들의 온갖 덕에는 주먹이 없다. 그들의 손가락은 주먹 뒤에 숨는 법을 모르는 것이다.

그들에게 있어서 덕이란 겸손하고 온순하게 길들이는 것이다. 그들은 늑대를 개로 길들이고, 인간 자체를 인간의 가장 온순한 가축으로 만든다.

"우리는 우리가 앉을 의자를 '중간'에 놓았다. 죽어가는 칼잡이들로부터, 만족하고 있는 돼지로부터 같은 거리만큼 떨어진 데다 두었다." 억지웃음을 지은 채 그들은 나에게 이렇게 말한다.

그것은 비록 중용이라 불리고는 있지만 사실 평범함이라는 것이다.

3

나는 이 민중 사이를 걸어가면서 수많은 이야기를 길에다 뿌렸다. 그러나 그들은 그 말을 줍지도 간직하지도 못한다.

그들은 내가 환락과 악덕을 비방하지 않는 것을 의아하게 생각한다. 실로 나는 소매치기를 조심하라고 말하기 위해 오지는 않았다.

그들은 나에게 그들의 현명함을 더욱 갈고닦아 날카롭게 하고자 할 마음이 없음을 알고 의아해한다. 그들 현명한 자들의 목소리가 석필처럼 내 귀를 따갑게 하는데도 아직 모자라기나 한 것처럼!

그래서 내가 "그대들 가운데 있는, 홀쩍홀쩍 울면서 두 손 모아 숭배하고자 하는 모든 겁쟁이 악마에게 저주 있어라" 부르짖는다면, 그대들은 "차라투스트라는 신을 모멸하는 자이다"라고 외친다.

특히 참고 따를 것을 가르치는 교사들이 그렇게 외친다. 하지만 나는 바로 그 교사들의 귀에다 이렇게 외치기를 좋아한다.

"그렇다, 나는 신을 모멸하는 차라투스트라이다!"

참고 따를 것을 가르치는 교사들. 그들은 마치 징그러운 이 같아서 작고 병들고 부스럼 생긴 피부라면 어디든 상관 않고 파고든다. 내가 그들을 잡아 죽이지 않는 이유는 단지 구역질이 나기 때문이다.

좋다! 나는 그들의 귀에 대고 이렇게 설교한다.

나는 "내가 그 가르침에 귀를 기울일 만큼 나보다 더 신을 모멸하는 자가 누군가?" 하고 말하는, 신을 모멸하는 자, 차라투스트라이다.

나는 신을 모멸하는 자, 차라투스트라이다. 어디에서 나의 동료를 찾아볼 수 있는가? 스스로 자신의 의지로, 참고 따르는 모든 것을 떨쳐버리는 자들은 모두 나의 동료이다.

나는 신을 모멸하는 자, 차라투스트라이다. 나는 어떠한 우연도 나의 솥에 넣어서 찐다. 그래서 우연이 그 속에서 잘 익었을 때 비로소 나는 그것을 먹을거리로서 반갑게 맞는다.

그래서 진실로 많은 우연이 주인 행세를 하며 나에게로 찾아왔다. 그러나 나의 의지는 그것을 향해 훨씬 더 주인에 가까운 탈을 쓰고 말했다. 그러자 우연은 재빨리 무릎을 꿇고 애원했다.

나에게 머물 곳과 동정을 구걸하고 아첨하면서 우연은 이렇게 말했다.

"오, 보라, 차라투스트라여. 친구로서 친구를 찾아온 것을!"

하지만 아무도 내 말을 알아들을 귀를 가지고 있지 않은데 내가 무엇이라고 말을 할 것인가! 그러니 나는 사방의 바람을 향해 이렇게 소리쳐야겠다.

그대들은 점점 더 작아진다! 소인들이여. 그대들은 작게 부서져 사라진다, 안일한 자들이여! 그대들은 멸망해 가고 있다.

그대들의 많고 왜소한 덕에 의해, 그대들의 많고 작은 태만에 의해, 그대들의 많고 작은 인종에 의해!

그대들의 땅은 너무 연약하고 너무 부드럽다! 그러나 하나의 나무가 크게 자라려면 그 나무는 단단한 바위 주위에 뿌리를 굳건히 뻗어 내려야 한다!

그대들의 나태는 모든 인간의 미래라는 직물의 실이 되어 짜여 들어간다. 그대들의 무(無)도 하나의 거미줄이며, 미래의 피를 먹고 살아야 하는 한 마리 거미이다.

그리고 왜소한 덕을 가진 자들이여, 그대들은 빼앗을 때도 마치 훔치듯이 빼앗는다. 하지만 악한들 사이에서조차 명예심은, "약탈할 수 없을 때에만 훔쳐라" 말한다.

"그것은 저절로 주어진다." 이것 또한 참고 따름의 가르침이다. 그러나 안일한 자들이여, 나는 그대들에게 말하리라. 그것은 그대 스스로 취하는 것이다. 그래서 더욱더 많은 것을 그대들로부터 취하게 되리라!

아, 그대들이 모든 '반푼어치 의욕'을 물리치고 나태든 행위든 앞으로 나아갈 결심을 하면 좋으련만!

아, 그대들이 내 말을 이해하면 좋으련만. "그대 자신이 바라는 것이라면 무엇이든 하라. 하지만 먼저 의욕할 수 있는 자가 되어라!"는 말을.

언제나 이웃을 자신처럼 사랑하라. 그러나 먼저 자신을 사랑하는 자가 되어라.

큰 사랑으로 자기 스스로를 사랑하되, 큰 경멸을 지닌 채 사랑하는 자가 되어라! 신을 경멸하는 자, 차라투스트라는 이렇게 말한다.

하지만 나는 무엇에 대해 말하고 있단 말인가? 아무도 나의 말을 알아들을 귀를 갖고 있지 않은데! 내가 말하기엔 아직 한 시간이나 빠르다.

민중 가운데에서 나는 스스로의 선구자이다. 어두운 거리에서 들려오는 나 자신의 울음소리이다.

그러나 그들의 때는 온다! 그리고 나의 때도 온다! 그들은 시시각각 작아지며 가난해지고, 불모지가 되어 간다. 가련한 잡초여! 가련한 땅이여!

그리고 머지않아 그들은 시들어 버린 초원처럼 내 앞에 길게 펼쳐질 것이다. 그래서 진실로 그들 스스로 지쳐서 숨을 헐떡이며 물보다도 불을 갈망하리라!

오, 축복받은 번개의 시간이여! 오, 오전의 신비여! 나는 언젠가는 그들을 다시 한 번 질주하는 불길이 되게 하고, 다시 한 번 불꽃의 혀를 가진 예고자가 되게 하리라!

그들은 언젠가는 불꽃의 혀로 이렇게 알리게 되리라!

"그것이 온다. 그것이 가까워지고 있다. 저 위대한 한낮이!"

차라투스트라는 이렇게 말했다.

감람나무 산에서

겨울이라는 반갑지 않은 손님이 내 집에 들어와 있다. 내 손은 그의 우정 어린 악수로 새파래졌다.

나는 이 반갑지 않은 손님을 존경하지만 같이 있고 싶지는 않다. 나는 그로부터 달아나고 싶다. 그에게서 달아날 수도 있다.

따뜻한 사상을 품은 채 따뜻한 발로 나는 바람이 잔잔한 곳을 향해 달려가고 있다. 나의 감람나무 산*⁴ 양지바른 곳으로.

그곳에서 나는 이 엄한 손님을 생각하고 비웃는다. 그러면서도 그가 내 집에서 파리들을 쫓아냄으로써 자질구레한 소란을 가라앉혀 주는 것에 감사한다.

다시 말해 그는 단 한 마리의 모기 소리도 참지 못한다. 하물며 두 마리의 모기라면 더욱 참지 못하리라. 또한 그는 거리를 쓸쓸하게 만들어 밤에는 달빛조차도 두려움을 느낄 정도이다.

그는 냉혹한 손님이지만, 나는 그를 존경한다. 그래도 나는 연약한 무리들처럼 배불뚝이 불의 우상*⁵에게 빌지는 않는다.

우상을 숭배하느니 차라리 이를 딱딱 가는 게 낫겠다! 나는 그런 걸 바라는 성질이다. 그래서 특히 나는 열렬하게 증기를 내뿜는 불의 우상을 싫어한다.

나는 내가 사랑하는 자를 여름보다도 겨울에 훨씬 더 사랑한다. 나의 집에 겨울이 들어앉은 뒤부터 나는 이제 적들을 실컷 조롱한다.

진실로 내가 잠자리에 들어가는 순간조차도 과감하게 비웃는다. 기어들어 온 나의 행복까지도 큰 소리로 웃으며 장난친다. 나의 거짓 꿈조차도 웃어대는 것이다.

나는 아부하는 자일까? 나는 이제까지 한 번도 권력자 앞에서 기어본 적이 없다. 만약 거짓말을 한 적이 있더라도 너무 사랑한 나머지 그런 것이다. 그래서 나는 겨울의 잠자리 속에서도 즐겁다.

초라한 잠자리는 호화로운 잠자리보다 나를 더 따뜻하게 해준다. 내가 나의

---

*⁴ 삶에 대한 인식의 근원.

*⁵ 기도한다는 것은 불을 쬔다는 것이며, 이렇게 하면 스스로 만족하게 되므로 '배불뚝이'라고 한 것이리라.

가난을 소중히 지키고 있기 때문이다. 그리고 그 가난은 겨울에 나에게 가장 충실하다.

나는 하루하루를 악의를 지닌 채 시작한다. 나는 찬물로 목욕하며 겨울을 비웃는다. 나의 엄한 손님은 그것을 투덜댄다.

또 나는 곧잘 그를 한 자루의 촛불로 간지럽혀 마침내 잿빛 어스름 속에서 하늘을 보고 만다.

우물가에서 두레박 소리가 나고, 잿빛 거리에서 말들이 따뜻한 콧김을 내뿜으며 달리는 이른 아침에 나는 특히 악의에 차 있다.

그때 나는 밝은 하늘이, 눈발을 머금은 겨울 하늘이, 겨울의 백발 노인이 내 앞에 나타나기를 기다리고 있다.

때때로 자신의 태양조차도 침묵으로 감싸고 있는 과묵한 겨울 하늘이 드디어 내 앞에 오기를!

나는 길고도 밝은 침묵을 겨울 하늘로부터 배운 것일까? 아니면 겨울 하늘이 나에게서 배운 것일까? 그것도 아니면 나와 겨울 하늘이 함께 그것을 생각해 낸 것일까?

훌륭한 사물의 근원은 수천 겹이다. 온갖 훌륭하고 자유분방한 사물은 기쁨에 넘쳐 현존하는 것들 속으로 뛰어든다. 그들이 이 도약을 단 한 번으로 그칠 리 있겠는가!

오랫동안 침묵하는 것, 겨울 하늘처럼 밝고 둥근 눈을 가진 얼굴로 바라보는 것, 겨울 하늘처럼 자신의 태양과 불굴의 의지를 침묵으로 감싸는 것. 진실로 나는 이런 기술과 이런 겨울의 분방함을 잘 배웠던 것이다.

침묵을 지킴으로써 자신을 드러내지 않는 방법을 배운 것이야말로 내가 가장 사랑하는 악의와 기술이다.

나는 큰 소리로 말하고 주사위 소리를 내어 엄숙한 감시인들을 속인다. 모든 엄한 감시자의 눈을 피해 나의 의지와 목적을 살짝 빼내야 한다.

아무도 내 마음속 깊은 곳과 내 마지막 의지를 들여다볼 수 없도록, 그것만을 위해 나는 길고 밝은 침묵을 생각해 냈다.

나는 영리한 자들을 많이 발견했다. 그들은 누구에게도 자기 모습을 보여주지 않고 마음속을 들여다보지 못하게 하기 위해 얼굴에 베일을 쓰고 자신의 물을 탁하게 했다.

그러나 바로 그런 자들이 있는 곳에 훨씬 더 영리하고 의심 많은 호두 까는 사람들[6]이 찾아와서 그들로부터 가장 깊은 곳에 숨어 있는 고기를 낚아 올리는 것이다.

그들보다는 차라리 밝고 깨끗한 자, 착실한 자, 투명한 자야말로 나에게 있어서 가장 영리한 침묵자이다. 그들의 마음속은 너무나 깊기 때문에 아무리 맑은 물이라도 그 속이 보이지 않는다.

눈발을 머금고 침묵하는 겨울 하늘이여. 내 머리 위의 둥근 눈을 가진 백발의 얼굴이여! 오, 나의 영혼과 분방한 천상의 비유여!

그래서 나는 황금을 집어삼킨 사람처럼 몸을 숨기지 않으면 안 되는 것이 아닐까? 사람들이 나의 영혼을 찢지 못하도록?

나는 죽마를 타고 있어야 하는 것이 아닐까? 내 주위의 질투며 고뇌하는 무리들이 나의 긴 다리를 보지 못하게 하기 위해.

시커먼 그을음투성이의 방 안에서 데워진, 시들고 푸른 곰팡이가 핀 영혼들의 질투가 어떻게 나의 행복을 견딜 수 있겠는가!

그래서 나는 그들에게 내 산봉우리의 얼음과 겨울만을 보여주고, 나의 산이 두르고 있는 태양의 찬란한 띠는 보여주지 않는다.

그들은 단지 나의 겨울에서 휘몰아치는 폭풍 소리를 들을 수 있을 뿐이다. 그리고 내가 그리움에 차올라 무겁고 뜨거워진 남풍처럼 따뜻한 바다 위를 지나는 소리는 듣지 못한다.

그들은 나의 여러 가지 사고와 우연을 가엾게 여기기조차 한다. 그러나 나는 이렇게 말하리라.

"우연이 내게로 오게 내버려 두라. 그것은 어린아이처럼 천진하다."

그들이 나의 행복을 어떻게 참을 수 있으랴. 만일 내가 불의의 사고와 겨울의 궁핍과 흰 곰의 모자와 눈 내리는 하늘의 망토로 나의 행복을 감싸지 않았더라면!

만일 내가 그들의 동정을, 질투하고 상처 입히는 자들의 동정을 가련하게 여겨주지 않았더라면!

만일 내가 자진해서 그들 앞에서 탄식하며, 추위에 떨고, 끈기 있게 그들의

---

[6] 몹시 발견하기 어려운 비밀스러운 일의 진실까지도 찾아내는 사람.

동정으로 나의 몸을 감싸지 않았더라면!

내 영혼이 그 겨울과 그 차가운 폭풍을 감추지 않는 것, 그것이 내 영혼의 현명한 의지와 선의이다. 내 영혼은 또 내 동상(凍傷)조차 감추지 않는다.

어떤 사람의 고독은 병자로서의 도피지만, 또 어떤 사람의 고독은 병자로부터의 도망이다.

내 주위에 있는 모든 사팔뜨기 악당들은 내가 추워서 이를 딱딱 부딪치며 탄식하는 소리를 좋아한다. 나는 한숨짓고 떨리는 소리를 냄으로써 그들의 따뜻해진 방에서 도망칠 수 있다.

그들은 내 동상을 보고 나에게 동정을 보내고 나와 함께 탄식하는 것이 좋으리라. "그는 인식의 얼음으로 우리까지도 얼어 죽게 한다"고 그들은 애통해 해야 한다.

그동안 나는 따뜻한 발로 나의 감람나무 산 위를 이리저리 뛰어다닌다. 나는 나의 감람나무 산 양지바른 곳에서 노래하며 모든 동정을 비웃는다.

차라투스트라는 이렇게 노래했다.

지나침

차라투스트라는 이렇게 하여 많은 사람들과 여러 도시를 천천히 거쳐 그의 산과 동굴로 걸어갔다. 그런데 보라! 가는 도중에 그는 자신도 모르는 사이에 대도시의 성문 앞에 서게 되었다. 그때 바보 하나가 입에 거품을 물고 팔을 크게 벌린 채 그를 향해 곧장 달려와서 앞을 막아섰다. 그는 사람들이 '차라투스트라의 원숭이'라고 부르는 바보였다. 그는 차라투스트라의 말과 말투를 조금 배웠고, 또 차라투스트라의 지혜를 빌려 쓰고 있었기 때문이다. 그 바보는 차라투스트라에게 이렇게 말했다.

"오 차라투스트라여, 여기는 대도시이다. 당신이 찾는 것은 여기에 아무것도 없으며, 오히려 당신은 모든 것을 잃어버리고 말 것이다.

당신은 어째서 이 진흙길을 걸으려고 하는가? 그대의 발을 불쌍히 여겨라. 차라리 성문에 침을 뱉고 돌아가라!

여기는 은둔자의 사상을 펴기에는 지옥과 같다. 여기서는 위대한 사상이 산 채로 끓여지고 왜소한 사상은 그대로 삶아진다.

여기서는 온갖 위대한 감정은 썩어버리거나 메마르고 작은 감정만이 삐걱거리는 소리를 낼 뿐이다.

그대는 이미 정신의 도살장과 정신의 요릿집에서 나는 냄새를 맡지 않았는가? 이 도시는 도살당한 정신의 냄새로 가득 차 있지 않은가?

그대는 영혼이 누더기처럼 후줄근하게 널려 있는 것을 보지 않았는가? 그들은 이 누더기로 신문을 만들기까지 한다.

그대는 여기서 정신이 어떻게 말의 장난감이 되어버렸는지 듣지 않았는가? 정신은 더러운 말의 찌꺼기를 토해 낸다. 그리고 그들은 특히 이 말의 찌꺼기로 신문을 만든다.

그들은 모두 서두르고 있지만, 자신이 어떤 이유로 서두르는지를 모른다. 그들은 서로 흥분시키지만 왜 그러는지조차 모른다. 그들은 자신들의 양철을 두드리면서 그것과 함께 금화를 쩔렁거린다.

그들은 자신의 몸이 차가워지면 끓어오르는 물에서 온기를 찾는다. 몸이 따뜻해지면 싸늘한 정신에서 차가움을 찾는다. 그들은 모두 여론에 의해 병들고 상처를 입는다.

여기서는 모든 욕망과 악덕이 멋대로 날뛰고 있다. 그러나 여기에 덕 있는 자도 있으며, 그의 덕이 고용되기도 한다.

고용된 많은 덕에는 글쓰는 데 익숙한 손가락, 끈질기게 앉아 있거나 기다리는 데 익숙해진 살, 가슴에 다는 작은 별 모양 훈장, 박제된 엉덩이 없는 처녀들이다.

여기에는 또 만군의 주인인 신에 대한 경건함과 침까지 핥을 수 있는 신앙심, 온갖 감언이설의 아첨이 있다.

참으로 '위에서부터' 그 별 모양의 훈장과 은혜로운 침이 떨어지고 있으며, 별 모양의 훈장이 없는 가슴은 높은 것으로 올라가기를 갈망하고 있다.

달에는 궁전이 있고, 궁전에는 바보들이 있다. 거기에는 이상한 사람들이 즐겁게 머문다. 거지와 같은 백성과 솜씨 있는 거지의 능력은 모두 궁전에서 오는 자에게 그 기원을 두고 있다.

'나는 봉사한다. 그대는 봉사한다. 우리는 봉사한다.'

모든 솜씨 있는 사람은 왕을 우러러보며 이런 기도를 한다. 자신의 공로가 인정되어 별 모양의 훈장을 여윈 가슴에 장식케 하기 위해!

하지만 기도를 듣는 달은 세속적인 모든 것 주위를 돌고 있다. 왕 또한 가장 세속적인 것 주위를 돌고 있다. 즉 상인들의 황금을 중심으로 돌고 있다.

그러나 만군의 주인인 신도 황금을 늘리는 것만은 마음대로 할 수 없다. 왕은 생각만 할 뿐, 결정하는 것은 상인이다.

오, 차라투스트라여, 그대 마음속의 밝은 모든 것, 강한 것, 착한 것에 권고하리라. 이 상인의 도시에 침을 뱉고 돌아가라.

여기서는 모든 피가 썩어 차디찬 거품을 일으키며 혈관을 돈다. 모든 찌꺼기가 모여 거품을 일으키고 있는 커다란 폐수장인 이 도시에 침을 뱉어라!

억눌린 영혼, 여원 가슴, 퀭한 눈, 끈적거리는 손가락이 널려 있는 이 도시에 침을 뱉어라.

뻔뻔스럽고 염치없는 자, 입과 붓으로만 떠벌리는 자, 야심으로 불타고 있는 자들이 몰려 있는 이 도시에!

여기에는 모든 것이 썩어빠지고, 더럽고, 난잡하고, 음흉하고, 짓무르고, 곪아터져서 고름이 흘러내리고 있다.

이 도시에 침을 뱉고 돌아가라!"

이때 차라투스트라는 거품을 물고 있는 이 바보를 가로막고 입을 다물게 했다. 그리고 외쳤다.

"이제 그만 해라. 오래전부터 그대의 말과 행동은 나를 구역질나게 했다. 그대는 어째서 그대 자신이 개구리가 되고 두꺼비가 될 정도로 오랫동안 늪에서 살았는가?

그대 자신의 혈관 속에도 썩어서 거품을 일으키는 늪의 피가 흐르고 있지 않은가? 그래서 그대는 개구리 울음소리를 내면서 비웃고 있는 것이다.

그대는 왜 숲 속으로 들어가지 않는가? 왜 땅을 일구지 않는가? 바다에는 푸른 섬들이 많이 있지 않은가?

나는 그대의 비웃음을 경멸한다. 그리고 그대는 나에게는 경고를 해주면서 왜 그대 스스로에게는 경고하지 않는가?

내 경멸과 내 경고의 새는 오직 사랑의 둥지를 날아다녀야 한다. 그 새가 늪을 날아다녀서는 안 된다.

그대, 입에 거품을 문 바보여! 세상 사람들은 그대를 나의 원숭이라고 부른다. 그러나 나는 그대를 불평만 늘어놓는 나의 돼지라고 부르리라. 그대는 불평을 늘어놓음으로써 그대가 의지했던 나의 예찬까지도 아무 가치가 없는 것으로 만들어 버린다.

도대체 그대는 왜 불평을 늘어놓는 돼지가 되었는가? 그것은 아무도 그대에게 아첨하지 않아 그대의 마음을 만족시켜 주지 않았기 때문이리라. 그래서 그대는 이 더러운 곳에 앉아 있는 것이다. 불평할 핑계를 찾기 위해, 끊임없는 복수의 핑계를 만들어 내기 위해!

허영심에 들떠 있는 바보여! 그대가 입에 물고 있는 모든 거품이 바로 복수이다. 나는 그대를 잘 알고 있다.

그대의 어리석은 말은 비록 그것이 옳다고 해도 나에게 상처를 준다. 그리고 그대가 이치에 맞는 차라투스트라의 말을 흉내내게 되면, 그대가 바로 그 말을 입에 올림으로써 나의 말은 상처를 입게 된다.”

차라투스트라는 이렇게 말했다.

그리고 큰 도시를 바라보면서 한숨을 쉬더니 오랫동안 입을 다물고 있었다.

“이 바보뿐만 아니라 이 도시까지도 나를 구역질나게 만든다. 이곳은 더 좋게 할 수도, 더 나쁘게 할 것도 없는 도시이다.

이 대도시에 재앙 있으라! 나는 이 도시를 태워버릴 불기둥을 하루라도 빨리 보고 싶다.

위대한 대낮이 오려면 이러한 불기둥이 있어야 한다. 그러나 위대한 대낮에는 그 스스로의 때와 운명이 있다.

그대, 바보여. 이별에 즈음하여 나는 이 가르침을 그대에게 준다.

더 이상 사랑할 수 없는 것은 ‘지나쳐야’ 한다.”

차라투스트라는 이렇게 말했다. 그리고 바보와 대도시를 지나쳤다.

배신자

1

아, 얼마 전까지만 해도 이 풀밭을 푸르고 화려하게 물들이던 모든 것들은 벌써 시들어 버리고 말았다. 나는 여기에서 얼마나 많은 희망의 꿀을 내 벌통으로 옮겼던가!

젊은 가슴은 이제 모두 늙어버렸다. 아니, 늙어버린 것이 아니라 지치고 피로해져 세속적이 되고 안이해졌다. 그런데 그들은 "우리는 다시 신앙이 깊어졌다"고 말한다.

얼마 전까지만 해도 나는 그들이 아침 일찍 일어나 씩씩하게 달려 나가는 모습을 보았다. 그러나 이제 그들의 인식의 발걸음은 지쳐버렸고, 그들은 자신의 이른 아침의 용감함까지도 비난한다.

진실로 그들 대부분은 일찍이 춤추는 사람처럼 다리를 들어올렸고, 내 지혜 속에 깃든 웃음이 그들을 향해 손짓했다. 그러자 갑자기 그들은 생각에 잠겼다. 나는 그들이 무릎 꿇은 채 십자가를 향해 기어가는 모습을 보았다.

그들은 일찍이 빛과 자유의 주위를 모기처럼, 젊은 시인들처럼 힘차게 돌아다녔다. 그런데 이제 조금 늙고, 조금 추위를 느끼게 되자 어느새 그들은 사기꾼·음모자·비겁자가 되었다.

고독이 나를 고래처럼 삼켜버렸기 때문에 그들의 마음이 울적해진 걸까?*[7] 아마도 그들은 오랫동안 나와 나의 나팔 소리와 전령의 외침을 쓸데없이 애타게 기다리고 있었기 때문이 아닐까?

아, 오랫동안 용기와 오만을 지니고 있는 자는 언제나 아주 적다. 몇몇 사람들만이 인내심 강한 정신을 지니고 있을 뿐 그 나머지는 모두 겁쟁이들이다.

나머지 사람들은 대부분 평범한 사람들이다. 흔하고 하찮은 존재들인 그들의 수는 너무나 많다. 이들은 모두 겁쟁이다.

나와 같은 부류에 속하는 사람은 나와 같은 경험을 하게 될 것이다. 그러므로 그 최초의 동료는 시체와 어릿광대*[8]일 수밖에 없다.

그러나 그의 두 번째 동료들, 그들은 스스로 그의 '신자'라고 말하리라. 그들은 풍부한 애정, 풍부한 어리석음, 풋내기는 숭배 따위를 지닌 군중이다.

인간들 가운데 있으면서 나와 같은 부류에 속하는 사람이라면 이런 신자에게 마음을 두어서는 안 된다. 쉽게 변하는 비겁한 인간의 본성을 아는 사람이라면 이런 봄과 화려한 들판을 믿어서는 안 된다.

그들은 사정이 달랐다면 또 다른 길을 갔을 것이다. 이것도 저것도 아닌 얼치기들이 모든 것을 더럽힌다. 나뭇잎이 시들어 떨어졌다고 탄식한들 무슨 소

---

*7 고래가 삼킨다는 것은 《구약성서》〈요나서〉에서 요나가 고래에게 먹혔던 것에 대한 연상이다.

*8 무력자들, '어릿광대'는 자기반성이 없는 자를 말한다.

용이 있겠는가?

오, 차라투스트라여. 나뭇잎이 시들어 떨어지게 내버려 둬라. 그리고 탄식하지 말라! 오히려 그 나뭇잎을 흩날리게 하는 바람을 불어 보내는 것이 좋으리라.

이들 나뭇잎을 힘차게 불어제쳐라. 오, 차라투스트라여. 시들어 버린 모든 잎들이 그대로부터 더 빨리 사라지도록!

2

"우리는 다시 믿음이 깊어졌다."

배신자들은 이렇게 고백한다. 또 그들 중에는 그처럼 고백조차 못하는 겁쟁이들도 많다.

나는 그들의 눈을 똑바로 바라본다. 그렇게 함으로써 그들의 볼이 빨갛게 달아오르도록. 그리고 이렇게 말해 준다.

"그대들은 다시 기도나 드리는 사람이군!"

기도한다는 것은 치욕이지만, 모든 사람에게 그런 것은 아니다. 그대와 나에게만은 치욕이다. 또 양심을 간직하고 있는 자에게도 치욕이다. 따라서 그대에게는 치욕이다. 그대에게는 기도한다는 것이 치욕일 테니까!

그대도 잘 알고 있으리라. 그대 마음속의 비겁한 악마, 걸핏하면 두 손을 모아 무릎에 놓고 안일하게 살려는 자, 이 비겁한 악마가 그대를 설득하는 것이다. "신은 존재한다"고.

그 악마의 말에 귀를 기울임으로써 그대는 빛 속에서는 결코 마음을 놓지 못하는, 빛을 싫어하는 사람에 속하게 된다. 그렇게 되면 그대는 날이 갈수록 그대의 머리를 밤과 안개 속에 깊이 틀어박아야 할 것이다.

그리고 그대에게 참으로 알맞은 때가 왔는지도 모른다. 지금 막 밤의 새들이 밖으로 날아갈 시간이기 때문이다. 빛을 싫어하는 모든 자에게 좋은 때, 해 질녘의 안일한 때가 온 것이다. 그곳에 안일은 있지만 축복의 기쁨은 없다.

나는 소리와 냄새로 그것을 알 수 있다. 사냥을 하며 이리저리 돌아다니는 그들의 때가 온 것이다. 그러나 그것은 난폭한 사냥이 아닌, 잘 길들여진 절름발이가 쿵쿵거리며 냄새를 맡는 얼빠진 사냥이다. 조용히 기도하는 자들의 사냥이다.

감정이 풍부한 위선자들을 쫓는 사냥이다. 인간의 마음을 노리는 온갖 쥐덫이 다시 놓였다. 가까이 다가가서 드리워진 장막을 열어보면, 그 속에서는 어김없이 한 마리의 밤나방이 튀어나온다.

그것은 다른 나방과 함께 그 속에 웅크리고 있었을 것이다. 왜냐하면 나는 가는 곳마다 숨어 있는 작은 교단의 냄새를 맡기 때문이다. 작은 방에서는 어디든지 새로운 기도 소리와 그 모임이 풍기는 악취가 흘러나온다.

그들은 모여서 기나긴 밤을 새우며 이렇게 말한다.

"우리들로 하여금 다시 아이처럼 천진한 마음으로 돌아가서 '하느님'의 이름을 부르게 하소서." 그들의 입과 위는 신앙심 깊은 제과업자의 과자에 의해 손상되고 있다.

또 그들은 기나긴 밤마다 교활한 십자 거미*9를 쳐다보고 있다. 그 거미는 다른 거미들에게 언제나 영리한 술책을 가르친다. "거미줄은 십자가 아래에 치는 것이 좋다"고.

또 그들은 하루 종일 늪에 낚싯대를 드리우고는 자신들을 '깊이 사색하는 자'라고 생각한다. 물고기가 한 마리도 없는 곳에서 낚시질을 하는 자를 천박한 자라고 부를 수는 없다.

어쩌면 그는 노래하는 시인에게서 조심스럽고 즐겁게 하프 타는 법을 배울지도 모른다. 그 시인은 하프 소리로 젊은 여자들의 마음을 사로잡으려 하고 있다. 이제 나이 먹은 여자들과 그 칭찬의 말에는 싫증이 났기 때문이다.

또 그들은 유식한 반미치광이*10에게서 전율할 만한 지식을 배우려 한다. 그 반미치광이는 어두운 방에 앉아 사람들이 찾아오기를 기다리고 있지만, 사람들은 그에게서 달아나 버린다.

또 그들은 방랑하는 노인의 피리 소리에 귀를 기울인다. 그 노인은 구슬픈 피리 가락을 바람에게서 배웠으므로 이제는 바람 소리처럼 피리를 불고 구슬픈 가락으로 슬픔을 설교한다.

또 그들 가운데 몇 사람은 야경꾼이 되었다. 그들은 피리 부는 법을 익혀서 밤마다 돌아다니며 오래전에 잠든 옛것들을 불러 깨운다.

나는 어젯밤 정원의 돌담 곁에서 옛것에 대한 다섯 가지 이야기를 들었다.

---

*9 등에 십자 표시가 있는 거미. 성직자를 말한다.
*10 영계(靈界)에 통달했다고 자칭하는 심령술사.

그 이야기는 늙고 우울하고 여윈 야경꾼의 입에서 흘러나왔다.

"그는 아버지로서 자식들을 자상하게 보살피지 않는다. 인간의 아버지가 더 나은 편이다."

"그는 너무 늙어서 자식들을 보살피고 싶은 생각이 전혀 없다." 다른 야경꾼이 이렇게 대답했다.

"그가 과연 자식이 있는 아버지였던가? 그 자신이 그것을 증명하지 않는 한 어느 누구도 증명할 수 없다. 나는 그가 그 점을 철저히 증명해 주기를 오래전부터 바라고 있었다."

"증명? 그가 무엇이든 증명한 적이 있는가? 그에게는 증명한다는 것이 몹시 어려운 일이다. 그보다 그는 믿어주기를 바라고 있다."

"그렇다! 그렇다! 믿음, 자기에 대한 믿음이 그에게는 가장 큰 행복이다. 노인이란 그런 것이다. 우리 또한 그렇다."

이렇게 두 늙은 야경꾼, 즉 빛을 두려워하는 자들이 이야기를 나누었다.

그리고 그들은 구슬픈 가락의 피리를 불었다. 이것이 어젯밤 정원 돌담 곁에서 일어났던 일이다.

그러나 그 소리를 들은 나의 심장은 너무 우스워서 뒤틀리다 못해 거의 터질 지경이었다. 나는 배를 움켜쥘 수밖에 없었다.

진실로 내가 술 취한 당나귀를 보고, 야경꾼들이 그처럼 신을 의심하는 말을 듣고, 나오려는 웃음을 참기 위해 숨이 막히는 것, 어쩌면 이것이 내 죽음이 될지도 모른다.

아마 이런 의심도 벌써 오래전에 잊힌 게 아닐까? 이렇게 낡고 잠에 취한 어두운 문제를 새삼스럽게 누가 깨워 일으키려 하겠는가!

사실, 여러 신들은 죽은 지 아주 오래다. 그리고 그들은 착하고, 즐겁고, 신성한 최후를 가졌다.

그들이 죽음에 대해서 '얼굴을 찌푸렸다'고 말하는 자가 있다면 그것은 거짓말이다. 오히려 신들은 '웃다가' 죽었다!

그것은 어떤 신이 신답지 않은 말, 즉 "신은 오직 하나다. 너희는 나 이외의 어떤 신도 섬겨서는 안 된다"고 했을 때의 일이다.

수염이 텁수룩한 노여움의 신, 질투의 신이 제정신을 잃고 그렇게 말했다.

그 말을 들은 신들은 모두 웃었고, 의자에 앉은 채 몸을 뒤틀면서 외쳤다.

"신들은 있지만 유일신은 없다. 그것이 바로 참다운 신성이 아니겠는가?"

귀 있는 자는 들으라.

차라투스트라는 그가 사랑하던 '얼룩소'라는 별명의 도시에서 이렇게 말했다.

여기에서 이틀만 더 가면 그의 동굴과 동물들이 있는 곳으로 갈 수 있다. 귀향이 가까워지자 그의 가슴은 몹시 뛰기 시작했다.

귀향

오, 고독이여! 나의 고향인 고독이여. 나는 너무나 오랫동안 타향에서 고된 생활을 했기 때문에 눈물 없이는 네 품에 안길 수 없다.

지금은 단지 어머니처럼 손가락으로 나를 꾸짖어 주기만 하면 되리라. 어머니가 미소짓는 것처럼 내게 미소지어 다오. 그리고 단지 이렇게 말해 다오.

"일찍이 폭풍처럼 나에게서 떨어져 갔던 것은 누구인가?

'너무나 오랫동안 고독 속에서 살았기 때문에 나는 더 이상 침묵하고 있을 수 없게 되었다'고 외치며 떠났던 자는 누구인가? 틀림없이 그대는 이제 그 침묵에 대해 배워 왔겠지?

오, 차라투스트라여. 나는 모든 것을 알고 있다. 그대, 유일한 자여. 그대는 일찍이 나와 더불어 많은 사람들 사이에 있었을 때보다 더 외로워졌다는 것을.

혼자 버려지는 것과 고독은 아주 다르다. 그대는 지금 그것을 배워서 알고 있으리라. 그리고 군중 속에서 그대는 언제나 거칠고 낯선 사람이라는 것을.

사람들이 그대를 사랑하고 있을 때조차도 그대는 거칠고 낯선 사람이다. 왜냐하면 그들은 무엇보다도 너그럽게 풀어주기를 원하기 때문이다.

그러나 여기라면 그대는 진정한 그대 자신으로 되돌아가도 좋다. 어떤 말이라도 할 수 있으며, 가슴속 깊이 있는 것을 말해도 좋다. 여기서는 감추어지고 억압된 감정이라도 부끄러워할 필요가 없다.

여기서는 모든 것이 그대의 말을 그리워하고, 그대에게 아양을 떤다. 여기서는 모든 것이 그대에게 업히고 싶어한다. 또 여기서 그대는 온갖 비유의 등에 올라타고 온갖 진실을 향해 달려갈 수 있다.

여기서 그대는 모든 것에 대해 진실되고 분명하게 말할 수 있다. 그렇기 때문에 그대의 말이 그들 귀에는 칭찬으로 들리는 것이다.

하지만 버려지는 것은 그것과 다르다. 차라투스트라여, 그대는 아직 기억하고 있는가? 그대는 어디로 가야 할지 몰라 숲 속에서 시체 곁에 서 있었다. 그때 그대의 새가 그대 머리 위에서 울부짖던 일을 기억하고 있는가?

그때 그대는 이렇게 말했다.

'나의 동물이 나를 이끌어 주면 좋으련만! 나는 동물들과 함께 있는 것보다 사람과 함께 있는 것이 더 위험하다는 사실을 알았다.' 그것이 혼자 버려지는 것이다.

그대는 아직 기억하고 있는가? 오, 차라투스트라여. 그대가 그대의 섬에 앉아 포도주의 샘물이 되어 목마른 자들의 빈 통에 포도주를 나누어 주었던 때를.

그대가 마침내 정신없이 취한 자들 속에서 혼자만 갈증을 느껴 밤마다 '받는 것은 주는 것보다 행복하지 않겠는가? 그리고 훔치는 것은 받는 것보다 더 행복하지 않겠는가?' 말했을 때, 그것이 혼자 버려지는 것이다.

그대는 기억하고 있는가? 그대의 가장 고요한 시간이 다가와 그대를 그대 자신으로부터 쫓아버렸을 때의 일을. 그때 그대의 가장 고요한 시간은 그대를 향해 짓궂게 속삭였다. '말하라. 그리고 무릎 꿇어라.'

그때 그대의 가장 고요한 시간이 그대의 모든 기다림과 침묵을 탓하고, 그대의 겸손한 용기를 좌절시켰다. 그것이 혼자 버려지는 것이다!"

오, 고독이여. 나의 고향 고독이여. 그대가 이야기하는 목소리는 얼마나 행복하고 상냥한가!

우리는 서로 질문도 불평도 하지 않는다. 우리는 서로 손을 잡고 활짝 열린 문으로 모든 곳을 자유롭게 드나든다.

그대가 있는 곳이라면 모든 것이 열려 있고 환하기 때문이다. 여기서는 시간조차도 가볍게 걸어간다. 시간이라는 짐은 빛 속에서보다 어둠 속에서 더욱 무거운 법이다.

여기서는 모든 존재의 언어와 그 언어의 진열장이 나를 향해 열려 있다. 여기서는 모든 존재가 언어가 되기를 바란다. 여기서는 모든 생성이 내게서 말하는 법을 배우려고 한다.

그러나 저 아래에서는 모든 언어가 부질없다. 거기서는 잊어버리는 것과 지나쳐 버리는 것이 최선의 지혜이다. 나는 그것을 분명히 배웠다.

사람들 사이의 모든 것에 대해 알고 싶으면 그 모든 것에 손을 대야 하리라. 하지만 그렇게 하기에는 내 손이 너무나 깨끗하다.

나는 그들의 숨결을 들이마시고 싶지도 않다. 아, 나는 그토록 오랫동안 그들의 소란과 더러운 숨결 속에서 살고 있었다.

오, 나를 둘러싸고 있는 축복받은 고요함이여! 오, 나를 감싸고 있는 순수한 향기여! 이 고요함은 얼마나 깊은 가슴속에서 순수하게 숨 쉬고 있는 것일까? 이 고요함은 얼마나 조용하게 듣고 있는 것일까?

저 아래에서는 모든 것이 말하고 있지만 귀를 스치고 지나갈 뿐 들리지 않는다. 어떤 사람이 종이나 북을 울리며 자신의 지혜를 알리려 해도 시장 상인들의 돈 세는 소리에 묻혀 들리지 않을 것이다.

거기에서는 모두가 말하지만 이해하는 사람은 하나도 없다. 모든 것이 물에 떨어지지만 깊은 샘에 스며드는 것은 한 방울도 없다.

거기서는 모두가 말하지만 아무것도 성취되거나 완성되지 않는다. 모든 것이 꺽꺽 울어댄다. 그러나 둥지 속에 조용히 앉아 알을 품으려는 것은 아무것도 없다.

거기서는 모두가 말하고 있고, 그렇게 함으로써 모든 것이 지친다. 그리고 어제까지만 해도 시간 그 자체와 그 이빨로도 씹히지 않을 만큼 단단했던 것이 오늘은 씹히고 부서져서 사람들 입에서 내뱉어진다.

거기서는 모두가 말하고 있고, 감춰진 모든 것들이 밝혀진다. 그래서 일찍이 심오한 영혼을 가진 자들의 비밀이었던 것이 오늘은 거리의 나팔수나 그 밖의 변덕쟁이들의 소유물이 되어버렸다.

오, 소란스러운 인간들이여, 그대 신기한 것들이여, 그대 어두운 소음이여! 이제 그대는 또다시 내 등 뒤로 가버렸다. 내 가장 큰 위험이 등 뒤에 숨어 있다.

무엇이든 다 받아주고 동정하는 것이 언제나 나의 가장 큰 위험이다. 게다가 인간은 늘 위로받고 동정받기를 바란다.

진실을 억누르고, 바보의 손과 마음을 가지고, 동정으로 인한 작은 거짓말을 하면서 나는 늘 사람들 사이에서 살아왔다.

나는 변장을 한 채 그들 사이에 앉아 있었다. 내가 그들을 견뎌낼 수 있도록 나 자신이 오해받을 각오를 하고 "바보 같은 그대여, 그대는 인간에 대해 모른다"고 스스로 타일렀던 것이다.

사람들 속에 섞여 살고 있을 때는 인간이라는 것에 대해 모른다. 모든 인간에게는 너무나 많은 전경*11이 있다. 그런데 멀리 볼 수 있는 눈, 먼 곳을 찾는 눈이 무슨 소용이 있겠는가?

그리고 나는 그들이 나를 잘못 보았을 때도 잘못 비친 나를 위로하지 않고 잘못 본 그들을 더 위로했다. 그리고 나는 자신에 대한 가혹함에 익숙해져 있기 때문에 가끔 나 자신에게 복수하기도 했다.

독파리떼에게 잔뜩 쏘이고, 악의의 빗방울에 의해 움푹 파인 돌 같은 모습으로 나는 그들 사이에 앉아 있었다. 그리고 자신에게 타일렀다. "모든 사소한 것들은 그 사소함에 대해 아무 죄가 없다"고.

특히 '선인'이라고 스스로를 일컫는 자들이 더 지독한 독파리임을 나는 알았다. 그들은 아무런 죄의식도 느끼지 않고 거짓말을 한다. 그런 그들이 어떻게 나를 올바르게 대할 수 있겠는가?

이런 선인들 사이에서 살고 있는 사람은 동정심 때문에 거짓말을 하게 된다. 동정심은 모든 자유로운 영혼들이 견디기 힘들 만큼 숨 막히는 공기를 만든다. 선인들의 어리석음은 그 깊이를 알 수 없다. 내가 모든 사람을 안다고 한 것은 내 동정심에서 나온 거짓이었다.

내가 나 자신과 나의 재산을 감춰야 한다는 것, 나는 그것을 저 아래에서 배웠다. 그곳의 모든 사람들은 정신이 가난하기 때문이다.

그들 한 사람 한 사람에 대해서 그들이 만족할 수 있는 정신은 어떤 것인가? 어느 정도가 이 사람에게 지나치게 많은 것일까? 그들이 견뎌낼 수 없는 무엇인가를 내가 보아서 알고 냄새 맡는 것, 그것이 바로 나의 동정심이었다.

나는 그들 가운데 완고한 현자들을 보면 완고하다 하지 않고 현명하다고 했다. 나는 이런 식으로 가볍게 말하는 방법을 배웠다.

나는 그들 가운데 무덤 파는 사람을 연구자나 검토자라고 부른다. 나는 이런 식으로 말을 바꾸는 방법도 배웠다.

무덤 파는 자들은 구덩이를 파고 나면 병에 걸린다. 오래된 쓰레기 밑에는 병균이 숨어 있는 악취가 잠겨 있다. 그 늪을 휘저으면 안 된다. 사람은 산 위

---

*11 일상적 이해나 지위 등 때문에 먼 곳이 보이지 않는 상태를 말한다.

에서 살아야 한다.

나는 다시 행복해진 코로 산 위의 자유를 호흡한다. 내 코는 마침내 모든 사람의 악취로부터 자유로워졌다.

거품 이는 포도주 향기를 맡을 때처럼 상쾌한 공기를 들이마신 나의 영혼은 재채기를 한다. 재채기를 하고 난 내 영혼은 자신을 향해 환호하며 외친다. "그대, 건강하라!"

차라투스트라는 이렇게 말했다.

세 가지 악

1

나는 계속 꿈을 꾸었다. 아침에 꾼 마지막 꿈속에서 나는 세계 저편의 어떤 곳 위에 서 있었는데, 거기에서 나는 손에 저울을 들고 세계를 저울질하고 있었다.

아, 그런데 유감스럽게도 붉은 새벽빛이 찾아와 내 꿈을 너무나 빨리 깨뜨려 버렸다. 이 시기심 많은 여인이 자신의 빛으로 나를 눈뜨게 했다. 그녀는 언제나 아침 꿈의 빛을 질투한다.

시간을 가진 자라면 측정할 수 있는 것, 좋은 저울을 지닌 자라면 잴 수 있는 것, 힘찬 날개를 가진 자라면 날아갈 수 있는 것, 신처럼 호두알을 깰 수 있는 자라면 꿰뚫어 볼 수 있는 것, 내가 꿈속에서 본 세계는 바로 그런 것이다.

내 꿈은 항해자이다. 반은 배이고, 반은 폭풍이다. 나비처럼 말이 없고 매처럼 성급하다. 그런데 오늘 그것이 어떻게 세계를 저울질할 만한 인내와 여유를 갖게 된 것인가?

아마도 갖가지 '무한한 세계'를 비웃는 내 대낮의 지혜가 나에게 은밀하게 이렇게 설명했을 것이다.

"힘이 존재하는 곳에서는 수(數)가 지배자가 된다. 수는 큰 힘을 가지고 있기 때문이다."

새로운 것에도 낡은 것에도 쫓기거나 바라지 않고 두려워하지도 않으며 얼마나 자신 있게 이 유한한 세계를 바라보았던가!

마치 둥근 사과, 차가우면서도 부드러운 벨벳의 피부를 가진 잘 익은 황금

사과가 내 손에 자신의 몸을 맡기는 것처럼 세계는 나에게 몸을 맡겼다.

마치 한 그루의 나무, 여행으로 지친 길손이 몸을 기대고 다리까지 얹어놓을 수 있도록 이리저리 굽은 나무, 사방으로 가지를 뻗어 강한 의지를 드러내는 나무가 나를 부르는 것처럼 세계는 나의 곶 위에 서 있었다.

마치 부드럽고 아름다운 손이 나에게 작은 상자 하나를, 부끄러운 듯 우러러보는 눈을 위해 열려 있는 작은 상자를 내미는 것처럼, 세계는 오늘 내게 자기 몸을 내밀고 있었다.

나에게 오늘의 세계는 인간애를 위협할 만큼 어려운 수수께끼도 아니고, 그렇다고 인간의 지혜를 잠들게 할 만큼 쉬운 해답도 아니다. 사람들이 그처럼 나쁘게 말하는 세계가 나에게는 인간적이라 더욱 좋다.

나는 이른 아침 꿈에서 이처럼 세계를 저울질해 본 것에 대해 얼마나 감사하는지 모른다. 그 꿈은 훌륭하고 인간적인 것으로 나를 찾았다.

그래서 나는 대낮에도 그 꿈에서처럼 가장 훌륭한 것을 배우기 위해 가장 큰 세 가지 악을 저울 위에 올려놓고 정당하게 인간적으로 저울질해 보려고 한다.

축복하는 법을 가르친 자는 또한 저주하는 법도 가르쳤다. 이 세상에서 가장 심하게 저주받은 세 가지 악은 무엇인가? 나는 그것을 저울 위에 올려 놓으려 한다.

쾌락·지배욕·이기심, 이 세 가지는 언제까지나 가장 심하게 저주받고 가장 나쁘게 비방되며, 가장 혹독하게 평가받았다. 이 세 가지를 저울질해서 나는 그것이 인간적으로 좋은 것임을 보여주려고 한다.

자! 여기 나의 곶이 있고 저쪽에는 바다가 있다. 그 바다가 나를 향해 다가오고 있다. 텁수룩한 모습에 꼬리를 흔들면서 나를 향해 물결쳐 온다. 내가 사랑하는 늙고 충실한, 백 개의 머리를 지닌 이상한 개여!

자! 이제 다가오는 바다 위에 나의 저울을 얹어놓으리라. 그리고 증인도 한 사람 택하리라. 은둔자인 그대, 강렬한 향기를 뿜으며 가지와 잎을 둥글게 말고 있는 사랑하는 나무여. 나는 너를 증인으로 택하겠다.

'지금'은 어떤 다리를 건너 미래로 가는가? 그리고 높은 것은 어떤 힘에 의해서 낮은 것으로 내려가는가? 가장 높은 것까지도 어떤 힘이 계속 높이 성장하라고 명령하는가?

지금 저울은 수평이다. 나는 세 가지 무거운 물음을 저울의 한쪽에 던졌다. 그러자 저울의 다른 쪽에 세 가지 무거운 해답이 놓여졌다.

2

쾌락. 이것은 참회자의 옷을 걸친 채 육체를 경멸하는 자에게는 양심을 찔러대는 가시이자 괴로움이고, 저편의 또 다른 세계를 믿는 자들에게는 '세속적인 것'으로 간주되어 저주받고 있다. 이 쾌락은 혼란을 주고 그릇 가르치는 사람을 비웃고 무시하기 때문이다.

쾌락. 이것은 천한 자들에게는 그들을 서서히 태우는 불길이다. 벌레 먹은 나무와 악취 풍기는 누더기에게는 당장 그것을 불태우고 녹여버리는 용광로이다.

쾌락. 이것은 자유로운 마음을 가진 자에게는 천진무구하고 자유로운 것이다. 또한 지상낙원의 행복이며, 미래가 현재에게 보내는 넘치는 감사이다.

쾌락. 이것은 시들어 버린 사람에게는 달콤한 독약이다. 그러나 사자 같은 의지를 지닌 사람에게는 훌륭한 강심제이며, 소중하게 저장된 술 중에서도 최고급 술이다.

쾌락. 이것은 보다 높은 행복과 최고의 희망을 나타내는 상징적인 행복이다. 왜냐하면 쾌락에 의해서 많은 사람에게 결혼 생활이나 결혼 생활 이상의*12 것이 약속되기 때문이다.

남자와 여자보다도 서로에게 더 낯선 존재인 많은 사람들에게 약속되는 것이다. 그런데 남자와 여자가 얼마나 낯선 존재인가를 완전히 이해한 자가 있기나 할까?

쾌락. 나는 내 사상과 말의 주위에 울타리를 치리라. 내 낙원에 돼지와 방탕자가 침입하지 못하도록!

지배욕. 이것은 가장 강한 마음의 소유자를 때리는 불타는 채찍이다. 가장 잔인한 자에게 가해지도록 보류된 잔인한 가책이다. 산 채로 화형시키는 음산한 불길이다.

지배욕. 이것은 가장 허영심 많은 민중의 코를 꿰어 끌고 돌아다니는 짓궂

---

*12 남녀 두 사람의 단순한 결합에 그치지 않고 인류의 향상을 목표로 하는 자세.

은 코뚜레이다. 모든 위태로운 덕의 조소자이다. 이것은 모든 말과 모든 긍지에 올라타고 다니는 것이다.

지배욕. 이것은 모든 썩어빠진 것, 천박한 것들을 때려부수고 파헤쳐 버리는 지진이다. 회칠한 모든 무덤을 파괴하는 자들이다. 지나치게 서두른 대답에 던져진 물음표이다.

지배욕. 이것의 눈에 띄기라도 하면 인간은 뱀이나 돼지보다도 더 낮게 기어다니고 살금살금 움직이며 쭈그리고 앉아 있다. 그래서 마침내 그 인간의 속에서 커다란 경멸이 큰 소리로 외치게 된다.

지배욕. 이것은 커다란 경멸을 가르치는 무서운 선생이다. 도시나 국가를 향해 "그대는 물러가라"고 설교를 해댄다. 그리고 마침내 도시나 국가 스스로 "나는 물러간다!" 외치게 된다.

지배욕. 이것은 순결한 자, 고독한 자, 더 높이는 스스로 만족하고 있는 자들까지도 유혹하며 올라간다. 지상천국에 찬란한 축복을 그리는 사랑처럼 불타오르고 번쩍이면서.

지배욕. 그러나 높은 자가 권력을 추구하여 아래쪽으로 내려가려 할 때, 어떻게 그것을 욕심이라고 부를 수가 있겠는가? 진실로 이러한 욕구와 하강에는 비속한 곳이나 꺼림칙한 곳이라고는 전혀 없다.

높은 곳에 고독하게 있는 자가 영원한 고독과 자기만족에 빠지지 않고 산골짜기로 감으로써 높은 곳의 바람이 낮은 곳으로 불기를!

오, 이러한 동경의 다른 이름, 즉 덕의 이름을 누가 알 수 있을까? '베푸는 덕', 차라투스트라는 일찍이 이름 붙이기가 어려운 이것을 그렇게 불렀다.

그때 또 다른 일이 처음 일어났다. 차라투스트라는 이기심까지도 지극히 복된 것이라고 칭찬했던 것이다. 그는 힘찬 영혼으로부터 솟아나오는 건강한 이기심을 칭찬했다.

그리고 그 힘찬 영혼이란 고귀한 육체와, 그 주위에 있는 모든 사물의 거울이 될 아름답고 승리감에 도취한 싱싱한 육체를 아울러 갖춘 것이다.

또한 유연하고 설득력 있는 육체, 자기향락적 영혼의 상징이자 전형인 무용가의 육체를 겸비하고 있어야 한다. 이런 육체와 영혼이 맛보는 자기향락은 스스로를 '덕'이라고 부른다.

이처럼 지극히 복된 이기심은 신성한 숲으로 스스로를 에워싸는 것처럼 선과 악이라는 말로써 스스로를 지킨다. 그리고 그것은 행복이라는 이름 아래 모든 경멸해야 할 것들을 멀리한다.

그것은 비겁한 모든 것을 멀리한다. 그리고 "악이란 비겁한 것이다" 말한다. 이 이기심은 언제나 걱정하고 탄식하며 불평하는 자, 아무리 작은 이익이라도 주워 모으는 자를 경멸한다.

그것은 또 슬픔에 찬 모든 지혜를 경멸한다. 세상에는 어둠 속에서 피어나는 지혜도 있기 때문이다. 그것은 밤의 그림자 같은 지혜로 언제나 "모든 것이 허무하다"고 탄식한다.

이 이기심은 소심한 의혹까지도 하찮게 본다. 눈빛과 악수만으로는 부족해 맹세를 요구하는 자도 하찮게 보며, 너무나 의심 많은 지혜까지도 하찮은 것으로 본다. 그것들은 비겁한 영혼 특유의 것이기 때문이다.

그런데 이 이기심이 한층 더 하찮은 것이라고 경멸하는 자들이 있다. 그것은 재빨리 영합해 버리는 자, 개처럼 벌렁 누워 하늘을 보는 비천한 자들이다. 사실 세상에는 개처럼 비굴하고 분별 없이 남의 뜻을 받아들이는 지혜도 있는 법이다.

저항하지 않는 자, 독침과 악의에 찬 눈초리까지도 꿀꺽 삼켜버리는 자, 너무나 인정이 많은 자, 모든 것을 참아내는 자, 어떤 것에도 만족하는 자들은 복된 이기심을 가진 혐오스럽고 역겨운 존재들이다. 그런 자들은 노예근성을 지닌 사람들이다.

아무리 신과 신성한 발길 아래 굴복해도, 또 인간과 그 저능한 세상의 여론에 굴복해도 이처럼 지극히 복된 이기심은 모든 노예근성에 침을 뱉는다.

복된 이기심은 부러진 목처럼 허리를 굽히는 자, 노예처럼 비굴한 자, 자유를 빼앗긴 자가 껌벅거리는 눈, 억압당한 가슴, 겁 많고 두툼한 입술로 입을 맞추는 거짓 양보적 태도를 모두 저열하다고 부른다.

지극히 복된 이기심은 노예와 노인과 권태에 지친 자가 현명한 듯 입에 올리는 모든 것을 사이비 지혜라고 부른다. 특히 사악하고 거짓된 지혜를 지닌 성직자들의 바보스러운 말을 모두 그렇게 부른다.

이렇게 말하는 사이비 현자들, 인간 세상에 대해 권태를 느끼는 지친 자들, 여자와 노예의 영혼을 가진 자들, 옛날부터 이들이 하는 짓이 얼마나 이기심을 괴롭혔겠는가?

특히 이기심을 괴롭히는 것이 덕이라고 인정되어 그렇게 불렸던 것이다. 그러므로 이 세상에 권태를 느낀 모든 비겁자와 십자 거미들이 '무아(無我)'가 되고자 한 것은 참으로 당연한 일이었다.

그러나 이들 모두에게 드디어 그날이, 변화가, 심판의 칼이, 위대한 대낮이 다가오리라. 그때 많은 것이 분명히 밝혀질 것이다.

그리고 자아를 건전하고 성스러운 것으로 선언하고, 이기심을 지극히 복된 것이라고 선언하는 자가 한 사람의 예언자로서 자신이 알고 있는 바를 이렇게 말하리라.

"보라, 위대한 대낮이 다가온다. 가까워지고 있다, 위대한 대낮이!"

차라투스트라는 이렇게 말했다.

무게 있는 영혼

1

나의 입은 민중의 것이다. 내 말은 앙고라 토끼*[13]에게 이야기하기에는 너무나 거칠고 진지하다. 글을 쓰는 여우*[14]에게 내 말은 한층 더 낯설게 들린다.

내 손은 바보의 손이다. 모든 책상과 벽, 바보가 장식을 하거나 함부로 낙서할 여백이 있는 것이라면 모두 수난을 당한다.

내 발은 말의 발이다. 나는 이 발로 벌판을 똑바르게 혹은 자유자재로 달린다. 그리고 질풍처럼 달리는 기쁨을 맛본다.

나의 위는 아마 독수리의 위일 것이다. 왜냐하면 귀여운 양고기를 가장 좋아하기 때문이다. 어쨌든 그것은 하늘을 나는 한 마리 새의 위이다.

하찮은 것을 조금 먹음으로써 몸을 지탱하고 언제나 날아갈 준비를 하고 초조하게 기다리고 있다. 이것이 나의 천성이다. 어찌 새의 천성이 아니라고 할 수 있겠는가?

그리고 무엇보다 무게 있는 영혼에 적의를 품고 있는 것, 이것이야말로 새의 천성이다. 정녕 이 적의는 살려둘 수 없는 적, 가장 나쁜 적, 근본적인 적에 대해 품고 있는 것이다. 오, 나의 이 적개심이 이미 날아보지 않은 곳, 또 잘못 날

---

*13 빈약한 내용을 아름답게 꾸미려는 자를 말한다.
*14 문필가와 언론인.

다가 헤매지 않은 곳이 있었던가!

그것에 대해서라면 나는 노래 한 곡을 부를 수 있을 정도이다. 그리고 지금 노래를 부르려고 한다. 내가 비록 인기척 없는 조용한 집에 홀로 있으면서 내 자신에게밖에 들려줄 수 없을지라도.

물론 청중이 많아야 비로소 목소리가 부드러워지고 몸짓이 능숙해지며, 눈의 표정이 풍부해지고, 생기를 띠는 가수들도 있다. 나는 그런 가수들과는 다르다.

2

인간에게 나는 것을 가르치는 자는 언젠가 모든 경계석을 옮길 것이다. 그의 눈앞에서 경계석들이 일제히 하늘로 날아 올라갈 것이다. 그리고 그는 이 대지에 새로운 이름을 붙일 것이다. '가벼운 것'이라고.

타조는 가장 빠른 말보다 더 빨리 달린다. 그러나 그 타조도 무거운 대지에 머리를 깊숙이 처박곤 한다. 날지 못하는 인간도 마찬가지이다.

그는 대지와 인생을 무거운 것이라고 생각한다. 무게 있는 영혼이 그러기를 바라는 것이다. 하지만 무게 있는 영혼에 맞서서 가벼운 새가 되고 싶은 자는 먼저 자신을 사랑해야 한다. 이것이 나의 가르침이다.

물론 병자들처럼 사랑하라는 얘기는 아니다. 왜냐하면 그들에게서는 자신에 대한 사랑조차도 악취를 풍기기 때문이다.

사람은 건강하고 온전한 사랑으로 자기 스스로를 사랑하는 법을 배워야 한다. 나는 그렇게 가르친다. 사람들이 자기 자신을 저버리지 않고 여러 곳을 방황하며 돌아다니지 않도록.

이러한 방랑은 스스로에게 '이웃 사랑'이라고 이름짓는다. 그러한 이름 아래 지금까지 커다란 기만과 위선이 행해져 왔다. 특히 세계를 벅차도록 무겁게 억눌렀던 사람들에 의해서.

그리고 진실로 자신을 사랑하는 것을 배우라는 계명은 하루아침에 이루어질 수 있는 것이 아니다. 그것은 가장 훌륭하며 가장 정교하고 가장 인내력을 필요로 하는 마지막 최고의 기술이다.

왜냐하면 인간은 자기 소유물을 자기 자신에게까지 깊이 감추기 때문이다. 모든 보물 가운데서 자신의 보물이 가장 늦게 발굴된다. 무게 있는 영혼이 그렇게 시키는 것이다.

요람에 누워 있을 때부터 우리는 이미 여러 가지 무거운 말과 무거운 가치를 소유하고 있다. '선'과 '악', 이것이 그 소유물의 이름이다. 이것을 소유하고 있기 때문에 우리는 이 세상을 살아가도록 허락된 것이다.

사람들이 아이들을 가까이에 두고 사랑하는 까닭은, 아이들이 자기 자신부터 사랑하는 것을 일찍부터 막기 위해서이다. 이것도 무게 있는 영혼이 그렇게 시키는 것이다.

그리고 우리는 우리에게 주어진 것을 어깨에 힘들게 짊어진 채 험한 산을 넘어간다. 우리가 땀을 흘리면 사람들은 "그렇다, 인생은 무거운 짐이다" 말한다.

그러나 인간에게는 오직 그 자신만이 무거운 짐일 뿐이다. 인간은 남의 짐까지 모두 자기 어깨에 짊어진 채 살아간다. 그때 인간은 낙타처럼 무릎을 꿇고는 미련할 정도로 마음껏 짐을 싣게 한다.

특히 경건한 생각을 지니고 무거운 짐을 잘 견뎌내는 강인한 인간은 너무도 많은 남의 말과 무거운 가치를 어깨에 짊어진다. 그러므로 그에게 있어서 인생은 사막일 뿐이다.

인간은 자신의 많은 소유물만으로도 벅차다. 그리고 인간 속에 있는 것들은 대부분 굴처럼 역겹고 미끌미끌해서 붙잡기 힘들다.

그렇기 때문에 고상하게 장식한 훌륭한 조개껍데기가 그들에게 호소해야 한다. 그러므로 사람도 아름다운 조개껍데기처럼 훌륭한 외모와 영리한 맹목 상태를 갖추는 기술을 배워야 하는 것이다.

그런데 가끔 이런 일이 일어난다. 많은 조개껍데기가 볼품없고 초라해서 조개껍데기 이상의 것이 될 수 없다는 사실이 인간 속에 있는 여러 가지를 기만한다. 이처럼 감추어진 많은 선과 힘은 결국 드러나지 않고, 또 가장 훌륭한 맛을 알아주는 사람은 드문 법이다.

외모가 아름다운 여자들은 그것을 잘 알고 있다. 그녀들의 고민은 좀더 뚱뚱해지고 싶다든가 좀더 마르고 싶다든가 하는 것이다. 오, 얼마나 많은 운명이 이처럼 사소한 것에 매달려 있는가!

인간이란 정체를 밝혀내기 어려운 존재이며, 특히 자기 자신을 발견해 내는 것은 더욱더 어렵다. 가끔 정신은 영혼에 대해 거짓말을 한다. 무게 있는 영혼이 그렇게 시키는 것이다.

그러나 "이것이 내 선과 악이다" 말하는 사람은 자기 자신을 발견해 낸 사람이다. 그렇게 말함으로써 그는 "모든 사람을 위한 선, 모든 사람을 위한 악!"이라고 말한 두더지와 난쟁이의 입을 다물게 했다.

진실로 나는 "모든 것은 선이며, 이 세상은 그 가운데 최선의 것이다" 말하는 자들을 좋아하지 않는다. 나는 이런 부류의 인간을 무엇에나 만족하는 사람이라고 부른다.

모든 것을 맛볼 줄 아는 완전한 만족이 최선의 입맛은 아니다. 나는 '나'와 '그렇다'와 '아니다'라고 말할 줄 아는 반항적이고 까다로운 혀와 위를 좋아한다.

그와 반대로 모든 것을 씹고 소화시키는 것은 돼지의 본성이다. 언제나 좋다고 말하는 사람은 당나귀나 당나귀 정신을 지닌 사람이다.

짙은 노랑과 뜨거운 빨강, 그런 색이 내 취향에 맞는다. 내 취향은 모든 빛깔에 피를 섞는 것이다. 자기 집을 하얗게 칠하는 것은 덕지덕지 회칠한 영혼의 소유자임을 드러내는 것이다.

어떤 사람은 미라에게 반하고, 또 다른 사람은 유령에게 반한다. 둘 다 모든 살과 피를 적대시하고 있다. 아, 둘 다 내 취향에 얼마나 거슬리는 자들인가! 나는 피를 사랑하는 사람이다.

나는 사람들이 가래와 침을 내뱉는 곳에 더는 머무르고 싶지 않다. 오히려 도둑이나 거짓 맹세를 하는 사람들 틈에 사는 게 내 취향에 맞는다. 그런 곳에는 적어도 입에 돈을 물고 있는 사람은 하나도 없기 때문이다.

하지만 그보다도 내가 더욱 싫어하는 것은 남의 침까지 핥으며 아첨하는 사람들이다. 나는 이렇게 구역질나는 사람을 '기생충'이라고 부른다. 이런 기생충들은 스스로는 다른 사람을 사랑하려고 하지 않으면서 다른 사람으로부터 사랑받으려 하며 살아간다.

나쁜 짐승이 되든가 나쁜 짐승을 부리는 조련사가 되든가, 둘 중에 하나를 선택하는 것 말고는 다른 길이 없는 사람들을 나는 '저주받은 자'라고 부른다. 나는 그들이 있는 곳에 나의 오두막을 짓지 않으리라.

또 언제나 기다려야만 하는 사람들을 나는 '불행한 자'라고 부른다. 이들도 나의 취미에 거슬린다. 세금 징수원, 소상인, 왕, 지주가 바로 그런 사람들이다.

나도 기다리는 것을 배웠다. 그것도 아주 철저하게 배웠다. 내가 배운 것은 나 자신을 기다리는 것이다. 그러나 내가 가장 먼저 배운 것은 서는 것, 걷는 것, 뛰는 것, 기어오르는 것, 그리고 춤추는 것이었다.

나는 이렇게 가르치리라. 나는 것을 배우려는 사람은 무엇보다 먼저 서는 것, 걷는 것, 뛰는 것, 기어오르는 것, 그리고 춤추는 것을 배우라고. 처음부터 날려고 하면 하늘 높이 나는 힘을 얻지 못하는 법이라고.

나는 줄사다리를 가지고 몇 개의 창문에 기어오르는 것도 배웠다. 또 재빨리 발을 놀려 높은 돛대에 기어오르는 것도 배웠다. 인식의 높은 돛대 위에 올라앉는 것은 적지 않은 행복이라는 생각이 든다.

높은 돛대 위에서 반짝이는 가냘픈 불꽃은, 사실 작은 불빛이지만 표류하는 선원들이나 난파선의 사람들에게는 커다란 위로가 되는 것이다.

나는 여러 가지 길과 지식을 통해 나의 진리에 이르렀다. 단 하나의 사다리로만 내 시야가 멀리까지 닿을 수 있도록 높은 곳에 올라간 것은 아니다.

그리고 남에게 길을 물었을 때 나는 언제나 마음이 즐겁지 못했다. 길을 묻는 것은 내 취향에 맞지 않았기 때문이다. 차라리 나는 길에게 묻고, 또 길 자체를 시험해 보고 싶었다.

시험해 보는 것과 묻는 것이 내 여행의 전부였다. 그리고 이런 물음에 대답하는 것까지도 배워야 한다. 이것이 내 취향이다.

좋지도 나쁘지도 않은 이 취향을 나는 부끄러워하지 않을 뿐만 아니라 숨기려고도 하지 않는다.

"이것이 나의 길이다. 그대들의 길은 어디에 있는가?" 나는 나에게 길을 물었던 사람을 향해 대답했다. 왜냐하면 그 길은 존재하지 않기 때문이다.

차라투스트라는 이렇게 말했다.

낡은 목록과 새로운 목록

1

나는 부서진 낡은 목록과 반쯤밖에 쓰지 않은 목록에 둘러싸인 채 여기 앉아서 기다리고 있다. 내 시간은 언제 올 것인가?

내가 내려가는 때는 언제이며 몰락하는 때는 언제인가? 내가 이렇게 묻는 것은 다시 한 번 인간들에게로 가고 싶기 때문이다.

그때를 나는 지금 기다리고 있다. 왜냐하면 내 시간은 이때라고 나타내는 징후, 즉 비둘기 무리를 거느린 웃는 사자가 먼저 나에게로 와야 하기 때문이다.

기다리는 동안 여유 있는 나는 나 자신에게 말한다. 아무도 나에게 새로운 것에 대해 말해 주지 않기 때문에 나 자신에게 말하는 것이다.

2

내가 일찍이 인간들에게로 갔을 때, 나는 그들이 낡은 자부심 위에 앉아 있는 것을 발견했다. 그들 모두는 인간에게 있어서 무엇이 선이며, 무엇이 악인가를 벌써 오래전부터 알고 있다고 생각하고 있었다.

그들은 덕에 대해 논의하는 것은 이미 쓸데없고 지루한 일이라고 여겼다. 그리고 깊은 잠을 바라는 사람은 잠자리에 들기 전에 다시 '선'과 '악'에 대해서 이야기했다.

내가 다음과 같이 가르쳤을 때 나는 그들의 죽음을 방해했다. "무엇이 선이며 무엇이 악인가는 '창조자'만 알고 있을 뿐이다."

창조자란 인간의 목표를 세우고, 대지에 그 의미와 미래를 주는 자이다. 이런 사람만이 비로소 선과 악을 창조한다.

나는 인간들에게 그들의 낡은 강의와 낡은 자부심이 자리한 곳을 뒤엎으라고 명령했다. 나는 또 그들에게 그들의 위대한 도덕가와 성자와 시인과 구세주를 비웃으라고 명령했다.

그들의 침울한 현인들을 비웃으라고 명령했다. 또 검은 허수아비처럼 생명의 나무 위에 위협적으로 앉아 있는 모든 사람들을 비웃으라고 명령했다.

나는 썩은 시체와 큰 독수리가 있는 그들의 무덤 옆에 앉아서 그들의 모든 과거와 썩어 없어지는 과거의 영광을 비웃었다.

진실로 속죄를 권고하는 설교자나 바보처럼, 나는 그들의 크고 작은 모든 일에 대해서 분노해 소리쳤다. "그들 최대의 선이 이렇게 작단 말인가! 그들 최대의 악이 이토록 작단 말인가!" 나는 이렇게 말하면서 웃었다.

산 위에서 태어난 나의 현명한 동경이 그렇게 외치고, 또 그렇게 웃었다. 날개를 파닥거리는 나의 동경은 참으로 난폭한 지혜이다.

그리고 내 웃음은 때때로 나를 저 멀리 높은 곳으로 데리고 갔다. 그때 나는 화살처럼 햇빛에 취해 몸을 떨며 황홀한 공간을 꿰뚫었다.

아무도 꿈꾼 적 없는 아득한 미래로, 예술가의 꿈보다 더 뜨거운 남쪽으로, 신들이 걸쳐 입은 모든 옷을 치욕으로 느끼면서 춤추는 곳으로.

결국 나는 이런 식의 비유로만 말할 수 있으며, 시인처럼 말을 더듬거리고 머뭇거린다. 그리고 진실로 나는 내가 아직도 시인이어야 함을 부끄럽게 생각한다!

거기에서는 모든 생성이 신들의 춤이고 신들의 방종으로 보였다. 거기에서는 세계가 속박에서 벗어나 자기 자신에게 되돌아가는 것처럼 보였다.

많은 신들이 영원히 자기 자신으로부터 도망쳐 자기 자신을 되찾는 것처럼 생각되고, 또한 많은 신들이 행복에 넘쳐 서로 모순을 일으키면서 다시 만나고 재결합하는 것처럼 보였다.

거기서는 모든 시간이 순간에 대한 신성한 조롱으로 보였다. 거기서 필연은 자유 그 자체이고, 자유의 가치를 지닌 채 행복하게 놀고 있는 것으로 보였다.

거기에서 나는 나의 옛 친구인 악마, 즉 무게 있는 영혼과 그 영혼이 만든 모든 것, 강제·법률·필요와 결과·목적과 의지·선과 악을 다시 발견했다.

그 위에서 춤을 추고, 또 춤추며 뛰어넘을 것이 있어야 하지 않겠는가? 가벼운 자들, 가장 가벼운 자들을 위해서는 두더지나 무거운 난쟁이들이 있어야 하지 않겠는가?

3

내가 '초인'이라는 말과 인간은 극복되어야 한다는 말을 주운 곳도 바로 거기였다.

인간은 다리일 뿐 결코 목적이 아니라는 것, 즉 그는 새로운 새벽을 향해 나아가는 길로서 낮과 밤을 기대하며 맞아들인다는 말을 주운 곳이.

위대한 대낮에 대해 차라투스트라가 한 말, 그 밖에 내가 인간들의 머리 위에 붉은 저녁노을처럼 걸어놓은 것을 주운 곳도 바로 그곳이었다.

진실로 나는 인간들에게 새로운 별이 빛나는 새로운 밤을 보여주었다. 그리고 구름과 낮과 밤 위에 나는 화려한 천막처럼 웃음을 펼쳐 놓았다.

나는 인간에게 단편적이고 수께끼이며 무시무시한 우연의 것을 하나로

짜맞추는 창조와 나의 모든 노력을 가르쳤다.

창조자로서, 수수께끼를 푸는 자로서, 우연의 구원자로서 나는 그들에게 미래를 창조해야 하며, 그리고 일찍이 있었던 모든 것을 창조에 의해 구원해야 한다고 가르쳤다.

인간의 과거를 구원하고 '일찍이 그랬던' 모든 것을 변형시켜서 마침내 의지로 하여금 "그러나 나는 그렇기를 원한다. 그래서 나는 그렇기를 원할 것이다" 말하도록 가르쳤다.

이것을 나는 구원이라고 부른다. 그리고 나는 이것만을 구원이라고 부르도록 그들에게 가르쳤다.

지금 나는 나의 구원*15을 기다리고 있다. 그래서 최후에 내가 그들에게 갈 수 있게 되기를!

왜냐하면 나는 다시 한 번 인간들에게 가고 싶기 때문이다. 나는 인간들 사이에서 몰락하고 싶다. 나는 죽어가면서 그들에게 가장 풍요로운 선물을 주고 싶다.

나는 넘치도록 풍요로운 태양이 기울어 갈 때 그에게서 이것을 배웠다. 그때 태양은 그 무궁무진한 부유함 속에서 황금을 꺼내 바다에 뿌렸다.

그래서 가장 가난한 어부마저 황금으로 된 노를 갖게 되었다. 나는 일찍이 이 광경을 오랫동안 바라보면서 흐르는 눈물을 멈출 수가 없었다.

차라투스트라도 태양처럼 몰락하기를 바란다. 그래서 그는 지금 부서진 낡은 목록과 반쯤 쓰인 새 목록을 주위에 늘어놓은 채 여기 앉아 기다리고 있는 것이다.

4

보라, 여기 새로운 목록이 있다. 그러나 나와 함께 그 목록을 골짜기로, 혹은 인간의 심장 속으로 짊어지고 갈 내 형제들은 어디에 있는가?

가장 멀리까지 다다를 수 있는 나의 위대한 사랑은 이렇게 명령한다. "그대의 이웃을 위로하지 말라!"고. 인간은 극복되어야 할 존재인 것이다.

극복의 길과 방법에는 여러 가지가 있다. 그것에 유의하라! 하지만 익살꾼들

---

*15 고독과 침묵의 상태에서 벗어나는 것을 말한다.

은 이렇게 생각하기도 한다. '인간은 극복당할 수도 있다'고.

그대의 이웃 사이에서도 그대 자신을 극복하라. 그리고 그대가 자신의 힘으로 빼앗아 가질 수 있는 권리를 남에게서 선물로 받아서는 안 된다.

다른 어느 누구도 그대가 한 것과 같이 그대에게 할 수는 없다. 보라, 보복이란 없다.

자기 자신에게 명령하지 못하는 자는 복종해야 한다. 많은 사람들이 자기 자신에게 명령할 수는 있지만 자기 자신에게 복종하는 데 있어서는 익숙지 않다.

5

고귀한 영혼을 지닌 자들은 어떠한 것도 공짜로 얻기를 바라지 않는다. 특히 인생을!

천민 근성을 지닌 사람은 공짜로 살기를 원한다. 그러나 인생으로부터 인생 그 자체를 받은 우리는 인생에게 어떻게 해야 가장 잘 보답하는 길인지에 대해 끊임없이 생각해야 한다.

진실로 "인생이 우리에게 약속한 것을, 우리는 인생을 위해 지켜야 한다"라는 말은 참으로 고귀하다.

우리는 남에게 즐거움을 주지 않는 한 즐거움을 바라서는 안 된다. 사람은 즐거움을 바라면 안 되는 것이다.

왜냐하면 즐거움과 순결은 부끄러움을 가장 잘 타기 때문이다. 이것은 모두 구한다고 얻어지는 것이 아니다. 그러므로 우리는 그것을 소유하고 있어야 하며, 죄악과 고통을 추구해야 한다.

6

오, 형제들이여. 맏자식은 언제나 제물로 바쳐진다. 그리고 우리는 맏자식이다.[*16]

우리는 모두 은밀한 제단에서 피를 흘린다. 우리는 모두 낡은 우상들의 영예를 위해 불태워지고 구워진다.

[*16] 《구약성서》 〈창세기〉 제22장에 나오는 것처럼, 신은 맏자식을 희생물로 요구한다. 그런데 우리는 새로운 가치를 표방하는 새 시대의 맏자식, 즉 선구자이다.

우리에게 있어서 최상의 것은 아직 젊다는 것이다. 그것이 늙은이들의 입맛을 돋운다. 우리의 살은 연하고 우리 피부는 어린 양가죽처럼 부드럽다. 어떻게 우리가 우상을 숭배하는 늙은 사제들의 입맛을 돋우지 않을 수가 있겠는가!

늙은 사제는 '우리 자신 속에' 살고 있다. 그는 우리 가운데 최상의 것을 구워 자신의 식탁 위에 올려놓는다. 아, 형제들이여. 그러니 어찌 맏자식이 제물이 되지 않을 수 있겠는가!

그러나 우리의 천성은 그렇게 되기를 바란다. 그리고 나는 자신을 애써 지키지 않는 자들을 사랑한다. 나는 몰락해 가는 사람을 내 모든 사랑을 다하여 사랑한다. 왜냐하면 그들은 저쪽으로 건너가고 있으니까.

7

진실한 것, 그것을 행할 수 있는 자는 거의 없다. 그리고 행할 수 있는 자는 그렇게 되기를 원하지 않는다. 하지만 가장 진실해질 수 없는 자야말로 가장 선한 자들이다.

오, 이들 선량한 자들이여! 선한 사람들은 결코 진리를 말하지 않는다. 그처럼 선량하다는 것은 하나의 질병이다.

선량한 사람들은 굴복하고 스스로를 포기한다. 그들의 가슴은 맞장구치고 마음 밑바닥으로부터 복종한다. 그러나 복종하는 사람은 자기 자신의 목소리를 듣지 않는다.

선량한 사람들에 의해서 악이라 불리고 있는 모든 것은 모여서 하나의 진리를 낳지 않으면 안 된다. 오, 형제들이여. 그대들은 이런 진리를 낳을 수 있을 만큼 충분히 악한가?

무모한 모험, 오래된 불신, 가혹한 부정, 지루함, 살아 있는 것들을 잘라버리는 용기들을 한데 모으기는 참으로 어렵다. 하지만 진리는 그런 씨앗에서 싹트는 것이다.

지금까지 모든 인식은 죄의식과 함께 자라났다. 때려 부숴라. 그대, 인식을 사랑하는 자들이여, 낡은 목록을 부숴 버려라!

8

물속에 기둥이 세워지고 흐르는 물 위에 판자 다리와 난간이 놓였을 때 누군가가 "모든 것은 흐른다"고 말해도 사람들은 그 말을 믿지 않는다.

그뿐만 아니다. 바보까지도 이렇게 반박한다.

"뭐라고! 모든 것이 흐른다고? 다리와 난간은 흐름 위에 가만히 있지 않은가?"

흐름 위에서는 모든 것이 고정되어 있다. 모든 사물의 가치, 다리, 개념, '선'과 '악'의 모든 것, 그것들은 모두 고정되어 있다.

또한 모든 게 얼어붙는 혹독한 겨울이 되면 아무리 현명한 자들이라도 의심하기 시작한다. 그때 "모든 것은 정지되어 있지 않은가?" 말하는 사람은 바보뿐만이 아니다.

"근본적으로 만물은 정지해 있다." 이것이 바로 겨울의 가르침이며, 불모의 계절로서는 그럴듯한 핑계이자 겨울잠을 자는 자와 난롯가에 웅크리고 있는 자에게는 좋은 위로이다.

"근본적으로 만물은 정지해 있다." 그러나 얼음을 녹이는 따뜻한 바람은 그와 상반되는 것을 가르친다.

이 따뜻한 바람은 황소이다. 하지만 밭을 가는 황소가 아닌 무섭게 날뛰는 소이며 격노한 뿔을 휘둘러 얼음을 깨는 파괴자이다. 그래서 깨진 얼음이 다리를 부수는 것이다.

오, 형제들이여. 지금 만물이 흐르고 있지 않은가? 모든 다리와 난간은 물속으로 무너져 버리지 않았는가? 어느 누가 아직도 움직이지 않는 '선'과 '악'에 매달려 있으려고 할 것인가?

"우리에게 재난 있으라! 우리에게 축복 있으라! 얼음을 녹이는 바람이 분다."

형제들이여, 거리를 돌아다니며 이렇게 말하라!

9

세상에는 하나의 오래된 망상이 있는데, 그 이름은 선과 악이다. 지금까지도 이 망상의 수레바퀴는 예언가와 점성가를 둘러싼 채 돌고 있다.

사람들은 일찍부터 예언가와 점성가를 믿었다. 그래서 사람들은 다음과 같은 말도 믿었다.

"모든 것은 운명이다. 그대는 그렇게 되어야만 하기 때문에 그렇게 된다."

이윽고 사람들은 모든 예언가와 점성가들을 믿지 않게 되었다. 그래서 사람들은 다음과 같은 것을 믿게 되었다.

"모든 것은 자유이다. 그대가 어떤 일을 할 수 있는 것은 그대가 그렇게 하기를 바라고 있기 때문이다."

오, 형제들이여! 별과 미래에 대한 이제까지의 믿음은 다만 망상일 뿐 지식으로써 파악된 것이 아니다. 따라서 지금까지의 선과 악에 대한 믿음도 다만 망상이었을 뿐 지식에 의해 파악된 것은 아니다.

10

"강도질하지 말라. 살인하지 말라!" 사람들은 이런 말을 일찍이 신성시했다고 한다. 사람들은 이 말 앞에 무릎 꿇고 머리 숙이고 신발을 벗었다.

그러나 나는 그대들에게 묻노라. 지금까지 이러한 신성한 말보다 더 훌륭한 강도와 살인자가 이 세상에 존재한 적이 있었던가?

모든 삶에 강도질과 살인 행위가 있지 않았는가? 그리고 이러한 말이 신성하다고 인정되었던 탓에 진리 그 자체가 살해되지 않았던가?

모든 삶을 반박하고 모든 삶에 모순되는 것을 신성하다고 부른 것은 죽음을 설교한 것이 아니었나?

오, 형제들이여, 때려 부숴라, 낡은 목록을!

11

나는 과거의 모든 것이 버림받는 것을 볼 때 동정하지 않을 수 없다.

머지않아 과거에 일어났던 모든 것을 자아에 이르기 위한 다리라고 고쳐 해석하는, 여러 세대의 편애나 정신, 광기에 사로잡혀 있는 것을 내가 보기 때문이다.

한 사람의 폭군,[*17] 교활한 악마가 올지도 모른다. 그 사람은 지나간 모든 것을 편애하게 하거나 불쾌하게 만들어 그것을 자기 뜻에 억지로 따르도록 했다. 그래서 마침내 과거의 모든 것이 그를 위한 다리가 되고 전조가 되고 전령이

---

*17 나폴레옹과 같은 폭군을 말한다.

되며, 아침을 알리는 첫닭의 울음소리가 될지도 모른다.

그러나 또 다른 위험, 또 다른 나의 연민이 있다. 즉 천민 근성을 지닌 자가 과거를 기억할 때 그 할아버지까지는 거슬러 올라갈 수 있지만 그 이상은 올라갈 수 없다는 것이다. 과거는 할아버지로 끝나게 된다.

이처럼 지나가 버린 모든 것은 버림받고 다음 세대의 변덕에 사로잡히고 만다. 그래서 천민 근성을 지닌 자가 주인이 되며 얕은 물속에 모든 시간이 빠져 버리는 때가 올지도 모른다.

형제들이여. 그 때문에 하나의 새로운 귀족이 필요하다. 모든 천한 자들과 폭군에 대항하여 새 목록에 '고귀'라는 말을 새롭게 기록할 귀족이 필요하다.

새로운 귀족을 위해서는 많은 고귀함과 고귀한 자가 필요하다. 내가 일찍이 비유한 대로 "신은 있지만 유일신은 없다는 것이야말로 신성인 것이다."

12

오, 형제들이여. 나는 그대들을 새로운 귀족으로 임명한다. 그대들은 미래를 낳는 자, 미래를 가꾸는 자, 미래의 씨를 뿌리는 자가 되어야 한다.

진실로 이 귀족 신분은 장사치들처럼 돈으로 살 수 있는 것이어서는 안 된다. 가격이 있는 것은 가치가 작은 것들뿐이다.

이제부터 그대들을 영예롭게 하는 것은 그대들이 어디서 왔느냐가 아니라 그대들이 어디로 가느냐는 것이어야 한다. 그대 자신을 뛰어넘어 저쪽으로 향하는 그대들의 의지와 발이 그대들의 새로운 명예가 되게 하라!

그대들이 어떤 왕자를 섬겼다는 것이 그대들의 명예가 되는 것은 아니다. 새삼스레 왕자가 무슨 가치가 있단 말인가? 또 지금 서 있는 곳을 더욱 튼튼하게 하기 위해 하나의 방어벽이 된다고 해서 그것이 그대들의 명예가 되지는 않는다.

그대들의 가족이 궁정 생활에 익숙해지고, 또 그대들이 홍학처럼 화려하게 오랫동안 얕은 못에 서 있는 법을 배웠다고 해서 그것이 그대들의 명예가 되지는 않는다.

오래 서 있을 수 있다는 것은 신하들에게나 하나의 공적이다. 그리고 모든 신하들은 앉아도 좋다는 허락이 내려지는 것이 죽은 뒤의 행복에 속한다고 믿고 있다.

성스러운 어떤 영혼이 그대들의 조상을 약속된 땅으로 이끌었다고 해서 그 것이 그대들의 명예가 되지는 않는다. 나는 그런 땅을 찬양하지 않는다. 왜냐 하면 나무들 중에서 가장 나쁜 나무인 십자가가 자라는 그 땅을 찬양해야 할 이유는 전혀 없기 때문이다.

그리고 진실로 이 성령이 기사들을 이끌어 간 곳에서 언제나 맨 앞에 선 것 은 염소와 거위, 또 십자가에 홀려 머리가 이상해진 자들뿐이다.

오, 형제들이여. 그대들은 뒤돌아봐서는 안 된다. 앞만 보아야 한다. 그대들 은 조상의 나라, 할아버지의 나라라고 이름 붙일 수 있는 곳에서 추방된 자여 야만 한다.

그대들은 그대들 자식의 나라를 사랑해야 한다. 이 사랑으로 인해 그대들 은 새로운 귀족이, 아득히 깊은 바닷속에 잠겨 있어서 아무도 발견하지 못한 귀족이 되리라. 나는 그대들의 돛대에 그 나라를 찾고 또 찾으라고 명령한다.

그대들은 그대들 어버이의 자식으로서 태어난 것을 그대들의 자식들에게 보상해야 한다. 그대들은 과거의 모든 것을 그런 식으로 구원해야 한다. 이 새 로운 목록을 그대들의 머리 위에 걸어둔다.

13

"무엇 때문에 사는가? 모든 것은 허무하다. 산다는 것은 밀짚을 터는 것과 같다. 삶이란 자기 자신을 태우지만 따뜻해지지 않는 것이다."

이처럼 낡아빠지고 하찮은 지껄임이 여전히 '지혜'로 간주되고 있다. 그것은 몹시 낡아서 곰팡이가 생겼기 때문에 더욱 존경을 받는다. 곰팡이까지도 사 물을 고귀하게 만든다.

아이들이라면 그렇게 말할 수도 있을 것이다. 불에 데어본 적이 있는 아이들 은 불을 무서워한다. 낡은 지혜의 책 속에는 이런 아이다운 데가 많다.

특히 언제나 밀짚만을 털고 있는 자가 어떻게 밀짚 터는 것을 비웃고만 있 겠는가? 그런 어리석은 자가 있다면 입을 다물게 해야 할 것이다.

그런 자들은 식탁에 앉을 때 무엇 하나 가져오지 않으며 자신의 식욕조차 도 가지고 오지 않는다. 그러면서도 불평한다. "모든 것은 허무하다"고.

그러나 나의 형제들이여, 잘 먹고 잘 마시는 것이 결코 가치 없는 기술은 아 니다. 때려 부숴라! 즐거운 것이란 하나도 없는 낡은 목록을!

14

"마음이 깨끗한 사람에게는 모든 것이 깨끗한 법이다." 사람들은 이렇게 말한다. 하지만 나는 그대들에게 이렇게 말하리라. "돼지에게는 모든 것이 돼지로 보인다."

이런 이유로 머리뿐만 아니라 심장까지 축 늘어져 있는 광신자들은 이렇게 설교한다. "세상 자체가 하나의 더러운 괴물이다."

그들 자신이 불결한 정신을 지니고 있기 때문에 이렇게 설교한다. 특히 세계를 배후에서 보지 않으면 안심 못하는 저편의 또 다른 세계를 신봉하는 자들은 더욱 불결하다.

그다지 점잖은 표현은 아니지만 그런 자들에게 나는 확실히 말해 주리라. "세계는 배후에 밑구멍을 가지고 있다는 점에서 인간과 닮았다." 이것만은 진실이다.

세계는 수많은 오물을 토해 낸다. 이것은 진실이다. 그러나 그렇다고 해서 세계 자체가 결코 더러운 괴물은 아니다.

세계의 많은 것들이 악취를 풍긴다. 이 진실 속에는 지혜가 감추어져 있다. 구역질이야말로 날개를 만들고 샘을 찾는 힘을 만들어 낸다.

가장 훌륭한 자 속에도 구역질나게 하는 어떤 것이 존재한다. 그들도 극복되어야 할 존재이다.

오, 형제들이여! 세계가 많은 오물로 가득 차 있다는 사실 속에는 많은 지혜가 감추어져 있다.

15

나는 믿음이 깊은 저편의 또 다른 세계를 신봉하는 자들이 자신의 양심을 향해 악의도 거짓도 없이 말하는 것을 들었다. 그러나 세계에서 그보다 더 악의와 거짓을 포함한 말은 없을 것이다.

"세계는 세계에 맡겨두는 게 좋다. 그것에 맞서서 손가락 하나도 까딱하지 않는 것이 좋으리라.

사람들을 목 졸라 죽이고, 찔러 죽이고, 가죽을 벗기고, 살을 깎으려는 자가 있어도 그대로 두어라. 세계에 맞서서 손가락 하나 들어올리지 않는 것이 좋다. 그렇게 함으로써 사람들은 세계를 단념하는 법을 배우게 된다.

그리고 그대 자신의 이성을 그대의 손으로 목 졸라 죽여야 한다. 왜냐하면 그것은 이 세상의 이성이기 때문이다. 이렇게 함으로써 그대는 스스로 이 세상을 버릴 수 있게 된다."

때려 부숴라! 오, 형제들이여! 믿음 깊은 자들의 이 낡은 목록을! 세계를 비방하는 자들의 격언을 때려 부숴라!

16

"너무 많은 것을 배우는 사람은 모든 격렬한 욕망을 잊어버린다." 오늘날에는 어두운 거리마다 사람들이 이렇게 속삭인다.

"지혜는 사람을 피곤하게만 할 뿐 아무 소용이 없다. 그대는 아주 작은 욕심도 가져서는 안 된다." 나는 이 새로운 목록이 시장터에 걸려 있는 것을 보았다.

오, 형제들이여! 이 새로운 목록도 때려 부숴라! 그것은 세상에 지쳐버린 자들이거나 죽음의 설교자, 감옥의 간수들이 걸어놓은 것이다. 이는 노예들을 위한 설교이다.

그들은 잘못 배웠고 가장 훌륭한 것을 전혀 배우지 않았으며, 모든 것을 너무 일찍 너무 빨리 배웠기 때문에 그들의 위가 망가져 버렸다.

그들의 정신은 망가진 위이다. 그것이 죽음을 재촉한다. 형제들이여, 정신은 곧 하나의 위이다.

삶은 기쁨이 솟아나는 샘물이다. 그러나 우울과 번민의 아버지인 망가진 위의 말참견을 허락하는 자들에게는 모든 샘물이 독물로 변한다.

사자의 의지*18를 가진 자에게 있어 인식하는 것은 즐거움이다. 하지만 피로한 자는 남의 '의욕에 짓눌릴' 뿐이며, 모든 파도가 그를 놀릴 것이다.

약한 인간들은 도중에 자신을 잃어버린다는 특징을 지니고 있다. 그러다가 마침내 그들은 피로해져서 이렇게 묻는다. "도대체 무엇 때문에 우리는 지금까지 길을 걷고 있는가? 모든 것은 마찬가지인데!"

이런 사람들의 귀에는 "다 소용이 없다. 그대들은 아무것도 하고자 해서는 안 된다"라는 설교가 달콤하게 들린다. 그러나 그것은 노예가 되라는 설교

---

*18 철저히 자기를 부정하는 의지를 말한다.

이다.

오, 형제들이여. 차라투스트라는 방황으로 지쳐버린 모든 자들을 향해 신선한 폭풍처럼 다가간다. 그는 또한 여러 사람의 코를 자극해서 재채기를 하게 할 것이다.

나의 자유로운 숨결은 두꺼운 벽을 지나 감옥이나 감옥에 갇혀 있는 자들의 정신에까지도 스며들어 간다.

의지는 해방시킨다. 왜냐하면 의지를 갖는다는 것은 곧 창조를 의미하기 때문이다. 나는 이렇게 가르친다. 그리고 그대들은 오직 창조하기 위해서만 배워야 한다.

그대들은 먼저 어떻게 배울 것인가, 어떻게 하면 잘 배울 것인가에 대해서 나에게 배워야 한다. 귀가 있는 자는 들어라!

17

여기 아주 작은 배가 있다. 이 배를 타면 거대한 허무로 건너갈 수 있을지도 모른다. 그러나 어느 누가 이 '아마'라는 것 속으로 뛰어들기를 바라겠는가?

그대들 가운데 아무도 이 죽음의 작은 배를 타려고 하지 않을 것이다. 그렇다면 어떻게 그대들이 세상일에 시달려 지친 자라고 할 수 있단 말인가?

세상일에 지쳐버린 자들이여, 그대들은 대지를 등지고 떠나려 하지 않는다. 그대들은 늘 대지를 그리워하며 대지의 피로를 여전히 사랑하고 있음을 나는 안다.

그대들의 입술은 부질없이 달려 있는 것은 아니다. 어떤 지상적이고 작은 욕망이 그 위에 앉아 있는 것이다. 그리고 그대들의 눈에는 잊을 수 없는 지상의 쾌락이 조각구름처럼 떠돌고 있지 않은가?

지상에는 근사한 발명품이 아주 많다. 그중 어떤 것은 유용하고 또 어떤 것은 기쁨과 만족을 주기도 한다. 그 때문에 대지는 사랑스럽다.

또 지상에는 여자의 가슴을 연상시킬 만큼 훌륭한 발명품도 많다. 그러한 것은 유익한 동시에 쾌적하기까지 하다.

그대, 세상일에 지쳐버린 자들이여, 지상의 게으른 자들이여! 우리는 그대들을 채찍질해서 쓰러뜨린 다음 그대들로 하여금 다시 활발하게 걸어가도록 해야 한다.

만약 그대들이 대지로부터 버림받은 병자나 쇠약해진 자가 아니라면, 교활한 나무늘보이거나 몰래 훔쳐 먹는 쾌락을 탐내는 고양이임에 틀림없다. 기운차게 달릴 생각이 없다면 그대들은 사라져야 한다.

그대가 불치병 환자라면 우리가 아무리 치료하려 해도 소용이 없다. 그래서 차라투스트라는 가르친다. 그대들은 사라져야 한다고.

그러나 결말을 내기 위해서는 새로운 시 한 줄을 짓는 것보다 더 큰 용기가 필요하다. 모든 의사와 시인들은 이러한 사실을 잘 알고 있다.

18

오, 형제들이여! 세상에는 피로가 쓴 목록이 있고, 부패한 게으름과 타성이 쓴 목록도 있다. 이 둘은 비슷한 말을 하지만 서로 다른 것으로 생각해야 한다.

보라! 이 쇠약한 자를. 그는 자신이 목표로 하는 곳까지 한 걸음만 더 가면 되는데 피로로 인해 먼지 속에 누워버렸다. 그러면서도 여전히 그 먼지 속에서 버티고 있다. 이 용감한 자는!

그는 길과 땅, 목표, 그리고 자기 자신에게 지쳐 헐떡거리면서 바라보고 있다. 이제 그의 다리는 한 걸음도 앞으로 나아가려 하지 않는다. 이 용감한 자가!

이제 태양이 그를 내리쬔다. 개들이 그의 땀을 핥는다. 그래도 그는 꼼짝 않고 그곳에 누운 채 차라리 그곳에서 힘이 다해 죽기를 기다리고 있다.

자신의 목적지를 한 걸음 앞두고! 진실로 그대들은 그의 머리채를 움켜쥔 다음 그를 그의 천국으로 끌어올리지 않고는 못 견디리라. 이 영웅을!

그를 쓰러진 장소에 그대로 놓아두는 편이 오히려 좋다. 그렇게 하면 위로의 손길인 잠이 서늘한 비와 함께 퍼부어서 그를 상쾌하게 할 것이다.

누워 있는 대로 두어라. 그가 혼자 잠에서 깨어나 온갖 피로와 피로가 그에게 가르쳐 준 것을 떨쳐버릴 수 있을 때까지.

형제들이여, 그대들은 다만 그의 주위에서 게으른 위선자인 개들을 쫓아버려라! 떼지어 모여든 해충들을.

'교양인'이라는 이 해충들은 영웅들의 땀을 실컷 먹을 뿐이다.

나는 내 주위에 동그라미를 그려서 신성한 경계선을 만든다. 내가 점점 더 높은 산으로 올라감에 따라 나와 같이 가는 사람의 수는 점점 줄어든다. 나는 점점 더 성스러워지는 산들로 하나의 산맥을 만든다.

형제들이여, 그대들이 나와 함께 어디까지 올라가든 기생충이 그대들과 함께하지 않도록 조심하라.

기생충은 그대들의 짓무른 상처 구석구석에 달라붙어 살찌기를 바라는 벌레들이다.

그리고 기생충은 올라가고 있는 영혼의 어디가 지쳐 있는지를 아주 잘 알아차리는 재주를 지녔다. 그들은 그대들의 상심과 불만, 예민한 수치심 속에 구역질 나는 그들의 집을 짓는다.

기생충은 강한 자의 약점, 고귀한 자의 너무나도 유약한 곳에 그 구역질 나는 집을 짓는다. 위대한 자가 지닌 아주 작은 상처에 달라붙어 산다.

모든 존재자 중에서 가장 높은 존재는 무엇이며, 가장 낮은 존재는 무엇인가? 기생충은 가장 낮은 존재이다. 그러나 가장 높은 존재는 그 영혼에 가장 많은 기생충을 기르고 있다.

가장 긴 사다리를 가지고 있기 때문에 가장 깊이 내려갈 수 있는 영혼에 가장 많은 기생충이 깃들이는 것은 당연한 일이다.

자기 자신의 가장 넓은 영역 속에서 가장 먼 거리를 달리고 방황할 수 있는 영혼. 가장 필연적인 영혼이면서도 즐겁게 우연 속으로 뛰어드는 영혼.

현존하는 영혼이면서도 생성의 흐름 속으로 뛰어드는 영혼. 소유하는 영혼이면서도 의욕과 욕구 속으로 뛰어드는 영혼.

자기 자신에게서 달아나면서 가장 넓은 원을 그리며 자기 자신을 뒤쫓는 영혼. 가장 지혜로운 영혼이면서도 미치광이의 달콤한 유혹에 귀 기울이는 영혼.

자기 자신을 가장 사랑하는 영혼이면서도 그 안에 만물의 흐름과 역류, 썰물과 밀물이 되풀이되는 영혼. 오, 어째서 최고의 영혼이 가장 고약한 기생충을 지녀야만 하는가?

20

오, 형제들이여. 그렇다면 나는 잔인한가? 그러나 나는 말한다. 쓰러지는 자는 오히려 걷어차 버려야 한다고.

오늘날 모든 것은 쓰러지고 허물어져 버린다. 누가 그것을 지탱할 수 있을 것인가? 하지만 나까지도 그것을 걷어차 버리고 싶다!

그대들은 절벽 아래 심연으로 돌을 굴려서 떨어뜨릴 때의 즐거움을 알고 있는가? 오늘날 사람들이 나의 심연으로 굴러떨어지는 꼴을 보라!

형제들이여, 나는 훌륭한 연주자들을 예고하는 하나의 서곡이다. 하나의 예이다. 나의 예대로 따라하라!

그리고 그대들이 날아가는 방법을 가르쳐 줄 수 없는 사람들에게는 더 빨리 떨어지는 방법을 가르쳐 줘라!

21

나는 용감한 사람을 사랑한다. 그러나 칼을 휘두르며 공격하는 것만으로는 충분치 않다. 사람은 자신이 누구를 상대로 칼을 휘두르는가 알고 있어야 한다.

때때로 자제하고 마음을 가누는 편이 더 용감한 경우도 있다. 왜냐하면 자기 적수가 될 만한 적과 싸우기 위해서 힘을 아껴둘 필요가 있기 때문이다.

그대들은 증오해야 할 적만을 가져야 하며, 경멸해야 할 적을 가져서는 안된다. 그대들은 그대들의 적을 자랑할 수 있어야 한다. 나는 이미 그렇게 가르쳤다.

오, 형제들이여! 그대들은 자신의 적수가 될 만한 적과 싸우기 위해 자신을 아껴야 한다. 그래서 그대들은 많은 사람들을 무시하고 지나쳐 버려야 한다.

특히 그대들은 그대들의 귀에 대고 민중에 대해, 또는 여러 민족에 대해 시끄럽게 떠들어대는 많은 천박한 사람들을 무시하고 지나쳐 버려야 한다.

그들의 갑론을박에 휩쓸려 그대들의 눈이 더러워지지 않게 하라. 그들은 서로 자신만 옳다고 주장하면서, 특히 자기 잘못에 대해서는 눈을 감아버린다. 그래서 그것을 보고 있는 사람으로 하여금 분노를 느끼게 한다.

그 안에서 보는 것과 칼을 쓰는 것은 같은 일이다. 그러므로 그대로 숲 속에 들어가 그대들의 칼을 잠재워라.

그대들은 자신의 길을 가라. 그리고 민중과 여러 민족이 그들의 길을 가게 내버려 두는 것이 좋다. 진실로 한 줄기 희망의 빛조차 번쩍이지 않는 어두운 길을!

조금이라도 빛나는 것이 있다면 그것은 모두 소상인의 황금에 지나지 않는다. 그런 곳이라면 소상인이 지배하는 편이 좋다. 이제 왕의 시대는 갔다. 오늘날 민중이라고 자처하는 자는 왕으로서의 자격이 없다.

지금 이들 여러 민족이 얼마나 소상인과 같은 행동을 하고 있는지 보라. 그들은 아무리 작은 티끌이라도 마다하지 않고 아무리 작은 이익이라도 주워 모은다.

그들은 서로 동정을 살피며, 서로 무엇인가를 노리고 있다. 그들은 이러한 것을 '이웃과의 우정'이라고 부른다. 오, 민족이 "나는 여러 민족의 지배자가 되고자 한다"고 스스로 말했던 저 아득한 행복의 시대여![19]

왜냐하면 형제들이여, 최선의 것은 지배해야 하고, 또 그것은 지배하기를 바라기 때문이다. 그러나 이와 다르게 가르치는 곳, 그곳에서는 최선의 것이 빠져 있다.

22

그들이 아무런 노력도 하지 않았는데 빵을 얻을 수 있다면 매우 유감스러운 일이다. 그때 그들은 무엇을 찾기 위해 외칠 것인가? 그들의 생계 문제야말로 그들의 진정한 즐거움이다. 그래서 그들은 생계를 위해 고생해야 하는 것이다.

그들은 약탈을 일삼는 맹수이다. 그들의 '노동' 속에도 약탈이 있다. 그들의 '소득' 속에도 책략에 의한 약탈이 있다. 그래서 그들은 그것을 위해 고생해야 한다.

그러므로 그들은 더욱 뛰어난 맹수가 되어야 한다. 더욱 세련되고, 보다 영리하며, 보다 인간적인 맹수가 되어야 한다. 인간이야말로 가장 뛰어난 맹수이다.

인간은 이미 모든 동물로부터 그들의 덕을 빼앗았다. 이것은 온갖 동물들

---

*19 그리스의 여러 국가들을 말하며 그들은 권력이나 의지, 명예심 등을 숨기지 않았다.

가운데 인간이 가장 힘들게 살아왔기 때문이다.

오직 새들만이 인간 위에 있다. 그리고 만일 인간이 새보다 높이 날아가는 방법을 배웠다면, 아, 도대체 인간의 탐욕은 얼마나 높은 곳을 향해 날아갈 것인가!

23

남자는 전투에 능해야 하고, 여자는 출산에 능해야 한다. 그리고 남녀 모두 머리와 다리로 춤추는 데 능숙하기를 바란다.

하루라도 춤추지 않는 날은 헛된 날이다. 그리고 웃음이 따르지 않는 진리는 모두 거짓이다!

24

그대들의 결혼이 나쁜 결합이 되지 않도록 조심하라! 그대들은 너무나 빨리 맺어지기 때문에, 그 결과 파탄이 생긴다.

왜곡되고 거짓으로 가득 찬 결혼보다는 파탄이 더 낫다. 어떤 여자가 내게 말했다.

"나는 결혼 생활을 깨뜨렸다. 그러나 그에 앞서 결혼 생활이 나를 깨뜨렸다."

어울리지 않는 부부는 최악의 복수심을 가진 사람들이다. 그들은 자신들이 혼자 살아갈 수 없다는 사실 때문에 온 세상 사람을 괴롭힌다.

나는 정직한 사람들이 이렇게 말해야 한다고 생각한다.

"우리는 서로 사랑한다. 그러므로 그 사랑을 언제까지 간직하도록 노력하자. 그렇지 않으면 우리의 약속이 실수가 될지도 모른다.

우리가 성공적인 결혼 생활을 할 수 있을지 판단하기 위해 잠깐 동안의 유예기간을 갖거나 짧은 결혼 생활을 해보는 것이 어떨까? 언제나 둘이 함께 지낸다는 것은 중요한 일이니까."

나는 모든 정직한 사람들에게 이렇게 권한다. 그게 아니라면 초인에 대한, 그리고 오게 될 모든 것에 대한 나의 사랑은 도대체 무엇이란 말인가?

오, 형제들이여. 다만 그대들이 앞을 향해서뿐만 아니라 위를 향해서 스스로를 번식시켜 가는 것, 이를 위해 결혼 생활의 낙원이 그대들을 도와주기를 바란다!

25

옛 근원에 대해 깨달은 자는 마침내 미래의 샘과 새로운 근원까지도 찾게 될 것이다.

오, 형제들이여. 곧 새로운 민족이 생기고, 새로운 심연에서 새로운 샘물이 넘쳐흐를 것이다.

왜냐하면 지진이 일어나서 많은 샘을 메우고 많은 것을 메마르게 한 다음 그 깊은 곳의 힘과 비밀을 드러낼 것이기 때문이다.

지진이 새로운 샘을 드러낸다. 옛 민족을 뒤엎은 지진에 의해 새로운 샘이 솟아오른다.

그리고 그때 "보라, 여기에 수많은 목마른 자들을 위한 샘이 있다. 동경에 가득 찬 수많은 자들을 위한 심장이, 많은 도구를 움직이기 위한 의지가 있다" 외치는 자 주위에 많은 사람들이 모여 한 민족을 이룰 것이다. 즉 수많은 시도 자들이 모일 것이다.

누가 명령할 수 있으며, 누가 복종해야 하는가? 이것이 거기에서 시도되는 것이다. 아, 얼마나 오랜 탐구와 추측과 실패와 습득과 새로운 시도를 거친 뒤에야 시도되는 것일까?

인간 사회가 바로 하나의 시도이며, 하나의 오랜 탐구이다. 나는 그렇게 가르친다. 인간 사회는 명령하는 자를 찾고 있다.

오, 형제들이여 그것은 하나의 시도이다. '계약'이 아니다. 파괴하라! 연약한 자들과 어중이떠중이들이 했던 그 말을.

26

오, 형제들이여. 인간의 모든 미래에 걸쳐서 가장 큰 위험은 누구와 더불어 있는가? 그것은 착하고 의로운 사람과 더불어 있는 것이 아닐까?

"우리는 이미 무엇이 선이며, 무엇이 정의인가를 알고 있다. 우리는 그것을 몸에 지니고 있다. 아직도 그것을 찾고 있는 자에게 화 있으라!" 이렇게 말하고, 이렇게 느끼는 자들에게 그것이 있는 것이다.

그리고 악인이 끼치는 해악보다 선인이 끼치는 해악이 더욱 해로운 법이다.

세계를 비방하는 자가 끼치는 해악보다 선인이 끼치는 해악이 더욱 해롭다.

오, 형제들이여. 일찍이 "그들은 바리새인 같은 사람이로다" 말한 어떤 사람은 이미 착한 자, 의로운 자들의 마음을 꿰뚫어 보고 있었다. 그러나 그 말의 의미를 제대로 이해한 자는 없었다.

착하고 의로운 자들도 그의 말을 이해할 수 없었다. 그들의 정신은 그들 자신의 떳떳한 양심이라는 감옥 속에 갇혀 있었다. 착한 자들의 어리석음이란 헤아리기 어려운 영리함이다.

하지만 진실로 착한 사람들은 바리새인일 수밖에 없다. 그들은 선택의 여지가 없다.

착한 사람들은 자신의 덕을 만들어 내는 사람을 십자가에 못 박지 않을 수 없다. 이것이 진리이다.

착하고 의로운 자들의 나라와 마음과 땅을 발견한 두 번째 사람은 바로 "그들은 누구를 가장 미워하는가?" 질문한 사람이다.

그들은 창조하는 사람을 가장 미워한다. 그들은 낡은 목록과 낡은 가치를 때려 부수는 사람을 보고 범죄자라고 한다.

왜냐하면 착한 사람들은 창조할 수 없기 때문이다. 그들은 언제나 종말의 시작이다.

그들은 새로운 가치를 새로운 목록에 써넣는 자를 보면 십자가에 못 박는다. 그들은 자신을 위해 미래를 희생시킨다. 그들은 모든 인류의 미래를 십자가에 못 박는다.

착한 자들은 언제나 종말의 시작이었다.

27

오, 형제들이여. 그대들은 내가 지금 말한 것을 이해했는가? 또 내가 일찍이 '종말의 인간'에 대해서 말한 것도 이해했는가?

모든 인류의 미래에 있어 가장 큰 위험은 누구와 더불어 있는가? 그것은 착하고 의로운 자들과 더불어 있는 것이 아닐까?

"때려 부숴라. 착하고 의로운 자들을 부숴라!"

오, 형제들이여. 그대들은 이 말의 의미를 이해했는가?

28

그대들은 내게서 도망치려 하려는가? 그대들은 놀랐는가? 그대들은 이 말을 듣고 두려워졌는가?

오, 형제들이여. 내가 그대들에게 착한 자와 그들의 목록을 때려 부수라고 명령했을 때, 비로소 나는 인간을 그들의 거친 바다로 내 보낸 것이다.

이제야 비로소 커다란 공포가, 커다란 절망이, 커다란 질병이, 커다란 구역질이, 커다란 뱃멀미가 인간에 닥쳐온다.

착한 자들은 그대들에게 거짓 해안과 거짓 안전에 대해 가르쳤다. 그대들은 착한 자들의 거짓 속에서 태어나 자라났다. 착한 자들에 의해 모든 것이 철저히 기만되고 왜곡되어 왔다.

그러나 '인간'이라는 땅을 발견한 자는 '인간의 미래'라는 땅까지도 발견했다. 이제 그대들은 씩씩하고 끈기 있는 뱃사람이 되어야 한다.

오, 형제들이여. 더 늦기 전에 의연하게 걸어라. 의연하게 걷는 법을 배워라. 바다는 물결이 드높고, 많은 사람들이 그대들의 도움을 받아 일어나려 한다.

바다는 물결이 드높고, 모든 것은 바닷속에 있다. 자, 지금이다. 그대, 노련한 뱃사람이여.

조상의 땅이 우리와 무슨 상관이 있는가? 우리는 자식들의 땅을 향해 키를 돌리고 있다. 아득한 그곳을 향해서 우리의 커다란 동경심은 바다보다 더 거세게 물결친다.

29

"어째서 그처럼 단단한가? 그렇다면 우리는 가까운 친척이 아니란 말인가?" 어느 날 숯이 다이아몬드에게 물었다.

어째서 그처럼 부드러운가? 오, 형제들이여. 나는 그대들에게 묻는다. 그대들과 나는 형제가 아니란 말인가?

어째서 그처럼 부드러운가? 어째서 그처럼 연약하고 순종적인가? 왜 그대들의 마음에는 그처럼 많은 부정과 억제만이 있는가? 어째서 그대들의 시선 속에는 그처럼 작은 운명만이 들어 있는가?

만일 그대들이 운명이 되길 바라지 않는다면, 준엄한 자가 되기를 바라지 않는다면 어떻게 그대들이 나와 함께 승리할 수 있겠는가?

만일 그대들의 단단함이 빛나기를 바라지 않고, 구분 짓고 자르는 것을 바라지 않는다면 어떻게 그대들이 언젠가 나와 함께 창조할 수 있겠는가?

창조자는 단단하다. 그러므로 그대들은 그대들의 손을 밀랍에 찍듯이 수천 년에 걸친 미래 위에 뚜렷하게 찍는 것을 행복으로 여겨야 한다.

수천 년에 걸친 미래의 의지 위에, 마치 청동 위에 새기듯 그대들의 의지를 기록해야 한다. 아니, 청동에 새기는 것보다 더 단단하고 더 고귀한 힘으로 써 놓아야 한다. 가장 고귀한 것은 가장 단단하기 때문이다.

오, 형제들이여. 나는 그대들의 머리 위에 이 새로운 목록을 걸어놓는다. 단단해져라!

30

오, 그대, 나의 의지여. 온갖 고난의 전환점이여, 나의 필연이여. 온갖 사소한 승리로부터 나를 지켜다오!

내가 운명이라고 부르는 내 영혼의 숙명이여! 그대, 내 안에 있는, 내 위에 있는 것이여! 하나의 커다란 운명을 위해 나를 지키고 아껴다오!

그리고 그대, 마지막 위대함, 나의 의지여! 그대의 마지막을 위해서 아껴다오. 그렇게 해야 그대는 승리 한가운데서 단호한 자가 될 수 있다. 아, 이제까지 자신의 승리에 굴복하지 않은 자가 있었던가!

아, 승리라는 이 황홀한 어스름 속에서 눈이 부시지 않은 자가 있었던가! 아, 승리에 취해서 비틀거리며 서 있는 법을 잊어버리지 않은 자가 있었던가!

언젠가 위대한 대낮을 맞이할 때 내가 완전히 성숙해져서 모든 준비가 끝나 있었으면. 불타는 청동처럼, 번개를 품고 있는 구름처럼, 부풀어 오르는 암소의 젖처럼 성숙해서 모든 준비가 끝나 있었으면.

나 자신을 위해, 내 가장 깊은 곳에 숨어 있는 의지를 위해 내가 모든 준비를 마치고 있었으면. 화살을 갈망하는 활, 별을 갈망하는 화살 같은 그 의지를 위해.

대낮을 맞이할 모든 준비를 마쳐 성숙해진 별이 되어, 만물을 불태우는 태양의 무수한 화살에 맞아 불타오르며 지극한 행복에 떨고 있듯이.

또한 나는 태양 그 자체가 되거나 냉엄한 태양의 의지가 되어 승리 속에서도 섬멸시킬 만반의 준비를 하고 있도록!

오, 의지여, 온갖 고난의 전환점이여. 그대, 나의 필연이여. 단 하나의 위대한 승리를 위해 나를 아껴다오!

차라투스트라는 이렇게 말했다.

회복기 환자

1

동굴로 돌아온 지 얼마 되지 않은 어느 날 아침, 차라투스트라는 잠자리에서 미친 사람처럼 벌떡 일어나 크게 소리치면서 누군가 다른 사람이 잠자리에서 일어나려 하지 않아 돕는 듯한 몸짓을 했다. 차라투스트라의 목소리가 너무 커서 그의 동물들이 놀라서 그의 곁으로 다가왔다. 그동안 차라투스트라가 사는 동굴 주위의 동굴이나 은신처에 살고 있던 모든 동물들이 재빨리 도망쳐 버렸다. 어떤 것은 날고, 어떤 것은 날개를 파닥거리고, 어떤 것은 기고, 어떤 것은 날뛰면서 달아났다. 그러나 차라투스트라는 이렇게 말했다.

"심연의 사상이여, 나의 심연으로부터 일어나라. 잠꾸러기 벌레여, 나는 그대를 일어나게 하는 수탉의 울음소리이고 새벽이다. 일어나라, 일어나라! 나의 소리가 기어코 그대를 깨우고야 말리라.

그대 귀에 채워진 사슬을 풀고 들어라! 나도 그대의 소리를 듣고 싶다. 일어나라, 일어나라! 지금 이곳에서는 무덤까지도 귀를 기울이게 하는 우렛소리가 천지를 울리고 있다.

그대의 눈에서 졸음과 모든 어렴풋한 것과 맹목적인 것을 씻어내 버려라. 그대의 눈으로도 내 말을 들어라. 내 목소리는 태어날 때부터 장님인 사람까지도 고칠 수 있는 약이다.

일단 눈을 뜨면 그대는 영원히 깨어 있어야 한다. 잠들어 있는 증조할머니들을 깨웠다가 다시 계속 자라고 하는 것은 내 방식이 아니다.*20

이제야 그대는 몸을 뒤척이며 기지개를 켜는구나, 투덜거리고 있구나. 일어나라, 일어나라! 그대는 그렇게 투덜거려서는 안 된다. 내게 말하라. 차라투스트라가, 이 무신론자가 그대를 부르고 있다.

나 차라투스트라가, 삶의 대변자, 괴로움의 대변자, 윤회의 대변자가 그대를 부르는 것이다. 내 가장 깊은 심연의 사상이여!

오, 나를 축복하라! 그대가 다가온다. 그대 목소리가 들린다. 내 심연은 말한

---

*20 바그너의 〈지그프리트〉 3막에, 보탄이라는 나그네가 어머니 대지인 에르다를 깨워 15분간 이야기하고선 다시 자라고 말하는 장면이 있다.

다. 나는 내 궁극적인 심연을 끌어내, 햇빛 속에 던져놓았다.

오, 나를 축복하라! 더욱 가까이 다가오라! 손을 내밀어라! 아, 놓아라! 아! 구역질, 구역질, 토할 것만 같다! 나는 슬프다! 아, 이 괴로움!"

2

여기까지 말한 차라투스트라는 시체처럼 쓰러지더니 오랫동안 움직이지 않았다. 이윽고 정신을 차렸을 때 그의 얼굴은 창백했고, 몸을 떨면서 한동안 먹지도 마시지도 않았다. 일주일 동안 이런 상태가 계속되었다. 그동안 독수리와 뱀은 그의 곁을 떠나지 않았으며, 다만 독수리가 때때로 먹이를 찾기 위해 날았을 뿐이다. 독수리는 잡아 온 것, 빼앗아 온 것을 모두 차라투스트라의 침대 위에 놓았다. 차라투스트라는 노랗고 붉은 딸기, 포도, 사과, 향기로운 야채나 잣으로 파묻힐 정도가 되었다. 그의 발밑에는 두 마리의 어린 양까지 놓여 있었다. 이것은 독수리가 양치기들에게서 애써 훔쳐 온 것이었다.

이윽고 일주일이 되던 날 차라투스트라가 몸을 일으켰다. 사과 한 개를 들고 그 향기를 즐기는 듯했다. 그래서 독수리와 뱀은 그와 이야기할 때가 왔다고 확신했다. 그들은 이렇게 말했다.

"오, 차라투스트라여. 그대는 일주일 동안 눈을 감고 죽은 듯이 누워 있었다. 자, 이젠 그만 일어나는 게 좋지 않겠는가? 그대의 동굴에서 나오는 것이 좋으리라. 세상은 낙원처럼 그대를 기다리고 있다. 바람은 그대가 그리워 온갖 향기를 머금고 있으며, 시냇물은 모두 당신의 뒤를 따라 흐르고 싶어한다.

그대가 일주일 동안 혼자서 들어앉아 있었기 때문에 모든 것들이 그대를 그리워하고 있다. 그대여, 동굴에서 나오라. 만물이 당신을 치료하는 의사가 되기를 바란다.

하나의 새로운 인식이, 하나의 괴로운 인식이, 하나의 무거운 인식이 그대를 찾아온 것인가? 발효가 시작된 반죽처럼 당신은 가로누워 있었다. 당신의 영혼은 부풀어 올라 그릇에서 넘쳐흘렀다."

차라투스트라는 대답했다.

"오, 나의 동물들이여. 계속 이야기해서 내 귀를 즐겁게 해다오. 너희들의 이야기를 듣노라면 마음이 맑아진다. 그런 이야기를 듣는 것만으로도 세상은 벌써 낙원처럼 생각된다. 언어와 음조가 있다는 것은 얼마나 좋은 일인가? 언어와 음조란 영원히 격리되어 있는 것 사이에 걸쳐진 무지개이며 환상의 다리가 아닌가?

모든 영혼은 저마다의 세계를 가지고 있다. 저마다의 영혼에 대해 다른 영혼은 모두 하나의 저편의 세계이다.

가장 비슷한 것 사이에서 환상은 비록 거짓이라 하더라도 매우 아름답다. 왜냐하면 가장 좁은 골짜기에 다리를 놓는 것이 가장 힘들기 때문이다.

내게 어떻게 바깥이 있을 수 있겠는가? 바깥이라는 것은 존재하지 않는다. 그러나 온갖 소리를 들을 때면 나는 그러한 것을 잊어버린다. 망각이란 얼마나 좋은 일인가!

인간은 기쁨을 얻기 위해 모든 사물에게 이름과 소리를 주었다. 소리 내어 말한다는 것은 아름다운 어리석음이다. 그렇게 함으로써 인간은 모든 사물들을 넘어 춤추며 나아가는 것이다.

모든 언어와 모든 소리의 기만은 얼마나 달콤한가! 우리의 사랑은 소리에 맞추어서 아름다운 무지개 위에서 춤춘다."

그때 동물들이 말했다.

"오, 차라투스트라여. 우리처럼 생각하는 자들에게는 모든 사물은 스스로 춤추고 있는 것이다. 그들은 와서 손을 내밀고 웃다가 달아난다. 달아났다가는 또다시 돌아온다.

모든 것은 갔다가 또다시 돌아온다. 존재의 수레바퀴는 영원히 돌고 있다. 모든 것은 죽어가고 있다. 그리고 모든 것은 또다시 꽃을 피운다. 존재의 시간은 영원히 돌고 있는 것이다.

모든 것은 파괴되고 또 새롭게 결합된다. 똑같은 존재의 집이 영원히 재건된다. 모든 것은 헤어졌다가 또다시 만난다. 존재의 수레바퀴는 영원히 자신에게 충실하다.

모든 순간마다 존재는 시작된다. '저곳'의 모든 공은 '이곳' 주위를 돌고 있다. 중심은 모든 곳에 있다. 영원의 길은 곡선이다."*21

차라투스트라는 대답하더니 다시 웃었다.

"오, 너희 익살꾼, 손풍금이여. 너희들은 일주일 동안 이뤄져야 했던 것을 얼

---

*21 곡선은 순환을 의미하며, 영원도 커다란 순환을 뜻한다.

마나 잘 알고 있는가!*22

또 저 괴물이 내 목구멍 속으로 기어들어와 내 숨을 막히게 한 것도! 그러나 나는 그의 머리를 물어뜯어 그것을 입에서 뱉어냈다.

그런데 너희들은 그것을 재빨리 손풍금의 노래로 만들어 버렸단 말인가? 그렇지만 나는 물어뜯고 뱉어내느라 지쳐 누워 있다. 나 자신을 구원하는 일로 아직도 병에 시달리고 있다.

그런데 너희들은 이 모든 것을 구경만 하고 있었는가! 오, 나의 동물들이여, 너희들 역시 잔인하단 말인가? 너희들도 나의 끔찍한 고통을 인간들처럼 구경만 하려고 했단 말인가? 가장 잔인한 동물인 인간들처럼.

이제까지 인간에게는 비극이나 투우, 십자가형(刑)을 보는 것이 지상에서 가장 즐거운 일이었다. 그리고 인간이 지옥을 만들어 냈을 때, 보라! 그것이야말로 지상천국이었다.

위대한 인간이 고통으로 절규하는 순간, 소인배들이 모여든다. 그 입 속의 혀는 난폭한 즐거움으로 축 늘어진다. 그러나 인간은 그것을 '동정'이라고 부른다.

소인배, 특히 시인은 얼마나 열심히 말로 삶을 비난하는가? 하지만 이 모든 비난 속에 포함되어 있는 쾌락을 제대로 들어야 한다.

삶은 삶을 비난하는 자들을 향해 단 한 번 눈짓해 보일 뿐, 그들을 속인다.

'그대는 나를 사랑하는가? 그럼 좀더 기다려라. 내게는 아직 그대를 상대할 시간이 없다.' 이 삶이라고 하는 뻔뻔스러운 여자는 말한다.

인간은 자신에게 가장 잔인한 짓을 하는 동물이다. 그들은 스스로를 '죄인', '십자가를 짊어지는 자', '속죄자'라고 부른다. 누구든 그 탄식과 비난 속에 포함되어 있는 관능적 쾌락을 놓치지 마라!

그런데 나 자신도 이러한 인간의 비난자가 되려는 것인가? 아, 나의 동물들이여. 나는 지금까지 이러한 것을 배웠다. 인간에게는 최선의 것을 위해 최악의 것이 필요하다는 사실을 배웠다.

모든 최악의 것은 그의 최선의 힘이고, 최고의 창조자에게는 가장 단단한 돌이기 때문에 인간은 더욱 선해지거나 더욱 악해지지 않으면 안 된다는 사

---

*22 신이 일주일 동안 천지를 창조한 것을 의미한다.

실을.

인간이 악하다는 것이 나에게 있어 고난의 십자가는 아니다. 오히려 나는 지금까지 그 누구도 그렇게 외친 적이 없을 정도로 큰 소리로 외쳤다.

'아아, 인간의 최악의 것이 어쩌면 그렇게도 왜소한 건가! 아, 인간의 최선의 것이 어쩌면 그렇게도 왜소한 건가!'

인간에 대한 지독한 권태가 나의 목을 조르고, 나의 목구멍 속으로 깊숙이 기어들어 와 나를 질식시켰다. 바로 저 예언자가 했던 '모든 것은 비슷하다. 무엇을 어떻게 하든지 소용없다. 지식은 우리 목을 죈다'는 말이 내 목을 눌렀다.

하나의 기나긴 황혼이 절뚝거리며 내 앞으로 걸어오고 있다. 죽도록 지치고, 죽도록 취한 슬픔이 하품을 하며 이렇게 내게 말했다.

'그대가 싫어하는 인간, 저 소인배는 영원히 되돌아온다.' 나의 슬픔은 이렇게 말하고는 내 앞을 떠나지 않고 언제까지나 잠을 이루려 하지도 않았다.

인간의 대지는 나에게 있어 동굴로 변하고 말았다. 대지의 가슴은 움푹 파여 모든 생물이 곰팡이, 뼈, 썩어버린 과거가 되고 말았다.

모든 인간의 무덤 위에 앉아버린 내 한숨 소리는 이미 일어날 수도 없게 되었다. 나의 한숨과 의문은 밤낮 원망하고 호소하며 내 목을 조르고 내 뼈를 깎았다.

'아, 인간은 영원히 되돌아온다. 왜소한 인간은 영원히 되돌아온다.'

나는 일찍이 가장 위대한 인간과 가장 왜소한 인간의 적나라한 모습을 모두 보았다. 그 둘은 서로 너무 닮아 가장 위대한 인간도 너무나 인간적이다.

가장 위대한 인간도 너무나 왜소하다. 이것이 인간에 대해 내가 혐오를 느낀 이유였다. 그리고 가장 왜소한 인간 역시 영원회귀한다. 이것이 생존에 대해 내가 역겨움을 느낀 이유이다.

아, 구역질, 구역질, 구역질!"

차라투스트라는 이렇게 말하고 탄식하며 몸을 떨었다. 자신의 병에 대해 생각해 냈던 것이다. 그러나 그때 동물들이 그의 말을 가로막았다.

"말을 멈추어라. 그대, 회복기 환자여. 그리고 밖으로 나가라. 세상의 낙원이 당신을 기다리고 있다. 거기 장미와 꿀벌과 비둘기떼가 있는 곳으로 가라! 특히 노래하는 새들에게로 가는 게 좋으리라. 당신은 그들로부터 노래하는 법을 배울 수 있으리라.

노래하는 것이야말로 회복기 환자에게 가장 필요한 일이기 때문이다. 말하는 것은 건강한 자가 하도록 하라. 설령 건강한 자가 노래하기를 바란다 해도 그것은 회복기 환자의 노래와는 다른 것이다!"

독수리와 뱀이 이렇게 말했다.

"오, 그대, 익살꾼이여, 손풍금이여, 그만하라! 정말 너희들은 잘 알고 있구나. 내가 오늘까지 일주일 동안 나를 위해 어떤 위안을 생각해 냈는가를.

나는 또다시 노래를 불러야 한다. 나는 이 위로를, 이 회복을 나를 위해 생각해 낸 것이다. 너희들은 이것까지도 재빨리 손풍금의 노래로 만들어 버릴 작정인가?"

차라투스트라는 이렇게 대답하더니 그의 동물들을 향해 미소를 지었다.

그의 동물들은 다시 말했다.

"더 이상 말하지 마라. 그보다도 회복하고 있는 자여, 먼저 하프를 준비하라. 하나의 새로운 하프를!

오, 차라투스트라여. 당신의 새로운 노래에는 새로운 하프가 필요하다.

노래하라! 울려 퍼지게 하라! 오, 차라투스트라여. 새로운 노래로 그대의 영혼을 치료하라. 그리고 이제까지 누구의 운명도 아니었던 그대의 위대한 운명을 짊어져라.

오, 차라투스트라여. 그대가 누구이며 어떤 사람이 되어야 하는가를 그대의 동물들은 잘 알고 있다. 보라, 그대는 '영원회귀의 스승'이다. 이제 그것이 그대 운명이 되었다.

그대가 이 가르침을 주는 최초의 인간이 되어야 한다는 것, 이 커다란 운명이 어찌 그대의 가장 큰 위험과 병이 되지 않을 수 있겠는가!

보라, 우리는 그대의 가르침을 알고 있다. 만물은 영원히 회귀하고, 우리 자신도 그와 함께 회귀한다는 것을. 또 우리는 이미 헤아릴 수 없이 존재해 왔으며, 만물도 우리와 함께 헤아릴 수 없이 존재해 왔다는 가르침을 알고 있다.

그대는 생성의 순환이 이루어지는 거대한 해(年)라는 것이 존재한다고 가르친다. 그 해는 모래시계처럼 언제나 다시 새로워진다. 이렇게 해서 모든 것은 다시금 새로워졌다가 곧 지나가 버리는 것이다.

되돌아오는 그 모든 해는 그것이 아무리 크든 작든 간에 늘 서로 똑같다. 그래서 우리 자신은 이 거대한 세월을 몇 번 거듭 살아도 처음의 존재와 같은 것이다. 가장 위대한 자이든 가장 왜소한 자이든.

만일 지금 당신이 죽음을 맞게 된다면, 우리는 당신이 스스로에게 무슨 말을 할 것인가 알고 있다. 물론 당신의 동물들은 당신에게 죽지 말라고 애원할 테지만!

당신은 그때 떨지도 않고 오히려 너무나 행복한 나머지 가슴 가득 숨을 들이쉬고 말할 것이다. 그때야말로 인내심 있게 견디어 온 당신에게서 커다란 무서움과 불안이 떨어져 나갈 것이다.

당신은 그때 말할 것이다. '지금 나는 죽어간다. 그리고 사라진다. 그래서 곧 나는 무(無)가 된다. 영혼도 육체와 마찬가지로 죽게 되는 것이다.

그러나 내가 엮여 있는 인과의 매듭은 되돌아와 다시 나를 창조할 것이다. 나 자신이 영원회귀의 여러 가지 인과 가운데 하나이니까.

나는 이 태양·지구·독수리·뱀과 함께 또다시 오리라. 새로운 삶이나 훌륭한 삶, 또는 그와 유사한 삶은 되돌아오지 않는다.

나는 가장 위대한 것에서나 가장 왜소한 것에서나, 영원히 되풀이하여 동일한 이 삶으로 되돌아오는 것이다. 또다시 모든 사물의 영원회귀에 대해 가르치기 위해서.

또다시 대지와 인간의 위대한 대낮에 대해서 말하고, 또다시 인간들에게 초인을 알리기 위해.

나는 내 말을 다했다. 나는 내 말에 의해서 파괴된다. 그것이 나의 영원한 운명이다. 나는 예고자로서 죽는 것이다.

몰락해 가는 사람 스스로 축복할 때가 되었다. 이렇게 해서 차라투스트라의 몰락은 끝난다.'"*23

동물들은 이렇게 말하고 나서 차라투스트라가 질문을 할 수 있게 잠자코 기다렸다. 그러나 차라투스트라는 그들의 침묵을 깨닫지 못했다. 눈을 감은 채 조용히 엎드려 있을 뿐이다. 자고 있는 것은 아니지만 자고 있는 사람 같았다. 사실 그는 자신의 영혼과 대화하고 있었던 것이다. 그가 이처럼 말이 없는 것을 본 뱀과 독수리는 그를 둘러싼 위대한 고요함을 존중해 조용히 그곳에서 물러났다.

---

*23 '몰락의 완료', 이것이 차라투스트라의 생의 정점이다. 회귀를 거듭하는 분수의 정점과도 같다.

위대한 동경

오, 나의 영혼이여! 나는 그대에게 '예전에' '언젠가'와 마찬가지로 '오늘'이라고 말하는 법을 가르쳤다. 그리고 모든 '이곳'과 '그곳'과 '저곳'을 넘어서 춤추는 것도 가르쳤다.

오, 나의 영혼이여! 나는 그대가 처박혀 있는 모든 은신처로부터 그대를 밖으로 끌어냈다. 나는 그대에게서 먼지와 거미와 황혼의 빛을 털어주었다.

오, 나의 영혼이여! 나는 그대에게서 하찮은 수치심과 구석진 덕을 씻어내고, 그대를 설득하여 태양 앞에 적나라한 모습을 드러내도록 했다.

나는 '정신'이라는 이름의 폭풍이 되어 그대의 바다 위로 몰아치며 파도를 일으켰다. 온갖 구름을 날려 보내고 '죄'라는 이름의 살인자까지도 목 졸라 죽였다.

오, 나의 영혼이여! 나는 그대에게 폭풍처럼 부정의 말을 할 권리와 함께 구름 한 점 없는 푸른 하늘처럼 긍정의 말을 할 권리도 주었다. 그대는 빛처럼 조용히 서 있다가도 그대를 가로막는 폭풍이 있으면 그것을 뚫고 앞으로 나아갔다.

오, 나의 영혼이여! 나는 그대에게 이미 창조된 것과 아직 창조되지 않은 것에 대한 자유를 돌려주었다. 그러니 그대만큼 미래에 대한 환희를 알고 있는 자가 누가 있겠는가?

오, 나의 영혼이여! 나는 그대에게 경멸하라고 가르쳤다. 그것은 벌레 먹는 것처럼 찾아오는 경멸이 아니라, 가장 많이 경멸할 때 가장 많이 사랑하는 위대하고 사랑스러운 경멸이다.

오, 나의 영혼이여! 나는 그대에게 설득하라고 가르쳤다. 마치 바다를 설득하여 자신의 높이까지 끌어올리는 태양처럼, 그대 또한 여러 가지 근본까지 설득해서 그대의 높이까지 끌어올리도록.

오, 나의 영혼이여! 나는 그대로부터 복종하는 것과 무릎 꿇는 것, 또한 경의를 표하는 것을 모두 빼앗았다. 나는 나 스스로 그대에게 '곤경의 전환'과 '운명'이라는 이름을 주었다.

오, 나의 영혼이여! 나는 그대에게 여러 새로운 이름과 다양한 장난감을 주었다. 나는 그대를 '운명', '순환 속의 순환', '시간의 탯줄', '푸른 종'이라고 불렀다.

오, 나의 영혼이여! 나는 그대의 땅에 온갖 지혜와 온갖 새로운 포도주를, 그리고 언제 담았는지 기억할 수 없을 만큼 오래 묵은 진한 지혜의 포도주를 마시도록 주었다.

오, 나의 영혼이여! 나는 그대에게 모든 태양, 모든 밤, 모든 침묵, 모든 동경을 불어넣었다. 그래서 그대는 포도나무처럼 빨리 자랐다.

오, 나의 영혼이여! 그대는 지금 부푼 젖가슴과 황금빛 열매를 풍성하게 늘어뜨린 포도나무처럼 풍요스럽고 의젓한 모습으로 서 있다.

그리고 그대는 행복에 겨워 흘러넘칠 것을 기다리며, 기다리고 있다는 사실에 부끄러워하고 있다.

오, 나의 영혼이여! 이제 그대보다 더 사랑스럽고 풍요로우며 드넓은 영혼은 아무 데도 없다. 미래와 과거가 그대에게 있어서보다 더 가깝게 서로 만나는 곳이 어디 있겠는가?

오, 나의 영혼이여! 나는 그대에게 모든 것을 주었다. 나의 두 손은 이제 그대를 위해 빈손이 되었다. 그런데도 그대는 지금 나에게 미소를 지으며 우울한 표정으로 묻는다.

"우리 둘 중에 감사해야 할 자가 누구인가? 받는 자가 받았기 때문에 주는 자가 감사해야 할 것이 아닌가? 주는 것은 억제할 수 없는 충동이 아니겠는가? 그것을 받아준다는 것은 동정이 아니겠는가?"

오, 나의 영혼이여! 나는 그대의 우울한 미소를 이해한다. 이제 그대의 넘쳐흐르는 재산은 받아줄 자를 향해 동경의 손을 뻗어야 하는 것이다.

그대의 충만함이 성난 바다를 바라보며 무언가를 찾고 기다리고 있다. 지나친 충만함이 품은 동경은 그대의 미소 어린 눈망울의 하늘에서 흘러나오고 있다.

오, 나의 영혼이여! 진실로 그대의 미소를 보고서 그 누가 울지 않고 견딜 수 있겠는가? 천사도 그대의 미소 속에 흘러넘치는 친절함을 보면 눈물을 흘릴 것이다.

그대의 친절, 넘치는 친절함은 탄식하고 우는 것을 바라지 않는다. 오, 나의 영혼이여! 그대의 미소는 눈물을 그리워하며 그대의 떨리는 입은 흐느낌을 그리워하고 있다.

"모든 눈물이란 호소가 아니겠는가? 그리고 모든 호소는 비난이 아니겠는가?"

그대는 자신에게 이렇게 말한다. 그러므로 그대는 슬픔보다 미소를 택하는 것이다.

그대는 그대의 충만함에서 오는 괴로움과, 수확의 손길과 가위질을 기다리는 포도나무의 열망에 대해 솟구치는 눈물을 퍼부으려고 하지 않는다.

그러나 만일 울고 싶지 않고, 그대의 보랏빛 우울을 눈물로 씻지 않으려면 그대는 노래를 해야만 한다. 오, 나의 영혼이여! 보라, 그대에게 이것을 예언하는 나는 미소를 짓는다.

그대는 열정적으로 노래를 불러야 한다. 모든 바다가 조용해져서 그대의 그리움에 귀를 기울이게 될 때까지.

고요한 그리움으로 가득 찬 바다에 황금빛 아름다운 돛단배가 노저어 오고, 그 황금빛 주위를 모든 선악과 신기한 것들이 뛰어다니게 될 때까지.

또한 크고 작은 무수한 동물들, 놀라울 만큼 가벼운 발걸음으로 남보랏빛 길을 달릴 수 있는 모든 것이 뛰어다닐 때까지.

이러한 모든 것이 저 황금빛 기적과, 자유의지인 돛단배와 그 배의 주인을 향해 춤추며 온다. 그 주인은 바로 다이아몬드로 된 가위로 포도나무를 가꾸는 사람이다.*24

오, 나의 영혼이여! 이름 없는 이 사람은 그대의 위대한 구원자이다. 미래의 노래가 비로소 그대에게 이름을 지어줄 것이다. 그리고 진실로 그대의 숨결은 이미 미래에 부를 노래의 향기를 풍기고 있다.

벌써 그대는 열에 들떠 꿈꾸고 있다. 벌써 그대는 소리치며 솟구치는 모든 위로의 깊은 샘물을 정신없이 마시고 있다. 벌써 그대의 슬픔은 미래의 노래를 예감하는 더없는 행복 속에서 쉬고 있다.

오, 나의 영혼이여! 나는 지금 그대에게 모든 것을, 내가 가진 마지막 것까지 주고 말았다. 나의 두 손은 이제 그대를 위해 빈손이 되었다. 보라, 내가 그대에게 노래하라고 명령한 것이야말로 나의 마지막 재산이었다.

나는 그대에게 노래하라고 명령했다. 자, 말해 보라! 우리 두 사람 중 감사해야 할 자는 누구인가? 그러나 그것을 따지기보다는 노래를 부르는 것이 더 낫

---

*24 기다리는 자는 반드시 오며, 자유의지로 다가온다. 거기에는 풍성한 포도를 거두어들이는 사람, 즉 영혼의 지나침을 '행동'으로 바꿔주는 사람이 올라타고 있는 것이다.

겠다. 노래하라. 나를 위해 노래하라! 오, 나의 영혼이여! 나로 하여금 그대에게 감사하게 하라!

차라투스트라는 이렇게 말했다.

두 번째 춤곡

1

얼마 전 나는 그대의 눈을 바라보았다. 오, 삶이여! 그대 밤의 눈 속*25에서 나는 반짝이는 황금을 보았다. 나의 심장은 너무 즐거운 나머지 고동을 멈췄다.

황금빛 돛단배 한 척이 밤의 수면에서 반짝이는 것을 보았다. 가라앉을 듯 흔들거리다가도 다시 떠올라 흔들리는 황금빛 작은 배였다.

그대는 열광적으로 춤추는 나의 발을 힐끗 바라보았다. 그것은 웃는 듯한, 동요하는 듯한 매력이 넘치는 시선이었다.

그대는 작은 손으로 내 캐스터네츠를 두 번 울렸다. 그러자마자 내 발은 열광적으로 춤추기 시작했다.

내 발뒤꿈치는 하늘 높이 올라가고, 내 발가락은 그대 마음을 깨닫기 위해 귀를 기울였다. 춤추는 사람은 발가락에 귀를 가지고 있다.

나는 그대에게 뛰어들었다. 그러자 그대는 뒤로 물러섬으로써 나를 피했다. 그러면서 그대는 나를 향해 머리카락을 나부꼈다.

나는 그대와 그대의 뱀 같은 머리카락으로부터 몸을 피했다. 그러자 그대는 재빨리 나를 향해 몸을 반쯤 돌리더니 멈춰 서서 무언가를 갈구하는 눈빛으로 나를 바라보았다.

그대는 나에게 왜곡된 눈빛으로 왜곡된 길을 가르친다. 나의 발은 왜곡된 길을 가면서 술책을 배운다.

나는 가까이 있는 그대를 두려워하고, 멀리 떨어진 그대를 사랑한다. 그대가 달아나면 나는 쫓아가고, 그대가 나를 찾으면 나는 몸을 숨긴다. 나는 괴롭다. 하지만 그대를 위해서 무슨 괴로움이든 기꺼이 견디지 못하겠는가!

---

*25 삶의 비밀을 상징한다.

그대의 냉담함에 내 마음이 불타오른다. 그대의 증오는 나를 유혹하고, 그대의 도주는 나를 구속하며, 그대의 비웃음은 나를 감동시킨다.

그 누가 이런 여자를 증오하지 않을 수 있겠는가! 그대, 위대한 구속자·설득자·유혹자·탐구자·발견자여! 과연 누가 그대를 사랑하지 않을 수 있겠는가, 그대, 순결하고, 성급하며, 바람처럼 빠르고 순진한 어린아이의 눈을 지닌 죄 많은 여자여!

그대는 나를 어디로 끌고 가려고 하는가? 그대, 다루기 힘든 장난꾸러기여! 그대는 또 나를 피해 달아난다. 그대, 부드러운 장난꾸러기여!

나는 춤을 추면서 그대를 쫓아간다. 발자국이 아무리 희미하더라도 따라간다. 그대는 어디 있는가? 나에게 손을 내밀어 다오. 손가락 하나라도 좋다.

여기에는 많은 동굴과 숲이 있다. 우리는 길을 잃을 것이다. 기다려라, 서라! 그대에게는 올빼미와 박쥐가 날개를 퍼드득거리며 날고 있는 모습이 보이지 않는단 말인가?

그대 박쥐여, 그대 올빼미여! 그대는 나를 놀릴 작정인가? 여기는 어디인가? 그렇게 짖는 것을 개에게서 배웠는가?

그대는 나에게 하얗고 귀여운 이를 드러낸다. 그대의 긴 눈썹 아래 짓궂은 눈동자가 나를 노려본다.

이것은 나무와 바위와 모든 것을 밟고 넘어서 돌진하는 춤이다. 나는 사냥꾼이다. 그대는 나의 사냥개가 될 것인가, 아니면 영양이 될 작정인가?

지금은 내 옆에 있지만 그대는 곧 짓궂게 달아나리라. 위로, 저쪽으로! 나도 달리려 한다. 그러나 아, 나는 그 자리에 쓰러지고 만다.

오, 그대, 교만한 자여. 이처럼 쓰러진 채 은혜를 구하는 나를 보라! 나는 그대와 함께 좀더 나은 길을 걷고 싶다. 어느 사랑스러운 곳을.

조용하고 아름다운 수풀 사이의 사랑의 길을. 금붕어들이 헤엄치며 춤추는 호숫가의 오솔길을.

그대는 지쳤는가? 저쪽에는 저녁놀 아래에 양떼가 있다. 목동들의 피리 소리를 들으면서 잠들면 얼마나 멋지겠는가?

그대는 그처럼 심하게 지쳤는가? 나는 그대를 끌고 가리라. 팔을 내려라. 그리고 그대가 목마르다면 나는 그대에게 물을 마시게 해주리라. 그러나 그대는 입을 다물고 물을 마시려고 하지 않는다.

오, 이 저주 받은 민첩하며 날씬한 뱀이여. 숨어 있는 마녀여. 그대는 어디로 가버렸는가? 나는 그대의 얼굴에 만들어 놓은 두 개의 반점과 빨간 흠집을 알아차린다.

나는 그대의 어리석은 양치기 노릇을 하는 데 지쳐버렸다. 그대, 마녀여! 이제까지는 내가 그대에게 노래를 불러주었지만 이번에는 그대가 나를 위해 노래를 불러주어야 한다.

그대는 내 채찍의 박자에 맞추어서 춤추고 울부짖어야 한다! 나는 채찍을 잊지 않고 가지고 오겠다. 어떻게 그것을 잊을 수 있단 말인가!

2

그러자 삶이 자신의 사랑스러운 두 귀를 막은 채 대답했다.

"오, 차라투스트라여. 그대의 채찍을 그처럼 무섭게 휘두르지 않았으면 좋겠다. 그대는 채찍 휘두르는 소리가 사상을 죽인다는 것을 잘 알고 있지 않은가! 그리고 때마침 내게는 부드러운 사상이 떠오르려 하고 있다.

우리 두 사람은 정말로 무능한 선이며 무능한 악이다. 우리는 선악 너머에서 우리의 섬과 푸른 목장을 발견했다. 그것은 우리 둘만의 것이다! 따라서 그 사실만으로도 우리는 친하게 지내야 한다.

우리가 아무리 진심으로 사랑하지는 않는다 하더라도 서로 미워해야 할 이유가 있을까? 더할 나위 없이 사랑하지 않는다고 하더라도 말이다.

내가 그대에게 호의를 가지고 있으며 때로는 지나치게 호의를 가진다는 것은 그대도 잘 알고 있다. 그것은 결국 내가 그대의 지혜를 부러워하고 있다는 애기다. 아, 이 바보스런 지혜여!

만일 지혜가 그대에게서 도망간다면, 아, 그때는 나의 사랑도 그대에게서 재빨리 달아나 버리고 말 것이다."

이렇게 말한 삶은, 깊은 생각에 잠긴 듯 자기 뒤와 주위를 둘러보더니 낮은 목소리로 계속 말했다.

"오, 차라투스트라여. 그대는 내게 충실하지 않다. 그대는 아직도 그대의 말처럼 나를 사랑하지는 않는다. 나는 알고 있다. 그대가 머잖아 나로부터 떠나갈 생각이라는 것을.

둔한 소리를 내는 무겁고 오래된 종이 있다. 그 종소리는 밤마다 그대의 동굴에까지 울려 퍼진다.

한밤중에 시간을 알리는 이 종소리를 들으면, 하나에서 열둘까지 종이 울리는 동안 그대는 생각하리라.

오, 차라투스트라여. 나는 그대가 머잖아 나에게서 떠나갈 것임을 잘 알고 있다!"

나는 머뭇거리면서 대답했다.

"그렇다! 그러나 그대는 이런 일도 잘 알고 있다."

이렇게 말하고 나는 그녀의 헝클어진 노란 머리카락 사이의 귀에다가 어떤 말을 속삭였다.

"그대는 그것을 알고 있는가? 오, 차라투스트라여, 그것은 아무도 모르는 일인데?"

그리고 우리는 서로를 바라보았다. 그러고 나서 서늘한 저녁 기운이 감돌기 시작한 푸른 목장을 바라보며 함께 울었다. 그때 나는 이 삶이 지금까지 내게 있어서 가장 소중하게 여겨졌던 지혜보다도 더 소중하게 생각되었다.

차라투스트라는 이렇게 말했다.

3

"하나!"
오, 인간이여, 조심하라!
"둘!"
깊은 밤은 무엇을 말하는가?
"셋!"
나는 잠들어 있었다.
"넷!"
나는 깊은 꿈에서 깨어났다.
"다섯!"
세계는 깊다.
"여섯!"
낮이 생각하는 것보다 더 깊다.

"일곱!"

세계의 슬픔은 깊다.

"여덟!"

기쁨은 마음의 고뇌보다 더 깊다.

"아홉!"

슬픔은 말한다. "사라져 버려라!"

"열!"

그러나 모든 기쁨은 영원을 바란다.

"열하나!"

깊고 깊은 영원을 바란다!

"열둘!"

일곱 개의 봉인*26

1

내가 두 바다 사이의 높은 산마루를 헤매는 예언적 정신에 가득 차 있는 예언자라면.

그 정신이 과거와 미래 사이를 무거운 구름처럼 떠돌면서 무더운 평야에 지치고 살지도 죽지도 못하는 모든 것을 적대시한다면.

그 정신은 어두운 가슴에서 번갯불을 번쩍일 준비, 구원의 빛을 번쩍일 준비가 되어 있다. '그렇다' 말하고, '그렇다' 웃는 번개를 잉태한 예언적인 번갯불을 번쩍일 준비가 되어 있다.

이렇게 잉태하고 있는 자는 행복하다. 진정으로 언젠가 미래의 빛을 밝힐 자는 오랫동안 무거운 구름이 되어 산에 드리워져 있어야 한다!

오, 그런데 어찌 내가 영원을 간절히 바라는 열망으로 불타오르지 않을 수 있겠는가! 반지들 중에서 결혼반지, 아, 어찌 회귀의 반지를 열렬히 바라는 열망으로 불타오르지 않을 수 있겠는가!

나는 아직 나의 아이를 낳아주었으면 하는 여자를 찾지 못했다. 그러나 단한 사람, 내가 사랑하는 여자가 여기 있다. 오, 그대가 내 아이를 낳아다오. 왜

---

*26 자신이 맛본 일곱 가지 행복을 봉인함으로써 영원(영원회귀의 삶)에 대해서 사랑의 맹세를 하고 긍정적인 삶을 최고로 살아가고자 하는 결의를 말하는 장이다.

냐하면 그대를 사랑하고 있기 때문이다. 오, 영원이여!

왜냐하면 그대를 사랑하고 있기 때문이다. 오, 영원이여!

2

만일 나의 노여움이 일찍이 모든 무덤을 파헤치고 경계석을 움직이고, 오래된 목록을 천길이나 되는 심연으로 던져버렸다면.

만일 나의 비웃음이 일찍이 곰팡내 나는 말을 날려버리고, 십자 거미를 쓸어내는 빗자루처럼 상쾌하고 시원한 바람이 되어 낡고 축축한 무덤을 찾아왔다면.

만일 내가 신들이 묻혀 있는 곳에 마음 편히 앉아 낡은 세계의 비방자 기념비 옆에서 세계를 축복하고 사랑하면서 오랫동안 시간을 보냈다면.

나는 교회나 신의 무덤까지도 사랑하는 것이다. 부서진 그 천장에서 하늘이 순수한 눈으로 들여다보기만 한다면, 나는 잡초와 붉은 양귀비처럼 교회의 폐허 위에 앉기를 좋아하는 것이다.

오, 그런데 어찌 내가 영원을 간절히 바라는 열망으로 불타오르지 않을 수 있겠는가! 반지들 중에서 결혼반지, 아, 어찌 회귀의 반지를 열렬히 바라는 열망으로 불타오르지 않을 수 있겠는가!

나는 아직 나의 아이를 낳아주었으면 하는 여자를 찾지 못했다. 그러나 단한 사람, 내가 사랑하는 여자가 여기 있다. 오, 그대가 내 아이를 낳아다오. 왜냐하면 그대를 사랑하고 있기 때문이다. 오, 영원이여!

왜냐하면 그대를 사랑하고 있기 때문이다. 오, 영원이여!

3

만일 일찍이 창조의 숨결이 나를 찾아왔다면, 우연일지라도 별의 춤을 추게하는 저 천상의 필연적인 숨결이 나를 찾아왔다면.

만일 내가 일찍이 행위라고 하는 긴 우레가 불평하는 소리를 울리면서도 온순하게 따라오는 저 창조적인 번개의 웃음으로 웃었다면.

만일 내가 일찍이 대지라고 하는 신들의 도박장에서 신들과 주사위놀이로 경쟁하고, 그 때문에 땅이 진동하고 부서지며 불꽃을 쏟아냈다면.

대지는 신들의 도박장이며, 창조적인 새로운 언어와 신들의 주사위놀이로 떨고 있기 때문이다.

오, 그런데 어찌 내가 영원을 간절히 바라는 열망으로 불타오르지 않을 수 있겠는가! 반지들 중에서 결혼반지, 아, 어찌 회귀의 반지를 열렬히 바라는 열망으로 불타오르지 않을 수 있겠는가!

나는 아직 나의 아이를 낳아주었으면 하는 여자를 찾지 못했다. 그러나 단한 사람, 내가 사랑하는 여자가 여기 있다. 오, 그대가 내 아이를 낳아다오. 왜냐하면 그대를 사랑하고 있기 때문이다. 오, 영원이여!

왜냐하면 그대를 사랑하고 있기 때문이다. 오, 영원이여!

4

만일 내가 모든 것이 잘 섞여 거품이 이는 향신료 항아리에 들어 있는 것을 마음껏 마셨다면.

만일 내 손이 일찍이 가까운 것에 가장 먼 것을, 정신에 불을, 슬픔에 기쁨을, 가장 좋은 것에 가장 나쁜 것을 섞었다면.

만일 나 자신이 모든 사물을 항아리 속에서 잘 섞이게 하는 저 구원의 소금한 알이라면.

왜냐하면 선과 악을 결합시키는 소금이 있기 때문이다. 그리고 맛을 내거나또는 마지막 거품이 일게 하기 위해서는 아무리 나쁜 악이라도 가치가 있다.

오, 그런데 어찌 내가 영원을 간절히 바라는 열망으로 불타오르지 않을 수 있겠는가! 반지 중에서 결혼반지, 아, 어찌 회귀의 반지를 열렬히 바라는 열망으로 불타오르지 않을 수 있겠는가!

나는 아직 나의 아이를 낳아주었으면 하는 여자를 찾지 못했다. 그러나 단한 사람, 내가 사랑하는 여자가 여기 있다. 오, 그대가 내 아이를 낳아다오. 왜냐하면 그대를 사랑하고 있기 때문이다. 오, 영원이여!

왜냐하면 그대를 사랑하고 있기 때문이다. 오, 영원이여!

5

만일 내가 바다와 바다의 천성을 지닌 모든 것을 사랑하고, 그것들이 나에게 분노하여 반항할 때 오히려 가장 사랑한다면.

만일 미지의 나라를 향해 돛을 달고 달려가는 모험의 즐거움이 내 안에 있다면, 그 뱃사람의 즐거움이 나의 즐거움 속에 있다면.

만일 내가 일찍이 기뻐하며 "바닷가가 보이지 않는다. 이제 나의 마지막 쇠 사슬이 끊어졌다.

무한의 것이 나를 둘러싸고 울부짖고 있다. 저 멀리에서 시간과 공간이 빛 나고 있다. 자, 일어나라. 내 마음이여" 하고 외쳤다면.

오, 그런데 어찌 내가 영원을 간절히 바라는 열망으로 불타오르지 않을 수 있겠는가! 반지 중에서 결혼반지, 아, 어찌 회귀의 반지를 열렬히 바라는 열망 으로 불타오르지 않을 수 있겠는가!

나는 아직 나의 아이를 낳아주었으면 하는 여자를 찾지 못했다. 그러나 단 한 사람, 내가 사랑하는 여자가 여기 있다. 오, 그대가 내 아이를 낳아다오. 왜 냐하면 그대를 사랑하고 있기 때문이다. 오, 영원이여!

왜냐하면 그대를 사랑하고 있기 때문이다. 오, 영원이여!

6

만일 나의 덕이 춤추는 사람의 덕이고, 그래서 내가 두 발로 황금빛과 초록 빛으로 빛나는 환희 속에 뛰어 들어갔다면.

만일 나의 악의가 비웃는 악의로서, 장미꽃 언덕과 백합꽃 울타리 밑에 웅 크리고 있다면.

비웃음 속에는 온갖 악의가 깃들어 있지만, 그것들은 모두 그 자신의 더없 는 행복에 의해서 신성해지고 면죄받는 것이다.

그리고 무거운 모든 것이 가벼워지고, 모든 육체가 춤추는 사람이 되고, 모 든 정신이 새가 되는 그것이 나의 알파요 오메가라면. 진실로 그것이야말로 나 의 알파요 오메가이다.

오, 그런데 어찌 내가 영원을 간절히 바라는 열망으로 불타오르지 않을 수 있겠는가! 반지 중에서 결혼반지, 아, 어찌 회귀의 반지를 열렬히 바라는 열망 으로 불타오르지 않을 수 있겠는가!

나는 아직 나의 아이를 낳아주었으면 하는 여자를 찾지 못했다. 그러나 단 한 사람, 내가 사랑하는 여자가 여기 있다. 오, 그대가 내 아이를 낳아다오. 왜 냐하면 그대를 사랑하고 있기 때문이다. 오, 영원이여!

왜냐하면 그대를 사랑하고 있기 때문이다. 오, 영원이여!

7

만일 내가 일찍이 내 머리 위에 조용한 하늘을 펼치고는 나 자신의 날개로 나의 하늘로 날아갔다면.

만일 내가 깊은 빛 속에서 헤엄치고, 그래서 새의 지혜가 나의 자유로움을 찾아왔다면.

결국 새의 지혜는 이렇게 말할 것이다.

"보라, 위도 없고 아래도 없다. 마음껏 뛰어라. 밖으로, 뒤로. 그대, 가벼운 자여. 노래 불러라. 이제 그만 이야기하라.

모든 말은 무거운 자들을 위해 만들어진 것이 아닌가? 가벼운 자에게 있어서 말이란 모두 거짓이 아닌가? 노래 불러라. 이제 그만 이야기하라."

오, 그런데 어찌 내가 영원을 간절히 바라는 열망으로 불타오르지 않을 수 있겠는가! 반지 중에서 결혼반지, 아, 어찌 회귀의 반지를 열렬히 바라는 열망으로 불타오르지 않을 수 있겠는가!

나는 아직 나의 아이를 낳아주었으면 하는 여자를 찾지 못했다. 그러나 단한 사람, 내가 사랑하는 여자가 여기 있다. 오, 그대가 내 아이를 낳아다오. 왜냐하면 그대를 사랑하고 있기 때문이다. 오, 영원이여!

왜냐하면 그대를 사랑하고 있기 때문이다. 오, 영원이여!

제4부

아, 동정하는 자들보다도 더 어리석은 짓을 저지르는 자는 이 세상에 없다. 또 그들이 저지르는 어리석음보다 더 큰 고통을 불러일으키는 것도 이 세상에는 없다.

아, 동정을 뛰어넘지 못한 사랑을 하고 있는 사람은 모두 불쌍하다.

악마가 일찍이 나에게 이렇게 말한 적이 있다.

"신에게도 지옥이 있는데, 그것은 인간에 대한 그의 사랑이다."

얼마 전에 나는 악마가 이렇게 말하는 것을 들었다.

"신은 죽었다. 인간에 대한 동정 때문에 죽었다."

제2부 〈동정하는 자들〉에서

꿀의 제물

그리고 차라투스트라의 영혼 위로 여러 달과 여러 해가 지나갔지만, 그는 그것에 주의를 기울이지 않았다. 그러나 그의 머리는 하얗게 세었다. 어느 날 그는 동굴 앞의 돌 위에 앉아서 말없이 먼 곳을 바라보고 있었다. 그곳에서는 깊은 골짜기 너머로 넓은 바다가 바라보였다. 독수리와 뱀은 깊은 생각에 잠긴 채 그의 옆을 서성거리다가 마침내 그에게 다가가서 말했다.

"오, 차라투스트라여. 그대는 행복이 찾아오기를 기다리고 있는 것이 아닌가?"

차라투스트라가 대답했다.

"행복이 뭐란 말인가? 나는 오래전부터 행복 따위는 바라지 않았다. 나는 나의 일을 하고자 할 뿐이다."

그 동물들이 다시 말했다.

"오, 차라투스트라여. 마치 그대는 그대가 좋은 것을 지나치게 많이 가지고 있는 사람처럼 말하는구나. 당신은 하늘처럼 푸른 행복에 잠겨 있는가?"

차라투스트라가 대답하며 미소를 지었다.

"그대, 익살꾼이여. 그대들은 교묘하게 비유하는구나. 그러나 그대들도 알고 있는 것처럼 나의 행복은 무거워 물보라 같지는 않다. 그것은 녹아버린 끈적끈적한 물질처럼 내게 달라붙어 떨어지지 않는다."

그 말을 들은 동물들은 또다시 깊은 생각에 잠긴 듯 그의 주위를 서성거리더니 다시 다가와서 그의 앞에 섰다. 그들은 말했다.

"오, 차라투스트라여. 그대의 머리카락은 세어서 이제는 아주 하얗게 보이는데, 그대 자신은 더욱 누렇고 어두운 빛으로 변해 가는 것은 그 때문이란 말인가? 보라, 그대는 그대의 끈적끈적한 물질 속에 앉아 있다."

"그대들은 무슨 소리를 하는 건가? 나의 동물들이여. 사실 끈적끈적한 물질이라는 표현은 내가 조금 지나쳤다. 그러나 익어가고 있는 모든 과일에는 이런 일이 생기는 법이다. 나의 혈관에 흐르는 꿀이 내 피를 짙게 하고 또 내 영혼을 조용하게 만든다."

차라투스트라가 말하더니 큰 소리로 웃었다.

"그렇겠지. 오, 차라투스트라여. 그보다도 그대는 오늘 높은 산에 올라가지 않겠는가? 공기가 맑아서 여느 때보다 한결 더 세상을 자세히 바라볼 수 있다."

동물들은 이렇게 대답하더니 그에게 몸을 기댔다.

"그렇다. 나의 동물들이여. 그대들의 말은 훌륭하며, 그것은 내 마음에 든다. 나는 오늘 산에 올라가 보겠다. 그러나 산 위에서 꿀을 손에 넣도록 그대들이 배려해 주어야 한다. 더욱 노랗고 더욱 흰, 얼음처럼 신성한 벌통에서 새로 딴 좋은 꿀이어야 한다. 왜냐하면 나는 거기에서 꿀을 제물로 바치고자 하기 때문이다."

하지만 차라투스트라는 산꼭대기에 도착하자마자 그를 따라온 독수리와 뱀을 돌려보냈다. 그래서 그는 혼자 남게 되었다. 그러자 그는 마음속으로 소리를 내어 웃고는 주위를 둘러본 다음 이렇게 말했다.

"내가 제물에 대해, 특히 꿀의 제물에 대해 이야기한 것은 단순히 나의 책략이었다. 그것은 정말 어리석긴 하지만 꼭 필요한 것이었다. 나는 이 산꼭대기에서 은둔자의 동굴 앞이나, 은둔자의 동물들 앞에서보다 더 자유롭게 말할 수가 있기 때문이다."

무엇을 제물로 바친단 말인가? 나는 내게 주어진 것을 낭비한다. 나는 천 개의 손을 가진 낭비자이다. 그런데 어찌 그것을 제물을 바친다고 말할 수 있겠는가!

앞서 내가 꿀을 바랐던 것은 다만 달콤한 먹이를 가지려 했던 것에 지나지 않았다. 언제나 불만을 늘어놓는 곰이나 기묘한 불평꾼인 나쁜 새들까지도 군침을 흘리면서 몰려올 만큼 달콤한 먹이에 대해 말했던 것이다.

사냥꾼이나 어부에게 꼭 필요한 가장 좋은 미끼에 대해 말했던 것이다. 왜냐하면 세계가 짐승들이 사는 어두운 숲이고 용감한 사냥꾼들의 놀이터이지만, 나에게는 오히려 도저히 깊이를 잴 수 없는 풍요로운 바다처럼 생각되기 때문이다.

오색찬란한 물고기와 게들로 가득 찬 바다이다. 그것을 보면 신들까지도 자신의 그물을 던지고 싶은 마음이 생길 것이다. 그처럼 이 세계는 크고 작은 기이한 것으로 가득 차 있다.

특히 인간의 세계, 인간의 바다는 더욱 그렇다. 나는 '그 바다'에 지금 나의 황금 낚싯대를 던지고는 외친다. "열려라, 그대, 인간의 심연이여!"

열려라, 그리고 그대의 물고기들과 반짝이는 게들을 내 앞으로 던져라. 오늘 나는 가장 훌륭한 미끼로 가장 진귀한 인간이라는 물고기를 낚을 것이다.

나는 나의 행복 자체를 아주 멀리 던진다. 동쪽으로, 남쪽으로 그리고 서쪽으로. 인간이라는 많은 물고기가 몰려와서 나의 행복을 배우려고 펄떡거리는 모습을 보려고 한다.

그리고 기다린다. 그들이 숨겨진 날카로운 내 낚싯바늘을 물고, 내가 있는 높이까지 올라오지 않을 수 없을 때까지. 가장 다채로운 심연의 물고기들이 가장 나쁜 인간을 낚는 어부의 손에 들어갈 때까지.

나는 근본적으로 그와 같은 인간을 낚는 어부이다. 끌어당기고, 끌어올리고 길러낸다. 끄는 자이고, 키우는 자이며, 훈련시켜서 가르치는 자이다. 내가 일찍이 나 자신을 향해 "그대는 본디의 자신으로 돌아가라!" 말한 것은 헛된 말이 아니었다.

그러므로 인간들도 내가 있는 곳까지 올라와야만 한다. 왜냐하면 나는 또 내려가야 할 때를 알리는 징후를 기다리고 있기 때문이다. 언젠가는 그래야

함에도 나 자신은 지금 인간들 사이로 내려가고 있지 않은 것이다.

그 몰락을 위해 나는 여기서 기다리고 있다. 높은 산 위에서 교활하고 비웃는 심정으로 성급하게 기다리는 것이 아니다. 그렇지만 인내하면서 기다리는 것도 아니고, 오히려 인내심조차 잊어버린 채 기다리고 있다. 왜냐하면 나에게는 이미 '인내심'이 없기 때문이다.

결국 운명은 나에게 시간적 여유를 주었다. 운명은 나를 잊어버리고 말았을까? 아니면 커다란 바위 뒤 그늘에 숨어서 파리라도 잡고 있을까?

정말 나는 내 영원한 운명에 감사하고 있다. 나를 재촉하지도 않고 나에게 짓궂은 장난을 할 시간을 주기 때문이다. 내가 오늘 물고기를 낚기 위해 이 높은 산에 올라올 수 있었던 것도 그 운명의 호의 덕분이었다.

일찍이 높은 산에서 물고기를 낚은 인간이 있었던가? 비록 내가 산꼭대기에서 하려 하고 또 하고 있는 것이 어리석은 짓이라 할지라도, 저 평야에서 기다리다 지쳐 침통한 나머지 창백한 얼굴을 하는 것보다는 낫다.

기다리다 지쳐서 화를 내는 것보다는, 산에서 불어내리는 거룩한 폭풍우가 되는 것보다는, 성급하게 골짜기를 향해 "들어라, 그렇지 않으면 나는 그대들을 신의 채찍으로 후려치리라" 외치는 것보다는.

아무리 그렇더라도 나는 그렇게 화내는 자들을 증오할 수는 없다. 그들은 나에게 있어서는 웃음거리일 뿐이다. 오늘 이 시끄러운 소리를 내는 큰 북을 울리지 않으면 다시는 그것을 울릴 때가 오지 않기 때문에 그 북들은 초조해하지 않을 수 없는 것이다.

그러나 나와 내 운명은 오늘을 향해서 말하는 것도 아니며, 또 끝내 오지 않을 때를 향해 말하는 것도 아니다. 나와 내 운명은 말하기 위해서 인내와 시간과 초시간*¹을 가지고 있다. 왜냐하면 언젠가 그것은 반드시 올 것이며, 그냥 지나쳐 버리는 일이 없기 때문이다.

언젠가 오지 않을 수 없는 것, 지나쳐 버리는 일이 없는 것이란 무엇인가? 우리의 위대한 하자르*²이다. 즉 우리의 위대하고 아득한 인간의 나라, 천 년

---

*1 '초시간'이란 시간에 뒤이어 한 말로서 별다른 의미는 없다. 계속 기다릴 수 있다는 마음가짐을 나타낸다.

*2 페르시아어로서 '천(1000)'을 뜻한다. 차라투스트라에게도 그가 지배하는 천 년이라는 시간, 나라가 오도록 되어 있다.

으로 이어지는 차라투스트라의 나라이다.

그 '아득함'이란 어느 정도인가? 그런 것이 나와 무슨 상관이 있는가? 그렇다고 해서 그 나라의 존재가 불확실하다는 것은 아니다. 나는 두 발로 이 땅 위에 버티고 서 있는 것이다.

영원한 땅, 견고한 원시의 바위, 가장 높고 가장 견고한 원시의 산등성이 위에 서 있는 것이다. 그리고 지상의 경계선을 이루고 있는 여기에는 온갖 바람이 몰아치고 있다. "여기는 어딘가? 어디에서 오는가? 어디로 가는가?"를 물으면서.

이 꼭대기에서 마음껏 웃어라, 나의 밝고 건전한 악이여! 높은 산에서 그대의 반짝이는 비웃음을 아래로 던져라. 그대의 반짝이는 미끼로 가장 아름다운 인간 물고기를 낚아 올려라.

그리고 바닷속에 있으면서 내게 속하는 모든 것, 모든 사물 속에 있는 나인 것들을 낚아 올려라. 나는 그것을 기다리고 있다. 모든 어부 중에서 가장 나쁜 어부인 내가!

깊은 곳으로, 깊은 곳으로! 나의 낚싯바늘이여! 내려가라, 잠겨라, 내 행복의 미끼여! 그대의 가장 달콤한 이슬을 떨어뜨려라. 내 마음의 꿀이여, 깊이 찌르라! 내 낚싯바늘이여, 어두운 슬픔의 모든 배(腹)를 물어뜯어라!

보라, 보라! 내 눈이여, 오, 내 주위에는 얼마나 많은 바다가 있는가! 밝아오는 인간의 미래! 그리고 머리 위에는 무엇이라 표현하기 어려운 장밋빛 정적! 구름 한 점 없는 침묵!

비명

이튿날 차라투스트라는 다시 자신의 동굴 앞 바위 위에 앉아 있었다. 독수리와 뱀은 바깥 세계 여기저기를 돌아다니며 새로운 식물과 새로운 꿀을 찾고 있었다. 차라투스트라가 오래된 꿀의 마지막 한 방울까지 써버리고 말았기 때문이다. 그는 거기에 앉은 채 지팡이로 땅바닥에 자기 그림자를 그리면서 생각에 잠겨 있었다. 자신과 자기 그림자를 생각하는 것은 아니었다.

그때 그는 갑자기 놀라 몸을 떨었는데, 자기 그림자 옆에서 또 하나의 그림자를 보았기 때문이다. 그는 일어나서 주위를 둘러보았다. 그의 옆에는 그가 일찍이 식탁에서 음식을 나누었던 예언자가 서 있었다. 그는 "모든 것은 똑같다. 무슨 일을 하든 부질없다. 세계는 아무런 의미가 없다. 지식은 인간을 질식시킨다"고 가르쳤던 위대한 권태의 예언자였다.

그러나 그의 얼굴은 변해 있었다. 그의 눈을 바라보고 있는 동안 차라투스트라는 마음속으로 다시 한 번 깜짝 놀랐다. 수많은 불길한 예고와 회색 불빛이 그 사람의 얼굴 위를 스치고 지나갔기 때문이다.

차라투스트라의 마음속 동요를 알아차린 그 예언자는 얼굴 껍질을 벗기기라도 하듯 손으로 자신의 얼굴을 쓰다듬었다. 차라투스트라도 그렇게 했다. 그런 식으로 서로 마음을 가라앉히고, 두 사람은 서로 상대를 인정한다는 뜻에서 악수를 나누었다.

차라투스트라가 말했다.

"어서 오라. 위대한 권태의 예언자여. 그대가 일찍이 나와 함께 식사했던 일을 잊고 싶지 않다. 오늘도 그렇게 해주었으면 한다. 그리고 유쾌한 노인이 그대와 함께 식탁에 앉는 것을 용서하라."

"유쾌한 노인이라고?" 예언자는 이렇게 반문하더니 머리를 흔들었다. "오, 차라투스트라여, 그대가 누구든 간에 그대는 이 높은 곳에 너무 오래 있었다. 머지않아 그대의 돛단배는 이 마른땅에 머무를 수 없게 될 것이다."

"그렇다면 나는 지금 마른땅에 있는 건가?"

차라투스트라는 웃으며 물었다. 그러자 예언자가 대답했다.

"그대의 산을 둘러싼 파도는 점차 높아져 커다란 고통과 슬픔의 파도가 된다. 마침내 그 파도는 그대의 돛단배를 휩쓸어 가버릴 것이다."

차라투스트라는 그 말을 듣고 의아해하면서도 침묵을 지켰다.

예언자가 물었다.

"그대에게는 들리지 않는가? 저 밑바닥에서 술렁거리는 소리와 으르렁거리는 소리가 들려오지 않는가?"

차라투스트라는 여전히 입을 다문 채 귀를 기울였다.

그때 기다란 외침이 아래쪽에서 들려왔다. 한 골짜기가 다른 골짜기에 보내는 비명이었다. 어떤 골짜기도 그 소리를 자신의 가슴속에 간직해 두려고 하지 않았다. 그 정도로 혐오스러웠다.

드디어 차라투스트라가 말했다.

"그대, 악의 예언자여. 저것은 구원을 청하는 인간의 부르짖음이다. 아마도 검은 바다로부터 나오는 소리이리라. 내게 남겨진 마지막 죄를 무엇이라고 부르는지 그대는 알고 있는가?"

"동정이다." 예언자는 넘쳐흐르는 마음으로 대답하고는 두 손을 높이 쳐들었다.

"오, 차라투스트라여. 나는 그대를 그대의 이 마지막 죄로 유인하기 위해서 온 것이다."

그 말이 끝나기도 전에 그 비명이 다시 들려왔다. 전보다 더 길고 더 불안하게 들렸다. 그리고 그것은 훨씬 가까이에서 들려왔다.

예언자가 소리쳤다.

"들었는가? 차라투스트라여. 저 비명은 그대를 위한 것이다. 그대를 부르고 있다. 그대를 부르고 있다. 오라, 오라, 오라. 때는 왔다. 지금이야말로 바로 그 때이다!"

차라투스트라는 아직도 생각을 정리하지 못한 채 깊은 충격으로 말없이 있었다. 이윽고 그는 머뭇거리며 물었다.

"그런데 저기서 나를 부르고 있는 자는 누구인가?"

예언자는 거친 말투로 대답했다.

"그대는 그것을 알고 있다. 어째서 그대는 자신을 숨기는가? 그대를 찾아 외치고 있는 것은 '보다 높은 사람'이다."

차라투스트라는 몸을 떨면서 큰 소리로 되물었다.

"보다 높은 사람이라고? 그는 무엇을 원하는가? 그는 무엇을 바라는가? 보다 높은 사람! 그는 이 산속에서 무엇을 찾고 있는가?"

이렇게 말하는 그의 온몸은 땀에 젖어 있었다.

예언자는 차라투스트라의 불안에 찬 질문에는 대답하지 않고 골짜기를 향해 귀를 기울였다. 그러나 아무리 기다려도 그 소리는 다시 들려오지 않았다. 그러자 예언자는 차라투스트라에게로 눈길을 돌렸다. 차라투스트라는 선 채로 부들부들 떨고 있었다.

예언자는 슬픈 목소리로 이야기하기 시작했다.

"오, 차라투스트라여. 그대는 행복에 겨워 현기증을 느끼는 것이 아니다. 그대가 쓰러지지 않으려면 춤을 추어야 한다.

그러나 그대가 내 앞에서 춤을 추고, 온갖 재주를 부려 보인다고 해도, 아무도 나에게 '보라, 여기에 최후의 행복한 인간이 춤추고 있다!'고 말하지는 않으리라.

그런 인간을 찾아 이 높은 곳에 오는 자가 있다면 그는 헛수고를 한 셈이다. 그가 여기서 보게 되는 것은 동굴과 그 속의 동굴, 은둔자를 위한 은신처일 뿐 행복의 움집, 보물 창고, 새로운 행복의 금광맥은 발견할 수도 없을 것이다.

행복. 이처럼 묻혀 사는 은둔자들에게서 어떻게 행복을 찾을 수 있단 말인가? 나는 최후의 행복을 아득히 먼 잊힌 바다 한가운데, 행복의 섬들에서 찾아야 하는 것인가?

하지만 모든 것은 똑같다. 무슨 짓을 해도 별수 없다. 찾는다는 것은 부질없는 짓이다. 이미 행복의 섬들은 존재하지 않는다."

예언자는 이렇게 탄식했다. 그러나 그 마지막 탄식을 들은 차라투스트라는 깊은 계곡에서 빛 속으로 나온 사람처럼 잔잔하고 자신감 넘치는 목소리로 이야기했다.

"아니다. 아니다. 아니다!" 그는 크게 소리치고 수염을 쓰다듬었다. "그것은 내가 잘 알고 있다. 행복의 섬들은 아직도 존재한다. 그것에 대해 그대는 말하지 마라! 그대, 탄식하는 슬픈 자여.

그것에 빗줄기를 뿌리는 일은 그만두어라. 오전의 비구름이여! 나는 그대의 불행 때문에 물에 빠진 개처럼 흠뻑 젖어 있지 않은가?

이제 나는 빗방울을 떨쳐버리고 그대에게서 떠나 내 몸을 말리려 한다. 그것은 당연한 일이 아닌가! 내가 무례한 사람으로 보이는가? 그러나 여기는 나의 왕국이다.

하지만 그대가 말하는 보다 높은 사람에 대해서라면, 나는 그를 곧 저 숲 속에서 찾으리라. 그곳에서 그의 비명이 들렸다. 그는 아마도 그곳에서 나쁜 짐승들로부터 괴로움을 당하고 있을 것이다.

그는 내 영토 안에 있다. 이곳에서 그가 상처 입어서는 안 된다. 그리고 사실 내 주위에는 나쁜 짐승들이 수없이 많다."

이렇게 말하고 난 차라투스트라는 몸을 돌려 떠나려고 했다. 그러자 예언자가 말했다.

"오, 차라투스트라여. 그대는 사기꾼이다! 나는 알고 있다. 그대가 나에게서 도망치려고 한다는 것을. 나와 같이 있기보다는 숲 속에서 나쁜 짐승들을 따르는 편이 차라리 낫다고 생각하고 있는 것을.

그러나 그것이 그대에게 무슨 도움이 되겠는가? 저녁이면 그대는 다시 나를 만나게 될 텐데. 나는 그대의 동굴 속에 앉아 있겠다. 통나무처럼 참을성 있게 눌러앉아서 그대를 기다리고 있겠다."

"마음대로 하라. 내 동굴 안에 있는 나의 것은 모두 그대의 것이다. 나의 손님이여!

만일 그대가 꿀을 발견하면 서슴지 말고 먹어라. 꼬르륵거리는 곰이여! 그래서 그 꿀을 마구 핥으며 그대의 영혼을 달콤하게 하라. 그러면 저녁에는 우리 둘 다 기분이 좋아질 것이다.

그대는 낮이 끝났다는 사실에 대해 기뻐하고 즐거워해야 한다. 그리고 그대는 나의 노래에 맞춰서 춤추게 될 것이다.

그대는 믿지 않는가? 고개를 가로젓고 있는가? 자, 기운을 내라, 늙은 곰이여! 그러나 나 또한 한 사람의 예언자이다!"

차라투스트라는 이렇게 말했다.

왕들과의 대화

1

차라투스트라가 그의 산과 숲 속을 한 시간도 채 가기 전에 그의 앞에 이상한 사람들이 나타났다. 그가 내려가는 길을 두 사람의 왕이 올라오고 있었다. 왕관을 쓴 그들은 비단띠로 장식된 홍학처럼 화려한 옷을 입고 있었으며, 짐을 실은 당나귀 한 마리를 앞세우고 있었다.

'이 왕들이 도대체 내 영토에 무슨 볼일이 있는 걸까?'

차라투스트라는 마음속으로 놀라면서 재빨리 숲 속으로 숨었다. 그러나 왕들이 그가 숨어 있는 곳까지 왔을 때 그는 나직하게 중얼거렸다.

"이상하다, 이상해. 이해할 수 없는 일이다. 왕은 둘인데 당나귀는 한 마리뿐이라니."*3

그러자 왕들이 곧 걸음을 멈추고는 미소를 지으며 소리가 들려온 곳을 바

---

*3 주권은 둘인데, 지배받는 것은 하나인 형태를 풍자한 것이다. '당나귀'라는 말에는 창의력이나 판단력, 선악의 구별 등이 분명하지 못한 민중의 뜻이 들어 있다.

라보았다. 그리고 그들은 얼굴을 마주 보았다.

"우리나라에서도 다들 저런 생각을 하고 있을 것이다. 다만 아무도 입 밖에 내지 않을 뿐이다."

오른쪽 왕이 말했다.

왼쪽 왕이 어깨를 으쓱하며 대답했다.

"저건 아마 염소지기이거나, 너무나 오랫동안 바위와 나무 사이에서만 살아온 은둔자일지도 모른다. 사회에서 오래 떠나 있으면 훌륭한 풍습을 잊어버리는 법이다"

다른 왕이 못마땅한 듯 말했다.

"훌륭한 풍습이라고? 도대체 우리는 무엇으로부터 도망쳐 왔는가? 그 '훌륭한 풍습'이라는 것으로부터 달아난 게 아닌가? 우리의 상류사회로부터 도망해 온 것이 아닌가?

진실로 저 허위에 가득 차 짙게 화장한 천한 자들과 함께 사느니 은둔자나 염소지기들과 함께 사는 편이 훨씬 낫다.

더구나 그 천한 자들은 자기 자신의 사회를 '상류사회'라고 부른다. '귀족'이라고도 부른다. 그러나 거기서는 모든 것이 거짓이며 썩어버렸다. 특히 피는 더욱 심하게 썩었다. 그것은 오래전부터 시달려 온 악질적인 병과, 그보다 더 나쁜 돌팔이 의사들 때문이다.

오늘날 나에게 있어 여전히 가장 훌륭하며 가장 친근하게 생각되는 것은 건강한 농부이다. 그들은 투박하고, 빈틈없고, 강인하며, 참을성 있다. 오늘날의 농부야말로 가장 고귀한 종족이다.

농부는 오늘날 가장 훌륭한 사람이다. 농부야말로 지배자가 되어야 한다. 그런데 지금 우리나라는 천한 자들의 왕국이다. 나는 이제 절대로 속지 않는다. 천한 자들, 그것은 잡동사니를 의미한다.

천한 자들이라는 잡동사니.*4 그 속에는 성자와 사기꾼, 신사와 유대인, 노아의 방주에서 나온 모든 짐승들이 한데 뒤섞여 있다.

훌륭한 풍습이라고? 우리가 있는 곳은 모든 것이 거짓이고 썩어 있다. 존경할 줄 아는 사람은 이제 하나도 남아 있지 않다. 우리는 그런 곳에서 도망해

---

*4 가치관의 혼란 상태.

온 것이다. 그곳에는 달콤하게 꼬리를 흔들어대는 뻔뻔스러운 개들이 있을 뿐이다. 그들은 종려나무 잎에도 화장을 한다.

나를 더욱 숨 막히게 하는 것은 왕인 우리까지도 가짜가 되었다는 사실이다. 우리는 낡고 퇴색한 조상의 영화를 온몸에 걸친 채 가장 어리석은 자, 가장 교활한 자, 또 오늘날 권력을 위한 거래에 빈틈없는 모든 사람을 위해 만들어진 훈장을 가슴 가득히 붙이고서 가장하고 있다.

우리는 제일인자가 아니면서도 제일인자라는 표지를 달고 있어야 한다. 우리는 마침내 이 사기극에 싫증 났고 구역질 났던 것이다.

우리는 천한 자들로부터 도망쳐 왔다. 그들 절규하는 자, 글 쓰는 쇠파리떼, 소상인의 악취, 발버둥치는 야심, 썩는 냄새를 품기는 숨결, 이 모든 것으로부터 달아난 것이다. 천한 자들과 같이 산다는 것은 얼마나 구역질 나는 일인가!

천한 자들 사이에서 제일인자인 체해야 하는 연극! 아아, 구역질, 구역질, 구역질. 도대체 우리 왕들이 무슨 의미가 있는가!"

왼쪽 왕이 말했다.

"그대의 고질병이 또 발작하기 시작했군. 불쌍한 형제여, 또 구역질을 일으켰군그래. 그러나 누군가가 우리 말을 엿듣고 있다는 것을 알고 있을 텐데!"

이때 차라투스트라가 몸을 일으켜 숨어 있던 곳에서 나왔다. 그는 귀와 눈을 집중시켜 왕들의 이야기를 엿듣고 있었다. 그는 왕들에게 다가가서 말하기 시작했다.

"왕들이여, 그대들의 말을 들은 자, 즐겨 엿듣고 있던 자는 차라투스트라라는 사람이다.

일찍이 '새삼스럽게 이제 왕이 무슨 소용이 있는가!' 말했던 차라투스트라이다. 그래서 나는 그대들이 '도대체 우리 왕들이 무슨 의미가 있는가!' 말하는 것을 듣고 기뻤다. 그런 나를 탓하지 않았으면 좋겠다.

이곳은 나의 영토이며 나의 지배 아래 있다. 그대들은 나의 영토에 무엇을 하러 왔는가? 아마도 그대들은 이곳으로 오는 도중 내가 찾고 있는 자를 발견했을 것이다. 보다 높은 사람을."

이 말을 들은 왕들은 자신들의 가슴을 치며 동시에 말했다.

"우리 마음을 꿰뚫어 보았구나. 그대는 그 말의 칼로써 우리들 가슴속의 짙은 어둠을 도려냈다. 그대는 우리의 고민을 알아차렸다. 보라! 우리도 보다 높은 사람을 찾는 중이다.

우리는 왕인 우리보다 높은 사람을 찾고 있다. 우리는 그가 있는 곳으로 이 당나귀를 끌고 가는 중이다. 왜냐하면 가장 높은 인간이 지상에서 최고의 지배자가 되어야 하기 때문이다.

인간의 모든 운명 중에서 가장 가혹한 불행은 지상의 권력자가 제일인자가 아니라는 것이다. 그때부터 모든 것은 거짓이 되고 일그러지며 기괴해지고 만다.

또한 권력자가 가장 천한 인간이고, 인간이라기보다는 짐승일 경우에는 천한 자들의 가치가 점차 높아져 마침내는 천한 자들의 덕이 '보라, 오직 나만이 덕이다'라고 말하게 된다."

차라투스트라는 대답했다.

"이 얼마나 훌륭한 말인가? 왕들이 얼마나 훌륭한 지혜를 가지고 있는가! 나는 황홀하다. 그리고 그것에 대해 시 한 구절을 지어보고 싶다.

그 시가 모든 사람들의 귀에 거슬린다 하더라도 나는 벌써 오래전에 긴 귀들*5에 대해 유의할 것을 잊어버리고 말았다. 자, 그러면 해보자."

그때 뜻밖에도 당나귀가 말을 했다. 당나귀는 명확하게, 그리고 악의에 찬 어조로 "이—아!" 하고 말했다.

그 옛날, 아마 구세주의 해였으리라.

그때 술도 마시지 않고 취한 무녀가 말했다.

"아, 슬프다. 모든 것이 잘못되어 간다.

퇴락! 퇴락! 세상이 이처럼 깊이 가라앉은 적은 없었다.

로마는 창부가 되고, 유곽이 되었다.

로마의 황제는 짐승이 되고 신은 유대인이 되었다!"

2

두 왕은 이 시를 듣고 기뻐했다. 오른쪽 왕이 말했다.

"오, 차라투스트라여. 우리가 길을 떠나 그대를 만나게 된 것은 얼마나 잘된

---

*5 민중을 의미한다.

일인가?

그대의 적들은 그들 자신의 거울 속에 비친 그대의 모습을 우리에게 보여주었다. 그대는 악마의 얼굴로 비웃고 있었다. 그래서 우리는 당신을 두려워했다.

그러나 그것이 어쨌단 말인가! 그대의 말은 계속 우리의 귀와 심장을 찔렀다. 그래서 결국 우리는 이렇게 말하게 되었다. 그의 모습이 아무리 무서워 보여도 그것은 전혀 상관이 없다고.

우리는 그를 만나 직접 이야기를 들어야겠다. '그대들은 새로운 전쟁 수단으로 평화를 사랑해야 한다. 그리고 오랜 평화보다도 짧은 평화를 사랑해야 한다!'고 가르치는 그의 말을.

이처럼 전투적인 말을 한 자는 일찍이 없었다. '선이란 무엇인가? 용감한 것이 선이다. 훌륭한 전쟁은 모든 것을 성스럽게 한다.'

오, 차라투스트라여. 이런 말을 들었을 때 우리 혈관에서 조상의 피가 용솟음쳤다. 그것은 오래된 포도주 통에다 속삭이는 봄의 말과 같았다.

칼과 칼이 마치 붉은 반점을 띤 뱀처럼 서로 엇갈려 번득일 때, 우리 조상들은 삶을 사랑했다. 그들은 모두 평화의 태양을 생기 없고 미지근한 것으로 생각했으며 긴 평화는 굴욕이라고 느꼈다.

우리 조상들은 헛되게 번득이는 메마른 칼이 벽에 걸려 있는 것을 보고 얼마나 탄식했는가! 그들은 그 칼처럼 전쟁에 굶주렸다. 칼은 언제나 피를 갈망하며 빛나고 있는 것이다."

왕들이 이처럼 열심히 그들 조상의 행복에 대해서 말하고 있을 때, 차라투스트라는 그들의 열성적인 태도를 조롱하고 싶어졌다. 왜냐하면 지금 그와 말하고 있는 두 늙은 왕은 온순해 보이는 외모에다 우아한 풍채를 지니고 있었기 때문이다. 하지만 차라투스트라는 참았다. 그리고 말했다.

"자, 이 길은 저쪽으로 이어져 차라투스트라의 동굴에 이른다. 오늘 저녁에 우리는 한가한 시간을 보낼 수 있을 것이다. 그러나 지금은 어떤 다급한 비명이 나를 부르고 있기 때문에 나는 그대들과 헤어져야 한다.

만일 그대들 왕이 나의 동굴에서 나를 기다려 준다면 그것은 동굴의 영광이 될 것이다. 하지만 물론 그대들은 오랫동안 기다려야 하리라.

그것이 무슨 문제가 되겠는가? 오늘날 왕궁에 사는 사람보다 기다리는 것을 더 잘 배운 자가 어디 있겠는가? 그리고 '기다릴 수 있는 것'이야말로 왕들에게 남아 있는 모든 덕이 아니겠는가?"

차라투스트라는 이렇게 말했다.

거머리

그러고 나서 차라투스트라는 깊은 명상에 잠긴 채 숲 속을 계속 걸어 들어가 늪지대에 이르렀다. 무엇인가 생각에 몰두하는 자에게 흔한 일이지만, 그는 전혀 느끼지도 못한 채 한 사람을 밟았다. 그러자, 보라. 외마디 비명과 두 마디 저주와 스무 마디의 심한 욕설이 갑자기 차라투스트라의 얼굴로 날아들었다. 차라투스트라는 놀라서 자기가 밟은 사람을 지팡이로 계속 내리쳤다. 그러나 곧 냉정을 되찾고는 자신이 방금 저지른 바보 짓에 대해 비웃었다.

그는 화가 나 있는 자에게 말했다.

"용서하라. 용서하라. 그리고 먼저 하나의 비유를 들어보아라. 아득히 먼 일을 꿈꾸면서 걷고 있던 방랑자가 자기도 모르게 양지 쪽에서 햇볕을 쬐며 누워 있는 개에 걸려 넘어지는 일이 있는 것처럼, 그리고 둘 다 소스라치게 놀라 뛰어 일어나 원수처럼 서로 달라붙어 싸우는 것 같은 일이 지금 우리에게 일어난 것이다.

사정이 조금만 달랐더라도 그 개와 고독한 자는 서로 얼싸안고 애무했을지도 모른다. 왜냐하면 그들은 모두 고독하기 때문이다."

밟힌 사람은 계속 화를 내면서 말했다.

"그대가 누구이든, 그대는 나를 발로 짓밟았을 뿐만 아니라 그대의 비유로 나를 모욕하기까지 했다. 보라. 내가 개인가?"

이렇게 말하더니 앉아 있던 사람은 팔을 늪에서 빼내고 일어났다. 즉 그는 지금까지 몸을 쭉 편 채로 땅바닥에 납작 엎드려 있었던 것이다. 늪의 사냥감을 기다리며 엎드리고 있는 자처럼, 몸을 감춘 채.

차라투스트라는 놀라 외쳤다. 그의 팔뚝에서 많은 피가 흘러내리고 있었기 때문이다.

"그런데 그대는 도대체 무엇을 하고 있었는가? 어떻게 된 것인가? 그대, 불행한 자여! 나쁜 짐승에게 물리기라도 했는가?"

피를 흘리고 있는 자는 아직 노여움을 가라앉히지 못한 채 웃었다.

"그것이 그대와 무슨 상관이 있는가? 여기는 나의 집이고, 그리고 나의 영토이다. 묻고 싶거든 얼마든지 물어라. 하지만 무례한 자에게는 아무 대답도 하지 않으리라."

그는 이렇게 말하고 나서 떠나가려 했다.

"그것은 잘못된 생각이다. 그대는 잘못 생각하고 있다. 여기는 그대의 영토가 아니라 나의 나라이다. 그러므로 여기서는 아무도 해를 입어서는 안 된다.

나를 무엇이라 부르든 좋다. 그러나 나는 나 이외의 아무것도 아니다. 나는 나 자신을 차라투스트라라고 부른다.

자, 저쪽으로 올라가면 차라투스트라의 동굴이 있다. 그리 멀지 않다. 나의 동굴에서 그대의 상처를 치료하지 않겠는가?

가엾은 자여! 그대의 삶은 불행했다. 처음에는 짐승에게 물렸고, 그다음에는 인간에게 밟혔다."

차라투스트라는 동정 어린 투로 말하며 그를 붙잡았다.

차라투스트라의 이름을 듣자 밟힌 자의 표정이 변했다. 그는 소리쳤다.

"이게 어떻게 된 일이지! 내가 내 삶에서 관심을 가진 것은, 오직 한 사람 차라투스트라와 저 피를 빨아먹고 사는 거머리뿐이다.

나는 거머리를 위해 이 늪가에 어부처럼 누워 있었다. 그리고 내가 늘어뜨리고 있던 팔은 벌써 열 군데나 물렸다. 그런데 보다 아름다운 거머리인 차라투스트라가 와서 나를 물고 피를 빨았다.

오, 행복이여! 오, 기적이여! 나를 이 늪으로 꾀어낸 오늘이라는 날을 찬미하고 싶다. 오늘날 살아 있는 것 중에서 가장 훌륭하고 가장 생기 넘치는 흡혈동물을 나는 찬미하고 싶다. 위대한 양심의 거머리인 차라투스트라를!"

밟힌 자는 이렇게 말했다. 차라투스트라는 그의 품위 있는 말과 정중한 태도에 기뻤다.

"그대는 누구인가? 우리 둘 사이에는 해명해야 할 것과 해결해야 할 것이 많이 남아 있다. 그러나 이미 하늘이 밝아오는 모양이다."

그는 이렇게 묻고 손을 내밀었다.

"나는 정신적인 양심을 지닌 자이다. 그리고 정신적인 문제에 대해서 나보다 더 엄격하고 치밀한 자는 절대로 없을 것이다. 내게 그것을 가르친 차라투스트라를 제외하고는.

많은 것을 어설프게 알기보다는 차라리 아무것도 모르는 것이 낫다. 남의 견해에 따라서 현인이 되기보다는 차라리 자기 힘만을 믿는 바보가 되리라. 나는 지식의 뿌리까지 내려가 근원을 밝힌다.

그 뿌리가 크든 작든 그것은 문제가 안 된다. 그것이 늪이든가, 하늘이라든 가 하는 것 또한. 손바닥만한 뿌리일지라도 그것이 진정한 뿌리요, 토대라면 충분하다.

손바닥만한 크기의 뿌리 위에서라도 사람은 설 수 있다. 참으로 양심적인 지식의 세계에는 큰 것도 작은 것도 없다."

"그렇다면 그대는 거머리 연구가인가? 그리고 거머리에 대해서라면 그 근본까지 철저하게 파헤치려 하는가? 그대 양심을 지닌 자여."

차라투스트라가 물었다.

"오, 차라투스트라여. 그것은 너무나도 엄청난 문제이다. 어떻게 그토록 큰 문제를 파헤칠 수가 있겠는가? 내가 정통해 있는 것은 거머리의 지혜이다. 그 것이 나의 세계인 것이다.

그것 또한 하나의 세계이다. 그러나 여기서 내 자랑을 하는 것을 용서해 주기 바란다. 이 문제에 있어서는 나와 견줄 만한 자가 없기 때문이다. 내가 '여기는 나의 집이다' 말했던 것도 그 때문이다.

지금까지 무척 오랫동안 나는 이 하나의 세계, 거머리의 지혜를 연구해 왔다. 도망쳐 버리기 쉬운 진리가 내 손에서 빠져나가는 일이 없도록. 여기는 나의 영토이다.

이 때문에 나는 다른 모든 것을 던져버렸다. 이 때문에 다른 모든 것은 내게 무관심한 것이 되었다. 내 지식의 바로 곁에 나의 검은 무지가 살고 있다.

내 정신적 양심은 오직 하나만을 알고 다른 것은 알려 하지 말라고 나에게 요구한다. 나는 어설픈 정신의 소유자, 애매하고 뜬구름 같으며 환상에 빠진 자들을 보면 구역질이 난다.

내 정직함이 멈추는 곳에서 나는 맹목적이며, 또 맹목적인 것을 선택하기를 바란다. 하지만 내가 알고자 할 때면 나는 자신에게 정직해지려고 한다. 즉 치밀하고 엄격하며 제한적이고, 냉혹하며 가차 없기를 원한다.

오, 차라투스트라여. 그대가 일찍이 말한 '정신이란 생명 속으로 파고드는 생명이다'라는 것이 나를 그대의 가르침으로 이끌고 유혹했다. 진실로 나는 내 자신의 피로 내 지식을 늘려갔다."

"척 보니 알만 하군."

차라투스트라가 말을 가로챘다. 이 엄격한 양심을 가진 자의 드러난 팔뚝에서는 여전히 피가 뚝뚝 떨어지고 있었기 때문이다. 열 마리의 거머리가 그의 팔을 물어뜯고 있었다.

"오, 그대, 신기한 자여! 내가 보고 있는 것이 그대 자신에 대해 많은 것을 가르쳐 주고 있다. 나는 아마도 그대의 엄격한 귀에 모든 것을 들려주지는 못할 것이다.

자, 그럼 이제 헤어지자. 그렇지만 그대와 다시 만나고 싶다. 저곳으로 올라가면 내 동굴이 있다. 오늘 저녁 그대를 나의 동굴로 초대하고 싶다.

또 나는 그대 몸을 밟은 데 대해 보상하고 싶다. 나는 그 일도 생각해 보고 싶다. 그러나 지금은 다급한 비명이 나를 부르고 있어서 나는 재빨리 가야만 한다."

차라투스트라는 이렇게 말했다

마술사

1

차라투스트라가 어느 바위를 돌아가 그 길 아래쪽 그다지 멀지 않은 곳에서 한 사람을 보았다. 그 사람은 미쳐 날뛰듯이 손발을 휘젓다가 마침내는 땅바닥에 엎어졌다.

"멈춰라!" 차라투스트라는 외쳤다. "저 사나이가 그 다급한 비명을 지른, 보다 높은 사람임에 틀림없다. 도와줄 수 있는지 살펴보자."

그러고 나서 그는 그 사나이가 쓰러져 있는 곳까지 달려갔다. 그곳에서 그는 눈을 크게 뜬 채 떨고 있는 노인을 발견했다. 차라투스트라는 그 노인을 부축해 일으켜 보려고 했지만 아무 소용이 없었다. 게다가 이 불행한 사람은 자기 옆에 다른 사람이 있다는 사실조차 모르고 있었다. 오히려 그는 끊임없이 동정을 불러일으키는 몸부림을 치며 주위를 둘러보고 있었다. 모든 세계로부터 버림받은 사람 같았다.

전율과 경련과 몸부림 끝에 그는 드디어 다음과 같이 통곡의 노래를 부르기 시작했다.

이제는 아무도 나를 따뜻하게 대해주지 않는단 말인가?
아무도 나를 사랑해 주지 않는단 말인가?
뜨거운 손을 다오.
마음을 녹일 화로를 다오.
쓰러지고 몸부림치면서
남들이 나서서 발을 녹여주는 반죽음 상태의 사람처럼
아, 열병에 걸려 떨면서
날카롭고 얼음처럼 차디찬 화살을 두려워하며
그렇게 쫓겨났다, 나의 사상이여!
말로 표현할 수 없는 자여! 베일에 싸인 자여! 두려운 자여!
그대, 구름 뒤에 숨은 사냥꾼이여!
어둠 속에서 나를 노려보는 비웃음의 눈길이여!
그대의 번갯불에 맞아 쓰러졌다.
나는 이렇게 쓰러진 채
몸을 굽히고 뒤틀며
온갖 영원의 가책으로 괴로워하면서.
잔인한 사냥꾼이여, 그대의 화살에 맞아
상처 입은 아픔이 불타오르고 있다.
그대, 알 수 없는 신이여!

좀더 깊숙이 쏘아라!
다시 한 번 쏘아라!
이 마음을 꿰뚫고 찢어라.
무딘 활촉에 의한 이 고문이 무슨 의미가 있겠는가?
왜 그대는 아직도 노려보는 것인가?
인간의 고통에 지치지도 않은 채
기뻐하는 신들의 번개 같은 눈초리로.

그대는 죽이려고 하지는 않고
고문하고 또 고문할 셈인가?
왜 나를 학대하는 것인가, 그대, 알 수 없는 신이여!

아, 살며시 다가오는가, 그대는?
이 한밤중에
무엇 때문에 그러는가? 말하라.
그대는 다가온다. 가까이 온다.
아, 벌써 가까이 왔다.
아, 사라져라, 사라져!
그대는 내 숨소리를 듣는다.
내 심장에 귀 기울인다.
질투 많은 자여!
무엇을 질투하는 건가?
사라져라, 사라져!
그 사다리로 무엇을 하려는 것인가?
파고들어 오려는가, 그대는?
마음속으로 내려가려고 하는가?
나의 가장 깊숙한 생각 속으로?
뻔뻔스러운 자여! 알 수 없는 도둑이여!
무엇을 훔쳐가려는가?
무엇을 엿들으려 하는가?
무엇을 탓하려고 하는가?
그대, 고문하는 자여!
교수형 집행인 같은 신이여!
아니면 개처럼 그대 앞에서 뒹굴기를 바라는가?
몸을 맡기고, 기쁨으로 나 자신을 잃은 채
사랑을 표현하기 위해 그대를 향해 꼬리라도 치란 말인가?

그것은 헛일이다.

좀더 찔러라!

잔인한 가시여!

개가 아니다. 나는 그대의 사냥감일 뿐이다.

잔인한 사냥꾼이여!

나는 그대가 가장 자랑스럽게 여기는 포로이다.

그대, 구름 뒤에 숨은 도둑이여!

이제 말하라.

그대, 협박자여. 내게서 무엇을 바라는가?

번개 뒤에 숨은 자여! 알 수 없는 자여, 말하라.

그대는 무엇을 원하는가, 알 수 없는 신이여!

뭐라고? 몸값이라고?

어느 정도의 돈이 필요한가?

많이 요구하라. 나의 긍지는 그렇게 하기를 권한다.

그리고 간단히 말하라. 또 하나의 나의 긍지가 그렇게 하기를 권한다.

하하! 그대는 나를 원하는가?

나의 전부를?

하하!

나를 학대하다니 어리석은 그대여!

나의 긍지를 깨버리려 하는가?

나에게 사랑을 달라. 이제는 아무도 나를 따뜻하게 대해주지 않는단 말인가?

아무도 나를 사랑해 주지 않는단 말인가?

뜨거운 손을 다오.

마음을 녹일 화로를 다오, 가장 고독한 나에게.

아! 얼음은, 일곱 겹의 얼음은

내게 적까지도 동경하라고 가르친다.

달라, 아니 맡겨라!

잔인한 적이여.
나에게, 그대를!

도망친다!
그는 스스로 도망쳐 버렸다.
나의 마지막 유일한 친구가
내 최대의 적이
알 수 없는 자가
교수형 집행인인 나의 신이!

도망치지 말고 돌아오라
그대의 모든 위대한 고문과 함께!
모든 고독자 가운데 최후의 사람인 나에게로.
오, 돌아오라.
내 눈물의 시냇물은
그대를 따라 흐른다.
내 마음의 마지막 불길은
그대를 위해 타오른다.
오, 돌아오라.
나의 알 수 없는 신이여, 나의 고통이여!
나의 마지막 행복이여!

2

여기서 차라투스트라는 그만 참을 수 없어서 지팡이를 들고는 통곡의 노래를 부르는 사람을 향해 내리쳤다.

"그만해라!" 차라투스트라는 노여워 소리치면서도 큰 소리로 웃었다.

"그만해라. 그대, 광대여! 위조지폐를 만드는 자여! 철저한 거짓말쟁이여! 나는 그대가 누구인지 알고 있다.

그대가 바라는 대로 그대의 다리를 불태워 주마. 사악한 마술사여. 나는 그대와 같은 자를 불태우는 방법을 잘 알고 있다."

늙은 사람은 펄쩍 뛰면서 말했다.

"그만 때려라. 오, 차라투스트라여. 나는 다만 장난으로 소리를 질렀을 뿐이다.

나는 그대를 시험해 보려고 연기했던 것이다. 그런데 그대는 나를 잘 알아챘다.

그러나 그대도 연기로 그대 자신을 적잖이 보여주었다. 그대는 가혹하다. 현명한 차라투스트라여. 가혹하게도 그대는 그대의 '진실'로 나를 쳤다. 그대가 나를 쳤을 때 나는 그 진실을 고백했던 것이다."

"아첨하지 마라! 그대는 철저한 배우에 거짓말쟁이이다. 그런 그대가 어떻게 진실을 말할 수 있겠는가?

그대, 공작 중 가장 뛰어난 공작이여. 허영심의 바다여. 그대는 나에게 무엇을 연출해 보였단 말인가? 사악한 마술사여. 그대가 그런 모습으로 연기를 해 보였을 때 내가 그대를 어떤 자라고 믿기를 바라는 건가?"

노여움이 가라앉지 않은 차라투스트라는 두 눈을 잔뜩 찌푸리며 대답했다.

늙은 사람은 말했다.

"정신의 참회자이다. 내가 연출한 것이 바로 그것이다. 하지만 그대 자신이 일찍이 이 말을 만들어 냈다.

나는 자기 정신의 칼끝을 마침내 자기 자신에게 들이대게 된 시인, 마술사, 그리고 자기의 나쁜 지식과 나쁜 양심 때문에 얼어붙어 버린 자를 연출했다.

오, 차라투스트라여. 숨기지 말고 말해 다오. 그대가 나의 기술과 거짓말을 발견해 낼 때까지는 꽤 오랜 시간이 걸렸다. 그대는 나의 괴로움을 믿었다. 그리고 나의 머리를 그대의 두 손으로 감싸주었다.

나는 그대가 연민에 사로잡혀 이렇게 말하는 것도 들었다. '이 사나이는 남에게 전혀 사랑받지 못했다. 전혀 받지 못했다'라고 탄식하는 것을. 그대가 그렇게 속아 넘어가자 나의 악의는 남모르게 껑충거리며 기뻐했다."

이에 차라투스트라는 준엄하게 말했다.

"그대는 나보다 더 현명한 자들까지도 속였을 것이다. 나는 기만하는 자를 경계하지 않는다. 그래야만 한다. 내 운명이 그렇게 하라고 시키고 있다.

그러나 그대는 그대의 운명 때문에 기만하지 않을 수가 없다. 나는 그 정도까지 그대를 알고 있다. 그대는 언제나 이중 삼중 사중 오중의 의미를 가진 자가 되어야 한다. 그대가 지금 나에게 고백한 것도, 내게는 충분한 진실도 못 되고 충분한 거짓도 못 된다.

그대, 위조지폐를 만드는 자여! 그대는 달리 행동할 수가 있겠는가? 그대는 의사에게 알몸을 보일 때도 자신의 병을 꾸며댈 것이다.

그리고 아까 그대가 '나는 다만 장난으로 소리를 질렀을 뿐이다' 말했을 때, 그대는 거짓말을 꾸며댔다. 물론 그 속에는 약간의 진지함이 있었으므로 그대는 어느 정도 정신의 참회자이기도 하다.

나는 그대에 대해 잘 알고 있다. 그대는 모든 사람에게 마술을 걸었지만, 그대 자신에 대해서는 마술을 걸 수 없는 것이다.

그대는 구역질을 유일한 진실로 거둬들였다. 그대에게 있는 어떠한 말도 진실이 될 수 없다. 하지만 그대의 입은, 즉 그대의 입에 붙어 있는 구역질만은 진실이다."

이때 늙은 마술사가 반항적인 소리로 물었다.

"도대체 그대는 누구냐? 오늘날 살아 있는 가장 위대한 사람에게 누가 감히 이렇게 말하는가?"

그리고 그의 눈에 녹색 불꽃이 일면서 차라투스트라를 쏘아보았다. 그러나 그 순간뿐 그의 목소리는 슬프게 변했다.

"오, 차라투스트라여. 나는 이제 지치고 말았다. 나는 나의 연기에 구역질이 난다. 나는 위대하지 않다. 연기로 위대하게 보여봤자 무슨 소용이 있겠는가? 하지만 그대도 알고 있는 것처럼 나는 위대해지고자 애썼다.

나는 위대한 인간을 연출해 내려 했고, 많은 사람들은 내 연기를 진실로 믿었다. 그러나 이 거짓말은 내게 힘겨웠다. 이 거짓말로 인해 나는 무너져 내리는 것이다.

오, 차라투스트라여. 내 주위의 모든 것이 거짓말이다. 하지만 내가 부서진다는 것, 그것만은 진실이다."

차라투스트라는 시선을 떨구면서 음울하게 말했다.

"그것은 그대를 명예롭게 만든다. 그대가 위대해지고자 애썼다는 것은 그대를 명예롭게 하지만, 그것은 그대의 정체를 드러내게도 한다. 즉 그대는 전혀 위대하지 않다.

사악한 마술사여. 그대는 자신의 권태에 지쳐서 '나는 위대하지 않다'고 고백했다. 그 고백이 내가 인정하는, 그대에게 있어 가장 좋은 것이며 가장 정직한 점이다.

그 점 때문에 나는 그대를 정신의 참회자로서 존중한다. 비록 그것이 한순간의 일이었다 하더라도 그대는 그 순간만은 진실했다.

그러나 말해 보라. 그대는 나의 숲과 바위 사이에서 무엇을 찾고 있었는가? 그리고 그대는 나에게서 무엇을 증명하려고 나의 길을 막고 누워 있었는가?

그대는 무엇 때문에 나를 시험했는가?"

차라투스트라는 이렇게 말했다. 그의 눈은 불타고 있었다. 늙은 마술사는 한동안 잠자코 있더니 이윽고 입을 열었다.

"내가 그대를 시험했다고? 나는 다만 찾고 있었을 뿐이다.

오, 차라투스트라여. 나는 찾고 있었다. 진실한 인물, 올바른 인물, 단순한 인물, 명쾌한 인물, 정직한 인물, 지혜의 그릇, 지식의 성자, 위대한 인물을.

오, 차라투스트라여. 그대는 모르는가? 나는 차라투스트라를 찾고 있었다."

오랫동안 두 사람 사이에 침묵이 흘렀다. 차라투스트라는 눈을 감은 채 자기 자신 속으로 깊이 가라앉아 있었다. 그러나 이윽고 그는 상대에게 시선을 돌리더니 손을 잡고서 친절하고 신중하게 말했다.

"자, 저기에 올라가면 차라투스트라의 동굴이 있다. 그 속에서 그대가 원하는 것을 찾도록 하라.

그리고 나의 동물인 독수리와 뱀에게 조언을 청하는 것이 좋다. 그들이 그대가 찾는 것에 도움을 줄 것이다.

물론 나 자신은 아직 그대가 찾는 위대한 인간을 보지 못했다. 아무리 예민한 눈이라도 위대한 것을 가려내기에는 너무도 부족하다. 오늘날은 천한 자들의 시대이기 때문이다.

나는 이제까지 기지개를 켜면서 자기 자신을 부풀리려는 자들을 여럿 보았다. 그런데 민중은 '보라, 위대한 인물을!' 하고 외쳤다. 그러나 그들이, 아무리 많은 풀무*6가 있더라도 무슨 소용이 있겠는가! 결국 바람은 빠지게 마련이다.

개구리는 자신을 지나치게 부풀리다가 마침내 배가 터져 죽었다. 그렇게 되면 바람이 빠진다. 부풀어 오른 배를 바늘로 찌르는 것이야말로 아주 재미있

*6 민중·천한 자들을 말한다.

는 놀이라고 생각한다. 내 말을 들어보라. 그대, 어린아이여!

오늘날은 천한 자들의 것이다. 그 누가 무엇이 위대하고 무엇이 왜소한가를 알 것인가? 그런 곳에서 누가 위대함을 성공적으로 찾아내겠는가? 바보*[7]뿐이다. 바보이기 때문에 성공한다.

이상한 바보여. 그대는 위대한 인간을 찾고 있는가? 그대에게 이렇게 하라고 누가 가르쳐 주었는가? 오늘은 그것을 행할 때인가? 오, 간악한 탐구자여. 어째서 그대는 나를 시험하려고 하는가?"

차라투스트라는 이렇게 말하고 나자 비로소 마음이 후련해졌다. 그는 웃으면서 자기 길을 걸어갔다.

퇴직자

그러나 마술사에게서 벗어난 지 얼마 안 되어 차라투스트라는 길가에 앉아 있는 사람을 보았다. 그 사람은 검은 옷을 입었으며, 키는 크고 여윈 데다 창백한 얼굴을 하고 있었다. 차라투스트라는 그 사람을 보고 몹시 불쾌해졌다. 그는 마음속으로 중얼거렸다.

'아, 저기에 변장을 한 우울이 앉아 있다. 아마도 성직자일 것이다. 그는 나의 영토에 무엇을 하러 온 것일까?

도대체 어떻게 된 일인가? 마술사에게서 겨우 빠져나왔다고 생각했는데 다른 요술쟁이를 또다시 만나게 되다니.

안수를 받은 주술사, 신의 은총으로 기적을 일으키는 자, 기름 바른 세계의 비방자. 이런 사람들을 모두 악마가 붙잡아 가면 좋으련만!

그런데 악마는 꼭 필요할 때 나타난 적이 한 번도 없다. 악마는 언제나 지각한다. 괘씸한 절름발이 난쟁이는!'*[8]

차라투스트라는 화를 참지 못하고 이렇게 저주했다. 그런 다음 못 본 척하고 그 사람 곁을 조용히 지나치려 했다. 그런데 보라! 그렇게 할 수 없었다. 그 순간, 앉아 있던 사람이 차라투스트라를 보았던 것이다. 그리고 마치 뜻밖의 행복이라도 만난 것처럼 펄쩍 뛰어 일어나더니 차라투스트라를 향해 달려왔다.

---

*7 시대에 적응하지 못하는 반항자들.
*8 생명력과 실천력이 없는 자.

그 사나이는 말했다.

"방랑자여. 그대가 누구든지 간에 길 잃은 노인을 구해 다오. 나는 길을 찾아 여기까지 왔는데 여기서는 언제 무슨 일을 당할지 모른다.

이곳은 내게 낯선 세계이다. 더욱이 들짐승들의 울부짖는 소리까지 들린다. 나를 보호해 주던 사람들도 이젠 죽고 없다.

내가 찾고 있는 사람은 경건한 사람이자 성자, 그리고 은둔자, 자기 숲 속에서 혼자 살면서 오늘날 세상 사람이 다 알고 있는 것을 전혀 듣지 못한 사람이다."

"오늘날 세상 사람이 다 알고 있는 것이란 무엇인가? 그것은 일찍이 전 세계가 믿고 있던, 오래된 신은 이미 살아 있지 않다는 것인가?"

차라투스트라가 물었다.

노인은 슬픈 듯이 대답했다.

"그렇다! 그리고 나는 그 오래된 신이 죽을 때 그 옆에서 시중을 들었던 자이다.

이제 나에게는 모셔야 할 사람이 없다. 나는 퇴직자이다. 그렇지만 내가 자유로운 몸이 된 것은 아니다. 게다가 한순간도 마음이 편치 않다. 내가 갖고 있는 것은 추억의 즐거움뿐이다.

내가 이 산에 올라온 이유는, 늙은 교황이자 교부에게 어울리는 제전을 다시 한 번 올리기 위해서이다. 나는 마지막 교황이었다. 경건한 기억과 예배의 제전을 올리고자 한다.

그러나 이제 가장 경건한 사람, 숲의 성자는 죽고 말았다. 노래 부르고 중얼거리며 자신의 신을 찬미해 왔던 숲의 성자는.

내가 그의 오막살이를 발견했을 때 그 사람은 그곳에 없었다. 다만 나는 두 마리의 늑대가 그의 죽음을 슬퍼하면서 울부짖는 모습을 보았을 뿐이다. 그는 모든 동물들로부터 사랑받고 있었다. 그래서 나는 재빨리 도망쳐 왔다.

'그렇다면 내가 이 숲, 이 산중에 들어온 것이 헛수고란 말인가?' 하는 생각이 들자 나는 또 다른 사람을 찾아내야겠다고 결심했다. 신을 믿지 않는 모든 자들 중에서 가장 경건한 사람인 차라투스트라를 찾아야겠다고."

노인은 이렇게 말한 다음 자기 앞에 서 있는 사람을 날카로운 눈초리로 바라보았다. 차라투스트라는 늙은 교황의 손을 잡고 한동안 바라보다가 감탄의 소리를 질렀다.

차라투스트라가 말했다.

"숭고한 사람이여, 보라! 얼마나 아름답고 부드러운 손인가! 바로 이 손은 언제나 축복을 나누어 주던 사람의 것이다. 그런데 지금 이 손은 그대가 찾아 헤매고 있던 자를 꽉 잡고 있다. 내가 바로 차라투스트라이다.

신을 경멸하는 그 차라투스트라이다. '나보다 더 신을 경멸하는 자가 있는가? 있다면 나는 기꺼이 그의 가르침을 받으리라' 말했던 차라투스트라이다."

차라투스트라는 이렇게 말했다. 그리고는 날카로운 눈초리로 늙은 교황의 생각과, 그 속에 숨어 있는 생각까지도 꿰뚫어 보았다. 늙은 교황은 한참 만에야 입을 열었다.

"신을 가장 많이 사랑하고 가장 많이 소유하고 있던 자가 이제는 신을 가장 많이 잃어버린 사람이 되어버렸다.

보라! 아마 지금 우리 둘 가운데 훨씬 더 신을 믿지 않는 사람은 나일 것이다. 그러나 어떻게 그것을 기뻐할 수 있겠는가?"

깊은 침묵 끝에 차라투스트라는 신중하게 말했다.

"그대는 신의 임종 때까지 그의 시중을 들고 있었다. 그렇다면 그대는 신이 어떻게 죽었는지 알 것이다. 듣기로는, 동정이 신을 질식시켰다고 하는데, 그것이 사실인가?

신은 십자가에 못 박힌 인간을 보고 견딜 수가 없었다. 그래서 인간에 대한 사랑이 신의 지옥이 되고, 마침내는 신의 죽음이 되었다는데, 그 말이 사실인가?"

하지만 늙은 교황은 아무 대답도 하지 않았다. 그는 괴로운 듯 어두운 표정으로 조심스런 눈길을 돌렸다.

한동안 침묵을 지키던 차라투스트라가 노인의 눈을 똑바로 바라보며 말했다.

"떠나가는 신은 가도록 내버려 두라! 떠나가는 신을 잡을 필요는 없다. 신은 간 것이다. 그리고 그대가 죽은 신에 대해 나쁘게 말하지 않음으로써 그대의 품위는 높아지지만, 그대도 나와 마찬가지로 그가 어떤 자였는지 잘 알고 있다. 또 그가 이상한 길을 걸었다는 것까지도."

"세 개의 눈을 증인으로 한, 우리 둘 사이의 비밀 이야기지만."*9 늙은 교황은 밝은 목소리로 이렇게 말하기 시작했는데, 그도 그럴 것이 그는 한쪽 눈이 멀었다. "신에 대해서는 내가 차라투스트라보다 더 잘 안다. 그것은 당연한 일이다.

나의 사랑은 오랫동안 그에게 봉사했다. 나의 의지는 그의 모든 의지에 복종했다. 그러나 훌륭한 하인은 모든 것을 알고 있는 법이다. 그리고 때로는 주인이 자기 자신에게 숨기고 있는 것까지도 알고 있다.

그는 비밀투성이의 숨어 있는 신이었다. 진실로 신은 그의 자식을 낳을 때도 샛길로 다녔다.*10 그의 신앙의 문턱에는 간통이 있다.

그를 사랑의 신이라고 찬미하는 자는 사랑 그 자체를 충분히 높은 것으로 생각하지 않는다. 이 신은 심판자가 되려고 하지 않았던가? 하지만 정말 사랑하는 자는 보상과 복수를 넘어서야 한다.

동방에서 온 이 신이 젊었을 때는 잔인할 정도로 복수심이 강했다. 그래서 그를 따르는 자들을 즐겁게 해주려고 지옥을 만들어 냈던 것이다.

그러나 마침내 그도 늙으면서 나약해지고 동정심이 많아졌다. 아버지라기보다는 할아버지처럼 되었다. 아니, 차라리 비틀거리는 할머니처럼 되었다고 말하는 편이 더 적당하겠다.

그는 시들고 지쳐서 난로 옆에만 붙어 앉은 채, 자신의 다리가 약해졌다는 핑계로 세상일에 무관심하고 의지에 지친 나날을 보내고 있었다. 그러던 어느 날 그는 그의 너무나 큰 동정심 때문에 질식해 죽었던 것이다."

이때 차라투스트라는 그의 말을 가로챘다.

"늙은 교황이여! 그대는 그것을 직접 보았는가? 아마 그는 그렇게 죽었을 수도, 또는 다르게 죽었을 수도 있다. 신들은 언제나 여러 가지 이유로 죽는 법이다.

그러나 그런 건 아무래도 상관없다. 어떤 이유든 그는 죽었다. 그는 내 귀에도, 눈에도, 취미에도 거슬리는 자였다. 더 이상 악담은 그만두자.

나는 맑은 눈동자로 정직하게 말하는 모든 사람을 사랑한다. 하지만 늙은

---

*9 교황이 외눈박이라는 것은 성직자들의 인식이 결핍되어 있음을 풍자한 것이다.

*10 예수는 신으로부터의 수태고지에 의해서, 목수인 요셉의 아내 마리아의 몸에서 태어났다는 것을 말한다.

성직자여, 그대는 잘 알고 있으리라. 그에게는 그대와 비슷한 점, 즉 성직자와 비슷한 점이 있었다. 그는 이중적이었다.

그는 또 말하는 것이 분명치 않았다. 이 성급한 자는 우리가 그를 이해하지 못한다고 얼마나 우리에게 화를 냈던가! 그러나 왜 그는 좀더 분명하게 말하지 않았을까?

만일 이해하지 못하는 것이 우리의 귀 때문이라면 어째서 그는 그가 말하는 것도 알아듣지 못하는 귀를 우리에게 주었단 말인가? 우리 귓속에 진흙이 차 있다면, 그 진흙을 넣은 자는 누구인가?

이 도공은 기술을 충분히 습득하지 못했기 때문에 너무나 많은 도자기를 만드는 도중에 망가뜨렸다. 그렇지만 그에 대한 복수를 자기가 만든 항아리와 창작품에게 가한다는 것은 훌륭한 취미에 거슬리는 죄악이다.

경건이라는 것에 대해서도 훌륭한 취미가 있다. 그 훌륭한 취미가 마침내 이렇게 말했다.

'이따위 신은 사라져 버려라. 신은 없는 편이 더 낫다. 차라리 스스로 운명을 만들어 가는 편이 더 낫다. 바보가 되는 편이 더 낫다. 차라리 우리 자신이 신이 되는 편이 더 낫다!'

귀를 기울여 차라투스트라의 이야기를 듣던 늙은 교황이 말했다.

"나는 무슨 소리를 들은 건가! 오, 차라투스트라여. 그대는 그처럼 신앙이 없는데도 스스로 생각하고 있는 것보다 훨씬 더 경건하다. 그대 안에 있는 어떤 신이 그대를 무신론자로 개종시켰다.

그대로 하여금 어떤 신도 믿지 않도록 만든 것은 그대의 경건함 때문이 아니겠는가? 그대의 지나친 정직함이 그대를 선악을 넘어서로 이끌어 줄 것이다.

보라! 그대를 위해 무엇이 남아 있는가? 그대는 먼 옛날부터 사람들에게 축복을 내리도록 되어 있는 두 눈과 손과 입을 가지고 있다. 손으로만 축복을 줄 수 있는 것은 아니다.

그대가 비록 스스로 가장 신을 모멸하는 자라고 말하지만, 나는 그대의 몸에서 오랜 축복이 약속하는 은밀한 향기를 맡는다. 그것은 내게 기쁨과 슬픔을 동시에 느끼게 한다.

나를 그대의 손님으로 맞아주면 좋겠다. 오, 차라투스트라여. 단 하룻밤이라도 좋다. 지금 이 세상에서 그대와 함께 있는 것보다 나에게 더 행복한 일은 없다."

차라투스트라는 매우 놀라며 말했다.

"아멘! 그렇게 하라! 저쪽 길로 올라가면 차라투스트라의 동굴이 있다.

내가 직접 그대를 안내하겠다. 고귀한 사람이여! 나는 모든 경건한 사람을 사랑하기 때문이다. 그러나 지금은 어떤 다급한 비명이 나를 부르고 있기 때문에 빨리 그쪽으로 가야 한다.

나의 영토에서 누구든 해를 입어서는 안 된다. 나의 동굴은 좋은 항구이다.

나는 슬픔에 빠진 모든 사람들이 굳건한 땅 위에서 튼튼한 두 다리로 걸어다니기를 바란다.

하지만 그대의 어깨에서 그대의 슬픔을 없애줄 수 있는 사람은 누구인가? 그렇게 하기에 나는 너무나 약하다. 참으로 누군가가 그대의 신을 다시 깨울 때까지 우리는 오랫동안 기다려야 한다.

이 늙은 신은 이제 살아 있지 않기 때문이다. 그는 아주 숨을 거두고 말았다."

차라투스트라는 이렇게 말했다.

가장 추한 인간

차라투스트라는 다시 산과 숲을 돌아다녔다. 그의 눈은 열심히 찾았으나 그가 찾고 있는 그 사람, 즉 크나큰 고뇌자, 비명을 지르던 자는 아무 데도 없었다. 그럼에도 그동안 그는 마음속으로 기뻐하고, 감사했다. 그는 중얼거렸다.

"오늘이란 날은 시작이 좋지 않았는데도 얼마나 좋은 것들을 나에게 주었는가? 나는 얼마나 기묘한 말벗들을 만났는가?

나는 이들 말을 좋은 곡식처럼 천천히 씹으려 한다. 그것이 젖처럼 내 영혼 속에 흘러들어 올 때까지 나의 이는 그것을 잘게 씹어서 부드럽게 하리라!"

그러나 바위 모서리를 끼고 구부러진 길을 돌자 갑자기 경치가 바뀌었다. 그리고 차라투스트라는 죽음의 왕국에 들어섰다. 거기에는 검붉은 절벽이 깎아지른 듯 서 있었고, 풀 한 포기 나무 한 그루는 물론 새의 지저귐조차 들리지 않았다. 그곳은 모든 동물이 꺼려하여 가까이 가지 않는 골짜기였다. 맹수조차 얼씬하지 않았다. 다만 추한 모습의 굵고 푸른 뱀들이 죽음을 맞이하러 올 뿐이었다. 그래서 양치기들은 이 골짜기를 '뱀의 죽음'이라고 불렀다.

차라투스트라는 어두운 추억 속에 잠겼다. 왜냐하면 일찍이 이 골짜기에 섰던 때의 일이 생각났기 때문이다. 여러 가지 괴로운 생각이 그의 마음을 짓눌러 왔다. 그래서 그는 천천히 걸었고 점점 더 느려져 마침내 걸음을 멈추고 눈을 떴다. 길가에 무언가 웅크리고 있는 것이 보였다. 사람 형상을 하고 있지만 사람 같아 보이지는 않고 무엇이라고 말하기 어려웠다. 차라투스트라는 갑자기 몹시 부끄러워졌다. 자신이 그런 것을 바라보았기 때문이다. 그는 흰 머리카락까지 물들 정도로 얼굴을 붉히고 이 언짢은 곳을 떠나려고 했다.

그때 이 죽음의 황야가 소리쳤다. 땅이 기침을 하고 가래를 뱉는 듯했다. 밤중에 막힌 수도관에서 물이 졸졸 흐르는 것 같은 소리가 이윽고 인간의 소리가 되고 인간의 말이 되었다. 그것은 이렇게 외쳤다.

"차라투스트라여, 차라투스트라여! 나의 수수께끼를 풀어라. 말하라, 말하라! '목격자에 대한 복수는 과연 무엇인가?'

나는 그대를 유인해 왔다. 이 골짜기에는 미끄러운 얼음판이 있다. 조심하라. 그대의 긍지가 여기서 다리를 다치지 않도록 조심하라.

그대는 스스로 현명하다고 생각한다. 오만한 차라투스트라여. 그럼 수수께끼를 풀어보라. 그대, 호두를 깨는 냉혹한 자여. 수수께끼를 풀어보라. 그 수수께끼란 바로 나다. 말하라, 나는 도대체 누구인가?"

차라투스트라가 이 말을 들었을 때 그의 영혼에는 어떤 일이 일어났는가? 동정이 그를 덮쳤고 그는 갑자기 땅바닥에 쓰러졌다. 마치 벌목꾼들의 끈질긴 공격을 오랫동안 견디던 참나무가 넘어지는 모습 같았다. 육중하게, 그리고 참나무를 넘어뜨리려고 노력하던 사람까지도 놀라게 할 정도로. 그러나 차라투스트라는 재빨리 일어났는데, 그의 얼굴은 차갑게 굳어 있었다.

차라투스트라는 쉿소리를 내며 말했다.

"나는 그대를 잘 알고 있다. 그대는 신을 살해한 자이다. 나를 붙잡지 마라.

그대는 그대를 본 사람, 그대를 철저하게 꿰뚫어 본 사람을 용서할 수 없었다. 그대, 가장 추한 인간이여. 그래서 그대는 이 목격자에게 복수를 했던 것이다."

차라투스트라는 이렇게 말하고는 그곳을 떠나려고 했다. 하지만 무어라 형용할 수 없게 생긴 그자는 차라투스트라의 옷깃을 잡고 할 말을 찾는 듯 웅얼거리기 시작했다. 마침내 그가 말했다.

"잠깐만 기다려라! 멈춰라. 그대로 지나치지 마라. 나는 어떤 도끼가 그대를 넘어뜨렸는지 알고 있다. 훌륭하다. 오, 차라투스트라여. 그대가 다시 일어났다니!

그를 죽인 자, 신을 살해한 자의 기분이 어떠한지 그대는 알고 있으리라. 나도 그것을 잘 알고 있다. 나의 곁으로 오라. 그것은 부질없는 짓이 아니다.

내가 그대 말고 다른 누구에게로 가겠는가? 이곳에 머물러 내 곁에 앉아라. 그러나 나를 쳐다보지는 마라. 그리고 나의 추악함을 공경하라!

사람들은 나를 박해하고 있다. 이제 그대가 나의 마지막 피난처이다. 증오심 때문에 그들이 나를 박해하는 것도 아니고, 그들의 관리들로 하여금 나를 뒤쫓게 하지도 않았다. 오, 그런 박해라면 나는 얼마든지 비웃었을 것이다. 그리고 그것을 자랑으로 삼고 기뻐했을 것이다.

지금까지 인간이 이룩한 모든 성과는 심한 박해를 받는 자들이 올린 것이다. 그리고 심하게 박해하는 자는 추종하기도 잘한다. 왜냐하면 그는 남의 뒤쪽에서 박해하기 때문이다. 하지만 내가 도망쳐 나온 것은 그들의 동정으로부터이다.

나는 그들의 동정에서 도망쳐서 그대가 있는 곳으로 달려왔다. 오, 차라투스트라여. 나를 보호해 다오. 나의 마지막 피난처여! 나를 알아본 유일한 사람이여!

그대는 그*[11]를 죽인 자의 기분이 어떠한지 알고 있으리라. 여기 그대로 있어다오! 그러나 그대, 성급한 자여. 그래도 그대가 가고자 한다면 내가 온 길로는 가지 마라. 그 길은 나쁜 길이다.

그대는 내가 이렇게 오랫동안 함부로 지껄인다고 화를 내고 있는가? 내가 그대에게 충고했다고 화를 내는가? 그렇지만 알아다오. 나는 가장 추한 인간이다.

그리고 나는 가장 크고 가장 무거운 발도 가지고 있다. 내가 걷는 길은 하나같이 험악한 길로 변한다. 나는 모든 길을 밟아서 엉망으로 만들어 버린다.

그러나 그대가 아무 말도 하지 않고 내 앞을 지나치려 했을 때, 나는 그대

---

*11 신을 말한다.

가 얼굴을 붉히는 것을 분명히 보았다. 그래서 나는 그대가 차라투스트라라는 것을 알게 되었다.

다른 사람이라면 모두 내게 동정의 눈빛이나 말을 건넸을 것이다. 하지만 나는 그것을 받아야 할 만큼 거지는 아니다. 그대는 그것을 알아차린 것이다.

연민의 정을 받기에 나는 지나치게 부유하다. 위대한 것들과 추한 것, 끔찍한 것들과 말로 표현하기 어려운 것들을 놓고 볼 때 나는 부유하다. 오, 차라투스트라여! 그대의 부끄러움이 나를 영예롭게 했다.

나는 동정하는 무리로부터 겨우 빠져나왔는데 그것은 오늘날 '동정은 뻔뻔스러운 것이다' 가르치는 유일한 사람을 발견하기 위해서였다. 바로 그대를 말이다. 오, 차라투스트라여!

신의 것이든 인간의 것이든 간에 동정은 뻔뻔스러운 것이다. 그리고 도우려고 하지 않는 것이 도우려고 서둘러 달려오는 덕보다 고귀할 때가 있는 법이다.

그렇지만 오늘날 왜소한 인간들 사이에서는 그런 동정이 덕이라고 불린다. 그들은 위대한 불행, 위대한 추함, 위대한 실패에 대해서는 전혀 경건한 마음도 가지지 않는다.

나는 그 모든 자들의 움직임을 뛰어넘어 먼 곳을 바라보고 있다. 마치 개가 떼지어 움직이는 양떼 너머를 바라보고 있는 것처럼. 그들은 작고 호의적이며, 부드러운 털을 가진 회색 군중이다.

마치 백로가 얕은 못을 경멸하여 고개를 들고 저쪽을 바라보듯, 나는 회색의 잔물결과 의지와 영혼의 무리 너머 저쪽을 바라본다.

그들은 너무나 오랫동안 왜소한 사람들의 권리를 인정해 왔다. 그래서 마침내 그들은 권력까지도 그 사람들 손에 쥐여준 것이다. 그래서 그들은 지금 '소인배들이 선이라고 부르는 것만이 선이다' 가르친다.

그리고 오늘날 '진리'라는 것도 그 소인배 출신의 설교자*12가 말했다. 저 기이한 성자, 소인배의 대변자는 자기 자신을 '내가 곧 진리'라고 증언했던 것이다.

이 불손한 자의 가르침이 오랫동안 소인들을 오만하게 만들어 놓았다. 그의

---

*12 소인배 출신의 설교자는 예수를 말한다.

'내가 곧 진리이다'라는 가르침은 적지 않은 오류를 범했다.

불손한 자들 가운데 이보다 더 정중한 호응을 받은 자가 일찍이 있었을까? 그러나 그대, 오, 차라투스트라여! 그대는 그의 곁을 지나치면서 말했다. '아니다! 아니다! 세 번 말해서 아니다!'

그대는 그의 잘못을 경고했다. 그대는 동정하지 말라고 경고한 최초의 인간이었다. 모든 사람을 향해서 말한 것이 아니라, 그대 자신과 그대와 비슷한 사람들을 향해서 말했다.

그대는 위대한 고뇌자의 수치를 부끄러워한다. 그대가 '커다란 구름은 동정에서 피어난다. 명심하라, 인간들이여'라고 말하는 그 순간에.

또 그대가 '모든 창조자는 냉혹하다. 모든 위대한 사랑은 동정을 초월한 것이다' 가르치는 그 순간에. 오, 차라투스트라여! 그대는 얼마나 천기를 잘 알고 있었던가!

그러나 그대 자신이야말로 동정심의 포로가 되지 않도록 그대 자신에게 경고하라. 왜냐하면 많은 사람들이 그대에게로 오고 있기 때문이다. 괴로워하는 자, 의심에 빠진 자, 절망하는 자, 물에 빠진 자, 얼어 죽은 자들이 그대에게 오고 있다.

나는 그대에게 나까지도 경계하라고 경고해 주겠다. 그대는 내 가장 훌륭한 수수께끼[13]이자 가장 고약한 수수께끼인 나 자신과 내가 한 일을 꿰뚫어 보았다. 나는 그대를 쓰러뜨릴 도끼가 무엇인지 알고 있다.

하지만 그는 죽을 수밖에 없었다. 그는 인간의 깊이와 숨겨진 모든 것을 눈으로 보았던 것이다. 인간의 감춰진 모든 치욕과 모든 추악함을 보았다.

그의 동정은 부끄러워할 줄을 몰랐다. 그는 나의 가장 더러운 구석구석까지 파고들어 왔다. 지나치게 호기심 많은 사람, 지나치게 덤비는 사람, 지나치게 동정심 많은 사람을 나는 살려둘 수 없었다.

그는 늘 나를 보고 있었다. 나는 이 목격자에게 복수하고 싶어졌다. 복수할 수 없다면 차라리 죽고 싶었다.

모든 것을, 인간까지도 꿰뚫어 본 신은 죽을 수밖에 없었다. 인간은 그런 목격자가 살아 있다는 사실을 참을 수 없는 것이다."

---

[13] 나 자신의 본질.

가장 추한 인간은 이렇게 말했다. 차라투스트라는 일어나서 그곳을 떠나려 했다. 그는 뼛속까지 스며드는 추위를 느꼈다.

차라투스트라는 말했다.

"무어라 말로 표현할 수 없는 자여! 그대는 나에게 그대의 길을 가지 말라고 경고했다. 그것에 대한 답례로, 나는 나의 길을 그대에게 권한다. 보라! 저쪽으로 올라가면 차라투스트라의 동굴이 있다.

나의 동굴은 넓고 깊으며, 많은 귀퉁이가 있다. 가장 깊숙이 숨으려는 자는 거기에서 훌륭한 은신처를 찾을 수 있다. 또 그 주위에는 기어다니는 짐승들, 날아다니는 짐승들, 뛰어다니는 동물들을 위한 은밀한 샛길이 백 개나 있다.

그대, 추방당한 자여! 자기 자신을 추방한 자여! 그대는 인간과 인간의 동정에 뒤섞여 사는 것을 바라지 않는다. 그렇다면 나처럼 행동하라. 그렇게 하면 내게서 배우는 것이 있으리라. 행동하는 자만이 배울 수가 있다.

먼저 나의 동물들과 이야기하라. 그들은 가장 긍지 있고 가장 영리한 짐승들이다. 그들은 우리 두 사람에게 훌륭한 충고자가 될 것이다."

차라투스트라는 이렇게 말하고는 자신의 길을 걸어갔다. 전보다 한층 더 깊은 사색에 잠겨서 훨씬 더 느린 걸음으로. 왜냐하면 그는 자신에게 많은 질문을 던졌지만 쉽게 대답할 수 없었기 때문이다.

그는 혼잣말을 했다.

"인간이란 얼마나 불쌍한가! 또한 얼마나 추악하며 얼마나 소란스럽고, 얼마나 남모를 수치심으로 가득 차 있는가!

사람들은 내게 말한다. 인간은 자신을 사랑한다고. 아, 이 자기애는 얼마나 위대한가? 자기애는 얼마나 많은 자기 경멸을 품고 있는가!*14

지금 만난 그자도 자기를 사랑하기 때문에 자신을 경멸하는 것이다. 그는 위대한 사랑을 하는 사람이기 때문에 위대한 경멸을 하는 사람이다.

그보다 더 자기를 경멸하는 자를 나는 아직 보지 못했다. 이것도 높은 것이다. 가슴 아픈 일이다. 비명을 질렀던 높은 사람이 바로 그가 아니었을까?

나는 위대한 경멸자를 사랑한다. 누가 뭐라 하든 인간은 극복되어야 할 존재이다."

*14 자기를 사랑하기 때문에 현재의 자기를 경멸하고 보다 나은 자신을 목표로 삼게 된다. 인간의 자기 경멸은 자기애의 다른 이름이다.

스스로 거지가 된 사람

차라투스트라는 가장 추악한 인간에게서 멀어진 뒤에도 몸이 얼어붙는 듯했으며 고독을 느끼고 있었다. 여러 가지 차가운 생각, 고독한 생각이 그의 가슴을 꿰뚫어 그의 손발까지 싸늘하게 했다. 그는 계속 걸어 올라가거나 내려가기도 했고, 때로는 푸른 벌판을 지나가기도 했다. 때로는 아마도 거세게 냇물이 흘러내렸을 돌투성이의 황무지를 넘어갔다. 그러면서 그의 가슴은 다시 따뜻해졌고 쾌활해졌다.

그는 스스로에게 물었다.

"도대체 어떻게 된 일일까? 무언가 따뜻하게 살아 있는 것이 내 가슴을 뛰게 한다. 그것은 틀림없이 내 가까이에 있을 것이다.

이제 나는 훨씬 덜 고독하다. 눈에 보이지 않는 벗과 형제들이 나를 감싸고 있는 것 같다. 그들의 따뜻한 입김이 나의 영혼을 따뜻하게 해준다."

차라투스트라는 두리번거리며 그의 고독을 위로해 준 자를 찾았다. 보라! 그의 마음을 부드럽게 해주었던 것은 작은 언덕 위에 무리지어 있는 암소들의 온기와 냄새였다. 그러나 이 암소들은 무언가 열심히 이야기를 하고 있는 어떤 사람을 보고 있었으며, 다가가고 있는 차라투스트라에게는 관심이 없었다. 차라투스트라가 암소 가까이 가자, 사람 목소리가 뚜렷하게 들려왔다. 그 소리는 암소 무리 한가운데서 들려왔고 암소들은 모두 머리를 그 사람 쪽으로 돌리고 있었다.

차라투스트라는 재빨리 달려가서 암소들을 헤치고 나아갔다. 누군가 거기서 암소들의 동정만으로는 구출될 수 없는 난처한 일을 당해 상처를 입었을지도 모른다는 생각이 들었기 때문이다. 하지만 그의 생각은 빗나갔다. 그곳에는 한 사람이 땅 위에 앉은 채 동물들에게 자기를 두려워할 필요가 없다고 설득하고 있었다. 그는 평화를 사랑하는 산상의 설교자로서, 그 눈에 담긴 친절함만으로 설교하고 있는 듯했다.

차라투스트라가 물었다.

"당신은 여기서 무엇을 찾으려는 것인가?"

그 사람은 되물었다.

"내가 여기서 무엇을 찾고 있느냐고? 그대가 찾고 있는 것과 똑같은 것이다. 방해하는 자여. 나는 지상의 행복을 찾고 있다.

나는 이 암소들에게서 그것을 찾는 방법을 배우려고 한다. 그리고 나는 벌써 반나절 동안이나 암소들에게 말을 했다. 그리고 지금 막 암소들은 내게 그 답을 해주려던 참이었다. 그런데 어째서 당신은 방해를 하는가?

우리는 마음을 고쳐서 암소처럼 되지 않으면 천국에 들어갈 수가 없다. 우리는 암소로부터 하나의 교훈을 배워야 하는데, 그것은 되새김질을 하는 것이다.

한 인간이 온 세계를 얻었다 할지라도 이 한 가지, 즉 되새김질하는 것을 배우지 않았다면 모든 것이 소용없게 된다. 인간은 자기 힘으로 슬픔에서 벗어날 수 없을 것이다.

인간이 가진 커다란 괴로움에서. 그러나 오늘날 인간은 그 괴로움을 구역질이라고 부른다. 오늘날 가슴과 입과 눈이 구역질로 가득 차 있지 않은 자가 어디 있는가? 그대도 그렇다. 하지만 이 암소들을 보라."

산상의 설교자는 이렇게 말하고 나서 차라투스트라를 바라보았다. 그는 지금까지 애정 어린 눈길을 암소 쪽에만 주고 있었다. 그러자 그의 태도는 갑자기 변했다.

"나와 이야기하고 있는 사람은 누군가?"

그는 놀라 소리 지르고는 땅바닥에서 벌떡 일어났다.

"구역질을 가지지 않은 사람이다. 차라투스트라, 위대한 구역질을 극복한 자이다. 저것은 차라투스트라의 눈이며 입이고 심장이다."

이렇게 말하면서 그는 눈물을 흘리며 차라투스트라의 두 손을 붙잡더니 그 위에 입을 맞추었다. 그 기뻐하는 모습은 마치 귀중한 선물, 귀중한 보배를 하늘로부터 받은 것 같았다. 암소들은 의아스러운 눈초리로 그 광경을 보고 있었다.

"나에 대해서는 말하지 마라, 이상한 자여. 평화스러운 자여! 먼저 그대 자신에 대해서 말하라. 그대는 일찍이 많은 재산을 내동댕이치고 스스로 거지가 된 사람이 아닌가?

자신이 부자임을 부끄럽게 여기고 자아의 충만함과 자신의 마음을 주려고 가장 가난한 사람들에게로 간 사람이 아닌가? 그러나 그들은 그대를 받아들이지 않았다."

차라투스트라는 이렇게 말하면서 그의 감정을 가라앉히려고 했다.

"그렇다. 그들은 나를 받아들이지 않았다. 그대도 알고 있구나. 그래서 나는 마침내 동물에게로, 이 암소들에게로 온 것이다."

스스로 거지가 된 사람이 말했다.

차라투스트라는 상대방의 말을 가로챘다.

"그래서 그대는 배웠던 것이다. 올바르게 받는 것보다 올바르게 주는 것이 얼마나 어려운 일인가를. 또 올바르게 주는 것은 하나의 기술이고, 친절을 베푸는 가장 교묘한 마지막 기술이라는 것을."

스스로 거지가 된 사람이 대답했다.

"특히 오늘날에는 더욱 그렇다. 오늘날은 모든 비천한 것이 반란을 일으키고 이탈해서 그들 나름대로, 즉 천한 자들의 방식으로 오만해진 시대이다.

당신도 잘 알고 있는 것처럼 천한 자들과 노예근성을 가진 자들의 크고도 사악한, 오랜 반란의 때가 온 것이다. 이 반란은 날이 갈수록 커질 뿐이다.

오늘날 비천한 자들은 온갖 자선과 작은 적선에도 분노한다. 지나치게 부자가 된 사람은 조심해야 한다.

호리병처럼 좁디좁은 목으로 물을 떨어뜨리듯 행동하는 자는 조심하라. 오늘날 사람들은 그런 병의 목을 사정없이 부러뜨리기 좋아한다.

끝없는 탐욕, 사나운 질투, 끈질긴 복수심, 천박한 오만, 이 모든 것이 나의 얼굴로 날아왔다. 가난한 자에게 복이 있다는 것은 이제 진리가 아니다. 천국은 도리어 암소들과 함께 있다."

"어찌 천국은 부자들과 함께 있지 않은가?"

차라투스트라는 친근하게 콧김을 내뿜는 암소들을 밀어내면서 온화한 사람에게 떠보는 듯 물었다.

그 온화한 자가 대답했다.

"어째서 나를 시험하려고 하는 것인가? 그런 것이라면 그대가 나보다 더 잘 알고 있을 텐데. 어쨌든 나를 가장 가난한 자들이 있는 곳으로 몰아세운 것은 무엇인가? 오, 차라투스트라여. 그것은 우리 부자들에 대한 구역질이 아니겠는가?

냉정한 눈초리와 욕정으로 가득 찬, 부에 집착하여 노예가 된 이들은 온갖 쓰레기 속에서 자기 이익을 주워 모으고 있다. 하늘 끝까지 악취를 풍기는 이 천한 자들에 대한 구역질이야말로 나를 가장 가난한 자들이 있는 곳으로 몰아세운 것이 아니겠는가?

그것은 금으로 번지르르하게 겉칠을 한 천한 자들에 대한 구역질이 아니겠는가? 그들의 조상은 날치기이든가, 아니면 썩은 고기를 먹는 새든가, 아니면 넝마주이였다. 그리고 그의 아내들은 고분고분하고 음란하며 건망증 심한 창부와 다름없었다.

위에도 천한 자들, 아래에도 천한 자들! 오늘날의 '가난하다'는 것이나 '부유하다'는 것이 도대체 무엇인가? 나로서는 그것을 구별할 수 없게 되어버렸다. 그래서 나는 도망쳤다. 멀리, 아주 멀리! 그래서 드디어 이 암소들이 있는 곳으로 오게 된 것이다.”

온화한 사람은 이렇게 말했다. 말하면서 숨을 거칠게 내뿜었고, 땀을 흘렸다. 암소들은 그의 모습을 다시 한 번 의아하게 바라보았다. 차라투스트라는 그가 그렇게 격하게 말하고 있는 동안 계속 미소를 머금은 얼굴로 그를 바라보며 때때로 머리를 가로저었다.

“산상의 설교자여. 그대의 그런 격한 말은 그대 자신에 대한 폭력과 같다. 그대의 입은 그런 가혹한 말에는 어울리지 않는다. 그대의 눈도 그렇다. 그대의 입과 눈은 그런 가혹함을 위해 그대에게 주어진 것이 아니다.

내 생각에는 그대의 위장도 그렇다. 그런 노여움과 증오는 그대의 위장에 맞지 않다. 그대의 위장은 좀더 온화한 것을 요구한다. 그대는 육식을 하는 사람이 아니다.

내 생각에 그대는 채식을 하는 사람, 나무뿌리를 찾는 사람이다. 그대는 곡식의 낟알을 씹는 사람이리라. 그대가 육식의 쾌락을 싫어하고 꿀을 좋아하는 것은 확실하다.”

스스로 거지가 된 사람이 가벼운 마음으로 대답했다.

“그대는 나를 꿰뚫어 보았다. 나는 꿀을 좋아한다. 나는 낟알을 씹어 먹기도 한다. 나는 맛있고 숨결을 맑게 해주는 것을 찾고 있었다.

또 먹는 데 시간이 걸리는 것을 찾았다. 하릴없이 유순한 사람과 게으른 사람에게 어울리는 하루하루의 일과 입을 움직일 뭔가를 찾았다.

그런데 그 일을 철저하게 하고 있는 것은 이 암소들뿐이다. 암소들은 되새김질하는 것을 발명했다. 또 양지바른 곳에서 잠자는 것까지도. 게다가 암소들은 심장을 부풀리는 모든 무거운 사상을 멀리한다.”

차라투스트라가 말했다.

"좋다. 그대는 나의 동물도 보아야 한다. 나의 독수리와 뱀을. 오늘날 지상에는 그들과 같은 동물이 더 이상 존재하지 않는다.

보라, 저 길로 해서 나의 동굴로 갈 수 있다. 오늘밤 나의 동굴에 찾아오라. 그리고 나의 동물들과 동물의 행복에 대해서 이야기해 보라.

나도 돌아갈 것이다. 하지만 지금은 갈 수 없다. 어떤 다급한 비명이 나를 부르고 있기 때문이다. 나는 그대와 헤어져야 한다. 그대는 나의 거처에서 새로운 꿀도 발견할 것이다. 얼음처럼 신선한 벌통에서 금방 따온 황금빛 꿀을 발견하거든 먹어도 좋다.

그러나 지금은 서둘러 그대의 암소들과 헤어져야 하겠다. 이상한 사람이여! 상냥한 사람이여! 암소들과 떨어지기는 좀 괴로울 것이다. 어쨌든 그들은 그대의 가장 따뜻한 친구요, 스승이었으니."

스스로 거지가 된 사람이 대답했다.

"내가 아직도 사랑하는 그 단 한 사람을 제외한다면. 그런 말을 하는 당신은 너무 상냥하다. 암소보다도 더 상냥하다. 오, 차라투스트라여."

"가라. 어서 가라. 그대, 사악한 아첨꾼이여!"

차라투스트라는 화가 나서 소리쳤다.

"어째서 그대는 칭찬과 아첨의 꿀로 나를 손상시키는가? 가라, 나에게서 떠나가라!"

차라투스트라는 다시 한 번 외치고, 그 아첨 잘하는 거지를 향해 지팡이를 휘둘렀다. 그러자 거지는 허둥지둥 달아나 버렸다.

그림자

스스로 거지가 된 사람이 달아나고, 차라투스트라는 다시 혼자가 되었다고 생각할 틈도 없이, 그는 또 등 뒤에서부터 날아온 하나의 새로운 외침 소리를 들었다.

"멈춰라! 차라투스트라여! 기다려라! 나다. 오, 차라투스트라여. 나란 말이다. 그대의 그림자다."

그러나 차라투스트라는 걸음을 멈추지 않았다. 그는 갑자기 그처럼 많은 사람들이 한꺼번에 밀려와서 자기 산이 어수선해졌기 때문에 화가 났다.

그가 말했다.

"나의 고독은 어디로 갔단 말인가? 참으로 너무하다. 사람들로 들끓고 있는 이런 세계는 이제 나의 왕국이 아니다. 나는 새로운 산이 필요하다.

내 그림자가 나를 부르는가? 내 그림자가 나와 무슨 관계가 있단 말인가! 만일 그가 나를 따라온다면 나는 도망치고 말리라!"

차라투스트라는 이렇게 말하고는 뛰기 시작했다. 그러나 등 뒤에 있던 자가 그를 쫓아왔다. 그래서 세 사람은 한 줄로 서서 달리게 되었다. 맨 앞에 스스로 거지가 된 자, 그 뒤에 차라투스트라, 그리고 세 번째 즉 맨 뒤에는 그의 그림자가 달리고 있었다. 한동안 이런 상태가 계속되었다. 이윽고 차라투스트라는 자신의 어리석음을 깨닫고는 곧바로 모든 불쾌감과 혐오감을 뿌리쳤다.

그는 말했다.

"어떻게 된 일인가! 옛날부터 우리 늙은 은둔자나 성인들에게는 여러 가지 이상한 일이 일어나지 않았던가?

진실로 나의 어리석음은 산속에서 자랐다. 나는 지금 여섯 개의 바보 같은 다리가 앞을 다투어 달리고 있는 소리를 듣는다.

하지만 차라투스트라라는 이름을 가진 자가 자기 그림자를 무서워해야 할까? 게다가 그림자는 나보다 더 긴 다리를 가지고 있는 듯하다."

차라투스트라는 이렇게 말했다. 그는 눈과 내장으로 크게 웃더니 걸음을 멈추고 갑자기 뒤돌아보았다. 그랬더니, 보라. 그는 하마터면 그를 쫓아오는 그림자를 땅바닥에 넘어뜨릴 뻔했다. 그림자는 그의 발뒤꿈치에 바싹 붙어 오고 있었으며, 그 그림자는 너무도 약했다. 그가 그림자를 자세히 살펴보았을 때 그는 갑자기 나타난 유령에게 위협이라도 받은 것처럼 깜짝 놀랐다. 이 추적자는 너무 쇠약해서 눈마저 어둡고 퀭했으며 생기라고는 전혀 없었기 때문이다.

차라투스트라가 거칠게 물었다.

"그대는 누구인가? 이 산속에서 무엇을 하고 있느냐? 어째서 그대는 나의 그림자라고 자처하느냐? 그대는 내 마음에 들지 않는다."

"용서해 다오. 내가 그대의 그림자인 것을. 오 차라투스트라여! 내가 그대의 마음에 들지 않는다니 과연 그대답다. 그대의 고상한 취향을 칭찬한다.

나는 방랑자로서 벌써 오랫동안 그대 뒤를 쫓아다녔다. 언제나 타향을 떠돌아다니는 몸으로 목적지도 없고 고향도 없다. 그래서 나는 거의 영원히 방랑하는 유대인과 같다. 하긴 나는 영원도 아니고 유대인도 아니지만.

나는 언제까지 이렇게 타향을 떠돌아다녀야 하는가? 온갖 바람에 휩쓸리고 끊임없이 동요하면서 뒤쫓고만 있어야 하는가? 오, 대지여, 그대는 나에게 있어 너무나 둥글다.*15

나는 모든 것의 표면에 앉아보았다. 지친 티끌처럼 나는 거울이나 창문에 달라붙어서 잤다. 모든 것은 나에게서 빼앗아 가기만 할 뿐, 나에게 무엇 하나 주지 않았다. 나는 너무 여위어서 거의 그림자 같다.

오, 차라투스트라여. 물론 나는 그대를 뒤쫓는 동안 가장 오래 날았고, 가장 오래 걸어다녔다. 그리고 내가 그대에게 모습을 숨기긴 했지만 나는 그대의 가장 좋은 그림자였다. 그대가 앉는 곳이라면 어디든지 나도 앉았다.

나는 그대와 함께 가장 먼 세계, 가장 추운 세계까지 걸어다녔다. 눈 쌓인 겨울의 지붕 위를 즐겨 걸어다니는 유령처럼.

나는 그대와 함께 온갖 금지된 것, 사악하기 그지없는 것, 가장 먼 것 속에도 들어가려 했다. 만일 내게 무슨 덕이 있다면 그것은 아마 내가 어떤 금지령도 무서워하지 않는다는 점이리라.

나는 그대와 함께 내 마음속으로 일찍이 공경했던 것을 파괴했다. 온갖 경계석과 환상을 무너뜨리고 가장 위험한 욕망을 추구했다. 진실로 나는 어떤 범죄라도 그 봉우리를 단번에 넘었다.

나는 그대와 함께 말의 가치와 위대한 이름에 대한 신앙을 잊어버리고 말았다. 악마가 껍질을 벗으면 악마라고 하는 그의 평판 역시 껍질을 벗는다. 그 평판이 껍질이기 때문이다. 아마 악마 자체가 껍질이리라.

'진리는 어느 곳에도 없다. 모든 것이 허용된다.' 나는 내게 이렇게 말했다. 나는 가장 차가운 물속으로 뛰어들어 머리와 가슴을 처박았다. 아, 그 때문에 얼마나 자주 붉은 게처럼 벌거벗은 몸뚱이를 드러냈던가!

아, 모든 선과 모든 수치, 그리고 착한 인간에 대한 모든 신앙은 어디로 가버렸는가? 아, 내가 일찍부터 지녔던 거짓 순수성은 어디로 가버렸는가? 인간들이 지니는 순수성, 그 고귀한 거짓 순수성은 어디로 가버렸단 말인가?

진실로 나는 너무나도 자주 진실의 발뒤꿈치를 바짝 따라다녔다. 그랬더니

---

*15 그림자에게 대지는 굴러가는 공과 같아서 그 위에 발붙일 곳이 없다.

진실은 나의 얼굴을 걷어찼다. 나는 가끔 내가 거짓말을 하고 있는 것 같았다. 그랬더니, 보라. 그때 비로소 나는 진실과 마주쳤다.

나에게는 많은 것, 너무나도 많은 것이 명백해졌다. 그러나 이제 나의 관심을 끄는 것은 하나도 없다. 내가 사랑하는 것은 이제 아무것도 없다. 내가 어떻게 지금도 나 자신을 사랑할 수 있겠는가?

나는 '내가 살고 싶은 대로 살거나 아니면 살지 않기를' 바란다. 가장 성스러운 사람도 그것을 바란다. 하지만 아, 어떻게 내게 아직까지 의욕이라는 것이 있겠는가?

내게 아직도 무슨 목표가 있겠는가? 어찌 나의 돛이 목표로 삼은 항구가 있겠는가?

좋은 바람이? 아, 어떤 바람이 좋은가? 어느 것이 순풍인가를 아는 사람은 자신의 목표가 어디인지 알고 있는 사람뿐이다.

내게 남겨진 것은 무엇인가? 피로에 지친 오만한 마음, 언제나 흔들리는 의지, 퍼덕이는 날개, 부러진 등뼈뿐이다.

고향을 찾는 이 열망. 오, 차라투스트라여! 그대는 알고 있는가? 이 열망이 나의 괴로움이다. 그것이 나를 좀먹고 있다.

'나의 고향은 어디 있는가?' 나는 묻고, 찾고, 또 찾았다. 그러나 발견할 수 없었다. 오, 영원히 어디에나 있으며, 영원히 어디에도 없는 헛된 노력이여!"

그림자는 이렇게 말했다.

그 말을 듣는 동안 차라투스트라의 얼굴은 흐려졌다. 드디어 그가 슬프게 말했다.

"그대는 나의 그림자이다. 그대의 위험은 작은 것이 아니다. 그대, 자유로운 정신이자 자유로운 방랑자여! 그대는 불길한 대낮을 보냈다. 그대에게 가장 불길한 저녁이 오지 않도록 조심하라!

그대처럼 정처 없이 흔들리며 돌아다니는 자에게는 마침내 감옥도 행복이 넘치는 곳으로 여겨지는 법이다. 그대는 감옥에 갇힌 죄수들이 잠자는 모습을 본 일이 있는가? 그들은 편안하게 잔다. 전에 없는 안전을 즐기며.

어떤 편협한 신앙이 그대를 가두지 않도록 경계하라! 또한 가혹하고 준엄한 것들이 그대를 사로잡을 위험이 도사리고 있다. 이제부터 온갖 편협하고 고루한 것들이 그대를 유혹하고 시험하려 할 것이다.

그대는 목표를 잃었다. 그대는 어떻게 이 상실감을 헤쳐 나가려고 하는가? 그 고통을 어떻게 잊어버리려 하는가? 그대는 목표를 잃음으로써 갈 길까지 잃어버렸다.

그대 불쌍한 방랑자, 몽상가여. 그대 피로에 지친 나비여! 그대는 오늘 저녁 쉴 곳을 원하는가? 그렇다면 저쪽에 있는 나의 동굴로 올라가라!

저것이 나의 동굴로 통하는 길이다. 그러나 지금 나는 그대와 빨리 헤어지고 싶다. 그림자 비슷한 것이 나를 붙잡으려 한다.

내 주위가 다시 밝아지도록 혼자 사라지길 바란다. 그러려면 나는 좀더 활기차게 두 다리를 움직여야 한다. 하지만 저녁에는 우리가 춤을 추게 되리라."

차라투스트라는 이렇게 말했다.

정오

차라투스트라는 계속해서 달렸다. 그는 아무도 만나지 않았으며 혼자였다. 언제나 다시금 자신을 발견하고, 고독을 즐겼다. 그리고 여러 가지 좋은 일들을 떠올리면서 시간을 보냈다, 몇 시간이고. 대낮이 되어 태양이 차라투스트라 머리 위에 왔을 때 그는 뒤틀리고 구부러진 한 그루 늙은 나무 앞에 이르렀다. 그 나무는 포도 덩굴에 둘러싸여 자기 몸을 숨기고 있었다.

그 포도 덩굴에는 포도송이가 소담스럽게 주렁주렁 늘어져 있어 우연히 그 앞을 지나가는 방랑자의 시선을 끌었다. 그도 포도 한 송이를 따서 갈증을 조금이나마 달래고 싶은 생각이 들었다. 그러나 그가 손을 뻗었을 때, 그는 훨씬 더 큰 다른 욕망을 느꼈다. 즉 이 완벽한 대낮에 그 나무 그늘에 누워서 잠자고 싶었던 것이다.

차라투스트라는 그렇게 했다. 그는 여러 가지 풀의 정적과 친밀함 속에 눕자마자 갈증도 잊어버린 채 잠들었다. 그것은 차라투스트라가 흔히 하는 말대로 '하나의 일이 다른 일보다 더 필요'하기 때문이다. 하지만 눈만은 뜨고 있었다. 그 늙은 나무와 그것을 감싼 포도 덩굴의 사랑을 싫증도 내지 않고 바라보며 감탄하고 있었다. 잠에 빠져들면서 차라투스트라는 마음속으로 이렇게 말했다.

"조용하라! 조용히 하라! 세계는 이제 완전해지지 않았는가? 도대체 내게 무슨 일이 일어날 것인가?

산들바람이 매끄러운 바다 위에서 눈에 보이지 않는 깃털처럼 가볍게 춤추듯이, 졸음이 내 위에서 춤추고 있다.

이 잠은 나의 눈을 감게 하지 않고 내 영혼을 깨어 있게 한다. 이 잠은 진실로 새의 깃털처럼 가볍다.

이 잠은 나를 설득한다. 왜인지는 나도 모른다. 이 잠은 부드러운 손길로 나를 안으로부터 가볍게 토닥거려서 얌전하게 만든다. 그렇다. 잠은 나를 껴안고 내 영혼을 향해 가장 편안한 자세로 누워 있으라고 한다.

나의 이상한 영혼이여! 얼마나 오랫동안 답답한 자세로 누워 있었던가! 이 정오에 일곱 번째 날 저녁이 내 영혼을 찾아왔단 말인가? 내 영혼은 무르익은 것들 사이를 너무 즐겁게 방황한 나머지 지친 것일까?

내 영혼은 몸을 뻗는다. 길게, 더욱더 길게! 그리고 내 영혼은 조용히 누워 있다. 이 이상한 영혼은 좋은 것을 너무 많이 맛보았다. 오늘 황금빛 슬픔이 그 영혼을 짓누르자 그 영혼은 입을 삐죽거린다.

가장 고요한 항구에 들어간 배처럼 내 영혼은 지금 땅에 기대고 있다. 오랜 항해와 불안한 바다에 싫증 나버린 내 영혼에게 바다보다는 땅이 더 성실하지 않겠는가?

이렇게 지친 배가 육지에 기대고 있을 때는 육지에서 거미 한 마리가 거미줄을 치는 것만으로도 충분하다. 이런 배에 더 질긴 밧줄은 필요하지 않다.

조용한 항구에서 쉬고 있는 지친 배처럼 나도 지금 땅에 기대어 편히 쉬고 있다. 가느다란 줄로 연결된 채 성실한 마음으로 믿고 기다리면서.

오, 행복이여! 오, 행복이여! 오, 나의 영혼이여! 그대는 노래를 부르려 하는가? 그대는 숲 속에 누워 있다. 그러나 지금은 어떤 양치기도 피리를 불지 않는 은밀하고 엄숙한 시간이다.

조심하라! 뜨거운 대낮이 들을 뒤덮고 잠들어 있다. 노래하지 말고 조용히 하라. 세상은 완전해졌다.

노래하지 마라! 풀숲의 날벌레여! 오, 나의 영혼이여! 속삭이지도 마라. 보라, 조용히! 늙은 대낮이 잠들어 있다. 지금 그는 입을 움직인다. 그는 지금 막 한 방울의 행복을 마신 참이 아닌가?

금빛 행복, 밝은 갈색 포도주 한 방울을 막 마신 참이 아닌가? 그의 얼굴을 스치고 지나가는 것이 있다. 그의 행복이다. 그의 행복의 웃음이다. 신과 비슷한 웃음이다. 조용하라!

'행복해지기 위해서는 아주 작은 것이라도 충분하다!' 나는 일찍이 이렇게 말하고 스스로를 현명하다고 생각했다. 하지만 그것은 대단한 모독이라는 것을 나는 지금에야 알았다. 훌륭한 바보라면 더 나은 말을 할 것이다.

정말 가장 작은 것, 가장 희미한 것, 가장 가벼운 것, 쪼르르 달리는 한 마리의 작은 도마뱀, 하나의 숨결, 하나의 움직임, 하나의 눈길 등, 이런 사소한 것들이 최고의 행복을 만든다. 조용히 하라!

내게 무슨 일이 일어나고 있는가? 들어라! 시간은 사라지고 만 것인가? 나는 지금 떨어져 내리는 중인가? 아니 벌써 떨어진 것은 아닌가? 영원의 샘물 속으로? 귀를 기울여라!

내게 무슨 일이 일어났는가? 조용히 하라! 나를 찌르는 것이 있다. 아! 심장을 찌른다, 심장을! 오, 터져라, 터져, 심장이여! 이런 행복을 맛본 다음에는, 이처럼 찔리고 난 다음에는!

어떤가? 세계는 지금 완전해지지 않았는가? 둥글게 익어서? 오, 황금의 반지여! 어디로 날아가느냐? 나는 그 뒤를 따라가리라. 서둘러라! 조용히!"

이때 차라투스트라는 몸을 쭉 뻗었다. 그리고 자기가 잠들어 있음을 느꼈다.

그는 자신에게 말했다.

"일어나라. 잠들어 있는 자여. 대낮에 자는 자여, 자, 일어나라. 늙은 두 다리여! 때가 되었다. 이제 때가 지났다. 그대는 아직도 먼 길을 걸어야 한다. 두 다리여!

이제 그대는 실컷 잤다. 오래오래 잤다. 영원의 한 절반쯤! 자, 일어나라. 나의 늙은 심장이여! 그토록 오랫동안 잠을 잔 뒤에 그대는 얼마나 오랫동안 눈 뜨고 깨어 있을 수 있는가?"

그러나 차라투스트라는 다시 잠에 빠지고 말았다. 그의 영혼은 그에게 말대꾸하고 저항하며 다시 누워버렸다.

차라투스트라가 스스로에게 말했다.

"나를 혼자 있게 해달라! 조용하라! 세계는 완전해지지 않았는가? 아, 황금빛 둥근 지구는. 일어나라! 그대, 좀도둑이여. 낮을 훔치는 자여. 어찌 된 일이냐? 여전히 누운 채 하품을 하고 한숨을 내쉬며 심연 속으로 빠져들고 있다니!

그대는 대체 누구냐? 오, 나의 영혼이여."

이때 차라투스트라는 깜짝 놀랐다. 하늘로부터 한 줄기 햇살이 그의 얼굴을 비추었기 때문이다.

차라투스트라는 탄식하듯 말하며 일어나 앉았다.

"오, 내 머리 위의 하늘이여. 그대는 나를 보고 있는가? 나의 이상한 영혼에 귀 기울이고 있는가?

그대는 지상의 모든 사물에 내린 이 이슬방울*16을 언제 마시려 하는가? 이 이상한 영혼을 언제 마시려 하는가?

오, 영원의 샘물이여. 밝고 처절한 대낮의 심연이여! 언제 그대는 나의 영혼을 마셔 그대 자신 속으로 되돌아오려는가?"

차라투스트라는 이렇게 말하고 신기한 취기에서 깨어나는 사람처럼 나무그늘의 잠자리에서 일어났다. 그런데 보라! 태양은 여전히 그의 머리 위에서 빛나고 있었다. 그러니 차라투스트라가 그다지 오랫동안 자지 않았다고 믿는 것은 당연한 일이다.

인사

차라투스트라가 오랫동안의 탐구와 방황 끝에 동굴로 돌아온 것은 늦은 오후였다. 그런데 동굴에서 스무 걸음도 못 되는 곳에 이르렀을 때 전혀 예기치 않은 일이 일어났다. 그는 또다시 위급함을 알리는 커다란 비명 소리를 들었던 것이다. 놀랍게도 이번 비명 소리는 그의 동굴에서 들려왔다. 그것은 여러 가지 의미를 담고 있는 듯 길고 이상스러운 비명이었다. 차라투스트라는 그것이 여러 사람이 한꺼번에 지르는 소리라는 것을 분명히 알 수 있었다. 더 멀리서 들었다면 아마 한 사람의 입에서 나온 비명처럼 들렸을 것이다.

차라투스트라는 곧장 동굴로 뛰어갔다. 그랬더니, 보라! 조금 전의 이상한 비명 뒤에 그를 기다리고 있던 것이 얼마나 놀라운 광경인지! 거기에는 낮에

---

*16 '이슬방울'은 차라투스트라 자신을 말한다. 한 방울이기는 하지만 지상의 모든 사물에 내렸다고 하는 것은, 그가 지상의 모든 것과 관련되어 그것을 긍정하는 위치에 있음을 깨달았기 때문이다. 그리고 그 이슬방울이 하늘로 돌아갈 것을 생각한다.

그와 만났던 모든 사람이 자리잡고 앉아 있었다. 오른쪽 왕과 왼쪽 왕, 늙은 마술사, 교황, 스스로 거지가 된 사람, 그림자, 정신적 양심의 소유자, 슬픔에 잠긴 예언자와 당나귀가 모여 있었다. 그 가장 추한 인간은 관을 쓰고 자주색 띠를 두 개나 허리에 두르고 있었다. 모든 추한 자가 그렇듯이 그도 치장해 아름답게 보이려고 했다. 이 슬픈 인간들 가운데 차라투스트라의 독수리가 털을 곤두세운 채 불안하게 서 있었다. 왜냐하면 독수리는 자기 긍지로써는 대답할 수 없는 많은 질문을 받았기 때문이다. 그리고 그 영리한 뱀은 독수리의 목을 감고 있었다.

이 광경을 본 차라투스트라는 몹시 놀랐다. 그는 모든 손님을 호기심으로 가득 찬 눈길로 찬찬히 바라보며 그 영혼을 읽고는 다시금 놀랐다. 그사이 모여든 사람들은 모두 일어나 경건한 마음으로 차라투스트라의 말을 기다렸다. 그러자 차라투스트라는 이렇게 말했다.

"그대, 절망하고 있는 사람들이여! 이상한 사람들이여! 그렇다면 내가 들었던 비명은 그대들의 것이었단 말인가? 이제야 나는 내가 오늘날까지 그토록 찾아 헤매면서도 발견할 수 없었던 자를 어디서 찾아야 할 것인가를 알았다. 보다 높은 사람을 어디서 찾아야 하는가를.

보다 높은 사람이 내 동굴 속에 앉아 있다. 그러나 내가 어찌 놀라겠는가? 나 자신이 그를 나의 동굴로 청하지 않았던가? 꿀의 제물과 나의 행복을 미끼 삼아 교활한 유혹의 말로써.

하지만 그대들은 한자리에 모여 즐기기에는 서로 어울리지 않는 것 같다. 다급한 비명을 지르는 자들이여. 그대들은 여기에 함께 앉아 있으면서 서로 상대방의 기분을 상하게 하고 있지 않은가? 그러니 먼저 어떤 한 사람이 나타나지 않으면 안 되겠다.

그대들을 다시 웃게 할 선량하고 쾌활한 익살꾼, 춤추는 자이면서 산들바람이며 이상한 자, 늙은 바보가 어디에선가 나타나지 않으면 안 되겠다. 그대들은 어떻게 생각하는가?

절망하고 있는 자들이여. 내가 그대들에게 이렇게 어처구니없는 말을 해도 용서해 다오. 정말 이런 손님들에게는 어울리지 않는 말이다. 그러나 그대들은 무엇이 내 마음을 이처럼 무모하게 만들고 있는지 모를 것이다.

그것은 그대들과 그대들의 모습 때문이다. 이런 말을 하는 나를 용서해 다오. 그렇지만 절망에 빠진 자의 얼굴을 보면 누구든 용감해지기 마련이다. 사람이라면 누구든 자기가 절망에 빠진 자에게 용기를 줄 수 있는 정도의 힘은 가지고 있다고 생각한다.

그대들은 나에게도 그러한 힘을 주었다. 내 고귀한 손님들이여! 그것은 좋은 선물이다. 자, 그러면 내가 그대들에게 어떤 것을 선물할 테니 나무라지 마라.

여기는 나의 왕국이고 나의 영토이다. 그래서 내 것인 이 저녁과 이 밤을 그대들에게 아낌없이 주려고 한다. 내 동물들도 그대들에게 봉사할 것이며, 내 동굴도 당신들의 숙소로 제공될 것이다.

내 집에서는 어느 누구도 절망에 빠지면 안 된다. 나는 누구든지 내 영토 안에 있는 한, 짐승의 공격으로부터 그를 보호해 준다. 이것이 내가 그대들에게 주는 첫 번째 선물, 바로 안전이다.

그리고 두 번째 선물은 이 새끼손가락이다. 그대들이 이 새끼손가락을 갖게 된 이상 사양 말고 손 전체를 가져도 좋다. 자, 그리고 이 마음까지도. 잘 왔다. 정말로 잘 왔다. 나의 귀한 손님들이여!"

차라투스트라는 이렇게 말했다. 그리고 사랑과 악의로 크게 소리 내어 웃었다. 이런 인사를 받은 손님들은 거듭 고개를 숙이며 존경 어린 표정으로 계속 침묵하고 있었다. 드디어 오른쪽 왕이 그들을 대표해서 대답했다.

"오, 차라투스트라여. 우리에게 손을 내밀고 인사하며 환영하는 방식을 보고 우리는 그대가 틀림없는 차라투스트라라는 것을 알았다. 그대는 우리 앞에서 몸을 낮추었다. 그대는 우리의 경건한 마음을 아프게 했다.

그렇지만 누가 그대처럼 이러한 긍지를 지닌 채 자신을 낮출 수 있겠는가? 그것이 우리의 기운을 북돋아 주며, 우리의 눈과 마음을 활기 있게 만들어 준다.

그래서 그대가 우리에게 이 산보다 더 높은 산으로 올라가라 해도 마다하지 않으리라. 왜냐하면 우리는 열렬한 구경꾼으로서 흐린 눈을 밝게 해주는 것을 보고 싶어서 여기 와 있기 때문이다.

그리고 보라! 우리의 다급한 비명은 사라졌다. 이제 우리의 가슴과 마음은 열려 기쁨으로 가득 차 있다. 한 걸음만 더 나아가면 우리의 용기는 무모해질 것이다.

오, 차라투스트라여. 지상에 살고 있는 것 가운데 높고 강한 의지보다 더 큰 기쁨을 주는 것은 없다. 그것은 지상에서 가장 아름다운 산물이다. 이런 나무 한 그루로 인해 전체 풍경이 활기를 띠는 것이다.

오, 차라투스트라여. 그대처럼 자라고 있는 자를 나는 소나무에 비유하고 싶다. 키가 크고 말이 없으며 준엄하고, 가장 훌륭한 재질을 지니고 있으면서도 장엄한 소나무.

그러나 마침내 무성한 초록의 큰 가지를 뻗어 자기 지배권으로 도전해 들어간다. 바람과 우레와 그리고 이 높은 곳에 살고 있는 모든 것에게 힘찬 질문을 던진다.

그리고 그것은 물음보다 더 강한 대답을 한다. 명령자로서, 승리자로서.

오, 이런 나무를 보기 위해서라면 그 누가 높은 산에 오르기를 마다할 것인가! 오, 차라투스트라여. 그대의 나무를 보면 암담한 자, 절망에 빠진 자도 활기를 되찾는다. 그대를 보고 있으면 갈팡질팡하던 자도 확고해지고 안정을 찾게 된다.

그리고 진실로 수많은 눈이 오늘날 그대의 산들과 그대의 나무들을 지켜보고 있다. 크나큰 동경이 일어났고, 모든 사람이 묻게 되었다. '차라투스트라란 도대체 어떤 자인가?'하고.

그래서 그대가 일찍이 그대의 노래와 꿀을 귀에 부어주었던 자들, 몸을 감추고 있는 자, 혼자 숨어 사는 은둔자, 둘이 숨어 사는 은둔자는 모두 갑자기 자신의 마음을 향해 말하기 시작했다.

'차라투스트라가 아직 살아 있는 것일까? 삶은 아무 가치도 없다. 모든 것은 똑같으며 모든 것은 허무하다. 그게 아니라면 우리는 차라투스트라와 함께 살아야 한다!'

여러 사람들이 이렇게 묻는다.

'그렇게까지 오랫동안 자신의 도래를 예고하고 있는 그는 왜 오지 않는가? 고독이 그를 삼켜버렸는가? 아니면 우리가 그가 있는 곳으로 가야 하는 것인가?'

이제 고독 그 자체가 무르익어 터질 지경이 되었다. 그것은 갈라져서 마치 더 이상 시체를 받아들일 수 없는 무덤과 같다. 가는 곳마다 부활한 자들을 볼 수 있다.

이제 그대의 산 언저리의 파도가 드세지고 있다. 오, 차라투스트라여. 그대의 꼭대기가 아무리 높더라도 많은 파도가 그대를 향해 밀어닥치리라. 그대의 배는 메마른 땅에 그다지 오래 머물러 있을 수 없다.

그리고 절망하고 있는 우리가 지금 그대의 동굴 속으로 와서 이미 절망에서 헤어났다는 것, 그것은 한층 뛰어난 사람들이 그대를 향해 오는 도중임을 일러주는 징조이다.

왜냐하면 인간들 사이에 있는 신의 마지막 잔재가 그대를 찾아오는 중이기 때문이다. 즉 커다란 그리움과 커다란 구역질과 커다란 혐오를 지닌 모든 사람들이 그대에게 오고 있다.

오, 차라투스트라여. 다시 희망하는 것을 배우지 않는 한, 그대로부터 커다란 희망을 배우지 않는 한 그들은 삶을 원하지 않는 자들이다.”

오른쪽 왕은 이렇게 말하고 차라투스트라의 손에 입 맞추려 했다. 그러자 차라투스트라는 깜짝 놀라서 뒤로 물러서며 경의의 표시를 거절했다. 그러고는 아무 말 없이 도망치듯 멀리 뛰어가 버렸다. 그러나 한참 뒤에 손님들이 있는 곳으로 다시 들어오더니, 맑은 눈빛으로 그들을 뚫어져라 바라보며 말했다.

“나의 손님들이여. 그대 보다 높은 사람들이여! 나는 그대들과 ‘독일식으로 명확하게’ 이야기하고자 한다. 내가 이 산속에서 기다리고 있었던 것은 그대들이 아니다.”

“독일식으로 명확하게?”*17

왼쪽 왕이 차라투스트라의 말을 되풀이하며 옆을 향해 말했다.

“동방에서 온 현자라서 독일에 대해 잘 모르는 모양이다. 아마 저 사람은 ‘독일식으로 투박하게’하겠다는 뜻이겠지? 글쎄 그렇다면 그리 나쁜 취향은 아니다.”

차라투스트라가 말했다.

“그대들 모두가 보다 높은 사람일지 모른다. 그러나 내가 보기에 그대들은 충분히 높지도 않고 강하지도 않다. 내 안에 숨어서 침묵하고는 있지만 앞으로 언제까지나 침묵하고 있지만은 않을 가차없는 자가 보기에는 말이다. 그리고 그대들이 나에게 속해 있다 하더라도 나의 오른팔로서는 아니다.

왜냐하면 그대들처럼 병들고 가냘픈 다리로 서 있는 자는 자기가 그 사실

---

*17 차라투스트라가 말한 ‘독일식으로 명확하게’는 ‘확실하고 솔직하게’라는 뜻의 관용구이다.

을 알든, 아니면 자기에게 숨기고 있든 먼저 남에게서 위로받기를 바라기 때문이다.

하지만 나는 내 팔다리를 위로하지 않는다. 나는 내 전사를 위로하지 않는다. 그런데 그대들이 어떻게 내 전투에 도움을 줄 수 있겠는가?

그대들과 함께라면 나는 어떤 작은 승리도 망쳐버리고 말 것이다. 그리고 그대들 가운데 몇 사람은 내 북소리만 들어도 그만 나자빠지고 말 것이다.

게다가 그대들은 충분히 아름답지도 못하며 혈통이 그리 대단하지도 않다. 내 가르침을 위해서는 밝고 깨끗한 거울이 필요하다. 그러나 그대들의 거울 표면 위에서는 내 모습까지 일그러져 버린다.

그대들의 어깨는 온갖 무거운 짐과 온갖 기억으로 짓눌려 있다. 온갖 사악한 난쟁이들이 그대들 구석구석에 도사리고 있다. 또 그대들 속에는 천한 자가 숨어 있다.

비록 그대들이 높은 종족, 보다 더 높은 종족이라 하더라도 그대들 속에 있는 많은 부분은 뒤틀려져 있으며 기형적이다. 그대들을 바르고 곧게 단련시킬 수 있는 대장장이는 이 세상에 존재하지 않는다.

그대들은 다리(橋)에 지나지 않는다. 보다 높은 자들이 그대들을 밟고 건너가리라! 그대들은 계단이다. 그래서 그대들을 딛고 넘어서 높은 곳으로 올라가는 사람에게 화를 내면 안 된다!

언젠가는 그대들의 씨앗으로부터 진정한 자식, 완전한 상속자가 나를 위해 자라게 될지도 모른다. 그러나 그날은 아직 멀었다. 그대들은 내 유산과 이름을 물려받을 자격이 없다.

내가 이 산속에서 기다리는 것은 그대들이 아니다. 나는 그대들과 함께 있으면 영원히 산에서 내려갈 수 없다. 그대들은 다만 보다 높은 사람들이 나에게로 오고 있다는 전조로서 내게 왔을 뿐이다.

그것은 커다란 동경, 커다란 구역질, 커다란 혐오를 가지고 있는 인간들, 또 그대들이 신의 잔재라고 부르는 자들은 아니다.

아니다! 아니다! 세 번 말해서 아니다! 내가 이 산속에서 기다리고 있는 것은 다른 자들이다. 그들이 오지 않는 한 내 몸은 여기에서 꼼짝도 하지 않을 것이다.

좀더 높은 사람, 좀더 강한 사람, 좀더 승리감에 넘치는 사람, 좀더 기분이 좋은 사람, 육체와 영혼이 당당한 사람, 즉 웃는 사자*¹⁸들이 와야 한다! 오, 나의 손님들이여, 기묘한 사람들이여! 그대들은 내 자식들에 대해 아직 아무 소리도 듣지 못했는가? 내 자식들이 내가 있는 곳으로 오고 있다는 것에 대해서 아무 소리도 듣지 못했는가?

내게 말해 다오! 나의 동산에 대해, 행복의 섬들에 대해, 나의 새롭고 아름다운 종족에 대해. 그대들은 어째서 그것에 대해 나에게 이야기하지 않는가?

나를 사랑한다면 손님으로서 이런 선물을 해주기 바란다. 내 아이들에 대해 그대들이 내게 말해 주길 바란다. 그들을 기다리고 있기 때문에 나는 부유해졌으며, 그들을 기다리고 있기 때문에 나는 가난해졌다. 내가 무엇인들 내어주지 않았겠는가.

내가 가지려고 단 하나라도 주지 않았던 것이 있는가? 하물며 이 아이들, 이들 살아 있는 동산, 내 의지와 나의 가장 높은 희망이 깃들어 있는 이 생명의 나무를 얻기 위해서라면 더욱 그러하리!"

차라투스트라는 이렇게 말하고는 갑자기 입을 다물었다. 강한 동경이 그를 사로잡았기 때문이다. 마음의 흥분으로 인해 그는 눈을 감고 입을 다물었다. 그러자 손님들도 모두 말없이 서 있을 뿐이었다. 늙은 예언자만이 손짓과 몸짓으로 무언가 전하고자 했다.

최후의 만찬

예언자는 차라투스트라와 손님들의 인사를 가로막았다. 그는 조금도 지체할 수 없다는 듯 앞으로 달려나왔다. 그리고 차라투스트라의 손을 잡고는 외쳤다.

"차라투스트라여! 하나의 일은 다른 일보다 더 필요하다고 그대는 말했다. 그렇다. 지금이야말로 내게 하나의 일이 다른 일보다 더 필요하다.

제 때에 한마디 하겠는데 그대는 나를 저녁 식사에 초대한 게 아닌가? 그리고 여기에는 먼 길을 걸어서 온 사람이 많다. 그대는 우리에게 고작 말의 만찬만을 베풀 생각은 아니겠지?

게다가 그대들은 얼어죽거나, 물에 빠져 죽거나, 질식해 죽거나 그 밖의 육

---

*18 이상적인 어린이들을 웃는 사자로 표현했다.

체적 위협에 대해 너무 많은 말을 하며 시간을 낭비했다. 그런데 그대들 가운데 나의 위급한 상태, 곧 굶주려 죽는 것에 대해 말한 사람은 하나도 없다."

예언자는 이렇게 말했다.

이 말을 들은 차라투스트라의 동물들은 깜짝 놀라 재빨리 도망쳤다. 그들이 낮에 부지런히 모아들인 것으로는 예언자 한 사람의 배를 채우기에도 부족하다는 것을 알았기 때문이다.

예언자는 계속 말했다.

"게다가 갈증도 여간 심한 것이 아니다. 그리고 저 지혜의 말처럼 지치지도 않고 풍부하게 솟아오르는 물소리가 여기까지 들리지만, 내가 진심으로 바라는 것은 포도주이다.

모든 사람이 차라투스트라처럼 태어나면서부터 물을 좋아하지는 않는다. 더욱이 물은 피로하고 쇠약한 사람에게는 아무 소용 없다. 우리에게 필요한 것은 포도주뿐이다. 포도주야말로 우리에게 곧장 활기를 불어넣어 주고 건강을 되찾아 준다."

예언자가 포도주를 원한다는 말을 한 순간, 침묵을 지키던 왼쪽 왕이 말했다.

"포도주라면 우리가 준비해 왔다. 나와 내 형제인 이 오른쪽 왕은 술을 충분히 가지고 왔다. 당나귀 등에 가득 싣고 왔다. 그러니 없는 것은 빵뿐이다."

"빵이라고?" 차라투스트라가 되묻고는 큰 소리로 웃었다.

"빵이야말로 은둔자가 가지고 있지 않은 것이다. 그러나 인간은 빵만으로 사는 것이 아니다. 질 좋고 어린 양고기가 있어야 산다. 나에게는 그런 양이 두 마리나 있다.

서둘러 양을 잡아 샐비어 잎을 넣고 맛있게 요리하리라. 나도 이 음식을 좋아한다. 뿌리채소와 과일도 준비되어 있다. 이것이면 미식가들도 만족할 것이다. 깨뜨려 먹는 것으로는 호두가 있다. 또 수수께끼도 있다.

우리는 잠시 뒤 훌륭한 식사를 하게 될 것이다. 하지만 같이 식사하고 싶은 자는 일을 거들어 주어야 한다. 왕들도 마찬가지이다. 왜냐하면 차라투스트라와 함께 있을 때는 왕이라도 요리사가 되어야 하기 때문이다."

모든 사람이 이 제안에 찬성했다. 그런데 스스로 거지가 된 사람만은 고기와 술과 향신료에 반대했다.

온화한 거지는 장난삼아 말했다.

"이 미식가인 차라투스트라의 말을 들어보라! 우리가 이런 식사를 하기 위해 이 높은 동굴까지 왔던가? 이제야 나는 차라투스트라의 '적당한 가난은 복되다!'는 가르침의 의미를 알겠다. 또한 그가 거지들을 멀리한 이유까지도."

차라투스트라가 대답했다.

"나처럼 즐거워하라! 그대, 훌륭한 자여! 그대의 습관을 지켜라. 그대의 곡식을 씹고, 그대의 물을 마시고, 그대의 요리법을 찬미하라. 만일 그것이 그대를 즐겁게 해준다면!

나는 다만 나와 같은 인간들을 위한 하나의 율법일 뿐, 모든 사람을 위한 율법은 아니다. 그러나 나와 같은 인간은 튼튼한 뼈와 가벼운 발을 가지고 있어야 한다.

전쟁과 축제를 즐겨야 하며, 음울하거나 몽상에 빠져서는 안 된다. 축제를 기다리듯 즐거운 마음으로 가장 어려운 일을 기다리고, 건강하고 활달해야 한다.

가장 좋은 것은 나와 내 친구들의 것이다. 만일 사람들이 그것을 우리에게 주지 않으면 우리는 그것을 빼앗고 말 것이다. 가장 훌륭한 식사, 가장 맑은 하늘, 가장 강한 사상, 가장 아름다운 여인을!"*19

차라투스트라는 이렇게 말했다.

오른쪽 왕이 그 말에 대답했다.

"이상한 일이다! 현자의 입에서 지금까지 이처럼 이치에 맞는 말이 흘러나온 적은 한 번도 없었다. 그리고 진실로 이토록 빈틈없는, 더욱이 당나귀가 아닌 현자가 있다니 얼마나 신기한 일인가!"

오른쪽 왕은 이렇게 놀라워했다. 그 말을 들은 당나귀는 악의에 찬 목소리로 "이—야" 하고 대꾸했다.

이것이 많은 역사책에서 '최후의 만찬'이라 부르고 있는 저 긴 향연의 시작이었다. 그리고 그 만찬이 진행되는 동안, 오직 '보다 높은 사람'에 대한 이야기만 오갔다.

---

*19 반금욕적인 강자의 태도를 거지의 금욕주의와 대립시킨 표현이다.

보다 높은 사람

1

내가 처음 인간들에게로 갔을 때, 나는 은둔자로서 아주 어리석은 짓을 저질렀다. 나는 시장에 나타났던 것이다.

나는 모든 사람에게 말을 걸었지만, 사실 나는 그 누구에게도 말한 것이 아니었다. 그날 저녁 나의 벗은 줄타기 곡예사와 시체였다. 그리고 나 자신도 거의 시체 같았다.

하지만 새로운 아침과 함께 새로운 진리가 나를 찾아왔다. 나는 이렇게 말하는 법을 배웠다.

"시장과 천한 자들과, 천한 자들의 소란과 천한 자들의 큰 귀가 나와 무슨 관계가 있는가!"

그대, 보다 높은 사람이여! 나에게서 이것을 배워라. 시장에서는 그 누구도 보다 높은 사람의 존재를 믿지 않는다. 그러나 그대들이 거기서 이야기하고 싶다면, 그렇게 하라. 그렇지만 천한 자들은 눈을 껌벅이며 "우리는 모두 평등하다" 말할 것이다.

천한 자들은 눈을 껌벅거리며 이렇게 말할 것이다.

"그대, 보다 높은 사람이여! 보다 높은 사람이란 존재하지 않는다. 우리는 모두 평등하다. 신 앞에서 인간은 인간일 뿐이다. 우리는 모두 평등하다."

신 앞에서! 그러나 신은 이제 죽었다. 그리고 우리는 천한 자들 앞에서 평등하기를 바라지 않는다. 그대, 보다 높은 사람이여, 시장에서 떠나라!

2

신 앞에서! 그러나 신은 이제 죽었다. 그대, 보다 높은 사람이여! 이 신은 그대들에게 가장 큰 위험이었다.

신이 무덤으로 들어간 다음에야 그대들은 비로소 부활했다. 이제 위대한 대낮이 다가온다. 이제야 비로소 보다 높은 사람이 주인이 된다.

오, 형제들이여. 내 말을 알아듣겠는가? 그대들은 놀랐는가? 그대들 마음이 어지러운가? 그대들 앞에 있는 심연이 입을 열었는가? 지옥의 개가 그대들을 향해 짖어대며 달려드는가?

자! 그대, 보다 높은 사람이여! 지금이야말로 인간이라는 미래의 산이 진통을 시작하리라. 신은 죽었다. 이제 우리는 초인이 태어나기를 바란다.

3

오늘날 걱정이 가장 많은 사람이 묻는다.

"인간은 어떻게 하면 불멸할 수 있는가?"

그러나 차라투스트라는 유일한 사람, 최후의 사람으로서 묻는다.

"인간은 어떻게 하면 극복될 수 있는가?"

초인은 내 가슴속에 있다. 나의 첫 번째, 단 하나의 관심사는 결코 인간이 아니다. 이웃 사람도 아니고, 가난한 자도 아니며, 고통받는 자나 선한 자도 아니다.

오, 형제들이여! 인간을 내가 사랑할 수 있는 것은 인간이 하나의 과정이며 하나의 몰락이라는 점이다. 그리고 그대들은 나에게 사랑과 희망을 품게 하는 많은 것을 가지고 있다.

그대, 보다 높은 사람들이여! 그대들이 경멸하는 것은 나로 하여금 희망을 갖게 한다. 위대한 경멸자는 위대한 숭배자이기 때문이다.

그대들이 절망하고 있는 것에는 존경할 만한 점이 많다. 왜냐하면 그대들은 고분고분 순종하는 법도, 여러 가지 잔꾀도 배우지 않았기 때문이다.

오늘날은 왜소한 사람들이 주인이다. 그들은 언제나 복종, 겸손, 조심, 근면, 추측 및 무한히 작은 덕을 설교한다.

여자의 근성을 가진 자, 노예근성을 가진 자, 특히 천한 자들의 잡동사니, 이런 족속들이 오늘날 인류 운명의 주인이 되려 한다. 오, 구역질! 구역질! 구역질!

이런 족속들이 지칠 줄 모르고 질문을 되풀이한다.

"어떻게 하면 인간은 가장 잘, 가장 오래, 가장 즐겁게 보존될 것인가?"

그들이 오늘날 주인이 된 것이다.

오, 형제들이여! 이 오늘날의 주인을 극복하라. 이 소인배들을. 그들은 초인에게 가장 큰 위험이다.

극복하라. 보다 높은 사람이여! 왜소한 덕을, 왜소한 지혜를, 모래알 같은 추측을, 개미 같은 초조함을, 비참한 안일을, '최대 다수의 행복'을!

복종하기보다는 절망하라! 그리고 진실로 그대들이 오늘날 어떻게 사는가를 모르기 때문에 나는 그대들을 사랑한다. 보다 높은 사람들이여. 그대들이 야말로 가장 훌륭한 삶을 산다.

4

그대들은 용기가 있는가? 오, 형제들이여! 그대들은 용감한가? 목격자가 있는 곳에서의 용기가 아니라 어떠한 신도 보고 있지 않은 고독자의 용기, 독수리의 용기를 가지고 있는가?

우리는 싸늘한 영혼을 가진 자나 당나귀 같은 자, 눈먼 자, 주정뱅이를 보고 용감하다고 말하지 않는다. 용감한 자란 공포를 알면서도 그 공포를 정복하는 자이다. 심연을 보고도 뒷걸음질치지 않는 자이다.

독수리의 눈으로 심연을 바라보는 자, 독수리의 발톱으로 심연을 움켜쥐는 자야말로 정말 용기 있는 사람이다.

5

"인간은 악하다."

현자들은 나를 위로하기 위해 이렇게 말했다. 아, 이 말이 여전히 진실이라면! 왜냐하면 악은 인간의 가장 훌륭한 힘이기 때문이다.

"인간은 더욱 착해져야 하며 또한 더욱 악해져야 한다."

나는 이렇게 가르친다. 초인의 최선을 위해서는 가장 큰 악이 필요하다.

스스로 인간의 죄를 짊어진 채 괴로워하는 것은 소인배들의 설교자[20]에게는 훌륭한 일이었는지도 모른다. 그러나 나는 큰 죄를 나의 커다란 위안으로 생각하고 즐긴다.

당나귀 귀를 가진 자에게 이런 이야기를 들려주기 위해서 내가 말하고 있는 것은 아니다. 모든 말이 누구의 입에나 어울리는 것은 아니다. 이것은 미묘하고 심원한 것이다. 양의 발톱으로는 그것을 움켜쥘 수 없다!

6

그대, 보다 높은 사람이여! 그대들은 자신들이 그릇되게 한 것을 바로잡기

---

[20] 예수를 말한다.

위하여 내가 여기에 있다고 생각하는가?

아니면 고통받고 있는 그대들에게 지금부터 즐거운 잠자리를 주기 위해서라고 생각하는가? 그것도 아니면 언제나 그대들, 불안한 자들, 방황하는 자들, 길 잃은 자들에게 새롭고 걷기 쉬운 길을 가르쳐 주기 위해서라고 생각하는가?

아니다! 아니다! 세 번 말해서 아니다! 나는 그대들 종족 가운데 더욱더 많은 자들이, 더욱더 선한 자들이 몰락하기를 바란다. 왜냐하면 그대들의 생활은 더욱 나쁘게 더욱 힘들게 되어야 하기 때문이다. 그렇게 되어야만 한다.

그렇게 되어야만 인간은 번갯불이 그들을 후려치고 그들을 때려부술 정도로 높은 곳까지 자라날 수 있다!

나의 마음과 동경은 예사롭지 않은 것, 오래된 것, 먼 것에 있다.

내가 보기에 그대들은 아직도 괴로움이 부족하다. 그대들은 자신에 대해서만 괴로워하고 있을 뿐 인간에 대해서는 괴로워한 적이 없기 때문이다. 그대들이 그렇지 않다고 말한다면, 그것은 거짓말이다. 그대들은 모두 내가 괴로워했던 이유 때문에 괴로워하고 있지는 않다.

7

번개가 더 이상 인간을 해치지 않게 되었다는 것만으로는 충분하지 않다. 나는 번개를 피할 생각이 없다. 오히려 나는 번개가 나를 위해서 일하도록 가르칠 생각이다.

내 지혜는 이미 아득한 옛날부터 구름처럼 모여 있다. 그것은 더욱더 고요해지고 더욱더 어두워진다. 언젠가 번개를 낳을 지혜는 모두 그렇다.

나는 이들 오늘날의 인간에 대해서 빛이 되기를 바라지 않는다. 빛이라고 불리고 싶지도 않다. 나는 이들을 눈멀게 하고 싶다. 내 지혜의 번개여! 그들의 눈을 후벼 파내라!

8

그대들 능력보다 더 큰 것을 바라지 마라. 능력 이상의 것을 바라는 자 주위에는 사악한 속임수가 떠돌게 마련이다.

특히 그들이 위대한 것을 원할수록 더욱 그렇다. 그들은 위대한 것에 대한 불신을 불러일으키기 때문이다. 이 교묘한 사기꾼, 배우들은.

마침내 그들은 스스로를 속이고 사팔뜨기가 되며, 간사한 말과 겉치레뿐인 덕과 위선에 찬, 창백한 벌레 같은 존재가 되고 만다.

그 점을 주의하라! 보다 높은 사람들이여. 오늘날 나에게 정직보다 소중하고 귀한 것은 없다.

오늘날 모든 것이 천한 자들의 지배 아래 있다. 그렇지만 천한 자들은 무엇이 위대하고 무엇이 왜소하며, 무엇이 바르고 정직한 것인지 모른다. 천한 자들은 무지한 상태에서 왜곡되어 있다. 그들은 언제나 거짓말을 일삼는다.

9

모든 것을 믿지 말아라. 보다 높은 사람들이여! 용기 있는 사람들이여! 솔직한 사람들이여! 그리고 그대들의 정체를 드러내지 마라! 오늘날은 천한 자들의 시대이기 때문이다.

일찍이 천한 자들이 맹목적으로 믿었던 것은 어느 누가 타당한 이유를 대도 뒤엎을 수는 없다. 시장에서는 몸짓, 손짓으로 설득한다. 이유를 대면 천한 자들이 불신하게 된다.

만일 시장에서 진리가 승리를 거둔다면 그때는 건전한 불신을 갖고 자문해 보아라. "어떤 강력한 오류가 그 진리를 위해 싸웠던가?" 하고.

또 학자들을 경계하라! 학자들은 그대들을 미워한다. 왜냐하면 그들에게는 생산력이 없기 때문이다. 학자들은 싸늘하고 메마른 눈을 가지고 있어서, 그 눈 앞에서는 어떤 새도 깃털 뽑힌 벌거숭이가 되고 만다.*21

그들은 거짓말을 하지 않는다고 자랑한다. 그러나 거짓말을 할 능력이 없는 것과 진리를 사랑하는 것에는 커다란 차이가 있다. 경계하라!

열병에서 벗어나는 것과 인식하고 있다는 것과는 전혀 다르다. 나는 싸늘한 정신의 소유자는 믿지 않는다. 거짓말할 줄 모르는 사람은 진리가 무엇인지도 모를 수밖에 없다.

---

*21 학자는 매사에 분석을 하기 때문에 모든 것의 생명이나 아름다움을 빼앗아 버린다는 뜻이다.

10

높은 곳에 오르고자 한다면, 자신의 발로 올라가라! 남의 힘으로 올라가서는 안 되고, 남의 등과 남의 머리에도 올라타지 마라.

그런데도 그대는 말을 타고 가려 하는가? 그렇게 하면 그대의 목표를 향해 빨리 올라갈 수 있는가? 좋다, 나의 친구여! 하지만 그대의 약한 다리도 그대와 함께 말을 타고 있는 것이다!

그대는 목적지에 이르면 말에서 뛰어내리리라. 그대, 보다 높은 사람이여! 바로 그때 높은 곳에서 그대의 다리는 걸려 넘어질 것이다.

그대, 창조하는 사람들이여! 보다 높은 사람이여! 사람은 오직 자신의 자식만 잉태한다.

그대들은 누구에게도 속아서는 안 되고, 어느 누구에 의해 설득되어서도 안 된다. 그대들의 이웃은 도대체 누구인가? 그대들이 이웃을 위해서 행동한 적은 있겠지만 '이웃을 위해서' 창조하는 일은 없으리라.

이 '위해서'를 잊어버려라. 그대들의 덕은 '위해서'라든가 '때문에'라든가 '이유로' 등과 무관하기를 바란다. 그대들은 거짓투성이인 쓸모없는 말에 대해서는 귀를 막아버려야 한다.

이 '이웃을 위해서'는 소인배들의 덕일 뿐이다. 그들 사이에서는 '끼리끼리 모인다'라든가 '가는 정이 있어야 오는 정이 있다'라는 속담이 통한다. 그 소인배들은 그대들이 가지고 있는 것과 같은 이기심을 가질 권리도 힘도 없다.

그대, 창조자들이여! 그대들의 이기심 속에는 잉태한 자만이 가질 수 있는 세심한 배려가 깃들어 있다. 아직 아무도 보지 못한 열매를, 그대들의 완전한 사랑을 감싸고 아끼고 키운다.

그대들의 완전한 사랑이 있는 곳, 그대들의 자식이 있는 곳에 그대들의 완전한 덕이 있다. 그대들의 일, 그대들의 의지야말로 그대들에게 가장 가까운 '이웃'이다. 거짓된 가치에 속아서는 안 된다!

창조자들이여! 그대, 보다 높은 사람들이여! 출산할 때 사람은 고통을 겪고 출산이 끝나면 불결해진다.

여자들에게 물어보라! 즐거움을 위해 아기를 낳는 것은 아니다. 고통으로 인해 암탉도, 시인도 큰 소리로 운다.

창조자들이여! 그대들에게는 불결한 것이 많은데, 그것은 그대들이 어머니가 되지 않을 수 없었기 때문이다.

새로운 아기의 탄생. 오, 얼마나 많은 오물이 그와 함께 이 세상에 태어났는가! 피하는 것이 좋다! 그리고 출산 뒤에는 누구나 자기 영혼을 깨끗이 씻어야 한다![*22]

13

그대들의 능력보다 더 도덕적이기를 바라지 마라! 스스로 해낼 수 없는 것을 자신에게 요구하지 마라!

그대 조상들의 덕이 남긴 발자취를 더듬어라! 그대 조상들의 의지가 그대들과 함께 올라가지 않는다면 어떻게 그대들이 높이 올라갈 생각을 했겠는가?

그리고 최초의 자손이 되려고 한다면, 최후의 자손이 되지 않도록 조심하라. 그리고 그대들은 조상의 악덕이 쌓인 곳에서 성자처럼 행동해서는 안 된다.

조상이 여자와 독한 술과 멧돼지 고기를 즐겼는데, 그 자손이 자기 자신에게 순결을 요구한다면 어떻게 되겠는가?

그것은 바보 같은 짓이다. 진실로 그런 자가 한 명 또는 두 명, 혹은 세 명의 여자 남편이라면 그에게 어울리는 일이다.

그리고 만일 그런 자가 수도원을 세우고, 그 출입구에 '신성으로 가는 길'이라고 써 붙였다 하더라도, 나는 여전히 이렇게 말할 것이다.

"그게 무슨 쓸모가 있는가! 또 하나의 어리석은 행동일 뿐이다!"

그것은 자기 자신을 위한 참회실을 만드는 것과 같다. 참회실이 그에게 많은 도움이 되기를! 그러나 나는 도움이 되리라고는 믿지 않는다.

사람의 고독 속에서는, 그 속으로 끌려 들어온 모든 것이 자라며, 그 내면의 야수성도 자란다. 그래서 고독은 많은 사람들에게 권할 만한 일이 못 된다.

[*22] 창조를 출산에 비유해서, 출산에는 고통과 불결함이 뒤따른다고 말했다.

이제까지 사막의 성자들보다 더 불결한 자가 지상에 존재했던가? 그 성자 주위에는 악마들뿐만 아니라 돼지까지도 날뛰고 있었다.*23

14

그대, 보다 높은 인간들이여! 그대들이 도약에 실패한 호랑이처럼 수줍고 부끄럽고 어색해져 남몰래 옆길로 도망치는 것을 나는 자주 보았다. 그대들은 주사위를 잘못 던졌던 것이다.

그대, 도박자들이여! 그런 실패가 대체 어떻다는 말인가? 그대들은 도박하는 자와 비웃는 자로서의 태도를 배우지 않았다. 우리는 언제나 하나의 커다란 도박과 비웃음의 책상에 붙어 앉아 있는 것이 아닌가?

그리고 그대들이 큰일을 하다가 실패했다고 하더라도, 그대들 자신이 실패한 사람인가? 또 그대들 자신이 실패했다고 하더라도, 인간이 실패했다는 것인가? 인간이 실패했다고 하더라도, 좋다! 걱정하지 마라!

15

속해 있는 종이 높으면 높을수록 성공률이 낮은 법이다. 그대들, 보다 높은 사람들이여! 그대들이 모두 완성된 자는 아니지 않은가?

용기를 잃지 마라! 그런 것이 무슨 문제가 되겠는가! 가능한 일이 아직 얼마나 많은가! 그대들은 스스로를 비웃는 법을 배워라.

그대들이 불충분하게 만들어졌거나 절반만 만들어진 부족한 인간이라 하더라도, 그것은 조금도 이상한 일이 아니다! 그대, 반쯤 부서진 인간들이여! 그대들 안에서 인간의 미래가 몸부림치고 있지 않은가?

인간이 이를 수 있는 가장 먼 것, 가장 깊은 것, 별처럼 높은 것, 그 엄청난 힘들은 그대들의 항아리 속에서 서로 부딪치며 거품을 일으키고 있지 않은가?

수많은 항아리가 깨졌다고 해서 이상할 게 무엇인가! 인간으로서 마땅히 그렇게 해야 하듯 그대 자신들을 비웃는 법을 배워라! 그대, 보다 높은 사람들이여! 가능한 일들이 아직도 얼마나 많은가!

---

*23 고독하면 육욕을 비롯해 마음속의 잡념이 짐승처럼 날뛰리라.

그리고 진실로 얼마나 많은 일들이 벌써 훌륭하게 이루어져 있는가! 이 대지는 작으면서도 훌륭하고 완전한 것, 제대로 된 것을 얼마나 많이 가지고 있는가!

그대들 주위에 작지만 훌륭하고 완전한 것들을 아주 많이 놓아두도록 하라! 황금빛으로 무르익은 모습은 마음의 병을 치료해 준다. 완전한 것들은 희망을 가져야 한다고 우리를 위로한다.

16

지상에서 가장 큰 죄악은 무엇이었던가? 그것은 "웃는 자에게 재앙이 내리리라!"고 말한 자의 이야기가 아니었던가?

그 자신은 이 땅 위에서 웃을 이유를 찾지 못한 걸까? 그렇다면 그것은 그의 탐구 방법이 서툴렀기 때문이다. 어린아이들조차도 이 세상에서 웃을 이유 몇 가지쯤은 찾아낼 수 있지 않은가?

그는 충분히 사랑하지 못했다. 그렇지 않다면 그는 웃는 우리까지도 사랑했을 텐데! 그는 우리를 미워하고 비웃었다. 그는 우리에게 울부짖게 하고 이를 갈게 하리라는 저주의 말을 했다.

사랑하지 않는다고 바로 저주해야 하는 것일까? 그것은 내게는 악취미로 보인다. 그러나 그는 그렇게 했다. 이 요구가 지나친 자는! 그는 출신이 천했던 것이다.

그리고 그는 충분히 사랑하지 못했던 것이다. 그렇지 않으면 그는 자신이 다른 사람들한테 사랑받지 못한 것에 대해 그처럼 화내지는 않았으리라. 위대한 사랑은 사랑받기를 요구하지 않는다. 그것은 '사랑받는 것'보다 더 많은 것을 요구한다.

그처럼 지나친 사랑을 요구하는 자들을 피하라! 그들은 가난하고 병든 천한 자들의 자식이다. 그들은 이 지상의 삶을 잘못된 관점에서, 이 대지를 사악한 눈초리로 바라본다.

그처럼 지나친 요구를 하는 자들을 피하라! 그들은 무거운 다리와 숨 막히는 심장을 가지고 있다. 그들은 춤출 줄도 모른다. 이런 자들에게 어떻게 대지가 가벼울 수 있겠는가?

17

모든 훌륭한 일들은 구불구불 돌아서 목적지에 다가온다. 그것은 고양이처럼 등을 구부린 채 가까워지는 행복을 바라보며 목청을 돋운다. 모든 훌륭한 것들은 웃게 마련이다.

사람이 자신의 길을 걷고 있는지 어떤지는 그 걸음걸이를 보면 알 수 있다. 나의 걸음걸이를 보면 알 수 있다. 그리고 목적지가 가까워지면 춤을 춘다.

그리고 진실로 나는 동상이 되지는 않았다. 나는 또 기둥처럼 단단하게, 돌처럼 둥글게 서 있지는 않다. 나는 빨리 달리는 것을 즐긴다.

지상에 늪과 함께 깊은 슬픔의 수렁이 있다 하더라도 가벼운 다리를 가진 자는 진흙탕을 뛰어넘어 얼음판 위에서 춤추는 것처럼 가볍게 달린다.

형제들이여! 그대들의 가슴을 높여라, 높이, 더 높이! 그리고 그대들의 다리도 잊어버리지 마라. 그대들의 다리도 들어올려라. 춤 잘 추는 자들이여! 더 좋은 방법은 거꾸로 서는 것이다!

18

잘 웃는 자의 이 왕관, 장미꽃으로 장식된 이 왕관을 내 머리 위에 올려놓았다. 그럼으로써 나의 웃음을 신성한 것이라고 선언했다. 나는 오늘까지 그렇게 할 수 있을 만큼 강한 사람을 발견하지 못했다.

춤추는 사람 차라투스트라. 날갯짓으로 신호하는 경쾌한 차라투스트라. 날아오를 준비를 완전히 마치고 행복에 취해 있는 차라투스트라.

진실을 말하는 차라투스트라. 진실에 웃는 차라투스트라. 초조해하지도 않고 절대적인 폭군도 아닌 자, 도약을 사랑하는 자, 그런 나 자신이 나의 머리 위에 왕관을 올려놓았다.

19

형제들이여! 그대들의 가슴을 높여라, 높이, 더 높이! 그리고 그대들의 다리도 잊어버리지 마라. 그대들의 다리도 들어올려라. 춤 잘 추는 자들이여! 더 좋은 방법은 거꾸로 서는 것이다.

행복을 얻고도 움직일 수 없는 동물이 있다. 태어나면서부터 다리를 절뚝거리는 동물이 있다. 그들은 거꾸로 서기 위해 애쓰는 코끼리처럼 경쾌하게 행동하려고 안간힘을 쓴다.

그렇지만 불행한 나머지 바보가 되는 것보다는 행복한 나머지 바보가 되는 것이 차라리 낫다. 절뚝거리며 걷는 것보다는 잘 추지는 못하지만 춤추는 편이 차라리 낫다. 그러므로 내 지혜를 배워서 아는 편이 더 나은 것이다. 가장 나쁜 것조차도 두 개의 선한 면을 가지고 있다는 지혜를.

가장 나쁜 것조차도 춤추는 좋은 다리를 가지고 있다는 지혜를. 하물며 그대, 보다 높은 사람들이여! 그대들은 그대들의 다리로 춤추는 것을 배우도록 하라.

슬픔의 피리를 이제 그만 불고, 천한 자들처럼 슬픔에 젖는 일을 떨쳐버려라! 오, 오늘날 천한 자들의 어릿광대는 얼마나 슬프게 보이는지 모른다. 그러나 오늘날은 천한 자들의 시대인 것이다.

20

그대들은 산 위의 동굴에서 불어내리는 바람처럼 행동하라! 바람은 나의 피리 소리에 맞추어 춤추려 한다. 그 춤추는 발자국 아래에서 바다가 몸부림치며 춤춘다.

당나귀에게 날개를 주고, 암사자의 젖을 짜주는 이 자유분방한 훌륭한 정신을 찬미하라. 오늘날과 천한 자들에게 폭풍처럼 불어닥치는 정신을 찬미하라.

엉겅퀴 머리,[*24] 쓸데없는 잡념투성이 머리, 시들어 버린 잎과 잡초들에게 적의를 품는 억세고 자유로우며 훌륭한 정신을 찬미하라. 그것은 늪과 슬픔의 수렁 위에서도 푸른 잔디 위에서 춤추는 것처럼 춤춘다.

말라빠진 개들과 잘못된 음산한 족속을 증오하는 이 정신, 온갖 자유로운 정신의 소유자에 깃든 이 정신을 찬미하라. 그것은 비관론자와 궤양 환자들의 짓무른 눈 속에 먼지를 불어넣는 웃음의 폭풍이다.

그대, 보다 높은 사람이여! 그대들에게 가장 나쁜 것은 그대들 모두가 춤추는 것을 배우지 않았다는 사실이다. 그대들은 마땅히 배웠어야 했는데도 그대 자신을 뛰어넘어 춤추는 것을 배우지 않았다. 그대들이 미완성품이라 해도 그

―――――――――
*24 괴테의 시 〈프로메테우스〉에는 제우스의 폭풍이 엉겅퀴의 줄기를 잘라버린 구절이 나온다. '엉겅퀴 머리'는 가시 돋친 것처럼 까다로운 사람을 말한다.

것은 아무 상관이 없다.

얼마나 많은 일이 아직도 가능한지 모른다. 그러니 그대들 자신을 뛰어넘어 웃는 방법을 배워라! 그대들의 가슴을 높이 들어라! 높이, 더 높이! 춤 잘 추는 자들이여! 잘 웃는 것도 잊지 말도록 하라!

웃는 자의 왕관, 장미꽃으로 장식된 왕관. 나는 이 왕관을 내 형제인 그대들에게 던져주리라. 나는 웃음을 신성한 것이라고 선언했다. 그대, 보다 높은 사람들이여! 웃는 것을 꼭 배워라!

우울의 노래

1

차라투스트라는 그의 동굴 입구에 서서 이렇게 말했다. 말을 끝내자마자 그는 손님들 옆을 떠나 문 밖으로 나왔다.

그는 소리쳤다.

"오, 나를 둘러싼 상쾌한 공기여! 오, 나를 둘러싼 행복한 정적이여! 나의 동물들은 어디 있는가? 이곳으로 오라. 나의 독수리와 나의 뱀이여!

말하라. 나의 동물들이여! 보다 높은 사람들은 모두들 악취를 풍기고 있는지도 모른다. 오, 나를 둘러싼 순수한 향기여! 이제 비로소 나는 알 것 같다. 나의 동물들이여! 나는 느낀다. 내가 얼마나 그대들을 사랑하는지!"

그리고 차라투스트라는 거듭 말했다.

"나는 그대들을 사랑한다. 나의 동물들이여!"

차라투스트라가 말하는 동안 독수리와 뱀은 그의 옆으로 와서 그를 쳐다보고 있었다. 셋은 신선한 공기를 들이마셨다. 바깥 공기가 보다 높은 사람들 곁의 공기보다 신선했기 때문이다.

2

차라투스트라가 그의 동굴에서 나가자마자 그 늙은 마술사가 일어서더니 교활한 표정으로 주위를 둘러보며 말했다.

"차라투스트라는 가버렸다. 그리고 보다 높은 사람들이여! 나도 차라투스트라처럼 그대들을 찬사와 아첨의 말로 간지럽히겠다. 이미 내 기만과 마술의 구름, 즉 내 우울의 악마가 나를 덮쳐온다.

이 악마는 차라투스트라의 적수이다. 그렇다고 이 악마를 탓하지는 마라. 자, 이 악마가 그대들 앞에서 마술을 보여주고 싶어한다. 그는 마침 때를 잡았다. 내가 이 악마에게 아무리 저항해도 소용이 없다.

그대들이 자신을 어떤 명예로운 말로 부른다고 해도, 즉 '자유로운 정신', '성실한 자', '정신의 속죄자', '쇠사슬을 끊은 자', '위대한 동경자'라고 스스로를 부른다 해도 마찬가지이다.

그대들은 모두 나처럼 심한 구역질에 괴로워하고 있다. 그대들에게 낡은 신은 죽어서 없어졌지만, 새로운 신은 아직 요람 속에서도 기저귀 속에서도 발견되지 않는다. 그런 그대들 모두에게 나의 악령, 마술의 악마는 호의를 가지고 있다.

나는 그대들을 알고 있다. 보다 높은 사람들이여! 나는 또한 그도 알고 있다. 내가 그의 뜻에 반해서 사랑하고 있는 이 괴물, 차라투스트라를. 나의 눈에 가끔 그는 아름다운 성자의 가면처럼 보인다.

또한 새롭고 기묘한 가장무도회처럼 보이기도 한다. 그 가장무도회에는 악령과 내 우울의 악마까지도 기꺼이 참가하고 있다. 내가 차라투스트라를 사랑하는 이유도 내 악령의 탓이 아닌가 생각될 때가 가끔 있다.

하지만 이미 우수의 정신, 저녁노을의 악마는 나를 공격해 짓누른다. 이 악마는 가만히 있을 수가 없는 것이다.

자, 눈을 똑바로 뜨고 보라. 그는 벌거벗고 이 자리에 오고 싶은 욕망에 들떠 있다. 남자의 모습으로 올 것인지 여자의 모습으로 올 것인지는 나도 아직 모른다. 어쨌든 그는 올 것이다. 그리고 무조건 나에게 강요하리라. 아, 더 이상 저항할 수 없다. 그대, 감각의 문을 열어라!

날이 저문다. 이제 모든 사물에 저녁이 찾아오고 있다. 자, 보다 높은 사람들이여! 들어라. 그리고 보라. 이 저녁 우수의 정신이 남자의 모습을 하고 있는지, 아니면 여자의 모습을 하고 있는지! 어떤 악마인가를!"

늙은 마술사는 이렇게 말하고 나서 교활한 표정으로 주위를 둘러보더니 그의 하프를 잡았다.

3

맑은 대기 속에서

벌써 이슬의 위로가
보이지도 않고 들리지도 않게
공평하게 위로의 손길을 내민다.
위로를 간직한 이슬은
다정한 사람이라도 대하듯
부드러운 구두를 신고 있다.
땅에 내려올 때
그때를 그대는 생각하는가, 그대는 생각하는가!
뜨거운 가슴이여.
일찍이 그대가 얼마나 애타게 갈망했던가를.
더위에 지치고 피로해져
하늘의 눈물과 이슬방울을 얼마나 애타게 갈망했는가를.
그때 노랗게 물든 풀밭길에는
악의에 찬 저녁 햇살의 눈초리가
검은 나무숲을 뚫고 그대를 괴롭혔다.
저 짓궂고 눈부신 태양의 눈초리가!

"진리의 구혼자라고? 그대가?"
태양의 눈초리는 비웃듯 말했다.
"아니, 그대는 단지 시인일 뿐이다.
살며시 다니며 먹이를 노리는 교활한 자
고의로 거짓말을 하지 않을 수 없는 한 마리의 짐승.
먹을 것을 찾아다니고
여러 가지 가면을 쓰고
자기 자신에게조차 가면을 쓰고
자기가 자신의 먹이가 된다.
그것이 진리의 구혼자인가?
아니, 바보에 불과하다! 시인에 불과하다!
오로지 화려한 이야기를 하고
광대의 가면 속에서 큰 소리로 부르짖고

허망한 언어의 다리를 오가며
아름다운 무지개를 목표로
거짓된 하늘과 거짓된 땅 사이를
이리저리 헤매며 돌아다니는
단지 바보일 뿐이다! 시인일 뿐이다!

그것이 진리의 구혼자인가?
고요하고 단단하며 매끄럽고 싸늘한
조상이 된 적도 없고
신의 입상이 된 적도 없으며
신전 앞에 세워진
신의 문지기가 된 적도 없다.
아니! 그런 진리의 입상에 적의를 지닌 채
신전 앞보다는 황량한 땅에 안주하는
고양이처럼 제멋대로
모든 창문을 뚫고
홀연히 온갖 우연 속으로 뛰어들며
온갖 원시림 냄새를 맡고
무절제한 동경으로 냄새 맡으며
원시림 속에서
얼룩무늬 반점의 맹수들 사이를
죄에 빛나는 건강한 모습으로
화려하고 아름답게 달리기 위해서
욕망의 혓바닥을 늘어뜨린 채
행복 속에서 비웃음의 악귀가 되어
행복 속에서 피에 굶주려
슬금슬금 기어다니고 기웃거리며
제 마음대로 훔치려고 한다.

아니면 독수리처럼

오랫동안 심연을
자아의 심연을 바라본다.
오, 그 심연은 얼마나 험하고
아래로, 아래로 얼마나 깊은 곳으로 굽이쳐 떨어지는가!
그러자
갑자기
그 독수리는 똑바로
날개를 한 번 치고
새끼 양들에게로 내려가 덮친다.
굶주림에 불타 급강하한다.
이 먹이를 노려
모든 새끼 양의 영혼을 가진 자들을 저주하여
새끼 양과 같은 눈동자를 가진 모든 것,
곱슬곱슬한 털을 가진 양과
새끼 양처럼 유순한
회색빛 모든 것에 격분해서!

시인의 동경은
천 개의 가면을 쓴 그대의 동경은
이렇게 독수리처럼, 표범처럼.
그대, 바보여! 그대, 시인이여!

그대는 인간을 양으로
또는 신으로 보았다!
인간들 속에 사는 양을 찢는 것과 같이
인간들 속에 사는 신을 찢어놓고는
그러고는 웃는다.
이것, 이것이야말로 그대의 축복이다!
표범의, 독수리의 축복이다!
시인의, 바보의 축복이다."

맑은 대기 속에서
이미 조각달이
붉은 하늘을 초록으로 물들이며
시기하듯 숨어 다닐 때
달은 해에게 적의를 품고
남몰래 한 걸음씩
장미 해먹을
낫질해 가며
마침내 창백한 빛을 남기며
저 먼 밤을 향하여 가라앉을 때까지.

그처럼 나도 일찍이
진리에 대한 광기에서
내 대낮의 동경에서 벗어나
낮에 지치고 빛에 병든 채
기울어 갔다.
밑으로, 저녁 속으로, 그림자 속으로
하나의 진리에
불타서 그을리고, 말라비틀어진 채
기울어 갔다.
그대는 생각하는가, 그대는 생각하는가. 뜨거운 마음이여!
그때 그대가 얼마나 갈증을 느꼈는지를.
모든 진리로부터
추방되었다는 것을.
그대는 바보일 뿐이다! 시인일 뿐이다!

과학

마술사는 이렇게 노래했다. 그 자리에 있던 모든 사람들은 저절로 그의 교활하고 우울한 쾌락의 그물에 새처럼 걸려들었다. 다만 정신의 양심을 지닌 사람만은 그 그물에 걸려들지 않았다. 그는 재빨리 마술사의 손에서 하프를 빼앗고 이렇게 소리쳤다.

"공기를! 신선한 공기를 들게 하라! 차라투스트라를 불러라! 그대는 이 동굴을 숨 막히게 하고 독으로 가득 채운다. 이 늙고 사악한 마술사여!

거짓으로 가득 찬 자여, 교활한 자여. 그대는 알 수 없는 욕망과 혼란으로 우리를 유혹한다. 아, 그대 같은 자가 진리에 대해 지껄이다니!

아, 이러한 마술사들을 경계하지 않는 모든 자유로운 정신에게 재앙 있으라! 그들의 자유는 달아나리라! 그대는 사람들을 가르치고 유혹한 다음 감옥으로 끌고 가는 자이다.

그대, 늙은 우수의 악마여! 그대가 탄식하는 말에서는 유혹의 피리 소리가 들린다. 그대는 순결을 찬미하면서 슬며시 음란한 쾌락으로 유혹하는 자이다."

양심을 지닌 사람이 이렇게 말했다. 그러나 늙은 마술사는 주위를 둘러보고는 자기 승리를 확인한 듯 미소지었다. 양심을 지닌 사람 때문에 생긴 불쾌감까지도 억누를 수 있었다.

그는 겸손한 말투로 명령했다.

"조용히 하라! 훌륭한 노래에는 여운이 있어야 한다. 훌륭한 노래가 끝나면 사람은 잠깐 동안 입을 다물고 있어야 한다.

여기에 있는 사람들, 보다 높은 사람들은 모두 그렇게 한다. 하지만 그대는 나의 노래를 이해하지 못했다. 그대에게는 마술을 음미하는 정신이 거의 없는 듯하다."

양심적인 사람이 대답했다.

"그대가 나를 그대와는 다른 부류의 사람으로 보다니, 그것은 내게 칭찬의 말이구나. 좋다. 그러나 그대, 나머지 사람들이여. 나는 이런 광경을 처음 보았다. 그대들은 아직도 탐욕의 눈초리를 하고 앉아 있다.

그대, 자유로운 영혼들이여! 그대들의 자유는 어디로 가버렸는가? 그대들은 마치 벌거벗은 무희들의 음란한 춤을 오랫동안 보고 있던 자와 같다. 그대들의 영혼은 아직도 춤추고 있다.

그대, 높은 사람이여! 그대들 속에는 이 마술사가 그의 마술과 속임수의 악령이라고 부르고 있는 것이 틀림없이 더 많이 숨어 있으리라. 그대들과 나는 다른 종족이어야 한다.

진실로 우리는 아까 차라투스트라가 이곳으로 돌아오기 전에 충분히 이야기도 해보고 생각도 나누어 보았다. 우리가 서로 다른 종족이라는 것을 나는 알게 되었다.

그대들과 나는 이 산 위에서 서로 다른 것을 찾고 있다. 나는 더욱 '확실한 것'을 찾고 있다. 그래서 차라투스트라를 찾아온 것이다. 누가 뭐라고 해도 그는 모든 것이 흔들리고 온 대지가 떨고 있는 오늘날 가장 확고한 탑이며 의지이기 때문이다.

하지만 그대들의 눈초리를 보면 그대들은 더욱 불확실한 것을 찾아 헤매는 듯하다. 그대들은 좀더 많은 공포를, 보다 많은 위험을, 보다 많은 지진을 찾고 있는 것 같다. 보다 높은 사람들이여, 나의 억측을 용서하라!

그대들의 욕망은 나에게 가장 큰 공포를 일으키고, 가장 나쁘며, 가장 위험한 삶을 찾고 있는 것으로 보인다. 야수의 삶, 숲, 동굴, 험한 산들, 협곡의 미로를 갈망하고 있는 것 같다.

그리고 그대들을 가장 즐겁게 하는 것은 이러한 위험에서 그대들을 끌어내는 지도자가 아니라 그대들을 온갖 바른길에서 벗어나게 하는 유혹자이다. 그러나 현실적으로 이러한 갈망이 그대들에게 있다는 것은 불가능하다고 나는 생각한다.

왜냐하면 공포야말로 인간의 원초적이고도 근본적인 감정이기 때문이다. 온갖 타고난 죄도 덕도 이 공포라는 것으로 설명될 수 있다. 덕 또한 공포에서부터 생기는 것이다. 그것은 과학이라고 불린다.

이를테면 야수에 대한 공포는 아주 먼 옛날부터 인간의 마음속에 간직되어 왔던 것이다. 물론 나는 인간 속에 도사리고 있는 짐승들까지도 포함해서 말하고 있다. 차라투스트라는 이것을 '내적 동물'이라고 부른다.

이처럼 오래 간직해 온 낡은 공포가 마침내 다듬어지고, 신성시되고, 정신적인 것이 되어 오늘날에는 정밀한 지식, 즉 과학이라 불리고 있다고 생각한다."

양심적인 사람이 이렇게 말했다. 그때 마침 차라투스트라가 동굴로 돌아왔다. 그 말의 끝부분을 듣고 의미를 알아챈 차라투스트라는 양심적인 사람을 향해 한 다발의 장미꽃을 던지면서 그가 말한 '진리'에 대해 비웃었다.

그는 외쳤다.

"무슨 소리를! 나는 지금 무슨 소리를 들었는가? 그대가 바보가 아니라면 내가 바보인 것 같다. 나는 그대가 말한 '진리'를 지금 당장 뒤엎어 보이겠다.

공포는 우리에게는 예외적 감정이다. 이와 반대로 용기와 모험, 불확실한 것, 시도되고 있지 않은 것에 맞서는 의욕, 한마디로 말하면 용기야말로 인간의 역사가 시작되기 전 모두를 이루는 것이라고 나는 생각한다.

인간은 가장 사납고 가장 용감한 동물들의 덕을 시기하여 빼앗아 버렸다. 그래서 비로소 인간은 인간이 되었던 것이다.

이 용기가 조금씩 다듬어지고, 신성시되고 정신화되어 왔다. 그렇게 해서 오늘날처럼 독수리의 날개와 뱀의 지혜를 가진 이 인간의 용기가 나타났다. 내 생각에 오늘날 이것의 이름은……."

"차라투스트라다!"

그 자리에 있던 사람들이 모두 입을 모아 외치고는 크게 웃었다. 그때 그들의 웃음소리는 무거운 구름처럼 피어올랐다. 마술사까지도 웃고는 약삭빠르게 말했다.

"자, 그는 사라졌다. 나의 악령은! 내가 그대들에게 그는 사기꾼이며 거짓되고 기만적인 영혼이라고 경고하지 않았던가?

특히 그가 벌거숭이로 나타날 때 더욱 경계하라고 말했다. 그러나 그의 속임수를 내가 어떻게 막는단 말인가? 내가 그를 창조했단 말인가? 내가 세계를 창조했단 말인가?

자, 우리 이제 기분 좋게 지내도록 하자! 차라투스트라가 화난 눈초리로 노려본다고 하더라도, 그를 보라. 그는 나에게 화가 나 있다.

밤이 되기 전에, 그는 다시 나를 사랑하고 칭찬하게 될 것이다. 그는 그런 어리석은 행동을 하지 않으면 살아갈 수가 없다.

그는 자신의 적을 사랑한다. 그는 내가 본 사람들 가운데 이 요령을 가장 잘 터득하고 있다. 그러나 그는 그 대신 자기 친구들에게 복수한다."

늙은 마술사는 이렇게 말했다. 그리고 사람들은 그의 말에 갈채를 보냈다. 그런데도 차라투스트라는 자리를 한 바퀴 돌면서 악의와 사랑을 가지고 모든 친구들과 악수를 나누었다. 마치 그들에게 무엇인가 보상하고 사과하려는 사람 같았다.

그렇게 하면서 동굴 입구에까지 이르자, 그는 다시금 문 밖의 신선한 공기와 그의 동물들에 대한 그리움에 사로잡혔다. 그래서 그는 밖으로 몰래 빠져

나가려고 했다.

사막의 딸들 가운데서

1

"떠나지 마라!"

방랑자가 외쳤다. 그는 차라투스트라의 그림자라고 자처했던 자이다.

"우리와 함께 여기 있자. 그렇게 하지 않으면 낡고 음산한 슬픔이 또다시 우리를 덮칠 것이다.

저 늙은 마술사는 이미 자기가 가지고 있는 것 중 가장 나쁜 것을 우리에게 주었다. 그리고 보라! 저기 선량하고 경건한 교황은 눈물을 머금은 채 다시금 우울의 바다에 배를 띄웠다.

이쪽에 있는 두 왕은, 아직도 기분 좋은 얼굴을 보이려 하고 있다. 이 두 사람은 우리 가운데 이런 재주를 가장 잘 배웠기 때문이다. 그러나 그들도 보는 사람이 없으면 다시 나쁜 놀이를 시작할 것이다.

떠도는 구름, 습기 찬 우울, 구름으로 덮인 하늘, 도둑 맞은 태양, 울부짖는 가을바람이 벌이는 짓궂은 놀이를!

우리의 울부짖음과 비명이 들리는 짓궂은 놀이가 다시 시작될 것이다. 우리와 함께 있자. 오, 차라투스트라여! 여기에는 말하고 싶어하는 수많은 숨겨진 불행이 있다. 많은 저녁, 많은 구름, 많은 눅눅한 공기가 있다.

그대는 우리에게 강력하고 남성적인 식사와 함께 힘찬 격언을 대접해 주었다. 그러므로 후식으로 유약하고 여성적인 영혼들이 다시 우리에게 덤벼들도록 내버려 두면 안 된다.

그대만이 그대 주위의 공기를 맑게 할 수 있다. 나는 지상에서, 이 동굴에서 그대와 함께 있을 때만큼 맑은 공기를 마셔본 적이 일찍이 없었다.

나는 지금까지 수없이 많은 나라를 보아왔다. 나의 코는 온갖 공기를 음미하고 감정해 보았다. 하지만 나의 코는 그대와 함께 있을 때 가장 큰 기쁨을 느낀다.

단 하나의, 단 한 번의 예외가 있었다. 오, 오래된 추억을 용서해 다오. 식후의 노래를 들어다오. 이것은 일찍이 내가 사막의 딸들과 함께 있을 때 지은 것이다.

그 딸들 주위에도 이곳처럼 맑고 깨끗한 동양의 공기가 있었다. 나는 습기차고 우울하고 낡은 서양에서 가장 멀리 떨어져 있었다!

그때 나는 이런 동양의 딸들을, 우리가 있는 곳에서는 볼 수 없는 푸른 하늘을 사랑했다. 한 조각의 구름도, 한 조각의 사상도 걸려 있지 않은 푸른 하늘을.

그대들은 믿지 않을 것이다. 사막의 딸들은 춤추지 않을 때에는 얼마나 사랑스럽게 앉아 있었던가. 심오하지만 아무 상념 없이, 작은 비밀처럼, 리본으로 묶인 수수께끼처럼, 후식용 호두처럼.

참으로 화려하고 신비로웠다. 한 조각 구름도 없고, 풀기 쉬운 수수께끼 같은 그 딸들을 즐겁게 해주려고 그때 우리는 식후의 찬미가를 지었다."

차라투스트라의 그림자라고 자처하는 방랑자가 이렇게 말하더니, 누군가가 대답도 하기 전에 재빨리 늙은 마술사의 하프를 손에 들고 다리를 벌린 채 조용하고 지적인 눈으로 주위를 둘러보았다. 천천히 의아스러운 듯 코로 공기를 들이마시고 있었다. 새로운 나라에 와서, 새로운 공기를 맛보려는 듯한 태도였다. 이윽고 그는 웅얼거리는 듯한 목소리로 노래 부르기 시작했다.

2

'사막은 자란다, 사막을 숨기고 있는 자에게 재앙 있으라!'

오! 장엄하다!
진실로 장엄하다!
위엄 있는 노래가 시작하는구나!
아프리카에나 어울리는 장엄함이다.
사자에게나 어울리는 위엄이다!
아니면 도덕을 부르짖는 원숭이에게나 어울리는 위엄이다!
하지만 그대들에겐 상관없는 것
가련하고 사랑스러운 소녀들이여!
그대들의 발밑에
유럽인으로서는 최초로 내가
비로소 쉴 수 있었던 것이다.

그 야자나무 그늘에서. 셀라.*25

정말 놀랍도다!
난 여기에 앉아 있다.
사막 가까이.
또한 사막에서 멀리 떨어져 있다.
사막처럼 황폐한 곳은 어디에도 없다.
이 작은 오아시스가
나를 삼켜버렸다.
오아시스는 마침 하품을 하느라

그 사랑스런 입을 지금 막 열었다.
세계에서 가장 향기로운 입을.
나는 그 속으로 빠져버렸다.
그래서 그대들이 모인 곳으로 왔다.
그대, 가련하고 사랑스러운 소녀들이여! 셀라.

기쁘다, 기쁘다, 저 고래여!
그처럼 손님을 기분 좋게 대접해 주었다면!
그대들은 이해하는가?
나의 이 해박한 암시를?
기쁘다. 고래의 배(腹)여!
그것은 이렇게 사랑스러운
오아시스라는 배.
그렇지만 난 아무래도 믿을 수 없다.
아무튼 나는 멀리 유럽에서 왔으니.
이 유럽이라는 곳은
늙은 아내보다도 더 의심이 많다.

---

*25 《구약성경》 〈시편〉의 한 소절 끝에서 사용되는 말로 '쉬라'는 뜻으로 이르는 헤브루어.

신이여, 그것을 고쳐주소서!
아멘!

나는 지금 여기 앉아 있다.
이 작은 오아시스에.
나는 야자열매를 닮아
갈색으로, 아주 달콤하게 황금빛으로 무르익은
소녀의 동그란 입을 갈망한다.
그러나 그것보다도
얼음처럼 차갑고 눈처럼 희고 날카로운
소녀의 앞니를 애타게 그리워한다.
그런 소녀의 이를.
모든 뜨거운 야자열매의 가슴은
이러한 것들을 애타게 그리워하기 때문이다. 셀라.

방금 말한 남쪽 나라의 과일과
닮은, 너무나 닮은
내가 여기 누워 있다.
작은 딱정벌레들이
내 냄새를 맡으며 기어다닌다.
그것보다 훨씬 작고
훨씬 어리석고 훨씬 죄 많은
소망과 공상도
내 냄새를 맡고 내 주위를 기어다닌다.
그리고 나는 그대들에게 둘러싸여 있다.
그대, 말없이 예감하는 소녀, 암고양이여.
두두와 줄라이카여!*26
이 가슴에 넘치는 많은 감정을 단 한마디로 줄인다면

_____

*26 동양적 매력을 지닌 여성을 가리킨다.

'스핑크스에 둘러싸여.' *²⁷
(신이여, 이렇게밖에 말할 수 없음을 용서하라!)
나는 이렇게 앉아 있다.
가장 좋은 공기를 마시면서,
실로 낙원의 공기를
밝고 가벼운 공기, 황금빛 무늬의 공기를.
이렇게 상쾌한 공기는
달에서 떨어져 내린 게 틀림없다.
그것은 우연히 생긴 일이었던가?
아니면 옛 시인들의 노래처럼
오만에서 생겨난 것일까?
그렇지만 의심 많은 나는 그것을 믿지 않는다.
나는 유럽에서 왔으니.
이 유럽이라는 곳은
늙은 아내보다 더 의심이 많다.
신이여, 그것을 고쳐주소서!
아멘!

향긋하고 아름다운 이 공기를 마시느라
술잔처럼 콧구멍을 부풀리며
미래도 추억도 없이
나는 여기 앉아 있다.
그대, 가련하고 아름다운 소녀들이여!
저 야자나무를 바라보라!
춤추는 무희처럼 몸을 비틀고 엉덩이를 흔드는 모습을.
오래 보고 있으면 저절로 허리가 움직인다.
저 야자나무의 모습은
위태로울 만큼 너무 길어서

---

*27 소녀들을 수수께끼로 가득 찬 스핑크스로 보고 있다.

한 다리로 서서 춤추는 아가씨 같지 않은가?
그래서 그 춤추는 아가씨는
다른 한쪽 다리가 있다는 것마저 잊어버렸나 보다.
그래서 나는 그 잊어버린
쌍둥이 보석의 한쪽을
그러니까 다른 한쪽 다리를
그 아가씨의 가장 귀엽고 예쁘며
나풀나풀 펄럭이며 흔들리는 치마의 신성한 곳 근처에서
찾아봤지만 소용이 없었다.
그렇다 그대, 아름다운 소녀들이여!
그대들은 내 말을 믿지 않겠지만
야자나무는 그것을 잃어버렸다!
그것은 사라졌다. 영원히 사라졌다!
다른 한쪽 다리는!
오, 가여워라. 저 귀여운 다른 한쪽 다리
그것은 어디로 가버렸는가?
어디에 버려져 슬퍼하고 있는가?
그 외로운 한쪽 다리는?
금빛 갈기를 늘어뜨린
소름 끼치는 사자들 앞에서
지금 떨고 있는가?
아니면 벌써 물어뜯겼단 말인가?
오, 가련하다. 슬프다! 슬프다!
모두 다 먹혀 버렸으니! 셀라.

오, 울지 말아라.
상냥한 마음이여!
울지 말아라, 그대들이여.
야자열매 같은 마음이여! 젖가슴이여!
귀여운 감초 같은

작은 마음의 주머니여!
이제 울지 마라.
파랗게 질린 두두여.
자, 용감하라! 줄라이카여.
기운을 내라, 기운을!
아니면 무엇인가 기운을 북돋워 주는 것
마음을 단단하게 하는 것을
끄집어 내는 것이 적당하지 않을까?
그럴듯한 잠언이?
엄숙한 권고가?

아, 일어나라! 위엄이여!
덕의 위엄이여! 유럽인의 위엄이여!
바람을 일으켜라. 계속 바람을 일으켜라!
덕의 풀무여!
자!
한 번 더 울부짖어라!
도덕적으로 울부짖어라!
도덕적인 사자로서
사막의 딸들 앞에서 울부짖어라!
그대, 가장 귀여운 소녀들이여!
덕의 외침 소리는
유럽인의 열정
유럽인의 갈망보다 훨씬 뛰어나다!
그리고 나는 지금 여기에 서 있다.
한 사람의 유럽인으로
달리 어떻게 할 수가 없다.
신이여, 나를 도와주소서!
아멘!

'사막은 자란다. 사막을 숨기고 있는 자에게 재앙 있으라!'

깨달음

1

그림자라고 자처하는 방랑자가 노래를 끝내자 동굴은 소음과 웃음소리로 떠들썩했다. 모든 손님들이 갑자기 큰 소리로 이야기하기 시작했다. 당나귀까지도 그 분위기에 휩쓸려 입을 다물고 있지 않았기 때문에 차라투스트라는 그들에게 약간의 반감과 경멸을 느끼고 있었다. 하지만 손님들이 즐거워하자 그도 기뻤다. 그것은 회복되어 가는 징후처럼 생각되었기 때문이다. 그래서 그는 손님들을 피해 문 밖으로 나가 자기 동물들에게 말했다.

"그들의 괴로움은 어디로 달아났는가?" 그는 벌써 혐오감에서 벗어난 것 같았다. "나와 함께 있는 동안 그들은 다급한 비명을 잊어버린 것 같다. 그렇지만 유감스럽게도 아직 그들의 비명은 계속되고 있다."

차라투스트라는 이렇게 말하고 두 귀를 막았다. 그때 마침 당나귀가 "이─야" 하고 우는 소리가 보다 높은 사람들의 떠들썩한 환성과 합쳐져 기묘한 소리가 되어 들려왔다.

그는 다시 말하기 시작했다.

"그들은 즐거워하고 있다. 그러나 그것이 주인에게 폐가 된다는 걸 알지도 못하는구나. 게다가 그들은 나에게서 웃는 것을 배웠지만 저것은 나의 웃음이 아니다.

하지만 아무래도 좋다! 그들은 모두 노인이다. 그들은 자기들 방식대로 회복하고 자기들 방식대로 웃는 것이다. 내 귀는 그보다 더 심한 것도 참았고, 짜증을 낸 적도 없다.

오늘은 승리를 거둔 날이다. 나의 가장 큰 적인 '무게 있는 영혼'은 벌써 질려서 달아나 버리고 말았다. 그처럼 나쁘고 음울하게 시작한 오늘 하루가 얼마나 훌륭하게 막을 내리고 있는가!

진실로 이날이 끝나가고 있다. 벌써 저녁이 다가왔다. 훌륭한 기사인 저녁이 바다를 건너오고 있다. 자줏빛 안장 위에 앉아서 여유 있는 자세로 오고 있다. 이 축복받은 자, 귀환자가!

하늘은 밝은 눈빛으로 그것을 바라보고 있으며, 세계는 낮게 드러누워 있다. 오, 그대, 나를 찾아온 이상한 자들이여! 나와 함께 사는 것은 과연 보람 있는 일이다!"

차라투스트라가 말했다. 그러자 보다 높은 사람들의 외침과 웃음소리가 동굴로부터 또다시 들려왔다. 차라투스트라는 계속 말했다.

"그들은 미끼를 물었다. 내가 드리운 미끼가 효력을 나타냈다. 그들의 적인 무게 있는 영혼이 그들에게서 물러가고 있다. 이미 그들은 자기 자신을 비웃는 법까지 알고 있다. 내가 잘못 들은 것은 아니겠지?

내가 대접한 남성적인 음식, 싱싱하고 활기찬 내 격언은 효력을 발휘하고 있다. 나는 함부로 배를 불리는 채소가 아닌 전사의 음식, 정복자의 음식을 주었던 것이다. 나는 그들에게 새로운 욕망을 일깨워 주었다.

그들의 팔과 다리는 새로운 희망으로 가득 차 있다. 그들의 가슴은 기지개를 켠다. 그들은 새로운 말을 찾아내고, 머지않아 그들의 정신은 방종을 호흡하리라.

물론 그런 음식은 어린아이에게는 맞지 않으며, 늙은 여자나 젊은 여자의 동경을 만족시키지도 않는다. 그들의 위장을 설득하는 데는 다른 것이 있으리라. 나는 그런 자들의 의사도 선생도 아니다.

그들, 보다 높은 사람에게서 구역질이 물러나려 한다. 그렇다. 이것은 나의 승리이다. 나의 왕국에서 그들은 안전해지고 있으며 어리석은 수치심이 모두 사라지고 있다. 그들은 자신을 비우고 있다.

그들은 마음을 비우고 있다. 좋은 때가 그들에게 오고 있다. 그들은 휴일을 보내고는 되새김질을 한다. 그들은 감사해하는 마음을 갖게 된다.

나는 그들의 이 마음을 최고의 징후로 받아들인다. 머지않아 그들은 축제를 생각해 내서, 그들의 오래된 기쁨에 기념비를 세우리라.

그들은 '회복해 가고 있는 자'들이다!"

이렇게 차라투스트라는 기쁜 듯 중얼거리고는 저 아득히 먼 곳을 바라보았다. 그의 독수리와 뱀은 그에게 몸을 기댄 채 그의 행복과 그의 침묵에 경의를 표했다.

2

그러나 차라투스트라는 갑자기 놀랐다. 소음과 웃음소리로 떠들썩하던 동굴이 금방 죽은 듯이 조용해졌기 때문이다. 그리고 차라투스트라의 코는 솔방울을 태우는 듯한 향기로운 연기와 향내를 맡았다.

"어떻게 된 일인가? 그들은 무엇을 하고 있는 건가?"

차라투스트라는 이렇게 중얼거리고는 입구에서 손님들 모르게 안을 들여다보았다. 그런데 모든 기적을 뛰어넘은 놀라운 기적! 그가 거기서 무엇을 보았단 말인가?

"그들은 모두 또다시 신앙심 깊은 사람이 되었다. 그들은 기도를 하고 있다. 그들은 미쳐버린 것이다!"

차라투스트라는 이렇게 말하고는 몹시 놀랐다. 진실로! 모든, 보다 높은 사람들, 두 사람의 왕, 퇴직한 교황, 사악한 마술사, 스스로 거지가 된 사람, 그림자라고 자처하는 방랑자, 늙은 예언자, 정신적 양심의 소유자, 그리고 가장 추한 인간, 모두가 마치 어린아이처럼, 신앙심 깊은 노파처럼 무릎을 꿇은 채 당나귀를 향해 예배를 하고 있었다. 그리고 마침 그때 가장 추한 인간이 그르렁거리는 소리와 함께 씩씩거리기 시작했다. 차마 말로 표현할 수 없는 것이 그의 입으로부터 막 튀어나오려는 듯했다. 그것은 당나귀, 경배와 분향을 받고 있는 저 당나귀를 찬미하는 경건하고 이상한 기도였다. 그 기도는 다음과 같은 것이었다.

"아멘! 명예와 영광과 지혜와 감사와 찬미와 힘이 영원히 우리 신에게 있기를!"

그러자, 당나귀는 이것에 응답해서 "이—야" 하고 울었다.

"신은 우리의 무거운 짐을 대신 지고 있으며, 노예의 모습을 하고 있다. 그는 참을성이 있으며, 일찍이 부정의 말을 한 적이 한 번도 없다. 이렇게 해서 자기 신을 사랑하는 자는 누구든 그 신을 박해한다."

그러자 당나귀는 그것에 답해서 "이—야" 하고 울었다.

"그는 말하지 않는다. 그가 자신이 창조한 세계에 대해서 언제나 "그렇다"고 하는 것도 그 때문이다. 그럼으로써 그는 자신의 세계를 찬미한다. 그는 교묘한 지혜를 가졌기 때문에 말하지 않는 것이다. 따라서 그가 잘못을 저지르는 일은 거의 없다."

그러자 당나귀는 그것에 응답해서 "이—야" 하고 울었다.

"그는 초라한 모습으로 세상을 돌아다닌다. 회색 몸속에 자신의 덕을 감싸고 있다. 그는 정신을 가졌지만 그것을 숨긴다. 그러나 모든 사람은 오직 그의 긴 귀만을 믿는 것이다."

그러자 당나귀는 그것에 답해서 "이―야" 하고 울었다.

"그가 긴 귀를 가지고 있으면서도 단지 '이―야' 하고 말할 뿐 절대로 부정의 말을 하지 않는 것은 얼마나 심오한 지혜인가! 그는 자신의 모습을 본떠서 미련하고 우둔하게 이 세상을 창조했던가?"

그러자 당나귀는 그것에 응답해서 "이―야" 하고 울었다.

"그대는 곧은 길도 가고 구부러진 길도 간다. 우리 인간의 어디가 곧게 보이든 어디가 구부러져 보이든 그대는 상관하지 않는다. 선악 너머에 그대의 나라가 있다. 순진성이 무엇인지 모르는 것이야말로 그대의 순진성이다."

그러자 당나귀는 그것에 답해서 "이―야" 하고 울었다.

"보라, 그대는 어느 누구도 물리치지 않는다. 거지든 왕이든 물리치지 않는다. 그대는 어린이를 그대 곁으로 불러들인다.*28 그리고 나쁜 어린아이들이 그대를 유혹할 때도 그대는 천진하게 '그렇다'고 대답한다."

그러자 당나귀는 그것에 답해서 "이―야" 하고 울었다.

"그대는 암탕나귀와 신선한 무화과를 즐긴다. 그대는 어떤 음식이든지 가리지 않는다. 그대가 굶주려 있을 때는 엉겅퀴까지도 그대를 유혹한다. 그렇게 하는 것에 신의 지혜가 담겨 있다."

그러자 당나귀는 그것에 응답해서 "이―야" 하고 울었다.

당나귀의 축제

1

기도가 여기까지 진행되었을 때 차라투스트라는 더 이상 참을 수가 없었다. 그는 당나귀보다 훨씬 더 큰 소리로 "이―야" 하고 외치고는 미친 손님들 한가운데로 뛰어 들어갔다.

"그대들은 무엇을 하고 있는가? 사람의 아들이여!"

그는 다시 소리쳤다. 그러고는 기도 중인 자들을 잡아 일으켰다.

---

*28 〈마태복음〉 19장 14절에서 따온 말. 당나귀는 모든 바람을 가까이하고, 모든 사람이 끌고 가는 대로 따른다. 신도 그렇다는 것을 뜻한다.

"그대들이 지금 하고 있는 일을 차라투스트라가 아닌 다른 사람이 본다면 어떻게 할 것인가? 어느 누구도 그대들이 이 새로운 신앙에 빠져들어 극악한 신성모독자나, 아니면 가장 어리석은 노파가 되어버렸다고 판단할 것이다.

그리고 그대, 늙은 교황이여, 도대체 그대가 이런 식으로 당나귀를 경배하는 것이 그대와 어울린다고 생각하는가?"

교황이 대답했다.

"오, 차라투스트라여. 용서해 다오. 그러나 신에 대해서라면 그대보다는 내가 더 잘 알고 있고, 그것은 당연한 일이다.

전혀 보이지 않는 신을 경배하는 것보다는 당나귀일망정 이처럼 보이는 것을 경배하는 편이 훨씬 바람직하다. 내 말을 잘 생각해 보기 바란다.

나의 고귀한 벗이여. 이 말 속에 지혜가 숨어 있다는 것을 그대는 곧 깨달으리라. '신은 정신이다' 말한 자는 지금까지 지상에서 불신앙을 향해 가장 큰 도약을 이루었다. 이런 말이 일단 입에서 흘러나온 뒤에는 이 세상에서 쉽게 돌이킬 수 없다.

나의 늙은 마음은 지상에 아직도 경배해야 할 무엇이 있음을 알고 기뻐하고 있다. 오, 차라투스트라여. 그것을 이 신앙심 깊은 늙은 교황의 이름으로 용서해 다오!"

차라투스트라는 그림자라고 자처하는 방랑자에게 말했다.

"그리고 그대, 그대는 스스로를 자유로운 정신이라 일컫고, 또 자유로운 정신임을 자랑으로 생각하고 있지 않은가? 그런데 새삼스럽게 이런 우상숭배와 성직자를 흉내내고 있는 건가?

진실로 그대는 내 곁에서 사악한 갈색 소녀들 곁에서보다 더 나쁜 짓을 했다. 그대, 사악한 신출내기 신자여!"

그림자라고 자처하는 방랑자가 대답했다.

"정말 나쁜 짓이다. 그대 말이 맞다. 그러나 내가 어찌할 수 있겠는가? 늙은 신은 부활했다. 그대가 뭐라고 하든 간에 오, 차라투스트라여.

가장 추한 인간이 모든 것에 책임을 져야 한다. 그가 늙은 신을 되살려 놓았다. 그리고 그는 자신이 신을 죽였다고 말했지만, 신들에게 있어서 죽음은 언제나 하나의 편견일 뿐이다."

차라투스트라가 말했다.

"그리고 그대, 이 사악한 늙은 마술사여. 그대는 무슨 짓을 했는가? 그대가 당나귀를 신으로 모시는 이런 장난을 믿는다면 앞으로 이렇게 자유로운 시대에 누가 그대를 믿겠는가?

그대의 행동은 어리석었다. 영리한 그대가 어떻게 이토록 어리석은 짓을 할 수 있었단 말인가?"

영리한 마술사가 대답했다.

"오, 차라투스트라여. 그대 말이 맞다. 나는 어리석었다. 그리고 나에게 있어 그런 어리석은 짓을 하기란 참으로 어려운 일이었다."

차라투스트라는 정신적 양심의 소유자를 향해 말했다.

"그리고 그대까지도! 그대 코에 손가락을 대고 깊이 생각해 보도록 해라. 이런 짓을 했는데 그대는 양심의 가책을 느끼지 않는가? 그대의 정신은 이런 기도와 이런 광신도의 향기에 물들기에는 너무나 순결하지 않은가?"

양심적인 자는 손가락을 코에 갖다 대고는 대답했다.

"이 연극 속에는 나의 양심에도 기분 좋게 생각되는 무언가가 있다. 아마도 나로서는 신을 믿을 수 없을 것이다. 그러나 신이 이런 모습이라면 믿을 만한 가치가 있다고 여겨진다.

신앙심 깊은 자들의 증언에 따르면 신은 영원하다고 한다. 그래서 그처럼 무한한 시간을 가지고 있는 자라면 서두를 필요가 없을 것이다. 되도록 천천히 얼빠진 모습으로 움직일지라도, 그 영원한 자는 상당히 많은 일을 할 수 있을 것이다.

또 지나치게 많은 영혼을 가진 자는 오히려 어리석어지거나 광기에 빠지기가 쉽다. 그대 자신의 경우를 생각해 보라. 오, 차라투스트라여.

정말로 그대는 지혜가 넘쳐흘러 한 마리의 당나귀가 되지 않을 수 없는 사람이다.

완전한 현자가 구불구불한 길을 걷고 싶어하는 것과 마찬가지이다. 오, 차라투스트라여. 증거가 그것을 가르쳐 주고 있다. 그대의 증거가!"

차라투스트라는 가장 추한 인간을 향해 말했다. 그 사나이는 여전히 땅에 누워 있었지만 두 팔은 당나귀를 향해 들어올리고 있었다(그는 당나귀에게 포도주를 마시게 하고 있었다).

"그리고 마지막으로 그대, 어디 말해 보라. 그대, 무어라 표현할 수 없는 자여! 그대는 지금 무엇을 하고 있었는가? 그대는 딴사람이 된 것처럼 보인다. 그대의 눈은 불타고 있다. 숭고한 자와 같은 표정이 그대의 추함을 뒤덮고 있다. 그대는 무슨 짓을 했던가?

그대가 신을 되살아나게 했다는 저들의 말이 사실인가? 무엇 때문에 그런 짓을 했는가? 신이 살해되고 쫓겨난 것은 그럴 만한 이유가 있었기 때문이라고 생각지 않는가?

그대 자신이야말로 지금 막 되살아난 사람처럼 보이는구나. 그대는 무슨 짓을 했는가? 왜 그대는 생각을 바꾸었는가? 무엇이 그대로 하여금 그렇게 하도록 했는가? 말해 보라. 그대, 무어라 표현할 수 없는 자여!"

가장 추한 인간이 대답했다.

"오, 차라투스트라여,. 그대는 악인이다! 신이 아직 살아 있는지, 되살아났는지, 아니면 영원히 죽어 버리고 말았는지에 대해 가장 잘 알고 있는 자는 우리 둘 중에 하나이다. 나는 그대에게 묻고자 한다.

다만, 나는 한 가지만은 알고 있다. 나는 그대 자신에게서 일찍이 그것을 배웠다. 오, 차라투스트라여. 가장 철저하게 죽이려 하는 자는 '웃는다'는 것을!

'노여움이 아니라 웃음으로 사람을 죽인다.' 그대는 일찍이 이렇게 말했다. 오, 차라투스트라여, 숨어 있는 자여, 화내지 않고 파괴하는 자여, 위험한 성자여. 그대는 무뢰한이다!"

2

이처럼 무례한 대답을 듣고 있던 차라투스트라는 놀라 동굴 입구로 되돌아갔다. 그리고 모든 손님을 향해 소리쳤다.

"오, 그대들, 이상한 자들이여, 광대여! 왜 그대들은 내 앞에서 위장하거나 숨기는가?

그대들 저마다의 마음은 모두 환회와 악의로 인해 미쳐 날뛰고 있지 않은가! 마치 어린아이처럼 경건해져 있지 않은가!

그대들은 어린아이처럼 행동하게 되었다. 기도를 하거나 '사랑하는 신이여!' 하고 말하면서.

그렇지만 이제 이 어린아이의 방에서 나가도록 하라. 오늘, 온갖 유치함이 행해진 이 동굴에서 나가라! 그래서 그대들의 어린아이다운 방종과 마음의 소란을 가라앉혀라!

그대들은 그렇게 하지 않고서는 천국으로 갈 수가 없다."

차라투스트라는 그렇게 말하고 두 손으로 머리 위를 가리켰다.

"그러나 우리는 천국에 가고 싶은 마음이 전혀 없다. 우리는 어른이 된 것이다. 따라서 우리는 지상의 왕국을 원한다."

3

그러고 나서 차라투스트라는 다시 말하기 시작했다.

"오, 새로운 친구들이여. 그대, 이상한 인간들이여! 보다 높은 사람들이여! 지금 그대들은 나의 마음을 만족시켜 준다.

그대들이 다시 쾌활해졌기 때문이다. 진실로 그대들은 모두 꽃을 피웠다. 나는 이 꽃을 위해 새로운 축제가 필요하다고 생각한다.

작고 활발하며 어리석은 소동, 신을 위한 의식과 당나귀 축제, 쾌활한 친구인 차라투스트라식의 광대놀이, 그대들의 영혼을 맑게 해줄 돌풍, 그런 것들이 필요하다고 생각한다.

보다 높은 사람들이여! 이 밤과 함께 당나귀의 축제를 잊지 마라! 그대들은 차라투스트라의 동굴에서 그것을 생각해 냈으며 나는 그것을 좋은 징조라고 여긴다. 회복되어 가는 사람만이 이런 것을 생각해 낼 수 있다.

그대들이 이 당나귀 축제를 또다시 벌인다면 그대들 자신과 나를 위해서 축제를 열어라! 나를 추억하는 의미에서!"

차라투스트라는 이렇게 말했다.

취한 자의 노래

1

이윽고 손님들이 하나씩 동굴 밖의 싸늘하고 명상적인 밤 속으로 걸어 나갔다. 차라투스트라는 가장 추한 사람 손을 잡고는 그에게 자신의 밤 세계와 크고 둥근 달, 그리고 동굴 가까이 있는 은빛 폭포를 보여주었다. 드디어 그들은 조용히 서로 마주 서게 되었다. 그들 모두 늙었지만 마음만은 용기를 얻어서 들떠 있었다. 모두가 지상에도 이처럼 유쾌한 일이 있다는 것에 놀라면서도 한편으로는 의심쩍어했다. 그동안에도 밤의 신비는 그들의 가슴에 감동을 불어넣었다. 그리고 차라투스트라는 생각했다.

'오, 보다 높은 사람들은 참으로 나의 마음에 드는구나!'

그러나 입 밖에 내어 말하지는 않았다. 왜냐하면 그는 그들의 행복과 침묵을 존중했기 때문이다.

그때, 이 길고도 놀라운 하루 중에서 가장 놀라운 일이 일어났다. 가장 추한 인간이 다시 한 번, 그리고 이제 마지막이라는 듯이 그르렁 소리를 내며 씩씩거리기 시작한 것이다. 그리고 마침내 그가 말을 했는데, 보라! 그의 입에서는 훌륭하고 심오하며 명쾌한 질문이 튀어나왔다. 그것은 귀를 기울이고 있던 모든 자의 마음을 감동시켰다.

가장 추한 인간이 말했다.

"나의 벗인 여러분! 그대들은 어떻게 생각하는가? 오늘 이 하루가 있었기 때문에 나는 처음으로 내가 살아온 인생에 대해 만족했다.

그렇지만 그것을 증언하는 것만으로는 부족하다. 지상에서 산다는 것은 보람 있는 일이다. 차라투스트라와 함께 보낸 하루, 하나의 축제가 나로 하여금 대지를 사랑하도록 가르쳐 주었다.

나는 죽음을 향해 말하리라.

'이것이 삶이었던가? 좋다! 그렇다면 다시 한 번.'

친구들이여, 그대들은 어떻게 생각하는가? 그대들도 나처럼 죽음을 향해 말하고 싶지 않은가?

'이것이 삶이었던가? 좋다! 차라투스트라를 위해서 다시 한 번'이라고."

가장 추한 인간은 이렇게 말했다. 벌써 한밤중이 가까워진 때였다.

그리고 그때 어떤 일이 일어났겠는가? 가장 추한 인간에게서 질문을 받자마자 보다 높은 사람들은 갑자기 자신들이 변화하고 회복되었으며, 또 누구 때문에 그렇게 되었는지를 깨달았다. 그리하여 그들은 차라투스트라에게 달려가서 저마다 독특한 방법으로 감사하고, 경의를 표하고, 애무하고, 그의 손에 입 맞추었다. 어떤 자는 웃고 어떤 자는 울었다. 늙은 예언자는 기쁨에 겨워 춤을 추었다.

그리고 전설을 얘기하는 모든 사람이 전하는 것처럼 그때 그 늙은 예언자가 달콤한 포도주에 잔뜩 취해 있었다 하더라도, 그는 그보다 더욱 달콤한 삶에 잔뜩 취해 모든 피로를 잊고 있었던 것이다. 게다가 그때 당나귀까지도 춤추었다고 말하는 사람도 있다. 가장 추한 인간이 당나귀에게 술을 먹였던 것도 그리 쓸데없는 짓은 아니었다는 것이다. 그 말이 사실인지도 모르고 그렇지 않은지도 모른다.

그날 밤 당나귀가 춤을 추지 않았는지도 모르지만, 당나귀가 춤을 추었다는 사실보다 훨씬 더 중대하고 이상한 여러 가지 사건이 일어났다. 요컨대 당나귀의 춤 같은 것은, 차라투스트라의 말을 빌리자면 "무슨 상관이 있단 말인가!"

2

가장 추한 인간이 이렇게 행동하고 있을 때 차라투스트라도 취한 사람처럼 서 있었다. 그의 눈은 흐려지고 혀는 굳어졌으며 다리는 휘청거렸다. 그때 차라투스트라의 영혼에 어떤 사상이 스치고 지나갔는가를 누가 짐작이나 할 수 있었을까? 그러나 그때 분명히 그의 정신은 그 뒤로 물러서서 아득히 먼 곳으로 사라졌다. 그리고 이미 기록된 것처럼 '두 바다 사이의 높은 산마루에, 과거와 미래 사이를 무거운 구름처럼 떠돌고' 있었다.

보다 높은 사람들이 그를 팔로 부축하고 있는 동안 그는 어느 정도 정신을 차렸다. 그리고 그는 그를 둘러싼 사람들이 내미는 존경과 위로의 손길을 뿌리쳤다. 하지만 그는 아무 말도 하지 않았다. 그러던 그가 갑자기 머리를 돌렸다. 무슨 소리를 들은 모양이었다. 그리고 손가락을 입에 대고 말했다.

"오라!"

그러자 그의 주위가 별안간 조용해지고 신비로워졌다. 그리고 골짜기 저 아래에서 종소리가 천천히 들려왔다. 차라투스트라는 그것에 귀를 기울였다. 보다 높은 사람들도 귀를 기울였다. 한참 뒤에 그는 다시 한 번 손가락을 입에 대고 거듭 말했다.

"오라! 오라! 한밤중이 다 되었다!"

그의 목소리는 변해 있었다. 그러나 여전히 그는 그 자리에서 꼼짝도 하지 않았다. 그러자 주위는 한층 더 조용해지고 신비로워졌다. 모든 사람이 귀를 기울였다. 당나귀까지도, 또 차라투스트라의 영예로운 동물들인 독수리와 뱀, 그리고 차라투스트라의 동굴과 크고 싸늘한 달과 밤까지도 귀를 기울였다.

차라투스트라는 세 번째로 손을 입에 대고 말했다.

"오라! 오라! 오라! 이제 떠나자! 때가 왔다! 밤을 향해 떠나자!"

3

그대, 보다 높은 사람들이여! 한밤중이 다가오고 있다. 지금 나는 그대들에게 어떤 말을 하려고 한다. 저 낡은 종이 나에게 말하는 것처럼.

저 한밤중의 종이 내게 말하고 있듯이 나 또한 은밀하고 남몰래 두렵게, 그리고 진심으로 이야기하리라. 저 종은 한 인간보다 더 많은 것을 경험해 왔다.

저 종은 이미 그대들의 아버지가 마음의 상처를 입었을 때 심장의 고동을 헤아렸다. 아! 아! 한밤중은 얼마나 탄식할 것인가! 얼마나 꿈꾸면서 웃을 것인가! 오래전부터 있었던 깊고 깊은 한밤중은!

조용히! 조용히 하라! 낮에는 들리지 않던 많은 소리가 내 귀에 들려온다. 대기는 차가워지고, 그대들 마음의 소란도 완전히 가라앉은 지금.

지금 그것은 말한다. 지금 그것이 들려온다. 지금 그것은 깨어 있는 밤의 영혼 속으로 은밀히 파고든다. 아! 아! 얼마나 탄식할 것인가! 그것은 얼마나 꿈꾸면서 웃을 것인가!

그대에게는 들리지 않는가? 그가 몰래, 두렵게, 그리고 진실된 마음으로 그대에게 말하는 소리가! 오래전부터 있었던 깊고 깊은 한밤중이 말하는 소리가!

오, 인간이여. 조심하라!

4

슬프다! 시간은 어디로 가버리고 말았는가? 나는 깊은 우물 속에 가라앉은 것이 아닐까? 세계는 잠들어 있다.

아! 아! 개는 짖고 달은 빛나고 있다. 한밤중에 마음속으로 생각하는 것을 그대들에게 말하느니 나는 차라리 죽겠다.

나는 이미 죽었다.*29 이제 끝나버렸다. 거미여, 왜 그대는 나를 그대의 줄로 얽어매려고 하는가? 피를 원하는가? 아! 아! 이슬이 내린다. 때가 가까워 온다.

---

*29 영원회귀 세계의 해석에서는 시간이 없어지기 때문에 '나는 죽었다'는 것이 된다.

나를 추위에 떨게 하고 얼어붙게 할 때가 다가온다. 그때는 묻고 묻고 또 묻는다. "그것에 견딜 수 있는 용기를 가진 자는 누구인가?

대지를 지배하게 될 자는 누구인가? '크고 작은 냇물들이여! 그대들은 지금 그대로 계속 흘러가지 않으면 안 된다' 말하려는 자는 누구인가?"

때가 가까워졌다. 오, 인간이여, 보다 높은 사람이여. 똑바로 들으라! 예민한 그대 귀에 말하고 있다. 한밤중은 무엇을 말하고 있는가?

5

그것은 나를 싣고 간다. 나의 영혼은 춤춘다. 대낮의 일이여! 대낮의 일이여! 대지를 지배해야 할 자는 누구인가?

달은 싸늘하고 바람은 고요하다. 아! 아! 그대들은 충분히 날아올랐는가? 그대들도 춤을 추었다. 그러나 다리는 날개가 아니다.

그대, 뛰어난 무용수들이여! 이제 모든 기쁨은 사라져 버렸다. 포도주는 찌꺼기만 남고 술잔은 모두 못쓰게 되어버렸다. 그리고 모든 무덤이 중얼거리기 시작했다.

그대들은 충분히 날아오르지 않았다. 지금 모든 무덤들이 중얼거리기 시작했다.

"죽은 자를 구원하라! 왜 밤은 이렇게 긴가? 달은 우리를 취하게 만들지 않는가?

그대, 보다 높은 사람들이여! 무덤을 구원하고 시체를 깨우라! 아, 왜 아직도 벌레가 계속 갉아먹고 있는가? 때가 가까워 오는데, 가까워 오는데.

종이 울리고 심장은 아직도 신음하고 있다. 벌레가 아직도 나무를 갉아먹고 있다. 심장의 벌레도 계속 먹고 있다. 아! 아! 세계는 깊다!"

6

감미로운 하프여! 감미로운 하프여! 나는 그대의 가락을 사랑한다. 취기 어린 두꺼비 울음소리 같은 그대의 소리를 사랑한다. 얼마나 먼 옛날부터, 얼마나 먼 곳으로부터 그대의 가락이 나에게 들려왔던가! 아득히 먼 곳에서, 사랑의 연못에서!

그대, 낡은 종이여, 달콤한 하프여! 온갖 고통이 그대의 심장을 찢었다. 아버지의 고통, 할아버지의 고통, 조상의 고통이. 그대의 말은 무르익었다.

황금빛 가을과 오후처럼, 은둔자인 내 마음처럼 무르익었다. 그리고 지금 그대가 말한다.

"세계, 그 자체가 무르익었다. 포도송이가 갈색으로 물든 것처럼. 이제 세계는 죽기를 바란다. 행복한 나머지 죽으려 하는 것이다."

그대, 보다 높은 사람이여! 그대들은 그 냄새를 맡지 못하는가? 은밀하게 피어오르는 그 냄새를!

영원한 향기, 영원한 냄새를! 낡은 행복의 냄새, 장미꽃처럼 행복하고 갈색을 띤 황금빛 포도주 냄새와 비슷한 행복의 그 냄새를!

술 취한 듯한 한밤중의 죽음으로부터 오는 행복의 냄새를! 그리고 그 행복은 노래하고 있다.

"세계는 깊다. 대낮이 생각하는 것보다 더 깊다."

7

나를 내버려 두라! 내버려 두라! 나는 그대와 손잡기에는 너무나 깨끗하다. 내게 손대지 마라. 나의 세계는 이제 막 완전해지지 않았는가?

내 피부는 그대 손이 닿기에는 너무 깨끗하다. 나를 내버려 두라. 그대, 어리석고 우둔하며 지루한 대낮이여! 한밤중이 그대보다 더 밝지 않은가?

가장 깨끗한 자가 이 세상의 지배자가 되어야 한다. 가장 알려지지 않은 자, 가장 강한 자, 어느 대낮보다도 밝고 깊은 한밤중의 영혼을 가진 자.

오, 대낮이여. 그대는 나를 붙잡으려고 하는가? 나의 행복을 탐내고 있는가? 그대에게는 내가 부유하고 고독한, 금광맥이나 황금 창고처럼 보인단 말인가?

오, 세계여. 그대는 나를 탐내고 있는가? 그대가 보기에 내가 세속적이란 말인가? 종교적이란 말인가? 신적이란 말인가? 하지만 대낮과 세계여. 그대들의 솜씨는 너무나 형편없다.

좀더 지혜로운 손을 가져라! 좀더 깊은 행복을 향해, 좀더 깊은 불행을 향해 손을 내밀어라! 어딘가에 있는 신에게 달려들어라! 그대신 나에게는 달려들지 마라!

그대, 이상한 낮이여. 나의 불행과 행복은 깊다. 그러나 나는 신이 아니다.

신의 지옥도 아니다. 그 고통은 깊다!

8

신의 고통은 더욱 깊다. 그대, 이상한 세계여! 신의 고통을 잡는 것이 좋으리라. 나에게는 달려들지 마라. 그렇다면 나는 무엇이겠는가? 취해서 지쳐버린 감미로운 하프이다.

한밤중의 하프이다. 두꺼비 울음소리를 내는 종이다. 아무도 그 소리를 이해하지 못하지만 귀머거리들을 향해서 계속 말하지 않을 수가 없다. 보다 높은 사람들이여. 그대들은 나를 이해할 수 없다.

사라져 버렸다! 사라져 버렸다! 오, 청춘이여! 오, 대낮이여! 오, 오후여! 그리고 이제 저녁과 밤과 한밤중이 오고 있다. 개가 짖고, 바람이 소리친다.

바람이 바로 개가 아닌가? 바람은 울고 외치고 짖는다. 아아! 그것은 얼마나 탄식을 해야 하는가? 얼마나 웃어야 하는가? 얼마나 그르렁거리면서 허덕이고 있는가, 이 한밤중은!

이 취한 여류 시인 '한밤중'은 지금 얼마나 말짱한 정신으로 말하고 있는가? 그녀는 자신의 취기까지도 마셔버리고 만 게 아닌가? 그녀는 완전히 깨어났는가? 그녀는 되새기고 있는가?

아주 오래된 깊은 한밤중은 그녀의 슬픔을 꿈속에서 되새기고 있으며, 그 이상으로 자신의 기쁨을 되새기고 있다. 왜냐하면 고통이 깊기는 하지만 기쁨은 마음의 고통보다 훨씬 더 깊기 때문이다.

9

그대, 포도나무여! 내가 그대를 잘라버렸는데도 그대는 왜 나를 칭찬하는가? 나는 잔인하고, 그대는 피를 흘리고 있다. 그대가 나의 취해 버린 잔인성을 칭찬하다니, 어찌 된 일인가?

"완전해진 것, 무르익은 모든 것은 죽기를 바란다!"

그대는 이렇게 말한다. 그래서 포도를 따는 가위는 행복하다.

이에 반해 성숙하지 못한 모든 것은 살려고 한다. 가슴 아픈 일이다!

슬픔은 말한다.

"사라져라! 가버려라! 그대, 슬픔이여!"

그러나 고통을 받는 모든 자는 살려고 한다. 무르익고 기뻐하고 동경하기 위해서. 보다 먼 것, 보다 높은 것, 보다 밝은 것을 동경하기 위해서.

고통받는 모든 자는 이렇게 말한다.

"나는 상속자가 필요하다. 나는 어린아이들을 바란다. 내가 바라는 것은 나 자신이 아니다."

하지만 기쁨은 상속자를 바라지 않고 어린아이들을 바라지도 않는다. 기쁨은 오직 그 자신만을 바랄 뿐이다. 영원을, 회귀를, 자신과 같은 영원불변하는 모든 것을 바란다.

슬픔은 말한다.

"심장이여, 터져라! 피를 뿜어라! 다리여, 정처 없이 방황하라! 날개여, 날아라! 고통이여, 위로, 위로 올라가라!"

오, 나의 늙은 심장이여! 좋다, 좋다. 고통은 말한다. "사라져라!" 하고.

10

그대, 보다 높은 사람들이여! 그대들은 어떻게 생각하는가? 나는 예언자인가? 꿈꾸는 자인가? 취한 자인가? 해몽하는 자인가? 한밤중의 종인가?

한 방울의 이슬인가? 영원의 향기인가? 그대들의 귀에는 들리지 않는가? 그대들의 코는 냄새 맡지 못하는가? 이제 바야흐로 나의 세계는 완전해졌다. 한밤중은 대낮이기도 하다.

슬픔은 또한 기쁨이기도 하다. 저주는 축복이기도 하다. 밤은 태양이기도 하다. 물러나라! 아니면 그대들은 현자가 바보이기도 하다는 것을 배우게 되리라.

그대들은 일찍이 어떤 기쁨에 대해서 '그렇다'고 말한 적이 있는가? 오, 친구들이여! 그렇게 말한 적이 있다면 그대들은 모든 슬픔에 대해서도 '그렇다'고 말한 것이 된다. 모든 것은 쇠사슬로, 실로, 사랑으로 연결되어 있다.

그대들은 일찍이 한 번 있었던 일이 다시 한 번 오기를 바란다. 그대들이 "그대는 내 마음에 들었다. 행복이여! 찰나여! 순간이여!" 말한 적이 있다면 그대들은 모든 것이 다시 돌아오기를 바라는 것이다.

그대들은 모든 것이 새롭고 모든 것이 영원하기를, 그리고 쇠사슬로 실로 사랑으로 연결되어 있기를 바랐다. 오, 그대들은 세계를 그처럼 사랑했다.

그대, 영원한 자들이여. 세계를 사랑하라! 끊임없이 영원히! 슬픔에 대해서도 그대들은 "떠나라. 그러나 되돌아오라!"고 말하라! 왜냐하면 모든 기쁨은 영원을 바라기 때문이다.

11

모든 기쁨은 언제나 모든 것이 영원하기를 바란다. 꿀을 바라며, 찌꺼기를 바라고, 취해서 지쳐버린 한밤중과 무덤까지도 바란다. 무덤에서 흘리는 눈물의 위로를 바라며 황금빛 저녁노을을 바란다.

기쁨이 바라지 않는 것이 있겠는가? 기쁨은 모든 슬픔보다 더 목말라 있고 더 다정하며 더 굶주려 있고, 훨씬 무섭고, 훨씬 은밀한 영혼을 가지고 있다. 기쁨은 자신을 바라며 자신 속으로 파고든다. 기쁨 속에는 순환의 의지가 소용돌이치고 있다.

기쁨은 사랑을 바라며 미움도 바란다. 기쁨은 넘치도록 풍요로우며 누군가가 자기에게서 빼앗아 가기를 갈구하고, 그것을 받아주는 자에게 고마워하며 스스로 증오의 대상이 되기를 즐긴다.

기쁨은 너무나 풍부하기 때문에 슬픔을 갈망한다. 지옥을, 증오를, 굴욕을, 불구를, 한마디로 말해서 세계를 갈망한다. 이 세계는 그대들이 알고 있는 그대로이다.

그대, 보다 높은 사람들이여. 기쁨은 그대들을 동경하고 있다. 이 분방하고 지극히 행복한 기쁨은! 그대, 실패자들이여! 모든 영원한 기쁨은 실패자들을 그리워한다.

왜냐하면 기쁨은 늘 자기 자신을 바라므로 마음의 괴로움까지도 바라기 때문이다. 오, 행복이여! 오, 고통이여! 오, 터져라, 심장이여! 그대, 보다 높은 사람들이여! 이것을 확실하게 배워라! 기쁨은 영원을 바란다는 것을.

기쁨은 모든 것이 영원하기를 바란다. 깊고 깊은 영원을 바란다!

12

그대들은 나의 노래를 배웠는가? 그 노래가 무엇을 바라는지를 깨달았는가? 어쨌든 좋다. 그대, 보다 높은 사람들이여. 이제 나의 돌림노래를 불러라!

자, 그대들 자신이 노래를 불러라. 그 노래의 제목은 '다시 한 번'이고, 그 노래의 뜻은 '영원 속으로'이다. 노래하라! 보다 높은 사람들이여. 차라투스트라의 돌림노래를!

오, 인간이여! 조심하라!
깊은 한밤중은 무엇이라고 말하는가?
"나는 잠을 잔다. 나는 잠을 잔다
나는 깊은 꿈에서 깨어났다
세상은 깊다
대낮이 생각한 것보다 더 깊다.
세계의 슬픔은 깊다.
기쁨, 그것은 마음의 슬픔보다 훨씬 더 깊다.
슬픔은 말한다. 떠나라! 가라!
그러나 모든 기쁨은 영원을 바란다.
깊고 깊은 영원을 바란다!"

징조

하지만 그 밤이 지나고 다음 날 아침이 되자 차라투스트라는 잠자리에서 벌떡 일어났다. 그는 허리띠를 두르고 동굴 밖으로 나왔다. 그에게서는 타오르는 열기와 힘이 넘치고 있었다. 마치 어두운 저 산 너머에서 떠오르는 아침 해처럼.

그는 일찍이 했던 것과 똑같은 말을 했다.

"그대, 위대한 태양이여! 그대, 행복에 찬 깊은 눈이여! 만일 그대에게 그대의 빛을 비추어 줄 자들이 없었다면 그대의 행복이란 무엇이었겠는가!

만일 그대가 이미 깨어나서 밖으로 나와 나누어 주려고 하는데 그들이 그들의 침실에 그대로 틀어박혀 있다면, 그대의 자랑스러운 겸손이 얼마나 꾸짖겠는가!

그렇다! 나는 깨어 있는데 그대, 보다 높은 사람들은 아직 잠들어 있다. 그들은 나의 참된 동반자가 아니다. 내가 이 산 위에서 기다리고 있는 것은 그들이 아니다.

나는 나의 일을 향해 나의 대낮을 향해 가려고 한다. 그러나 그들은 내 아침의 징조를 이해하지 못한다. 나의 발소리는 그들의 잠을 깨우는 신호가 되지 못한다.

그들은 아직도 나의 동굴 속에서 잠들어 있다. 그들의 꿈은 아직도 나의 술 취한 노래에 취해 있다. 그렇지만 그들에게는 내 말에 귀 기울일 귀, '듣고 복종하는' 귀가 없다."

태양이 떠오르고 있을 때 차라투스트라는 이렇게 중얼거렸다. 그리고 그는 하늘을 쳐다보았다. 머리 위에서 독수리의 날카로운 울부짖음을 들었기 때문이다.

그는 위를 향해서 소리쳤다.

"좋다! 마음에 든다. 그래야 한다. 내가 깨어나자 나의 동물들도 깨어났다.

나의 독수리는 깨어나 내가 하고 있는 것처럼 태양을 향해 경배하고 있다. 나의 독수리는 자신의 발톱으로 새로운 빛을 붙잡는다. 그대, 나의 참된 동물들이여! 나는 그대들을 사랑한다. 그러나 나에게는 아직 참된 나의 인간이 없다."

차라투스트라는 이렇게 말했다. 하지만 그때, 그는 갑자기 수많은 새들이 자기를 둘러싸고 날아다니며 내는 날갯짓 소리를 들었다. 그의 머리를 둘러싼 새들의 날갯짓 소리가 너무도 요란해서 그는 눈을 감았다. 그리고 진실로 그것은 구름처럼, 새로운 적을 향해 퍼붓는 화살의 구름처럼 그를 향해 쏟아져 내렸다. 보라! 그것은 사랑의 구름이었다. 새로운 친구의 머리 위에 퍼붓는 사랑의 구름이었다.

"나에게 무슨 일이 일어나고 있는 걸까?"

차라투스트라는 놀라 생각에 잠겼다. 그리고 동굴 입구 한 모퉁이에 놓여 있는 커다란 돌 위에 천천히 앉았다. 그러나 그가 두 손으로 그의 주위와 아래 위를 휘저으면서 달려드는 새를 막고 있는 동안 더 이상한 일이 일어났다. 그는 자신도 모르게 푹신하고 따뜻한 갈기를 손으로 움켜잡았던 것이다. 그러자 갑자기 그의 앞에서 길고 부드럽게 울부짖는 소리가 일어나더니 근처에 울려 퍼졌다. 부드럽고 긴 사자의 울부짖음이!

"징조가 나타났다."

차라투스트라는 말했다. 그때 그의 마음에 변화가 일어났다. 그리고 진실로 그의 눈앞이 밝아지면서 그의 발아래에 누렇고 사나운 짐승 한 마리가 엎드려 있었다. 머리를 그의 무릎에 기댄 채, 마치 옛 주인을 만난 개처럼 그의 곁을 떠나려 하지 않았다. 그의 주위를 날고 있는 비둘기들도 이 사자 못지않게 사랑의 마음을 표현했다. 그리고 비둘기 한 마리가 사자의 코를 스치고 날 때마다 사자는 머리를 저으면서 재미있다는 듯 소리 높여 웃었다.

이 모든 것에 대해서 차라투스트라는 한마디 말을 했을 뿐이다.

"나의 자식들은 가까운 곳에 있다. 나의 자식들은."

그러고는 입을 다물어 버렸다. 그러나 그의 마음은 풀어지고 그의 눈에서는 눈물이 뚝뚝 떨어져 손등을 적셨다. 그는 아무 일에도 주의를 기울이지 않는 듯, 달려드는 새들도 쫓으려 하지 않았다. 비둘기들은 끊임없이 날아갔다가는 다시 와서 그의 어깨에 앉은 다음, 그의 흰 머리카락을 어루만지고 간절한 사랑과 생생한 기쁨을 표현했다. 그리고 힘센 사자는 차라투스트라의 손등에 떨어지는 눈물을 쉴 새 없이 핥으면서 조심스럽게 으르렁거렸다. 짐승들은 이렇게 행동했다.

이 모든 일이 오랫동안 계속되었다. 그러나 그것은 어쩌면 아주 짧은 시간 동안의 일인지도 모른다. 정확히 말해서 이 지상에는 이 모든 일을 측정할 시간이 없기 때문이다.

그동안 차라투스트라의 동굴에 있는 보다 높은 사람들이 잠에서 깨어났다. 그리고 줄지어서 차라투스트라가 있는 곳으로 와서 아침 인사를 하려고 했다. 눈을 떠보니 차라투스트라가 보이지 않았기 때문이다. 그들이 동굴 입구까지 나와서 그들의 발소리로 자신들이 다가가고 있음을 알렸을 때 사자가 갑자기 몸을 일으켰다. 그러고는 차라투스트라에게서 떨어지더니 처절하게 울부짖으며 동굴을 향해 달려들었다. 보다 높은 사람들은 일제히 비명을 지르며 허둥지둥 뒤로 물러났고 순식간에 그들의 모습은 사라져 버렸다.

차라투스트라는 어리둥절한 표정으로 자리에서 일어나 주위를 둘러보았다. 그는 자기 자신에게 질문을 던지면서 여러 가지 생각을 해보았다.

"나는 지금 무슨 소리를 들었는가? 지금 나에게 무슨 일이 일어났단 말인가?"

그러자 곧 기억이 되살아났다. 그는 순식간에 어제와 오늘 사이에 일어났던 일을 모두 기억해 냈다.

"그래, 여기에 돌이 있군." 그는 이렇게 말하고 수염을 쓰다듬었다. "나는 어제 아침 그 위에 앉아 있었다. 그리고 예언자를 바로 여기에서 만났다. 그리고 나는 방금 내가 들었던 비명을 여기에서 처음 들었다. 고통의 비명을.

오 그대, 보다 높은 사람들이여. 어제 아침 그 늙은 예언자가 내게 예언했던 것은 바로 그대들의 고통이었다.

그는 나를 그대들의 고통으로 유혹해서 시험하려 했다. '오, 차라투스트라여! 나는 그대를 그대의 마지막 죄로 유혹하기 위해 찾아왔던 것이다' 하고.

나의 마지막 죄에?"

차라투스트라는 이렇게 소리쳤다. 그리고 자기 말에 화가 난 듯 큰 소리로 웃었다.

"도대체 아직도 남아 있는 나의 마지막 죄란 무엇인가?"

그리고 차라투스트라는 생각에 잠기며 그 커다란 돌 위에 다시 앉았다. 그는 생각 속으로 빠져들었다. 이윽고 그가 뛰어 일어나면서 부르짖었다.

"동정이다! 보다 높은 사람들에 대한 동정!"

그는 이렇게 외쳤다. 마침내 그의 얼굴은 구릿빛으로 변했다.

"그렇다. 그것은 이제 끝났다!

나의 고통과 다른 사람들의 고뇌에 대한 나의 동정. 그것이 무엇이란 말인가? 도대체 나는 나의 행복을 추구하고 있는가? 내가 열망하는 것은 나 자신의 일이다!

자! 사자가 왔다. 내 아이들은 가까이에 있다. 차라투스트라는 성숙해졌다. 나의 때가 온 것이다.

이것이 나의 아침이다. 나의 대낮이 시작되는 것이다. 자, 솟아라. 떠올라라. 그대, 위대한 대낮이여!"

차라투스트라는 이렇게 말했다. 그러고는 자신의 동굴을 떠났다. 마치 어두운 산봉우리 뒤에서 떠오르는 아침 해처럼 찬란하고 힘차게!

니체의 생애와 사상

니체에 대하여

현대 문명의 병리

경제 위기와 정치적 갈등, 테러의 공포가 커져가고 있는 현대를 살아가는 우리는 인생에 대한 깊은 의문과 불안한 생각에 사로잡혀 나날을 보내고 있다. 가난과 실업의 불안, 핵무기의 위협, 세계 각지에서의 처참한 무력 항쟁 등, 지금 전 세계적으로 쟁점이 되고 있는 일들은 모두 현대 문명사회의 병이 얼마나 깊은가를 보여주는 것들뿐이다. 이러한 비인간적인 상황을 눈앞에 두고 우리는 인생에 대한 깊은 회의(懷疑)와 절망의 늪에 빠지게 된다. 인생의 목표나 의의의 상실을 알리는 으스스한 허무의 심연(深淵)이 우리 발밑에서 입을 벌리고, 구석에 몰린 행복과 평안을 위협하고 삼켜버리고 마는 것이다.

20세기에 이어 21세기까지 현대를 뒤덮은 이러한 허무주의(니힐리즘) 풍조는 19세기의 여러 문화 현상을 통해서 이미 그 조짐을 보이기 시작한 것이었다. 근대 문명은 이성의 만능과 인류의 무한한 진보를 믿고 있었으나, 19세기의 서구 세계는 그러한 근대 문명의 막다른 골목을 연상시키고 있었다. 말하자면 잠재적인 허무주의가 서구 세계를 좀먹기 시작하여 화려한 낭만주의, 역사주의, 민족국가 이념 등이 삶의 쇠퇴를 알리는 세기말적 퇴폐주의(데카당스) 병리에 침범당하고 있었던 것이다.

니체는 이러한 19세기 후반의 유럽 문명과 철저하게 맞서 그 병의 근본 원인을 들추어 냈고, 앞으로 올 20세기를 지배하는 것은 허무주의의 망령일 것이라 예언했다. 이렇게 해서 현재 서구 문명의 뛰어난 병리해부학자로 평가받는 니체는 우리에게 현대 문명에 대한 수많은 진단서와 적절한 처방전을 남겨주게 된다.

신의 죽음과 가치전환

니체는 어떠한 기존의 가치나 권위에도 사로잡히지 않는 자유로운 정신을 가진 사람이었다. 그는 '선악을 넘어서'에 서서 '우상의 황혼'을 똑바로 바라보고 허무한 현실에 철저를 기하여 그것을 자신의 운명으로 삼아 능동적으로 살아갔다. 그리고 모든 삶에 대해서 환희의 긍정을 체험하려고 하는 '초인'에 의한 '정오(正午)'의 철학을 세우고자 애썼다. 여기서 빈틈 없고 능동적인 허무주의자로서의 니체가 탄생하는 것이다.

철저한 허무주의자로서의 니체가 찾아낸 서구 문명의 병근(病根)은 무엇이었는가? 니체는 그 병근이 인생의 참다운 목표인 '보다 강건한 삶의 실현', 즉 '권력에의 의지'를 천대한 것이라고 했다. 본디 '이상'이나 '가치'는 '권력의지'의 자기실현 수단이자 인생을 해석하는 관점에 지나지 않는데도, 그런 것들을 절대시하는 우상숭배적인 삶의 방식이 병의 원인이라는 것이다. 그는 삶을 위한 가치가 반대로 삶의 자유로운 발전을 구속하는, 이런 '목적과 수단의 가치전환'이야말로 잠재적 허무주의의 표현인 퇴폐주의 문명의 진짜 원인이며, 이 원인을 들추어 규명하지 않는 한 허무주의가 틀림없이 현실화될 것이라고 경고한다.

니체는 이와 같은 가치전환을 불러일으킨 원흉으로서 소크라테스로부터 시작된 서양 형이상학의 전통과, 유대에서 시작된 그리스도교 문화의 전통을 지목한다. 이렇게 유럽 문명을 형성해 온 그리스 철학과 그리스도교 문화의 두 가지 흐름에 유죄판결을 내림으로써, 그는 기존의 유럽 문화를 단죄하고 소크라테스 이전 그리스 비극시대의 자연 세계로의 귀향을 주장한다. 니체에 의하면 이제야말로 여러 도덕 이상(신들)은 소멸된 것이다. 따라서 유일 인격신인 신도 죽었으며 이제까지의 모든 가치는 무(無)로 돌아갔다. 아니 그것들은 모두 무에 대한 의지에 따라 세워진 거짓된 인생 해석이라는 것이 폭로되었다. 그러므로 앞으로는 우리 각자가 새로운 가치 정립의 주체로서 씩씩하게 살아가지 않으면 안 되며, 이를 위해서는 한 사람 한 사람의 자유로운 활동에 의해서 종래의 모든 가치의 전환이 시도되어야 한다는 것이다.

고고(孤高)한 배덕자(背德者)

니체가 말하는 이 새로운 인생 긍정의 길은 우리에게 매우 험하고 고독한 삶을 강요하게 될 것이다. 그러나 모든 가치전환을 지향하는 자라면, 기존의 권위에 안주하려고 하는 세상으로부터 도덕을 부인하는 배덕자라고, 또 신을 무시하는 불신자라고 탄핵받을 각오를 하지 않으면 안 된다.

미래의 인류에게 보다 더 고귀한 인생의 가능성을 선사하려는 '원인애(遠人愛)'의 사도 니체를 둘러싼 삶의 현실은 냉엄한 고독과 적막의 연속이었다. 세상 사람들로부터 받는 중상과 무시, 그리고 냉대를 견디며 니체는 오히려 배덕자이자 적그리스도(안티크리스트)임을 자랑으로 삼고 살아갔다. 이 때문에 그는 학회나 사상계로부터 따돌림을 당했을 뿐만 아니라 자신이 지극히 사랑했던 어머니, 누이동생, 친구들과 차례로 이별하게 되는 비운을 겪기도 했다. 이렇게 저작가로서의 니체는, 누구 하나 그 진심을 알아주는 사람 없이 전적으로 고독한 인생을 고뇌로 살아가지 않으면 안 되었다.

니체는 말한다. 이러한 배덕자로서의 삶은 매우 험하고 견디기 어려운 고독한 삶이다. 그러므로 그러한 고난에 견딜 수 없다면 정직하게 연약함을 고백하고 몰락해 가는 것이 차라리 아름다울 것이다. 하지만 그러한 천한 인간에게는 노예적인 굴종의 삶이 어울린다. 그에게는 인권의 평등이나 인간성의 고귀함을 말할 자격 같은 것은 없는 것이다. 그가 감히 인간으로서의 존엄성을 주장하려 한다면, 고독의 고난에 견디고 고고한 삶을 지탱하며 강건한 자기를 만들어 가기 위해 무한한 자기 극복을 쌓아가지 않으면 안 된다. 인생이란 본디 이렇게 자기를 극복해 가는 과정 그 자체이며, 이 자기 극복을 통해 본디 있어야 할 곳의 존재가 되는 것이야말로 인간에게 주어진 최고의 과제인 것이다. 이렇게 해서 대중(大衆)을 믿는 쇠약한 말인(末人)이나 짐승 같은 사람의 삶을 부정하고, 고고(孤高)에 견디며 강건한 주체적 인생을 사는 고귀한 삶의 방식을 선택함으로써 인류 역사의 목표인 '초인'을 낳기 위한 가교(架橋)가 되는 것이야말로 인간 본디의 삶의 방식이 되어야 한다고 말이다.

디오니소스 찬가(讚歌)

불과 스물네 살의 나이로 스위스 바젤 대학의 고전문헌학 교수로 추대된 천재 니체가 고귀한 삶의 전형(典型)으로서 발견한 것은 그리스 신화 속에 생산과 술의 신으로 등장하는 디오니소스의 삶이었다. 디오니소스는 삶의 에너지를 해방시켜 사람들을 거친 광란 노도의 도취로 끌어들여 스스로 자신의 몸을 갈기갈기 찢고, 그 죽음의 재를 밑거름으로 하여 씩씩하게 되살아난다. 이런 디오니오스 신이야말로 영원한 생성과 자유로운 창조에서 삶의 환희를 체험하려고 하는 니체 철학의 상징이었다.

이 디오니소스적인 관점에서 보자면, 일의적(一義的) 한정을 허용하지 않고 극단적인 이원성의 긴장을 통하여 여러 방면에 걸쳐 자기를 긍정하고 실현해 가는 삶, 곧 그렇게 내적으로 충만한 삶이야말로 가장 높은 가치를 갖는 것이 된다. 쾌(快)를 고통의 회피가 아니라 그 극복으로서, 선을 악으로부터의 도피가 아니라 그 정화(淨化)로서 평가하는 인생이야말로 위대한 것이라는 말이다.

이러한 관점에 서서 니체는 이원성의 양극 가운데 한쪽을 잘라버리고 다른 한쪽만을 긍정하려는 보잘것없는 인생 해석 일체에 대해서 강한 이의를 제기한다. 니체의 사상이 참된 자기를 발견하고 자유로운 창조적 인생을 살아가려고 하는 모든 사람의 영혼에, 매력에 찬 호소의 파문을 일으키는 힘을 가지고 있는 것도 주로 이런 면 때문일 것이다.

그러나 물론 부정을 위한 부정, 파괴를 위한 파괴 따위가 니체의 참뜻은 아니었다. 니체의 비평은 그 가치를 인정하고 존중하면서도 안타깝게 생각하는 것에 한했으며, 존경할 만한 가치가 없다고 여기는 것에 대해서는 아무 말 없이 옆을 지나친다는 것이 그의 비평 활동에 있어서 한결같은 법칙이었다.

그렇기 때문에 니체가 이타주의에 대해서 이기주의를 선이라 하고, 동정에 대해서 적의를, 이웃에 대한 사랑에 대해서 원인애(遠人愛)를, 신에 대해서 초인을, 도덕에 대해서 배덕을, 가치에 대해서 자연을, 존재에 대해서 생성(生成)을, 의식에 대해서 무의식을, 어른에 대해서 어린이를, 대중에 대해서 개인을, 민주주의에 대해서 귀족주의를, 사회적 평등에 대해서 권력적 지배를 선이라고 하는 것은, 일방적으로 전자를 부정하고 후자만을 내세우기 위해서가 아니다. 다시 말해 그것은 전자를 후자와 대립 긴장의 관계에 놓음으로써 전자가 갖는 값어치를 크게 재긍정하려고 하는, 디오니소스적인 생존 긍정 정신에 따른 의도에서 비롯된 주장이었던 것이다.

니체와 반동사상

그러나 니체가 남긴 말 하나하나에 깃들어 있는 그의 참뜻을 올바르게 읽어낸다는 것은 그다지 쉬운 일이 아니다. 합리적인 사색이나 논리적인 표현보다는 오히려 초합리적인 삶의 신비와 착잡한 심리의 심층을 여러 가지 자유분방한 원근법(해석 관점)을 구사하여 탐색하려 했던 것이 니체였다. 그는 논리적인 통합성이나 객관적인 일관성을 중요시하는 과학자라기보다는, 음악적인 직감과 시적인 형상을 사랑하는 예술적인 천분(天分)에 뛰어난 자유사상가였다. 체계가(體系家)라기보다는 자유로운 비평가라는 점이 니체의 특징이었던 것이다. 이러한 니체는 그 자유로운 탐구의 성과를 단문 형식의 단장(斷章 : 잠언)이나 시문으로 즐겨 표현했고, 이것이 그 사상의 진의 파악을 곤란하게 만들고 있기도 하다. 그런 뜻에서는 니체만큼 위험한 오해를 쉽게 자아내는 사상가도 없을 것이다.

예를 들어 '신은 죽었다', '진실한 것은 없으며 모든 것이 허용된다'(《차라투스트라는 이렇게 말했다》 제4부, 그림자)라고 하는 말은 각 개인의 스스로에 대한 책임을 깨우치고자 했던 니체의 진의와는 전혀 반대로, 나약한 아욕(我慾)의 삶에 대한 합리화라는 오해가 없지 않다. 가치의 저속화를 가져오는 대중민주주의나 군중을 믿고 개성을 평균화하는 사회주의를, '거리 감각'을 날카롭게 갈아 공격하는 니체의 정신적 귀족주의는 반동적인 권력 지배의 정치를 합리화하기 위해 이용될 수도 있을 것이다.

분명히 니체에게는 오래된 폴란드 귀족 가계(家系)에 이어져 있다는 것을 자랑으로 알고, 독일 황제 빌헬름 4세의 총애를 받은 목사의 맏아들이라는 것을 명예로 아는, 대중을 천시하는 부르주아적인 편견이 있었다. 그리고 실제로 그의 사상은 뒤에 히틀러의 나치즘을 합리화하는 무기로 이용되기도 했다. 그렇기 때문에 예를 들어 루카치가 그의 저서 《이성의 파괴》에서 제시한 바와 같이, 니체를 파시즘 권력정치를 위한 길을 준비한 반동이론가로 해석하는 시각도 나오게 된다.

니체가 써서 남긴 여러 아포리즘(금언) 속에는 분명히 이와 같은 해석을 허용하는 위험한 단정이 많이 발견된다. 특히 그가 발광(發狂) 증상으로 저작가로서의 활동을 그만두기 직전까지 그 구상을 계속하여 완성하려 한 유서의 제목으로 고른 것이 《권력에의 의지》였다는 것은 그와 같은 해석을 낳은 유력한 근거 중 하나가 될 것이다.

그러나 이 경우에도 그의 권력의지설은 본디 남을 지배하는 것보다도 먼저 자기 자신을 엄하게 다스리는 자기 극복의 원리를 강조하기 위한 것이었다는 점을 생각하면, 니체의 사상을 나치즘과 동일시하여 그를 반동이론가라고 부른다는 것은 지나친 해석이라 하지 않을 수 없다.

참다운 제자로서

우리는 니체가 단정한 말 하나하나에 얽매이지 않고 그의 본질에 다가가기 위해 그와 진지한 대화를 해나가지 않으면 안 된다. 그러면 니체는 우리를 이끌어 인생이 갖는 여러 가능성이나 예상치 못한 삶의 함정을 알아차리게 해주고, 타락하고 연약한 안정을 부끄럽게 생각하는 고결한 삶의 의욕을 불러일으켜 줄 것이다. 반대로 우리는 니체의 독단에 대한 깊은 의혹과 반발을 느낄 때도 있을 것이다. 그러나 그때야말로 우리가 니체와 가장 가까운 거리에 서게 되는 것인지도 모른다.

니체는 그의 주저(主著)라고도 할 수 있는《차라투스트라는 이렇게 말했다》(이하《차라투스트라》)의 제1부 마지막 부분에서 그를 따르는 제자들에게 이렇게 말하고 있다.

> 나는 지금 그대들에게 나를 버리고 그대들 자신을 발견하라고 명령한다. 그대들 모두가 나를 부정할 수 있을 때, 비로소 나는 그대들에게 돌아오리라.'

이 책은 이러한 뜻에서 독자 여러분이 참다운 니체의 제자가 되어, 그를 양식 삼아 참다운 자기를 발견하고 확립하는 데 도움이 되기를 바라면서 쓴 것이다. 이 책이 독자 여러분과 니체와의 직접 대화를 이끄는 계기가 되길 바랄 뿐이다.

1 니체의 정신적 풍토

니체 사상의 반시대적 시대성

니체 사상의 운명

니체만큼 여러 가지로 해석된 사상가도 없을 것이다.

그는 대부분의 천재적 사상가들이 그랬던 것처럼 같은 시대에 살았던 사람들로부터 적의에 찬 반감을 사거나 완전한 무시를 당해야 했다. 그의 사상이 시대 흐름을 좇는 것보다는 오히려 영원을 바랐고, 시대를 거슬러 그 병폐를 가차 없이 들추어 내는 것이었기 때문이었다. 그리하여 니체는 그 자신도 긍지를 가지고 스스로 인정한 것처럼, 바로 '때를 벗어나' 결실을 맺지 못하는 꽃과 같은 모습을 보이고 있었던 것이다.

그러나 19세기와 운명을 같이해서 니체가 생을 마감한 1900년은 새로운 세기의 개막을 알리는 해이며, 동시에 니체의 명성을 올리는 첫새벽이기도 했다. 문명비평가로서의 니체 이름이 그가 태어난 독일을 넘어 전 유럽에 알려졌고, 더 나아가서는 대양을 건너 세계 여러 나라에 알려지게 되었던 것이다.

제1차 세계대전이 끝난 혼미한 세상에서 자유로운 지적 교양이라는 이념은 무력하다는 것이 드러나고, 이 결점을 보완하는 것으로서 전체주의의 정치권력이 대두됨에 따라, 니체의 권력의지설이 갑자기 각광을 받고 등장하게 되었다. 알프레트 로젠베르크 등과 같은 나치스의 어용이론가들에 의해서 니체가 독일 '제3제국'의 위기를 구제하기 위한 전체주의 권력을 합리화하는 반동이론의 제공자로서 등장하게 된 것이다.

니체를 악용한 나치즘의 폭력은 이윽고 제2차 세계대전을 통해서 역사의 준엄한 심판을 받았다. 그런데 그 뒤 패전국인 독일이나 일본이 전쟁 후의 정신적 공백을 메우고 폐허로 변한 땅에 평화적이고 문화적인 국가를 재건하기 위해 새로운 지침으로서 내세운 것도 니체의 사상이었다. 이리하여 니체는, 말하자면 자신에게도 절반의 책임이 전가되는 전쟁의 폐허 속에서, 그 재를 긁어 모아 문화적 재건을 위한 비료가 되는 역할도 아울러 맡게 되었다.

초시대적인 삶의 원근법

니체는 시대 흐름에 반항하고 영원을 지향했다. 이러한 그의 사상이 죽은 뒤에는 일관되게 시대와 그 운명을 같이하여, 좋든 나쁘든 늘 혁신의 선도적인 역할을 해온 이유는 무엇일까? 그것은 아마도 초시대적인 원근법주의를 받아 들인 니체의 사고법 때문일 것이다.

니체는 모든 진리나 가치의 의미가 그 자체로서 객관적으로 고정된 것이라 고 생각하여, 이것을 절대화하려고 하는 형이상학적 사고법에 반대했다. 그에 의하면 모든 가치는 생명 주체인 인간의 삶의 다양한 전개와 관련해서만 그 뜻이 정해지는 것이다. 이렇게 해서 모든 진리나 가치는 상대화되어, 생명 주 체를 중심으로 그 생명 주체가 정한 생존 해석의 관점에 따라 원근법적으로 배치된다.

여기서 이 원근법의 중심이 된 것은 삶의 창조적 근원력으로서의 '권력에의 의지'이며, 2500년의 유럽 역사를 한 번에 거슬러 올라가 다다른 그리스 비극 시대의 생산적 자연이며 그 상징인 디오니소스와 같은 활력이었다. 이 자연과 활력은 파괴와 재건의 끊임없는 생성 과정 중에서 스스로의 본질을 실현해 간다. 그리고 이 끊임없는 자기실현 과정을 통해 여러 가치 관점을 설정해서 그 삶의 질서를 정돈함과 동시에, 더 나아가 그것을 뛰어넘어 이를 파괴하고 보다 더 높은 곳으로 그 가치 관점을 밀고 간다. 이러한 니체의 원근법적 인생 해석 철학은 막다른 골목에 다다른 시대를 위해 새로운 발전 방향을 탐구하 려는 사람들을 인도하여, 자유로운 활로를 지시하고 새로운 미래를 개척하는 창조적 활동 에너지를 공급하는 기능을 다함으로써 시대의 뛰어난 추진력이 되기도 했다.

우상의 파괴와 허무로부터의 출발

니체의 원근법적 생존 해석 철학은 모든 가치에서 고립적인 절대성을 배제 함으로써 필연적으로 우상숭배적 태도의 파괴를 가져온다. 특히 그것은 스스 로를 절대성으로 포장해서 만인을 그 앞에 무릎 꿇게 하려는 그 시대의 공인

된 지배적 권위의 헛된 실체를 폭로하는 날카로운 무기로서 기능한다.

기존의 사회질서나 공인된 가치체계가 흔들리고 새로운 질서나 가치의 출현이 기다려지는 동란의 시대, 위기의 시대에서는 많은 사람들이 낡은 우상의 붕괴를 실감하게 된다. 특히 진실의 가치를 구하고 올바른 삶의 기둥을 찾으려고 애쓰는 성실한 사람들은 이 가치의 공동화(空洞化)를 더욱 절감하게 되는 것이다.

이때 이와 같은 사람들에게 모든 가치의 상대성을 알리고 우상숭배적인 태도야말로 삶을 좀먹는 허무감의 원인이라고 말하는 니체의 철학은 커다란 구원이 된다. 사람들은 이 철학의 철퇴를 맞음으로써 시대의 편견으로부터 자기를 해방하고, 허무한 현실을 견디어 내어 영원한 삶을 지향하려고 하는 강건한 자기를 스스로 단련시키게 되는 것이다.

이렇게 해서 끊임없이 기존의 자기를 뛰어넘어 기존 질서나 가치의 절대화를 부정하고, 보다 더 고귀한 자기와 보다 더 왕성한 창조 활동의 세계로 한없이 되돌아가는 것이 위기의 시대를 사는 우리의 과제가 된다. 이러한 과제를 올바르게 담당하기 위해서는, 시대적 제약을 한 번에 뛰어넘어 모든 시대적 특징을 한눈으로 거두어들일 수 있는 조망이 가능한 관점에 서지 않으면 안 된다. 이와 같은 관점에서 본다면 시대적으로 제약된 특정한 가치로서 주어진 삶의 의미는 그 절대성을 잃고 무로 돌아갈 것이다. 하지만 이 무는 또, 이것을 적극적으로 받아들여 거기에서 자기의 새로운 삶의 방식을 재출발시키려 결심한 사람에게 있어서는, 모든 자유와 모든 가능성을 낳는 창조 원리로 바뀌게 된다. 이와 같이 해서 오히려 이 절대성이 상실된 무를 견디고 이 무를 밑받침삼아 참된 자기를 확립하여 주어진 현실을 크게 다시 긍정하려고 하는 것이 니체 사상의 진수(眞髓)라고 말할 수 있다.

삶 그 자체의 자유로운 창조 활동을 제외하고는 모든 가치 관점의 자립성·궁극성을 부인하는 이 허무주의 철학에서 보자면, 세속적인 정치권력이나 특정 민족의 절대적 우월성을 주장하는 나치즘 이론은 완전히 이치에 어긋나는 것이다.

그러나 이 철학은 또한, 상대적으로 모든 관점을 허용하는 셈이 되기도 한다. 따라서 여기에는 언제나 자제와 자기 극복의 냉엄함을 잃어버리고 니체 사상의 한 국면을 너무 쉽게 절대화하려는 자의적인 해석의 위험성이 뒤따르고 있는 것이다.

시대의 아들 니체

그래서 이런 안이한 해석으로 니체의 참모습을 잃어버리지 않기 위해서는 그가 왜 그와 같은 원근법을 사용하지 않으면 안 되었는지를 알고, 그 참뜻을 그가 살았던 시대 상황에 기초해 밝혀나가야만 한다. 그렇게 해야 니체의 진가와 한계를 제대로 파악하고 그로부터 올바르게 배울 수가 있는 것이다.

생각건대 니체만큼 시대의 운명과 인류의 장래에 깊은 관심을 갖고 있었던 사람은 없었다. 그는 그러한 관심으로 그 시대의 심상치 않은 병폐를 보고 세상 사람들의 비난을 견디고 시대를 탄핵했으며, 이 탄핵을 철저하게 수행하여 그 병근의 근원을 파헤치기 위해 그와 같은 반시대적 삶의 원근법적 관점을 선택한 것이다. 이와 같이 생각할 때 니체만큼 시대의 요청에 성실하게 대답하려고 한 사상가는 일찍이 없었다고 해도 지나친 말이 아니리라.

니체가 살았던 시대

격동하는 독일

니체는 유럽의 후진국이었던 독일이 급속히 자본주의 국가로서의 체제를 갖추어 가던 19세기 후반, 그 시대의 운명을 자기 운명으로 삼고 함께 살아감으로써 그 행방을 성실하게 지켜보려고 했던 사상가였다.

1848년 독일에서는 마침내 산업 시민계급이 나타날 기미를 보여준 '3월혁명'이 일어나는데, 니체는 이 혁명의 전야제 무렵이라 할 수 있는 1844년에 태어났다. 또 니체가 젊은 대학교수로서 세상에 물음을 던진 처녀 출판《비극의 탄생》초고를 집필한 것은 철혈재상(鐵血宰相) 비스마르크의 군국주의적인 정책에 의해서 독일 민족의 숙원이었던 통일이 실현된 1871년이었다. 이 통일과 프로이센—프랑스 전쟁의 승리로 촉진된 독일의 자본주의화는 1890년에 제국주의적인 단계로 접어들게 된다. 이 시기는 비스마르크가 실각하고 빌헬름 2세가 곧장 제1차 세계대전 방향으로 나아가기 시작할 때이기도 하다. 니체는 이때 이미 정상적인 의식을 잃고 있었다. 그리고 독일의 부르주아가 파시즘으로 전환되어 가던 1900년 니체는 세상을 떠났다.

19세기 전반(前半)의 유럽

18세기가 유럽 사회의 근대화 시대이자 개인 해방의 시대였던 것에 비해, 19세기는 민중의 민주화운동과 권력의 반동정치가 교차된 동란의 시대였다.

나폴레옹 전쟁 이후에 유럽 재건을 꾀한 1814~5년의 빈 회의는 오스트리아의 재상 메테르니히의 주도 아래, 절대주의 구체제를 다시 일으키려고 하는 반동적인 군주동맹을 성립시켰다. 그러나 영국이나 프랑스와 같은 선진국에서는 산업혁명이 착착 진행되어 시민들은 산업자본국가로서 경제 실권을 장악해 가고 있었고, 다른 한편으로는 마침내 심각해진 노동 문제의 해결을 요구하는 노동자계급의 대두도 뚜렷해지고 있었다.

이렇게 해서 반동적인 보수 전제의 절대주의 권력과, 산업자본가와 노동자들로 구성된 신흥 시민계급이라는 프랑스의 신구세력은 격돌하게 된다. 1830년의 7월혁명이 바로 그 사건인데, 이것을 하나의 전기로 해서 승리는 신흥 세력에게로 돌아갔다. 그리고 마침내 신흥 시민계급이 정치적인 패권까지 손에 쥐게 되자 자유주의나 민주주의는 곧 완전히 실현될 것처럼 보였다.

하지만 산업혁명이 진행됨에 따라 산업자본가와 노동자계급 사이에 이해(利害) 대립이 치열해짐으로써, 결국은 커다란 사회 불안이 조성되기에 이르렀다. 노동운동과 함께 자본주의적인 사유제(私有制)를 제한하거나 없앨 것을 주장하는 여러 사회주의 사상도 등장했다. 이와 같은 정세 아래에서 특권화된 영국과 프랑스의 산업자본가들은 철저한 자유와 해방을 요구하는 소시민이나 노동자들의 민주화운동을 막으려고 하는 움직임을 보이기 시작했다. 이러한 대(大)부르주아지를 배경으로 하는 보수정권에 대해서 급진적인 소시민이나 노동자들이 싸움을 걸어온 것이 1848년 2월에 파리에서 일어난 2월혁명이었다.

2월혁명은 근대 자유주의 이념의 정치적 실현이며, 봉건적인 구세력의 완전한 패퇴를 뜻하는 것이었다. 이에 영향을 받아 독일의 3월혁명을 비롯한 유럽 각국의 민주화운동이 활발해지면서 열매를 맺어갔다. 구권력의 근대화라고 하는 과제를 안고 있었던 많은 나라들에서 민주적 헌법 제정이나 민족적 통일의 기운이 생기기 시작했다. 예를 들어 오스트리아의 2월혁명은 반동정치가 메테르니히를 실각시켜 신성동맹을 무너뜨렸고, 프로이센의 3월혁명은 통일독일을 지향하는 헌법을 제정하는 국민의회를 성립시키기도 했다.

그러나 이와 같은 민주화의 이면으로는, 지배 권력의 강화로 민중운동을 억누르려 하는 산업자본가계급의 보수적 책동이 추진되고 있었다. 프랑스의 2월혁명은 어떤 계급적 정치투쟁이기도 했으므로, 부유한 시민들은 노동자계급의 단결된 힘에 대해서 본능적인 경계심을 가지고 본격적인 반격 체제를 갖출 필요성을 통감했던 것이다.

이렇게 해서 1848년은 높아져 가는 민주화운동의 절정인 동시에, 그 쇠퇴와 유명무실화로 향하는 분수령이 되기도 했다. 영국의 차티스트 운동 세력이 최고조에 이르렀음에도 냉엄한 탄압에 의해 사라져 간 것도 이해였다. 이것으로 상징되는 바와 같이, 19세기 전반은 자유민주주의의 실패로 그 막을 내린 것이다.

19세기 후반의 개막이 유럽 선진 자본주의국가에 있어서 자유주의·민주주의의 후퇴와 반동화의 시작을 의미했다고 하면, 후진국인 독일에서는 이러한 사정이 더욱 강화된 형태로 진행되었을 것이다. 왜냐하면 위로부터의 지배력에 의한 공업화라는 요청에 호응하기 위해서는 봉건적인 구세력과의 합체(合體)가 필요했고, 민족적인 통일을 이루고 세계시장에 끼어들기 위해서는 군국주의 체제에 의한 권력정치가 요구되었기 때문이다. 이러한 후진국 독일의 현실이 비스마르크의 철혈정책을 뒷받침한 토대였다. 이것을 이해하기 위해 잠시 독일의 상황을 살펴보기로 하자.

후진 독일 사회의 근대화

근대 첫머리를 장식하는 종교개혁운동의 시발국이 됨으로써 유럽 근대세계의 선두로 나서려 했던 독일은 1618년부터 1648년에 이르는 30년전쟁에 의해 황폐해졌고, 유럽의 선진 여러 나라에 비해서 현저하게 뒤떨어진 상태에 머물게 되었다. 19세기에 들어오면서 프로이센은 위대한 계몽군주라고 일컬어졌던 프리드리히 2세(재위 1740~86)의 경륜(經綸)에 의해 유럽 열강에 어깨를 나란히 할 수 있는 강국이 되었고 자유로운 문예도 크게 일어났다. 그러나 그 근대화라는 것은 권력에 의한 위로부터의 근대화였지 민중의 힘에 의해 아래로부터 이룩된 것이 아니었다. 그것은 봉건적인 절대주의 권력과 그것을 뒷받침

하는 전근대적인 경제 기반 위에서 이루어진 것일 뿐이었다. 또한 그러한 기존 기반에 의해 허용되고 장려되어 그것에 이바지하는 범위 내의 것이지 그것을 개조하고 변혁하려는 근대화도 아니었던 것이다. 즉 관념적이고 형식적인 근대화에 머물렀기 때문에 그 본질은 전근대적인 봉건체제에 봉사하는 성격에 지나지 않았다.

18세기 프로이센의 실체는 어떠했던가? 그곳에서는 토지귀족이 토지의 대부분을 지배했고, 농민은 엄격한 신분적 구속에 묶여 봉건적 대토지 소유자에게 예속되어 있었다. 이른바 영주적인 대농경영이 실시되고 있었던 것이다. 그리고 이와 같은 봉건적 체제와 제후할거의 연방국가제 아래에서 산업자본의 자유로운 성장은 원활히 이루어질 수 없었고 국내 통일시장의 형성 또한 저해되고 있었다.

산업 시민계급과 토지귀족의 동맹

이러한 제약에도 19세기가 되자, 나폴레옹이 서독 점령지에 도입한 근대적인 정치제도와 이 나폴레옹에 대항하기 위해 프로이센 정부가 슈타인 개혁안 등을 실시하여 꾀한 농민해방이나 토지처분 자유의 확보 등을 배경으로, 독일에서도 부농층이나 산업시민층이 성장하게 되었다. 그리고 그들의 힘에 의해 산업혁명이 추진되어 독일의 공업은 눈부신 발전을 이룩하려 하고 있었다. 1834년에 성립된 독일 관세동맹이 중요성을 갖는 것도 이들 신흥 산업시민들의 손에 의한 국내시장의 통일 실현을 뜻하기 때문이다.

관세동맹에 의해 급속히 그 세력이 늘어난 시민계급이 스스로의 주권을 확립하려고 봉건적 절대주의에 도전한 것이 독일의 3월혁명이었다. 이 혁명에 의해, 이제까지 독일 사회의 자유·통일 운동을 저지하고 있던 토지귀족 세력은 통일독일이라는 공동 목표 실현을 향해 시민계급과 협력하기로 했다. 시민들이 노동자계급의 대두를 억제하기 위해 토지귀족의 권력을 이용하려고 이와 타협한 것이다. 이러한 어정쩡한 '시민혁명' 태도는, 이윽고 19세기 후반 독일이 자유주의·민주주의의 실현이라고 하는 본디의 근대화 길에서 크게 벗어나 내셔널리즘(민족주의)으로, 더 나아가서는 군국주의에로 우경화해 가는 유력한 원인이 된다.

독일 통일과 번영

빌헬름 1세(재위 1861~88)에 의해 재상으로 임명된 비스마르크는 전형적인 토지귀족 출신이었다. 그는 토지귀족과 대자본가의 지지를 얻어 군국주의에 의한 독일통일 정책을 취하여, 의회의 반대를 무시하고 군비 확장에 힘을 기울였다. 이렇게 해서 프로이센은 공업 자본주의국가로서 발전하기 시작했고, 1866년의 프로이센—오스트리아 전쟁이나 1871년의 프로이센—프랑스 전쟁의 승리로 말미암아 폭발적으로 약진하게 된다.

특히 1871년의 프로이센—프랑스 전쟁의 승리는 독일제국의 통일을 가져옴으로써 공업국 독일의 발전을 촉진하는 중대한 계기가 되었다. 그리고 이러한 과정에서 보여준 힘을 배경으로 프로이센 왕은 통일독일제국의 세습황제가 되었고, 제국은 비스마르크를 그 초대 재상으로 임명했다. 시민혁명에 의하지 않고 토지귀족 재상의 무력으로 성립된 이 새로운 제국의 성격은 프로이센의 군국주의적 중앙집권적 관료제도를 그대로 이어받아 말 그대로 봉건적이고 절대주의적이었다. 제국의 새 헌법에 의하면 내정은 각 연방에 일임되었으나 경제·군사·외교는 정부가 일원적으로 장악하고, 재상은 황제에게만 책임이 있으며, 황제는 대원수로서 절대적인 독재권을 행사할 수 있었다.

이 통일 아래에서 프랑스로부터 강탈한 50억 프랑이라고 하는 거액의 배상금이 독일의 공업 생산에 강한 영향을 주어 그것을 비약적으로 발전시켰다. 또 토지귀족이나 부르주아지는 배상금을 기업에 투자하거나 투기로 돌려 엄청난 부를 쌓았다.

노동운동과 사회주의 정당의 대두

자본주의의 발전에 따라서 노동자계급 또한 성장했다. 전쟁이 끝난 뒤 토지귀족이나 부르주아들에게 엄청난 부를 가져다준 배상금의 유입은 인플레이션을 가져와 국민의 생활필수품 값을 올렸고, 중산계급의 몰락과 노동자계급의 생활 파괴를 가져오기에 이르렀다. 이에 대중은 이윽고 라살레나 마르크스의 사회주의 사상을 추종하는 독일 노동총동맹이나 독일 사회민주당으로 결집되어, 비스마르크의 권력체제를 위협하는 유력한 사회세력으로 성장해 간다.

특히 사회민주당의 대두는 주목할 만한 것이었다. 1871년 선거에서 10만여 표(전 투표의 3%)를 획득했던 사회민주당은 1875년 5월의 고타 대회에서 아이제나흐파와 라살레파가 연합하여 독일 사회주의노동당을 결성했고, 그 후 1877년 선거에서는 50만 표를 얻어 12명의 대의원을 의회에 보내는 데에 성공했다. 이에 위협을 느낀 비스마르크는 1878년 두 차례에 걸쳐 사회주의자가 황제를 저격한 사건이 발생한 것을 핑계로, 같은 해 사회주의 진압법을 공포하여 사회주의자의 결성·집회·출판의 자유를 제한하는 강력한 탄압을 가했으나, 그 세력을 약화시킬 수는 없었다.

이렇게 해서 독일은 이와 같은 사회적 모순을 지닌 채 조금씩 그 반동적인 권력체제를 강화하여, 제국주의적인 침략 정책으로 기울어지게 된다.

시대의 3대 조류와 니체

산업시민의 실증주의

19세기 후반의 유럽 사상계는 시대의 이러한 정치적·사회적 상황을 반영해서 크게 세 가지 사조로 나누어지는데, 실증주의와 마르크스주의 그리고 허무주의가 그것이다.

먼저 시대의 지배권을 장악한 산업시민들의 증폭된 자신감이 실증주의 사상을 출현시키게 된다. 구권력과 싸워서 옛 사회를 개혁해 간 이들은 현실을 신뢰하고 경험에 의해 실증된 사실만을 유일한 규준으로 하여 진리나 가치를 정하고자 했다.

그런데 자본주의적 자유경쟁에서 승리한 이들의 실감으로 말하자면, 우승열패·약육강식의 원칙이야말로 우주 만물을 관통하는 자연법칙으로서 긍정할 만한 것이라고 여겨졌다. 이와 같은 생각이 바탕이 되어 1859년 찰스 다윈의 《종의 기원》이 태어나 생물진화론이 주창되기 시작했다. 그리고 이 생물진화론은 원숭이로부터의 인간 진화를 주장함으로써, 신이나 이념에 입각한 인간과 자연의 창조나 형성을 말하는 기존의 목적론적인 세계관을 무너뜨렸다. 이러한 이유로 무신론을 불러일으키는 위험한 사상이라고 해서 교회나 구세력으로부터 비난과 압박을 받으면서도 이 이론의 힘은 조금씩 커져 사회에 비판적·혁신적인 기운이 일어나게 했다.

이뿐만 아니라 실증주의는 수정자본주의 관점에서 자유와 행복의 조화를 실현하려고 하는 존 스튜어트 밀이나 허버트 스펜서 등의 수정공리주의 사상을 낳았으며, 미국 신대륙의 개척정신과 결합하여 실용주의 사상을 만들어 가게 되었다.

노동자의 마르크스주의

실증주의는 봉건적인 구제도를 변혁하려고 하는 한에서는 혁신성을 지니고 있다. 그러나 자본의 지배라는 현실 그 자체는 어디까지나 지켜 나아가야 할 영원한 질서라고 생각했기 때문에 그 본질적 성격은 보수적인 것이라 해도 좋다.

이에 반해 노동자들은 자본의 지배와 착취에 맞서 이와 같은 자본주의 체제를 변혁하려 했고, 이들의 혁명적인 운동은 과학적 사회주의를 주장하는 마르크스주의의 사상을 낳았다. 이 마르크스주의는 철저한 유물론 관점에서 실증주의보다도 더 명확하게 또 더 적극적으로 종교나 형이상학적 이념을 부정했다.

마르크스와 그의 친구 엥겔스의 협력으로 이루어진 1848년의 《공산당 선언》은 자본주의사회를 매장하려고 하는 노동자계급의 단결을 소리 높여 선언하고 그 승리의 필연성을 자랑스럽게 노래 불렀다. 《종의 기원》이 출판된 1859년은 사상과 제도를 경제적 도태의 표현으로 보고 역사 발전의 원동력으로서 계급투쟁을 지적하는, 이른바 '유물사관'의 테제를 내건 마르크스 《경제학 비판》이 출판된 해이기도 했던 것이다.

앞서의 실증주의가 산업시민들의 자신감과 자긍심의 결정이었다고 한다면, 이 마르크스주의는 그들과 대결해서 무계급 사회라고 하는 전혀 새로운 사회를 만들어 가려 했던 노동자들의 자신과 긍지의 결정이었다고 할 수 있을 것이다.

지식층의 허무주의

수구와 변혁의 적대적인 세력이 격돌하는 이와 같은 위기의 시대에서 그 어느 편에 대해서도 결정적인 태도 결정을 할 수 없는 부동층은 다름 아닌 지식계급이었다. 수구에 찬동하여 착실한 전진을 이룩할 수 있다는 것을 믿는 현실주의일 수도 없고, 그렇다고 혁명에 의존하여 전혀 새로운 사회를 만들어

낼 실천가도 될 수 없는 것이 인텔리였던 것이다.

이러한 지식층이 품은 제자리 상실의 고뇌나 불안을 19세기 전반에 표현한 것이 쇼펜하우어의 염세주의 철학이었고, 키에르케고르의 우수(憂愁)와 절망의 철리(哲理)였다. 인텔리의 장래를 예언한 이 두 사상가는 모두 아버지의 유산에 기대어 사색한 지식인이었다. 이들이 스스로 자본주의 현실에 의존하고 있었으면서도 거기에서 전망 없는 몰락의 가능성밖에 볼 수 없었다는 것은 주목할 만하다.

이 두 사람이 예언한 허무한 현실의 도래라는 운명은 19세기 후반에 이르러 그 분명한 모습을 드러냈다. 민주주의나 자유주의라는 근대적 이념에 대해서 낭만적인 기대를 걸 수 없는 냉엄한 현실이 거기에 있었다. 국가주의 또는 군국주의에 의해 공업화를 추진하려는 자본가들과, 생활 파괴를 가져온 그러한 자본의 지배와 싸워서 평등 이념의 완전한 실현을 노리는 노동자들 사이에는 적대적 이해 대립이 있다는 것이 점점 뚜렷해졌다. 이때 이러한 힘의 대결을 뛰어넘어 지적·예술적 교양에 의한 인간 완성을 지향하려 했던 삶의 방식은 무력감이나 공허감, 불모감에 사로잡히지 않을 수 없었으리라.

교양계급의 이러한 실감은 먼저 러시아 문학가들에 의해서 하나의 사상으로까지 조형되었다. 절대주의적인 차리즘의 압박 아래에서 신음하는 농민대중을 눈앞에 보면서도 그들이 할 수 있는 일은 별로 없었다. 선진 서구 제국으로부터 자유·민주의 이념을 받아들인 그들에게 권력자가 쌓아올린 정치적인 벽과 농민대중이 쌓은 무지의 벽은 너무나도 두터웠던 것이다. 더욱이 거기에는 권력과의 투쟁을 위해 아래로부터 밀고 올라가는 노동자계급의 성장이 거의 없었다. 이러한 현실을 앞에 두고 양심적인 지식층이 품고 있던 무력감은 심각한 것이었다.

이러한 정서를 배경으로 투르게네프는 1862년 《아버지와 아들》이라는 작품 속에서 청년 주인공 바자로프를 허무주의자로서 그려내고, 이 허무주의야말로 새로운 세대의 문제라는 것을 분명히 제시했다.

이어 도스토옙스키는 1866년 《죄와 벌》에서 주인공 라스콜니코프의 입을 통해 "만일 신이 없다면 인간, 특히 비범한 개인에 대해서는 모든 것이 허용된다. 살인까지도"라고 허무적인 주장을 하게 했다. 다시 그는 1870년 《악령》에서 "만일 신인(神人) 예수가 죽었다고 한다면 그다음엔 인간 자신이 신이 되지 않으면 안 된다" 생각하는 '인신설(人神說)'을 문제 삼았는데, 이는 이러한 변칙적 관념으로 자기 행동을 장식하지 않으면 안 될 정도로 지적 교양인들의 내면적 공허감이 뿌리 깊다는 것을 그려낸 것이었다.

내재적 초월의 방향

이들 3대 시대적 사조(실증주의, 마르크스주의, 허무주의)에 대해서 니체는 어떠한 위치를 차지하고 있는가?

니체는 어떠한 사상이든 어떠한 운명이든 간에 자신의 삶에 주어진 현실이라면 적극적으로 받아들이고자 했다. 그는 철저하게 현실을 살아감으로써 그 한계를 밝히고, 그것을 끝까지 체험함으로써 뛰어넘으려 한 것이다. 니체는 이들 3대 사조 속으로 파고들어 이것들을 자기 운명으로 받아들임으로써, 스스로에게 이들 시대사조를 영원한 방향으로 뚫고 나가려고 하는 이른바 내재적 초월의 길을 부과했다.

모든 이상이나 이념에 대해 자유로운 비평을 가하여 그 생물학적·생리학적 기원을 밝히고, 이들 개념을 자연의 사실로 환원시키려 하는 데에서 실증주의자로서의 니체가 탄생한다. 그리고 이러한 실증성은 모든 의식을 삶의 사실로 되돌림으로써 유물성으로까지 철저를 기하여 무신론이나 반신론에까지 이르려고 한다. 그리고 더 나아가서 이와 같은 태도가 투르게네프나 도스토옙스키의 경고처럼 가공할 허무주의를 불러온다면, 이 허무주의와 성실하게 대결해서 그 원인을 찾아내고 그 결말을 보아야 한다는 것이 니체의 생애에 일관된 과제였던 것이다.

하지만 니체는 이들 3대 사조의 단순한 조정자나 절충자로 안주하려 한 평범한 사상가는 아니었다. 그는 이들 사조를 뛰어넘어, 나중에 자신의 독자적인 사상을 만들어 냈다.

니체는 실증주의가 물질적 욕심이나 감각적 쾌감의 원리를 휘둘러 고귀한 삶이 갖는 창조성을 못쓰게 만드는 경향을 타이르고, 교양적인 속물이 되기보다는 오히려 힘이 넘친 삶의 격정에 대해 순진하게 따르려 했다. 니체는 쾌(快)를 위한 공리보다는 창조를 위한 공리를 긍정했고, 평균적 문명으로의 진화가 아니라 개성적 삶으로의 진화가 더 긍정적이라고 보았다. 그는 국가의 융성이나 군사적인 승리보다는 개인의 자유와 독창적 문화의 창조를 지향하는 정신적인 귀족주의자였다. 또한 부르주아적인 속물성을 공격하고 융커(토지귀족)의 혼(魂)이 갖는 고귀함을 보존하려고 했는데, 이러한 경향으로 니체의 견해는 반시민적으로 형성되어 갔다.

그렇다고 해서 니체가 가장 유력한 반시민적 세력인 노동자계급 운동의 지지자였던 것은 아니다. 오히려 니체는 그들에 대한 가장 통렬한 비판자였다. 니체는 거기에서 개성 없는 약자 대중이 군중적 힘을 믿고 자신들의 비열한 욕망을 채우기 위해 고귀한 것에 반역하는 천민 근성을 알아챈 것이다. 그리하여 그는 영웅적인 개인주의의 고루(孤壘)를 지키며 시대 흐름에 대항하여 반민주주의 및 반사회주의 관점을 지키게 된다.

이와 같은 견해를 관철하려는 사람은 지배적 시민층으로부터도, 또 그와 대립하는 노동자 대중으로부터도 동떨어진 고독한 생애를 살아야 한다. 이것이 니체의 운명이었다. 그런 뜻에서 니체는 바로 교양 시민층을 대표하는 사상가였다. 그러나 그는 자신의 부동적인 삶을 방관하여 그 공허감을 읊으면서 살아가려고 하는 염세주의자도 아니었고, 초월적 권위(신)에 의존해서 그 공허한 삶을 뛰어넘으려고 하는 참회자도 아니었다. 이와 같은 삶의 태도는 니체가 가장 혐오하는 패배자의 삶이었다.

여기에서 니체가 택한 것은 모든 기존 권위를 적극적으로 거부하는 능동적인 허무주의자의 길이었다. 허무를 운명적인 것이자 주어진 것으로 단념하는게 아니라, 그것을 오히려 자기가 선택한 것으로서 적극적으로 긍정하려 하는 것이 니체였다. 이리하여 '운명애'의 새로운 복음을 말하는 니체가 탄생한다. 이와 같이 허무를 견디고 이 무(無)를 자기 자유의 죽음으로 받아들이는 것이 아니라, 자유 무한한 가능성을 낳는 도약대로 삼는 '초인'이야말로 니체의 독자성을 결정하는 것이었다.

'초인'과 '대지'

초인이란 끊임없이 기존의 삶을 뛰어넘는 사람을 말하는 것으로, 고정적인 종말 목표를 나타내는 이념으로서 세워진 것이 아니다. 초인의 이념은 평소 스스로를 극복하는 자기 초월의 과정에 내재하여, 이 과정과 함께 움직이면서 그 활동을 이끌어 가는 실천 이념으로서 세워진 것이다.

따라서 이 '초인' 이념의 안내를 받고 살아가려는 사람은 끊임없이 다양한 관점을 스스로 해결함으로써 그것을 뛰어넘지 않으면 안 된다. 스스로 그 관점을 체험한 자만이 이것을 비판하는 참다운 자격을 갖는다. 이와 같은 긍지와 자신을 가지고 시대사조와 대결하여 그 내재적인 초월자가 되려고 했던 이가 니체였던 것이다.

니체가 시대사조를 극복하기 위해 삶의 목표로 삼은 '초인'을 특징짓는 것은 무엇인가? 그것은 바로 자유로운 창조 주체로서의 능동적인 자연이며 '삶 자체로 파고드는 삶'이고 '권력에의 의지'였다. 그러므로 '권력에의 의지'에 의해 충실해진 '삶'을 만들어 내고 쉼 없는 '대지'에 기초해 대자연에 튼튼하게 발을 딛고 다시 사색하려고 하는 것이 니체의 생애를 가로지르는 꿈이었다.

그렇다면 실제로 그의 인생을 뒷받침한 '자연'이란 어떠한 것이었는가? 이 점에 눈을 돌려보기로 한다.

니체를 둘러싼 자연

자유로운 유랑

니체는 프로이센의 시골 도시 뢰켄에서 태어났다. 네 살 때 아버지를 잃은 그는 어린 나이에 고향을 떠나 나움부르크로 옮겨가지 않으면 안 되었다. 그 후부터는 비교적 순조롭게 슐포르타(포르타)에서 김나지움 교육을, 본과 라이프치히에서 대학 교육을 받았다. 니체는 열네 살에 포르타 학원에 입학했는데, 그 이후부터는 가족을 떠나 기숙사에서 살거나 하숙생활을 했다. 이런 뜻에서 니체의 마음의 고향은 가정이라고 하기보다는 오히려 무료함을 달래준 독일의 자연이었다고 해도 지나친 말이 아닐 것이다.

특히 청년기를 지난 니체에게는 자연이야말로 성장의 양식이었고 가장 사랑하는 동반자이기도 했다. 스물넷의 젊은 나이로 바젤 대학 교수로 추천된 니체는 그 뒤 스위스 사람으로서 독일 국적을 포기했다. 그리고 그는 교수직 퇴임 뒤 마흔네 살이 되어 정신이상 증세를 보일 때까지 10여 년 동안 병약한 몸에 신경을 쓰면서 저작 활동을 계속하기 위해, 스위스·이탈리아·프랑스·독일의 각지를 돌아다니며 오직 꾸밈없는 자연을 찾아 살아간다. 이렇듯 한곳에 머물지 않았던 나그네 니체에게는 국경이나 그 밖의 인위적인 작위(作爲)를 초월한 대자연의 모습이야말로 마음으로부터 말을 걸 수 있는 친구였고, 무한한 가능성을 따올 수 있는 사색의 원천으로 여겨졌다. 시장에서의 세속적인 어릿광대짓을 떠나 사람 사는 곳으로부터 멀리 떨어진 높은 산의 동굴에서 영혼의 청소를 하는 차라투스트라의 행복이야말로 니체 자신이 마음속으로부터 바랐던 것이었다.

국적과 국경을 뛰어넘은 이러한 유랑은 한편으로는 모든 가식을 없앤 자연에서 건강한 삶의 자세를 배울 수 있게 함과 동시에, 다른 한편으로는 유럽적인 시야로 그 운명을 바라볼 수 있게 했다. 그가 그리스의 자연을 전 유럽의 모태(母胎)로서 재발견할 수 있었던 것도 이 덕분이다. 니체는 여기서 발견된 자연에 기초해 현실을 내다보는 넓고 자유로운 관점을 취했다. 그가 모국 독일의 후진성을 날카롭게 비판하고, 특히 그 철저하지 못한 민주화나 노예적인 사회화, 군사적 승리를 문화적 우수성이라고 착각하는 속물성 등을 매우 정확하게 지적할 수 있었던 것도 그 때문이었다.

그러나 이 유랑은 호사가적인 흥미나 방관자적인 유흥으로서 선택된 것이 아니었고, 건강과 저작을 위한 냉엄한 필연으로서 시도된 것이었다. 그 어떤 유랑에 있어서나 니체 마음의 뿌리는 독일의 현실과 튼튼하게 연결되어 있었다. 니체는 세계주의자(코즈모폴리턴)로서 유랑한 것이 아니라 독일인으로서 긍지를 가지고 유럽의 자연과 문화를 탐구한 것이다.

독일에 대한 통렬하고도 면박에 가까운 비판의 밑바탕에 얼마나 강렬한 조국애가 깃들어 있었는가를 알기 위해서는 1866년 프로이센—오스트리아 전쟁이나 1870년 프로이센—프랑스 전쟁에서 니체가 보여준 태도를 통해 충분히 짐작할 수 있다. 거기에는 간호병으로 지원해 싸움터로 나간 애국자 니체의 모습이 있었던 것이다.

알프스의 만년설과 지중해의 검푸른 바다

니체가 자연을 찾은 데에는 병약한 몸과 시력이 약한 눈을 지켜야 하는 건강상의 이유도 있었다. 하지만 그런 점을 감안하더라도 니체만큼 자연을 사랑하고 자연과의 대화로 자신의 사상을 단련하고 키워 나간 사상가는 찾아보기 힘들 것이다.

책벌레가 되어야 하는 고전문헌학자로서 출발했음에도 사상가로서의 니체에게 산과 들, 바닷가 산보는 하루도 빼놓을 수 없는 일과였다. 그는 컴컴한 서재에서 고안된 사상을 신용하지 않았고, 높은 산이나 맑은 바닷가 산책 중에 잉태된 착상만이 건강한 사상으로 성숙된다고 믿었다. 그리하여 밝은 자연의 햇빛이 풍부한 아침나절을 글을 쓰면서 보내고 오후에는 자연을 두루 돌아다니는 것이 니체의 일상이었다. 니체는 오전의 햇빛 아래에서 생각을 정리하고 위대한 정오의 자연을 표현하려 했으며, 피곤한 밤의 생각이나 자연스럽지 못한 밤샘 작업 등은 하지 않았다.

특히 니체가 사랑한 자연은 여름에는 만년설로 덮인 알프스의 봉우리가 이어지는 스위스 엔가딘 지방이었고, 겨울에는 끝없는 검푸른 바다에 무한한 신비를 간직하고 펼쳐지는 제노바나 니스 등의 이탈리아·프랑스 지중해 연안지방이었다. 니체가 영겁회귀의 사상을 품은 것도 엔가딘 지방의 벽촌 실스마리아에 있는 실바프라나 호수에서였다. 그는 이때의 체험을 한 장의 종이에 '인간과 시간의 저편 6000피트'라 기록하고 있다. 또 니체가 《차라투스트라》의 전형상(典型像)을 파악한 곳 역시 제노바에 가까운 포르토피노 곶의 길가였다. 니체가 그의 자서전 《이 사람을 보라》에서 고백하고 있는 이와 같은 증언에 비추어 보더라도 그의 사상과 자연과의 밀접한 관계를 알 수가 있을 것이다.

2 니체의 생애

어린 시절의 성장—유년시대

목사 집안의 맏아들

프리드리히 빌헬름 니체(Friedrich Wilhelm Nietzsche)는 1844년 10월 15일, 프로이센령 작센 주의 작은 마을 뢰켄의 목사관에서 루터파 목사의 장남으로 태어났다. 아버지도 어머니도 다 같이 성직자 명문 출신이었다. 그때 그의 아버지는 서른한 살로 국왕 프리드리히 빌헬름 4세의 두터운 신뢰를 받고 있던 터라 이 가족의 앞날은 밝아 보였다.

니체의 아버지 칼 루트비히 니체는 1813년 10월 10일에 아일렌부르크 지방 감독목사이자 신학박사인 아버지와, 역시 이름 있는 성직자 집안 출신이던 어머니의 막내아들로 태어났다. 이날은 나폴레옹이 아일렌부르크에 입성한 기념적인 날이기도 했다.

니체의 할아버지 가계는 프로테스탄트로서 신앙을 지키기 위해 독일로 망명한 폴란드 귀족 집안이었다. 니체의 할머니는 청춘을 바이마르에서 지냄으로써 괴테의 사교권과도 인연을 맺고 있었다. 그녀의 집안도 알아주는 명문이어서, 대학의 신학 교수였던 그녀의 오빠 헤르더가 죽은 뒤 총감독으로서 바이마르로 초청되었을 정도였다.

니체의 어머니 프란치스카는 뢰켄과 가까운 마을인 포블레스의 목사 다비트 에른스트 욀러의 딸로 1843년 10월 10일 17세의 나이에 30세의 칼 루트비히와 결혼했다. 니체의 외할아버지는 건강하고 낙천적인 쾌활함이 있었고 음악과 시 등에 뛰어났다. 니체의 외할머니는 부유한 궁정 고문관의 딸이었는데, 그 덕분에 니체의 어머니는 고상한 취미를 즐기며 여유롭고 행복한 처녀 시절을 보냈다.

이러한 집안 내력에 대해서 니체는 커다란 긍지를 가지고 있었다. 그래서 그는 자기에게 뛰어난 점이 있다면 그것은 모두 조상의 유산이라고 믿었다. 또 니체는 "그리스도교를 유감없이 비판할 수 있는 것은 어렸을 때의 그리스도교 적인 환경이 좋은 추억만을 남겨주었기 때문이다" 고백하고 이와 같은 성직자 집안에서 태어난 것을 감사하게 여겼다.

꼼꼼하고 음악을 좋아했던 아버지

니체의 아버지는 할레 대학을 우수한 성적으로 졸업한 뒤 잠시 알텐부르크 의 공작 집안에서 세 왕녀의 교육을 담당한 적이 있었다. 그는 뛰어난 재능과 온화한 인품, 꼼꼼한 근면성 등으로 이 역할을 훌륭하게 해냈다. 그러나 그는 취미가 전혀 없는 사람은 아니었다. 특히 음악에 대한 소질이 뛰어나서, 그의 피아노 연주는 듣는 사람에게 깊은 감명을 주었다. 니체가 어렸을 때부터 음 악에 대한 날카로운 감수성과 기호를 가지고 있었고, 아버지의 피아노 소리로 울음을 그칠 정도였다고 알려진 것은 분명히 아버지로부터 감화를 받은 바가 컸음을 말해 주는 사실이다.

1841년, 아버지 니체는 프러시아 국왕 프리드리히 빌헬름 4세의 총애를 받 아 부유하고 평화로운 작은 마을인 뢰켄의 목사로 취임했다. 그리고 사람들은 그가 머지않아 궁정목사로서 베를린으로 가게 될 것이라 생각하고 있었다. 이 러한 아버지에게 1848년의 3월혁명은 그 무엇보다 더한 고통이었다. 경애하는 프리드리히 국왕이 베를린 시내를 도망 다녔다는 신문 기사를 읽고, 아버지는 분통을 터뜨리며 눈물을 흘린 뒤 집을 나가 몇 시간이고 가족에게로 돌아오 지 않았다.

아버지는 건강했으나 아홉 형제의 막내로 자란 탓에 매우 신경질적인 면을 지니고 있었다. 또한 시력도 약했고 니체 집안의 내력이라고도 여겨지는 두통 을 일으킬 때도 있었는데, 아버지의 이러한 점들은 나중에 니체에게 유전되어 그를 평생 괴롭히는 질환이 된다.

행복한 가정생활

어머니 프란치스카는 열일곱 어린 나이에 뢰켄 목사관으로 시집을 왔다. 고 집이 세고 진지하며 신앙심이 깊은 젊은 어머니에게 이 가정생활은 마음고생 이 심했을 테지만 시어머니의 따뜻한 배려, 남편의 부드러운 애정, 시누이의 헌신적인 도움으로 '이상적인 목사관'이라고 일컬어질 정도로 행복한 생활을 이루어 나갔다.

결혼 이듬해 니체가 태어난 날은 마침 프로이센 왕의 생일을 축하하는 마을의 종이 여기저기서 울려퍼지고 있었다. 경애하는 국왕의 탄생일에 맏아들을 얻어 기쁨에 싸인 아버지는 국왕의 이름을 아이의 세례명으로 삼았다. 이어 1846년 7월에는 니체의 누이동생이 태어났다. 아버지는 자신이 한때 가르쳤던 알텐부르크의 세 왕녀 이름을 따서 딸의 이름을 테레제 엘리자베트 알렉산드라라고 지었다. 그리고 다시 2년 뒤에는 동생인 요제프가 태어났다.

어머니와 아들 가정으로의 전락 나움부르크로의 이사

그러나 갑자기 불행이 이 집안을 덮친다. 그해 8월 근시였던 니체의 아버지는 강아지에 발이 걸려 현관 돌계단에서 굴러떨어졌고, 머리를 세게 부딪힌 탓에 뇌진탕을 일으켰다. 그리고 이것이 원인이 되어 이듬해인 1849년 4월 30일, 뇌연화증으로 서른다섯 나이에 생애를 마쳤다. "어머니, 아내 프렌첸(애칭)을 잘 부탁합니다." 그는 임종 때 어린 세 아이를 안은 스물세 살 아내를 생각하면서 자신의 어머니에게 이 말을 남겼다.

하지만 곧이어 이 가엾은 과부에게 또 다른 불행이 찾아왔다. 1850년 2월에 두 번째 생일을 맞은 막내 요제프가 갑작스런 경련을 일으키며 죽고 만 것이다.

연이은 타격은 니체의 어린 마음에 심각한 영향을 끼쳤다. 신의 죽음이라고 하는 그의 사상 안에 깃든 그 생생한 내용은, 아마도 사랑하는 사람과의 영원한 이별이라는 이때의 체험을 반영한 것이라고 해도 좋으리라.

가장을 잃은 데다 어린아이까지 잃은 니체의 가족은 그 저주스런 땅을 뒤로하고 그해 4월에 근처의 성벽으로 둘러싸인, 잘레 강변의 오래되고 아름다운 마을 나움부르크로 이사했다. 할머니의 오빠 크라우제 목사를 의지하여 할머니를 중심으로 두 고모와 어머니, 그리고 니체 남매까지 모두 여섯 명이 모자 가정을 꾸려가게 된 것이다. 이렇게 해서 니체는 다섯 살 나이에 고향을 잃은 유랑생활의 외로움을 맛보게 되었다.

내향적인 작은 귀족

니체는 몸은 아주 건강했지만 말을 할 수 있을 때까지 2년 반이나 걸렸을 정도로 조용한 아이였다. 그는 아버지로부터 흥분하기 쉬운 신경질적 성격을 물려받았으나, 귀족적인 집안의 전통에 감화되어 일찍부터 냉엄한 자기 억제의 힘을 몸에 지니고 있었다. 그래서 무엇인가 나쁜 짓을 하고 야단을 맞으면 곧 얼굴을 붉히면서도 아무 말도 하지 않고 어딘가에 들어앉아 있곤 했다. 그는 자신의 잘못을 인정할 수 있을 때에는 머리를 숙이고 용서를 빌었지만 그렇지 못할 경우에는 완전히 침묵을 지키는 고집쟁이였다. 그는 이렇게 조용하고 내성적인 모습 안으로 강건한 의지와 날카로운 지성을 간직하고 있었는데, 이것을 알아차린 사람은 없었다.

할머니가 세상과의 교제를 맡고 두 고모가 집안일과 사교를 담당했기 때문에, 어머니는 두 아이의 교육에 몰두할 수가 있었다. 그녀는 스파르타식의 엄격함과 검소함으로 아이들을 가르쳤다. 어머니는 할머니가 손자를 너무 귀여워하는 것에 신경을 썼다. 가끔 어머니가 그것을 못마땅해 하는 눈치를 보이면 할머니는 "하지만 애야, 이 아이들은 모두 착해서 나무랄 데가 없지 않느냐" 말하는 것이었다.

어머니의 배후에는 언제나 니체의 외할아버지 욀러가 있었다. 그는 특히 스스로를 거창하게 표현하는 사람을 몹시 싫어했는데, 그것은 그가 뛰어난 안목과 날카로운 현실감각을 가지고 있었기 때문이다. 그래서 처음으로 니체 안에 간직된 독창적인 재능을 발견하고 그것을 소중하게 생각해 준 사람도 바로 그였다. 어머니가 자기 아들의 이상한 고집을 자신의 아버지에게 호소했을 때 그는 딸에게 다음과 같이 충고했다. "애야, 너는 저 애가 어떤 아이인지 전혀 모르고 있구나! 저 애는 평생 동안 내가 본 애들 가운데 가장 비범하고 재능 있는 아이란다. 저 아이의 그런 성질은 그대로 내버려 두는 것이 좋단다." 이 충고를 들은 뒤로 어머니는 아들의 재능이 자라는 대로 내버려 두었기 때문에 아무도 그에게 시끄럽게 간섭을 하지 않았다. 이로써 니체의 자발적인 자기 억제의 귀족적 태도는 크게 향상되었다.

또 어린 니체의 인간성 형성에 큰 영향을 끼친 사람으로서 빌헬름 핀데르와 구스타프 크루크라고 하는 두 소꿉친구와 그 가족들을 빼놓아서는 안 될 것이다. 니체 할머니의 친구들 가운데 나움부르크의 사교계를 지배하고 있던 항소법원에 관련된 사람들이 많았다. 이들은 서로의 손자들이 친하게 지내기를 바라 교제를 트게 해주려고 애썼다. 이렇게 해서 세 사람의 우정은 싹터 갔다.

니체는 핀데르의 아버지로부터는 문학과 미술의 교양을 습득할 수 있었고, 특히 괴테의 위대함을 배우게 되었다. 또 다른 친구인 크루크의 아버지로부터는 좋은 음악의 취미를 배웠다. 이렇게 귀족적 교양이 풍부한 환경의 혜택을 받아, 니체의 문화비평 무기가 되는 '거리 감각'(저속한 것과 고귀한 것을 구별하여 본능적으로 저속을 버리고 고귀를 고르려고 하는 가치 감각)이 자라가고 있었던 것이다.

어린 '도련님'의 초등학교 시절

나움부르크로 옮기고 얼마 후 할머니의 의견에 따라, 아직 채 여섯 살이 못된 니체는 시립 초등학교에 들어가게 된다. 시립 초등학교에서 여러 신분의 아이들과 어울려 지내게 하여 낮은 계급 사람들에 대한 배려의 마음을 길러줌과 동시에, 수줍어하는 성격을 고쳐주려는 의도였다.

그러나 이 고상하고 우아한 동작을 가진, 진지하고 곧잘 생각에 잠기는 니체 도련님은 색다른 인간으로서 급우로부터 따돌림을 당했다. 특히 성경 글귀나 찬송가를 잘 외워서 모두를 눈물짓게 하는 특기로 니체는 '어린 도련님'이라는 별명을 얻게 되었다.

그의 누이동생은 이 '어린 도련님'의 꼼꼼함을 나타내는 한 일화를 다음과 같이 전하고 있다.

다른 아이들이 심한 소낙비 속을 날듯이 뛰어서 집으로 돌아간 뒤에 오빠는 혼자 흠뻑 젖어 유유히 걸어서 집으로 돌아왔어요. 어머니가 야단을 치니까 그는 진지하게 대답했습니다. "하지만 어머니, 학교 규칙에 쓰여 있어요. 학교에서 돌아갈 때에는 뛰지 말고 조용히 얌전하게 가라고요."

그래서 니체는 약 1년 동안 학교에 다니다가, 성당 부속의 김나지움 예비교가 되어 있었던 웨베르 씨의 기숙사로 보내졌다. 여기서 그는 1854년까지 앞서 언급한 두 친구 핀데르와 크루크와 함께 배웠고, 그해에 제5학급생으로서 김나지움에 입학했다. 이렇게 해서 마침내 니체는 성직자나 학자로서의 교양을 연마하기 위한 대학 진학을 목표로 하는 중·고교 교육 기관인 김나지움에서 그리스·로마의 고전 학습을 중심으로 하는 자유교육을 받게 된 것이다.

오빠와 누이동생의 교제

여자만 있는 가정에서 두 살 차이의 남매로서 서로 의지하면서 자란 니체와 누이동생은 한시도 떨어지지 않을 만큼 우애가 돈독했다. 명랑하고 활발한 누이동생 엘리자베트에게 오빠는 상냥한 놀이 상대였을 뿐만 아니라 존경할 만한 절대의 권위이기도 했다.

니체는 누이동생이 지닌, 고집 세고 제멋대로인 성격을 잘 이해했다. 그래서 그는 누이동생에게 놀이와 생활을 통해 자제의 냉엄함과 허위를 미워하는 성실성이라는 귀족적인 덕성을 가르쳤다. 이러한 오빠에 대한 고마움을 누이동생은 이렇게 쓰고 있다.

오빠가 나를 타이르려고 했던 말 대부분은 자제(自制)라는 것을 가르치기 위한 것이었다. 오빠는 그것이 얼굴에 웃음을 띠고 말도 거칠게 하지 않으며 고통과 슬픔과 부정을 조용히 견디는 일이라고 했다. 나중에 고통스러운 처지에 놓일 때면 나는 늘 다음과 같은 오빠의 말을 떠올렸다. "리스베트(엘리자베트의 애칭), 나를 자제할 수 있는 사람은 남도 제제할 수가 있는 거야."

성실이라는 점에도 오빠는 큰 중점을 두고 있었다. "우리 두 사람은 거짓말을 해서는 안 된다. 왜냐하면 그것은 폴란드 귀족 출신에게 어울리지 않으니까. 남들은 거짓말을 하고 싶으면 얼마든지 하라지. 하지만 우리 둘에게는 오직 성실이 있을 뿐이야." 이러한 것들이 나에 대한 오빠의 교육 방침이었다.

오빠의 이런 모습은 누이동생에게 자랑스럽고 절대적인 권위로서 받아들여졌다. 오빠에 대한 누이동생의 존경은 그녀의 유년시대나 소녀시대를 통해 변함이 없었다. 오빠 말고 다른 권위를 인정하지 않는다는 점에서 그녀는 곧잘 놀림을 당할 정도였다. 그녀는 존경하는 마음에서 오빠가 쓴 것을 모아두었다가 그녀의 '보물방'을 채우곤 했다. 누이동생이 여섯 살부터 시작한 이 일은 평생에 걸쳐 계속되어, 뒷날 니체에 대한 귀중한 자료가 된다. 그녀가 설립한 니체 문고 자료의 거의 대부분은 그녀가 그렇게 모아둔 것들이었다.

병으로 인한 괴로움, 독신의 불편과 고독을 견디면서 사색해야 했던 니체에게 누이동생은 아내 또는 간호사 역할도 기꺼이 해 주었다. 어머니가 죽은 뒤에는 정신이상을 일으킨 니체를 돌보는 것도 이 누이동생의 몫이었던 것이다. 이러한 떨어질 수 없는 교제는 니체의 결혼 이야기를 둘러싼 오해나 누이동생의 결혼(4년 후에 남편과 사별)에 의해 한때 중단되기도 했다. 하지만 그렇다고 해도 이렇게 평생을 통해 교제를 가진 남매도 그리 흔하지 않을 것이다.

이러한 누이동생의 오빠에 대한 극진한 사랑은 니체를 괴롭게 하거나, 그의 유고를 고쳐 씀으로써 그의 사상을 잘못 이해되도록 하는 원인이 되기도 했다. 그럼에도 자신의 오빠를 천한 인간으로 몰아세우는 세간의 오해로부터 지키려고 했던 누이동생의 참뜻만은 아름다운 것이라고 평가해야 하리라.

영혼의 독립을 구하여—포르타 학원시대

가족과의 이별

1855년에 집안의 중심이었던 니체의 고모가 죽고, 그 이듬해가 되자 여기에 힘이 빠진 할머니도 죽게 된다. 이에 서른 살이 된 니체의 어머니는 남은 또 한 사람의 고모와도 작별하고, 독립하기 위해 두 아이를 데리고 그녀 친구의 셋방으로 이사를 했다.

이 집의 주인은 목사의 미망인이었다. 그녀는 과학이나 철학에 뛰어난 지식과 흥미를 가지고 있었기 때문에, 아이들의 공부를 위해 매우 쾌적한 환경을 제공해 주었다. 이렇게 해서 남매가 모두 뛰어난 성적을 보여 어머니의 자랑거리가 되었다. 단 한 가지 마음에 걸리는 일은 1856년부터 7년에 걸쳐서 너무 공부를 한 탓인지, 그렇지 않으면 아버지를 닮은 탓인지 니체에게 두통과 눈병의 조짐이 나타나기 시작했다는 것이었다. 그것 말고는 니체는 몸이 튼튼했고 여름에는 수영, 겨울에는 스케이트 등의 운동도 즐겼다. 그는 아버지나 어릴 적 친구들의 아버지들로부터 영향을 받아 작시나 작곡에도 뛰어난 재능을 보이기 시작했고, 가족들은 조용한 행복에 싸여 나날을 보내고 있었다.

그런데 니체의 남다른 천재성을 전해 들은 공립 포르타 학원의 교장이 어머니에게 편지를 보내, 1858년 9월에 니체를 장학생으로 맞이하고 싶다는 뜻을 전해 왔다.

포르타 학원은 나움부르크 부근의 한적한 자연 속에 있는 공립 김나지움으로, 엄격한 기숙사 생활과 철저한 인문주의적 교육으로 학생들을 단련시켜 훌륭한 인재를 길러온 유서 깊은 명문교였다. 노발리스, 슐레겔 형제 등 19세기 처음을 장식하는 독일 낭만주의의 대표적인 시인 및 문학자나 피히테, 랑케 등의 철학자와 역사학자도 여기서 길러낸 사람들이었다.

아무나 들어갈 수 없는 이러한 명문교에, 그것도 완전 장학생으로 입학한다고 하는 것은 성직자나 학자로서 빛나는 장래를 약속받는 일과 다름없었다. 이에 당연히 니체의 어머니는 몹시 기뻐했다. 그러나 포르타 학원은 기숙사 제도의 학교였으므로 이곳으로 진학한다는 것은 모자간의 이별을 의미했다. 남편을 잃고 아이들의 성장을 바라보는 것만을 즐거움으로 삼고 있던 젊은 미망인에게 이 이별은 견딜 수 없는 고통이었다. 그럼에도 본디 의연한 신념을 관철하는 것을 예사로 삼았던 그녀는, 조금 망설인 끝에 아이들의 행복을 바라는 마음에서 이 이별의 쓰라림을 견디겠노라 마음먹었다. 이렇게 해서 니체는 사랑하는 어머니와 누이동생과 헤어져 보편적인 교양과 냉엄한 집단생활의 규율로써 자신을 단련하기 위해, 그리고 가족으로부터의 독립을 위해 첫발을 내디디게 된 것이다.

포르타 학원 생활

포르타 학원은 200명의 학생을 완전 기숙사 제도의 규율과 엄격한 개별지도로 훈련시키는 학교였다.

한 방에서 열두 명 또는 열여섯 명의 학생이 함께 지냈으며, 다시 그것이 3, 4조로 나뉘어 각 조마다 조장(제1급생)과 부조장(제2급생), 그리고 두 사람의 하급생(제3급생)이 있었다. 하급생은 생활이나 학과에서 조장의 감독과 지도를 받았다. 그 밖에 학생 한 사람 한 사람이 한 명의 지도교사에게 모든 문제를 상담하는 것으로 되어 있었다.

이곳에서 6년 동안 생활하면서 니체는 고전적 교양의 기초를 닦았다. 그리고 문학·철학·음악·종교 등 각 분야에 걸친 보편적인 교양을 배웠다. 성적도 수학을 제외하고는 모두 뛰어났고, 생활도 모범적이었다. 매주 일요일에는 두세 시간의 자유가 허용되었고, 이 시간을 이용해 그는 나움부르크와 포르타의 중간에 있는 마을 여관에서 어머니와 누이동생을 만나 이야기를 나누었다. 가족에 대한 그리운 정을 채우는 시간이 이것밖에 허락되지 않았으나 니체는 그 고독을 견디며 공부를 해나갔다.

그러나 젊은 니체에게도 두서너 가지의 파란은 있었다. 그 하나는 따분한 주번 보고일지를 익살스럽게 작성하려 했다가 엄격한 선생님의 꾸지람을 들어, 세 시간의 외출 금지와 일요일 산보 금지의 처벌을 받은 일이다. 하지만 이 우스꽝스러운 주번보고는 훗날까지 학생들에게 화제가 되었을 정도로 기발한 것이었다. 그것은 예를 들어 '강당의 램프 빛이 매우 어둡기 때문에 학생들은 자기 자신이 빛을 내야겠다는 유혹을 받는다' 하는 식이었다.

두 번째 일화는, 1863년 4월의 어느 일요일에 들뜬 기분으로 술을 마시고 취해서 횡설수설하고 있던 것이 발각되어 처벌을 받은 일이다. 이 사건에 대해서 니체는 깊이 반성하여 그 뒤 아주 근엄한 생활로 되돌아갔다. 높은 자존심을 가졌던 니체가 알코올로 자제력을 잃은 것만큼 굴욕감을 받은 적은 없었기 때문이다.

그는 여기서 보편적인 교양에 대해 병적이라고 할 수 있을 정도로 욕심을 내어 공부를 했다. 니체는 1861년 부활제 때 친구 파울 도이센과 함께 견신례(堅信禮)를 받고 신앙 생활을 하려고 마음먹기도 한다. 그러나 그는 고전문헌에 대한 자유로운 탐구나 포르타 학풍이었던 역사적, 비판적 연구 방법의 영향을 받아 남몰래 종교에 대한 회의적인 관점을 품게 되었다. 그리하여 신앙심이 깊은 어머니에게 걱정을 끼치지 않기 위해 이러한 자유사상을 애써 감추려고 했으나, 니체의 관심은 조금씩 종교보다 고전의 세계로 향하게 되었다.

이듬해인 1862년에는 셰익스피어와 바이런을 읽게 되는데 여기에서도 니체는 큰 영향을 받는다. 모든 기성 권위를 태연히 무시하고 자신만의 길을 걸어간 이 강력하고 자유로운 거인들 앞에서 니체가 받은 인상은 매우 강렬한 것이었다. 이러한 영향 아래에서 한때 니체는 엄격한 집단생활의 규율과 고전적 형식을 중시하는 포르타의 교육에 대해 불만을 품기도 했다. 하지만 그는 자유로운 문예 연구에 대한 이러한 욕구를, '게르마니아'라고 하는 문학적·음악적 동아리를 조직해 그 중심이 되어 정력적으로 연구 발표를 하는 형식으로 채워 나갔다.

그의 주변에는 감수성이 풍부한 사춘기를 맞이하여 연애 문제로 고민하는 친구도 많았으나, 니체의 온갖 정열은 불타는 인식욕(認識慾) 쪽으로 발산되었다. 그리고 이 시기뿐 아니라 니체의 전 생애를 통해, 이성에 대한 감정은 완전히 그와는 인연이 없는 것이 되었다. 훗날 그는 한 번도 진심으로 연애한 일이 없다는 것을 슬퍼했다. 니체의 경우에는 그 어떤 매력적인 여성에 대한 애정도, 진리를 함께하는 동지로서의 우정으로 변해 가는 것이었다. 니체도 목석은 아니었으므로, 포르타 하급생의 누나였던 안나 레테르 양에게 달콤한 첫사랑의 감정을 품은 일도 있었다. 하지만 그것도 두 사람이 함께 음악을 연주하거나 그가 그녀에게 시나 음악적 랩소디를 바치고 기뻐했던 일 정도의 엷은 추억에 지나지 않았다.

유년시절 소년시절

1864년에 니체는 우수한 성적으로 정든 포르타 학원을 떠난다. 졸업논문은 〈메가라의 테오그니스에 대하여〉였다. 테오그니스는 고대 그리스의 시인으로서 민중을 얕잡아 본 귀족적인 모럴리스트였으므로, 여기에서도 이미 뒷날 니체 사상의 주제가 암시되어 있다.

그런데 포르타 학원에는 졸업 전에 이제까지의 생애를 회상한 문장을 남기고 가는 관습이 있었다. 이 전통에 따라 니체는 〈나의 생애〉라는 단문을 지어 그 속에서 다음과 같이 지난 일을 되돌아보고 장래에 대한 기대를 말했다.

아버지의 죽음은 한편으로는 나의 장래 생활에 대한 아버지의 도움과 지도를 빼앗아 갔으나, 한편으로는 나의 영혼에 진지한 명상적 성격의 싹을 심어주었다. 그 뒤 나의 생활은 남성적 시각으로 감시를 받지 않았고, 그에 따라 호기심 가는 대로 여러 가지 교양 소재를 추구하는 병적인 욕망이 자라났다.

포르타에서 나는 수학을 제외한 모든 것에 흥미를 느꼈다. 하지만 이윽고 나는 지식의 모든 영역을 계획 없이 헤매는 일에 혐오를 느끼게 되었다. 나는 하나하나의 교양 소재를 철저하게 밝히도록 나 자신을 제한하려고 노력했다. '게르마니아'를 만들어서 여기에 매월 논문이나 작곡을 제출하고 서로 비판한 것도 그 때문이었다.

　대학에 가려는 지금 나는 내 장래의 학문적 생활을 위해 지켜야 할 철칙으로서 다음 두 원칙을 나 자신에게 부과하고자 한다. 그 하나는 천박한 박식에의 경향을 끊는 일이고, 또 다른 하나는 모든 것을 하나하나 가장 깊은 근거로 되돌리려 하는 경향을 더욱 북돋우는 일이다.

이러한 각오로 철학과 문헌학 연구를 위해 대학의 문을 두드리며, 니체는 6년간의 청춘을 보낸 그리운 포르타 학원을 떠났다.

좋은 스승의 이해심과 가르침—대학생시대

본 대학에서

1864년 10월, 니체는 라인 강변의 대학가에 있는 본 대학에 입학하여 신학부와 철학부에 적을 두었다. 신학부에도 등록을 한 것은 아들이 목사가 되기를 바라는 신앙심 깊은 어머니에 대한 배려에서 신학 강의도 청강하려 했기 때문이다. 그러나 니체 자신의 학문적 감상은, 포르타에서 받은 고전교육의 영향, 소년 때부터 산만하게 쌓아온 교양을 엄밀한 지적 금욕에 의해 합리적으로 규제할 필요성이 있다는 자각, 독단적인 신학 이론에 대한 반감이나 회의, 지적 성실성으로 인도된 자유로운 지적 탐구에 대한 동경 등으로 인해 고대 문헌학으로 집중되어 간다. 특히 본 대학에는 리츨이나 얀 등의 뛰어난 학자가 있어서, 그리스·로마의 고전을 19세기 역사과학의 정신이었던 비판적 실증적 방법으로 비판하고 해석하는 뛰어난 학풍을 형성하고 있었다. 그래서 니체는 그다음 여름 학기부터 오직 철학부에만 속하여 문헌학 연구에 열중한다.

　이 고대 문헌학 연구를 통해서 니체는 비판적·합리적·실증적인 지적 엄밀성의 훈련을 받았는데, 그에 따라 신학에 대한 그의 회의는 더더욱 깊어갔다. 그래서 방학 등으로 집으로 돌아왔을 때, 누이동생을 상대로 자기도 모르게 이러한 생각을 입 밖에 내는 바람에 신앙심 깊은 어머니를 몹시 놀라고 슬프게 만들었다. 그러나 신학과 문학의 교양을 두루 갖추고 있었던 고모의 주선으로 모자간의 어색한 대립은 피할 수 있었다. 어머니가 "제아무리 위대한 신학자의 생애에도 회의(懷疑)의 시대라는 것이 있다. 이와 같은 시대에는 모든 논의를 억눌러 버리는 것이 최선의 방법이다"라는 고모의 충고를 받아들인 것이다. 그녀는 앞으로 그에 대한 논의는 일체 하지 말자고 제안하며, 자기도 아들의 양심에 어긋나는 일은 아무것도 강요하지 않겠다는 약속을 했다.

하지만 누이동생은 어머니와 같은 불안을 안고 오빠가 신앙을 다시 굳히기를 바랐고, 그에 대해 니체는 자신의 생각을 담은 편지로 답했다. 이 무렵 니체가 얼마만큼 지적인 성실함을 관철하려 하고 있었던가를 말해 주는 자료로서 그 편지의 일부를 인용해 보기로 한다.

우리가 해야 할 일은, 관례와 싸우면서 양심의 동요나 고독의 불안에 휩싸여 절망에 빠지더라도 꾸준히 참되고 선하며 아름다운 것에 대한 영원한 목표를 잃지 않고 새로운 길을 걸어가는 것이 아닐까? (……) 우리가 탐구에서 구하는 것이 안식이나 평화나 행복일까? 아니다, 오직 진리일 뿐이다. 비록 그것이 제아무리 무섭고 또 추하더라도.

우리가 어렸을 때부터 모든 영혼의 구제가 그리스도 이외의 것, 예를 들면 모하메드로부터 나온다고 믿고 있었다 하더라도, 결국은 그리스도가 주는 축복과 전적으로 같은 축복을 받고 있었던 것이 아닐까? 분명히 축복을 주는 것은 오직 신앙뿐이지 신앙의 배후에 있는 객체가 아닌 것이다. (……) 모든 참다운 신앙은 저마다 확고부동하며 바람직한 축복을 주기는 한다. 그러나 그것은 결코 객관적 진리의 기초 부여를 위한 발판은 될 수 없는 것이다.

여기서 인간의 길은 둘로 나뉜다. 당신이 마음의 안식과 행복을 얻고자 한다면 믿어라. 하지만 진리의 사도가 되기를 바란다면 탐구하라. 그 행복과 진리 사이에는 수많은 중간 상황이 있지만 중요한 것은 이 둘 가운데 어느 것을 지향하느냐 하는 것이다.

'프란코니아 학생단'과 니체의 청춘

니체는 본 대학에 입학함과 동시에 많은 학우들과 자유로운 교제를 하며 '프란코니아'라는 학생단에 가입했다. 여기서 그는 맥주를 마시면서 이야기를 나누고 노래를 하고 춤도 추고, 때로는 결투 흉내를 내는 등의 생활을 하며 청춘의 한때를 보냈다. 그러나 이러한 향락적 분위기는 결벽가인 니체에게는 어울리지 않았다. 학생단이 갖는 음주 의리에 순응하려는 기분도 조금씩 사라져서 그에게 있어 학생단 친구와의 교제는 거추장스러운 것이 되어갔다. 니체는 친구 도이센과 함께 그리스 비극을 읽거나 슈만의 파우스트 교향곡에 감동하여 그의 무덤에 꽃을 바치거나 해서, 학생들로부터 별난 사람으로 취급을 받았다. 또한 그는 높고 냉엄한 도덕적 관점에서 이 학생단에 거침없는 개혁을 제안하는 등의 행동을 하여 단원들이 그를 멀리했기 때문에, 자기가 학생단의 문외한에 지나지 않는다는 것을 새삼 느꼈다. 니체는 괴팅겐에서 같은 고민에 빠졌던 포르타시대의 친구 게르스도르프에게 이러한 기분에 대해 다음과 같이 써 보내고 있다.

우리 친구들 사이에서 평소에 일어나는 듯한 악에 대해 도덕적 노여움을 느끼지 않게 된다면 그것은 지독한 타락이다. 이것은, 예를 들어 술을 마시거나 술에 취하는 일에 대해서 할 수 있는 말이지만, 남이나 남의 의견을 멸시하거나 비웃는 일에도 해당되는 것으로서 불쾌하기 짝이 없는 일이다.

그 무렵 니체가 어느 정도 진지한 학생이었는가를 나타내는 한 예로서 친구 도이센은 다음 일화를 회상하고 있다.

니체는 1865년 2월의 어느 날 혼자서 쾰른으로 여행을 떠나, 한 안내인을 고용해 이름난 곳을 둘러보고 마지막으로 식당 안내를 부탁했다. 그랬더니 그 안내인은 그를 창녀집으로 데리고 갔다. 이 일에 대해 니체는 나에게 이렇게 말했다.

"나는 갑자기 싸구려 비단으로 몸치장을 한 여섯 명쯤 되는 정체 모를 여인들에게 둘러싸이고 말았다. 여인들은 침을 삼키고 나를 바라보고 있었다. 나는 얼마 동안 어이가 없어서 말을 할 수 없었으나, 이윽고 그 자리에서 유일한 정신적 존재였던 한 대의 피아노로 달려가서 화음 두서너 가지를 연주했다. 이 피아노 소리로 나의 긴장감은 풀어졌고 나는 여유를 찾을 수가 있었다."

이런 일이나 그 밖에 내가 니체에 대해서 알고 있는 모든 것으로 보아, 나는 다음과 같은 말이 그에게 해당된다는 것을 믿고 싶다. "그는 결코 여자에 손을 대지 않았다."

그러나 이 마지막 말을 의심하는 사람도 많다. 니체의 누이동생이 그의 발광 원인은 오직 유전적 영향과 근시의 눈을 극도로 혹사한 맹렬한 공부와 불면으로 인한 마취성 수면제 남용이라고 하며, '진행성 마비(즉 뇌매독)'라는 의사의 진단을 애써 부정하려 했지만 그럼에도 이 진단을 옳다고 보는 전기작가들이 많기 때문이다. 만약 의사들의 판단이 옳은 것이었다고 한다면 니체는 그 뒤 다시 창녀집을 찾아가 거기에서 매독에 감염되었을 것이다.

랑게 아이히바움은 1865년에 니체가 다시 한 번 쾰른이나 본의 창녀를 찾아가 병이 옮았을 것이라 추정하고 있으며, 리하르트 브룬크는 그 감염 시기를 다음의 라이프치히 대학시대로 예상하고 있다. 바젤 대학의 교수가 된 이래 줄곧 독신의 하숙생활을 했던 니체에게는 언제라도 그러한 비밀스런 여성 경험의 시기가 있었을 것이라고 생각하는 사람도 있다. 어쨌든 이제 이 일은 추측만 할 수 있을 뿐이고 그 진실은 불명한 채 남아 있을 수밖에 없다. 하지만 그 무렵 니체가 보통 학생들에 비해 남달리 진지했다고 하는 것만은 분명한 사실이다.

학생단으로부터의 제명
본 대학에서의 첫 1년이 막 끝나가고 있을 때 문헌학 교수인 리츨과 얀의 사이가 나빠져 리츨이 라이프치히 대학으로 옮겨가게 되었다. 니체는 리츨에 심취해 있었던 까닭에 그의 뒤를 따라 1865년 10월 신학기부터 라이프치히 대학으로 갈 것을 결심하게 된다. 여러 이유에서 학생단 친구들은 전학하는 니체에게 '리본장(章) 증정에 의한 명예로운 퇴단'을 승인하는 친절을 보였다. 그러나 진실된 마음을 감춘 채 남과 사귀는 것을 싫어하는 니체는 1865년 10월 20일, 다음과 같은 편지와 함께 리본장을 되돌려 보냈다.

본 대학 학생단 프란코니아 귀하
나는 여기에 리본장을 보내어 탈회의 의지를 통고하는 바이다. 이것이 학생단의 취지를 존중하지 않는다는 의미는 아니며, 다만 나는 현재와 같은 형태의 모임은 나의 의사에 맞지 않는다는 것을 솔직하게 말하고 싶을 뿐이다. 이에 대한 책임의 반은 나에게 있을 테지만 1년 동안 현재와 같은 모임을 참고 견딘다는 것은 나에게는 어려운 일이었다. 그럼에도 나는 본회의 성질을 잘 아는 것이 나의 의무라고 믿고 노력해 왔다고 생각한다. 그러나 지금은 나와 본회를 맺어주는 유대가 끊어졌다. 그렇기 때문에 나는 본회와의 이별을 고하는 바이다.

프란코니아회가 현재와 같은 단계를 극복하는 날이 가까워지기를 빌며, 앞으로는 오직 바른 뜻과 좋은 풍속을 숭상하는 회원만을 안고 가기를 절실히 바라는 바이다.

프리드리히 니체

이 편지를 받은 학생회는 모처럼의 호의에 대한 이 냉정한 반응에 격분해 즉각 니체를 학생단에서 제명했다. 이렇게 해서 니체는 후회 많은 대학 생활의 첫 학년을 반성하면서, 비 내리는 한밤중에 라인 강변까지 따라나선 한 친구의 배웅을 받고 거기에서 혼자 기선을 타고 도망치듯이 본을 떠났다.

라이프치히 대학에서의 성실한 탐구생활

1865년 10월부터 바젤 대학 부임까지 약 4년을 지낸 라이프치히 대학에서의 생활은 매우 알찬 것이었다. 그는 여기에서 사색과 탐구로 지새우는 나날을 보냈다. 니체는 리츨 교수의 신임을 얻어 공부하면서 쇼펜하우어를 발견했고, 또 바그너와 알고 지내는 사이가 되었다. 니체는 전 생애를 통해서 결정적인 영향을 받게 되는 이 좋은 스승들을 얻어, 학자로서 또 사상가로서 자신의 뛰어난 재능이 아름답게 꽃피고 열매를 맺는 시기를 맞게 되었다.

니체의 학문적인 재질은 리츨의 지도와 배려에 의해서 순조롭게 꽃피어 갔다. 리츨은 자신을 따라 본에서 라이프치히로 전학해 온 학생들에게 권하여 고전문헌학연구회를 창립시켰다. 이 연구 활동의 중심이 된 것은 니체였다. 그는 연구회 활동을 통해서 평생 동안 서로 좋은 친구가 된 에르빈 로데도 알게 되었다.

이 연구회에서 니체는 1866년 1월 18일에 〈테오그니스 저작집의 마지막 판(版)에 대하여〉라는 연구를 발표하여 친구들로부터 절찬을 받았다. 힘을 얻은 니체는 그 원고를 리츨에게 제출하여 그로부터도 좋은 평가를 받는다. 이로써 니체는 문헌학자로서 입신할 결심을 굳히게 된다. 그 뒤 그는 대학교수로서 갖추어야 자질의 습득에 학생생활을 바쳐야겠다 마음먹고, 한 주에 두서너 번 리츨 교수를 찾아가 그의 친절한 지도를 받게 되었다. 리츨의 조수와 같은 위치에서 까다로운 문헌 목록 작성이라는 단조로운 일도 착실하게 수행하여, 그는 곧 교수의 신뢰와 기대를 한 몸에 받게 된다.

리츨은 자신이 해마다 대학에서 모집하는 현상논문의 논제 선정자로 뽑히자, 니체가 연구하고 있던 주제를 고려해서 '디오게네스 라에르티오스의 전거(典據)에 대해서'를 논제로 정하고 니체에게 응모를 권했다. 그래서 니체는 교수의 기대에 호응하여 논문 작성에 온 힘을 쏟는다. 그는 그 기회에 뛰어난 학문적 역량을 보여줄 뿐만 아니라 사상가로서의 아름다운 문장을 완성하려고 결심한다. 그런 욕심으로 인해 니체에게 그 논문의 완성은 어렵기 짝이 없었지만 1867년 7월 31일 마감 시간에 임박해 완성한 논문을 대학에 제출할 수 있었다. 이 논문에는 그리스 시인 핀다로스의 시구에서 고른 '네가 본디 존재해야 하는 것 같은 존재가 되어라'는 표어가 붙어 있었다. 이 말은 나중에《차라투스트라》의 표어로도 쓰여 니체의 생애에 일관된 지표가 되었다.

이 논문은 당연히 1등 입선의 영예를 안게 되었고, 니체는 이로써 세상의 주목을 받는 신진 문헌학자로서의 지위를 획득하게 된다. 2년이 지난 1869년, 그가 스물넷 젊은 나이로 스위스 바젤 대학 교수로 초빙을 받게 된 것도 이 논문의 성가(聲價)에 의한 것이었다. 그의 천분을 인정하고 육성하여 그 진가를 널리 세상에 소개하고 좋은 지위를 추천해 준 리츨과 같은 좋은 스승을 만난 것은 천재 니체에게 실로 다행한 일이었다고 하지 않을 수 없다.

하지만 스승의 기대에 호응할 만한 능력과 노력 없이는 이와 같은 성과를 올릴 수 없었으리라는 것 또한 분명한 일이다. 젊은 니체는 고대의 문헌을 꼼꼼하게 수집하고 분류하여 비교, 대조해서 그 진위와 가치를 평가하는 무미건조한 기초 작업을 묵묵히 해냈다. 이러한 냉엄한 훈련에 의해서 니체는 사상가로서의 자신의 본디 천분을 연마해 간 것이다. 니체와 같은 천재도 '있어야 할 곳의 존재가 되기' 위해서는 엄청난 노력을 기울여야 한다는 점은 우리에게 많은 것을 가르쳐 준다.

쇼펜하우어와의 만남

라이프치히시대의 니체에게 큰 영향을 준 간접적인 스승으로 빼놓을 수 없는 인물이 바로 쇼펜하우어이다.

니체가 라이프치히 대학에 입학하자 그의 가족은 나움부르크에서 라이프치히로 이사하는 문제를 두고 고민하기도 했다. 그러나 아들의 자유로운 독립심을 지켜주고자 니체의 어머니는 이별의 외로움을 참고 그에게 하숙생활을 허락했다. 그리하여 니체는 부르멘가세라는 이름의 작은 골목에서 헌책방을 운영하는 론 집안에서 하숙을 하게 되었다.

그리고 1865년 10월 말 또는 11월 초의 어느 날, 니체는 이 헌책방에서 우연히도 쇼펜하우어의 주저인 《의지와 표상으로서의 세계》를 발견한다. 책을 살 때 늘 신중했던 니체도 마술에 홀린 것처럼 이 책을 사서 소파에 누워 읽기 시작했다. 그리고 이 책이 마치 그를 위해 쓰인 것이 아닌가 하고 의아스럽게 생각할 정도로 깊은 감명을 받았다. 그로부터 2주 동안 니체는 이 책을 새벽 2시까지 탐독했고 6시 정각에 일어나서 다시 읽는 생활을 강행했다.

니체는 쇼펜하우어의 철학에서 결정적인 영향을 받게 되었다. 그가 쇼펜하우어의 염세철학에서 큰 영향을 받은 것은, 본의 아니게 보통의 쾌활한 학생 생활에 적응하려고 했다가 자신의 참모습을 잃을 뻔했던 본 시대의 생활을 회상한 니체가 자기혐오를 느꼈던 것에도 한 원인이 있었을 것이다. 그 무렵 니체의 염세적인 기분이 쇼펜하우어를 기꺼이 맞이하게 한 원인이 되었던 것은 분명한 듯싶지만 그것은 일시적인 이유에 지나지 않았다. 즉 무엇보다 그의 마음을 끌었던 점은 쇼펜하우어의 철저한 결벽감이었던 것이다. 그리고 제아무리 어두운 결론이 예상되더라도 그것이 진리라면 자진해서 거기에 복종하는 것을 두려워하지 않는, 자기와 세계의 실상에 대한 성실한 구명심에 대해 니체는 깊은 인상을 받았다. 이때의 감격을 니체는 이렇게 적고 있다.

나는 곧 저 정열적이고 음울한 천재의 붓에 매료되고 말았다. 한 행 한 행이 모두 단념과 부정과 체념을 소리치고 있었다. 나는 여기에서 세계와 인생과 그리고 나 자신의 정서를 대규모로 비쳐내고 있는 하나의 거울을 보았다. 나를 바라보고 있는 것은 예술이 갖는 무사(無私)함과 완벽한 태양의 눈이었다. 여기에 나는 질병과 쾌유, 추방과 피난처, 지옥과 천국을 보았다. 자기 인식, 아니 자기 해부에의 욕구가 무조건 나를 사로잡았다.

이렇게 해서 니체는 쇼펜하우어로부터 자기 내면적 삶의 욕구에 성실하고 자 하는 진지한 사고(思考)의 태도를 배웠다. 그리고 이때 쇼펜하우어가 내민 어두운 염세관을 뛰어넘는 것이 그 뒤 니체의 과제가 되었다. 학생 니체가 이 과제를 수행하기 위해 고른 길은 냉엄한 고대 문헌학 연구에 전념하여 그 단 조로운 작업으로 자기를 재단련하는 일이었다. 그리고 그것을 도와준 것이 리 츨의 이해심 있는 배려와 적절한 지도였다.

한편 이러한 리츨을 통해 니체에게 영향을 준 세 번째 스승이 등장하는데, 그가 바로 바그너이다.

바그너와의 극적인 만남

니체의 사상 형성에 결정적인 영향을 준 것은 첫째로는 쇼펜하우어였고, 둘 째로는 바그너를 꼽을 수 있을 것이다. 바그너는 쇼펜하우어의 사상을 음악 창작이나 평론 영역으로 전개하여, 갖가지 독창적인 작곡이나 가극 연출에 자 신의 천재성을 발휘하고 있었다. 특히 바그너는 니체보다도 서른한 살이나 많 았으나, 같은 시대를 함께 살아온 사우(師友)로서 그에게 평생 동안 지울 수 없는 영향을 끼치게 된다.

아직 세계로부터 그 독창적인 천분을 충분히 인정받기 전부터 니체는 이미 포르타의 '게르마니아' 동아리에서 구입한 바그너의 〈트리스탄과 이졸데〉의 피 아노용 발췌곡 악보를 통해서 이 음악가의 천재성을 느끼고 깊은 공감과 감동 을 받고 있었다. 그 니체가 우연히도 라이프치히를 방문 중이던 바그너를 만 날 수 있는 기회를 갖게 된 것이다.

리츨 교수의 아내는 동양학자였던 동료 브로크하우스 교수의 부인과 친했 었는데, 이 브로크하우스 부인은 바그너의 누나였다. 그래서 니체는 리츨 부인 의 소개로 1868년 11월 8일, 마침 라이프치히의 브로크하우스 저택을 방문 중 인 바그너와 만날 수 있는 행운을 맞이한 것이다.

브로크하우스 저택에서 바그너와의 만남을 앞둔 니체는 특별히 옷을 맞추 고 그 완성 기한과 지불 문제로 양복점 주인과 법석을 떨 정도로 신경을 썼다. 두 사람의 첫 대면은 매우 감동적이었다. 니체는 바그너를 본 순간 현대의 모

든 인간들 중에서 자기와 가
장 가까운 정신력을 가진 인
물과 상대하고 있다는 것을
직감했다. 그리고 바그너 또한
자기 작품의 참다운 정신을
깊이 이해하고 있는 젊은 니
체의 뛰어난 예술적 직관력과
나이에 걸맞지 않은 사고방식
에 공감했던 것이다.

지원병으로서의 군대생활

라이프치히 대학에서 문헌
학 연구에 열중하고 있던 니
체의 가슴 한구석에는 1866년
의 프로이센—오스트리아 전
쟁 등을 계기로 해서 표면화

바그너 니체는 바그너를 자기와 가장 가까운 정신력을
가진 인물로 평가했다.

된 조국의 위기와 그 운명을 생각하는 애국적 충정이 불타고 있었다. 그러나
니체는 심한 근시안 때문에 두 번이나 징병검사에 불합격했고, 그에 끓어오르
는 애국심을 품으면서 구국의 길에 참가하지 못하는 것을 한탄하고 있었다.

그런데 1867년 9월 니체는 아는 장교로부터, 새로운 규칙이 생겨서 8도의 근
시안경 사용자도 병역에 복무할 수 있다는 말을 듣게 된다. 비스마르크의 군
국주의적 확장 정책으로 프로이센과 주변국과의 국제관계에 긴장이 조성된 결
과 이러한 규칙이 생긴 것이다. 이 말을 들은 니체는 곧 군대에 자원 입대해,
10월 나움부르크의 기마 야전포병연대에 배속되었다. 니체의 눈은 실제로는
더 높은 도수의 안경이 필요할 정도로 나빴지만, 마침 9월 26일에 실시된 마지
막 징병검사 때 그가 쓰고 있던 안경이 8도였기 때문에 합격 판정을 받을 수
있었다.

학생 니체에게 포병으로서의 복무기간은 당연히 고난에 찬 시간이었지만,
그는 묵묵히 말을 돌보거나 포신을 청소하는 등의 군무를 열심히 수행했다.
잠시 한가한 틈을 타서 문헌학 연구와 승마 연습으로 기분 전환을 하는 것이

그나마 허락된 즐거움이었다.

이듬해인 1868년 3월 니체는 근시 때문에 말을 타다가 떨어져 가슴을 크게 다치게 되는데, 그 뒤 여러 번 정신을 잃거나 심한 통증과 고열에 시달리는 일들이 생겨 5개월 동안 누워 있어야 했다.

이 병상에서 니체는 다시 학문에 대한 의욕이 솟는 것을 느껴 대학졸업 학위취득시험과 대학강사자격시험 준비를 시작했다. 또 한편으로는 랑게의 《유물론사》를 읽고 〈칸트 이후의 목적론〉이라는 철학 논문 초고를 쓰기도 했다. 이러한 의욕이 도운 덕분인지 난치병이라고 여겨졌던 병도 8월에는 완쾌에 가깝게 치료되었다. 그러나 힘든 군무를 다시 수행하기는 어려웠기 때문에 10월에는 제대를 하고 라이프치히 대학으로 돌아왔다. 복무 기간은 5개월에 지나지 않았으나 니체는 4월 1일부로 상병으로 진급했으며, 그에게는 다시 1개월 동안의 보충 근무에 의해 예비소위로 임관할 수 있는 권리가 주어졌다.

니체는 병마와 싸울 때마다 그 고통을 견디고 극복하여 뛰어난 정신적 창조 작업을 이룩한 놀라운 의지의 소유자였다. 니체의 투병생활이 문헌학자에서 철학적 사상가로의 전환을 재촉하는 계기가 된 것에 대해 누이동생은 다음과 같이 말하고 있다.

그 심각한 병이 오빠에게 커다란 선물을 주었다. 그는 반년에 걸쳐 대학교수직이나 강의에 얽매이지 않고, 또 마음에 들지 않는 학업이나 교제를 위해 시간을 낭비하지도 않고, 고된 군무로부터 해방되어 오직 자기중심의 독자적인 경지에 몰두하는 완전히 자유로운 생활을 누릴 수가 있었다. 그는 그때 온 힘을 기울여 철학적 문제에 전념했다. 그래서 그 시기에 쓰인 문헌학상의 논문까지도 거의 무의식중에 철학적인 기조를 띠게 되었던 것이다.

누이동생이 써서 남긴 이 글은 학생 니체가 제멋대로 흐르기 쉬운 재능을 엄격한 문헌학적 수업으로 제어하면서도 점차 문헌학자로부터 벗어나 사상가로 성장해 가는 모습을 생생하게 그려내고 있다.

청년시대의 교사 니체—바젤 대학 교수시대

젊은 대학교수로서의 출발

1868년의 크리스마스 휴가도 끝나갈 무렵, 니체는 갑자기 라이프치히로 불려 갔다. 스위스 바젤 대학의 고전문헌학 교수 취임 문제로 리츨 교수와 상담을 하기 위해서였다.

바젤 시의 참사위원과 학사위원장을 겸하고 있던 바젤 대학교수 빌헬름 피셸 박사가 라인 학술잡지에 실린 니체의 논문을 보고 그 재능을 인정하여, 교수직에 알맞은 사람인지 리츨에게 문의한 것이다. 리츨은 니체와 이야기를 나눈 뒤 그를 책임지고 추천한다는 뜻의 답장을 보냈다. 그 편지 속에서 리츨은 '니체는 아직 학위를 받지 않았고 강사 자격도 얻기 전이지만, 그 두 자격증이 모두 현재 심사 중에 있다'고 말했다. (그리고 실제로 라이프치히 대학의 교수회는 1869년 3월에 니체가 라인 학술잡지에 발표한 논문들이 그가 학위를 받을 만한 충분한 자격이 있음을 보여 준다고 판단하여, 구술시험도 면제해 주고 철학박사학위를 수여하는 이례적인 배려를 보여주었다.)

1869년 2월에 니체는 스물넷 젊은 나이에 연봉 3천 프랑을 받으며 바젤 대학의 고전문헌학교수 겸 대학부속 김나지움의 그리스어교사로 임용되는 영예를 얻게 되었다. 갑자기 펼쳐진 빛나는 앞날을 바라보면서, 젊은 학자 니체는 대학교수에게 따르는 무거운 책무 앞에서 각오를 새롭게 다졌다. 그와 동시에 니체는 쇼펜하우어나 바그너에 심취한 로맨티스트로서, 단순히 등이 구부러진 연구가가 되기에 머물지 않고 젊은이들 가슴에 높은 철학적 이념을 향한 진지한 탐구심과 예술적 정념의 등불을 밝히고자 하는 불타는 이상을 품고 바젤 대학에 부임한다.

오랜 역사를 지닌 부유한 도시 바젤은 수많은 교양인들이 모여 살고 있던 곳으로, 예술과 학술의 진흥을 위해서는 비용을 아끼지 않고 노력하는 문화적 기풍으로 가득한 조용한 도시였다. 그곳에서 니체는 바젤의 교양인들로부터 커다란 기대와 진심어린 환영을 받았다.

1869년 5월에 열린 '호메로스와 고전문헌학'이라는 제목의 취임강연은 대강당을 가득 메운 청중을 감동시키면서, 바젤에서의 니체 명성을 확고하게 만들었다. 바젤 시의 학사위원들은 니체처럼 걸출한 학자를 맞아들이게 된 것을 너나없이 기뻐했다. 또 바젤 대학이 자랑하는 당대의 석학으로서, 나중에 니체의 좋은 이해자가 된 야코프 부르크하르트 교수는 "니체는 학자인 동시에 예술가이다" 평가했다.

대학에서의 강의와 회의, 그 밖의 의무는 천재적인 사상가 니체의 자유로운 사색을 제약하는 것이기는 했지만, 니체는 그 의무를 참으로 충실하게 이행했다. 대학에서 그의 강의를 듣는 학생은 문헌학과 학생 모두를 합한 여덟아홉 명 정도였고, 부속 김나지움의 그리스어반도 아홉 명에서 열다섯 명 정도인 소수였지만, 젊은 교수 니체는 엄격한 지도를 통해 학문적 진리 추구 정신을 심어주는 교육자로서 자신의 직무에 뜨거운 정열을 불태웠다.

니체는 학생들이 학문적 진실을 왜곡하거나 학생의 본분인 학습을 게을리하는 것을 용서하지 않았지만, 그러한 태도는 학생으로 하여금 스스로 깨달아 반성하도록 이끄는 형태였지 처벌 등으로 위협하는 야만적인 것은 아니었다. 학생으로서의 당연한 의무를 게을리하여 예습을 해오지 않는 학생에게 니체가 가한 채찍은 이를테면 이런 것이었다.

"A군, 그 부분을 읽고 설명해 보게."

교사의 요구에 응하지 못하는 것은 학생으로서 가장 큰 수치이며, 더욱이 거기에 대해 변명을 하는 것은 결코 허락되지 않았다. 그러나 공부를 게을리한 자는 당연히 설명을 할 수가 없었는데, 그러면 니체는 그 몇 분의 침묵에 말없이 귀를 기울였다. 그리고 그 시간이 지나면 다음과 같이 말했다.

"여러분, A군의 설명이 잘 이해되었는가? 그럼 다음으로 넘어가겠네."

이렇게 게으른 자를 경멸하고 빈정대는 엄격함으로 가득한 니체의 지도법을 경험하면, 아무리 악동들이라도 그 태만을 부끄럽게 여기고 자신의 모든 능력과 노력을 기울일 수밖에 없었다. 1888년 니체는 당시를 돌아보며 '내 시간에는 가장 게으른 학생들도 열성적이었다'고 썼는데, 그 비밀은 이와 같은 엄격한 지도법에 있었던 것이다.

동료와 친구들

니체는 독창적인 천재들이 으레 그렇듯이 고고한 외로움을 견디는 고통을 참아내지 않으면 안 되었다. 하지만 그러면 그럴수록 마음으로 서로 이해하고 신뢰할 수 있는 친구를 간절히 찾게 되어, 니체는 그러한 친구를 이상화한 끝에 거기에 깊이 빠져드는 성향이 있었다. 더욱이 같은 독일어 문화권에 속하기는 하지만 이국의 도시인 바젤에서 익숙지 않은 하숙생활을 해야 했던 니체에게 우정에 대한 갈증은 참으로 견디기 힘든 것이었다.

그가 이러한 자신의 외로움을 달래줄 수 있는 좋은 동료로서 찾아낸 사람이 바로 부르크하르트와 오버베크였다.

부르크하르트는 바젤 대학의 예술사 교수로, 이탈리아 르네상스기 문화에 대해 뛰어난 연구 실적을 올린 세계적인 역사가였다. 이 두 사람은 나이가 스물여섯 살이나 차이가 났으나, 쇼펜하우어의 철학에 심취하고 예술과 문화를 사랑하는 공통점을 가지고 있었다. 따라서 그들은 천재의 업적을 존경하고 숭배하는 로맨틱하고 귀족적인 태도를 공유하는 벗이 된다. 니체의 여동생은 이 교우 관계의 깊이를 보여주는 일화를 전하고 있다.

1871년 5월에 일어난 파리 코뮌으로 루브르 미술관이 불탔다는 전보가 바젤에 들어왔다. 이것은 사실 오보였지만, 이 전보로 귀중한 미술품이 모조리 불타버렸다고 생각한 부르크하르트와 니체는 서로 그 고통과 낙담을 위로해 줄 가장 좋은 친구를 찾아 달려갔다. 그래서 두 사람은 길이 어긋났다가 가까스로 니체의 집 앞에서 만나게 되었는데, 서로의 얼굴을 보자마자 둘은 곧장 어두컴컴한 방에 틀어박혀 버렸다. 이윽고 긴 침묵을 깨고 새어나온 소리는 띄엄띄엄 이어지는 떨리는 목소리와 참았던 흐느낌뿐이었다. 어떠한 재난과 전쟁 속에서도 지키고 보호해야 할 학예의 정수를 잃는다면 인생에 어떤 의미도 없다고 믿는 점에서 두 사람의 마음은 완전히 하나가 되어 뜨겁게 타올랐던 것이다.

또 한 사람의 절친한 동료로서 니체가 친교를 맺은 사람은, 바젤 대학 교회사 교수인 오버베크였다. 일곱 살이나 어린 이 동료에게서 니체는 원시 그리스도교의 정신에서 멀어진 근대 그리스도교의 세속화에 대한 통렬한 비판을 배웠다. 이러한 그리스도교관에 의해 서로 공감한 두 사람은, 5년 동안 같은 하숙집에서 지내며 깊은 교우 관계를 쌓아갔다. 오버베크와 부르크하르트의 사이가 나빴던 것과, 오버베크가 결혼한 뒤 그의 아내와 니체의 여동생 사이에 불화가 생긴 것으로 인해 두 사람의 교우 관계에 때로는 시련도 있었지만, 이

둘의 우정은 평생 변하지 않고 지속되었다. 1889년 토리노에서 정신이상 증세를 보인 니체를 데려다 바젤의 정신병원에 입원시킨 사람도 오버베크였다.

이들 말고도 이 시기의 니체에게는 많은 친구들이 있었다. 그는 이를테면 라이프치히 대학에서 고전문헌학을 연구하던 동료이자, 나중에 키르 대학과 모교 라이프치히 대학의 문헌학교수가 된 로데와도 편지를 주고받았으며, 나움부르크로 돌아갈 때 더욱 친해졌다. 특히 1871년 첫무렵 바젤 대학의 철학교수 타이히뮐러의 뒤를 이어 그 자리에 오른 니체가 자신의 후임으로 이 로데를 초빙하려는 운동을 열심히 추진했을 정도로 그들은 친밀한 관계였다. 이 노력은 실패로 돌아갔지만 니체의 호의에 대한 보답으로 로데는 니체의 처녀작 《비극의 탄생》 출판을 서점에 알선해 주었고, 이 작품이 문헌학계로부터 무시당하고 특히 니체의 포르타 학원 후배인 빌라모비츠 묄렌도르프로부터 혹평을 받았을 때는, 현역 문헌학자로서 유일하게 그에 반박하는 논문을 써서 니체를 옹호해 주었다.

그러나 바젤 대학 시절의 니체가 가장 가깝게 사귄 동시에 사상적으로도 결정적인 영향을 받은 사람은, 바젤에서 그리 멀지 않은 루체른 근교 트립셴에 살고 있던 바그너 부부였다.

트립셴 방문

1869년 4월 바젤 대학에 부임한 니체는 5월 15일에 첫 번째 휴가를 이용해 트립셴의 바그너와 그의 아내 코지마와 함께 이야기를 나눌 수 있었다. 이날의 만남에서 이 세 사람은 완전히 마음을 터놓을 수 있었고, 서로 상대를 만나기 위해 그때까지 살아온 것 같은 기쁨마저 느낄 정도였다. 게다가 앞서 언급한 바와 같이 니체는 친구를 이상화하여 그 이미지에 심취하는 성향이 있었기 때문에 바그너 부부에게 완전히 빠지고 말았다. 니체는 친구 게르스도르프에게 보낸 편지에서 이 첫 방문에서 받은 감동을 이렇게 쓰고 있다.

나는 여기서 한 인간을 발견했네. 그는 쇼펜하우어가 '천재'라고 규정한 전형(典型)을 확실하게 보여주고 있으며, 그야말로 놀랍도록 심원한 철학으로 가득 차 있는 분이네. (……) 그의 내부는 참으로 무조건적인 완전성과 지극히 깊고 감동적인 인간성, 삶에 대한 더없이 숭고한 엄숙함이 지배하고 있어서, 그분 가까이 있으면 신적인 것에 가까이 있는 듯한 느낌이 들 정도라네.

이렇게 시작된 교제는 그해 여름휴가 뒤부터 급속하게 발전했다. 니체는 특별한 일이 없는 한, 거의 모든 주말을 트립셴에서 보냈다. 그는 거기서 바그너 부부와 지내는 것을 더없는 기쁨으로 여기며, 다시 살아나는 것 같은 느낌에 잠기곤 했다. 바그너 부부 또한 그들의 신예술 이념을 이해해 주는 정열적인 젊은 친구를 진심으로 환대하며, 그의 방문과 편지를 손꼽아 기다렸다.

니체의 트립셴 방문은 1872년 4월에 바그너 부부가 바이로이트로 이사할 때까지 무려 스물세 번이나 이어졌다. 하지만 이 두 사람의 친교는 바그너 일가가 바이로이트로 이사하여 축제극장 건설과 신가극 상연운동에 뛰어들 무렵부터 점차 소원해졌고, 1878년 5월에는 그 끝을 맞게 된다. 하지만 니체는 그 무렵 바그너와의 교제에서 결정적인 영향을 받은 것에 대해 감사하고, 늘 바그너와의 추억을 그리워했다. 그는 정신이상 증세가 나타나기 직전인 1888년에 마지막 힘을 다해 바그너와의 교류를 회고하는 두 편의 논문 초고를 썼으며, 또 같은 해에 쓴 자서전 《이 사람을 보라》에서는 다음과 같이 쓰고 있다.

내 인생의 휴식에 대해서 이야기하는 지금, 나를 가장 마음속 깊이 쉬게 해준 데 대하여 감사의 뜻을 표하기 위해 한마디 하고 싶다. 그것은 바로 리하르트 바그너와의 친밀한 교우 관계였다. 나는 내 인간관계에서 그 나머지 것은 쉽게 내버릴 수 있다. 그러나 트립셴에서 보낸 나날만은 내 삶에 어떤 일이 생기더라도 내어주고 싶지 않다. 숭고한 우연의 일치로 기분 좋게 보낸 신뢰의 나날, 깊은 순간들의 나날…… 다른 사람들이 바그너와 함께 무엇을 경험했는지 나는 모른다. 하지만 우리 위의 하늘에는 한 점의 구름조차 흘러가지 않았다.

권력의지설의 발아

바젤에 부임한 이듬해인 1870년 8월, 니체는 보불전쟁(프로이센—프랑스 전쟁)으로 곤경에 빠진 고국 프로이센을 구하기 위해, 바젤 시 교육위원회에 여름학기 마지막 몇 주 동안의 휴가를 간청하여 허가를 얻는다. 그러나 교수 취임 조건으로 프로이센 국적을 떠나 스위스 국적으로 옮겼던 니체는 정규병으로 출정하는 것이 허락되지 않아 위생병으로서 프로이센 전장을 향한다.

전장에서 니체는 고국을 생각하는 애국심과 의무를 중시하는 귀족적인 자부심에 불타 자신의 직무를 충실하게 이행했다. 여기서 니체는 거친 사투가 가져다주는 생생한 참상을 목격하고 부상병들의 고통스러운 외침 소리를 들으며 심각한 전쟁을 체험하게 되었다. 이 체험을 통해 니체의 가슴속에는 이윽고 그 사상의 핵심을 형성하게 되는 '권력의지설'이 희미하게 싹트기 시작했다. 그는 여동생에게 이에 대해 다음과 같이 말하고 있다.

전투와 죽음에 맞서 생활력과 투쟁심을 참으로 훌륭하게 발휘하며, 승리하여 지배자가 될 것인가 아니면 멸망할 것인가, 하는 민족의 운명을 걸고 대열이 질주하는 것을 목격했을 때, 나는 비로소 이렇게 느꼈다, 리스베트. '살고자 하는 가장 강하고 높은 의지는 생존을 위한 투쟁이라는 비참한 형태로 나타나는 것이 아니다. 그것은 오히려 적극적으로 싸우려 하는 의지, 권력과 우위에 대한 의지로서 나타나는 것이다'라고 말이야!

그러나 전쟁터에서의 헌신적인 구호봉사 활동은 니체가 적리와 디프테리아에 쓰러지는 바람에 중단되었고, 그는 10월에 바젤 대학으로 복귀한다. 그때 그는 이 중병의 치료를 위해 사용한 극약 때문에 위장이 손상되어 1년 정도의 요양이 필요한 상태였다. 하지만 본디 건강했던 자신의 신체에 대한 과신과 타고난 의무 존중의 귀족적 기질에 의해 니체는 10월부터 다시 대학에서 고된 업무를 시작했고 그 일로 그의 건강은 근본적으로 망가지고 만다.

그때 무리한 것이 이듬해 1월에 황달, 맹장염, 불면증의 형태로 되돌아와 니체를 덮쳤다. 그제야 니체도 의사의 권고를 받아들여 요양에 전념하기로 결심하고, 2월부터 4월까지 휴가를 내 여동생의 간호를 받으면서 루가노에서 쾌적한 자유생활을 누리게 되었다.

이 자유로운 요양 기간은, 전쟁터에서 싹튼 니체의 권력의지설을 단순한 무력과 정치권력이라는 외면적인 것으로부터 미적, 문화적, 도의적 가치의 창조력으로 내면화하는 데 도움이 되었다. 니체는 이 기간을 100퍼센트 활용하여, 그때까지의 염원이었던 고대문화에 대한 독창적 견해를 세상에 내놓는 저술

에 몰두할 수 있었다. 그리하여
탄생한 것이 니체의 처녀작《비극
의 탄생》이었다.

《비극의 탄생》과 그 비극적 반향

《비극의 탄생》은 천재의 작품
에 걸맞게 참으로 대담하고 창조
적인 견해로 가득하다. 니체는 그
리스 비극의 본질은 겉으로 드러
난 명랑함과 논리적인 명쾌함 속
에 꿈틀거리는 맹목적 삶의 충동
을 끄집어 내어, 삶의 가혹함과
거친 파괴를 크게 시인하고자 하
는 것이라고 했다. 그는 이러한 비
극의 창조를 통해 어두운 삶의 충
동을 극복하려 한 데에서 창조적
인 그리스 민족의 위대함을 본 것
이다. 그리고 그런 관점에서 니체
는 소크라테스 이후의 주지주의

갈등의 도전 누군가가 온전하게 자기 자신으로 살면
타인과 갈등을 일으킬 수 있다. 그러나 니체는 갈등의
공포는 지도자를 긴장시키고 이들의 능력을 펼치게
만든다고 생각했다. 이 프랑스 병사는 1806년 예나 전
투에서 프로이센 국기를 쟁취한 것에 환호하고 있다.

적 철학은, 그리스 민족의 창조적 에너지가 쇠퇴했음을 나타내는 퇴폐주의적
현상을 보여주는 것이라고 생각했다. 또한 그는 퇴폐주의를 극복하고 창조적이
고 건강한 삶으로 돌아가기 위해서는, 암흑과 파괴를 내포하고 있는 삶의 참
모습을 예술을 통해 크게 긍정하는 그리스 비극시대의 인생관을 깊이 배울 필
요가 있다고 보았다. 그리고 현대에서 그러한 대사업을 이루고자 한 사람이
바그너이며, 바그너의 음악이야말로 현시대의 퇴폐적인 문화를 극복할 수 있
는 위대한 가능성을 개척하고 있다고 절찬했다.

이러한 주장은 그리스 문화를 역동적으로 이해할 수 있게 하는 뛰어난 의
견을 포함하고 있으며, 예술이 가진 위대성과 인생 자체가 가진 풍부한 창조
성에 대한 신뢰를 회복시켜 주는 것으로서 귀중한 진실을 포함하고 있다. 니
체는 여기서 상식적인 견해가 놓쳐버린 새로운 가능성을 펼쳐 보이기 위해, 그

새로운 가능성 가운데 한 부분만 강조하고 다른 측면은 무시하는 수법을 썼다. 하지만 그렇게 함으로써 그는 비판적이고 객관적이어야 할 학문적 엄밀성을 소홀히 하는 독단을 범하게 된다.

그러나 이러한 고찰 방법을 취함으로써 인생의 새로운 가능성을 찾아내고, 그것을 세상 사람들에게 강렬하게 드러낸 점에 니체의 위대함이 있다 하겠다. 더구나 객관적인 진리를 중시하는 학자라기보다 주체적 진실을 사모하는 예술가라는 점에 니체의 진가가 있는 것이므로, 그런 의미에서 이 처녀작은 그의 재능이 충분히 발휘된 회심의 걸작이라고 할 수 있다.

하지만 이러한 독단적 주장은 학문적 엄밀성을 중시해야 하는 고전문헌학자로서는 그야말로 자살 행위와도 같은 것이었다. 특히 이 책을 통해 바그너 음악의 진가를 밝히려는 의도에서 그는 명백하게 그리스 문화의 객관적 이해를 방해하는 억지를 끌어들였고, 그로 인해 이 책은 고전문헌학계로부터 완전한 무시를 받으며 차가운 반감을 사게 되었다. 그때까지 제자의 재능에 큰 기대를 걸고 그 성장을 위해 많은 도움을 주었던 은사 리츨도, 그 책에서는 문헌학을 바그너의 선전 도구로 제공하려 한 제자의 배신행위만 발견할 수 있을 뿐이었다. 친구 로데의 변호에도 이 책에 의해 니체는 고전문헌학계로부터 따돌림을 받게 되고 만 것이다. 그해 겨울학기에는 이러한 학계의 악평을 반영하여, 니체의 강의를 듣는 문헌학 전공학생이 한 명도 없었다.

그러나 바그너 부부와 그 동료들이 보내는 찬사가 니체에게는 큰 기쁨과 격려가 돼주었다. 바그너는 이 책을 읽고 니체에게 자신의 기쁨에 대해 다음과 같이 쓰고 있다.

친애하는 친구여! 나는 지금까지 자네의 책보다 더 아름다운 것은 읽은 적이 없네! 모든 것이 훌륭해! 나는 지금 서둘러 자네에게 이 편지를 쓰고 있네. 왜냐하면 그 책을 읽은 흥분이 너무 강렬하여, 그것을 제대로 읽기 위해서는 먼저 이성의 회복부터 기다리지 않으면 안 되기 때문이라네.

니체는 이렇게 자신을 이해하는 몇몇 사람들의 격려 속에서 확신을 가지게 되었고, 독창적인 사상과 예술의 진가를 이해하려 하지 않는 교양 속물들을 공격하기로 결심한다.

이렇게 굳은 신념으로 니체는 자신의 견해를 바꾸지 않았으며, 그리하여 이 듬해인 1873년 젊은 공명자로서 파울 레를 청강생으로 맞이했다. 또한 나아가서 1875년에는 만년에 이르기까지 니체의 충실한 제자로서, 시력이 약한 니체를 위해 구술필기자와 교정자로서 협조를 아끼지 않았던 음악가 페테르 가스트를 만나게 되었다.

반시대적인 교육자로서의 니체

속물문화에 대한 니체의 투쟁은 1872년 1월부터 3월까지 열린 연속 공개강연으로 시작되었다. 바젤 학사회의 요청으로 이루어진 이 강연은 '우리나라 교육시설의 미래에 대해'라는 제목 아래 진행되는 것이었다. 여기에서 니체는 보불전쟁에서 군사적으로 승리한 독일이 그것을 독일문화의 프랑스문화에 대한 승리로 착각하는 미망을 경고하고, 모든 시책을 부국강병의 군사주의적인 방향으로 집중시키려 하는 비스마르크의 정책을 통렬하게 비판했다. 니체는 또한 군사적 승리는 오히려 문화의 퇴폐를 재촉할 것이며, 문화 보급의 결과는 속되고 고약하게 나타날 것이라고 주장했다. 특히 그는 교육과 학예를 권력기구로서의 국가를 발전시키기 위한 도구로 이용하려 하는 경향에 대해 격렬한 비난의 화살을 쏘았다. 교육은 본디 한 사람 한 사람의 인격 향상을 목표로 영위되어야 하며, 학예의 진가는 그것이 가지고 있는 내적인 진실과 아름다움에 의한 것이지, 그것이 가져다주는 외적인 효용에 의한 것은 아니라고 니체는 확신하고 있었던 것이다.

이러한 내용을 포함한 니체의 강연은 《비극의 탄생》 진가를 인정하려 하지 않는 독일의 속물화한 교양인들에 대한 통렬한 공격의 뜻을 담고 있었다. 그러나 니체는 강연 장소가 외국인 스위스라는 점을 고려하여 격앙된 표현은 삼갔다. 그리고 쇼펜하우어를 연상시키는 한 노철학자가 그리스를 본보기로 하는 고전적 교양 의지를 젊은 제자들에게 설명해 주는 방식의 희곡적인 구성을 통해, 자신의 주장을 간접화하여 이야기했다. 그래서 이 강연은 시대의 교양 속물들에 대한 공격이라는 논란을 불러올 만한 인상이 완화되었기 때문에, 듣는 이에게 본능적 반발심을 일으키는 일이 거의 없이 순수한 감동을 자아내어 청중을 깊은 반성으로 이끄는 효과를 발휘했다. 그 덕분에 니체가 감기로 인해 마지막 강연을 중지했음에도, 이 강연은 바젤의 교양인들에게 커다란 호평을 받게 되었다.

이 호평에 힘을 얻은 니체는 얼마 뒤 일련의 시사평론적인 논문을 통해, 독일의 속물근성에 대한 공격을 과감히 시작한다. 그리고 1873년부터 76년까지, 그 무렵부터 자주 일어난 심한 편두통과 싸우면서 니체가 써 내려간 논문들은 나중에 《반시대적 고찰》이라는 제목의 책으로 정리된다. 여기서 니체는 독일에서 인기가 높았던 사상가인 헤겔 좌파의 거두 다비드 슈트라우스에게 '교양 속물'이라는 라벨을 붙여 엄격하게 비평하고, 당시 유행하던 역사주의에 대해 그 지나침의 위험을 경고했다. 그리고 쇼펜하우어의 진지함과 바그너의 정열에서 배워, 반속적(反俗的) 교양이 가지는 내면적 독자성의 가치에 눈을 떠야 한다고 역설했다.

자유로운 정신의 방랑–질병과 고독과의 싸움

바그너로부터의 독립

1872년 봄, 새로운 가극을 상연하기 위한 극장 건설 추진을 목적으로 바그너는 바이로이트로 이사했다. 그리고 5월에는 니체를 비롯한 수많은 바그너 추종자들이 모인 가운데 성대한 기공식이 열렸다. 니체는 그곳에서 뒷날 방랑 시대에 좋은 이해자로서 친절한 배려를 보여준, 서른 살쯤 위인 노부인 말비다 폰 마이젠부크 등 수많은 바그너당과 교류하게 되었다.

극장 건설을 위한 자금이 생각처럼 모이지 않자 바그너는 세상과 약간의 타협을 하지 않을 수 없었다. 니체도 이 신흥예술운동의 성공을 위해 힘껏 도왔으나, 이러한 바그너의 대중 영합적인 태도에 대해서 점차 불만을 느끼게 되었다. 바그너가 그 추종자로서 많은 속물들을 불러들이고 있었던 것과 그들이 니체의 천재성을 시기하여 그를 헐뜯은 것도, 바그너에 대한 니체의 절대적인 의지에 상처를 내었다. 특히 1874년 8월에 바그너의 초대로 바이로이트를 방문한 니체는 거기서 바그너에 대해 더욱 깊은 의심을 느끼게 되었다.

그러나 니체는 바그너의 반속적인 예술적 양심은 불변의 것이며, 자신에 대한 우정도 불멸의 것임을 확신하고, 그 우정에 보답하기 위해 《반시대적 고찰 제4부, 바이로이트의 리하르트 바그너》를 바쳤다. 하지만 그 속에는 바그너에

니체와 바그너 바그너의 오페라 《파르지팔》에 나타나는 이 장면은 브뤼크너가 그린 것이다.

대한 의심을 떨쳐버리려고 부자연스럽게 그를 찬미하는 말이 들어 있으며, 이 것으로 보아 이미 그때부터 니체는 바그너를 비판하여 독립하려 하는 기색을 보인 것으로 생각된다.

어쨌든 이 《바이로이트의 리하르트 바그너》는 바그너를 열광시켰다. 그는 니 체에게 편지를 보내, 멀리 떨어져 쉽게 만날 기회도 없는 니체가 가까이에서 일상적으로 교제하고 있는 어느 누구보다도 자신을 깊이 이해해 주고 있는 데 대해 감사를 표했다.

그러는 동안 예기치 않았던 황제의 지원을 얻음으로써 바이로이트 극장 건 설운동이 갑자기 활기를 띠기 시작하여, 극장은 1876년 7월에 마침내 완공을 보았다. 이를 축하하여 바그너가 쓴 희극 〈니벨룽겐의 반지〉가 수많은 바그너 지지자들이 모인 가운데 화려하게 상연되었다. 니체도 이 축제극에 큰 기대를 걸고 바이로이트로 갔다. 하지만 그가 거기서 본 것은 대중의 환심을 사려는 바그너의 배우적 자세였고, 대중의 갈채에 지극히 만족해하는 타락한 예술가 의 모습이었다. 실망한 니체는 공연 도중에 빠져나가 바이로이트 근교의 숲으 로 달아난 뒤, 그곳에서 인생 비판서 《인간적인 너무나 인간적인》의 최초 비망

록을 만든다. 그 메모는 다름 아닌 냉정하게 바그녀를 비판하는 내용이었다.

예의를 중시하는 귀족의 후예인 것을 긍지로 여기고 있었던 니체는 두 사람의 단절을 깨달은 여동생이 간절히 부탁하자 불쾌감을 감추고 축제의 본 상연에는 참석했지만, 깊은 실망을 안고 바젤로 돌아온다. 그 직후인 10월 그는 지병 때문에 1년의 휴가를 얻어 친구 레 등과 함께 이탈리아를 여행했는데, 그때 마침 소렌토에 머물고 있던 바그녀 일가를 의례적으로 방문했다. 그러나 거기서 니체는 종교와 도덕 등의 기성 권위에 연연하지 않고 삶의 창조적인 충동에 충실하고자 했던 영웅 바그녀가 아니라, 종교적인 구원의 가르침에 감동의 눈물을 흘리며 예술을 그 도구로 바치고자 하는 쇠락한 노인의 모습을 보게 된다. 니체는 바그녀에 대한 기대가 깨어지는 슬픈 마음으로 조용히 그의 곁을 떠났다.

두 사람의 교류는 계속되지만, 그것은 완전히 냉각된 형식적인 것이 되고 말았다. 그 뒤 두 사람은 다시는 만나지 않았다. 둘의 완전한 단절은 1878년 1월에 바그녀가 니체에게 종교에 대한 귀의를 표현한 작품 〈파르지팔〉을 바치고, 니체가 바그녀에게 종교로부터 결정적인 이반(離叛)을 고한 저서 《인간적인 너무나 인간적인》을 바친 것을 계기로 일어났다. 두 사람은 서로의 사상이 더 이상 서로 어울리지 않는 완전히 다른 것임을 확인하지 않으면 안 되었다.

그러나 니체는 바그녀의 타락을 비판하여 지난날 존경하던 벗에게 타격을 가하는 일은 끝까지 자제했다. 하지만 바그녀는 이 젊은 친구의 독립을 자신에 대한 반역과 배은망덕으로 받아들이고 분노하여 니체에 대해 논하는 글을 서슴지 않고 발표했다. 이 일은 니체에게 더 큰 실망을 안겨주었다. 그럼에도 니체는 옛 우정을 생각하고 그것을 평생 동안 소중히 간직하려는 배려에서, 옛 친구의 예의에 어긋난 행동에 대해 꿋꿋하게 견디며 끝까지 침묵을 지켰다.

질병과 퇴직

바그녀와의 결별은 이상주의적 로맨티스트인 청년 니체가 자유로운 리얼리스트의 장년 니체로 성장하는 계기가 되었는데, 이러한 성장은 그 결과로서 그의 사상적 독립을 가져오게 되었다. 니체의 그러한 독립을 촉진한 또 하나의 직접적인 원인은 질병과의 싸움이었다. 니체는 병으로 인해 대학교수라는 직위에서 물러남으로써 모든 공적인 의무에서 해방될 수 있었다.

1870년 보불전쟁의 진영에서 건강을 해친 뒤로 니체의 지병이 된 편두통과 위장병이, 독신생활 속에서 이어진 무리한 연구, 교수, 저작 활동 등으로 점차 악화되었던 것이다. 그래서 그는 1876년 봄에는 강의를 중단했고, 같은 해 10월부터 1년 동안 요양하기 위해 휴직하지 않으면 안 되었다. 그 덕분에 1877년 겨울학기부터 대학에 복귀할 수 있었지만, 고된 업무 탓에 다시 병세가 나빠져 결국 1879년 6월에는 바젤 대학의 교수직을 그만두게 된다. 바젤 시와 대학 당국은 니체의 공적을 인정하여 교수시절의 연봉에 가까운 3천 프랑의 연금 지급으로 그 노고에 보답하기로 결정했고, 덕분에 그때부터 니체는 그 돈으로 생활을 유지하면서 요양과 연구에 몰두할 수 있는 자유로운 시간을 누리게 되었다.

그러나 서른다섯 살이 된 니체가 1879년은 '내 생애에서 가장 어두운 겨울'이라고 쓴 것과 같이, 그해는 1년 동안 118일이나 맹렬한 발작에 시달리는 최악의 건강 상태로 괴로워했던 시간이었다. 니체는 나움부르크와 베니스, 제노바 등지에서 요양하면서 병증이 잠잠해지는 틈틈이 놀라운 힘을 쏟아 《인간적인 너무나 인간적인》의 완성에 힘쓰는 한편, 새로운 저작 《아침놀》을 구상했다. 또한 자유사상가 볼테르, 정열적인 리얼리스트 스탕달과 냉소적인 리얼리스트 메리메, 날카로운 심리분석가 생트 뵈브의 소설과 평론을 열심히 읽고 깊은 공감을 느낀다.

여기서 우리는 가장 어두운 운명을 대범하게 긍정하는 삶의 강한 힘이야말로 인간에게 가장 위대하고 고귀한 사업이라고 한 디오니소스적 세계관을 몸으로 실증하는, 의지의 영웅이라고 할 만한 니체의 모습에 경탄을 느끼지 않을 수 없다. 이 무렵 니체의 특징을 이루는 자유주의적 실증가로서의 사상은 이러한 질병과의 싸움을 헤쳐 나옴으로써 비로소 가능해졌는데, 그에 대해 니체는 《이 사람을 보라》에서 다음과 같이 말하고 있다.

나라는 존재의 행복, 내 삶의 단 하나뿐인 것은 아마도 내가 타고난 숙명 가운데 있는 것이리라. (……) 나는 상승과 하강의 징조에 대해서 이제까지 그 누가 지니고 있던 것보다 더 섬세한 후각을 갖고 있다. 나는 여기에 대해서는 뛰어난 선생이다─나는 상승과 하강을 모두 알고 있으며, 내가 바로 이 두 가지이기도 하다. 나의 아버지는 서른여섯 살에 세상을 떠났다. (……)

그의 삶이 내리막길을 간 것과 같은 나이에 나의 삶도 내리막길을 걸었다. 나는 서른여섯 나이에 생명력의 최저점에 이르렀던 것이다. 그때의 나는 살고는 있었으나 세 발짝 앞도 보지 못했다. 1879년 무렵 나는 바젤 대학의 교직에서 물러나 여름 내내 장크트모리츠에서 마치 그림자처럼 지냈고, 내 평생 가장 햇볕이 귀했던 다음 겨울은 나움부르크에서 그림자처럼 살았다. 이것은 내 생명력의 최저점이었다. 《방랑자와 그 그림자》는 그 사이에 나왔다. 두말할 것도 없이 그 무렵 나는 그림자에 대한 모든 것을 꿰뚫고 있었다. ……그다음 해 겨울, 내가 처음으로 제노바에서 지낸 그 겨울에 피와 근육의 극단적인 빈곤 상태에서 이루다시피 한 저 감미롭고 영화 같은 감정이 《아침놀》을 낳았다. 그 작품이 반영하고 있는 완전한 명쾌함과 쾌활함, 그 넘치는 풍요로움은, 나에게 있어서는 가장 깊은 생리적 쇠약과 양립할 수 있는 것이었을 뿐만 아니라 지나친 고통과도 모순되지 않는 것이었다. 힘겹게 구토를 하던 사흘 동안 쉴 새 없이 이어지던 두통이 가져오는 고문의 한복판에서도, 나는 건강한 상태였다면 결코 충분히 그렇게 하지 못했을 만큼 매우 냉정하게 또한 뛰어난 변증가적 명석함을 지니고 생각했다.

회복의 아침놀

어쨌든 완전한 고독 속에 있었던 니체는 심신의 건강을 찾아 여러 곳을 떠돌고 정신의 독립을 찾아 자유로운 탐구 실험에 전념하는, 참으로 괴로운 암중모색의 나날을 보냈다. 그러나 이러한 노력은 이윽고, 기존의 그리스도교 도덕에 들러붙어 있던 응어리를 털어내고 생존의 현실을 다시 크게 긍정하는, 완전히 새로운 전망대로 그를 인도하게 된다. 이 체험을 니체는 1881년 1월에 《아침놀, 도덕적 편견에 관한 생각》이라는 제목의 저술로 정리하고 6월에 발표한다. 거기서는 《인간적인 너무나 인간적인》에서 보였던 허점투성이의 냉소적인 논란, 그릇된 것을 깨뜨리려는 날카로운 표현 등은 꼬리를 감추고 자신감과 평안함으로 가득 찬 긍정적인 기분을 엿볼 수 있다.

이러한 기분 속에서 니체는 7월부터 10월까지 눈 덮인 봉우리와 투명한 하늘, 눈부신 햇살이 가득한 엔가딘 골짜기의 작은 마을 실스마리아에서 지낸다. 그러던 8월의 어느 날 실바프라나 호수의 숲 속을 산책하던 그는, 산길 옆에 있는 거대하고 뾰족한 삼각 바위 부근에서 '영겁회귀' 사상이 벼락처럼 자신을 덮치는 것을 체험한다. 이 관념은 나중에 니체의 사상에서 중요한 부분을 차지하게 되는데, 그것과 맞닥뜨렸을 때 그는 환희의 격정이 영혼을 뒤흔드는 것을 느꼈다고 한다.

이 근본 사상을 잉태한 니체는 그것을 조용히 가슴속에 간직한 채 10월부터 제노바로 옮겨, 《아침놀》의 속편이라고 할 수 있는 《즐거운 학문》을 초안한다. 여기에는 이미 니체 사상의 뿌리가 되는 '운명애(運命愛)' 사상과 '영겁회귀설'이 암시되어 있으며, 대낮에 등불을 켜고 신을 찾아 헤매는 한 광인의 섬뜩한 행동을 통해 '신의 죽음'이 언급되고 있다. 니체는 여기서, 가까스로 부정의 암흑에서 빠져나와 독자적인 사상 원리를 탐지하는 기쁨을 밝게 노래하고자 한 것이다.

지병을 극복하고 고독을 견디며 가까스로 독자적인 인생 긍정의 원리를 발견하려 하던 이 무렵의 니체는, 또 하나의 기쁜 일을 경험하게 된다. 그것이 이른바 '루·레 체험'으로 알려진 연애사건이다. 그것은 고지식하고 조금 여성을 경멸하는 성향이 있던 니체에게는 단 한 번의 참으로 드문 연애 경험이었다.

니체와 여성들

아무리 니체라 해도 사람의 아들인 이상, 아련한 첫사랑의 감상에 가슴을 불태웠던 젊은 날도 있었다. 니체가 열아홉에서 스무 살 무렵 포르타 공립학교에서 하급생의 누나 안나 레테르에게 품었던 어렴풋한 연정은 첫사랑이라는 이름에 어울리는 것이었다. 이어서 스물한 살이 된 1867년에는 프로이센—오스트리아 전쟁 중임에도 라이프치히 극장에서 많은 관객을 모았던 아름다운 여배우 헤드비히 라베에게 대학생다운 숭배의 열정을 기울이기도 했다. 그러나 어느 경우에도 그 사랑은 니체의 일방적인 짝사랑에 지나지 않았고, 얼마 지나지 않아 물거품처럼 사라졌다.

니체에게 있어서 여성이란, 그리스 시민들의 여성관이 그랬던 것처럼 사랑의 대상이라기보다 남자를 위해 가정을 꾸리고 건강한 자식을 낳아 키우는 사명을 가진 존재였다. 그는 여성들이 그 사명을 잊고 남녀 평등을 주장하는 것은 자신에게 여자로서의 자질이 부족하다는 사실을 스스로 인정하는 일과 같으며, 어리석기 짝이 없는 짓이라고 생각했다. 이러한 니체의 여성관은 《차라투스트라》 제1부의 '늙은 여인과 젊은 여인'이라는 장에 솔직하게 나타나 있는데,

여기서 니체는 등장인물인 노파의 입을 통해 "여자에게 갈 때는 잊지 말고 채찍을 가지고 가라"는 주장까지 한다.

이러한 여성관을 가진 니체가 여성의 애정을 쟁취한다는 것은 극히 어려운 일이었으리라. 니체는 1876년 4월 2일, 31년의 독신생활에 마침표를 찍기 위해, 제네바에서 만난 젊은 네덜란드 음악가 마틸데 트람페다흐에게 겨우 네 시간 동안 함께 산책을 한 뒤에 구혼의 편지를 보냈다. 하지만 이 일은 다만 그녀를 놀라게 했을 뿐이었고, 그는 나흘 뒤 바젤에서 그녀에게 무례함을 사과하는 편지를 쓰지 않으면 안 되었다. 또 이 무렵 친구 게르스도르프가 젊고 아름답고 부유한 한 여성이 니체를 존경하여 수많은 혼담을 거절하고 있을 정도라고 하며, 그 여성과의 결혼을 권하기도 했다. 그러나 앞서 말한 실패에 진력이 나서 결혼을 단념하고 있던 니체는 5월 26일에 게르스도르프에게 보낸 편지에서 다음과 같이 거절의 뜻을 전한다.

난 결혼할 수 없네. 나는 속박과 '문명화된' 사물의 질서 속에 끼어드는 것을 정말로 싫어해서, 어떤 여성도 나를 충분히 따라올 만큼 자유로운 마음을 가지기는 어려울 것이네. 독신을 고수했던 그리스 철학자들의 삶이, 우리가 다다를 수 있는 생활법의 본보기로서 최근 내 눈앞에 더욱 선명하게 떠오르고 있다네.

그런데 니체가 아무리 원해도 결코 얻을 수 없으리라 여기고 포기하고 있던 이상적인 결혼 상대가, 1882년 4월에 느닷없이 그의 앞에 나타났다. 그녀는 바로 제정 러시아의 장군 구스타프의 딸, 루 폰 살로메였다.

루와 레의 체험

니체는 로마에서 교양인들을 위한 살롱을 열기도 했던 옛 친구 말비다 폰 마이젠부크와 그 살롱의 단골이었던 친구 파울 레의 초대를 받아 로마에 갔다가, 그곳에서 어머니와 함께 로마로 여행하며 마이젠부크의 살롱에 드나들고 있던 이 스물한 살의 젊고 아름다운 재원과 만난다.

그는 로마의 산피에트로 성당 회랑에서 처음으로 루를 만나 깊은 인상을 받았다. 루는 진리에 대한 강렬한 탐구심과 뛰어난 이해력을 지닌 수재였다.

그녀는 나중에 릴케와 프로이트 등과도 친교를
맺고, 괴팅겐 대학 동양학교수 안드레아스와 결혼
했다. 루는 뒤에 니체와 릴케에 대한 뛰어난 평론
을 썼을 정도의 지성을 지닌 여성이었던 만큼 니
체의 독창적인 사상에 깊이 매료되어 갔다.

루 살로메

이리하여 사상적으로 서로 공감한 니체와 레와
루, 이 세 사람은 투르게네프도 머물고 있던 파리
에서 공동생활을 하면서 사상의 완성을 꿈꾸는
가까운 사이가 되었다. 그들 셋이 함께 찍은, '삼
위일체'라고 이름지은 장난스러운 사진도 그 무렵
세 사람의 교우 관계를 잘 전해 주고 있다.

이 엉뚱한 삼위일체 계획은 처세에 밝은 마이젠부크 여사와 루의 어머니가
반대하여 이루어지지 못했지만, 그해 여름에는 예나에서 가까운 타우텐부르
크에서 즐거운 교제로 함께 나날을 보낼 수 있었다. 이 교제를 통해 니체는 신
을 잃은 현대인의 고뇌를 얘기하고, 가슴속에 품고 있던 비밀의 사상이라고
할 수 있는 '영겁회귀'를 털어놓으며, 루와 더욱 깊이 마음을 나눌 수 있었다.

루 역시 뛰어난 이해력을 발휘하여 니체의 생명 긍정 사상을 받아들였다.
그리고 〈삶에 바치는 기도〉라는 제목의 시를 니체에게 헌정한다. 특히 고통도
삶에 대한 찬가로 만들어 버리는 이 시의 마지막 말, '삶이여, 너는 더 이상 나
에게 줄 어떠한 행복도 가지고 있지 않다는 말인가? 그래! 하지만 너는 아직
도 너의 고통은 가지고 있지 않은가'가 니체의 마음을 강하게 감동시킨다. 그
녀의 이 말에 표현되어 있는 것이 바로 자기 철학의 정수라는 것에 감탄한 니
체는, 나중에 그것을 〈삶의 찬가〉라 제목을 바꾸고, 거기에 자신이 작곡한 혼
성합창곡과 관현악곡을 붙여 발표함으로써 그녀의 재능에 찬사를 보냈다.

그리하여 니체는 이 여성이야말로 자신의 사상을 물려받을 하늘이 준 제자
이자, 좋은 협력자로서 삶의 동반자가 될 만한 사람이라는 것을 확신하고 루
에게 청혼을 하기에 이른다. 그러나 젊은 루의 가슴속에 있는 것은 연정이 아
니라 우정이었고, 사상의 스승에 대한 존경의 정이었다. 여기서도 니체의 열정
은 혼자만의 짝사랑에 지나지 않았던 것이다. 그와 아울러 더욱 나빴던 것은
친구 파울 레도 루를 사랑하고 있었다는 점이었다. 그리하여 세 사람이 꿈꾸

었던 성스러운 삼위일체의 생활은 삼각관계라는 매우 성스럽지 않은 추문으로 끝나는 비참한 것이 되었다. 결국 세 사람은 그해 12월 오해와 환멸의 응어리만 남기고 결별한다.

그 체험은 뒷날까지 니체에게 심각한 타격을 주었다. 그 사건은 당사자였던 세 사람에게 상처를 주었을 뿐만 아니라, 니체 주변의 많은 사람들 사이에 오해와 불신의 씨앗을 뿌리기도 했다. 여동생이나 어머니와의 불화는 거의 돌이킬 수 없는 것이 되었고, 오버베크를 비롯한 수많은 친구들과의 사이에서도 불신을 조장하는 결과를 불렀다. 니체 곁에는 여전히 충실한 이해와 협조를 보여준 제자 페테르 가스트가 남아 있기는 했지만, 이 사건을 계기로 그는 더욱 심각한 고독의 심연으로 빠져들어 갔다.

그러나 니체는 그 정도 타격에 물러설 약자는 아니었다. 이러한 고난에 단련되어 그의 의지는 더욱 불굴의 힘을 발휘했다. 그래서 그의 지성은 삶에 대해 더욱 긍정하는 한 차원 높은 곳으로 그 원근법을 확대해 가서, 마침내는 《차라투스트라》를 창조했고, 영겁회귀 사상을 통해 허무주의를 돌파하는 최고의 경지에 올라선 것이었다.

투쟁하는 허무주의자—새로운 가치 정립자로서의 자립

신이 없는 시대의 복음서 《차라투스트라》
루를 알게 되고 비통한 실연을 경험하기 전해인 1881년 여름, 니체는 실스마리아의 피서지에서 《차라투스트라》의 근본을 이루는 영겁회귀 사상을 잉태했다. 신을 죽인 현대인의 공허한 생존을 크게 긍정하고자 하는 이 교설을, 차라투스트라의 입을 통해 찬가풍의 산문시 형태로 말하게 한다는 결심은 1881년 8월 중순 벌써 굳혀져 있었다. '차라투스트라'는 선악이라는 이원적 원리의 갈등으로써 인생의 창조와 생성을 설명하는 고대 페르시아 조로아스터교의 창시자 조로아스터의 별명이다. 니체는 그가 가까스로 이르게 된 독자적인 사상을 이 차라투스트라를 통해 아름답게 만들어 내고자 했다.

그리하여 니체는 차라투스트라를 '나의 손님 중의 손님'이라 부르며, 그 창조를 삶에 있어 최고의 위안으로 여겼다. 마음의 친구 차라투스트라는 니체가 수많은 우정을 거짓이라 여기고 단념하려고 한 바로 그때, 생존과 관련된 심각한 질병과 고독을 위로하고 격려해 주는 이상적인 친구로서 그를 찾아온 것이다. 니체는 차라투스트라의 이미지를 통해, 신이 없는 인생의 허무를 극복하고 대자연에 펼쳐지는 불멸의 삶을 창조하고자 하는 초인의 행복을 전하는 기쁨에 전율한다. 그는 그 기쁨 속에서 《차라투스트라》의 서곡이라 할 수 있는 아포리즘을 기록한 《즐거운 학문》을 초안하고, 《차라투스트라》의 구상을 노트에 기록한다.

삼위일체(1882)
레와 루, 니체 세 사람은 파리에서 함께 생활하면서 교제했다.

니체는 신약성경 첫머리를 장식하는 제4복음서를 대신하는 새로운 복음을 전한다는 의미에서 이 작품을 '제5복음서'라 이름하고, 그때까지의 사상사 속에 존재한 진리 가운데 최고의 것이라고 자부했다. 하지만 그는 이 작품의 완성을 위해 앞에서 말한 비통한 실연의 고뇌를 견디지 않으면 안 되었다.

1882년, 시련을 용감하게 이겨낸 니체는 '그 모든 고뇌에도' 그해 끝무렵 이탈리아의 제노바와 라팔로에서 휴양하며 정기를 보충했다. 그리고 그곳에서 1883년 2월 3일부터 13일까지 열흘 사이에, 그의 대표작이 된 불후의 명작 《차라투스트라》 제1부를 최고의 진리를 이야기하는 환희에 취하여 단숨에 써 내려갔다. 《차라투스트라》가 탄생되기 앞뒤 사정을 니체는 《이 사람을 보라》에서 다음과 같이 설명한다.

이 작품의 기본 개념, 다다를 수 있는 긍정의 최고 형식인 영겁회귀 사상이 성립된 것은 1881년 8월의 일이다. 그것은 한 장의 종이 위에 다음과 같은 단서와 함께 기록되었다. '인간과 시간 저편 6천 피트.' 나는 그날 실바프라나 호수를 따라 숲 속을 거닐고 있었다. 그리고 수를레이에서 멀지 않은 곳에 커다란 피라미드 모양으로 솟아 있는 바위 옆에 멈췄다. 그때 나에게 그 생각이 떠올랐던 것이다. (……) 그날로부터 1883년 2월 갑작스럽고 있을

법하지 않은 상황에서 일어난 출산에 이르기까지를 생각해 보면—내가 머리말에서 두서너 문장을 인용한 그 끝부분은 리하르트 바그너가 베네치아에서 죽은 바로 그 시간에 완성되었다—이 책의 잉태 기간이 18개월이었던 셈이다. (……) 그 사이에, 나는 무언가 비할 데 없는 것이 가까이 있다는 수백 가지 징조를 갖고 있는 《즐거운 학문》을 썼다. 결국 그것은 《차라투스트라》의 첫머리를 그대로 싣고 있고, 제4권 마지막 두 번째 절에서는 《차라투스트라》의 기본 사상을 보여주고 있다. 마찬가지로 2년 전 라이프치히의 프리츠 출판사에서 나온 〈삶의 찬가〉(혼성 합창단과 오케스트라를 위한)도 이 사이에 쓴 것이다. 이 찬가는 아마 내가 비극적 파토스라 부르는 저 뛰어난 긍정적인 파토스가 최고로 나에게 깃들어 있던 그해의 상태를 보여주는 중요한 징후였으리라. (……) 그다음 겨울을 나는 제네바에서 멀지 않은 쾌적하고 고요한 라팔로 만에서 보냈다. 이곳은 키아바리와 포르토 피노 곳 사이에 깊숙이 들어앉아 있는 곳이다. 나의 건강은 썩 좋은 상태가 아니었다. 겨울은 추었고 지나치게 비가 많이 왔다. 바닷가에 바로 붙어 있는 조그만 여관에서 나는 거친 파도 소리 때문에 밤이면 잠을 못 이루었으며, 모든 점에서 거의 내가 바라던 것과는 정반대였다. 그럼에도 결정적인 모든 일은 '그럼에도 불구하고' 일어난다는 내 명제가 옳다는 것을 증명이라도 하듯, 나는 《차라투스트라》를 그해 겨울 이러한 악조건에서 썼다. 아침나절에 나는 남쪽으로 뻗어 있는 조알리로 향하는 멋진 길을 따라, 전나무 곁을 지나 멀리 바다를 내려다보면서 언덕에 올랐다. 오후에는 건강이 허락하기만 하면 산타 마게리타에서 포르토 피노의 뒤쪽에 이르기까지 만 전체를 돌았다. 이곳과 이곳 풍경은 황제 프리드리히 3세 또한 몹시 사랑해서인지 한결 더 마음에 가깝게 다가왔다. (……) 이 두 길을 거니는 동안 《차라투스트라》 제1부가, 무엇보다도 차라투스트라 자체가 하나의 전형으로 떠올랐다. 아니, 더 정확하게 말하면 차라투스트라가 나에게 덮쳐왔다.

《차라투스트라》에서 《권력에의 의지》로

이제 니체의 여러 해 동안 이어진, 그리고 고뇌에 찬 지적 탐구는 끝났다. 그는 인생에 대한 긍정의 확고한 발판을 그 피투성이의 사상적 고투를 통해 확립했다. '이제는 아무도 이르지 못한 독창적 진리를 명쾌하고 아름답게 세상 사람들에게 펼쳐 보이는 기쁨에 몸을 맡기면 된다. 지금까지 해온 사색과 탐구의 축적, 그리고 갈고닦은 재능에 의해 유지된 정신적 창조의 영감으로 이 새로운 복음을 완성하자. 그 형식은 성경처럼 엄숙하고 장중하며, 시성(詩聖) 괴테의 희곡 《파우스트》처럼 청랑하고 명쾌한 것이 아니면 안 된다. 그러나 이러한 명품 창작의 완성을 위해서는 병든 몸을 달래고 생계를 확보하여, 집필을 위한 최상의 조건을 갖춰야 한다.'

이러한 생각을 품고 니체는 3천 프랑의 연금을 유일한 자산으로 한 검소한 독신생활을 계속했다. 그는 스위스, 독일, 이탈리아, 남프랑스 각지로 여행하며, 특히 여름에는 주로 높고 건조한 스위스 산지 실스마리아에서, 겨울에는 온화한 남프랑스의 해안 니스로 거처를 옮겨 《차라투스트라》의 완성에 몰두한다.

그리하여 제1부는 앞에서 말한 것처럼 1883년 2월에 라팔로에서, 제2부는 같은 해 7월 실스마리아에서, 제3부는 이듬해인 1884년 1월에 니스에서, 제4부는 다시 그 이듬해인 1885년 2월에 같은 니스에서, 모두 열흘이라는 짧은 기간에 단숨에 써 내려간다.

니체는 성경을 본뜬 이 산문시 속에 담긴 높은 진리가 수많은 사람들의 공감을 불러일으켜 깊은 이해와 넓은 지지를 얻을 수 있을 거라 확신하고 있었다. 그것은 니체에게 저술 활동의 정점에 위치하는 역작이며, 독일어로 표현할 수 있는 모든 문예의 최고 걸작이라고 자신할 수 있는 것이었다. 덴마크가 낳은 저명한 문예평론가 브란데스가 니체의 사상에 크게 주목하기 시작했다는 소식도 그의 용기를 북돋워 주었다. 그는 《차라투스트라》에 의해 오랜 기간에 걸친 고독의 고뇌에서 벗어날 수 있을 거라고 내심 기대하기도 했다.

그러나 이 기대는 무참하게 깨지고 만다. 《차라투스트라》는 인류의 위험한 미래를 경고한 역사상의 예언자들과 그 운명을 같이하여, 세상 사람들로부터 무시당하고 경원되었다. 《즐거운 학문》을 높이 평가했던 부르크하르트도 《차라투스트라》를 이해하지 못했으며, 라이프치히 대학 때부터 마음의 친구였던 로데도 의례적인 찬사를 바쳤을 뿐 그전까지와 같은 공감과 지지의 말은 보내주지 않았다. 1883년 가을에는 라이프치히 대학에서 4학기 예정으로 '그리스 문화'를 강의하려고 했던 니체의 계획도 좌절되었고, 그 뒤로는 모국 독일의 사상계에 영향을 주고자 했던 니체의 희망도 영원히 사라져 버렸다. 《차라투스트라》에서 새로운 복음을 읽고 그것이 성경처럼 보급되기를 꿈꾸고 있다는 감격의 편지를 보내온 것은, 또다시 단 한 사람의 니체 숭배자 가스트뿐이었다.

이리하여 《차라투스트라》는 니체의 기대에 반해 완전한 악평으로 끝나게 되었다. 그리하여 제4부는 출판자도 얻지 못한 채 자비출판으로 40부만 인쇄하여, 그 가운데 일곱 권을 지인들에게 선물했을 뿐이었다. 니체는 다시 심각한 고독에 내몰린다. 이러한 때, 피붙이로서 위로를 보냈던 여동생 엘리자베트마저도 니체가 싫어하던 반유대운동가 베른하르트 퐈르스터와 결혼하고 말았고 이듬해인 1886년에는 그 사상과 이념을 펼칠 신천지를 찾아 남편과 함께 남미 파라과이로 가버렸다.

그러나 그토록 고독한 처지는 오히려 니체의 사상적 투쟁심과 창조심을 불러일으키는 도화선이 되었다. 그러한 체험 속에서 니체는 《차라투스트라》의 입을 통해 간접적이고 아름다운 상징의 형태로 새로운 사상을 펼치고자 하는 기도를 단념하고, 그 속편을 쓰려는 의도도 접는다. 그는 논리적이며 체계적인 형태로 그 근본 사상을 표현하는 산문체의 주저를 쓰려고 결심하게 된 것이다. 니체는 1886년 9월에 여동생에게 보낸 편지에서 '다음의 4년을 《권력에의 의지》 4권의 주저 완성에 할애할 생각이다' 써보냈고, 마찬가지로 이 무렵의 메모에는 '결심 : 내가 이야기하기로 한다. 이제 차라투스트라가 이야기하는 것이 아니다' 쓰고 있다.

1882년 무렵부터 구상이 싹터 1884, 5년 무렵부터는 그 준비로서 수많은 아포리즘을 썼지만, 이 주저는 니체가 살아 있는 동안에 완성되지 못했다. 그러나 그렇게 써 모은, 이른바 《80년대의 유고(遺稿)》는 니체가 죽은 뒤 여동생과 여러 연구자들에 의해 편집되어 《권력에의 의지》라는 제목으로 간행되었다. 여기서 니체는 다가올 세기는 허무주의가 지배하는 시대일 것이라고 예언했다. 그리고 그것을 극복하기 위해 '힘에의 의지'를 바탕으로 하는 새로운 가치 정립의 원리를 밝히고, 지금까지의 모든 '가치의 전환'을 감행하는 '능동적 허무주의자'로서 살아야 한다는 것을 역설했다. 그리하여 새로운 복음선교자 차라투스트라는 투쟁하는 허무주의자 니체로 변모해 간 것이다.

기성도덕에 대한 도전
니체가 계획했던 산문체 형식의 체계적 주저 간행은 좀처럼 실현되지 않았

차라투스트라
바위

다. 그 책을 위해 준비한 주제별로 독립된 저서를 잇따라 써 내려감에 따라, 니체의 관심과 노력이 점차 그것들로 기울었기 때문이다. 니체는 새로운 관점에서 시대의 사상적 병폐를 거리낌 없이 비판하고 쇠락한 유럽 문화에 창조적 활력을 불어넣는 것을 급선무로 여겼고, 그러한 일을 위해서는 체계적 통일이나 객관적 정합보다는 아포리즘 형식에 의한 날카로운 단정이 더 적합하다고 생각했다. 그리고 이런 니체의 비판의 날카로운 칼끝은 주로 기성도덕과 종교의 퇴폐를 향해 집중되어 갔다.

그 제1탄으로서 발표된 것이 《선악을 넘어서》(1886)이고, 그 보충으로 쓴 《도덕의 계보》(1887)였다.

《선악을 넘어서》는 니체가, 《차라투스트라》에 대한 세상 사람들의 오해가 그 비유적 표현에 의한 설명 부족에서 비롯된 것이라 반성하고, 그때부터 간행하고자 하는 체계적 주저는 그와 같은 오해를 받지 않게 하기 위해 낸 책이다. 그는 주저에서 이야기하고자 하는 신사상(新思想)에 대한 예비적 입문서가 필요하다고 생각한 끝에 《선악을 넘어서》를 집필하여 자비출판한 것이다. 이 책은 과학과 법학과 정치학 등 삶의 모든 영역과의 관련에서 도덕을 널리 파악하고 있다. 또 여기에는 도덕의 밑바탕에 있는 것은 삶의 근본적 요구이며 삶은 자기 보존 욕구가 아니라 생장 욕구를 본질로 한 것이라는 니체의 근본 견해가 나타나 있다. 특히 여기서 니체는 마키아벨리에 대한 깊은 공감에 의해 새로운 도덕원리로서 평균적 평등화를 거부하는 '거리 감각'과, 그것을 토대로 한 인격 간의 위계질서를 존중하는 고귀성의 이념을 강조했다. 그리고 그러한 정신적 귀족주의 관점에서 그 무렵 유행하던 민주주의와 사회주의 사조에 대한 강한 반감과 경멸을 표명했다.

그러나 이 책 역시 니체 사상에 대한 세간의 오해를 푸는 해설서로서의 역할을 다하지는 못했다. 아니 그것은 오히려 새로운 오해의 씨앗을 뿌린 것이나 마찬가지였다. 친구 로데와 마이젠부크 부인조차 이 책만은 이해하려 하지 않았고, 세평은 니체에게 명백하게 '위험한 사상가'라는 라벨을 붙였다. 기증한 책에 대해 호의적인 답서를 보내준 것은 프랑스의 뛰어난 비평가 이폴리트 텐 정도였다.

그래서 니체는 자신의 사상적 진의가 올바르게 이해되기 위해서는 더욱더 노력을 기울일 필요가 있다는 것을 절감한다. 그리하여 1886년부터 7년에 걸쳐 니체는 그때까지 발표한 작품을 손질하여, 대부분 머리말을 다시 쓰고 새로운 부분을 덧붙여 그 참뜻을 올바르게 전하고자 한다. 이러한 일을 하는 한편, 니체는 칸트의 의무윤리학을 비판한 프랑스의 생철학자(生哲學者) 귀요의 《의무도 제재도 없는 도덕》과 러시아의 실존적 작가 도스토옙스키의 《지하생활자의 수기》를 읽고, 거기에 전개되어 있는 인간에 대한 깊은 심리 분석과 생명의 엄숙함에 대한 깊은 통찰에 강한 공감을 느낀다. 그리고 특히 도스토옙스키로부터는 당대의 약자 대중을 지배하는 노예도덕이, 그들이 강자에 대해 품는 반감에서 성립한다고 보는 독창적인 견해를 암시받게 된다.

1887년 7월 니체는 《선악을 넘어서》에 대한 몰이해가 아포리즘 형식을 취한 표현 때문이라 생각하고, 그 이해를 돕기 위해 보름 동안 일반적인 논문 형식으로 《도덕의 계보》를 써서 자비로 출판한다. 이 책은 니체의 처녀작 《비극의 탄생》과 함께, 그의 저서 가운데 일관된 논지와 체계적인 서술 형식에 의해 쓰인 몇 안 되는 책의 하나로 꼽힌다. 그리고 논문 세 편으로 구성된 이 책에서 니체는 노예도덕의 기원을 그리스도교 도덕에서 찾으며 그리스도교에 대한 공공연한 공격을 시작했다.

그는 여기서 그리스도교의 발생원을 비천한 자들의 가슴에 맺혀 있는 반감에서 찾고(제1논문), 양심은 더 이상 바깥을 향해 드러낼 수 없어서 내향해 버린 잔혹 본능이라 했으며(제2논문), 승려적 금욕이라는 퇴폐적인 사상이 생겨난 원인은 그것에 대립하는 이상(理想)이 없어 아무것도 원하지 않는 것보다는 무(無)를 원하는 인간의 의욕 경향 때문이라고 했다(제3논문). 이 책은 비유적이거나 은유적이 아닌 논리적이고 체계적인 표현 형식을 취함으로써 해석의 애매함을 남기지 않는다는 점에서 니체의 근본 사상을 훌륭하게 표현한 셈이 되었다.

그러나 이러한 반그리스도교적 사상은 그리스도교 문명의 지배 아래 있는 당시 유럽인의 상식으로는 미친 소리로밖에 생각되지 않았다. 이러한 상황 속에서 니체를 몹시 기쁘게 한 것은, 덴마크의 평론가 브란데스로부터 이해에 찬 격려의 편지를 받은 일이었다. 특히 1888년 4월 29일에 브란데스가 보낸 편지는, 그해 초겨울에 브란데스가 코펜하겐 대학에서 '독일의 철학자 프리드리히 니체에 대하여'라는 제목의 장기강연을 열어 300명이 넘는 청강자로부터 큰 갈채를 받았다는 소식을 알려주어 니체는 커다란 용기와 자신감을 얻었다.

이러한 예외는 있었지만, 니체는 일반적으로 차가운 세평과 고독한 싸움을 해야 했다. 그리고 그러한 투쟁을 통해 종래의 모든 가치를 부정하고 그 위에 완전히 새로운 가치원리를 창조하고자 한 니체의 노력은, 그 생존 긍정의 생명철학에 점차 개체적인 진실을 중시하는 실존주의적 경향을 불어넣게 되었다.

니체는 그 무렵 브란데스를 통해 키르케고르의 이름을 알게 되었고, 덴마크가 낳은 이 고독한 실존사상의 창시자에게 큰 관심을 품기도 했다. 그러나 유감스럽게도 그에게는 이미 키르케고르의 사상과 친밀해질 수 있는 시간이 별로 남아 있지 않았다. 그해 끝무렵 니체는 광기의 암흑 속에 빠져들었기 때문이다. 그리고 그는 마치 그것을 예감이라도 한 것처럼, 자신에게 남겨진 그 마지막 1년 동안 지병과 싸우면서 혼신의 힘을 다하여 신들린 듯이 저술활동에 몰입했다.

건강했던 마지막 1년

1888년은 니체에게 있어서 참으로 다산(多産)했던 한 해였다. 꺼져가는 생명의 불꽃이 마지막에 더욱 활활 타오르는 것처럼, 그는 잇따라 아포리즘의 명작들을 써 내려간다.

그리하여 7월에는 《바그너의 경우》를 쓰고, 8월에는 《우상의 황혼》을, 9월에는 《안티크리스트》를 완성한다.

1888년 10월 15일에 마흔네 번째 생일을 맞이한 니체는 자신의 새로운 사상에 대한 세상 사람들의 이해를 촉구하기 위한 마지막 시도로서, 자전풍의 자작해제서(自作解題書) 《이 사람을 보라》를 쓰기 시작하여 11월 4일에 그 완성을 본다.

이 무렵 니체에게는 브란데스를 통해 알게 된 작가 스트린드베리와 편지를 주고받는 즐거움이 있었다. 한편 속물문화가 지배하고 있던 독일에서는 그가 계속 무시당하고 있었지만, 문화의 선진국 프랑스와 교양의 나라 덴마크와 스웨덴 등에서는 유럽 최고의 교양을 갖춘 뛰어난 사람들이 니체를 이해하기 시작했다. 그러한 징후에 용기를 얻은 니체는 기쁨과 평안한 기분 속에서, 12월의 마지막 저술 《니체 대 바그너》와 《디오니소스 찬가》를 썼다.

광기 속에서의 삶의 황혼―아이의 마음으로 돌아가다

고독에서 광기로

1888년 7월의 《바그너의 경우》를 시작으로 6개월 동안, 니체는 사상의 완숙을 알리는 여섯 가지 저술을 마쳤다. 니체의 정신적 내면은 경이로운 창조의 의지로 가득 차 있었던 것이다.

그러나 그를 에워싼 외적 상황은 완전한 고독이었다. 그토록 친절한 친구였던 노부인 마이젠부크조차 니체의 기증서 《바그너의 경우》에 대해 악의적인 답서를 보내왔고, 남아메리카에 있던 여동생도 전혀 그 책을 이해하지 못하는 편지를 보내서 니체를 실망시켰다. 특히 바그너당 진영을 대표하여 파울이 〈음악주보(週報)〉에 쓴 악질적인 중상 기사는 니체의 마음에 큰 상처를 주었다. 이 기사는 니체가 쓴 오페라 작품에 대해 바그너가 '우스꽝스럽다'고 평가했기 때문에 니체가 바그너를 떠났다고 주장하며, 비열한 인신공격을 가하고 있는 것이었기 때문이다.

이러한 몰이해와 중상을 바로잡기 위해 니체는 마지막 남은 힘을 다해 《니체 대 바그너》를 썼다. 그것은 흔들리지 않는 사상적 확신이 표현되어 있는 책이었다. 하지만 니체의 속마음은 고독의 무한지옥에 빠져 있었다. 무리한 저술 활동에서 오는 피로의 누적과, 세상의 중상에 대해 변호해 줄 단 한 사람의 친구도 없다는 절망감이 그를 밤마다 잠 못 이루게 했다. 니체는 고통을 달래려고 연이어 클로랄 수면제를 복용했고, 어느 네덜란드인한테서 얻은 자바산(産)의 수상쩍은 진정제도 자주 복용했다. 그러한 마약의 작용이 니체의 신경을 파괴하여 1888년 끝무렵 그는 마침내 정신착란 징후를 보이기 시작했다. 니체는 많은 양의 물을 벌컥벌컥 마셔서 사람들을 놀라게 하거나 친구에게 의미를 알 수 없는 편지를 쓰기도 하고, 길에서 피곤에 지쳐 있는 짐말을 동정하여 말 목을 끌어안고 큰 소리로 울기도 했다.

니체와 어머니(1892)
어머니는 자신의 마지막까지 어린 시절로 돌아간 듯한 니체를 간호했다.

이듬해인 1889년 1월 3일, 니체는 토리노의 알베르트 광장에서 갑자기 정신을 잃고 쓰러져, 우연히 그곳을 지나가던 집 주인에 의해 하숙으로 옮겨졌다. 그리하여 혼수상태에서 이틀 밤낮을 지내고 깨어난 그는 더 이상 정상인이 아닌 완전한 미친 사람이 되어 있었다. 그는 큰 소리로 혼잣말을 하고 느닷없이 노래를 부르거나 피아노를 치기도 했고, 또 '디오니소스', '십자가에 못 박힌 자', '안티크리스트' 등으로 서명한 해괴한 편지를 친구들과 안면이 없는 유명인들에게 보내기도 했다.

친구로부터 어머니의 손에

니체의 편지에서 불안을 느낀 바젤 대학 교수시절의 친구 부르크하르트는 역시 동료 교수였던 오버베크와 상의하여, 바젤의 정신병원장 빌레의 조언에 따라 니체를 그곳에 입원시키기로 한다. 그리하여 그는 7일에 토리노로 떠나 10일에는 니체를 그 병원에 입원시킬 수 있었다.

토리노의 하숙집에서 만난 이 두 친구의 재회는 참으로 감격적인 것이었다. 니체는 두 팔을 벌려 그에게 달려와서 이탈리아어로 "친구여, 나는 허송세월을 하며 살아왔네. 자네는 틀림없이 얼마 동안 지낼 돈을 가지고 왔겠지?" 말하더니, 그의 가슴을 향해 격렬하게 울면서 무너졌다. 어린아이의 마음으로 돌아간 것 같은 천진무구함과 종잡을 수 없는 몽상에 장단만 맞춰주면 발작을 일으키지 않았기 때문에, 그를 토리노에서 바젤로 옮기는 데는 오버베크가 토리노에서 고용한 시중꾼 한 사람으로 충분했다. 그 여행 중 니체는 클로랄 수면제로 잠든 상태에 있었지만, 이따금 눈을 뜨고 《이 사람을 보라》 속에도 쓴 자신이 좋아하는 〈베니스 곤돌라에서 부르는 뱃노래〉를 아름답게 흥얼거리는 것이었다.

바젤에서 빌레 원장이 내린 진단은 진행성 뇌연화증, 또는 마비성 정신장애(뇌매독)였다. 바젤에서 며칠 동안 입원한 뒤 니체는 어머니의 간호를 받으며 예나 대학병원 정신과에 입원했는데, 여기서의 진단도 빌레의 견해와 거의 같았다.

여동생은 이러한 진단에 의문을 제시하고, 오빠의 명예를 회복하기 위해 니체의 발병 원인을 다음과 같이 추정하고 있다.

시신경과 뇌신경의 과도한 긴장으로 인해 과로에 빠진 정신이, 강력한 수면제와 그 밖의 극약에 대해 저항하지 못하고 그 능력을 잃은 것이다.

아버지가 뇌연화증으로 죽었고, 니체도 열두 살 무렵부터 계속 두통과 발작에 시달려 왔다는 점에서 니체의 발병을 유전으로 돌리는 설도 있지만, 지금 그 진실을 확인할 길은 없다.

어쨌든 니체는 1890년부터는 나움부르크의 어머니에게 맡겨져 1897년에 그녀가 죽을 때까지, 어머니의 자애로운 간호를 받았다. 그는 어린아이처럼 순수한 마음으로, 그때서야 일기 시작한 자신의 사상에 대한 시대의 반향을 말없이 지켜보기라도 하듯이 조용하고 평화로운 나날을 보낸다.

무구한 사람 니체

니체는 정상적인 정신을 잃고 그림자와도 같은 사람이 되었고, 그런 그의 일상은 무구한 어린 시절로 되돌아간 것처럼 순수하고 순진한 것이었다.

그는 전처럼 밝은 햇빛과 맑은 공기를 사랑하여 어머니와 함께 집 밖을 산책하기를 좋아했다. 이 무렵 그는 정상적인 대화와 지인의 식별도 가능했는데, 남을 배려하고 기쁘게 해주고 싶어하는 본디의 고귀한 성격이 행동 속에 너무나 뚜렷하게 나타나 사람들로 하여금 눈시울을 적시게 했다. 그는 언제나 친절하고 상냥했지만 무능력한 병자처럼 다뤄질 때는 불쾌해했다. 음악에 대해 이상할 정도로 흥미를 나타내어 스스로 피아노를 쳤다. 특히 생애에 걸친 제자이자 친구였던 음악가 가스트의 피아노 연주를 유난히 좋아했다.

니체를 돌보는 여동생 엘리자베트(1899)

그리하여 니체는 자연을 벗 삼고 피아노를 장난감으로 삼으며 조용히 남은 나날을 보냈다. 발병할 때에는 생계를 걱정하지 않으면 안 되었던 처지였지만, 얄궂게도 발병과 동시에 명성이 높아지기 시작해 인세 수입이 갑자기 늘어난 덕분에 바젤에서의 연금이 3할 줄었음에도 여유로운 생활을 할 수 있었다.

어머니와 아들의 화목한 생활과 니체의 음악 애호를 이야기해 주는 일화로서, 베르누이는 다음과 같은 정경을 회고했다.

목사 부인(니체의 어머니)은 가깝게 교제하고 있던 예나 대학 사학교수인 괴르첼 집안을 방문할 때 대부분 아들도 데리고 갔다. 아들은 마치 어린아이처럼 어머니의 뒤를 따라갔다. 그곳에서 그녀는 아들을 응접실에 데리고 가서 피아노 앞에 앉힌다. 그러면 그는 몇 시간이고 즉흥적으로 피아노를 치는 것이었다. 그 덕분에 그녀는 아들에게 방해받는 일 없이 느긋하게 친구와 대화를 즐길 수 있었다.

그러나 니체는 1894년 여름부터 증세가 점차 악화되어 끊임없이 마비증세가 나타나게 된다. 특히 언어장애 때문에 자신이 말하고자 하는 바를 정확하게 표현할 수 없는 것과, 자신을 돌봐주는 어머니가 쇠약해져서 자유로운 산책이 불가능해진 것이 니체를 우울하고 초조하게 했다.

바로 그 무렵, 남미 식민사업에 실패한 남편이 자살하는 바람에 귀국한 여동생이 오빠를 위해 바이마르 언덕에 커다란 정원이 딸린 집을 사서 그곳에서 셋이 함께 살자고 어머니에게 권한다. 하지만 이 억척스러운 여동생이 유고출판과 그 밖의 일에서 보여준 독단적인 방식으로 인해, 어머니와 그녀 사이가 틀어지게 된다. 그에 따라 1896년 여동생 혼자 거처를 바이마르로 옮기고, 자신이 니체와 관련된 자료를 수집할 목적으로 만든 '니체 문고'도 함께 옮겨버린다. 그리하여 다시 어머니와 아들, 둘만의 조용한 생활로 돌아갔으나 이듬해인 1897년 4월에 어머니가 세상을 떠나자 니체는 그를 간호하던 하녀와 함께 여동생의 집으로 가게 된다.

바이마르에서의 마지막 나날

바이마르에서 니체는 아름다운 경치와 넓고 쾌적한 집, 넓은 정원 덕택에 한때 건강을 아주 회복한 것처럼 보였다. 그는 다시 쾌활하게 이야기하기 시작했고 집필도 시도할 정도여서, 그의 여동생은 오빠가 다시 완전히 건강한 사람으로 돌아오지 않을까 하는 희망을 품기도 했다.

이 언덕에 있는 이층집 테라스에서 보내는 시간이 이 무렵의 니체에게는 가장 행복한 순간이었다. 그곳에서는 지평선 저편으로 온갖 형태로 변해 가는 구름 사이를 붉게 물들이며 지는 해를 볼 수 있었고, 니체는 그 광경을 더없이 사랑했다. 1899년 여동생의 친구인 한스 올데 교수가 해넘이 풍광에 무아지경의 행복을 맛보고 있는 니체의 모습을 그렸는데, 그 그림은 지금도 보는 사람들의 마음을 깊이 감동시키고 있다.

속세의 모든 소음에서 격리되어 있는 그 집의 이층 병실에서 니체를 만난 전기작가 슈테른베르크 남작부인은, 그 인상을 다음과 같이 쓰고 있다.

숭고한 그의 태도, 한없이 깊은 정신적인 표정의 아름다움, 그러한 그의 모습을 보았을 때 내 마음은 커다란 감동으로 가득 찼다. 특히 지금 안경을 벗은 그 얼굴에서 보이는 눈의 아름다움은 압도적인 것이다. 먼 곳을 바라보는 듯, 마음속을 깊이 응시하고 있는 듯 깊은 우수를 띠고 있는 눈동자에서는, 자기(磁氣) 같은 정신의 흐름이 힘차게 샘솟고 있었다. 그의 그런 모습을 보니 민감한 사람이라면 누구나 그 신비로운 마력에서 벗어날 수 없을 거라는 생각이 들었다.

1899년 5월 니체는 또 한 번 격렬한 발작을 일으킨다. 그리고 그 뒤부터 더욱 쇠약해져서 다시 언어장애에 빠지게 되자 그는 다른 사람 앞에서는 말을 하지 않게 되었다. 그래도 친밀한 정을 표시하거나, 감사의 마음을 표현하고 싶은 여동생에게는 곧잘 적절하고 따뜻한 말을 할 수 있었다. 여동생이 근심에 빠져 있는 모습을

실스마리아의 '니체 하우스' 니체의 방은 뒤편 2층에 있다

보면 "왜 그렇게 울고 있니, 우리는 이렇게 행복한데!" 위로하고, "이 집에는 세상에서 가장 좋은 사람들이 살고 있다고 생각한다"고 말했다. 그 무렵 니체에게는 오직 즐거운 추억만이 남아 있었다. 이를테면 여동생이 바그너에 대해 얘기하면 그는 반드시 "나는 정말 그를 사랑했어" 하고 덧붙이는 것을 잊지 않았다.

병상의 니체는 잘 알지 못하는 손님을 그리 좋아하지 않았다. 하지만 날이 갈수록 높아지는 그의 명성에 끌려 바이마르를 찾아오는 손님은 많았고, 여동생의 소개로 그를 만난 사람은 평생 그 인상을 잊을 수 없었다. 그는 방문자를 크고 부드러운 눈으로 맞이하며 다정하게 손을 내밀어 환영의 뜻을 나타내곤 했던 것이다.

임종과 매장

다가오는 세기의 뛰어난 운명 예언자였던 니체는, 1900년 새로운 세기의 개막과 함께 영원한 평화를 향한 길을 떠났다. 그 임종 모습을 여동생은 다음과 같이 떠올리고 있다.

1900년 8월 20일 오빠는 갑자기 고열과 호흡곤란을 동반한 감기에 걸렸다. 나는 그 때문에 그에게 폐렴이 생기지나 않을까 걱정되었다. 하지만 충실한 의사의 노력으로 2, 3일 뒤 그 재앙은 사라진 것처럼 보였다. 의사는

다시 진찰하러 올 필요가 없다고 믿었을 정도였다. 그러나 24일 정오 무렵, 내가 그와 마주앉아 있었을 때 갑자기 기색에 변화가 나타나더니 오빠는 의식을 잃고 쓰러졌다. 바로 그때 천둥이 치면서 비가 무섭게 쏟아지기 시작했다. 그 고귀한 정신은 마치 천둥소리, 번개와 함께 하늘에 오를 운명에 있는 것 같았다. 그러나 다시 한 번 그는 숨을 되돌렸고 저녁 무렵에는 의식도 돌아와 무언가 말을 하려고 했다. 8월 25일 새벽 2시에 내가 마실 것을 입에 떠 넣어주고 내 얼굴을 볼 수 있도록 램프 갓을 옆으로 기울이자, 그는 기쁜 듯이 '엘리자베트' 하고 소리쳤다. 그것을 보고 나는 위기를 넘겼다고 생각했다. 그는 오랫동안 잠을 잤다. 나는 그것이 회복을 위한 잠이기를 기도했다.

하지만 그의 숭고한 얼굴은 조금씩 변화의 빛을 더해 갔다. 다시 한 번 그는 그 아름다운 눈을 떴다. (……) 그리고 편안하고 고통 없이, 마지막으로 엄숙하게 뭔가 묻고 싶어하는 듯한 눈길을 던진 뒤 눈을 감았다, 영원히.

그리하여 1900년 8월 25일 정오 바이마르에서, 니체는 여동생 엘리자베트의 품에 안겨 56년의 파란만장한 삶을 마감했다. 그 유해는 8월 28일 오후 뢰켄에 있는 니체 집안의 묘지에 묻혔다. 장례식에는 예전에 그가 바라던 대로 게르스도르프, 가스트 등의 친구 몇몇이 고별사를 낭독했을 뿐, 그의 무덤 앞에서 목사는 한 사람도 말하지 않았다.

3 니체의 사상

니체 사상의 근본 성격

문헌학적인 사고법의 관철

니체는 천재적인 문헌학자로서 학문 연구를 시작한 사상가였다. 1869년 스물넷의 나이로 바젤 대학 교수직에 취임한 이래 서른네 살인 1879년 병으로 그만둘 때까지 니체는 고전학자로서 뛰어난 연구와 강의 실적을 남겼다. 특히 1869년부터 1872, 73년에 걸쳐 쓴 니체의 강의노트와 연구논문에는 고대 그리스 문화에 대한 뛰어나고 독창적인 견해가 담겨 있어 그가 문헌학자로서도 두드러진 역량을 가지고 있었음을 보여준다.

본디 니체는, 보통의 문헌학자들이 흔히 그렇게 되듯이 곰팡내 나는 문장을 이리저리 주물러 그 훈고 주석에 매달리는 단순한 책벌레로 전락하는 것을 끔찍이 경멸했다. 니체는 자신이 학자이기보다는 먼저 사상가이기를 바랐다. 그래서 바젤 대학 철학교수에 빈자리가 났을 때는 친구인 로데에게 문헌학교수 자리를 양보하고 자신은 철학교수 자리로 옮기려 했을 정도였다.

그처럼 "같은 것이 같은 것을 이해한다는 원칙으로 말하건대, 뛰어난 사상가만이 훌륭한 문헌해독자일 수 있다"는 것이 니체의 확신이었다. 니체에게 문헌학이란 고대 문헌의 해독을 통해 인류 문화의 원류를 더듬고 인생의 궁극적인 원리를 규명하여, 그 영원한 의미를 밝혀 나가는 과제를 안는 것이었다. 따라서 그는 그 본질은 철학이라고 보았던 것이다. 젊은 문헌학자 니체의 이러한 확신은, 그가 "전에는 문헌학이었던 것이 지금은 철학이 되고 있다"라는 세네카의 말로 대학취임강연을 끝맺고 있는 것을 보아도 분명히 알 수 있다.

그러나 니체의 이러한 포부는 실증적·비판적인 연구 방법을 사용하던 문헌학계에 받아들여지지 않았다. 니체의 태도는 학자로서의 틀을 짓밟는 자의적

이단으로만 여겨졌던 것이다. 그래서 학계는 니체가 자신 있게 세상에 내놓은 그의 처녀작 《비극의 탄생》도 문헌학자로서의 자살행위라 평가하고 반역자의 낙인을 찍어 사장시키게 된다. 하지만 그것은 오히려 니체가 문헌학자로서가 아니라 오로지 철학적인 사상가로서 저술 활동에 그의 온힘을 집중해 나가는 계기가 되기도 했다.

그렇지만 "진정한 사상가로서의 훈련은 혹독한 문헌학적 연구 태도의 습득에 의하지 않으면 안 된다"는 것이 니체의 일관되고 변함없는 소신이었다. 그리고 실제로도 니체는 자신의 다채로운 저술 활동을 일관하는 커다란 줄기로서 문헌학적 사고법을 관철시켰고, 그로써 그 사상의 독자성을 만들어 나갔다.

니체는 먼저 언어 표현을 통해 진실을 해석해 나가는 문헌학자로서, 한마디 짧은 말이라도 결코 소홀히 하지 않았다. 이러했던 니체의 눈으로 보면, 말에 담겨 있는 그 근원적 의미를 무시하고 통속적 용례에 기대려는 일반적인 교양인의 태도와 언론 문화는 진리에 대한 엄밀성을 잃은 경박하기 짝이 없는 사상의 타락이었다. 그래서 그는 사상가로서의 자기 사명을, 그러한 언어의 오용과 남용에 기초한 통속적 유행 사상을 비판하고 파괴하여 진리를 둘러싸고 있는 껍데기를 벗겨내는 것이라 생각했다. 그 때문에 니체가 사용했던 방법은 반어적인 표현과 아포리즘 형식의 문체였다. 언어와 사상에 담긴, 여러 해에 걸친 인류학적 고정관념과 편견을 깨려면 속된 견해의 뒤집기가 필요했고, 기성 체계를 절개하여 고름을 짜낼 필요가 있었던 것이다. 그러한 태도에 기초하여 니체는 스스로를 비판적 사상을 지닌 아포리즘 작가로 성장시켜 나간다.

따라서 우리는 그의 반어적이고 비판적인 표현 속에 담긴 참뜻과, 단편적인 아포리즘 속에 담겨 있는 근원적 진리 전체 모습을, 니체와 함께 사색해 나감으로써 올바르게 읽도록 힘쓰지 않으면 안 된다. 한마디 짧은 말에 담긴 진실을 이해하려면 그 짧은 말에 담긴 삶의 근원을 주시하고, 그곳에서 니체와 함께 근본적 체험을 해나가고자 노력할 필요가 있다. 니체는 이처럼 진지하고 성실한 독자에 의해서만 이해되기를 바랐고, 그렇게 선택된 독자를 향해서만 말을 하려 했던 것이다. 이러한 태도로 니체에게 다가갈 때, 이른바 '진리'와 '도덕'을 증오하고 그것들의 저편에 서려 했던 니체가 사실은 성실한 사상가로서 얼마나 진지하게 진리를 추구하고 도덕에 따르려 했는지를 알게 될 것이다.

문헌학자로서의 니체가 위와 같은 태도로 언어 표현에 담긴 진실을 똑바로 보려 했을 때 거기서 그가 발견한 근본은 그리스적인 자연관이었고, 또한 그때까지 신과 도덕의 이름에 의해 왜곡되어 가려져 있었던 창조적 생명의 힘이었다. 니체의 성실성은 삶을 도구 삼아 그것의 봉사를 요구하는 모든 초월적 권위를 부인하고, 삶을 그 자체를 위해 형성해 나가는 내재적인 인간관에 철저했던 데에서 성립한다. 그리고 이와 같은 니체의 인생관은 문헌학을 통해 터득

니체(1864)

한 그리스적 자연관의 영향 없이는 이루어질 수 없었을 것이다. 이런 의미에서 사상가 니체에게는 문헌학자 니체의 모습이 들여다보인다는 것도 지나친 말이 아니리라.

해석학적 방법

니체는 문헌학자로서 문헌을 존중하기 때문에 언어를 사랑했고, 언어를 사랑하기 때문에 빈말로 희롱하는 것을 혐오했다. 그는 언어에 의해 표현되는 진리에 주목하여 이 진리의 실질과 실체를 어디까지나 자기 삶의 체험 및 실감에 의해 확인하고, 또 이러한 자유로운 진리 추구 정신을 관철하기 위해서 어떠한 기존 권위에도 굴하지 않는 철학자였다. 이러한 니체가 자신의 사색을 위해 선택한 것이 해석학적 방법이었다. 즉 니체는 문헌학적 소양의 성과를, 특히 자신의 해석학적 방법의 자유로운 구사에 의한 진리 규명의 방식으로 살려 나갔던 것이었다.

언어와 논리에 의해 표현된 진리와 의미를 해독해 나가려면, 자신의 체험을 되돌아보고 자기 마음의 움직임을 정밀하게 분석하여, 이것을 통로로 삼으면서 언어와 진리를 연결지어 나가지 않으면 안 된다. 자기 체험을 바탕으로 자기의 심리 분석을 실마리 삼아 언어 등 객관적 표현에 담겨 있는 내적·역동적 진리를 읽어 나가는 방법, 이것이 해석학적 방법이다.

따라서 이러한 해석학적 방법을 중요시하는 니체는 또한 뛰어난 심리분석가이기도 했다. 인간의 내면적 움직임에 주목하고, 그 골짜기에 감춰져 있는

진실을 사랑하는 것은 근대 프랑스에서 시작되는 모럴리스트의 전통인데, 니체 또한 뛰어난 모럴리스트였다. 그가 그리스도교를 혹독하게 단죄하는 관점에 서면서도 그리스도교적 심리분석가(모럴리스트)인 파스칼이나 도스토옙스키에게 매료되었던 것도 이러한 모럴리스트로서의 공통성이 있기 때문이었다.

니체는 관점에 따라 세계에 대해 다양한 해석을 내리는 자신의 해석학을 '원근법주의'라 이름하고, 이에 의한 자신의 사상을 '실험철학'으로 특징지었다. 니체에 따르면 어떠한 인식도 인식하는 나를 중심으로 하며, 그러한 나의 삶의 창조와 발전을 위해 영위되는 것이고, 그러한 나라는 중심 관점으로부터 동떨어진 자체적 진리(실체적 진리) 같은 것은 어디에도 없다. 또한 삶의 발전을 위해 삶 자체가 자신을 중심으로 하여 해석해 나가는 것이 진리이며, 그런 의미에서 모든 진리는 삶의 제약을 받고 상대적으로 결정되기 마련이다. 그렇기 때문에 진리를 위해 삶이 구속되는 게 아니라, 삶을 위해 진리가 결정된다고 하는 창조적 진리관도 가능해지는 것이다. 그렇다면 진리의 의미는 그것 자체에서 추구하여 마땅한 것이 아니라 삶을 중심으로 하고, 또 삶의 관점을 중심으로 하여 해석해 나가야만 하는 것이 된다. 삶이 높아지고 삶의 중심이 뒤바뀜에 따라 언어에 의해 표현되는 진리도 무한하게 그 양상을 바꿔 나가며, 그 다양한 느낌을 풍부하게 나타내게 된다. 이렇게 생성·발전하는 풍부한 내용의 진리를 삶과 일체된 형태로 파악해 나가려 한 것이 니체의 '실험철학' 정신이었다.

따라서 여기서의 실험은 자연을 대상으로 하는 자연과학적인 실험이 아니라 사상의 자기 실험이고, 외적 표현의 의미를 내적 체험을 중심으로 해석하여 풍부한 가능성을 지닌 진리를 자유롭게 탐구하는 것을 의미한다. 이러한 표현 해석에 의한 진리와의 합체는 뛰어난 예술적 직관력 없이는 불가능한데, 니체는 이 관점에서도 뛰어난 천부적 재능을 지닌 사상가였다. 그리고 그는 고정된 형태 그대로 주체적 진실을 표현하거나 이해하는 조형예술보다는, 오히려 형태 없는 소리의 흐름에 의해 살아 움직이는 실재 흐름 자체를 상징적으로 다루는 음악적 직관에 뛰어났다. 니체의 실험철학은 바로 이러한 예술적 직관에 이끌려 원근법의 중심을 그때그때 자유롭게 바꿔가면서, 진리의 다양한 생성과 그 발전 가능성을 탐구해 나가고자 하는 시도였던 것이다.

삶의 철학

한편 니체의 예술적 직관을 움직이는 강한 추진력이 되었던 것은 무한의 창조적 발전을 추구해 마지않는 삶의 근본 충동이었다. 이러한 삶의 내적 충동으로서 그가 발견했던 욕정이야말로 그의 원근법에서 부동의 중심을 이루는 것이었다. 니체는 논리와 윤리를 심리로 환원하고, 나아가 그 심리 속에

문헌학협회에서(1866)
앞줄 왼쪽이 니체, 오른쪽 끝이 로데.

서 인간 생리의 필연을 꿰뚫어 보는 뛰어난 생리학자이기도 했다. 여기서 그는 자신의 평생에 걸친 투병 체험을 활용하여, 삶의 쇠퇴가 불러오는 퇴폐적 심리와 삶의 부정으로 향하는 허무주의 윤리를 끄집어 내어서, 그것의 초월을 겨냥한 독창적 사상을 세워 나간다.

이리하여 니체 철학은 심리학과 생리학으로 지탱되고 예술적인 직관에 의해 유도되면서, 모든 진리를 삶과의 연관성에 따라 규정하고 모든 가치를 삶의 수단으로서 평가해 나가는 '삶의 철학'을 형성하게 된다.

니체는 말한다. 우리의 평생에 걸친 사색의 과제는 "학문을 예술가의 관점에서 보고 예술을 삶의 관점에서 보는 것"이었다고(《비극의 탄생》 1886년 추가서문 〈자기비판의 시도〉). 또한 다음과 같이 말하기도 한다. "도덕적 가치평가는 하나의 해석이자 하나의 해석법이며, 해석 그 자체는 생리학적인 특정 상태에 따른 징후이다. 즉 누가 해석하느냐?—바로 우리의 욕정인 것이다"(《권력에의 의지》).

니체는 이러한 생존 긍정의 내재주의적 관점을 철저하게 지켜 자연과 육체를 크게 긍정하고, 천국에서 구원을 찾는 초월종교를 부정한다. 그 대신 현실과 그 운명을 힘차게 떠안는 대지의 주인으로서 살아가는 길을 추구한다. 삶을 삶 이외의 것을 위한 희생으로 삼으려는 밤의 철학을 버리고, 삶을 삶 자

체에 의해 의미를 지으면서 즐기려는 한낮의 철학을 주장한다. 이리하여 니체는 "신은 죽었다"는 비통한 절규가 담겨 있는 근대인의 무신론적 허무주의 체험을 오히려 적극적으로 다시 해석한다. 즉 허무주의를, 나를 제외한 모든 것의 구속으로부터 해방됨으로써 자유로운 자기 형성 가능성을 열어놓는 것으로 받아들여, 이것을 삶의 능동적인 생산력의 방향으로 바뀌어 나간 것이다.

니체의 개인주의

니체의 원근법적 사고에서 중요한 역할을 하는 삶의 욕정은, 가장 먼저 자기 삶의 확보·충실·발전을 추구하는 아욕(我慾)의 충동으로서 자신을 드러낸다. 자아의 자유를 확보한 다음, 자신이 '본디 되어야 마땅할 존재가 될 것'을 과제로 삼는 자아주의 관점이 여기서 성립하는 것이다.

이러한 관점에서 니체는 자기를 잊은 상태에서의 헌신, 또는 이웃 사랑의 동정을 미덕으로 삼는 그리스도교 도덕에 반발하고, 권리의 평등을 주장하는 민주주의나 집단적 권위를 개인보다 우선시하려는 사회주의로부터도 등을 돌린다. 그리고 그는 자아의 관철을 목표로 모든 기성 권위와 싸우는 영웅적 개인주의를 주장하며, 몰아(沒我)란 비참한 자기 상실에 다름 아니며, 아욕이야말로 자랑스러워해야 할 자기 확립이라는 자아주의적 관점을 취한다.

그러나 그의 삶의 원근법 관점에서 보면 이 '자아' 또한 결코 궁극적이고 절대적인 가치의 실체로서 자기 완결성을 지닌 것일 수는 없다. 니체의 아욕이 추구하는 자아는 결코 움직이지 않는 실체가 아니라 오히려 끊임없이 생동하고 발전해 나가는 기능적 주체이기 때문이다. 따라서 그것은 타아를 배제하고 자아를 우선하려는 자기중심적 자아를 의미하는 것은 아니었다. 니체에게 있어서 '아욕'은 도리어 무한의 '자기 탐구'를 뜻했다. 그것은 본디 존재해야 마땅할 모습의 자기를 추구하고 낡은 기존의 자아를 뛰어넘어서, 그 편협한 주관의 틀을 안으로부터 무너뜨리고 충만한 대자연의 삶과 합일하려는 진지함을 의미했던 것이다.

'아욕', 즉 '자기 초월'이라는 이 관점은 자아의 고정과 고립을 지향하는 이기주의와는 전혀 무관한 것이다. 니체의 자아는 끊임없이 자기 초월을 하는 자아이다. 더구나 이 자기 초월의 목표는 '자기완성'이 아니라 삶의 힘을 증대시키는 일에 봉사하며, 전능한 힘의 실현자 '초인'을 대지의 주인이게 하기 위해 기꺼이 그 힘(덕)을 만인에게 증여하고, 이리하여 삶의 근원을 향해 자신을 몰락시키는 것이었다.

따라서 아욕=자기 탐구=자기 초월=자기 몰락이라는 니체의 영웅적 개인주의가 지향하는 것은, 상승하는 강한 힘을 충만하게 하는 삶과 쇠퇴하는 약한 힘밖에 지니지 못하는 삶을 엄격하게 구별하고, 이 힘의 강약에 의해 준엄하게 인류의 위계질서를 확립하여 삶의 힘의 증대에 이바지하는 것이었다. 니체도 말한다. "나의 철학은 위계질서를 지향해 왔던 것이지 개인주의적 도덕을 추구했던 것이 아니다"라고(《권력에의 의지》).

예술을 위한 예술 클림트의 〈입맞춤〉에서 볼 수 있듯이 그의 작품의 감각적이고 에로틱한 측면은 어떤 이에게는 야하다고 느껴지겠지만, 이는 우리의 도덕과 가치를 재평가해야 하는 의무를 지니고 있다는 니체의 믿음을 완벽히 표현한 것이다.

삶에 있어 힘의 강약을 새로운 가치 질서의 원리로 삼고, 인생과 사회의 올바른 위계질서를 명확히 함으로써 근대인을 좀먹고 있는 허무주의를 깨부수려 했던 것이 니체 사상의 진수였다. 그렇기 때문에 그가 들고나온 인생 해석의 궁극원리가 영겁회귀의 세계관이고, 운명애적 인간관이었던 것이다. 이 점을 기억하면서, 자연과 인생의 디오니소스적 긍정에서 출발하여 영겁회귀와 운명애의 궁극원리로 나아가는 니체 사상의 발전 과정을 따라가 보기로 하자.

니체 사상의 발전 단계

3대 형식의 변화

니체가 자기 초월의 고투를 고스란히 담아 그의 독자적 사상을 아름답게 노래해 낸 산문시 형식의 저서가 《차라투스트라》인데, 그는 제1부의 첫머리에서 낙타와 사자와 어린아이로 대변되는 정신의 3대 형식 변화에 대해 언급하고 있다. 이러한 정신의 변모 양상은, 천국의 주인으로서 지상의 인간을 노예화하는 신을 대신하여, 대지의 주인으로서 인간을 그 예속으로부터 해방하는 초월자가 탄생하는 과정을 보여주는 것이다. 그리고 동시에 그것은 니체가 거쳤던 자기 초월 과정을 암시하는 것이기도 하다.

대지의 주인 '초월자'의 탄생을 지향하는 정신은 가장 먼저 낙타처럼 순순히 모든 무거운 짐을 지고, 특히 '네가 해야 할 일'이라고 명령하는 의무에 복종하고 그것을 견딤으로써 자신의 강함을 실증하고자 한다. 이러한 "경외심을 품은 채 무거운 짐을 견뎌내는 정신은 수많은 무거운 것에 맞닥뜨린다. 그리고 강인한 정신은 무거운 것 중에서도 가장 무거운 것을 요구한다"《차라투스트라》).

모든 고뇌, 모든 운명을 당차게 견뎌내고 그곳에서 자신의 위대함과 구원을 발견하려는 이 낙타의 정신은 그리스 비극 속에서 창조적 인생의 위대성을 찾으려 했던 초기 니체의 모습이기도 하다. 디오니소스의 제자 니체가 여기서 탄생하는 것이다.

그러나 주어진 운명을 감내하려는 이 낙타의 정신은 사막의 극한 고독 속에서 모든 의무와 운명에 부딪치면서, 투쟁의 용사 '사자'로 변모한다. 사자의 정신은 타율을 자율로 뒤집고, 의무를 의욕으로 바꾸며, 주어진 운명을 자유로운 창조의 결과물이 되게 하려고 기존의 모든 권위와 가치에 맞서 싸우고, 또 여기에 "나는 원한다"는 낙인을 찍어 주체화하려 한다. 이 사자의 정신은 또한 모든 기존 가치의 전환을 겨냥하여 그 가치를 비판하고, 그것과 맞서 싸워 새로운 가치 창조의 자유를 확보하려는 제2기의 니체 모습을 보인 것이기도 하다. 그리고 여기서 자유정신의 사도 니체가 탄생한다.

하지만 마지막으로 기성 권위와 투쟁하여 자유를 강탈하는 이 사자의 정신이 실제로 자유를 행사하여 새로운 가치 창조를 이룩해 내려면, 무구한 내적 필연의 촉구를 받아야 한다. 그러므로 이 정신은 대자연과 즐겁게 놀고 경쾌한 춤으로 삶의 존재와 함께 즐기면서 세계와 자기의 혼연일체 속에서 이 세상 모든 것에 대해 "마땅히 그러하다"는 성스러운 긍정의 소리를 내고, 모든 존재에게 "나는 존재한다"를 보여주는 '어린아이'에게로 나아가지 않으면 안 되는 것이다. 투쟁을 통해 부서지는 이런 존재와의 어울림이야말로 최고의 자유이자 최선의 삶이며, 따라서 이것이 이루어진 다음에야 비로소 운명애의 경지가 가능해진다. 차라투스트라가 전달하고자 했던 새로운 복음은 바로 이러한 것이었다. 그리고 이것은 병의 괴로움과 고독의 고뇌를 뛰어넘어 자신의 비극적 인생과의 성스러운 화해를 이룩한 니체 자신의 자유로운 심적 경지를 보여주는 것이기도 하다. 바로 여기서 운명애의 사도 니체, 즉 투쟁을 통해 운명적 삶과 융화해 나가는 니체가 탄생하게 되는 것이다.

니체의 자기 초월 사상은 이러한 3단계를 거쳐 완성되어 간다. 그리고 여기서 두 번째 단계를 이루는 자유로운 비평 정신은 첫 번째 단계를 이룩한 디오니소스적 긍정이 갖고 있던 비통함을 경쾌하게 만들어, 마지막 세 번째 단계에 이르면 자유롭고 명랑한 존재의 커다란 긍정이 이루어지도록 한다. 우리는 여기서 니체 사상이 지니는 뛰어난 변증법적 발전의 모습을 볼 수 있다. 그리고 그것은 긍정·부정·통합이라는 세 걸음을 거듭함으로써 밟아나가는 순환적 발전의 본보기라고 할 만하다.

3단계와 대표 저서

지금까지 살펴보았던 니체의 사상을 그 발전 단계별로 나누어, 연대와 특징 그리고 대표 저서를 정리하면 다음과 같다.

제1기(1869~1876년)

그리스도교에 대한 의혹을 품고 있었으나, 그것을 안으로 감추고 문헌학 연구에 몰두하는 시기이다. 니체는 이때 시대의 저속한 유행 사상을 멀리하고 고대의 비극적 존재관에 깊이 파고들어, 존재 속에서 무한한 생성을 보려는 로마적 자연관에 눈을 떠간다. 그리고 이러한 근본 경향 아래서 쇼펜하우어 철학과 바그너 예술의 영향을 강하게 받아 생명의 내적 요구를 진지하게 성찰하는 태도를 형성한다.

이 시기를 대표하는 저서로는 존재의 디오니소스적인 긍정을 주제로 하는 《비극의 탄생》과, 속된 교양물과 유행 사상을 비판하고 문화의 근원으로 돌아가야 한다고 주장한 시대비판서 《반시대적 고찰》이 있다.

제2기(1876~1881년)

니체가 바그너와 결별하고 독자적 사상을 세워가던 때이다. 독창적인 사상에 의해 기성의 권위를 깨뜨리고 새로운 가치를 만들어 가는 천재로서 존경과 숭배를 바쳤던 바그너가, 사실은 민중의 저급한 기호에 아부하는 배우에 불과한 것을 알고 환멸을 느낀 니체는, 홀로 사막의 고독을 이겨내며 사상적 자유와 독립을 위해 힘들게 싸운다. 여기서 니체는 모든 기성의 권위와 가치에 대해 자유롭게 비판한다. 그리고 비판적 심리 분석과 생리의 필연적 요구에 따라 존재의 의의를 규정하는 실증주의적 비판에 의해 기존 문화를 깨부수고, 회의와 허무주의의 한가운데로 용감하게 돌진해 간다. 니체의 연구에서는 점차 초기 로마적 경향이 사라지고 과학적 실증성이 강조되어 가는데, 어떤 것에도 얽매이지 않는 자유정신에 의한 진리 탐구가 이 시기의 주제인 바, 그는 생존 긍정에 대한 이상을 보다 구체적인 형태로 살려 나가게 된다.

이 시기를 대표하는 저서로는 모든 문화와 인간관계의 채색된 지하실을 폭로하고, 그곳에서 꿈틀거리는 인간의 악취 나는 모습을 냉철한 과학자의 눈으로 바라보는 《인간적인 너무나 인간적인》이 있다. 나아가 이 시기 후반에는 이 책에서 냉철한 인간 관찰이라는 자기 훈련에 의해 다다른 자유정신을 발휘하여, 편견에 싸여 있던 기존 도덕에 정면으로 맞서며 허무주의의 어둠을 통해 새로운 도덕의 탄생을 예감하는 《아침놀》을 쓴다. 그리고 그것을 더욱 발전시켜 앞으로 새롭게 태어나는 도덕은 '신의 죽음'을 견디고, 영원회귀하는 무의미한 삶을 기쁘게 긍정하는 것이어야만 한다는 사실을 암시하는 《즐거운 지식》을 쓴다. 특히 이 《즐거운 지식》에는 니체 사상의 궁극적 원리를 이루는 '영겁회귀' 사상이 잉태되었음이 나타나 있고, 비판적인 우상 파괴자 니체가 새로운 가치 정립의 건설적 원리로써 본디의 자신을 되돌리는 작업을 하고 있기 때문에 차분하고 청량한 느낌이 짙게 흐르고 있다. 그리고 이러한 점은 이 책이 중기의 암중모색 시대를 끝내고 마지막 안정기를 향한 전환점에 위치한다는 것을 잘 보여준다고 하겠다.

제3기(1881~1888년)

영겁회귀 사상에 의해 허무주의와 대결하고, 그것의 내재적 돌파를 겨냥하여 자신의 사상을 집대성해 나가는 시기이다. 이때 니체는 신의 죽음을 대신하는 것으로서 초인의 등장을 주장한다. 또한 권력의지설에 의해 고귀한 주인도덕의 건설을 지향하며, 그에 방해가 되는 비열한 노예도덕의 타파를 부르짖어 동정과 몰아의 화음을 주장하는 그리스도교와 대립한다. 니체 사상의 원숙기로서, 그는 이때 지칠 줄 모르는 왕성한 연구 저작 활동을 한 끝에 결국 광기의 평안을 맞이하게 된다. 운명애의 정신에 의해 자기 존재와의 커다란 화해에 이르렀던 니체가, 영원히 되풀이되는 생성의 고리 속에서 경쾌하게 즐기는 자유로운 삶의 실현이라는 이상을 상징적으로 보여준 것이 만년의 이 광기의 세월이라고 볼 수도 있을 것이다. 이는 건설과 파괴가 교차하는 때였다. 그런데 여기서의 파괴는 제2기 때와 같이 최고 진리의 탐구를 위한 게 아니라, 이미 다다른 최고 진리에 기초하여 시도된 오류의 타파를 위한 것이었다. 그 파괴 자체가 새로운 가치의 실현이라는 건설적 의의를 지닌 것이다.

이 시기를 대표하는 저서는 첫째로, 그리스도교적인 종말론을 대신하는 영겁회귀의 복음을 주장한 《차라투스트라》를 들지 않으면 안 된다. 여기서 니체는 새로운 존재 긍정의 길을 힘차게 나아가는 초인의 삶을 아름답게 그렸다. 그리고 신의 구원이라는 환상을 버리고 인간의 자기 구원을 지향하는 삶의 여러 양상을 웅장하고 막힘없이 노래한다. 이와 나란히 니체는 새로운 가치 정립의 원리를 권력의지에서 찾고, 이러한 권력의지설에 의해 허무주의의 현대와 대결하려는 산문체의 저서를 구상한다. 그리고 이를 위한 준비로서 주옥같은 단편을 써서 남기는데, 이것이 유고 《권력에의 의지》로 집대성된다. 나아가 그는 이 두 저서에 의해 드러난 새로운 가치 원리에 기초하여, 과거의 진리 관념과 도덕 가치, 종교 교설이 지닌 오류를 깨부수기 위해 《선악을 넘어서》, 《도덕의 계보》, 《즐거운 지식》, 《바그너의 경우》, 《우상의 황혼》, 《안티크리스트》 등의 여러 저서를 속속 내놓는다. 그리고 정신착란에 의한 비극적인 형태의 휴식에 들어가기 전, 마치 다가올 자신의 정신적 황혼을 예감하기나 한 것처럼 자전적인 해설서 《이 사람을 보라》를 쓰고, 《니체 대 바그너》와 《디오니소스 찬가》를 완성한다.

그럼 여기서 이 세 시기를 대표하는 주요 저서들을 살펴보면서 니체 사상의 내용을 탐구해 나가기로 하자.

디오니소스적 세계관

그리스 비극의 세계

니체의 초기 사상은 1872년 1월에 발표된 처녀작 《비극의 탄생》에 아름답게 표현되어 있다. 이 책에는 후기로까지 이어지는, 니체의 주요 사상의 핵심이라고도 할 만한 내용이 대담하고 솔직한 형태로 제시되어 있다. 그것은 요컨대 생성하고 순환하는 생존 현실을 있는 그대로 힘차게 긍정한다는 생존 긍정의 세계관이라고 할 수 있다. 니체는 쇼펜하우어 철학과 바그너 음악으로부터 이 세계관에 대한 영감과 동기를 얻어, 그것을 고대 그리스의 비극예술에 대한 독창적인 해석에 의해 완성해 나간다.

《비극의 탄생》골자는 1870년에서 1871년에 걸친 보불전쟁이라는 어지러운 시대에, 니체가 포성이 진동하는 전쟁터에서 부상병 간호를 하던 중에 생각해 낸 것이었다. 삶과 죽음의 경계를 넘나드는 위급한 현실 속에서 젊은 철학가 니체의 시선은 인류 문화의 원류인 그리스를 향해 꽂혔다. 천재예술가 니체의 정열은 독일과 유럽 문화의 앞날을 생각하고, 인류 전체를 위한 밝은 미래의 기초를 다지기에 충분한 삶의 근원 충동을 추구하여 뜨겁게 불타오르고 있었던 것이다.

니체에 따르면, 인류 문화의 시조라는 영예를 안은 그리스 민족의 위대성은 아이스킬로스나 소포클레스 등의 비극시인들이 아름답게 그려낸 그리스 비극의 세계를 창조했다는 데에 있다. 왜냐하면 건강한 문화는 인생의 암흑과 맞부딪쳐 이것을 정복하고 그런 암흑도 포함한 인생 전체를 있는 그대로 긍정하는 높은 경지와 불굴의 역량으로 모든 염세주의를 뿌리째 뽑아버리는 데서 꽃피기 마련인데, 그리스 비극이야말로 그리스인들이 단연코 염세주의자가 아니었음을 실증하는 것이기 때문이다.

그리스인들은 아름다움과 빛의 신 아폴론으로 상징되는 바, 명랑하고 건강한 조형미술 걸작과 장중한 서사시 등을 창조해 낸 민족이다. 그들은 어둠을 싫어하고 밝음을 사랑하며 형태 없는 것을 물리치고 형태 있는 것을 채색하려 했던 낙천적인 민족이었다. 그러나 그런 그리스인들이 지녔던 명랑함과 낙천성은 순진함과 천박함에서 오는 단순한 인생 긍정으로 이루어진 것이 아니었고, 인생의 어두운 면에 대한 무지에 기초하는 인생 찬가 따위의 것은 더욱 아니었다. 사실 그리스 민족이야말로 인생의 어둠과 모순, 비합리성에 대해 날카로운 감수성을 지니고 있었으며 그럼에도, 아니 그러했기 때문에 그들은 삶을 밝게 표현하는 일에 혼신의 노력을 기울였던 것이다. 이러한 점을 이해하지 않고는 그리스적 명랑성이 지닌 심오한 참뜻을 파악할 수 없을 것이다.

아폴론적인 것에 존재하는 것

그리스적 명랑함의 깊은 바닥에 담겨 있는 허무감을 가장 잘 나타낸 것으로 니체는 다음과 같은 그리스 옛 전설을 들고 있다.

미다스 왕이 디오니소스의 종자인 현명한 실레노스에게, "인간에게 최상이자 최선의 것은 무엇인가?" 물었다. 이에 실레노스는 눈썹 하나 까딱하지 않고 입을 다물고 있다가 왕의 강요에 못 이겨 느닷없이 날카로운 웃음을 띤 소리로 말했다. "우리는 지극히 짧은 생을 받은 자들이다. 우연과 고통의 자식들이여, 듣지 않는 편이 이로운 것을 어찌하여 억지로 들으려 하느냐? 너희에게 최선의 것은 이제 와서 너희가 어쩔 도리도 없는 일이다. 그것은 바로 태어나지 말았어야 할 것, 존재하지 않았어야 할 것이니까. 그러나 너희에게 남겨진 차선책은 있다. 즉 얼른 죽는 것이다."

여기에 나타나 있는 그리스 민중의 예지는 그들이 생존의 공포와 고뇌를 생생하게 느끼고 이해하고 있었음을 분명히 말해 준다. 이 생존의 어두운 심연을 외면하지 않고 똑바로 바라보면서, 그 위에 환상적 아름다움의 세계를 구상하여 어둠을 극복하려는 노력이 아폴론적 조형예술을 만들어 냈던 것이다. 그러나 아폴론적 몽환의 세계가 그 생성의 원동력이었던 인간 존재의 심연에서 멀어져 단순한 도피적 삶의 표현에 지나지 않게 된다면, 그것은 잠깐 동안 안전하다는 착각을 줄지 몰라도 영원한 삶과 평안을 약속해 주지는 않는다. 즉 이 착각은 반드시 무너지게 되는 것이다.

이 아폴론적인 것의 깨어진 틈새로 들여다보이는 삶의 참모습은, 형태 있는 모든 것을 만들어 냈다가 파괴하여 무한한 유전(流轉)을 되풀이하는 근원적인 의지력 자체이다. 그것은 쇼펜하우어식으로 말하면 맹목적인 생명 의지이다. 니체는 삶의 심연 한가운데서 발견되는 이와 같은 생명력을 디오니소스적인 것이라고 이름 붙인다. 디오니소스는 본디 광란과 도취의 주신(酒神)으로서, 사람들을 부추겨 자기를 잊는 경지로 이끄는 격정적인 신이다. 니체는 삶의 본질을 이 디오니소스적인 것으로 보았다. 아폴론적인 것은 디오니소스적인 것의 그림자이며, 디오니소스의 모습이 거짓되고 환상적으로 나타난 것에 지나지 않는다고 생각한 것이다.

디오니소스적인 삶의 모습은 파괴와 부정의 거친 소용돌이로서 격동을 멈추지 않는 것이다. 그래서 그것은 철학자 헤라클레이토스가 주장했듯이 만물유전의 세계이다. 여기서는 하나의 사물이라도 그 생성 소멸의 운명으로부터 안전할 수 없다. 따라서 그것은 형태 있는 것, 즉 자기 견해를 고집하려는 자에게는 무의미하고 두려운 파괴의 마력이자 혐오하여 마땅한 사물이고, 고뇌와 절망의 원천으로서 공포의 대상이 된다. 쇼펜하우어의 염세주의 철학은 어쩌면 이러한 관점에서 성립한 것이리라. 그렇지만 이 삶 자체의 근원과 일체가 된 삶을 살려는 자에게 그것은, 개별적 아집이 사라진 영원한 창조적 삶으로 다시 태어나 전체적 생명의 흐름과 함께 존재하는, 몰아의 도취경을 사는 혜택이 된다.

인생에 있어 참된 긍정과 구원은 이렇게 근원적 생명력과 만나 이것을 받아들이고, 이것과 일체가 된 삶을 살아가는 디오니소스적 세계관을 삶의 근원으로 삼아야 가능해진다. 그리고 고뇌와 비합리적인 생존 현실과 희롱하는 자유로운 삶의 수단으로서 아폴론적 조형예술을 만들어 나갈 때 비로소 이루어질 수 있다. 즉 디오니소스적인 것과 결부된 디오니소스적 삶의 상징으로서 의미를 지니는 한, 아폴론적인 것의 진가도 발휘되는 것이다. 그리고 니체에 따르면, 이와 같은 형태의 디오니소스적인 것과 아폴론적인 것의 통일을 전형적인 형태로 실현해 낸 것이 바로 그리스 비극의 세계였다.

디오니소스에 대한 신앙

그리스 비극은 본디 디오니소스를 위한 주신(酒神) 찬가를 노래하는, 반은 사람이고 반은 염소인 신 사티로스로 이루어진 합창대의 노래에서 시작된 것이었다. 모든 존재와 생성의 어머니인 대지가 지닌 생산적 근원력을 상징하는 주신 디오니소스에 대한 그리스의 신앙은 주변의 바빌로니아와 소아시아 지방의 포도재배지에서 들어온 것이다. 이 신을 기리는 디오니소스 축제에 즈음하여, 신도들은 술에 취해 영혼을 잊고 자아를 벗어난 도취에 빠지면서 격렬한 몸짓과 춤에 뒤따르는 초현실 상태 속에서, 고뇌와 파괴를 통해 끊임없이 새로운 존재를 만들어 내는 디오니소스를 찬미하며 미친 듯 환희의 노래를 불렀다. 이 이방의 신은 이러한 형태로 어머니인 대지와 화해하고, 그것과 일체가 되어 살아가는 일에 대한 깊은 환희를 나타내는 것이었다. 이러한 디오니소스에 대한 신앙제례는 삶의 고뇌와 어둠에 대한 풍부한 감수성을 지닌 것이었기 때문에, 괴롭고 어두운 인생을 당차게 견뎌내고 아름답게 장식하려 했던 그리스인들의 마음을 깊이 사로잡아 차츰 그리스 곳곳으로 퍼져 나갔다.

디오니소스를 기리는 제례의 야만적이고 어지러운 춤 속에서 신도들이 체험한 것은, 일상적인 이해타산의 자아를 죽이는 고뇌를 통해 근원적인 전능자와 하나가 되는 격렬한 환락의 생존 긍정이고, 괴로움과 즐거움이 뒤섞여 숨이 막힐 정도로 도취에 싸인 삶의 찬가였다. 이러한 체험을 아름답게 노래한 것이 사티로스의 합창인데, 마침내 이 합창이 대화 형태의 시극(詩劇)으로 만들어졌다. 이리하여 디오니소스 찬가의 음악적 감동의 직접성을 언어와 작품으로 대상화하게 되는데, 그것이 그리스 비극으로 발전했던 것이다. 거기에서는 디오니소스적 생존의 커다란 긍정을 아름답게 그려낸 아폴론적 조형을 통해 거친 창조의 힘과 함께 즐기고, 그것과 하나가 되어 자기 삶의 근원으로 되돌아가는 몰락의 환희라고도 할 만한 경지를 활기차게 연출한다. 비애의 파토스에 의해 인간의 마음을 깨끗하게 씻어 인생의 깊은 진실로 이끌어 주는 비극예술의 힘은, 그 비극이 애당초 생존 자체를 디오니소스적으로 절대긍정하는 체험에 뿌리를 둔 창작물이라는 데 있다.

이와 같은 독창적 비극 해석을 통해 니체는 그리스 문화의 정수를 이루는 것으로서 디오니소스적인 세계관을 지목한다. 그는 디오니소스적인 것의 발견과 창조야말로 그리스 민족의 위대성을 나타내는 것이며, 또한 유럽과 세계 인류 문화의 영원한 핵심이라고 생각한 것이다. 니체는 이 디오니소스적인 것을 생존에 대한 해석의 밑바탕에 두고, 이 관점에서 인류 문화의 가치를 새롭게 비추는 일에 사상가로서의 사명과 긍지를 걸려 했다. 만년의 니체는 《우상의 황혼》끝부분에서 처녀작 《비극의 탄생》을 떠올리며 이 점에 대해 말하고 있다.

　고통이야말로 그 안에서는 또한 자극제로 작용하기 때문에, 넘치는 생명과 힘의 감정으로서의 주신(酒神) 밀의(密議)의 심리학은 (……) 내게 비극적 감정이라는 개념을 푸는 열쇠를 주었다. 비극은 쇼펜하우어가 의미하는 고대 그리스인의 염세주의를 증명하는 것이 아니라 오히려 그에 대한 결정적인 거부이자 반대 법정으로 간주해야만 한다. 가장 껄끄럽고 가장 냉혹한 여러 문제에 있어서조차 삶 그 자체에 그렇다고 단언하는 것, 그러한 최고의 전형을 희생으로 바치는 자기 자신의 무궁무진함에 미친 듯이 기뻐하는 삶에의 의지―이것을 나는 디오니소스적이라 이름하고, 이것을 다리 삼아 비극적 시인의 심리학에 이르렀다. 이렇게 한 것은 공포와 동정으로부터 도망치려 해서가 아니라 또 그 격렬한 폭발로 말미암은 위험한 욕정으로부터 몸을 깨끗하게 하기 위해서가 아니라 공포와 동정을 넘어서 생성의 영원한 쾌감 그 자체가 되기 위해서이다. 부정으로 기억되는 쾌감까지도 그것 속에 포함되어 있는 그 쾌감이 되도록 하기 위해서이다. 그리고 이로써 나는 전에 내가 출발했던 장소로 다시 돌아가게 된다. 《비극의 탄생》은 내게 처음으로 일어난 모든 가치의 전환이었다. 즉 이로써 나는 나의 의욕, 나의 능력이 나고 자란 땅으로 몸을 되돌린 것이다. 철학자 디오니소스의 마지막 제자인 나는, 영겁회귀의 스승인 이러한 나는…….

여기서도 지적한 바와 같이 디오니소스적 세계관은 쾌락을 고통의 회피로 이해하는 공리주의를 물리치고, 고통의 극복이야말로 진정으로 고귀한 쾌락이라는 니체의 영웅주의와, 선과 악 이원의 대립 및 투쟁을 통한 참된 가치 창조를 중시하는 반도덕주의로 이어진다. 또한 이것은 생성 과정 자체에 무한한 의의를 인정하려는 영겁회귀 사상을 낳은 모체가 되기도 했다.
　그리스 비극에 담겨 있는 디오니소스적 세계관을 주장한 철학자 니체는 헤라클레이토스를 매우 높게 평가했다. 니체는 《이 사람을 보라》에서 다음과 같이 말하고 있다.

통음난무의 신비주의 디오니소스 축제 니체는 그리스문명에서 아폴론 정신과 디오니소스 정신을 동시에 보았다. 아폴론 정신은 엄숙하고 절제된 것이며, 디오니소스 정신은 광적이고 자유로운 것이다.

헤라클레이토스 가까이에 있으면 나는 다른 어느 곳에서보다 마음이 따뜻해지고 아늑해지는데, 그에 대해 아직 풀리지 않은 의문이 남아 있다. 무상(無常)과 파괴의 긍정—이것은 디오니소스적 철학에서 결정적인 것이다—과, 대립과 전쟁에 대해 '그렇다'고 대답하는 것과, '존재'라는 개념조차도 철저하게 거부하면서 내걸은 생성이, 이제까지 생각된 것 가운데 나와 가장 가깝다는 점을 인정하지 않을 수 없다. '영원한 윤회'에 대한 가르침, 즉 모든 사물의 무조건적이고 무한히 되풀이되는 순환에 대한 가르침—차라투스트라의 이 가르침은 결국 이미 헤라클레이토스가 보여주었는지도 모른다.

이러한 견해로 본다면 그리스 비극의 제재(題材)에 대해 합리적 해석을 내린 비극시인 에우리피데스는, 불합리한 디오니소스적 생존의 근원으로부터 비극을 떼어냄으로써 비극을 천박하게 만들고 그 진정한 신을 죽여버렸다는 비난을 받는다. 거기서 소크라테스의 합리주의와 도덕주의가 탄생하고, 이어 플라톤의 형이상학이 등장하게 되는데, 이것이 니체에게는 생존 현실로부터의 비겁한 도피이자 삶의 퇴폐 현상으로만 보였다. 따라서 이러한 디오니소스적인 비극 정신이 고갈됨과 동시에 그리스 민족의 위대하고 건강한 자연 긍정의 생존력마저 사라져, 사람들이 차츰 지금 이곳에서의 삶을 이 세상 너머의 이념과 신에게 희생으로 바치는 그리스도교적인 염세관에 빠져들게 되었다는 것이 니체가 내린 고대문화 연구의 결론이었다.

현대 비판 제1탄, '교양 속물'의 탄핵

《비극의 탄생》은 생존으로부터 동떨어진 장식 문화의 공허함을 지적하기 위한 것이었는데, 이 책의 요지는 곧 피상적인 합리주의와 정치주의의 유행 속에서 문화의 승리를 꿈꾸던 독일에 대한 통렬한 비판이었다. 그러나 《비극의 탄생》에는 그 무렵 세상에 대한 직접적인 비판은 유보되어 있고, 그리스도교적인 내세주의와 관념적인 합리주의·도덕주의·이상주의 등에 대한 노골적인 반격도 자제되어 있다.

하지만 이제 《비극의 탄생》에 의해 니체는 이러한 시대의 병폐에 대한 유력한 반격의 기지를 구축한다. 모순과 고뇌와 파괴 등의 비합리적 삶의 심연에 위축됨 없이 맞닥뜨리고, 진지한 탐구의 길을 통해 삶의 근원으로 돌아가 그곳에서 인생의 풍요로운 창조성을 퍼 올리려는 디오니소스적 세계관이 그것이었다. 고대 그리스에서 이 세계관은 페르시아 전쟁의 승리가 가져온 세속적인 번영과 정치주의의 우선으로 인해 퇴폐 증세를 보였다. 그리고 이어 등장하는 피상적인 합리주의 문화 또한 그 표면의 화려함에도 삶의 근원으로부터 동떨어진 장식 문화로 전락하게 된다. 니체는 《비극의 탄생》에서 그리스 민족이 이런 과정을 거쳐 지난날 그 왕성했던 창조력을 상실했음을 보여준다.

그럼에도 모국 독일은 어떠한 상태에 있었는가? 1870년부터 1871년에 걸친 보불전쟁의 승리와 독일 통일의 실현은 독일 민족의 기세를 한껏 북돋워 주었다. 그리하여 '무기의 성과'를 '교양의 승리'로 간주하는 '여론'이 유행하게 되었고, 모든 가치를 부국강병의 관점으로만 규정하려는 위험한 정치주의 병폐가 더욱 심각해졌다. 천재적인 그리스 민족을 퇴폐하게 했던 것과 같은 비극적 정신의 상실이 그때 독일의 현실에서 되풀이되려 하고 있었던 것이다. 독일 민족의 위대성을 믿기 때문에 니체는 이러한 움직임에 대해 날카로운 비판의 화살을 쏟아내지 않을 수 없었다. 이리하여 니체는 1873년에서 1876년에 걸쳐 4편의 논문으로 이루어진 《반시대적 고찰》을 차례로 발표한다. 시대 흐름에 항거하고 시대의 병폐를 탄핵하는 것이야말로 자신의 긴급한 사명이라고 믿은 니체는, 시대에 충실하다는 것이 무엇인지, 또한 어떠한 것이어야 하는지를 우리에게 가르쳐 준다. 먼저 제1논문인 〈다비드 슈트라우스. 고백자와 문필가〉를 살펴보자.

헤겔 좌파의 거두로서 독일 사상계에 군림하고 있던 슈트라우스는 합리주의적 관점에서 성경비판을 시도하고, 복음서를 신의 말씀이 아닌 단순한 신화라고 해석했다. 그의 주요 저서 《예수전》(1835년)은 교양인의 환영을 받아 판을 거듭했다. 니체는 여기서 독일적 교양의 가장 커다란 병폐를 알아차린다. 그는 거기서 그리스 비극을 죽인 에우리피데스나 소크라테스의 경우처럼 삶의 근원으로부터 동떨어진 천박한 합리주의를 봤던 것이다.

박학다식과 합리성은 참된 문화와 교양과는 아무 상관도 없는 것이고, 산만한 지식의 집합은 삶의 깊이와 풍부함을 향한 영혼의 집중을 방해함으로써 오히려 참된 문화를 말살한다. 왜냐하면 문화란 한 민족의 모든 삶을 표현한 예술적 양식의 통일인데, 많은 것을 알고 많이 배우는 것은 문화의 필수 수단이 아니고 문화의 증거도 아니기 때문이다. 또한 그것과 그것의 필요성은 오히려 문화의 대립물인 야만성, 즉 무양식성과 모든 양식들이 혼돈된 난잡함과 어울리는 것이기 때문이다.

니체에 따르면 슈트라우스가 대표하고 있는 것은 이러한 사이비 학식으로서, 사람들을 현혹하는 '교양 속물'의 견해에 기초한 것에 지나지 않는다. 또한 이와 같은 천박한 합리성의 옷을 걸침으로써 장식적인 교양에 사족을 못 쓰는 속물 대중에게 아부하는 것은 학자나 사상가로서는 가장 피해야 할 타락이다.

한편 이와 같은 교양 속물은 교육을 국가의 발전과 개인적 영달을 위한 도구로만 생각하고, 깊은 고전적 교양에 의해 한 사람 한 사람을 혹독하게 단련해 나가는 것을 게을리하는, 실리를 좇는 현 교육제도의 산물이다. 따라서 진정한 교양을 갈고닦기 위해서는 현재의 실리주의를 근본적으로 반성하고, 시대 흐름을 거슬러 국가와 사회 등의 외적 권위로부터 내면적으로 독립해야 한다. 그리고 자기 삶에 진심을 다하고 고독을 견디면서 독립적이고 독보적인 자기를 확립하려는 쇼펜하우어와 같은 삶의 방식을 본보기로 삼아야 하는 것이다. 이것이 니체가 '우리나라 교육시설의 미래에 대해'라는 강연과, 《반시대적 고찰》 제3논문 〈교육자로서의 쇼펜하우어〉를 통해 시대를 향해 충심으로 내놓은 제안이었다.

시대 비판 제2탄 '역사주의'의 탄핵

《반시대적 고찰》의 제2논문 〈삶에 대한 역사의 이해〉에서 니체는 19세기 끝무렵 사상계를 지배했던 '역사주의'가 생명을 좀먹고 해를 끼치는 것이라고 탄핵한다.

역사의 과잉은 삶의 창조성을 고갈시킨다. 물론 '비역사적인 것과 역사적인 것은 모두 개인이나 민족, 문화의 건강에 마찬가지로 필요하기' 때문에 역사적인 것에 눈을 돌려 거기서 삶에 충실을 기하고 그것을 발전시키기 위한 에너지를 퍼 올리는 것은 좋다. 그러나 그것이 지나쳐서 삶에 있어서 영원하고 비역사적인 것을 놓치는 역사주의는 엄중히 비판받아 마땅하다.

우리는 역사를 우리의 삶과 행동을 위해 사용하는 것이지, 삶과 행동으로부터의 안이한 괴리를 위해 사용하는 것이 아니다. 또한 아욕적 삶과 나약하고 비열한 행동을 가려내기 위해 역사를 사용하는 것도 전혀 아니다. 역사가 삶에 봉사하는 한, 우리도 역사에 이바지하기를 바란다.

이렇게 역사의 의의 또한 삶에 봉사하는 데서 성립한다. 그런데 니체에 따르면 역사는 다음 세 가지 방법으로 인생에 봉사한다.

첫째, 역사는 활동하고 노력하는 자에게 위대한 과거의 선례를 보여줌으로써 그를 격려하고 경고하기도 하는, '기념비적 역사'로서 삶에 봉사한다.

둘째, 역사는 자기 삶의 현실을 지탱하는 전통을 보존하고 숭배·존경하려는 자에게, 옛것을 존중하는 마음으로 조상의 유산을 지켜 미래의 자손에 전달하려는 '골동적 역사'로서 삶에 봉사한다.

셋째, 역사는 나아가 부당한 현실에 고뇌하고 이로부터의 해방을 꿈꾸는 자에게는, 과거의 모든 것을 생성의 흐름 속에서 해체하여 그것의 절대성을 파괴하려는 '비판적 역사'로서 봉사한다.

그런데 이와는 무관한 역사주의의 유행과 같은 역사병의 해독제로서 니체는 비역사적인 것과 초역사적인 것 두 가지를 제시한다. 비역사적인 것이란 모든 과거의 경과를 망각하고 삶의 충동이 명령하는 대로 사는 것이며, 초역사적인 것이란 삶에 영원적 성격을 각인해 주는 예술과 종교에 의해 그 새로운 생성을 성스럽게 하는 것을 의미한다. 그러나 여기서는 실증과학으로서의 학문은 제외된다. 왜냐하면 학문은 도처에서 생성된 것, 즉 역사적인 것만을 보고 예술이나 종교가 파악하는 영원한 것을 인정하려 들지 않으며, 망각을 지식의 죽음으로서 증오하고 두려워하기 때문이다.

이렇게 니체는 생명 활동의 자유로운 창조를 최고 가치로 삼는 디오니소스적 세계관에 기초하여 생명 충동의 근원으로 되돌아가서 역사와 학문의 의의를 규정하려는 생명철학을 강력하게 주장한다.

그렇지만 이러한 니체의 초기 사상은 그 이후 자신의 손에 의해 혹독한 학문적 비판을 당하게 되고, 마침내 그 낭만적인 감상성을 씻어내고 정화되기에 이른다. 그리고 그렇게 함으로써 그의 사상은 실증적 과학성을 중시하는 중기 자유탐구 철학으로 바뀌게 되는 것이다.

자유정신의 철학

사자의 자유

디오니소스적으로 생존 긍정을 주장하는 니체의 초기 사상은, 무거운 삶의 짐을 견디고 순순히 삶에 봉사할 것을 지향했다. 그러나 참된 생존 긍정은 보다 가볍고 자유로운 것이 아닐까? 삶의 노예로 살아가는 게 아니라 삶의 주체로 살아가는 것이 중요하며, 의무에 대한 복종자로서 살기보다는 오히려 가치 정립의 주체로서 살아가는 것이 진정한 삶의 방식은 아닐까? 나아가 삶을 즐기는 여유로운 경지를 누리려면 지금까지의 모든 기성 가치를 부정하고 파괴해야 한다. 그리고 외적 구속으로부터 해방된 자유로운 위치에서 스스로 진리와 가치에 대해 완전히 새로운 전망을 세우지 않으면 안 되는 것이다. 삶의 주인공으로서 자기해방과 독립을 이루기 위해 오로지 자신의 내면적 요구를 성실하게 꿰뚫어 보면서, 자기 요구를 중심으로 하는 생존 해석의 원근법에 의해 모든 기성 가치와 외적 권위를 자유롭게 비판하는 사자의 자유를 누리는 것, 이것이 1876년에서 1882년에 걸쳐 니체가 스스로에게 내린 과제였다. 그리고 이 자유로운 탐구의 성과는 니체 자신이 '나의 자유정신의 모든 것'이라고 일렀던 《인간적인 너무나 인간적인》(1878), 《여러 가지 의견과 잠언》(1879), 《방랑자와 그 그림자》(1879), 《아침놀》(1881), 《즐거운 지식》(1882)이라는 일련의 저서들로 결정화된다.

이 무렵 니체는 매우 커다란 어려움에 처해 있었다. 그에게는 존경하는 친구 바그너와의 이별, 되풀이되는 극심한 병고로 인한 바젤 대학 교수직 사임, 요양지를 찾기 위한 끊임없는 방랑과 고독의 쓸쓸함 등이 연이어 밀어닥쳤다. 또한 니체가 마음을 담아 비판과 경고를 했음에도 조국 독일은 오로지 국가주의의 궤도를 달리려 하고 있었다. 니체가 병고를 견디고 고독을 이겨내며 권위주의와 싸워가면서, 더군다나 염세주의의 포로가 되려는 스스로를 채찍질하여 써낸 것이 이들 저서였다. 니체에게 그것은 '염세주의에 대한 스스로의 처방이자 직접 조제한 약이었다.' 그는 이렇게 자유로운 탐구의 고뇌를 통해 스스로를 단련하고, 본디 자기 자신으로 돌아가기 위해 이 파괴와 부정의 고독을 견뎌냈다. 그리고 마침내 삶과 화해함으로써 다시 즐겁게 놀 수 있는 유쾌한 자, 차라투스트라에 이르렀던 것이다.

자유정신과 예외자의 길

《인간적인 너무나 인간적인》은 1878년 자유사상가 볼테르 서거 100주기를 기념하여 니체가 바친 글로서, '자유정신을 위한 글'이라는 부제로 출판되었다. 이 책의 머리말은 8년 뒤 덧붙었는데, 그는 처음 책을 냈던 때를 되돌아보며 다음과 같이 쓰고 있다.

그 무렵 나는 병과 고립, 그리고 낯선 곳에서의 방랑과 무위 등의 한가운데서 기분을 띄우기 위한 동반자로서 자유정신을 필요로 했다. 나는 지껄이거나 웃고 싶어지면 그것들과 같이 지껄이거나 웃었고, 따분해지면 악마에게 데려가도 될 그 용감한 패거리와 함께 환영을 벗 삼았다—친구가 없는 보상으로.

니체는 이처럼 어떤 것에도 얽매이지 않는 방랑자로서 스스로의 그림자만을 벗 삼아 그와 자유로운 대화를 거듭 나누었다. 그럼으로써 그는 기존의 권위와 편견 속에 도사린 저열한 인간적 욕망의 냄새를 맡고 그것을 부정했으며, 그것으로부터의 해방을 이루어 나간다. 이에 마침내 자유정신이 성립하게 되는데, 니체는《이 사람을 보라》에서 다음과 같이 설명하고 있다.

《인간적인 너무나 인간적인》은 위기의 기념비이다. 이 책은 나 스스로 일 컫길, 자유로운 정신을 위한 책이다. (……) 그것으로 나는 내 천성에 맞지 않는 것에서 나 자신을 해방시켰던 것이다. 나에게 맞지 않는 것은 이상주의이다. 이 책의 제목은 "너희가 이상적인 것들을 보는 곳에서 나는 인간적인 것을 본다. 아, 너무도 인간적인 것을!"이라고 말한다. (……) '자유로운 정신'이라는 말은 여기서 다른 어떤 의미로도 이해되기를 바라지 않는다. 즉 자기 자신을 다시 자기 것으로 삼는 자유로운 정신 말고는 어떤 의미로 해석되어도 곤란하다는 것이다.

그런데 이러한 자유를 누리려면 사람은 세속을 벗어나 가장 큰 고독과 쓸쓸함을 견디고, '예외자' 내지는 '단독자'의 길을 선택할 각오를 하지 않으면 안 된다. 그 고독의 길은 결코 안이한 독단의 삶을 의미하지 않으며, 오히려 그러한 인습적인 독단에 사로잡혀 있던 자신을 한 걸음씩 극복하여 본디 자기에게로 되돌아가는 힘들기 짝이 없는 길이다. 더구나 그 길을 걷자면 불경하다든가 비윤리적이라는 비난을 받기 일쑤고, 상이나 칭찬 등은 손톱만큼도 기대할 수 없다. 니체도 "네가 여전히 다른 사람들에게서 칭찬받고 있다면, 아직 너 자신의 궤도에 서지 않고 타인의 궤도에 있는 것이라고 생각해야 한다"《여러 가지 의견과 잠언》고 말했다.

니체가 이러한 예외자 내지 단독자의 관점에서 모든 이상 속에 잠재되어 있는 인간 냄새를 폭로하는 것은, 인간을 경멸하는 퇴폐주의적 삶에 안주하기 위해서가 아니다. 그가 그렇게 할 수밖에 없었던 것은 인간의 위대함을 믿고 그 자유를 사랑하기 때문이었다. 그리고 참된 진리에 의한 삶의 기초를 세우기 위해 자신을 늘 닦아세우지 않으면 안 되었던 니체로서는 마지막 깊은 바닥까지 의문을 파헤쳐야만 했던 것이다.

'진리'를 지니지 않은 자에게는 진리를 향한 성실한 탐구만이 허락된다. 그러나 그것은 대단히 혹독하고 험난한 길이다. 남을 비판하는 사람은 자기에 대한 가차없는 반(反)비판을 견딜 각오를 하지 않으면 안 되며, 모든 것을 의심하는 탐구의 도달점은 완전한 허무의 심연임도 알아야 하기 때문이다. 그리고 니체는 이 길 위에서 자기가 파괴되는 위험을 전혀 개의치 않고 사유실험을 통한 탐구를 해나가고 있었다.

실증주의와 삶의 원근법

니체가 이 사유실험에서 채택했던 도구는 심리학과 생리학 등 실증과학의 방법이었다. 즉 그는 지금까지의 낭만적 감상주의에서 벗어나기 위해 자신이 가장 경멸했던 실증적 사실 분석 방법을 채용하고, 이에 의해 자신의 사색을 혹독하게 단련하려 했던 것이다. 그는 종래의 이상이나 진리 관념, 도덕 가치를 분석하여, 이것을 인간의 자기보존 욕구나 사회적 실리성으로 환원시킴으로써 그 신성성의 장막을 걷어내려 했다. 이것은 착각과 같은 관념에 사로잡혀 있던 과거의 자기 자신으로부터 자유로워지려는 필사적인 자기 극복의 시도였다. 그리고 이와 같은 자기 극복 및 훈련을 위한 무기로서 선택한 것은 폭로적인 심리 분석 방법과, 다윈의 생물진화론과 벤담의 공리주의 등으로 대표되는 여러 과학의 실증적 방법이었다.

《이 사람을 보라》의 내용이 틀림없다면 이 시기의 니체는 "나의 지식 내부에는 현실성이란 것이 모두 빠져 있고, 아무런 도움도 되지 않는 이상만이 있었다"는 뼈아픈 반성에 입각하여 생리학과 의학, 자연과학 이외의 것은 아무것도 하지 않는다는 생각으로, 책이라는 것으로부터 완전히 해방되어 오직 그 마음을 자기에게로 집중시켰다. 그는 자기 내면에 있는 삶의 충동에 의한 본능적인 요구를 유일한 권위로 삼고, 철저한 관념 분석의 모험에 나섰던 것이다. 여기서 니체의 '삶의 원근법'이 성립하게 되는데, 이것은 자기 삶의 충동들을 모든 이상과 관념적 의미의 중심에 두고 그 이상과 관념을 해석하며, 그것들의 가치를 삶의 충동의 발전에 얼마만큼 도움이 되느냐 하는 도구적인 실리성에 의해 판정하는 사고방식이다.

이 '삶의 원근법'의 관점에서 보면, 인간이 지금까지 만들어 낸 모든 사상·도덕·제도·문화는 그 자체적인 의의가 부정된다. 그에 따르면 이것들은 삶의 발전을 위해 유리한 것에 대해서만 삶 자신이 실리적인 현실 해석을 가한 것에 불과하기 때문이다. 이리하여 이제까지의 모든 사상과 도덕 등은 그 절대성이 부정되고 상대화되며, 살아가기 위해 도움이 되는 착각으로 전락한다. 니체는 이렇게 지금까지의 형이상학과 종교, 예술, 정치사상과 도덕관념 등이 자랑하던 절대적 권위를 깨부수고, 이들의 구속으로부터 자기 삶을 해방하려 한다. 그리고 자기와 자기 내부에 있는 삶에 대해 그 본디 주권을 회복시키려 시도하는 것이다.

그런데 이런 모습에서 니체는 과거에 그가 날카롭게 비판했던 세속적 리얼리스트들과 다를 바가 없는 공리적 실증주의자로 전락하는 것처럼 보인다. 또한 공리성을 진리의 기준으로 삼는 상대주의 관점에 서는 실용주의와 적자생존의 원리에 의해 진화를 주장하는 진화론의 신봉자로 추락하는 것처럼 보이기도 한다.

위 : 니체의 스케치
아래 : 사자 기념비

그러나 그것은 겉모습에 지나지 않는다. 니체적 실리성을 판정하는 기준은 몸보신의 타산을 따지는 비열하고 왜소한 자아가 아니라 자유로운 고상함을 추구하여 자기 초극에 노력하는 주체적인 자아이며, 니체적 진화의 원리를 이루는 것은 자기 보존의 안전성이 아니라 자기 훼손에 의한 자기 강화를 추구하는 고귀한 인류적 전형의 산출이었기 때문이다. 이 점을 분명히 하기 위해, 삶의 원근법에 기초한 그의 문화 비평 가운데서 특히 천재론과 자유론을 소개하고자 한다.

천재론
니체에 따르면 인류 문화의 목표는 수평화된 행복의 실현에 있는 것이 아니다. 그것은 모든 고뇌와 압박에 개의치 않고 독창적 세계를 펼쳐 나가는 고귀하고 강건한 개성의 소유자인 '천재'의 산출에 있는 것이다.

이를 위해 자연은 천재 안에 있는 생산적 에너지를 한 점으로 응축시켜서, 그 에너지의 낭비를 막을 목적으로 그를 가혹한 생존 조건 아래 둔다. 그런 다음 그에게서 이러한 구속으로부터 자유로워지려는 갈망이 일어나도록 자극한다. 그런데 인간이 이러한 자연의 예지에 반하여 안온한 생활을 누리려는 초라함을 보인다면, 그것은 오히려 삶의 본디적 요구에 어긋난 잘못된 일인 것이다.

따라서 천재와 이상국가는 서로 모순된다. 역경이야말로 개인을 단련하여 천재로 완성하는 것이기 때문이다. 안락한 생활을 보장하려는 이상국가의 이념은 웅대한 지성과 강력한 개인이 성장해 가는 기반을 파괴하고, 평균화시킨 평범한 대중을 대량생산하려는 것이므로 실로 경멸하여 마땅한 사상이다.

여기서 니체는 다시 국수주의를 공격함과 동시에, 이것과 동급에 두어야 할 위험한 오류로서 그즈음 발흥을 거듭하던 사회주의 운동을 지목하고 그에 대해 격렬한 비난과 공격을 퍼붓는다. 니체에 따르면 사회주의 운동은 천재를 평범하고 속되게 하려는 것으로서, 물리쳐야 할 뿐만 아니라 비난을 쏟아 마땅한 것이다. 왜냐하면 그 위험성을 방지한다는 이유로, 자유로운 개인의 독창성을 부인하고 그것을 단순한 부국강병의 도구로 삼으려는 위험한 반동정책이 합리화되어 강화되고 있었기 때문이다.

그렇지만 니체는 이와 같은 혁명운동은 이를 겁내는 부르주아들이 낳은 것이라는 사실도 잊어서는 안 된다고 했다. 부르주아들이 집착하는 물욕주의와 세속적 행복주의야말로 부의 균등을 추구하는 사회주의 운동을 촉발한 원흉이라는 것이다.

이러한 니체의 시평(時評)은 좌우의 구별 없이 권력과 반권력을 동일시하고 국수주의와 사회주의를 같은 위치에 놓는, 매우 비과학적이고 허점투성이인 시각을 벗어나지 못한다. 그리고 거기에서는 시대에 뒤진 융커주의(봉건적 토지귀족주의)가 엿보이기도 한다. 그렇지만 니체의 사회주의 비판의 참뜻은 위와 같은 정치적 차원에서 찾을 게 아니라, 천재론에 입각한 문화적 비판의 영역 안에서 이해해야 할 것이다. 이러한 관점에서 보면, 니체의 비평은 고귀함을 사랑하고 비속함을 혐오한다는 점에서 대단히 철저한 합리성으로 일관하고 있다.

자유론

니체는 《인간적인 너무나 인간적인》에서, 기성의 객관적 규율보다는 오히려 이 규율을 만들어 낸 인간의 주체적 정신 작용을 중시하려 했던 프랑스 모럴리스트들의 견해를 받아들여 도덕관념과 의무감에 대해 비판적으로 분석하고 있다. 그는 그러한 의식들은 생존을 유리하게 전개하기 위해 선택된 궁여지책의 거짓으로서, 효용적 결과를 가져온 덕분에 선한 것으로 여겨지는 유용한 착각에 불과하다고 주장한다. 도덕적 숭고함의 겉모습 속에 숨겨진 자기 이익과 허영을 드러내는 라로슈푸코를 떠오르게 하는 자유분방한 필체로, 니체는 예를 들면 동정 속에서 자부심과 우월감의 자기만족을, 공정성의 배후에서는 깊이 도사리고 있는 이기주의의 타산을 짚어낸다. 이 자유분방한 심리 분석에 의해 과거 도덕관념의 속박으로부터 사람들을 해방시키려 하는 이 책은, 실로 '자유정신을 위한 글'이라는 부제에 걸맞은 것이었다고 해야 하리라.

그러나 이렇게 이루어진 해방은 결코 방자함을 의미하는 것이 아니었다. 그 것은 분명 도덕적 의무감과 종교적 죄악감으로부터 사람들을 해방하는 일이기는 했다. 하지만 모든 진리와 가치가 삶의 요구를 중심으로 한 현실 해석에 지나지 않는다는 심리 분석 방법은, 자기 자신에게도 향해지는 양날의 칼이었다. 즉 이 이론에 따르면, 모든 진리와 가치를 자기 삶을 중심으로 해석한다는 니체 자신의 주장도 하나의 이기적 실용성을 지닌 착각에 불과한 것이 되기 때문에, 그 주장의 진리성도 상대화하여 그 절대적 확실성을 상실하고 마는 것이다. 게다가 남을 반박하고 자기만을 절대로 삼는 불확실한 태도는, 자유인이고자 하는 정신의 귀족 니체에게는 허락될 수 없는 비열한 노예근성으로밖엔 여겨지지 않았다.

이에 니체는 결과적으로 자유의지론을 부정하기에 이르러, 인간이 자기의 의지를 자유라고 느끼는 것은 오류이자 착각일 뿐이라고 말한다. 사람들은 자기 의지가 자유롭다 믿고 있으며, 스스로 자유로운 의지에 따라 행동했기 때문에 자기 행동에 대해 책임을 져야만 한다고 생각한다. 그러나 이것은 결과와 원인을 잘못 짚은 착각에 지나지 않는다고 설명한다. 그렇게 생각하는 편이 설명하기 편리하고 규율을 유지하는 데 효과적이기 때문에 지금까지 오랜 기간에 걸쳐 의지의 자유라는 신화가 유지되어 왔다는 것이다. 그러므로 사실상 그 자유의지의 신화는 오히려 사람들에게 도덕적 의무감을 심기 위한 허구이지 진실은 아니다.

다시 말해 모든 것은 삶의 필연에 의해 지배되고 있으며, 도덕이라 해도 예외일 수는 없다. 본디 도덕은 습속을 모태로 하여 생겨난 것인데, 이것은 집단에게 영속적인 이익을 우선하게 하려는 배려에 의해 생성된 것이다. 사람들은 이 습속 아래서 살아가고 교육을 받음으로써, 이 습속을 존경하고 그것에 순종하려는 감정을 발달시킨다. 그것이 저마다가 지니고 있는 도의심의 실체이다. 즉 그것은 자유의지의 발의 등에 기초하지는 않는다는 것이다.

그러면 집단의 의지는 누가 결정하는가? 지배 종족이나 강력한 개인이다. 도덕적 가치의 높고 낮음에 대한 위계를 정하는 것은, 입법자로서의 지배 종족이나 개인이 나타내는 삶의 창조적·감성적 에너지량이 크냐 작으냐이지 그것 이외의 어떤 것도 아니다. 모두가 삶의 필연에 기초하여 연기되는 것인 이상 선악을 나누는 질적인 척도 따위 없는 것이다. 비천한 노예 대중의 눈에 악으로 보이는 행위도, 고귀한 주인의 위치에서 보면 삶이 지닌 거대한 창조적 에너지의 발로로서 선한 행위라는 이름을 얻게 된다. 이 점을 니체는《인간적인 너무나 인간적인》에서 이렇게 말하고 있다.

착한 행위와 악한 행위 사이에는 어떠한 종류의 차이가 있는 것이 아니라 단지 정도의 차이가 있을 뿐이다. 착한 행위란 승화된 악한 행위이고, 악한 행위란 거칠고 둔해진 착한 행위인 것이다.

자유의지설이 착각이고 비과학적 신화에 불과하다면, 인간의 의지는 삶의 충동이나 집단의 이해에 휘둘리는 부자유한 노예 의지에 지나지 않는다는 것인가? 니체는《선악을 넘어서》에서 이러한 노예적 부자유의지를 주장하는 의지결정론 또한 아무 근거도 없는 신화일 뿐이라 밝히고 있다. 부자유의지 따위의 것은 허구의 신화에 지나지 않고 현실의 삶에 있어서는 단지 강대한 의지이거나 약소한 의지가 문제될 따름이라는 것이다.

확실히 의지는 삶의 필연으로부터 자유로울 수 없으며 방자한 의지는 의지라고 부를 가치도 없다. 그러나 의지는 또한 단순한 삶의 노예가 아니다. 적어도 강대한 의지는 삶의 필연과 합체하여 그 요구를 앞세우면서 그의 창조적 첨단으로 활약하고, 삶의 요구를 의무의 무거운 짐으로서가 아니라 경쾌한 놀이로서 실현해 간다. 삶의 필연과 하나가 되고 그 필연의 주인으로서 움직이는 이와 같은 창조적 의지야말로 진정한 자유의지인 것이다. 그리고 뒷날 니체는 바로 이것을 '권력에의 의지'라고 이름 붙였다.

필연을 자유로 뒤집는 이와 같은 강대한 권력의지를 니체는 《차라투스트라》에서 '인고(필연)의 계기'라고 말했다. 이 권력의지는 보잘것없는 노예 의지에게는 외적 우연에 불과한 것으로 보이는 필연을 내적 필연으로 뒤바꿈으로써, 자신의 마음속에서 일어나는 끊임없는 필연적 요구로 바꾸어 간다. 이러한 권력의지야말로 필연에 입각해 창의적 자유를 낳는 고귀한 의지이며, 니체가 갈망했던 자유정신의 참뜻이 자리한 곳이었다. 그리고 이와 같은 의미에서의 자유의지는 인생의 모든 인고와 결핍을 견디고, 오히려 이러한 외적 인고와 결핍 때문에 내적인 힘을 발휘하여 삶의 위대성을 실증해 나가는 것이다. 이 디오니소스적 삶의 긍정은 자기 멋대로의 기호와 타산에 부닥친 아욕적 의지와는 아무런 상관도 없다. 더 이상 충동의 노예로서 자기 자신을 잃어가는 일이 없도록 스스로를 삶의 주체로 삼아 가치 정립자로서 파악하고, 삶의 주체에 걸맞은 자로 단련해 나가는 것이 이 책의 주제인 셈이다.

오전의 철학을 주장하는 《아침놀》과 《즐거운 지식》

니체는 옛 이상에 사로잡힌 자기를 극복하기 위해 괴로운 암중모색의 탐구를 계속해 나간다. 《인간적인 너무나 인간적인》에서 니체는 진리와 사상의 기성관념을 공격하고 그것을 삶에 대한 자기 해석으로 규정함으로써, 자신의 결론을 하나의 해석에 불과한 것으로 만들 수밖에 없었다. 따라서 그때 니체는 승리를 기대할 수 없는 파멸의 늪에 서 있었고 적극적으로 자기 정립의 원리를 분명히 세울 수도 없었다. 이에 그는 "파괴 뒤에 올 새로운 창조의 가능성을 열어놓으려면 고뇌를 견디고 파괴 작업을 계속하는 데 철저하지 않으면 안 된다. 특히 창조적 개인의 자유로운 행동을 규제하는 인습도덕이나 동정심의 편견을 내버릴 필요가 있다"고 규정한다.

이리하여 니체는 《인간적인 너무나 인간적인》 이후, 특히 도덕적 편견에 대한 공격을 주제로 하는 《아침놀》과 그 속편이기도 한 《즐거운 지식》을 써나간다. 니체는 이들 저서를 통해 아직 빛을 본 적이 없는 여러 아침놀이 존재한다는 것을 확신하고, 이들 새로운 가능성에 대한 전망을 이 비판적 탐구 위에서 펼쳐 나가려 한다. 그는 단순히 존재를 잘게 쪼개는 데 지나지 않는 분석적·파괴적·부정적인 실증과학에서 벗어나, 존재와 화해하는 총합적·건설적·적극적인 '즐거운 과학'으로 방향을 바꾼다.

실제로 니체는 이 《아침놀》에서 도덕의 뿌리 저 밑으로 파고들어, 그곳에서 생존 긍정의 새로운 가능성을 위한 전망을 발견해 내려 한다. 그리하여 《아침놀》은 그가 직접 이름 붙인 것처럼 '긍정의 책'으로서 밝고 낙천적인 기분을 나타내고 있으며, 이러한 긍정적 마음은 다음의 《즐거운 지식》의 전체적 분위기를 지배하게 된다. 그리고 여기에는 이미 '영겁회귀'나 '운명애' 등 니체의 원숙기 사상의 원형이 나타나고 있어, 파괴의 허무주의자 니체가 마침내 긍정의 현실주의자 니체로 유쾌해지는 것을 알 수 있다. 니체가 직접 언급했듯이 이 두 책은, 삶을 그 자체에 의해 긍정하는 '정오의 철학'의 가능성을 시사하는 '오전의 철학'을 주장한 점이 그 특징이다. 그러면 대표적인 '오전의 철학서'라고도 할 만한 《즐거운 지식》을 살펴보기로 하자.

'신의 죽음'과 허무주의 체험

니체는 실증적·비판적 관점에서 종래의 진리관념과 도덕관념에 대해 파괴적인 분석을 가하여 그러한 것들로부터 자기를 해방하려 했다. 그러나 그 결과 그는 아무런 버팀목도 없이 허무의 심연 속을 떠다니는 자신을 발견하게 된다. 니체에게 이 고독한 허무감은 신을 잃어버린 유럽 현대인들의 영혼 깊은 곳에 있는 잠재적 허무주의와 통하는 것이기도 했다. 이에 그는 이 허무주의 체험에 철저를 기하는 성실성과 용기야말로 시대의 병폐를 깨뜨리는 출발점이라고 생각한다. 그리하여 니체는 이 허무주의 극복의 출발점을 세상 사람들에게 보여주는 것이야말로 자신에게 주어진 위대한 사명이라 여겼고, 그러한 자부심은 그의 고뇌로 가득 찬 고독한 탐구의 길에 비쳐드는 한 줄기 아침놀이 되어 그를 《즐거운 지식》으로 이끌어 간다.

이 즐거운 지식이 맨 먼저 그에게 제시한 것은 '신의 죽음'을 대담하게 바라보고, 또 그 '신의 죽음'을 대신할 것을 찾아낼 각오를 해야 한다는 것이었다.

니체는 이것을 이 책의 유명한 아포리즘 125절에서, 훤한 대낮에 등을 켜고 신을 찾아 헤매는 미친 사람이라는 상징적 표현으로 다음과 같이 보여주고 있다.

《즐거운 지식》 125절

미친 사람—여러분은 이 미친 사람 이야기를 듣지 못했는가? 대낮에 등을 켜고 저잣거리를 활보하면서 끊임없이 "나는 신을 찾고 있다! 나는 신을 찾고 있다!" 외친 사람 이야기를. 저잣거리에는 마침 신을 믿지 않는 사람들이 잔뜩 모여 있었으므로 그는 순식간에 큰 웃음거리가 되었다. 어떤 사람이 말했다. "신의 행방이 묘연해졌다는 것인가?" 다른 사람이 물었다. "신이 어린아이처럼 미아가 되었다는 겐가?" "아니면 신이 숨바꼭질이라도 하고 있는 게로군? 신은 우리가 무서워진 건가? 아니면 이주하기로 마음먹고 배라도 타고 떠났나?" 그들은 웅성거리면서 비웃었다. 미친 사람은 그들 속으로 뛰어들어 구멍이 날 정도로 한 사람 한 사람을 쏘아보았다. 그는 외쳤다. "신이 어디로 갔느냐?" 이어 그가 말하기 시작했다. "내가 너희에게 말해 주지! 우리가 신을 죽인 것이야. 너희와 내가! 우리는 모두 신의 살해자인 것이지! 하지만 어째서 그런 짓을 했단 말인가? (……) 우리는 무한한 허무 속을 방황하듯 헤매는 것은 아닐까? 적막한 허공이 우리의 숨을 불어내어 마침내 차가워지는 것은 아닐까? 끊임없이 밤이, 점점 깊은 밤이 다가오는 것은 아닐까? 그래서 대낮에도 등을 켜지 않으면 안 되는 것일까? 신도 썩은 것이다! 신은 죽었다! 신은 죽어 꼼짝도 않는다! 더구나 우리가 신을 죽인 것이다! 살해자 중의 살해자인 우리는 어떻게 자신을 위로해야 좋단 말인가? 세상이 지금까지 소유했던 가장 신성한 것, 가장 강력한 것, 그것이 우리의 칼로 피투성이가 되어 죽었다. 우리가 흩뿌린 이 피를 누가 닦아줄 것인가? 어떤 물로 우리 몸을 씻어내야 좋단 말인가? 이 죄를 대신하기 위해 어떤 속죄의 의식을, 어떤 성스러운 음악을 궁리해 내야만 하는 것일까? 이러한 위대한 행위는 우리에게 벅차지 않을까? 그것을 할 만한 자격을 갖추려면 우리 자신이 저마다 신이 되어야 하는 것은 아닐까? 그보다 위대한 행위는 이제껏 없었다. 그리고 우리 뒤에 태어나는 자들은 이 행위 덕분에 지금까지 있었던 어떠한 역사보다도 한 단계 높은 역사로 접어들 것이다!"

'운명애'와 '영겁회귀' 이념의 잉태

여기에서는 이미 신의 죽음이라는 허무한 현실을 직시하고, 이 사실에 주눅 들지 않고 거꾸로 이 운명을 스스로 걸머짐으로써 보다 고귀한 인생을 펼쳐 나가려는 자부심과 희망이 나타나 있다.

이와 같은 확신을 니체에게 표명하게 한 것은 첫째, 최악의 건강 상태로부터의 완만한 회복이었다. 그러나 가장 큰 힘이 되었던 것은 1881년 8월 실스마리아 산속에서 있었던 '영겁회귀' 사상의 잉태였다. 이것에 의해 니체는 고뇌와 고독과 허무의 인생을 크게 긍정하고 높은 관점을 얻을 수가 있었다. 《즐거운 지식》은 이 체험 이후의 니체가 그 사상을 아직 가슴속에 감춘 채, 그해 가을부터 이듬해 여름에 걸쳐 이탈리아 여행길에서 쓴 것이었다. 특히 '성스러운 1월'이라는 제목을 가지고 있는 이 책의 제4권은 1882년 1월에 제노바에서 쓴 것인데, 여기에는 유쾌한 니체의 밝은 확신이 여러 곳에 드러나 있다. 그중에서도 첫머리에 나오는 276절 아포리즘은 '운명애'의 이념을, 또한 341절의 아포리즘은 '영겁회귀' 이념을 제시하고 있으며, 마지막은 《차라투스트라》 제1부의 첫머리를 장식하는 '머리말' 1과 거의 같은 글로 이루어진 342절 아포리즘으로 끝나고 있다. 이 '운명애'와 '영겁회귀'는 모두 니체의 원숙기 사상의 핵심으로서 차라투스트라의 사상권에 속하는 것이다. 여기서 잠깐 니체의 자유탐구 승리를 기념하는 것으로서 이것들을 소개하고자 한다.

《즐거운 지식》 276절

새해를 맞이하여 나는 여전히 살아 있고, 나는 여전히 생각한다. 나는 또한 살지 않으면 안 되고, 생각하지 않으면 안 되므로. (……) 오늘날 누구나 생각을 하고, 또 그 생각으로 자기의 바람과 가장 아끼는 사상을 표명하고 있다. 그렇기 때문에 나 또한 내가 나 자신에게 오늘날 무엇을 바라는지를, 또 어떤 사상이 올 들어 가장 일찍 그런 나의 마음을 빼앗을지를 말하려 한다. 어떠한 사상이 앞으로 내 모든 삶의 근거요 보장이며, 또한 감미로운 것이 될지를 말하겠다! 나는 드디어 사물의 필연적인 것을 아름다움으로 보는 방법을 배우려 한다. 이리하여 나는 사물을 아름답게 하는 자들 가운데 하나가 될 것이다. 운명애(Amor fati)——이것이 앞으로 나의 사랑일지니! 나는 추한 것과 전쟁을 할 마음은 손톱만큼도 없다. 비난할 마음도 없거니와 비난하는 자조차 비난하고 싶지 않다. 외면하는 것, 그것이 나의 유일한 부정일진저! 그리고 나는 요컨대 언젠가는 반드시 한결같은 한 사람의 긍정자가 되기를 바라는 것이다!

《즐거운 지식》 341절

가장 큰 무거움. 어느 날 또는 어느 날 밤에 만약 마신(魔神)이 당신을 쓸쓸하기 짝이 없는 고독의 극한에까지 은밀히 몰고 가 이렇게 말한다면 어떻겠는가? "네가 현재 살고 있고, 또 살아온 이 인생을 이제 다시, 더 나아가 수도 없이 살게 될 것이다. 거기에 새로운 것은 아무것도 없을 것이다. 그리고 온갖 고통과 갖가지 쾌락, 모든 사상과 탄식, 그리고 네 과거 인생의 말로 다 못할 크고 작은 일들 모두가 네게 다시 돌아오게 될 것이다. 그것도 하나에서 열까지 모조리 똑같은 순서와 맥락에 따라. 그렇다면 이 거미도, 나뭇가지 사이의 달빛도, 또 이 순간도, 지금의 나 자신도 똑같이 돌아오지 않으면 안 된다. 존재의 영원한 모래시계는 반복에 반복을 거듭한다. 그와 함께 티끌의 티끌인 너도 마찬가지로!"—이 말을 들었을 때 너는 땅으로 몸을 내던지고 이를 악물며, 이것을 알려준 마신을 저주하지 않겠는가? 아니면 갑자기 무서운 순간을 체험하고 마신을 향해 "너는 신이다, 나는 한 번도 이보다 더 신적인 말을 들은 적이 없다!"고 대답할 것인가? 만일 이 회귀사상이 너를 압도했다면, 그것은 현재 있는 그대로의 너 자신을 변화시켜 어쩌면 철저히 부서뜨릴 것이다. 이제 어떤 일에 대해서든지 반드시 "너는 이것이 다시, 아니 수없이 여러 번에 걸쳐 되풀이되기를 원하는가?"라는 물음이 가장 큰 무게가 되어 너에게 닥칠 것이다! 혹 이런 궁극적이고 영원한 회귀에 배서(背書)하기를 원하고 그 확증 외에 어떤 것도 바라지 않으려면, 너는 얼마나 너 자신과 인생을 아끼고 사랑해야 할 것인가?

니힐리즘 대결의 윤리

니체는 존재와 노는 순진무구한 어린이의 관점에서 기성 권위와 싸워 이를 삶의 원근법에 의해 상대화하고, 그 극(極)에서 허무주의의 심연에까지 이른다. 그리고 그는 허무한 현실을 정확히 봄으로써, 도리어 그곳에서 새로운 가치 정립의 자유를 이해하는 《즐거운 지식》을 확립했다.

니체에 따르면 명암과 표리를 포함한 생존 전체를 크게 긍정하고, 있는 그대로의 존재와 경쾌하게 노니는 무구한 어린이의 관점이 '존재의 주체'로서 본디 자기를 되찾는 인간 회복의 자유를 가능케 하는 것이다. 이제 사람들은 저 세상의 가치에 의해 이 세상에서의 삶에 의의를 부여하려는 종래의 '밤의 철학'에서 벗어나, 이 세상에서의 삶을 그 자체로서 가치 있게 하는 '정오의 철학'에 의해서 삶을 배워야 한다. 그리고 이 '정오의 철학'의 관점에서 새로운 생존 긍정의 원리이자 새로운 가치 정립의 원리를 가능케 하는 것으로서 니체가 선택한 것이 바로 '영겁회귀' 사상이었다.

1881년 7월 이후 니체 원숙기 사상의 핵심 원리가 된 이 '영겁회귀' 이념을 잉태한 니체는, 《즐거운 지식》에 의해 그 환희를 노래하면서 힘찬 탄생을 조용히 준비해 간다. 이렇게 해서 그는 1882년 한 해를 '영겁회귀'의 교사 《차라투스트라》의 출생을 준비하기 위해 썼다. 이 동안에 니체는 루 폰 살로메와의 이별, 이를 둘러싸고 일어난 어머니와 여동생과의 불화 등, 비통한 문제들을 겪지 않으면 안 되었다. 그러나 이러한 외적인 타격에도 니체의 가슴속에는 《차라투스트라》의 구상이 힘차게 성숙해 가고 있었다.

1883년 《차라투스트라》 제1부의 완성을 계기로 니체는 아름다운 작품을 연이어 발표하며 그 원숙한 생명 찬가 사상의 결실을 맺어 나갔다. 그가 도달한 최고의 경지를 아름다운 시극 형식으로 노래한 《차라투스트라》는 문학적 관점에서 그의 주저라고 할 수 있는 작품인데, 니체는 이와 함께 철학서 가운데 주저로 꼽을 수 있는 웅장한 필치의 유고 《권력에의 의지》 자료도 쓰고 있었다. 또 《차라투스트라》의 문학 이념을 해설하여, 철학서 《권력에의 의지》로 안내하기 위한 산문 아포리즘 《선악을 넘어서》가 쓰여졌다. 이어서 이를 보충 설명하는 형식으로 그 논지를 치밀한 체계적 논증에 의해 전개해 나가는 《도덕의 계보》 저술도 이루어졌다. 그리고 이들 여러 저서는 그가 발광하기 직전인 1888년에 완성한 저서의 제목이 말해 주고 있는 바와 같이, 이제까지의 서유럽 그리스도교 문명에 대결해 확실하게 그 《우상의 황혼》을 널리 알리는 《안티크리스트》를 표명하고, 현대인의 삶을 좀먹는 허무주의에 맞서 이를 극복하려는 자세를 표시한 것이었다.

아래에서는 이러한 여러 저서에서 전개되고 있는, 니체의 원숙기 사상의 정수라고도 할 수 있는 것들에 대해서 살펴보기로 한다.

허무주의와 그 극복 방향

이제 니체는 종전의 유럽 문화 전통을 잠재적 허무주의의 흐름으로서 단죄하고, 그 허무주의와 대결하여 새로운 시대를 개척해 나가는 창조적 인생 원리를 명확히 하는 사상의 정상에 이르렀다.

그러면 니체가 온 힘을 기울여 대결하려고 한 '허무주의'란 무엇인가? 우리가 살고 있는 21세기 현대의 문턱에 서 있는 '모든 방문객 가운데 가장 기분 나쁜 이것'(《권력에의 의지》 1)이란 무엇인가? 그것은 '지고한 여러 가치가 그 가치를 박탈당한다는 것이며, 목표가 결여되어 있는 것, 그리고 무엇을 위해서인가에 대한 답이 빠져 있는 것'(같은 책 2)이다.

이와 같은 허무주의는 왜, 또 어디에서 생기는 것인가? 모든 가치는 삶의 유지와 증대를 위해 도움이 되는 것으로서 선택된 해석 관점이므로, 가치의 성쇠(盛衰)는 가치를 세운 생명 주체가 지닌 생명력의 성쇠에 기인할 것이다. 따라서 이 가치정립자의 내적인 힘의 정도에 비례해서 다양한 정도의 허무주의가 있을 수 있는데, 기본적으로는 '능동적 허무주의'와 '수동적 허무주의'가 있다. 능동적 허무주의는 생명 주체의 힘이 커져서 종래의 가치 관점을 파괴하고 다시 극복해 가는 창조적 삶의 표현이며, 수동적 허무주의는 생명 주체의 힘이 쇠퇴한 결과로서 종래의 가치 관점에서 달아나 타락해 가는 퇴폐적 삶의 표현이다.

허무주의는 두 가지 의미이다.
A 정신이 상승한 권력 징후로서의 허무주의, 즉 능동적 허무주의.
B 정신 권력의 쇠퇴와 도피로서의 허무주의, 즉 수동적 허무주의'(같은 책 22).

가치를 위해 삶이 있는 것이 아니며 가치는 삶의 성장에 봉사하는 도구에 지나지 않는다는 생명주의의 관점에서 보면, 가치의 절대성은 부정되고 삶의 상황에 따른 상대적인 유효성만을 묻게 되어 차츰 가치의 궁극성이 부인된다. 그러므로 가치를 부정하는 허무주의는 삶의 정상 상태라고도 말할 수 있다.

그런데 그 삶이 강하고 고귀한 창조력에 넘친 삶인가, 약하고 지친 빈곤한 삶인가의 차이가 있고, 거기에 따라서 두 가지 허무주의가 성립한다는 것이다.

따라서 '정상 현상으로서의 허무주의는 증대하고 있는 강함의 징후일 수도 있고, 증대하고 있는 나약함의 징후일 수도 있다. 즉 하나는 창조하고 노력하는 힘이 더 이상 총체적 해석이나 의미 부여를 필요로 하지 않을 정도로 증대하고 있는 것이며, 다른 하나는 의미를 창조해야 할 창조적인 힘조차 느슨해져서 환멸이 지배적 상태가 되는 것이다(같은 책 585B)'.

물론 나약함의 징후로서의 수동적 허무주의도 그것에 따라서 쇠퇴한 삶을 지키고 유지한다. 그래서 힘을 되찾기 위한 보양책(保養策)으로서 삶의 증대와 상승에 도움이 되는 한 의의 있는 것이 된다. 그러나 그것이 높은 곳에 있는 삶을 위해 봉사한다는 본디의 위치를 망각하고 스스로를 최고위 가치로 위장하거나 착각해서 고귀한 삶을 적대시하거나 구속한다면, 그것은 삶의 쇠퇴를 가져오는 병리적 허무주의로 퇴화한다. 니체에 따르면 이와 같은 병적 허무주의야말로 우리가 대결해서 그 극복에 힘써야만 하는 것인데, 그러기 위해서 우리는 허무한 현실에서 달아나지 말고 그 근원으로 파고들어 종류를 구분하고 그 원인을 똑바로 보아야 한다. 그리고 그것을 위해서는 수동적 허무주의로 이어지는 종래의 모든 가치의 저편으로 몸을 옮겨, 가치에 의해서 의미 부여가 되기 이전에 있었던 근원적 삶의 파괴적 창조력에 스스로를 결합시키지 않으면 안 된다. 모든 가치를 뛰어넘어 새롭게 세워 나가는 이 능동적 허무주의의 관점은 니체에 의해서 '철저한 허무주의'로도 이름 붙여졌다.

그런데 허무한 현실을 정확히 보고 그것을 견디며 다른 이유 없이 그것이 있는 그대로, 그 자체로 긍정하는 혁신적인 가치관으로서 니체가 제시한 것이 '영겁회귀'와 '운명애'의 사상이었다.

영겁회귀 사상

니체는《차라투스트라》제3부의 '회복기 환자'에서 그의 충실한 종자인 독수리와 뱀의 입을 통해, 한번은 그를 절망의 구역질로 까무러치게 한 이 '심연'의 사상에 대해 다음과 같이 말하고 있다.

모든 것은 갔다가 또다시 돌아온다. 존재의 수레바퀴는 영원히 돌고 있다.

모든 것은 죽어가고 있다. 그리고 모든 것은 또다시 꽃을 피운다. 존재의 시간은 영원히 돌고 있는 것이다. 모든 것은 파괴되고 또 새롭게 결합된다. 똑같은 존재의 집이 영원히 재건된다. 모든 것은 헤어졌다가 또다시 만난다. 존재의 수레바퀴는 영원히 자신에게 충실하다.

모든 순간마다 존재는 시작된다. '저곳'의 모든 공은 '이곳' 주위를 돌고 있다. 중심은 모든 곳에 있다. 영원의 길은 곡선이다.

(……) 보라, 우리는 그대의 가르침을 알고 있다. 만물은 영원히 회귀하고, 우리 자신도 그와 함께 회귀한다는 것을. 또 우리는 이미 헤아릴 수 없이 존재해 왔으며, 만물도 우리와 함께 헤아릴 수 없이 존재해 왔다는 가르침을 알고 있다.

그대는 생성의 순환이 이루어지는 거대한 해[年]라는 것이 존재한다고 가르친다. 그 해는 모래시계처럼 언제나 다시 새로워진다. 이렇게 해서 모든 것은 다시금 새로워졌다가 곧 지나가 버리는 것이다.

되돌아오는 그 모든 해는 그것이 아무리 크든 작든 간에 늘 서로 똑같다. 그래서 우리 자신은 이 거대한 세월을 몇 번 거듭 살아도 처음의 존재와 같은 것이다. 가장 위대한 자이든 가장 왜소한 자이든.

모든 것이 완전히 그대로의 형태로 회귀한다는 것은 '새롭게 생성되는 세계가 기존의 존재 세계로 극한적으로 근접'(《권력에의 의지》 617)한다는 것이다. 이른바 '생성의 영원화'라고 할 수 있는 이 회귀는 '영원한 현재'라고도 할 수 있는 그때마다의 현재, 즉 '순간'에서 성취된다. 《차라투스트라》 제3부의 '환영의 수수께끼' 속에서 차라투스트라는 그의 어깨에 달라붙은 숙적으로서 경쾌한 삶의 비상을 방해하고 있는 난쟁이에게 이 '순간의 문'이야말로 영원회귀의 길이라는 사상을 말하고 있다.

이 두 문은 두 개의 얼굴을 가지고 있다. 두 개의 길이 여기서 만나고 있는데, 그 어느 쪽 길도 아직 누구 한 사람 끝까지 가본 적 없다.

우리 뒤의 기다란 길은 영원으로 이어지고 있다. 그리고 저쪽으로 뻗어 있는 길 또한 다른 영원으로 이어진다.

이 두 갈래 길은 여기서 마주치고 있다. 그래서 정면충돌한다. 그리고 이

문이 있는 곳에서 두 길이 만난다. 이 문의 이름은 그 위에 쓰여 있다. '순간'이라고.

(……)

이 순간이라는 문에서부터 영원한 하나의 길이 뒤로 뻗어 있다. 우리 뒤에는 '영원'이 있는 것이다.

달릴 수 있는 모든 사물은 이미 이 길을 반드시 한 번은 달리지 않았을까? 일어날 수 있는 모든 것은 꼭 한 번은 이미 일어나고 행해져서 이 길을 지나치지 않았을까?

난쟁이여, 모든 것이 이미 존재했던 적이 있다면 그대는 이 순간을 어떻게 생각하겠는가? 이 문 또한 존재한 적이 있었던 게 아니겠는가?

그리고 모든 사물은 진실로 굳게 결합되어 있기 때문에 이 순간은 반드시 오게 될 모든 것을 끌고 오는 게 아니겠는가? 따라서 나 자신까지도 뒤에 끌고 오는 것이 아니겠는가?

왜냐하면 달릴 수 있는 모든 것은 저쪽으로 뻗은 긴 길까지 다시 한 번 달리지 않을 수 없기 때문이다.

그리고 달빛 아래 어슬렁어슬렁 기어가는 이 거미, 또 이 달빛 자체와 문에 선 채 속삭이고 있는, 영원한 사물에 대해 속삭이고 있는 나와 그대는 모두 존재한 적이 있었던 게 아닌가?

그래서 다시 저쪽으로 가는, 우리 앞에 있는 또 하나의 길을 달려가야 하는 것이 아닌가? 이 길고도 무시무시한 길을 따라 우리는 다시 영원에 와야만 하는 것이 아닌가?

이와 같은 사상은 니체가 높이 평가하고 있었던 그리스 철학가 헤라클레이토스의 만물유전설이나 불교의 윤회설에도 통할 것이다. 또 니체 자신도 말하고 있는 바와 같이 에너지 항존설에서 주장하는 세계관이라고도 말할 수 있을 것이다(《권력에의 의지》 1063 참조).

그러나 모든 것이 완전히 그대로의 형태로 무한히 회귀한다는 사상은, 니체도 자부했듯이 그의 독창적 사상으로 평가해야 할 것이다. 그리고 《권력에의 의지》 끝부분 1066과 1067에 따르면 이 사상은 다음과 같은 이론에 의해 입증된다. 즉 무로부터의 창조라는 모순적 이치를 부인하는 니체에게 있어, 세계의 생성은 반드시 그것을 위해 필요한 일정량의 힘을 자양본 삼아 영위되는 것이다. 더구나 니체는 존재란 생성이라 생각했고, 그러한 그에게 생성의 시간은 바로 무한을 의미했다. 그래서 이 유한한 일정량의 힘과 무한한 시간과의 조합에서 필연적으로 영겁회귀의 사상이 나오게 되는 것이다.

니체는 말한다.

세계를 일정량의 힘으로서 또 일정수의 힘의 중심으로서 사고하는 것이 허용된다면 (……) 여기에서 나오는 결론은 세계는 그 생존의 대대적인 주사위놀이를 계속하면서도 산정된 일정수의 결합관계를 통과하지 않으면 안 된다는 것이다. 무한한 시간 속에서는 온갖 가능한 결합관계가 언젠가는 한 번 달성된 적이 있었을 것이며, 또 무한히 이루어지고 있었을 것이다. 더구나 온갖 결합관계와 그 직후의 회귀와의 사이에는, 여전히 가능한 그 밖의 모든 결합관계가 지나갔을 것이 틀림없다. 그리고 이들 결합관계 모두가 동일 계열 가운데서 생기는 모든 결합관계의 모든 계기(繼起)를 조건부로 하고 있으므로, 이것으로 동일한 모든 계열의 연결고리 운동이 절대적으로 증명되고 있는 것이다. 그것은 이미 무한히 반복된, 또 무한히 계속 움직이는 연결고리 운동으로서의 세계인 것이다(《권력에의 의지》 1066).

이 사상을 단순한 이론으로서 객관적으로 이해하면 어떻게 될까? 모든 목적적 표상이 생성 과정에서 배제되고 그곳에는 단지 필연적 과정만이 있다. 바꾸어 말하면 무의미한 삶의 불안한 되풀이만이 무한히 있다는 것이 된다. 또 이 사상을 비열한 약자의 위치에서 수동적으로 받아들이면 어떻게 될까? 이 치욕 많은 자신이 한 번도 아니고 무한으로 그 추악한 모습을 남에게 드러낸다는 것은 얼마나 견디기 어려운 오욕일까? 이렇게 이해되었을 때 이 영겁회귀 사상은 무의미한 것의 영원한 재래를 알리는 것으로서, 바로 '허무주의의 극한적 형태'(《권력에의 의지》 55)라고 말해야 할 것이다.

하지만 삶에 파고드는 이 중압적인 사상은 '어렵고 힘든 상황을 전환시킬 수 있는' 의지로 그것을 능동적으로 받아들이고, 삶의 주체로서 살려고 하는 각오로 싸울 때 절대불멸의 자유를 가져와 우리로 하여금 쾌유자로서 크게 웃을 수 있게 할 것이다. 《차라투스트라》 제3부의 '환영의 수수께끼'에서는 영겁회귀 사상을 상징하는 검은 뱀에게 잡혀 고민하는 목자가 차라투스트라의 권유로 뱀의 머리를 물어뜯는 것과 동시에 단순한 목자에서 빛에 싸인 자로 변모하여 '이제까지 지상의 어떤 인간도 웃은 적이 없을 정도로 크게 웃었다'는 이야기가 나오고 있다.

니체는 단순한 이론적 추론의 결과로서 영겁회귀 사상에 이른 것은 아니다. 니체에게 있어서 이론이나 진리는 삶의 도구에 지나지 않았다. 허무한 현실에 견뎌 이를 긍정하고, 수동적인 나약함의 허무주의를 능동적인 강한 허무주의로 전환시키는 의지의 결단을 지탱하는 것으로서 니체가 택한 것이 이 영겁회귀의 사상이었던 것이다.

'운명애'의 결단

니체는 내세적인 이념에 의해서 이 세상의 삶에 의의를 부여하려는 그리스도교적인 평가 양식을 부정하고, 이를 대신하는 새로운 생존 긍정의 사상 원리로서 영겁회귀 사상에 다다랐다.

삶을 넘어서고 생성을 초월한 어떤 곳에서 신의 나라를 실현한다는 일정 목표와 연관해서만 현실의 삶을 평가하려는 종말론적인 삶의 이해 방식으로는, 현재 생성하고 있는 순간순간 자체를 영원화해서 그 독자적인 의의에 기초를 부여할 수가 없다. 니체의 확신에 따르면 모든 종말론을 뒤엎는 영겁회귀 사상만이 생성의 각 순간을 존재로 연결함으로써, 온갖 삶의 현실 그 자체를 영원화하고 존재 질서의 중심이 되게 할 수가 있다. 그것은 또 현재의 순간에서 과거와 미래를 하나의 연결고리에 이음으로써 지나간 과거의 필연적 요구까지도 가능화할 수가 있고, 또 아직 오지 않은 장래의 가능성까지도 필연화할 수가 있는 것이다.

영겁회귀 사상에 의해, 삶에 대한 모든 특정 해석은 그 절대성이 부정되었고 무의미한 반복의 과정만이 남겨졌다. 그러나 그것은 동시에 온갖 것의 등가성과 자유로운 해석 가능성을 의미하기도 한다.

생성이 하나의 큰 고리라고 한다면 그것은 어느 것이나 같은 가치를 지니고 영원하며 필연적이다──옳음과 그름, 애호와 혐오, 사랑과 증오와의 모든 상관관계 가운데에는 삶의 특정 유형의 어떤 원근법과 그때그때의 관심이 표현되고 있다. 즉 그 자체로서 존재하는 모든 것을 긍정하고 있는 것이다 《권력에의 의지》 293).

그러므로 '이것이 삶이었는가. 좋다! 그렇다면 다시 한 번!' 외치면서 결단하는 힘과 각오만 있다면 모든 인생이 그에게 미소를 던지게 된다. 반대로 말해서 이 영겁회귀설은 우리에게, 현재의 삶을 소중하게 여기고 충실하게 누려서 그것이 영원히 반복되길 소망할 수밖에 없는 것으로 만들겠노라 결단하기를 요청하는 것이다. 니체는 이와 같은 결단의 삶을 사는 것을 '운명애'라고 이름 붙였다.

내가 이제까지 이해하고 살아온 (……) 실험철학은 가장 원칙적인 허무주의의 가능성조차 시험적으로 골라 가진다. 이렇게 말한다고 해서 이 철학이 부정으로, 부(否)로, 부에 대한 의지로 머문다는 것은 아니다. 이 철학은 오히려 반대되는 일에까지 철저길 원한다. 있는 그대로의 세계에 대해 덜어내거나 제외하거나 선택하거나 하는 일 없이, 디오니소스적 긍정으로 단언하는 것에 이르기까지—그것은 영원한 연결고리운동을 원한다. 즉 완전히 동일한 사물을, 완전히 동일한 결합의 논리와 비논리를 원하는 것이다. 철학자가 도달할 수 있는 최고의 상태, 즉 삶에 대해 디오니소스적으로 맞선다는 것—이것에 주어진 나의 정식(定式)이 운명애이다(《권력에의 의지》 1041).

이 운명애를 통해서 삶에 대한 사랑은 그대로 영원한 사랑으로까지 깊어지고 성스러워진다. 이 경지를 니체는 《차라투스트라》 제4부 '취한 자의 노래' 속에서 다음과 같이 아름답게 노래했다.

한 방울의 이슬인가? 영원의 향기인가? 그대들의 귀에는 들리지 않는가? 그대들의 코는 냄새 맡지 못하는가? 이제 바야흐로 나의 세계는 완전해졌다. 한밤중은 대낮이기도 하다.
슬픔은 또한 기쁨이기도 하다. 저주는 축복이기도 하다. 밤은 태양이기도 하다. 물러나라! 아니면 그대들은 현자가 바보이기도 하다는 것을 배우게 되리라.

그대들은 일찍이 어떤 기쁨에 대해서 '그렇다'고 말한 적이 있는가? 오, 친구들이여! 그렇게 말한 적이 있다면 그대들은 모든 슬픔에 대해서도 '그렇다'고 말한 것이 된다. 모든 것은 쇠사슬로, 실로, 사랑으로 연결되어 있다.

그대들은 일찍이 한 번 있었던 일이 다시 한 번 오기를 바란다. 그대들이 "그대는 내 마음에 들었다. 행복이여! 찰나여! 순간이여!" 말한 적이 있다면, 그대들은 모든 것이 다시 돌아오기를 바라는 것이다.

그대들은 모든 것이 새롭고 모든 것이 영원하기를, 그리고 쇠사슬로 실로 사랑으로 연결되어 있기를 바랐다. 오, 그대들은 세계를 그처럼 사랑했다.

그대, 영원한 자들이여. 세계를 사랑하라. 끊임없이 영원히! 슬픔에 대해서도 그대들은 "떠나라! 그러나 되돌아오라!"고 말하라! 왜냐하면 모든 기쁨은 영원을 바라기 때문이다.

(……)

오, 인간이여! 조심하라!

깊은 한밤중은 무엇이라고 말하는가?

"나는 잠을 잔다. 나는 잠을 잔다

나는 깊은 꿈에서 깨어났다.

세상은 깊다.

대낮이 생각한 것보다 더 깊다.

세계의 슬픔은 깊다.

기쁨, 그것은 마음의 슬픔보다 훨씬 더 깊다.

슬픔은 말한다. 떠나라! 가라!

그러나 모든 기쁨은 영원을 바란다.

깊고 깊은 영원을 바란다!"

신의 죽음과 '초인'의 목소리

영겁회귀와 운명애의 사상이론은 생명철학자 니체에게 있어서 새로운 형이상학이자 새로운 종교라고 할 수 있는 것이었다. 그러나 이 심연의 사상을 견디고 이를 무기로 해서 종래의 모든 형이상학이나 도덕 및 종교의 가치 전환을 도모하기 위해서는, '신의 죽음'이라는 현대인의 무신앙을 성실하게 직시해 신을 대신하는 운명애의 사도 '초인'을 탄생시키지 않으면 안 된다.

신이 죽은 현재, 초인이야말로 대지의 의의라고 차라투스트라는 역설한다. 하지만 시장의 군중은 이러한 역설을 이해하지 못하고 도리어 반감이나 비웃음으로 대할 뿐이었다. 차라투스트라는 이와 같은 비통한 체험에서 배우고 고독을 견뎌냈다. 그러고는 독창적 삶을 살려는 사람들에게 희망을 맡기고 '초인'의 산출을 위해 기꺼이 함께 몰락해 가길 맹세한다. 니체가 지향하는 '위대한 정오'란 짐승과도 같은 저열한 '군중'을 떠나 고독한 자기 훈육으로 상승하고, 이어서 고귀한 인간 규범이라고도 할 수 있는 새로운 '초인'의 출현을 맞이하기 위해 자신의 몰락을 축하하는 심경에 다름 아니었다.

위대한 정오란 인간이 짐승과 초인의 중간에 서서 저녁을 향하는 자신의 길을, 자신의 최고 희망으로 축하할 때이다. 그 길이 새로운 아침으로 향하는 길이기 때문에 최고의 희망이 될 수 있는 것이다.

그때 몰락해 가는 자는 내가 저쪽으로 건너가고 있는 자라는 것을 깨닫고 나를 축복하리라. 그리고 그가 인식하는 태양은 정오에 머물러 있게 될 것이다.

'모든 신은 죽었다. 이제 우리는 초인이 살기를 바란다.' 이것이 그 위대한 정오에 우리가 품은 궁극의 의지가 되게 하라!《차라투스트라》제1부)

한편 니체에 따르면 이 '초인'이란 운명애의 정신에 의해서 생성하는 모든 현실을 영원으로 심화시켜 영겁회귀 이념에 의해 삶이 맞닥뜨리는 모든 대립을 한데 모으고 헤아려 삶을 전체적으로 받아들이는 자로서, 평균적인 인간과는 다르며 보다 강하고, 보다 높은 생존 유형을 의미하는 개념이다(《권력에의 의지》 866 참조). 따라서 초인 개념은 우리 인간이 지향해 자기 초극 훈련을 해야 할 규범이다. 즉 초인은 자기부정의 복음을 역설하는 저세상의 입법자인 신이 세운 삶의 부정 가치를 다시 전환하고, 최고의 자기충일(自己充溢)에서 자연스럽게 나오는 증여만이 진정한 사랑임을 몸으로 보이려는 자를 의미하고 있다. 우리는 스스로를 이와 같은 이념으로 향상시키려고 노력하는 한 이 초인으로 초월할 수 있다. 다시 말해 이와 같이 대지의 의의라고 할 수 있는 고귀한 이념형의 산출을 향해 현재의 하찮은 삶을 몰락시켜 나가는 한, 삶의 근원으로 돌아가 그곳에서 샘솟고 있는 영원한 창조적 샘의 혜택을 입을 수도 있는 것이다.

원인애(遠人愛)의 도덕

이와 같은 '초인' 산출의 방향으로 자신의 삶을 자리매김하려고 하는 자는 이웃 사랑의 도덕을 부정하고 원인애의 도덕을 확립하길 원한다. 무한한 자기 초극을 거듭해 먼 미래에 출현해야 할 고귀한 인간 전형으로서의 '초인'을 사랑하고, 이 '초인'의 이념에 따라 죽어서 하찮은 자기를 몰락시키는 것이야말로 진정한 자기애임과 동시에 진정한 인류애라고 말해야 할 것이다. 이에 반해서 이웃사람에게 모여들어 세평에 아첨하고 배우처럼 거드름을 피우는 연기에 미쳐 있는 자들은, 고독을 견디면서 자기 초극에 힘쓰는 진실한 자기애를 모른 채 '조악한 자기애'에 지나지 않은 것을 이웃 사랑이란 이름으로 성스럽게 만들려는 것이다. 이와 같은 견지에서 《차라투스트라》는 제1부 '이웃 사랑'에서, 이웃을 피해 멀리 있는 사람이야말로 사랑하라고 권하며 다음과 같이 말하고 있다.

이웃 사랑보다는 가장 멀리 떨어져 있는 자, 미래에 나타날 자에 대한 사랑이 더 가치 있다. 인간에 대한 사랑보다 사물과 눈에 보이지 않는 환영에 대한 사람이 한층 더 높은 것이다.

나의 형제여, 그대를 앞서가는 이 환영이 그대보다 더 아름답다. 그런데 어째서 그대는 이 환영에게 피와 살을 주지 않는가? 오히려 그대는 두려움에 빠진 나머지 이웃에게로 도망치고 있다.

그대들은 그대 자신을 견디지 못한다. 또한 자신을 충분히 사랑하고 있지도 않다. 그러면서도 이웃을 유혹해서 사랑하도록 하고, 그 이웃의 잘못으로써 자신을 미화하려고 한다.

(……)

나는 그대들에게 이웃에 대해 가르쳐 주지 않겠다. 대신 나는 그대들에게 벗에 대해 가르쳐 주리라. 벗이야말로 그대들에게 있어 지상의 축제이고 초인을 예감케 하는 자라는 것을.

(……)

나는 그대들에게 벗을 가르친다. 이미 자아 속에 완성된 세계를 가지고 있는 벗, 선의 그릇인 벗, 언제나 완성된 세계를 선물할 준비가 되어 있는 창조하는 벗을.

(......)

미래, 그리고 가장 먼 것을 그대들이 오늘 존재하는 존재 이유로 삼아라! 그대 벗 안에 있는 초인을 그대의 존재 이유로서 사랑하라.

형제들이여! 나는 그대들에게 이웃 사랑을 권하지 않는다. 나는 그대들에게 먼 곳에 있는 사람을 사랑하도록 권한다.

그런데 이런 사랑의 대상으로서의 '초인'이란, 모든 기존 가치를 전환해 스스로 완전히 새로운 가치를 세워 나가는 가치 정립의 주체로서 절대권을 지닌 존재이다. 그는 이를테면 하찮은 자들에 대한 '동정'을 경멸하고 오히려 '냉혹'을 자랑으로 여긴다. 그는 또 몰아의 헌신을 비웃고 탐욕스런 '강탈'을 통해서 자기 충실에 힘쓰며, 스스로가 인간의 전형이 되는 일에 전념한다. 니체는 이렇게 만들어지는 자기충일에서 자연스럽게 결과로 나타나는 인간 전형의 분여(分與), 즉 '베푸는 덕'이야말로 진정한 덕이라고 강조한다(《차라투스트라》 제1부 '베푸는 덕' 참조). 그리고 이와 같은 사랑만이 진정한 사랑이라고 하면서 다음과 같이 단언하기까지 한다.

심리학에서의 대범죄. 즉 (......) 사랑이 거짓으로 헌신되고 말았다는 것이다. 그런데 사랑은 탈취 내지는 인격성의 충일에서 오는 결과물의 분여이다. 따라서 더할 나위 없이 완전한 인격만이 사랑할 수가 있다. 몰인격적인 자, '객관적인 자'는 더할 나위 없이 열등한 연인이다(여성에게 물어보라!). 이것은 신에 대한 사랑이라든가 조국에 대한 사랑에도 해당된다. 즉 스스로 확고하게 믿는 것이 없으면 안 되는 것이다(《권력에의 의지》 296).

이와 같은 의미에서 최고 가치정립자로서의 '초인'에 대해서는 '모든 것이 허용된다'고 해도 좋을 것이다. 개인은 또 자유성신의 화신이기도 한데, 이 자유정신에 대해서는 '아무것도 진리가 아니다. 모든 것은 허용돼 있다'(《도덕의 계보》 제3논문 24절).

그러나 이 진의를 오해한다면, 두려워할 만한 패덕(悖德)을 낳게 될 것이다.

자신을 이와 같은 의미에서의 초인으로 착각한 도스토옙스키의 《죄와 벌》의 주인공 라스콜리니코프가 저지른 살인의 비극이 이를 보여주고 있다. 또 히틀러의 나치즘에 의한 포학 행위도 자신을 '초인'으로 착각한 개인이나 민족이 얼마나 비인도적인 행위를 태연하게 저지를 수 있는지를 가르쳐 주고 있는 것이다.

이와 같은 오해를 막기 위해서는 니체가 내건 인간 전형 '초인'은 어디까지나 먼 미래에 실현되어야 할 이상이며, 현실의 인간 그 자체를 성스럽게 한다는 의미의 것이 아니었음을 잊어서는 안 된다. 니체는 초인을 모든 현실의 인간을 뛰어넘고 있는 전형 이념으로 내세웠다. 다시 말해 인간은 신을 추구할 게 아니라, 이 전형을 이루기 위해 현실의 자기를 초극해 나가야 한다고 제시한 것이었다.

니체에게 있어서 현실의 인간은 모두 이 초인의 실현을 위해 기꺼이 자기를 몰락시켜 가는 것을 과제로 삼아야 했다. 그는 이 높은 사명을 수행하기 위해 자기 초극에 힘쓰는 인간이야말로 의의 있는 인생을 살 수 있는 것이라고 했다. 그리고 그것을 위해서는 안이한 자기 긍정에 의해서 하찮은 자아를 소중히 보존하려는 나약함을 수치스런 마음으로 반성하고 극복해 나가지 않으면 안 된다는 것이다.

새로운 가치 정립 원리로서의 '권력의지'

그런데 이 초인에 의한 가치 정립, 정확하게 말해서 초인의 실현을 지향하는 새로운 가치 정립의 원리란 도대체 무엇일까?

니체에 의하면 '가치'란 '생명체의 보존·상승 조건에 대한 해석 관점'(《권력에의 의지》 382 및 715)이고, 가치를 객관적으로 측정하는 척도가 되는 것은 '상승하여 조직화된 권력량뿐이다'(같은 책 674). 그리고 '삶이란 권력에 대한 의지'(같은 책 254)이고, '삶은 힘의 축적에 대한 의지'(같은 책 689)라고 한다. 그렇다면 삶의 실체를 이루는 이 '보다 나은 것, 또 보다 강한 것이 되려는 의욕'을 의미하는 '권력의지'야말로 본디의 가치 정립 주체이고 가치의 높낮음을 결정하는 평가 기준이기도 한 것이다. 단순한 '삶에 대한 의지'가 아니고 '보다 나은 삶'을 추구하고 끊임없이 노력하는 '권력에의 의지'야말로 초인을 지향하는 새로운 가치 원리여야 하는 것이다.

여기에서 '권력'으로 일컬어지고 있는 것은 정치권력이나 무력 등과 같은 물리적 강제력을 의미하는 게 아니라, 무한한 가능성을 찬양하며 모든 응고된 정체를 돌파해 향상하려고 하는 근원적인 내적 생명력 그 자체를 말하는 것이다. 그리고 도덕적 가치 평가도 이 '권력의지'가 내리는 하나의 해석 방법에 지나지 않는 것이므로, 그 도덕은 단순히 삶을 위한 것이고 그 이외에 아무것도 아니다. 그러므로 '도덕을 위한 도덕'을 모토로 해서 도덕을 위해 인생이 존재하는 것처럼 생각하는 '도덕지상주의'는, '목적과 수단의 가치 전도'를 불러일으킨 것으로서 엄격하게 배제되어야 한다(《권력에의 의지》 354).

이와 같은 관점에서 니체는 《선악을 넘어서》와 《도덕의 계보》를 통해, 삶과 연관 없이 분리되어 자립화한 추상 관념으로서의 '선과 악'을 대신하는 새로운 선악 개념을 제시한다.

니체에 의하면, 그러한 추상적 선악 관념은 하강하고 약화된 삶 가운데 잠재하는 권력의지가 자기를 보존하고 변호하기 위해 만들어 낸 것에 불과하다. 따라서 그것은 노예도덕, 금수도덕, 승려도덕, 목자도덕 관점에서 설정한 가치에 지나지 않는 것이다.

이에 반해서, 상승하고 강화하는 삶의 내적 권력의지는 이와 같은 추상관념에 의해 자신의 나약함을 감추려는 위선을 증오한다. 그리고 이렇게 해서 정립되는 '선악'의 저편으로 빠져나가, 삶 그 자체의 활동력에 좋은 수단이 되는 우량한 삶의 방식을 선(善)으로 하고, 열악한 수단밖에 제공하지 않는 삶의 방식을 악으로 하는 구체적이고 솔직한 가치 정립을 행한다. 그래서 노예임을 부끄럽게 여기는 고귀한 사람은 이렇게 단언하는 것이다. '선이란 무엇인가? 권력감, 권력에 대한 의지, 권력 그 자체를 인간에게서 높이는 모든 것. 악이란 무엇인가? 나약함에서 유래하는 모든 것이다.' 그리고 이렇게 인정할 때야말로 우리가 지향해야 할 주인도덕, 고귀도덕, 전사도덕, 군주도덕의 관점이 성립하는 것이고, 이때야말로 '좋은=고귀한=강력한=아름다운=행복한=신의에 적합한'이라는 자연스런 가치 평가를 당당하게 주장할 수 있게 되는 것이다.

'계서(階序)'의 도덕

도덕적 가치의 실체를 권력의지의 자아실현에 따라 추구하고, 가치의 높낮음을 그곳에 표현되고 있는 권력량에 따라 구하는 니체에게는, 권력의 위계질서에 따라서 도덕적 가치의 서열을 바로잡아 가는 '계서'의 도덕이 중요시된다. 이 도덕관은 상승하여 강화되는 권력량을 대표하는 고귀한 삶을 높게 평가하고, 하강하여 약화된 권력량을 대표하는 노예와 같은 비천한 삶은 낮다고 하여, 이 서열을 문란하게 하거나 뒤집는 것은 가장 큰 악으로서 엄금하고 있다. 전자는 고귀한 삶을 실현하기 위해 저열한 삶과 싸워 이를 대담하게 부정하고 지배해 나가는 전사나 군주가 선택하는 도덕이다. 그리고 이것만이 '초인'에게 봉사하는 가치 있는 도덕인 것이다. 이에 반해서 후자는 약하고 쇠퇴한 대중의 삶을 보전해 다스리려고 하는 승려나 목자가 선택하는 도덕이다. 이것은 대중의 삶을 보전하고 깨우쳐 '초인'에게 바치는 한에 있어서는 의의를 지닐 수 있다. 그러나 이와 같은 사명을 잊고 주인도덕에 반역하는 노예봉기를 시도하거나 대중을 부추겨 그들에게 계서 부정의 착각을 주거나 할 위험성을 지닌 것으로서는 엄격하게 비판된다.

주인도덕의 관점에서는 강력한 지배력이야말로 고귀한 표징이 된다. 여기에서는 대담한 자아실현이나 자기주장이 지향된다. 자신을 잊는 몰아적 행위는 쇠퇴적 삶의 징후가 되고, 자기희생을 목표로 하는 것은 당찮은 일이 된다. 영웅의 삶이 가르치고 있는 것처럼 몰아라든가 희생이라든가의 관념에 사로잡히지 않고 이른바 자기 자신의 내적 요구 이외의 것에 대해서는 관심을 두지 않고 한결같이 자신의 목표를 이루어 냄으로써, 결과적으로 강하고 풍부한 삶의 전형을 모든 사람에게 부여하는 행위야말로 고귀한 질서에 속하는 것이라고 해야 하리라.

주인도덕은 당당하게 자아를 주장하고 기어이 목적을 이루려 한다. 이때에는 그 '자아'가 어떤 자아인가를 눈여겨보는 것이 중요하다. 그렇게 한다면 이 자아가 자기만을 절대시하고 자기 이외의 모든 것을 자기에게 봉사하게 하려는 이기적이며 독선적인 자아, 즉 자아주의의 자아와는 전혀 다른 것임을 확실히 알게 되리라. 니체도 말하고 있다. '나의 철학은 계서를 지향하고 있는 것이지, 결코 개인주의적 도덕 등을 지향하고 있는 것이 아니다'(《권력에의 의지》 287).

'거리 감각'과 병적 양심

계서를 중요시하는 도덕은 고귀하고 강력한 것을 높은 곳에 두고, 저급하고 비천하며 속된 것을 낮은 곳에 두는 '거리 감각'에 의해서 지탱된다. 이 '거리 감각'이야말로 귀족사회가 오랜 기간에 걸쳐서 길러온 본디의 도덕감정이다. 이것에 의해 정신적으로 상위 종족이 하위 종족을 지배하는 계서도 가능해지고, 그렇게 해서 인간이라는 형태가 높여져 초인을 지향하는 인간의 자기초극도 계속되어 온 것이다. 고위층과 하위층 간에 현존하는 거리를 확보하고 또한 이 거리를 앞으로 더욱더 확대해 나가려는 이 '거리 감각'이야말로 인간 본디의 건전한 가치감정이고, 가치의 우열은 이에 의해서만 평가되어야 한다. 그리고 이 '거리 감각' 앞에서는 이기와 이타 등과 같은 말초적인 구별은 모두 사라지고 만다. 따라서 이러한 거리감의 상실을 가져오는 동정도덕보다는, 오히려 거리감의 강화에 이바지하는 지배도덕이야말로 본디의 건강한 도덕가치를 올바르게 파악한 것이다.

이제까지 쌓아온 인류 문화의 고귀한 유산을 뒤돌아보면, 그것들은 모두 이와 같은 거리 감각에 의해서 태어나 소중하게 유지되어 왔음을 알 수 있다. 이에 반해서 모든 인간이 동등한 권리를 갖는다고 하는 인도주의나 민주주의, 사회주의 등의 근대적 이념은, 인간 향상을 위한 노력을 기피하고 모든 고귀한 것을 끌어내리려고 하는 저열한 중우본능(衆愚本能)에 기초한 착각에 지나지 않는다. 이러한 주장과 함께 니체는 현대인 사이에 보편화되고 있는 퇴폐 풍조 또한 모든 고귀한 것을 수평화하는 이 중우본능의 지배에 따른 것이라고 말한다.

이 '거리 감각'이 지닌 건전함에 비하면 '양심의 가책'이라든가, '죄의식' 등과 같은 것은 약자가 걸리게 되는 심각한 질환이라고 하지 않을 수 없다. 이에 대해 니체는 《도덕의 계보》 제2논문에서 다음과 같이 설명하고 있다.

약자인 대중의 내적인 권력의지도 지배할 대상을 추구하고 지배 본능의 충족을 필요로 하지만, 그들에게는 그 길이 닫혀 있다. 밖으로 뿜어내지 못하는 대중의 이와 같은 모든 본능은 내공(內攻)에, 그 방향을 바꾸어 자기 자신 안으로 향해진다. 인간의 내면화란 바로 이것이다. '적의·잔인, 박해나 습격이나 변혁, 파괴의 기쁨 등 이런 본능이 모두 그 소유자에게로 방향을 바꾸는 것, 이것이야말로 양심의 가책의 기원인 것이다'(같은 책 16). 양심이나 죄악감 등은 쇠퇴한 약자 대중이 지닌 음험한 권력의지의 표출이고, 그들 안에 둥지를 튼 '내공한 잔인성'(같은 책 22)을 나타내고 있는 것에 지나지 않는다. 이렇게 해서 삶에 대한 적의나 반역이 도덕으로서 성스러워진 전도(顚倒) 현상이 생긴 것이다. 진정한 구제자는 이 내공한 의식에서 인간을 해방시켜 주는 무의 초극자 즉 '초인'이지, 이러한 의식이 공상하는 '신인(神人)'이 아닌 것이다.

이렇게 니체는 약자의 노예도덕을 성화하는 그리스도교적인 금욕도덕을 공격하며, 이러한 도덕을 만들어 내는 '양심'이란 것이 실은 약자의 가슴속 깊이 찌든 잔인한 원한감정(Ressentiment)에 지나지 않는다는 견해를 대담하게 주장해 나간다.

르상티망 도덕설

니체의 권력의지설에 따르면 삶이란 권력의지에 다름 아니다. 그러므로 박애나 동정 등을 최고 가치로 생각하는 노예도덕을 받드는 약자 대중에게도, 그들의 삶이 있는 한 권력적인 지배의욕이 잠재하고 있다. 다만 그들의 삶은 약한 삶이고, 따라서 그 지배의지가 무력하기 때문에 지배의 대상을 어디에서도 발견할 수가 없을 뿐이다. 사실상 약자 대중은 자신이 지배할 수 있는 대상은 어디에서도 찾지 못한다. 더더군다나 그들이 발견하는 유일한 현실은 강자에 의해서 지배되고 압도되고 있는 노예로서의 자기 자신뿐이다. 이렇게 해서 약자 대중의 가슴속 깊은 곳에는 강자에 대한 음험한 원한감정(반감)이 일게 되는 것이다.

비열한 약자 대중이 고귀한 강자에 대해서 갖게 되는 이 원한감정을 노려, 이를 이용해 자신의 지배욕을 만족시키려 한 것이 성직자계급이었다. 성직자계급 자체도 약자에 지나지 않고, 또 약자를 다스려 그 선두에 선 자에 지나지 않은 것인데, 그들은 본디 무(無)에 대한 의지일 뿐인 비생산적 원한감정 자체에 의해 삶에 반역하고 삶을 부정하는 금욕·몰아의 도덕을 창조한다. 이에 의해 자신의 가슴속 깊이 타오르는 비열한 지배욕을 만족시키려고 하는 것이다. 현대 유럽의 그리스도교 세계를 지배하는 모든 전승적(傳承的) 도덕의 밑바닥에 흐르고 있는 것은 이 성직자계급에 의해 성화된 원한감정이고, 그들에 의해서 창조적인 것으로 위장된 '무에 대한 의지' 그 자체에 다름 아니다. 이렇게 생각하는 니체는 《도덕의 계보》 제1논문의 제10절에서 다음과 같이 지적하고 있다.

　도덕에서의 노예 폭동은 원한 자체가 창조적이 되고 가치를 낳게 되었을 때 비로소 일어난다. 여기서 원한이라고 하는 것은 실제의 '반응', 즉 행위에 의한 반응이 금지되어 있기 때문에 단순히 상상의 복수를 통해 그것을 메우려는 자들이 품는 원한감정이다. 모든 귀족의 도덕은 자신만만한 자기 긍정에서 생기는 것임에 반해서, 노예의 도덕은 처음부터 '밖에 있는 것' '다른 것' '자기가 아닌 것'을 부정하는 데에서 시작한다. 이 부정이야말로 노예도덕의 창조적 행위이다. 가치를 평가하는 시선의 역행—자신에게 되돌아오는 대신에 밖으로 향하는 이 필연적인 방향—이것이야말로 원한의 본성이다.

　니체에 의하면 성인이나 성직자들이 이루는 동정이나 박애의 설교 배후에는 약자가 강자에 대해 안고 있는 억압된 대항 의식이 잠재한다. 그들의 삶도 권력에 대한 의지로 불타고 있는데 약자인 그들에게는 그 길이 막혀 있다. 그래서 그들은 죽은 뒤의 세계에 대해서 인간이 갖게 되는 불안한 마음을 노려 그것을 이용함으로써 권력적인 지배욕을 만족시키려고 한다. 금욕하는 자와 가난하고 약한 자야말로 천국에서 구원을 받는다고 그들은 주장한다. 일반적인 약자인 대중도 자신들의 하찮은 권력욕을 만족시키기 위해 기꺼이 이 가르침에 매달린다. 그들은 강자의 지배에서 자신을 안전하게 보전하기 위해 성직자가 말하는 동정과 사랑의 도그마를 이용하는 것이다. 이 도그마에 본디 있는 것은 삶을 좀먹는 무에 대한 의지이다. 이렇게 해서 성립한 가치전환의 허무주의 종교에 길들여진 현대인들은 초인을 산출해야 하는 인생 본디의 목표를 상실하고, 동정심과 금욕을 최고 가치로 위장함으로써 삶을 부정하는 이상에 매달린다. 왜냐하면 이로 말미암아 사람들은 공허한 생존이 가져오는 심각하고 불안한 마음을 얼버무릴 수 있기 때문이다. '인간은 아무것도 의욕하지 않는 것보다는 차라리 허무를 의욕하길 좋아한다'(《도덕의 계보》 제3논문의 1 및 28).

　그러나 이렇게 해서 성립한 그리스도교의 '노예도덕'은 초인의 '주인도덕'을 부정하고, 고귀한 개인을 약자인 대중에게 봉사시키기 위해 만들어진 가치전환의 기만도덕에 지나지 않는다. 가치 있는 것을 가치 없는 것에 봉사하게 해서 희생시키려는 이와 같은 도덕이야말로 허무주의의 모태를 이루는 것이다. 그러므로 허무주의의 극복은 '신인(神人)'의 가르침을 역설하는 그리스도교를 단죄하고, 그 신의 지위에 창조적 권력의지의 주체인 초인을 다시 올려놓으려는 '인신(人神)'의 관점으로 복귀함으로써만 가능해지는 것이다. 이와 같은 관점에서 니체는 삶과 동떨어진 내세 지향종교로서의 그리스도교를 철저하게 탄핵해 나간다.

그리스도교 문명과의 대결

니체는 그리스도 교회가 역설하는 '인간애' 속에서 '약자들의 연대성'과 '약자의 대중적 이기주의' 편향의 패덕(悖德)을 감지하고, '영원한 영혼의 구원' 속에서는 '자아화의 극한 형식'을 보게 된다. 이에 따라 그는 그리스도교를 저열한 이기주의의 극치로서 묘사하며 《권력에의 의지》에서 매서운 비판을 한다.

그리스도교는 무사(無私)와 사랑의 가르침을 앞에 내세웠지만, 결코 개인의 이해보다도 집단의 이해가 더 높은 가치를 가진다고 평가하는 것은 아니다. 그리스도교 본디의 역사적 영향, 사업적 영향은 거꾸로 이기주의를, 개인적 이기주의를, 극단으로—개인의 불사(不死)라는 극단으로까지—높인 것이다. 개개인은 그리스도교에 의해서 매우 중요시되고 절대적인 것으로서 정립되었기 때문에, 이제 개개인을 희생으로 삼을 수는 없다. 그러나 집단은 인신 제물에 의해서만 존립한다. (……) 신 앞에서는 모든 '영혼'이 평등해졌다. 하지만 이것이야말로 가능한 모든 가치 평가 가운데 가장 위험한 일이다! 개개인이 평등해지면 집단은 의문시되고 결국에는 그 집단의 괴멸을 불러일으키는 일이 실행되어도 좋다는 뜻이 된다. 즉 그리스도교는 도태를 거스르는 반대 원리이다. 변질된 병자(그리스도교도)가 건강한 자(이교도)와 동등한 가치를 지니거나, 질환과 건강에 대한 파스칼의 판단에 따라 그 이상의 가치까지도 지녀야 한다면, 자연의 발전 과정은 방해를 받고 부자연이 법칙이 되고 만다. 이 그리스도교의 보편적 인간애란 사실은 고민하는 모든 자, 실패한 자, 퇴화한 자들을 우대하는 것이다. 그리고 그것은 인간을 희생하는 힘을, 책임을, 높은 의무를 낮추어 약화시키고 말았다. 그리스도교적 가치 척도의 규범에 따르면 아직 남아 있는 것은 나 자신을 희생하는 것뿐이다. 그러나 그리스도교가 인정하고 권고까지 하는 이러한 인신 제물의 잔재도 모든 인간 전체의 발전이란 관점에 보면 완전히 무의미한 것이다. 집단의 번영에 있어서 과연 누가 자기 자신을 희생할 것인지는 아무래도 상관이 없기 때문이다. (……) 집단은 서투른 자, 약한 자, 퇴화한 자의 몰락을 필요로 한다. 그런데도 보수적 세력으로서 그리스도교가 의존한 것은 바로 이 자들인 것이다. 그것은 약자가 가지고 있는 그 자체로 이미 극히 강력한, 서로 보존하고 지지하고자 하는 본능을 더욱 부추겼다. 그리스도교에서의 '덕'이나 '인간애'가 바로 이와 같은 보존의 상호성, 이와 같은 약자들의 연대성, 이와 같은 도태의 방해가 아니라면 무엇일까? 그리스도교적 이타주의가, 만인이 서로 걱정한다면 각자는 언제까지나 보존될 것으로 추측하는 약자의 대중적 이기주의가 아니면 무엇일까? (……) 이와 같은 성품을 극단의 비도덕성이라고 하지 않는다면, 또 삶에 대한 범죄로 감지하지 않는다면 그자는 병자와 한 패가 되어 있는 것이고 병자의 본능을 지니고 있기까지 한 것이다. (……) 진정한 인간애는 집단의 최선을 위해 희생을 요구한다. 그것은 냉혹하며 자기 초극으로 가득 차 있다. 왜냐하면 그것은 인신 제물을 필요로 하기 때문이다. 그런데 그리스도교로 불리는 사이비 인간애는 '아무도 희생되지 않는 것'을 관철하려고 하는 것이다.

(……)

그리스도교가 아무리 단죄되어도 지나침이 없다고 하는 까닭은, 그것이 어쩌면 진행 중이었을 둔화하는 허무주의 대운동의 가치를 사적 인격의 불사라는 사상에 의해서, 또한 부활이라는 희망에 의해서, 요컨대 허무주의의 실행인 자살을 막음으로써 빼앗았기 때문이다. (……) 그것은 완만한 자살로 허무주의적 자살을 대신했다. 즉 서서히 하찮고 빈약한, 그러나 오래 지속하는 삶이 시작되었다. 서서히 평범하고 시민적이며 범상한 삶과 같은 것들이 시작되었다.

이렇게 해서 그리스도교는 본디의 가치와 그 단계를 부정하고 역전시킴으로써 장래에 무정부주의(아나키즘)를 가져오게 했다. 그리고 이 무정부주의의 현대적인 표현이 '인권의 평등'이라는 이념에 의해 천민의 패권을 확립하려는 사회주의이고, 민주주의와 의회주의이며, 신문사업과 그 밖의 언론인 것이다. 이런 것들은 비열한 이기주의에 의해서 고귀한 것을 끌어내리려는 르상티망에서 비롯된 것이고, 수평화운동을 추진함으로써 중우적인 군거동물을 지배자로 떠받들려는 혐오해야 할 천민주의에 지나지 않는다. 그리고 이와 같은 잠재적 허무주의를 준비한 것으로서 니체는 그리스도교 성직자 도덕을 비판하는 것이다. 니체는 이와 같은 그리스도교 문명에 대한 비난을 《안티크리스트》 속에 남김없이 밝히고 있다.

그리스도교 비판의 참뜻

그러나 니체의 그리스도교 비판을 단순히 무신론적인 주장으로 간주할 수는 없다. 니체만큼 죽을 힘을 다해 그리스도교와 격투를 벌인 사상가도 없는데, 이것은 니체가 무관심한 무신론자가 아니고 오히려 마음속으로부터 신을 염려했던 사람이었음을 말해 주는 반증일 것이다. 니체에게 있어서 '신은 없는 것'이 아니라 바로 '죽은 것'이었다. 그래서 그는 고귀한 인간의 표상은, 스스로 신을 살육한 자로서의 책임을 지고 신을 대신하는 최고 입법자인 초인을 산출하기 위해 자신을 희생해 몰락시키는 자라고 한 것이다.

또한 그가 진리를 위해서는 무엇이건 희생해도 후회하지 않는다는 성실한 덕을 키운 것은 그리스도교 도덕이지만, 이 성실함을 철저하게 성립시키는 것이 내세적인 신에 대한 반항이라고 말하는 것도 그 때문이라고 할 수 있으리라. 사실 니체가 '스스로 단련해 나가기 위해 대결할 만한 가치가 있는 것'으로 높이 평가한 것들만을 골라서 전진을 위한 대항 원리로 사용했던 점을 생각하면, 그에게 있어서 그리스도교가 얼마나 중대한 것이었는지 알 수 있을 것이다. 실제로 니체는 다음과 같이 고백하고 있다.

나는 그리스도 교도의 빈혈이 된 이상에 선전포고를 했는데, (……) 그 의도는 그것을 모두 없애는 것이 아니고, 오직 그 폭정을 끝내고 새로운 이상을 위해, 보다 힘찬 이상을 위해 활동의 장을 얻는 것이었다. (……) 그리스도교적 이상의 영속은 있을 수 있는 것 가운데 가장 바람직한 것의 하나이다. 더구나 그것은 여러 이상들이 그리스도교적 이상과 함께, 어쩌면 그리스도교 이상을 뛰어넘어 새롭게 나타나려는 것을 돕기 위한 일이다. 이러한 여러 이상들은 강해지기 위해서는 적대자를, 그것도 강한 적대자를 갖지 않으면 안 되는 것이다. 이렇게 해서 우리 무(無) 도덕가는 강한 적대자로서 도덕의 권력을 필요로 한다. 우리의 자기보존 충동은 우리의 적대자가 언제까지나 힘차길 바란다. 이 충동은 우리의 적대자를 지배하는 주인이 되기만을 원하는 것이다'《권력에의 의지》361).

즉 니체는 성직자적 금욕의 도그마에 반발한다. 그에게 이 성직자적 도그마는 삶을 거슬러 세상 밖으로 도피해 사랑의 실천을 동정의 설교로 바꾸고, 마음속 현실로서 체험해야 할 천국을 죽음과 부활의 대망이나 죄의 사함 등과 같은 교리로 변질시키려 하는 것이었다. 한편으로 니체는 그리스도교가 키운 성실성이나 실천성에 대해서는 깊은 경의조차 가지고 있었다. 니체는《도덕의 계보》에서 이렇게 말하고 있다.

나는《신약성경》을 좋아하지 않는다. (……) 그러나《구약성경》—그렇다, 이것은 완전히 다르다.《구약성경》에는 모든 경의를 표해도 좋으리라. 나는 그 가운데 위대한 사람들을, 영웅적인 풍경을, 그리고 지상에서 정말로 드문 어떤 것을, 즉 강한 심정의 비길 데 없는 소박함을 발견한다.

그는 확실히《신약성경》은 무구(無垢)하지 않다'《권력에의 의지》199)고 하면서, 이와 같은 불결한 책을 읽을 때에는 '장갑을 끼면 좋다'《안티크리스트》46)는 말까지 하고 있다. 그러나 여기서 니체가 비난하고 있는 것은 사랑의 실천가 예수가 아니다. 비난의 대상은 예수를 '죽은 뒤의 부활' 예약판매자로 만들어 버린 교회 교리의 창시자 바울과 그의 내세주의인 것이다. 니체에 의하면 복수의 사도 바울이 창시한 교회야말로 예수가 싸울 대상으로 사도들에게 가르친 바로 그 자체이고, 교회적 의미에서의 그리스도교적인 것이야말로 그리스도가 부정한 반(反)그리스도교적인 것이다《권력에의 의지》158~171 참조).

니체가 교회의 이름으로 탄핵하는 것은 삶에 대한 성실한 봉사의 실천가 예수가 아니고, 희생사(犧牲死)와 부활의 해석에 의해서 내세의 제단에 현실의 삶을 바치는 복음의 사도 바울이다《안티크리스트》41, 42절 참조). 그리고 르네상스에 의해 부흥되려 했던 대담하고 솔직한 삶의 고귀함에서 등을 돌린 시골목사 루터의 개혁 종교인 것이다. 이와 같은 니체의 그리스도교 비판 근저에 흐르고 있었던 것은 그리스도교적인 사랑에 대한 부인이 아니라, 교회 성직자들에 의해서 위장된, 르상티망 종교로서의 타락한 교회 종교에 대한 결벽과도 같은 반감이었다고 할 수 있으리라.

니체 사상과 현대

허무주의 세기의 개막

니체는 누구 한 사람 자신을 이해해 주지 않는 고독 속에서 허무주의와의 격투를 거듭하다가, 결국에는 광기에 사로잡혀 허무한 정신의 암흑 속으로 빠져들고 말았다. 이와 같이 그는 스스로 비극적인 인생을 삶으로써 현대인의 삶이 쇠퇴하는 퇴폐 현상을 나타내고 있으며, 잠재적 허무주의라는 병에 걸려 사회가 좀먹고 있음을 경고한다. 그리고 다가오는 세기는 허무주의가 현재화되는 시대일 것이라고 예언했다.

니체의 이 예언은 불행하게도 적중했다. 표면적인 번영을 자랑하고 있었던 자본주의 경제는 20세기로 접어듦과 동시에 공황 현상을 되풀이하고 심각한 사회문제를 드러내게 된다. 또한 권력기구로서의 국가는 그 내부에 격화하는 계급투쟁을 품은 채 국민적인 통일 기반을 잃어버렸고, 힘의 균형에 의해서 유지되고 있었던 국제 평화는 자원과 시장 쟁탈을 둘러싼 제국주의 전쟁의 폭풍 속에 쓰러져 갔다.

이와 같은 상황이 되어서야 겨우 사람들은 시대의 심각한 병폐에 시선을 돌리기 시작했다. 특히 제1차 세계대전으로 인해 사람들이 과학적 합리에 대해 가지고 있었던 낙천적인 신뢰감이 부서졌고, 그리스도교 문화 세계의 통일과 발전이라는 유럽인들의 희망이 산산조각 났다. 이렇게 해서 슈펭글러의 《서양의 몰락》(1918~22년)이 제기한 경고는 많은 유럽인들에게 깊은 공감으로 받아들여지게 되었다. 제1차 세계대전이 불러일으킨 불안과 허무의 마음은 제2차 세계대전에 의해서 아예 보편화됨과 동시에 심각화되어 세계의 모든 사람들을 절망에 빠뜨렸다. 이제야말로 현대가 허무주의의 괴수에게 지배

되는 세기임이 확실해진 것이다. 이에 허무주의와 싸우고 이를 뛰어넘어 다시 인간 존엄의 표상을 되찾음으로써 황폐해진 삶을 가득 채우고 발전시키는 것이 현대인에게 주어진 긴급한 과제임이 명확해졌다.

이 과제를 자신의 사명으로 여기고 그 해결을 위해 선례가 될 길을 성심껏 걸었던 것이 다름 아닌 니체였다. 그래서 그의 사색의 결론을 받아들일지 아닐지는 별개로 치더라도, 뜻있는 많은 사람들이 현대에 다가올 문제를 앞서 진단하여 제기한 니체를 무시해서는 현대 사상이나 문화를 논할 수 없을 것이라 생각하게 되었다. 이렇게 해서 니체는 20세기로 접어들자 많은 사람들의 주목을 받기 시작했고, 특히 제2차 세계대전이 일어난 뒤에는 실존주의와의 연관에 의해서 더욱더 그 중요성이 인식되고 있는 것이다.

니체와 현대사상

니체가 반(反)도덕주의·반(反)내세주의의 관점에서 전개한 사상, 즉 삶의 희생을 요구하는 도덕이나 이념이 아닌 인간과 그 삶의 충실·발전을 위한 도덕과 이념이야말로 궁극의 가치와 진리라고 하는 '삶의 철학'은, 지멜, 딜타이, 클라게스, 오르테가 이 가세트 등 삶의 철학자들에 의해서 계승되고 발전되었다. 특히 삶의 내적 요구에 성실하여 이를 가치 정립의 원리로 삼으려 한 니체의 사상은 슈바이처의 '생명 외경 윤리'로서 아름답게 결실을 맺게 되었다.

슈바이처는 니체의 '권력의지설'이 지니고 있었던 이기주의적 측면을 순화해 '우주적 생명의지'로까지 확대·심화하고, 교회 도덕이 지닌 위선적 성격이나 내세적 경향에 대한 니체의 비판 정신도 받아들였다. 그리하여 삶의 충일과 발전의 표시로서 사랑의 실천을 지향하는 것이야말로 진정한 그리스도교라고 하는 확신에 따라 현대의 성자로서 인도주의 이념과 실천을 펼쳐 나갔다. 여기에서 우리는 니체의 창조적 파괴의 권력의지가 생명 재건의 실천으로 되살아나, 르상티망에서 순화된 사랑의 종교로서 회복되어 가는 그리스도교 본디의 모습을 볼 수가 있을 것이다. 니체가 이와 같은 인도(人道)의 부활을 준비하기 위해 굳이 부정자·파괴자의 위치에 섰던 것을 생각한다면, 슈바이처야말로 니체 사상이 지닌 긍정적인 면을 훌륭하게 정착시켜 준 사람이었다고 해도 좋으리라.

니체는 인간의 주체성과 그 권위의 확립을 지향해 주체적 진실을 추구했다.

이러한 니체의 자유 탐구 정신을 이어받아 허무주의에 철저를 기하며 그럼으로써 영원한 혈로를 개척하려고 하는 능동적 허무주의는, 한계상황의 한복판에서 다시 자기의 주체적 자세에 따라 절대 진리와 자유로 살고자 하는 실존주의 철학으로 구체화되어 간다. 이리하여 뛰어난 실존주의 철학자 야스퍼스나 하이데거의 철학이 니체와의 대결에 의해 탄생하게 되었다. 특히 하이데거는 2천 년의 서양 형이상학 역사는 존재 망각의 역사라고 하면서 그리스의 시인과 철학자들이 표현하려고 한 자연적 근원으로의 귀향이야말로 허무에 고뇌하는 현대인의 영혼을 치료하기 위한 급선무라고 했는데, 이러한 견해 중에는 니체의 현대적 재림을 생각하게 하는 바가 있다.

모든 고정적인 정견(定見)을 떠나서 진리나 가치를 삶의 발전과 상대적으로 자리매김시키려는 니체의 인식론은, 사상(事象) 자체에 곧바로 응해 그 본질을 파악하려는 현상학파의 철학으로도 접속해 간다. 특히 니콜라이 하르트만의 현상학적 논리학의 사상 속에는 니체로부터 인계된 귀중한 유산이 많이 발견된다. 또한 니체는 모든 절대주의적 사고의 우상숭배적인 편견을 거부하고 인간 정신의 자유로운 창조성을 중요시했는데, 이러한 니체의 모럴리스트적 인간 탐구 정신은 현대의 뛰어난 작가들의 창작 활동에도 커다란 영향을 주었다. 특히 독일의 게오르게나 릴케, 헤세와 토마스만 등의 작품과 프랑스의 지드와 말로 등의 소설은, 이제까지의 그리스도교를 비판하여 교회권에 맞서고 한 차원 높은 인간 본위의 자유정신을 쟁취해 보고자 시도했던 니체와의 대화 없이는 탄생되지 못했을 것이다.

현대 휴머니즘의 기수

이 밖에도 현대사상에 대해서 끼친 니체의 영향을 헤아린다면 끝이 없을 것이다. 칸트를 통과하지 않고 근대의 극복을 말할 수 없듯이, 니체를 빼놓고는 현대의 창조를 말할 수 없을 것이다.

루카치가 《이성의 파괴》에서 지적한 것처럼 니체에게는 융커적인 귀족주의와 유사한 반동적 편견이 없지 않으며, 그곳에 니체의 위험성이 있는 것도 사실이다. 그러나 니체의 사상에는 역시 비속한 부르주아주의나 권력적인 국가주의에 대한 통렬한 비판과 천박한 중우주의나 군중주의에 대한 적절한 경고가 담겨 있다.

지금 우리가 무엇보다 서둘러 해야 할 일은 도덕주의의 편견에서 자유로워지고, 절대주의적인 사상에서 스스로를 해방해 여러 가지 우상에 무릎을 꿇는 노예근성을 떨어 없애고 주권자로서의 자기 존엄성을 목표로 자율과 자주의 사상을 확립해 나가는 것이다. 이러한 점을 생각한다면 반(反)도덕주의자로서 우상파괴자였던 니체가 보여준 성실하고 솔직하며 대담한 사고로 일관하는 태도야말로 반드시 배워야 할 귀중한 보물이라고 하지 않을 수 없다.

　니체는 마르크스주의자와 실존주의자를 막론하고 인간성의 부정과 소외를 가져오는 것에 맞서 싸워서, 인간의 존엄을 지키고 보편적 인도의 이념으로 일관해 살려고 소망하는 모든 휴머니스트에게 앞으로도 계속 소중한 조언과 마음 든든한 격려를 줄 것이다. 즉 니체의 참모습이나 그 현대적 의의는 그가 키에르케고르와 어깨를 나란히 하는 현대 휴머니즘의 뛰어난 선구자이자 자랑스러운 전사였고, 허무주의 박멸운동의 기수가 되려고 노력했다는 점에서 찾아야 하리라.

니체 연보

1844년　　10월 15일, 프리드리히 빌헬름 니체, 독일 작센 주 뢰켄에서 목사의 맏아들로 태어남.

1846년(2세)　7월 10일, 누이동생 엘리자베트 태어남.

1848년(4세)　2월, 동생 요제프 태어남.

1849년(5세)　7월 30일, 아버지 죽음.

1850년(6세)　2월, 동생 요제프 죽음. 4월, 가족이 나움부르크로 이사함. 초등학교에 들어감. 벨헬름 핀데르 및 구스타프 크루크와 친구가 됨.

1858년(14세)　10월, 나움부르크 근교의 슐포르타 학교에 입학. 파울 도이센과 평생에 걸친 교제가 시작됨.

1860년(16세)　핀데르 및 크루크와 함께 나움부르크에서 문학과 음악 동아리 '게르마니아'를 만듦.

1861년(17세)　크루크를 통해 리하르트 바그너의 〈트리스탄과 이졸데〉 피아노 발레곡을 알게 됨. 부활절에 도이센과 함께 견신례 받음. 10월, 편지로 자기가 좋아하는 시인을 친구에게 추천하는 형식으로 횔덜린을 논함. 12월, '게르마니아' 모임에서 바이런 연주 발표.

1862년(18세)　가끔 두통을 앓음(아버지가 뇌경색으로 죽었기 때문에 유전적인 것으로 생각함). '게르마니아'에서 논문 〈운명과 역사〉 발표.

1863년(19세)　독서 목록 맨 위에 에머슨을 듦. 〈에르마나리히론〉을 씀.

1864년(20세)　9월 7일, 슐포르타 학교를 졸업. 시 〈알지 못하는 신에게〉 발표. 10월, 본 대학에 입학, 신학과 고전문헌학을 전공함. 리츨 교수에게 배움.

1865년(21세)　10월, 리츨 교수를 따라 라이프치히 대학으로 옮김. 고전문헌학을 전공함. 우연히 헌책방에서 쇼펜하우어의 《의지와 표상으로서의 세계》를 발견하여 탐독함.

1866년(22세) 65년, 리츨 교수의 권고로 결성된 '고전문헌학연구회'에서 1월 18일, 그리스 시인 테오그니스에 관한 연구를 발표하고, 리츨 교수의 칭찬을 받자 문헌학자가 될 것을 결심함. 여름, 랑게의 《유물론사》를 읽음. 에르빈 로데와의 교제가 시작됨.

1867년(23세) 10월 9일, 나움부르크 포병연대에 입대.

1868년(24세) 3월 14일, 말을 타다가 떨어져 자리에 눕게 됨. 10월 15일, 제대하여 라이프치히 대학에 복학함. 10월 28일, 〈트리스탄과 이졸데〉와 〈뉘른베르크의 명가수〉 서곡을 듣고 바그너 음악에 심취함. 11월 8일, 리츨 부인의 소개로 라이프치히의 헤르만 브로크하우스 집에서 바그너를 만남. 그 뒤로 더욱 바그너에 열중함.

1869년(25세) 2월 13일, 리츨 교수의 추천으로 학위를 받기에 앞서 연봉 3천 프랑의 바젤 대학 고전문헌학 조교수로서 초빙됨. 3월 23일, 무시험으로 학위를 받음. 4월 17일, 프로이센 국적을 포기하고 스위스인이 됨. 5월 17일, 처음으로 루체른 근교 트립셴에 있는 바그너의 집을 방문함. 5월 28일, '호메로스와 고전문헌학'이라는 제목으로 바젤 대학 취임강연을 함. 자비(自費)로 인쇄함. 동료 야코프 부르크하르트와의 교우 관계 시작됨.

1870년(26세) 1월 18일, '그리스의 악극'이란 제목으로 공개강연을 함. 2월 1일, '소크라테스와 비극'이란 제목의 공개강연을 함. 《비극의 탄생》의 원형임(자비로 이듬해 바젤에서 인쇄되었으나 간행된 것은 1927년). 4월 9일, 교수로 승진함. 여름에 〈디오니소스적 세계관〉 집필(발표된 것은 1928년). 8월, 보불전쟁에 위생병으로 종군 지원, 중병을 얻어 10월 말 바젤로 돌아옴. 동료인 신학자 프란츠 오베크를 알게 되어 그와 함께 5년 동안 바우만 집에 하숙함.

1871년(27세) 2월 25일, 건강상의 이유로 휴가를 얻어 4월 초까지 누이동생과 함께 루가노에 머묾. 《비극의 탄생》 원고 집필.

1872년(28세) 연초에 《음악의 정신에서 나온 비극의 탄생》 출판. 1월 16일부터 3월 23일에 걸쳐, '우리나라 교육시설의 미래에 대해'라고 제목을 붙인 연속 공개강연을 5회에 걸쳐 행함. 4월 25일~27일, 마지막으로(23번째) 트립셴에 있는 바그너를 방문함. 5월에 문헌학자 빌라

모비츠 뮐렌도르프가 《비극의 탄생》에 대한 공격문을 내놓자, 친구인 로데가 다시 이것을 반박함.

1873년(29세) 이때부터 계속 어딘가 몸이 좋지 못하고, 특히 심한 편두통을 앓게 됨. 전년 겨울부터 단편 《그리스인의 비극 시대에 있어서의 철학》 집필. 《반시대적 고찰, 제1부, 다비드 슈트라우스. 고백자와 문필가》, 라이프치히의 프리츠 서점에서 출판.

1874년(30세) 《반시대적 고찰 제2부, 삶에 대한 역사의 이로움과 해로움》 프리츠 서점에서 출판. 《반시대적 고찰 제3부, 교육자로서의 쇼펜하우어》 프리츠 서점에서 출판. 바그너의 초대로 8월 4일에서 15일까지 바이로이트에 머묾. 에머슨을 읽음.

1875년(31세) 눈병과 위장병이 악화됨. 《반시대적 고찰》에 대한 서평이 〈웨스트민스터 리뷰〉에 실림.

1876년(32세) 1월 초, 병으로 인해 고등학교에서의 수업을 면제받음. 2월 중순, 강의 중지함. 4월, 제네바에서 네덜란드인 여류 음악가 마틸데 트람페다흐에게 청혼했다가 거절당함. 7월 초, 《반시대적 고찰 제4부, 바이로이트의 리하르트 바그너》 켐니츠의 슈마이츠너 서점에서 출판. 7월 24일, 최초의 바이로이트 축제극을 위해 바이로이트로 갔으나 실망하여 전체 공연을 보지 않고 도피함. 그 뒤 《인간적인 너무나 인간적인》의 초고를 쓰게 됨. 10월 15일부터 1년 동안, 병으로 인해 바젤 대학의 모든 의무를 면제받음. 10월 20일, 레와 바젤 대학생인 알베르트 브렌너와 함께 제네바로 감. 23일, 다시 나폴리로 감. 마이젠부크도 함께 소렌토에서 겨울을 보냄. 마침 그 무렵 바그너의 가족도 소렌토에 머무르고 있어서 바그너와 니체의 마지막 교제가 이루어짐.

1877년(33세) 마리 바움가르트너에 의한 《바이로이트의 리하르트 바그너》의 프랑스어 번역판 출판. 소렌토에서 라가츠, 로젠라우이를 거쳐 9월 다시 바젤로 돌아옴. 9월 1일 이후로 누이동생과 함께 지내다 가스트가 조수로서 함께 있게 됨.

1878년(34세) 5월, 《인간적인 너무나 인간적인―자유정신을 위한 글》 켐니츠의 슈마이츠너 서점에서 출판. 바그너와의 우정이 단절됨. 1월 3일,

바그너가 〈파르지팔〉을 니체에게 보낸 것이 마지막 기증이며, 이에 대해 5월 《인간적인 너무나 인간적인》을 기증하며 함께 보낸 편지가 니체의 마지막 편지가 됨. 〈바이로이트 브레터〉 8월호에 바그너는 니체에 대한 공격문을 실음. 6월, 누이동생은 어머니에게로 돌아감. 건강 상태 악화됨.

1879년(35세) 《인간적인 너무나 인간적인》 제2부 상권에 해당하는 〈여러 가지 의견과 잠언〉 슈마이츠너 서점에서 출판. 병세가 나빠져 6월 14일부로 바젤 대학을 퇴직, 3천 프랑의 연금을 받게 됨. 9월, 누이동생과 함께 나움부르크로 돌아옴. 그의 '생애에서 가장 어두운 겨울'에 《인간적인 너무나 인간적인》 제2부 하권에 해당하는 〈방랑자와 그 그림자〉 집필. 이 1년 동안 맹렬한 발작에 시달리게 됨. 발작 일수 118일이나 됨.

1880년(36세) 《방랑자와 그 그림자》, 슈마이츠너 서점에서 출판. 3월 12일부터 6월 말까지 베네치아에서 지냄. 베네치아에 머무는 동안 스탕달과 슈티프터의 《늦여름》 등을 읽음. 7월, 8월, 마리엔바트에 머무르면서 메리메, 생트 뵈브를 읽음. 9월, 나움부르크의 집으로 돌아옴. 11월부터 제네바에서 처음으로 겨울을 보냄.

1881년(37세) 1월, 전년부터의 《아침놀, 도덕적 편견에 관한 생각》 완성, 슈마이츠너 서점에서 출판. 7월 4일~10월 1일, 실스마리아에서 처음 여름을 맞이함. 이 동안 8월, 실바플라나 호숫가에서 영원회귀의 사상이 움트게 됨. 10월 초부터 제네바에 체류함. 11월 27일 처음으로 비제의 〈카르멘〉을 듣고 감동함.

1882년(38세) 시 〈메시나의 목가〉 발표. 3월 29일, 제네바에서 메시나로 감. 4월 20일까지 메시나에 머묾. 마이젠부르크와 레의 초청으로 로마로 가서 거기서 루 폰 살로메를 알게 됨. 살로메 모자, 레와 함께 루체른 등지로 여행함. 니체와 레가 함께 살로메에게 구혼했다가 거절당함. 여름을 타우텐부르크에서 살로메와 함께 보내고 《즐거운 지식》을 탈고, 슈마이츠너 서점에서 출판(제4권까지의 구판). 8월 말, 나움부르크로 돌아감. 살로메의 시 〈삶에 바치는 기도〉를 작곡해서 〈삶의 찬가〉를 지음. 11월 23일 이후 라팔로에 체류, 해

를 넘김. 1882년 무렵부터 1888년에 걸쳐 이른바 《권력에의 의지》
로 불리는 '80년대의 유고'가 씌어짐(누이가 엮은 전집의 제15권
에 1901년 《권력에의 의지》라는 제목으로 발간되었을 때는 483편
의 짧은 장밖에 수록되어 있지 않았는데, 1906년 누이와 가스트
에 의해 문고판에서 처음으로 그때까지 여러 판에서 행해지고 있
는 것처럼 총수 1067로 되었다. 칼 슐레히타는 이것이 누이와 가
스트의 합작에 의한 날조라고 해서 맹렬한 공격을 가하고, 그가
엮은 세 권으로 된 《저작집》에서 '80년대의 유고에서'라는 표제
아래 새로운 객관적 배열을 하고 있음).

1883년(39세) 라팔로에서 2월 2일~13일 열흘 동안에 《차라투스트라는 이렇게
말했다》 제1부를 완성(1883년 인쇄). 3월 13일, 바그너 죽음. 5월 4
일~6월 16일, 로마에 체류함. 6월 24일 이후, 실스마리아에 머묾.
《차라투스트라는 이렇게 말했다》 제2부 완성(1883년 인쇄). 3월부
터 니스에서 처음으로 겨울을 보냄(1883부터 1888년까지, 습관적
으로 여름을 실스마리아에서, 겨울은 니스에서 보내게 됨).

1884년(40세) 1월, 니스에서 《차라투스트라는 이렇게 말했다》 제3부 완성(1884
년 인쇄).

1885년(41세) 2월, 《차라투스트라는 이렇게 말했다》 제4부 완성, 출판자가 나타
나지 않아 자비로 인쇄. 아우구스티누스의 《고백록》을 읽음. 5월
22일, 누이 엘리자베트, 푀르스터와 결혼함.

1886년(42세) 누이가 남편 푀르스터와 함께 파라과이로 이주함. 5월 초까지 니
스에 머묾. 여기서 《선악을 넘어서, 장래의 철학에의 서곡》 완성
(1886년 8월, 라이프치히의 나우만 서점에서 자비 출판). 니스를
떠나 베네치아, 뮌헨을 거쳐 5월 중순부터 6월 27일까지 라이프
치히에서 보냄. 라이프치히 대학에서 로데의 강의를 들음. 9월 16
일, 17일, 베른의 〈분트〉지에 비트만의 《선악을 넘어서》에 대한 서
평이 실림. 《즐거운 지식》 제5권 '우리들 공포를 모르는 사람'을 탈
고함. 《비극의 탄생》 부제를 '그리스 정신과 페시미즘'이라 바꾸고
'자기 비평의 시험'을 덧붙인 신판을 라이프치히의 프리츠 서점에
서 출판. 《인간적인 너무나 인간적인》 제1권 및 제2권에 각각 새

로운 머리말을 붙여 프리츠 서점에서 출판.

1887년(43세) 새로운 머리말을 붙인 《아침놀》의 재판이 프리츠 서점에서 간행. '포겔 프라이 공자의 노래' 및 제5권 '우리들 공포를 모르는 사람'을 덧붙인 《즐거운 지식》의 재판, 프리츠 서점에서 간행. 《차라투스트라는 이렇게 말했다》의 1부, 2부, 3부 합판을 프리츠 서점에서 간행. 《삶의 찬가, 혼성 합창과 관현악용》 프리츠 서점에서 간행. 1월, 몬테카를로에서 처음으로 〈파르지팔〉을 오케스트라로 들음. 2월, 처음으로 도스토옙스키를 프랑스어 번역으로 읽음. 2월 23일, 니차에 대지진 일어남. 살로메, 안드레아스와 결혼을 알려옴. 로데와 절교함. 11월 11일, 로데에게 마지막 편지를 씀. 6월 20일, 하인리히 폰 슈타인 죽음. 20일 동안에 《도덕의 계보, 논쟁의 글》 완성(1887년 나우만 서점에서 간행).

1888년(44세) 4월 2일, 니스를 떠나 토리노로 감. 4월 4일~6월 5일 최초로 토리노에 체류함. 4월 초 게오르그 브란데스, 코펜하겐에서 '독일 철학자 프리드리히 니체에 대하여' 강연. 6월 5일~9월 20일, 실스마리아에서의 일곱 번째 체류, 다시 스탕달을 읽음. 5월 8일부터 8월에 걸쳐 《바그너의 경우, 음악가의 한 문제》 완성, 9월 중순, 나우만 서점에서 출판. 《바그너의 경우》에 이어, 주로 8월 중에 《우상의 황혼 또는 사람은 어떻게 해서 쇠망치를 가지고 철학을 하는가》를 완성(이듬해인 1889년 1월 나우만 서점에서 간행). 9월 21일부터 이듬해 1월 9일까지 토리노에서 두 번째 체류, 9월 30일 《안티크리스트 그리스도교에 대한 저주》 탈고(1894년 케겔 편찬의 《저작집》에서 처음으로 간행. 그때까지의 모든 판에 복자(伏字)로 되어 있던 부분은 1956년 칼 슐레히타 편찬의 《저작집》 제3권에서 복원됨). 10월 15일, 그의 마흔네 번째 생일로부터 《이 사람을 보라, 사람은 어떻게 해야 본디의 자신으로 되는가》 집필 시작, 11월 4일 탈고(1908년 라울 리히터 교수에 의해, 독지가 사이에 배포되는 한정 출판 형식으로 인겔 서점에서 간행, 1911년 처음으로 공간). 11월 8일 〈분트〉지에 칼 슈피텔러에 의한 《바그너의 경우》 서평 실림. 브란데스의 소개로 스트린드베리와 편지 주고받음. 12

월 중순, 《니체 대 바그너 한 심리학자의 공문서》 완성(가스트에 의해 자비로 이듬해인 1889년 1월, 나우만 서점에서 간행, 공간은 케겔 편찬 《저작집》에 1895년). 시 〈디오니소스 찬가〉 완성. 연말부터 정신착란 증세가 나타남.

1889년(45세) 1월 3일, 토리노의 카를로 알베르토 광장에서 졸도함. 1월 3일부터 7일까지 사이에 '디오니소스' 또는 '십자가에 박힌 자'라고 서명한 괴상한 편지를 곳곳에 보냄. 1월 10일, 바젤 정신병원에 인도됨. 의사 빌레의 진단은 '진행성 마비증'. 1월 17일, 어머니와 함께 예나로 가서, 예나 대학병원 정신과에 입원함. 1월 말, 《우상의 황혼》 나우만 서점에서 출판. 전년도의 《니체 대 바그너》, 나우만 서점에서 자비로 간행.

1891년(47세) 누이동생이 니체의 작품 공간에 관여하기 시작, 《차라투스트라는 이렇게 말했다》 제4부의 공간을 저지함(주로 〈당나귀 축제〉 때문).

1892년(48세) 가스트에 의해 전집의 기획, 유고의 정리 발표가 행해짐. 《차라투스트라는 이렇게 말했다》 제4부 이 판에 의해 처음으로 공간됨.

1893년(49세) 9월, 누이가 사업에 실패하고 파라과이에서 돌아옴.

1894년(50세) 광인이 된 니체는 거의 외출을 못하게 됨. 누이가 가스트에 의한 전집의 중지를 종용하고 2월, 최초의 '니체 문서보관소'를 나움부르크의 어머니 집에 차림.

1895년(51세) 《안티크리스트》 및 《니체 대 바그너》 공간(케겔 편찬의 《저작집》에서). 마비 증세가 자주 나타나게 됨.

1897년(53세) 4월 20일, 어머니 죽음. 바이마르의 누이동생 집으로 옮김.

1899년(55세) 누이동생에 의해 세 번째 전집 출판 시작. 출판자는 처음에는 나우만, 나중에는 알프레트 크뢰너에 인계되어 열아홉 권으로 완결됨.

1900년(56세) 8월 25일, 바이마르에서 숨을 거둠. 8월 28일, 태어난 뢰켄에 묻힘.

곽복록(郭福祿)

일본 조치(上智) 대학교 독문학과 수학. 서울대학교 독문학과 졸업. 미국 시카고 대학교 대학원 독문학과 졸업(석사). 독일 뷔르츠부르크 대학교 독문학과 졸업(독문학 박사). 서울대학교·서강대학교 독문학과 교수 역임. 한국독어독문학회 회장. 한국괴테학회 초대회장. 서강대학교 명예교수 역임. 지은책《독일문학의 사상과 배경》옮긴책 에커먼《괴테와의 대화》프리덴탈《괴테 생애와 시대》요한 볼프강 괴테《파우스트》《젊은 베르테르의 슬픔》《빌헬름 마이스터의 수업시대·편력시대》《친화력》《헤르만과 도로테아》《이탈리아 기행》《시와 진실》《괴테시집》《괴테전집(12권)》토마스 만《마의 산》카를 힐티《잠 못 이루는 밤을 위하여》니체《비극의 탄생》《즐거운 지식》《권력에의 의지》안데르센《안데르센 동화전집》등이 있다.

세계사상전집033
Friedrich Wilhelm Nietzsche
ALSO SPRACH ZARATHUSTRA
차라투스트라는 이렇게 말했다
프리드리히 니체/곽복록 옮김
동서문화창업60주년특별출판
1판 1쇄 발행/2016. 9. 9
1판 2쇄 발행/2019. 11. 1
발행인 고정일
발행처 동서문화사
창업 1956. 12. 12. 등록 16-3799
서울 중구 다산로 12길 6(신당동 4층)
☎ 546-0331~6 Fax. 545-0331
www.dongsuhbook.com
＊

사업자등록번호 211-87-75330
ISBN 978-89-497-1441-7 04080
ISBN 978-89-497-1408-0 (세트)